ECONOMIC STATISTICS

For further information on OECD statistical publications in printed or electronic form, please fill out the following form and send it to the OECD Publications Service.

Book | Diskette

MONTHLY PUBLICATIONS
- Main Economic Indicators ☐ ☐
- Leading Indicators and Business Surveys ☐ ☐
- Monthly Statistics of Foreign Trade: Series A ☐ ☐

QUARTERLY PUBLICATIONS
- Quarterly National Accounts ☐ ☐
- Quarterly Labour Force Statistics ☐ ☐
- Short-Term Economic Indicators: Transition Economies ☐ ☐

ANNUAL PUBLICATIONS
- National Accounts
  - *Volume I: Main Aggregates* ☐ ☐ NEW!
  - *Volume II: Detailed Tables* ☐ ☐
- Labour Force Statistics ☐
- Foreign Trade by Commodities: Series C ☐ ☐
- Services: Statistics on International Transactions ☐ ☐
- Services: Statistics on Value ☐ ☐
- Purchasing Power Parities ☐ ☐
- International Sectoral Data Base ☐
- Flows and Stocks of Fixed Capital ☐ ☐
- Historical Statistics NEW! ☐ ☐

PUBLICATIONS ON CD-ROM
- Foreign Trade Statistics by Commodities — IMPEX ☐
- OECD Statistical Compendium ☐

Name _____

Title _____

Organisation _____

Address _____

_____

Country _____

Telephone / Fax _____

Please fill out this form legibly and return the entire page by fax, or in a stamped envelope:

OECD/OCDE
Mail Orders
2, rue André-Pascal
75775 Paris Cedex 16

Fax: (33-1)49.10.42.76

Or consult the last page of this publication for the address of your local distributor.

OECD economic statistics are available in printed form, on magnetic tape, diskette, CD-rom and microfiche. This wealth of data, available from no other single source, covers the economic situation of individual OECD countries as well as the OECD area as a whole. Full technical documentation accompanies each electronic data package. Price ranges start at 1000 FF for diskettes, at 140 FF for book subscriptions and at 6750 FF for CD-roms.

STATISTIQUES ÉCONOMIQUES

Pour tous renseignements complémentaires sur les publications statistiques de l'OCDE en édition électronique ou sur papier, veuillez remplir et expédier ce formulaire au Service des Publications de l'OCDE.

Livre / Disquette

PUBLICATIONS MENSUELLES

- Principaux indicateurs économiques ☐ ☐
- Indicateurs avancés et enquêtes de conjoncture ☐ ☐
- Statistiques mensuelles du commerce extérieur : Série A ☐ ☐

PUBLICATIONS TRIMESTRIELLES

- Comptes nationaux trimestrielles ☐ ☐
- Statistiques trimestrielles de la population active ☐ ☐
- Indicateurs économiques à court terme: Économies en transition ☐ ☐

PUBLICATIONS ANNUELLES

- Comptes nationaux
  - *Volume I : Principaux agrégats* ☐ ☐
  - *Volume II : Tableaux détaillés* ☐ ☐ NOUVEAU!
- Statistiques de la population active ☐
- Commerce extérieur par produits : Série C ☐ ☐
- Services: Statistiques sur les échanges internationaux ☐ ☐
- Services: Statistiques en valeur ☐
- Parités de pouvoir d'achat ☐ ☐
- Base de données sectorielles internationales ☐
- Flux et stocks de capital fixe ☐ ☐
- Statistiques rétrospectives NOUVEAU! ☐ ☐

PUBLICATIONS SUR CD-ROM

- Statistiques du commerce extérieur par produits — IMPEX ☐
- Compendium des données statistiques ☐

Nom _____

Titre _____

Organisation _____

Adresse _____

_____

Pays _____

Téléphone / Fax _____

Veuillez remplir ce formulaire lisiblement et l'envoyer par télécopie ou dans une enveloppe timbrée à :

OECD/OCDE
Commandes par correspondance
2, rue André-Pascal
75775 Paris Cedex 16

Fax: (33-1)49.10.42.76

Ou consultez la dernière page de cette publication pour l'adresse de votre distributeur local.

Les statistiques économiques de l'OCDE sont disponibles sous forme de publications, de bandes magnétiques, de disquettes, de CD-rom et de microfiche. Cette masse de données, qu'aucune autre source ne peut fournir dans sa totalité, couvre à la fois la situation économique des divers pays Membres et celle de la zone de l'OCDE dans son ensemble. Chaque livraison de statistiques sur édition électronique est accompagnée d'une documentation technique détaillée. Les prix des publications commencent à 1000 FF pour les disquettes, à 140 FF pour les ouvrages imprimés et à 6750 FF pour les CD-roms.

MAIN ECONOMIC INDICATORS

This publication is the essential source of short-term statistics for OECD Member countries. It provides a complete and timely picture of the most recent changes in the economies of the OECD countries and puts them in an international context. The indicators selected cover:

- National Accounts
- Business Surveys
- Deliveries, Stocks and Orders
- Domestic Trade
- Wages
- Foreign Finance
- Foreign Trade
- Industrial Production
- Money and Domestic Finance
- Construction
- Labour
- Prices
- Interest Rates
- Balance of Payments

The corresponding monthly diskette gives ten years of monthly or quarterly time series for the same indicators, documented electronically and easy to select for your own analysis.

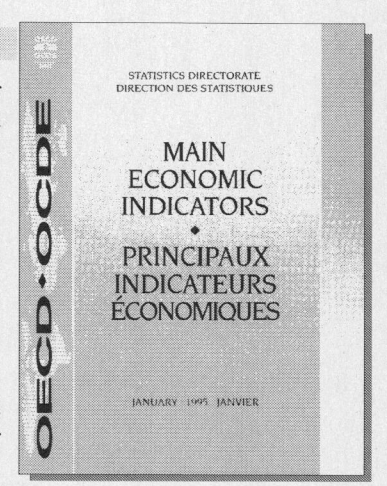

SHORT - TERM ECONOMIC INDICATORS: TRANSITION ECONOMIES

Similar to the *Main Economic Indicators* in choice and presentation of statistics, the *Short Term Economic Indicators* presents data for those transition economies in Central and Eastern Europe and the New Independent States (NIS) that are adapting their statistics to meet international standards and the needs of market economies. It thus constitutes an invaluable source of information for analysing short-term economic developments in individual transition economies, and for undertaking comparative analysis of these developments. In all, 21 countries are included in this quarterly publication, presenting an enlightening picture of a rapidly changing economic area.

An annual subscription on diskette also covers the supply of historical figures from 1980, quarterly updates and a printed methodological supplement.

QUARTERLY NATIONAL ACCOUNTS

GDP by final expenditure and by kind of activity at current and constant prices, composition of consumption expenditure and capital formation, financing of capital formation; data for 20 Member countries and for all OECD, OECD-Europe, EU and the Major 7 (G-7).

The printed publication gives data for the last 23 quarters; the diskette version gives quarterly data from 1961, where data are available.

LEADING INDICATORS AND BUSINESS SURVEYS

This monthly diskette contains the extensive information from Business Surveys in OECD countries, in which business managers describe their perception of current and future developments of important business indicators. It also contains composite leading indicators and their components, giving the essential information needed for detecting early signals on turning points in business cycles. The diskette contains ten to twenty years of monthly or quarterly time series, easy to select for your own analysis.

In total, some 1 000 series are updated monthly. These *prompt* cyclical data are a valuable aid to economic analysis and forecasting.

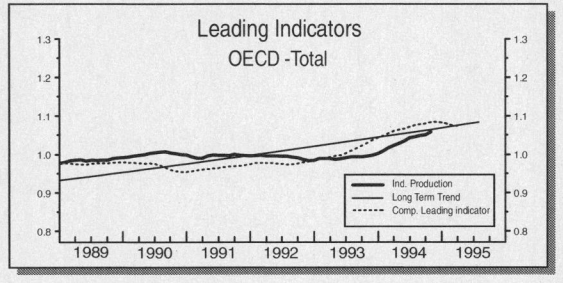

NATIONAL ACCOUNTS: Volume I - Main Aggregates

Main aggregates of the national accounts, from final expenditures on the GDP to net saving and current surplus; growth triangles; purchasing power parities; comparative tables of real growth and inflation; data for each Member country and for all OECD, OECD-Europe and the EU.

The printed publication covers the last 30 years. The diskette and magnetic tape cover the period from 1960 so far as data are available.

NATIONAL ACCOUNTS: Volume II - Detailed Tables

Twenty-one standard tables give detailed statistics, so far as data are available, for the 25 Member countries: production and expenditure at current and constant prices, income and outlay accounts by institutional sectors, capital finance, external transactions and employment.

The printed publication covers 13 years. The diskettes and magnetic tapes go back for longer periods depending on data availability.

IMPEX: FOREIGN TRADE BY COMMODITIES

Comprising the equivalent of 4.5 million statistical series, IMPEX (for IMPorts-EXports) shows the value of foreign trade by products for 24 OECD Member countries with their 200 partner countries. A group of five criteria or dimensions has been used to structure the statistics: reporting countries; partner countries; main products (as classified following the UN Standard International Trade Classification (SITC)); flows (imports/exports); and years. The data are expressed in thousands of current US dollars, convertible into the currency of the reporting country. The CD-rom format may be used on single work stations or Local Area Networks.

HISTORICAL STATISTICS

NEW! This publication provides an overview of the economic development of the Member countries of the OECD since 1960 in tables and graphs. The tables mainly show derived statistics such as growth rates and percentage shares. They cover the following subject areas:

- National accounts
- Domestic Finance
- Population and Labour Force
- Foreign trade
- Exchange rates
- Prices

Also available on diskette.

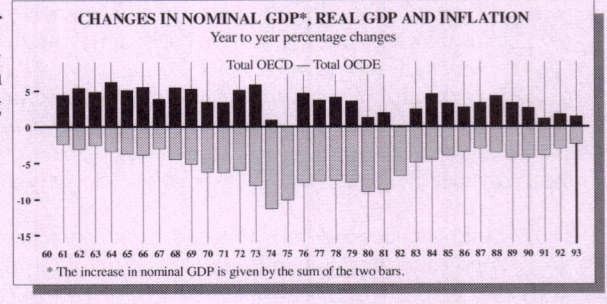

PRINCIPAUX INDICATEURS ÉCONOMIQUES

Cette publication est une source indispensable pour les statistiques de court terme des pays Membres de l'OCDE. Elle fournit une image complète et à jour des changements les plus récents intervenus dans les économies des pays Membres de l'OCDE et les situe dans un contexte international. Les indicateurs sélectionnés couvrent :

- Comptes nationaux
- Enquêtes de conjoncture
- Livraisons, stocks et commandes
- Commerce intérieur
- Salaires
- Finances extérieures
- Commerce extérieur
- Production industrielle
- Masse monétaire et finances internes
- Construction
- Emploi
- Prix
- Taux d'intérêt
- Balance des paiements

Les disquettes correspondantes contiennent dix ans de données mensuelles ou trimestrielles pour ces indicateurs, documentées électroniquement et faciles à sélectionner pour votre propre analyse.

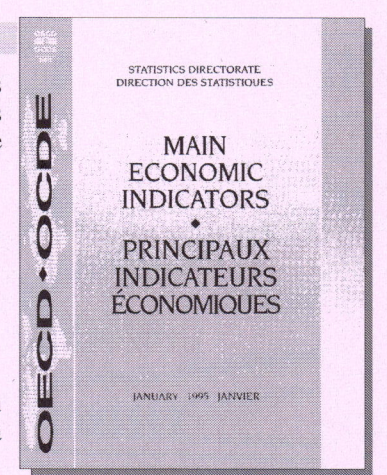

INDICATEURS ÉCONOMIQUES A COURT TERME : ÉCONOMIES EN TRANSITION

Semblables aux *Principaux Indicateurs Économiques* quant au choix des statistiques et à la présentation, les *Indicateurs Économiques à court terme* présentent les données se rapportant aux pays en transition d'Europe centrale et orientale et aux Nouveaux États Indépendants (NEI) qui mettent en conformité leurs statistiques avec les normes internationales et les adaptent aux impératifs d'une économie de marché. Elle constitue donc une source d'information irremplaçable pour analyser les évolutions économiques à court terme dans chaque économie en transition et pour entreprendre des analyses comparatives. En tout, 21 pays sont inclus dans cette publication trimestrielle, présentant un éclairage sur les transformations rapides de cette zone économique.

Une souscription annuelle aux disquettes permet d'obtenir également les données historiques à partir de 1980, les mises à jour trimestrielles ainsi qu'un supplément méthodologique annuel (imprimé).

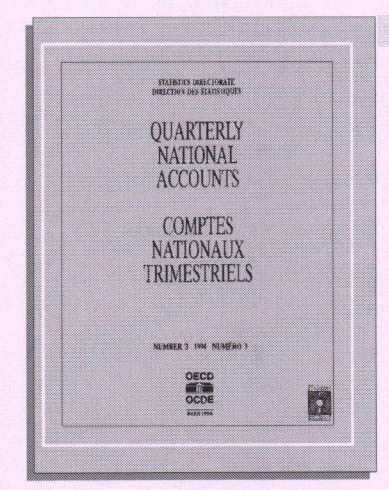

COMPTES NATIONAUX TRIMESTRIELS

PIB par emploi final et par type d'activité à prix courants et prix constants, composition des dépenses de consommation et de la formation de capital, financement de la formation de capital ; données concernant 20 pays Membres ainsi que les zones OCDE, ALENA, OCDE-Europe, Union Européenne et les sept grands pays (G7).

L'ouvrage imprimé contient des données trimestrielles couvrant les 15 dernières années, dans la mesure où celles-ci sont disponibles. La disquette et la bande magnétique contiennent des données trimestrielles à partir de 1970 et 1950, respectivement, en fonction de leur disponibilité.

INDICATEURS AVANCÉS ET ENQUÊTES DE CONJONCTURE

Cette disquette mensuelle contient un volume très important d'informations provenant des enquêtes de conjoncture menées dans les pays de l'OCDE, dans lesquelles les dirigeants d'entreprises donnent leur perception des mouvements courants et anticipés d'une sélection d'indicateurs économiques prépondérants. La disquette contient aussi des indicateurs composites avancés ainsi que leurs composantes, donnant ainsi l'information essentielle pour la détection des points de retournement du cycle économique. Les disquettes contiennent dix ans de données mensuelles ou trimestrielles pour ces indicateurs, faciles à sélectionner pour votre propre analyse.

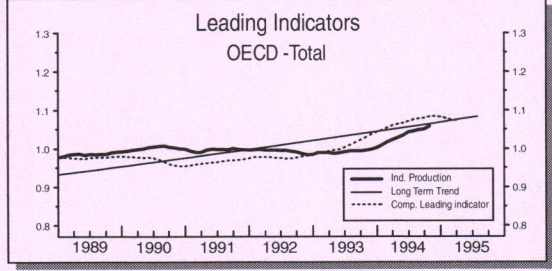

COMPTES NATIONAUX : Volume 1 - Principaux agrégats

Principaux agrégats des comptes nationaux, allant des emplois finals du PIB à l'épargne nette et à l'excédent de balance courante ; triangles de croissance ; parités de pouvoir d'achat ; tableaux comparatifs de la croissance réelle et de l'inflation ; données relatives à chaque pays Membre, ainsi qu'à l'ensemble de la zone OCDE, aux pays européens de l'OCDE et à l'Union Européenne.

L'ouvrage imprimé couvre les 30 dernières années. La disquette et la bande magnétique couvrent la période écoulée depuis 1960, en fonction de la disponibilité des données.

COMPTES NATIONAUX : Volume II - Tableaux détaillés

Vingt et un tableaux standard fournissent des statistiques détaillées, dans la mesure où des données sont disponibles, pour les 25 pays Membres : production et dépenses à prix courants et prix constants, comptes de revenus et de dépenses par secteur institutionnel, financement de capital, transactions extérieures et emploi.

L'ouvrage imprimé couvre 13 années. Les disquettes et les bandes magnétiques couvrent des périodes plus longues, en fonction de la disponibilité des données.

I M P E X : COMMERCE EXTÉRIEUR PAR PRODUITS

IMPEX (pour IMPorts-EXports) comprend l'équivalent de 4.5 millions de séries statistiques fournissant les valeurs du commerce extérieur par produits pour 24 des pays Membres de l'OCDE avec leur 200 pays partenaires. Les données sont structurées selon cinq critères : pays déclarant; pays partenaire; produit (selon la Classification Type pour le Commerce International des Nations Unies (CTCI)) ; flux (imports/exports) ; et année. Les données sont exprimées en milliers de dollars des États-Unis et sont convertibles dans la monnaie du pays déclarant. Ce CD-rom est utilisable en mode local ou sur des réseaux locaux (LAN).

STATISTIQUES RÉTROSPECTIVES

NOUVEAU! Cette publication fournit une vue d'ensemble du développement économique des pays Membres de l'OCDE depuis 1960. Les tableaux contiennent principalement des statistiques dérivées comme des taux de croissance et des ventilations en pourcentage. Les données concernent des domaines tels que :

- Comptes nationaux
- Commerce extérieur
- Population et population active
- Finances internes
- Taux de change
- Prix

Disponible aussi sur disquette.

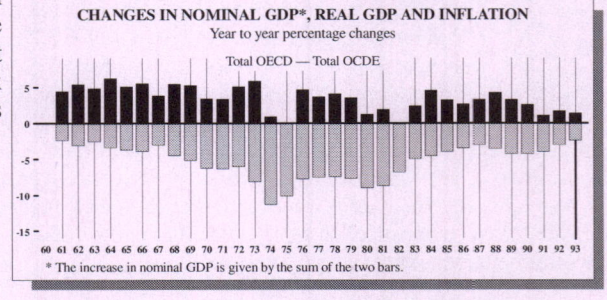

FOREIGN TRADE EXTRACTION - TAILOR MADE

Customers can order their own special extraction copied to diskettes, tape or listings from the annual and monthly OECD Foreign Trade data bases. Imports and exports by commodity and by partner country are available in US dollars and in quantities from 1961 to present.

For further information and detail of fees, please contact Foreign Trade extraction service :

Telephone: (33 1) 45 24 88 69

Telefax: (33 1) 45 24 96 57

EXTRACTIONS DES DONNÉES DU COMMERCE EXTÉRIEUR SUR MESURE

Les clients peuvent commander des extractions spécifiques sur disquette, bande ou papier de la base de données annuelle ou mensuelle du commerce extérieur de l'OCDE. Les importations et les exportations par produit et par pays partenaire sont disponibles en dollars É.-U. et en quantité depuis 1961.

Pour plus de renseignements ou de détails sur les conditions, veuillez contacter le service d'extractions du Commerce Extérieur :

Téléphone : (33 1) 45 24 88 69

Télécopie : (33 1) 45 24 96 57

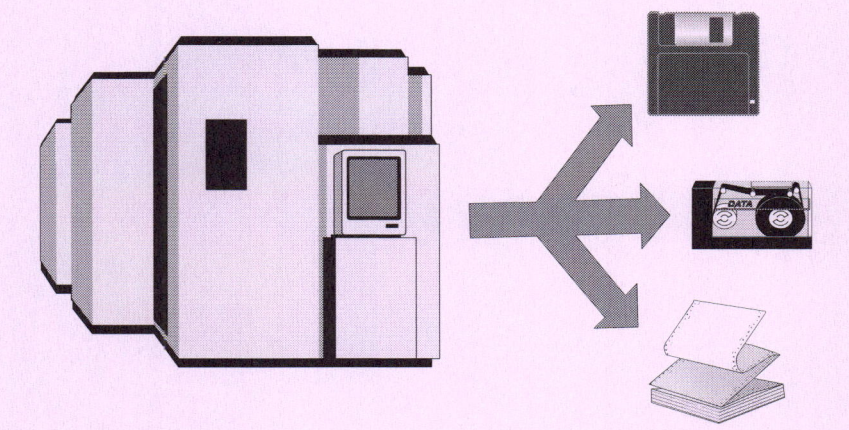

OECD
OCDE

National Accounts Division
Division des Comptes Nationaux

STATISTICS DIRECTORATE
DIRECTION DES STATISTIQUES

NATIONAL ACCOUNTS

MAIN AGGREGATES
VOLUME I
PRINCIPAUX AGRÉGATS

COMPTES NATIONAUX

1960-1994

ORGANISATION FOR ECONOMIC CO-OPERATION AND DEVELOPMENT
ORGANISATION DE COOPÉRATION ET DE DÉVELOPPEMENT ÉCONOMIQUES

ORGANISATION FOR ECONOMIC CO-OPERATION AND DEVELOPMENT

ORGANISATION DE COOPÉRATION ET DE DÉVELOPPEMENT ÉCONOMIQUES

Pursuant to Article 1 of the Convention signed in Paris on 14th December 1960, and which came into force on 30th September 1961, the Organisation for Economic Co-operation and Development (OECD) shall promote policies designed:
- to achieve the highest sustainable economic growth and employment and a rising standard of living in Member countries, while maintaining financial stability, and thus to contribute to the development of the world economy;
- to contribute to sound economic expansion in Member as well as non-member countries in the process of economic development; and
- to contribute to the expansion of world trade on a multilateral, non-discriminatory basis in accordance with international obligations.

The original Member countries of the OECD are Austria, Belgium, Canada, Denmark, France, Germany, Greece, Iceland, Ireland, Italy, Luxembourg, the Netherlands, Norway, Portugal, Spain, Sweden, Switzerland, Turkey, the United Kingdom and the United States. The following countries became Members subsequently through accession at the dates indicated hereafter: Japan (28th April 1964), Finland (28th January 1969), Australia (7th June 1971), New Zealand (29th May 1973) and Mexico (18th May 1994). The Commission of the European Communities takes part in the work of the OECD (Article 13 of the OECD Convention).

En vertu de l'article 1er de la Convention signée le 14 décembre 1960, à Paris, et entrée en vigueur le 30 septembre 1961, l'Organisation de Coopération et de Développement Économiques (OCDE) a pour objectif de promouvoir des politiques visant :
- à réaliser la plus forte expansion de l'économie et de l'emploi et une progression du niveau de vie dans les pays Membres, tout en maintenant la stabilité financière, et à contribuer ainsi au développement de l'économie mondiale ;
- à contribuer à une saine expansion économique dans les pays Membres, ainsi que les pays non membres, en voie de développement économique ;
- à contribuer à l'expansion du commerce mondial sur une base multilatérale et non discriminatoire conformément aux obligations internationales.

Les pays Membres originaires de l'OCDE sont : l'Allemagne, l'Autriche, la Belgique, le Canada, le Danemark, l'Espagne, les États-Unis, la France, la Grèce, l'Irlande, l'Islande, l'Italie, le Luxembourg, la Norvège, les Pays-Bas, le Portugal, le Royaume-Uni, la Suède, la Suisse et la Turquie. Les pays suivants sont ultérieurement devenus Membres par adhésion aux dates indiquées ci-après : le Japon (28 avril 1964), la Finlande (28 janvier 1969), l'Australie (7 juin 1971), la Nouvelle-Zélande (29 mai 1973) et le Mexique (18 mai 1994). La Commission des Communautés européennes participe aux travaux de l'OCDE (article 13 de la Convention de l'OCDE).

© OECD/OCDE 1996

Applications for permission to reproduce or translate all or part of this publication should be made to:

Les demandes de reproduction ou de traduction totales ou partielles de cette publication doivent être adressées à :

Head of Publications Service, OECD

M. le Chef du Service des Publications, OCDE

2, rue André-Pascal, 75775 PARIS CEDEX 16, France.

INTRODUCTION

National Accounts is published in two separate volumes.

VOLUME I

The **first volume** gives for each country the main aggregates calculated according to either the 1968 System of National Accounts (1968 SNA)[1] or the former[2] System of National Accounts. After a summary of the definitions of these main aggregates, this volume is divided into eight parts.

Part one contains graphs for each country showing the growth in real terms of *Gross domestic product* and *expenditure*.

Part two gives for each zone (OECD-Total, OECD-Europe and EU15) the main aggregates in US dollars using either exchange rates or purchasing power parities.

Part three gives for each country the main aggregates in national currencies.

Parts four and **five** give for zones and individual countries "growth triangles" for the main components of final expenditure. These triangles are made up of geometric average annual rates of change in per cent between any two years within the period shown.

Part six gives a set of comparative tables based on **exchange rates** (US dollars, volume and price indices). The national accounts data have been converted into US dollars using market or official exchange rates.[3] It must be emphasized that these rates do not necessarily reflect the relationships between the internal purchasing powers of currencies and may consequently distort intercountry comparisons of GDP and its components.

Part seven contains a set of comparative tables based on **purchasing power parities.** These tables enable direct comparisons to be made of the volumes of final goods and services produced in the Member countries.

Part eight gives three tables referring to population, exchange rates and purchasing power parities (PPPs) for GDP.

VOLUME II

The **second volume** gives detailed national accounts for each country. To the extent that data are available, the following tables are shown:

1. Main aggregates.
2. Private final consumption expenditure by type and purpose (current and constant prices).
3. Gross fixed capital formation by kind of activity of owner (current and constant prices).
4. Gross fixed capital formation by type of good and owner (current and constant prices).
5. Total government outlays by function and type.
6. Accounts for general government.
6.1 Accounts for central government.
6.2 Accounts for state or provincial government.
6.3 Accounts for local government.
6.4 Accounts for social security funds.
7. Accounts for non-financial and financial corporate and quasi-corporate enterprises.

Les *Comptes nationaux* sont publiés en deux volumes séparés.

VOLUME I

Le **premier volume** présente pour chaque pays les principaux agrégats de comptabilité nationale évalués conformément soit au Système de Comptabilité Nationale de 1968 (SCN de 1968) nouveau[1] soit à l'ancien[2] Système de Comptabilité Nationale. Après un rappel sommaire des définitions de ces principaux agrégats, ce volume se divise en huit parties.

La **première partie** présente, sous forme de graphiques, l'évolution en termes de volume du *Produit intérieur brut* et de ses *emplois*.

La **deuxième partie** comprend pour chaque zone (OCDE-Total, OCDE-Europe et UE15) les principaux agrégats en dollars É-U en utilisant ou bien les taux de change ou les parités de pouvoir d'achat.

La **troisième partie** comprend pour chaque pays les données en monnaies nationales des principaux agrégats.

Les **quatrième et cinquième parties** présentent pour les zones et les pays individuels des « triangles de croissance » pour les principales composantes de la demande. Ces triangles de croissance sont composés de moyennes géométriques de pourcentages annuels de variation enregistrés entre deux années quelconques de la période montrée.

La **sixième partie** fournit un ensemble de tableaux comparatifs basés sur les **taux de change** (dollars, indices de volume et de prix). Les données des comptes nationaux ont été converties en dollars É-U en utilisant le taux de change du marché ou le taux de change officiel[3]. Il faut souligner que ces taux ne reflètent pas nécessairement les rapports entre les pouvoirs d'achat intérieurs des monnaies et peuvent rendre donc inexacts les comparaisons entre le PIB et ses composantes d'un pays à l'autre.

La **septième partie** comprend un ensemble de tableaux comparatifs basés sur les **parités de pouvoir d'achat.** Ces tableaux permettent des comparaisons directes entre les volumes de biens et services finals produits dans les pays Membres.

La **huitième partie** fournit trois tableaux concernant la population, les taux de change et les parités de pouvoir d'achat (PPA) du PIB.

VOLUME II

Le **deuxième volume** présente les statistiques détaillées de chaque pays. Dans la mesure de la disponibilité des données, les tableaux montrés sont les suivants :

1. Principaux agrégats.
2. Consommation finale privée par catégorie de dépenses et par fonction (prix courants et prix constants).
3. Formation brute de capital fixe par genre d'activité (prix courants et prix constants).
4. Formation brute de capital selon la nature des biens (prix courants et prix constants).
5. Dépenses des administrations publiques par fonction et par nature.
6. Comptes des administrations publiques.
6.1 Comptes des administrations centrales.
6.2 Comptes des administrations provinciales.
6.3 Comptes des administrations locales.
6.4 Comptes des administrations de sécurité sociale.
7. Comptes des sociétés et quasi-sociétés, non financières et financières.

7.1	Accounts for non-financial corporate and quasi-corporate enterprises.	7.1	Comptes des sociétés et quasi-sociétés non financières.
7.2	Accounts for financial institutions.	7.2	Comptes institutions financières.
8.	Accounts for households and private unincorporated enterprises.	8.	Comptes des ménages et des entreprises individuelles.
9.	Accounts for private non-profit institutions serving households.	9.	Comptes des institutions privées sans but lucratif au services des ménages.
10.	External transactions, current and capital accumulation accounts.	10.	Transactions extérieures, compte courant et compte d'accumulation de capital.
11.	Capital finance accounts.	11.	Compte de financement de capital par secteur.
12.	Gross domestic product by kind of activity (current and constant prices).	12.	Produit intérieur brut par genre d'activité (prix courants et prix constants).
13.	Cost components of value added by kind of activity.	13.	Coûts constitutifs de la valeur ajoutée par genre d'activité.
14.	Profit shares and rates of return on capital.	14.	Part des bénéfices et taux de rendement.
15.	Employment by kind of activity.	15.	Emploi par genre d'activité.

A table on page 8 of Volume II shows which of these data are available for each country. The explanatory notes to the tables appear at the end of each country section.

Two annexes are included at the end of Volume II. **Annex I** is a glossary of the technical terms used in the present System of National Accounts (SNA); **Annex II** gives a full set of English and French translations of the item descriptions in the detailed country tables.

The national accounts in both volumes have been prepared from statistics reported to the OECD by Member countries in their answers to successive *National Accounts Questionnaires*. These questionnaires are designed to collect internationally comparable data according to either the 1968 SNA or the *Former* SNA. Although Member countries have all agreed to adopt the 1968 SNA a number are still using the earlier system or can give data for only a few years according to the 1968 SNA. The country tables in both volumes indicate the system used by each country. There are numerous differences between the 1968 SNA and the earlier system as regards valuation, classifications and definitions, and these must be taken into account when comparing data compiled according to different systems.

La disponibilité de ces données est précisée dans le tableau page 8, et les notes explicatives relatives aux tableaux apparaissent à la fin du chapitre du pays.

Deux annexes sont à la fin du volume II. L'**Annexe I** est un glossaire des termes techniques utilisés dans le nouveau Système de Comptabilité Nationale (SCN); l'**Annexe II** comprend les traductions anglaises et françaises des rubriques des tableaux par pays.

Les deux volumes des comptes nationaux sont préparés à l'aide de l'information statistique fournie à l'OCDE par les pays Membres dans leurs réponses aux *Questionnaires des comptes nationaux* des dernières années. Ces questionnaires sont destinés à rassembler des données comparables au niveau international et conformes soit au SCN de 1968 ou à l'*ancien* SCN. Bien que tous les pays Membres aient été d'accord pour adopter le SCN de 1968, un certain nombre utilisent encore le système précédent ou ne peuvent fournir des données que pour quelques années suivant le SCN de 1968 Les pages de couverture des tableaux par pays dans les deux volumes spécifient le système utilisé par chaque pays. Il existe de nombreuses différences entre le SCN de 1968 et le système précédent en ce qui concernent les évaluations, les classifications et les définitions et il faut en tenir compte lorsqu'on compare des données compilées selon des systèmes différents.

The following signs and abbreviations are used:

*	:	Secretariat estimates
..	:	not available
-	:	nil or negligible
.	:	decimal point
billion	:	thousand million
n.e.c.	:	not elsewhere classified
c.i.f.	:	cost, insurance and freight
f.o.b.	:	free on board

Les signes et abréviations utilisés sont les suivants :

*	:	estimations du Secrétariat
..	:	non disponible
-	:	nul ou négligeable
.	:	point décimal
billion	:	mille millions
n.d.a.	:	non défini ailleurs
c.a.f.	:	coût, assurance et fret
f.a.b.	:	franco à bord

EU15: European Union (15 countries): Austria, Belgium, Denmark, Finland, France, Germany, Greece, Ireland, Italy, Luxembourg, Netherlands, Portugal, Spain, Sweden and the United Kingdom.
OECD-Europe: All European Member countries of OECD, *i.e.* countries in EU15 plus Iceland, Norway, Switzerland and Turkey.
OECD-Total: All Member countries of OECD, *i.e.* countries of OECD-Europe plus Canada, Mexico, United States, Japan, Australia and New Zealand.

UE15 : Union Européenne (15 pays) : Autriche, Belgique, Danemark, Finlande, France, Allemagne, Grèce, Irlande, Italie, Luxembourg, Pays-Bas, Portugal, Espagne, Suède et Royaume-Uni.
OCDE-Europe : Ensemble des pays européens membres de l'OCDE, *i.e.* les pays de l'UE15 plus Islande, Norvège, Suisse et Turquie.
OCDE-Total : Ensemble des pays membres de l'OCDE, *i.e.* les pays de l'OCDE-Europe plus Canada, Mexique, États-Unis, Japon, Australie et Nouvelle-Zélande.

---

1. A System of National Accounts (Series F. No. 2, Rev 3) New York, United Nations, 1968.
2. A System of National Accounts and Supporting Tables (Series F, No. 2, Rev 2) New York, United Nations, 1964.
3. The rates used are the monthly period average market rates/par or central rates shown in *International Financial Statistics* published by the International Monetary Fund.

1. *Système de Comptabilité nationale* (série F, n° 2, Rev 3) Nations Unies, New York, 1970.
2. Systèmes de Comptes nationaux et Tableaux connexes (série F, n° 2, Rev 2) Nations Unies, New York, 1964.
3. Les taux utilisés sont les moyennes mensuelles des taux du marché/parité ou taux central montré dans *International Financial Statistics* publié par le Fonds Monétaire International.

TABLE OF CONTENTS – TABLE DES MATIÈRES

I. Graphs	9		**I. Graphiques**

II. Main aggregates – Principaux agrégats

Zones based on 1990 exchange rates

OECD-Total	16
OECD-Europe	18
EU15	20

Zones based on PPPs

OECD-Total	22
OECD-Europe	24
EU15	26

III. Main aggregates – Principaux agrégats

Countries

Canada	30
Mexico	32
United States	34
Japan	36
Australia	38
New Zealand	40
Austria	42
Belgium	44
Denmark	46
Finland	48
France	50
Germany	52
West Germany	54
Greece	56
Iceland	58
Ireland	60
Italy	62
Luxembourg	64
Netherlands	66
Norway	68
Portugal	70
Spain	72
Sweden	74
Switzerland	76
Turkey	78
United kingdom	80

IV. Growth triangles – Triangles de croissance

Zones basées sur les taux de change 1990

OCDE-Total	84
OCDE-Europe	85
UE15	86

Zones basées sur les PPA

OCDE-Total	87
OCDE-Europe	88
UE15	89

V. Growth triangles – Triangles de croissance

Pays

Canada	92
Mexique	93
États-Unis	94
Japon	95
Australie	96
Nouvelle-Zélande	97
Autriche	98
Belgique	99
Danemark	100
Finlande	101
France	102
Allemagne	103
Allemagne Occidentale	..
Grèce	104
Islande	105
Irlande	106
Italie	107
Luxembourg	108
Pays-Bas	109
Norvège	110
Portugal	111
Espagne	112
Suède	113
Suisse	114
Turquie	115
Royaume-Uni	116

VI. Comparative tables based on exchange rates

Aggregates in US dollars	120
Volume indices (1990 = 100)	136
Price indices (1990 = 100)	140

VI. Tableaux comparatifs basés sur les taux de change

Agrégats en dollars des É-U	
Indices de volume (1990 = 100)	
Indices de prix (1990 = 100)	

VII. Comparative tables based on PPPs

Aggregates in US dollars	148
Indices (OECD = 100)	148

VII. Tableaux comparatifs basés sur les PPA

Agrégats en dollars des É-U	
Indices (OCDE = 100)	

VIII. Appendix

Population	158
Exchange rates	158
Purchasing power parities for GDP	158

VIII. Annexe

Population	
Taux de change	
Parités de pouvoir d'achat du PIB	

DEFINITION OF MAIN AGGREGATES
DÉFINITION DES PRINCIPAUX AGRÉGATS

1. Government Final Consumption Expenditure

The value of goods and services produced by governments for their own use on current account, that is the value of their gross output *less* the sum of the value of their commodity and non-commodity sales and the value of their own-account capital formation. The value of their gross output is equal to the sum of the value of their intermediate consumption of goods and services, compensation of employees, consumption of fixed capital and indirect taxes.

2. Private Final Consumption Expenditure

This is the sum of two items:

i) The outlays of resident households on new durable and non-durable goods and services *less* their net sales of second-hand goods, scraps and wastes.

ii) The value of goods and services produced by private non-profit institutions for own use on current account, that is the value of their gross output reduced by the sum of the value of their commodity and non-commodity sales. The value of their gross output is equal to the sum of the value of their intermediate consumption of goods and services, compensation of employees, consumption of fixed capital and indirect taxes.

3. Increase in stocks

In principle, the market value at the owning establishment of the physical change during a period of account in stocks of materials, supplies, work-in-progress except on construction projects, finished products, livestock raised for slaughter and merchandise held by resident industries, and in stocks of strategic materials and emergency stocks of important products held by government services.

In practice, the closest feasible approximation may be the difference between the levels of these stocks at the beginning and end of the period, both valued at approximate average prices ruling over the period, perhaps valuing commodities processed internally at explicit costs.

1. Consommation finale des administrations publiques

Valeur des biens et services produits par les branches non marchandes des administrations publiques pour leur propre usage courant. La consommation finale des services des administrations publiques est égale à leur production moins la somme de leurs ventes de biens et services marchands, de leurs ventes de biens et services non marchands et de leur formation de capital pour compte propre, lorsque la production d'auto-équipement n'est pas isolée comme branche d'activité marchande. La valeur de la production des branches non marchandes des administrations publiques est égale à la somme de leur consommation intermédiaire de biens et services, augmentée de la rémunération des salariés, de la consommation de capital fixe et des impôts indirects.

2. Consommation finale privée

Ce flux est la somme de:

i) Achats de services et de biens neufs de consommation durables, semi-durables, et non durables par les ménages résidents diminués de leurs ventes – nettes de leurs achats – de biens d'occasion, de rebuts et de déchets.

ii) Valeur des biens et services produits par les branches non marchandes des institutions privées sans but lucratif pour leur propre usage courant. La consommation finale de ces institutions est égale à la production de leurs branches non marchandes, moins la somme de leurs ventes de biens et services marchands et de biens et services non marchands. La valeur de la production des branches non marchandes des institutions privées sans but lucratif au service des ménages est égale à la somme de leur consommation intermédiaire de biens et services augmentée de la rémunération des salariés, de la consommation de capital fixe et des impôts indirects.

3. Variation des stocks

En principe, la variation des stocks au cours d'une période comptable est égale à la différence entre les entrées en stocks et les sorties de stocks évaluées au cours du jour, chez le propriétaire. Les stocks comprennent : les stocks de matières premières, de produits semi-ouvrés, de travaux en cours, à l'exclusion des travaux de construction, les stocks de produits finis, le bétail élevé pour la boucherie et les stocks de marchandises importées, détenus par les unités de production résidentes, les stocks de matières stratégiques et les stocks d'urgence, détenus par les producteurs des services rendus par les administrations publiques.

En pratique, la meilleure approximation de la règle d'évaluation théorique peut être de calculer la différence entre les niveaux des stocks à la fin et au début de la période et de l'évaluer aux prix moyens approximatifs de la période, les biens provenant de la production interne de l'entreprise pouvant éventuellement être évalués au prix de revient.

4. **Gross Fixed Capital Formation**

The outlays (purchases and own-account production) of industries, producers of government services and producers of private non-profit services to households, on additions of new durable goods (commodities) to their stocks of fixed assets *less* their net sales of similar second-hand and scrapped goods. Excluded are the outlays of government services on durable goods for military use. Included are acquisitions of reproducible and non-reproducible durable goods, except land, mineral deposits, timber tracts and the like, for civilian use; work-in-progress on construction projects; capital repairs; outlays on the improvement of land and on the development and extension of timber tracts, plantations, vineyards, etc. which take considerably more than a year to become productive, until they become productive; the acquisition of breeding stock, draught animals, dairy cattle and the like; and the transfer costs in connexion with purchases and sales of land, mineral deposits, timber tracts, etc.

5. **Exports of goods and services**

In principle, all transfers of the ownership of goods from residents of a country to non-residents and services provided by resident producers of the country to non-residents. In practice, the exports of goods may consist of the outward movement of merchandise across the customs frontier of a country and of other goods across the boundaries of her domestic territory, including the direct purchases in the country of extra-territorial organisations and non-resident persons. Since the imports of merchandise into a country are to be valued at c.i.f., the exports of services of the country should also include the charges in respect of the imports for the transport and insurance services provided by resident producers of the given country.

6. **Imports of goods and services**

In principle, all transfers of the ownership of goods from non-residents of a country to residents and services provided by non-resident producers to residents of the country. In practice, the imports of goods may consist of the inward movement of merchandise across the customs frontier of a country and of other goods across the boundaries of her domestic territory, including the direct purchases of the government services and residents of the country abroad. Since imports of merchandise are valued c.i.f., imports also include the charges of resident producers for transport and insurance services in respect of these imports.

7. **Gross Domestic Product**

The Gross Domestic Product is equal to the total of the gross expenditure on the final uses of the domestic supply of goods and services valued at purchasers' values *less* imports of goods and services valued c.i.f.; or the sum of the compensation of employees, consumption of fixed capital, operating surplus and indirect taxes, net, of resident producers and import duties.

8. **Indirect taxes**

Taxes assessed on producers in respect of the production, sale, purchase or use of goods and services, which they charge to the expenses of production. Also included are import duties and the operating surplus, reduced by the normal margin of profits of business units, of fiscal and similar monopolies of government.

4. **Formation brute de capital fixe**

Dépenses (achats et production pour compte propre) des branches d'activité marchande, des branches non marchandes des administrations publiques et des branches non marchandes des institutions privées sans but lucratif, ayant pour but d'ajouter des biens durables neufs à leur capital fixe, diminuées des ventes de ces branches, nettes de leurs achats, de biens analogues d'occasion ou de rebuts. Les dépenses des administrations publiques au titre de biens durables à usage militaire sont exclues de la formation brute de capital fixe. Les acquisitions à usage civil de biens durables, reproductibles ou non, à l'exception des terres, des gisements de minéraux, des zones boisées et des biens analogues, la valeur des travaux du bâtiment et des travaux publics et la valeur du gros entretien effectué sont incluses dans la formation brute de capital fixe. De même, on inclura dans la formation brute de capital fixe les dépenses de mise en valeur et d'amélioration des terres et les dépenses engagées pour développer et étendre les zones boisées, les plantations, les vignobles, etc., jusqu'à ce qu'ils deviennent productifs, lorsque le délai qui les sépare de l'entrée en production est largement supérieur à un an, et les acquisitions d'animaux pour la reproduction, d'animaux de trait, de bétail laitier, etc., ainsi que les frais de mutation relatifs aux achats et aux ventes de terrains, de gisements minéraux, de zones boisées, etc.

5. **Exportations de biens et services**

En principe, on enregistre dans les exportations d'un pays tous les transferts de propriété des biens et des services fournis par les producteurs résidents de ce pays à des non-résidents. En pratique on peut saisir les exportations de biens de la manière suivante : au passage des frontières douanières, s'il s'agit de marchandises, à la sortie du territoire économique s'il s'agit d'autres biens, en y incluant les achats directs à l'intérieur des organismes extra-territoriaux et des particuliers non résidents. Étant donné que les importations d'un pays doivent être évaluées c.a.f., les exportations de services de ce pays doivent inclure la valeur des services de transport et d'assurance des marchandises importées fournis par des producteurs résidents.

6. **Importations de biens et services**

En principe, on enregistre dans les importations d'un pays tous les transferts de propriété des biens et des services fournis par les producteurs non résidents à des résidents de ce pays. En pratique on peut saisir les importations de la manière suivante: au passage des frontières du pays s'il s'agit de marchandises, à l'entrée du territoire économique s'il s'agit des autres biens et services ; ces derniers comprennent les achats directs courants à l'extérieur des administrations publiques et des particuliers résidents. Comme les importations de marchandises d'un pays sont évaluées c.a.f., leur valeur inclut la valeur des services de transports et d'assurance fournis par les producteurs résidents sur les marchandises importées.

7. **Produit intérieur brut**

Le produit intérieur brut est égal au total des emplois finals de biens et services aux prix d'acquisition diminué des importations c.a.f. On peut encore définir le produit intérieur brut comme la somme de la rémunération des salariés, de la consommation de capital fixe, de l'excédent net d'exploitation, des impôts indirects – nets des subventions d'exploitation – des producteurs résidents et des droits et taxes sur importations.

8. **Impôts indirects**

Impôts payés par les producteurs, figurant dans leur coût de production et assis sur la production, la vente, l'achat ou l'utilisation de biens ou de services. Ces impôts comprennent les droits et taxes sur importations ainsi que les excédents d'exploitation des monopoles fiscaux et autres monopoles publics diminués de la marge bénéficiaire normale.

9. **Subsidies**

All grants on current account made by government to private industries and public corporations; and grants made by the public authorities to government enterprises in compensation for operating losses when these losses are clearly the consequence of the policy of the government to maintain prices at a level below costs of production.

10. **Consumption of fixed capital**

The value, at current replacement cost, of the reproducible fixed assets except the roads, dams and other forms of construction other than structures of the producers of government services used up during a period of account as a result of normal wear and tear, foreseen obsolescence and the normal rate of accidental damage. Unforeseen obsolescence, main catastrophies and the depletion of natural resources are not taken into account.

11. **Compensation of employees paid by resident producers**

All payments by resident producers of wages and salaries to their employees, in kind and in cash, and of contributions, paid or imputed, in respect of their employees to social security schemes and to private pension, family allowance, casualty insurance, life insurance and similar schemes.

12. **Operating surplus**

Gross output at producers' values *less* the sum of intermediate consumption, compensation of employees, consumption of fixed capital and indirect taxes reduced by subsidies. It includes the earnings of self-employed persons.

13. **Net saving**

The difference between current receipts and current disbursements of the nation. It is derived by deducting government and private final consumption from National Disposable Income.

14. **Surplus of the nation on current transactions**

The excess of receipts on current account over disbursements on current account in respect of the transactions of a country with the rest of the world. It is equal to exports *less* imports of goods and services, *plus* net factor income and net current transfers from the rest of the world.

15. **Net factor income from the rest of the world**

Receipts (*less* payments) of compensation of employees and entrepreneurial and property income from the rest of the world.

16. **Net current transfers from the rest of the world**

Net transfers of income between residents and the rest of the world. The transfers are made from the current income of the payer and add to the current income of the recipient for such purposes as consumption expenditure. They may include transfers in cash or in kind between governments, migrants' remittances, transfers of immigrants personal and household goods, and transfers in cash and in kind between resident and non-resident households.

9. **Subventions d'exploitation**

Tous les transferts courants de l'administration aux unités de production marchande du secteur privé et aux sociétés publiques et les transferts des pouvoirs publics aux unités de production marchandes gérées par l'administration pour compenser leurs pertes d'exploitation lorsque celles-ci sont manifestement la conséquence de la politique des pouvoirs publics visant à maintenir des prix à un niveau inférieur aux coûts de production.

10. **Consommation de capital fixe**

Valeur, aux prix courants de remplacement, du capital fixe reproductible consommé au cours de la période, du fait de l'usure normale, de l'obsolescence prévisible et des dommages accidentels probables. On ne calcule pas de consommation de capital fixe pour les routes, les barrages, et les constructions autres que les bâtiments des producteurs de services rendus par les administrations publiques. L'obsolescence imprévisible, les grands catastrophes, l'épuisement des ressources naturelles ne sont pas pris en compte dans le calcul de la consommation de capital fixe.

11. **Rémunération des salariés payée par les producteurs résidents**

Paiements en espèces et en nature des producteurs résidents à leur personnel de salaires et de traitements ainsi que leurs contributions effectives ou imputées aux régimes de sécurité sociale et aux régimes privés de retraite, d'allocations familiales, d'assurance-dommages, d'assurance-vie, etc.. pour le compte de leur personnel.

12. **Excédent net d'exploitation**

Différence entre la production aux prix départ-usine et la somme de la consommation intermédiaire, de la rémunération des salariés, de la consommation de capital fixe et des impôts indirects diminués des subventions d'exploitation. Il comprend le revenu des entreprises individuelles.

13. **Épargne nette**

Différence entre les ressources courantes et les emplois courants de la nation. Elle est obtenue comme la différence entre le Revenu national disponible et la consommation finale privée et celle des administrations publiques.

14. **Solde des opérations courantes avec le reste du monde**

Excédent du compte des opérations courantes d'un pays avec le reste du monde. Il est égal aux exportations (*moins* importations) de biens et services, *plus* le revenu net des facteurs reçu du reste du monde et les transferts courants nets reçus du reste du monde.

15. **Revenu net des facteurs reçu du reste du monde**

La rémunération des salariés et le revenu de la propriété et de l'entreprise reçus du reste du monde *moins* les paiements au reste du monde.

16. **Transferts courants nets reçus du reste du monde**

Transferts nets de revenus entre les résidents et le reste du monde. Ils s'opèrent par prélèvement sur le revenu courant du payeur et s'ajoutent au revenu courant du bénéficiaire pour financer ses dépenses courantes, en particulier ses dépenses de consommation. Il peut s'agir de transferts en espèce ou en nature entre des gouvernements, des envois de fonds des émigrés, des transferts de biens personnels et ménagers des émigrants, et des transferts en espèce ou en nature entre ménages résidents et non-résidents.

PART ONE

PREMIÈRE PARTIE

Graphs
Graphiques

The statistics for Germany in this publication refer to Germany after unification. Official data for Germany after unification are available only from 1991 onwards. In this publication, the secretariat has estimated some national accounts aggregates for the whole of Germany back to 1960 in order to calculate the various zones totals. These estimates are based on statistics published by Deutsches Institut für Wirtschaftsforschung for period 1989-90 and by the East German Statistical Office in 1990 for period 1980-89. They are also based on the ratios of the aggregates of West Germany and the whole of Germany.

Les statistiques concernant l'Allemagne dans cette publication se réfèrent à l'Allemagne après l'unification. Des données officielles pour l'Allemagne après l'unification ne sont disponibles qu'à partir de 1991. Dans cette publication, le secrétariat a estimé certains agrégats des comptes nationaux pour l'Allemagne dans son ensemble depuis 1960 afin de calculer les différentes zones. Ces estimations sont basées sur des statistiques publiées par Deutsches Institut für Wirtschaftsforschung pour la période 1989-90 et par l'Office Statistique de l'Allemagne de l'Est en 1990 pour la période 1980-89. Elles sont aussi basées sur les rapports des agrégats de l'Allemagne occidentale et de l'Allemagne dans son ensemble.

This part contains graphs for each country and groups of countries showing the growth from 1960 to 1994 in reals terms of Gross Domestic Product, consumption expenditure, and fixed capital formation.

Cette partie présente, sous forme de graphiques, l'évolution de 1960 à 1994 en termes de volume du Produit Intérieur Brut, de la consommation finale, et de la formation brute de capital fixe.

Volume indices
1960 = 100
(Semi-logarithmic scale)

- Gross Domestic Product
- Government final consumption expenditure
- Private final consumption expenditure
- Gross fixed capital formation

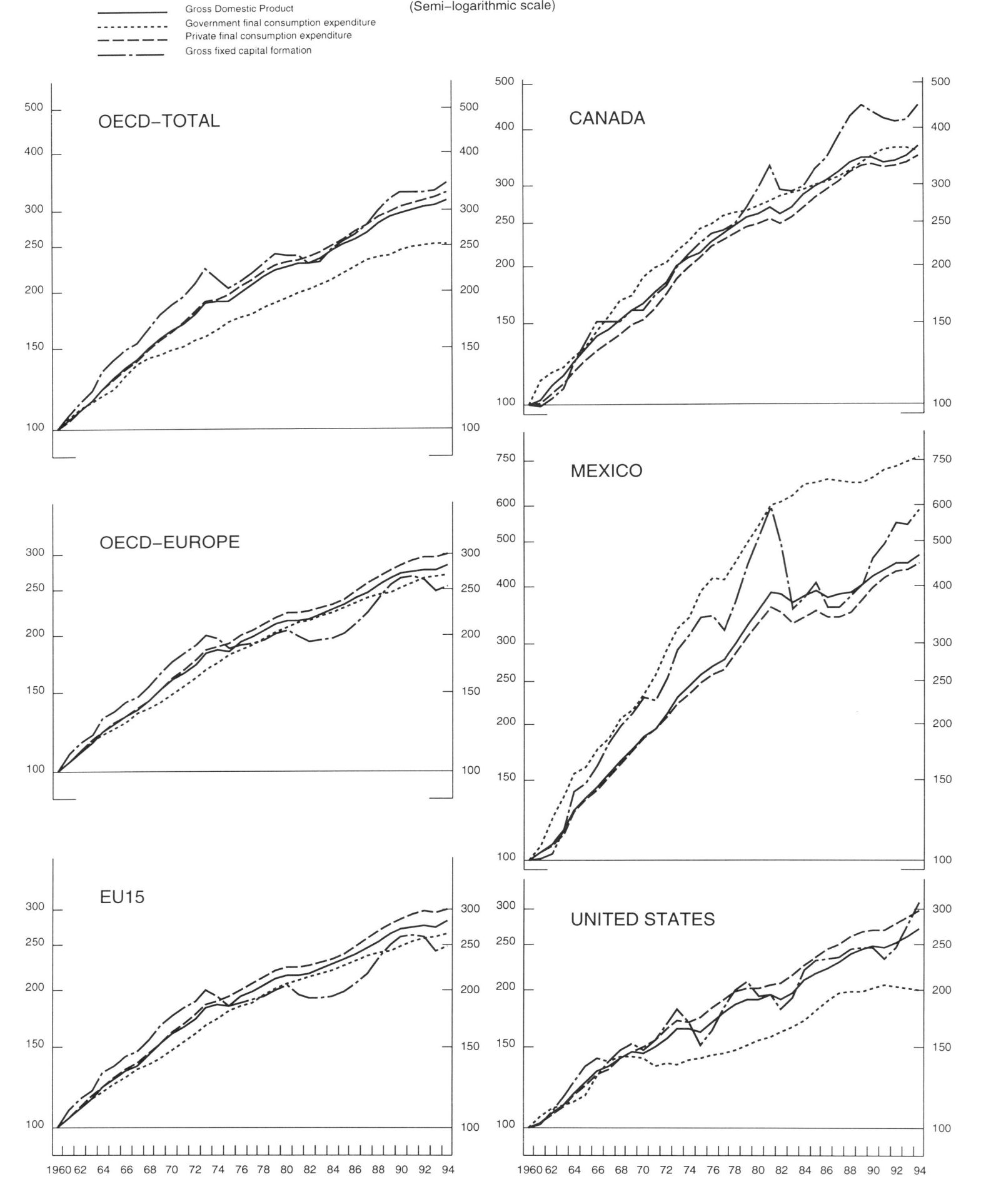

OECD-TOTAL

CANADA

OECD-EUROPE

MEXICO

EU15

UNITED STATES

National Accounts, Volume 1, OECD, 1996

Volume indices
1960 = 100
(Semi-logarithmic scale)

- Gross Domestic Product
- Government final consumption expenditure
- Private final consumption expenditure
- Gross fixed capital formation

JAPAN

AUSTRIA

AUSTRALIA

BELGIUM

NEW ZEALAND

DENMARK

Comptes nationaux, Volume 1, OCDE, 1996

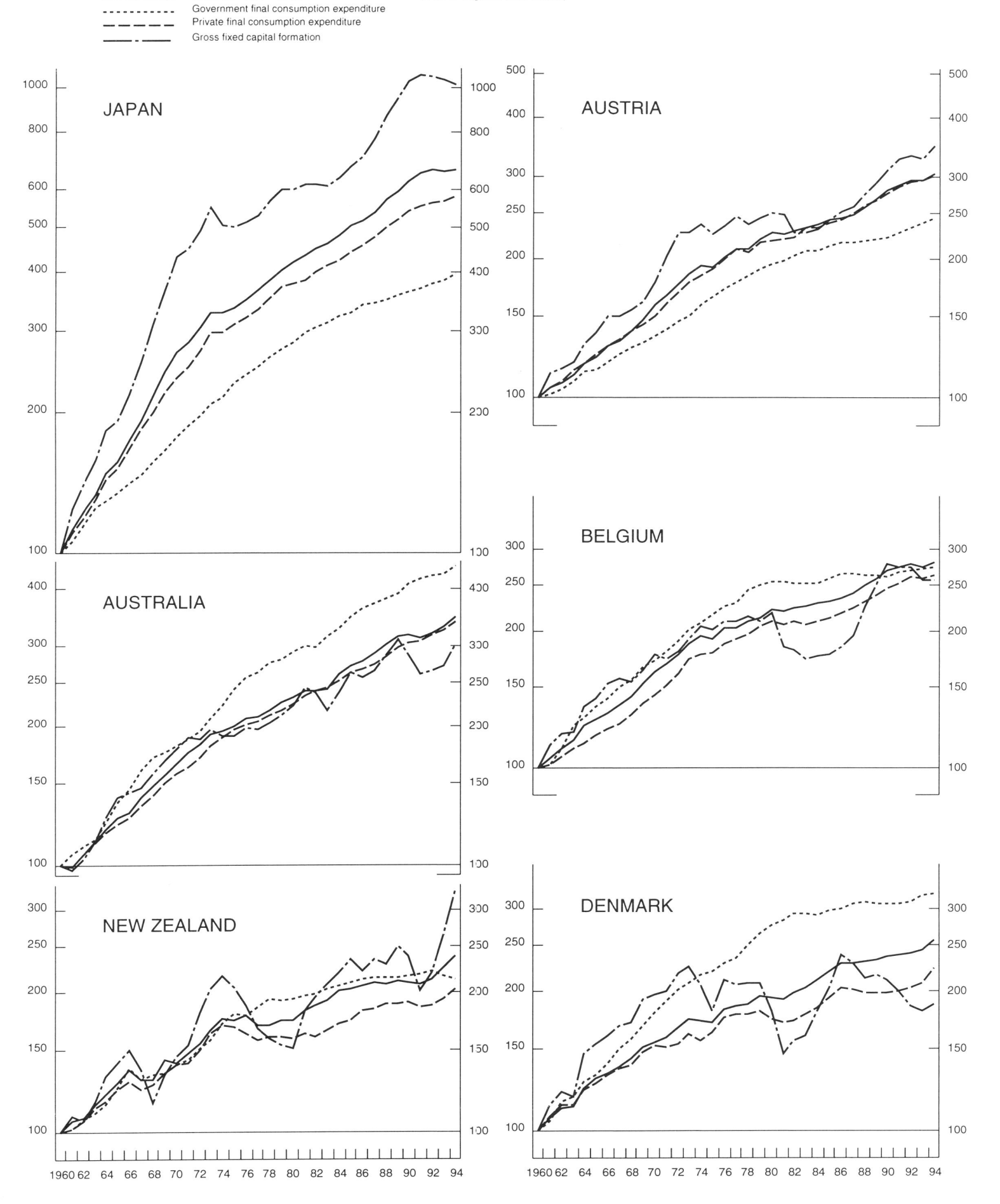

Volume indices
1960 = 100
(Semi–logarithmic scale)

- Gross Domestic Product
- Government final consumption expenditure
- Private final consumption expenditure
- Gross fixed capital formation

FINLANDE

GERMANY

FRANCE

ICELAND

GREECE

IRELAND

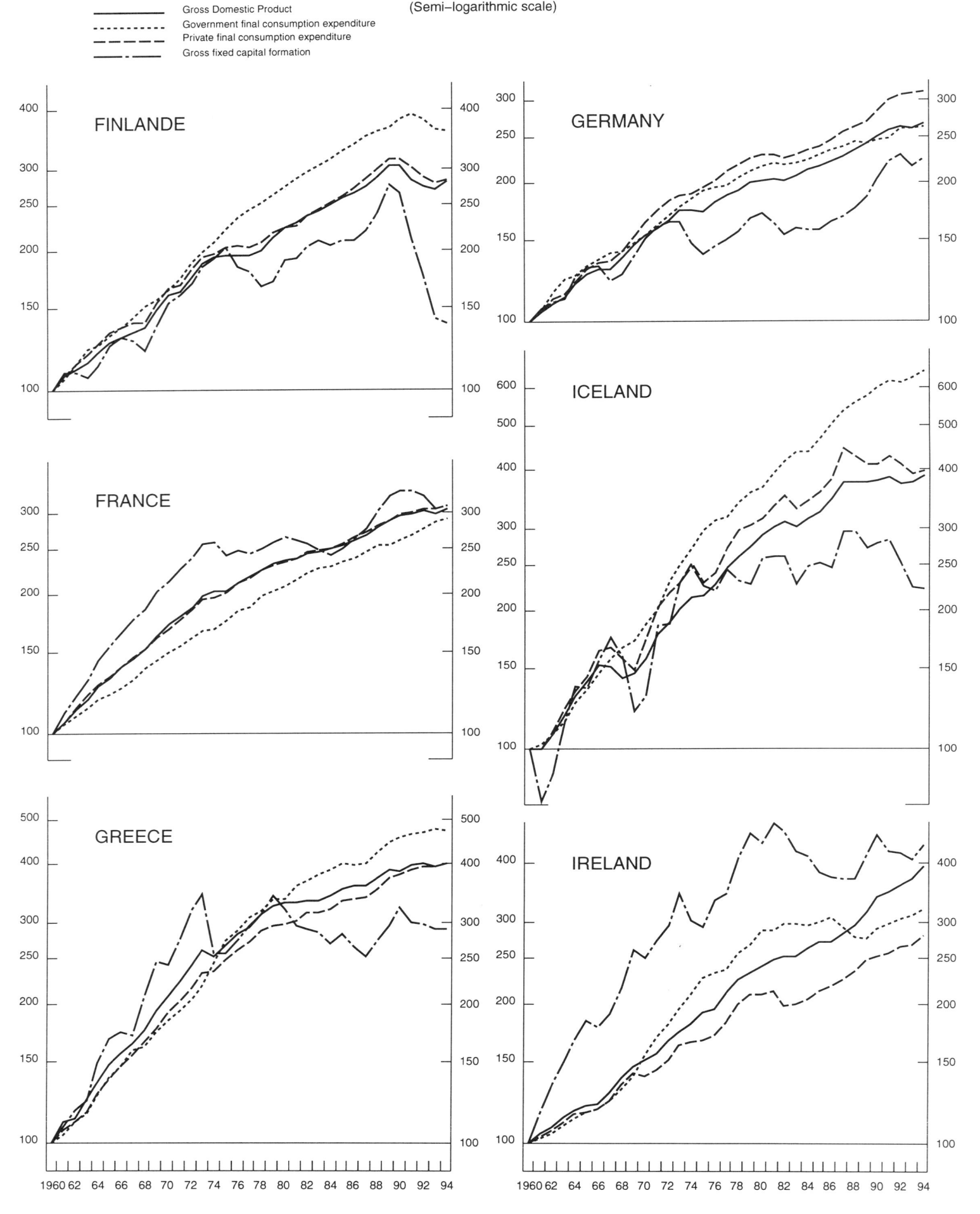

Volume indices
1960 = 100
(Semi–logarithmic scale)

- Gross Domestic Product
- Government final consumption expenditure
- Private final consumption expenditure
- Gross fixed capital formation

ITALY

PORTUGAL

LUXEMBOURG

SPAIN

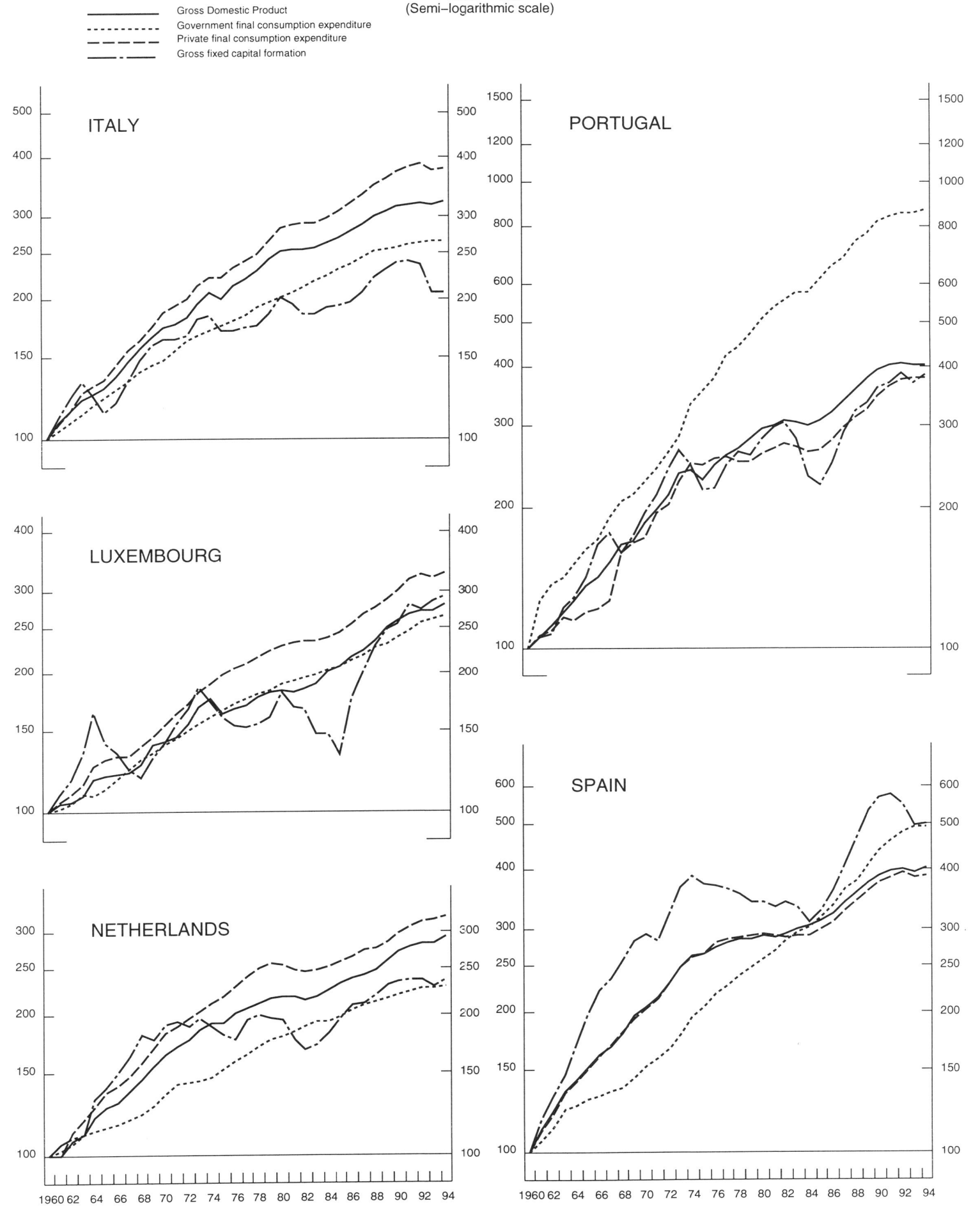

NETHERLANDS

Volume indices
1960 = 100
(Semi-logarithmic scale)

- Gross Domestic Product
- Government final consumption expenditure
- Private final consumption expenditure
- Gross fixed capital formation

NORWAY

SWEDEN

SWITZERLAND

TURKEY

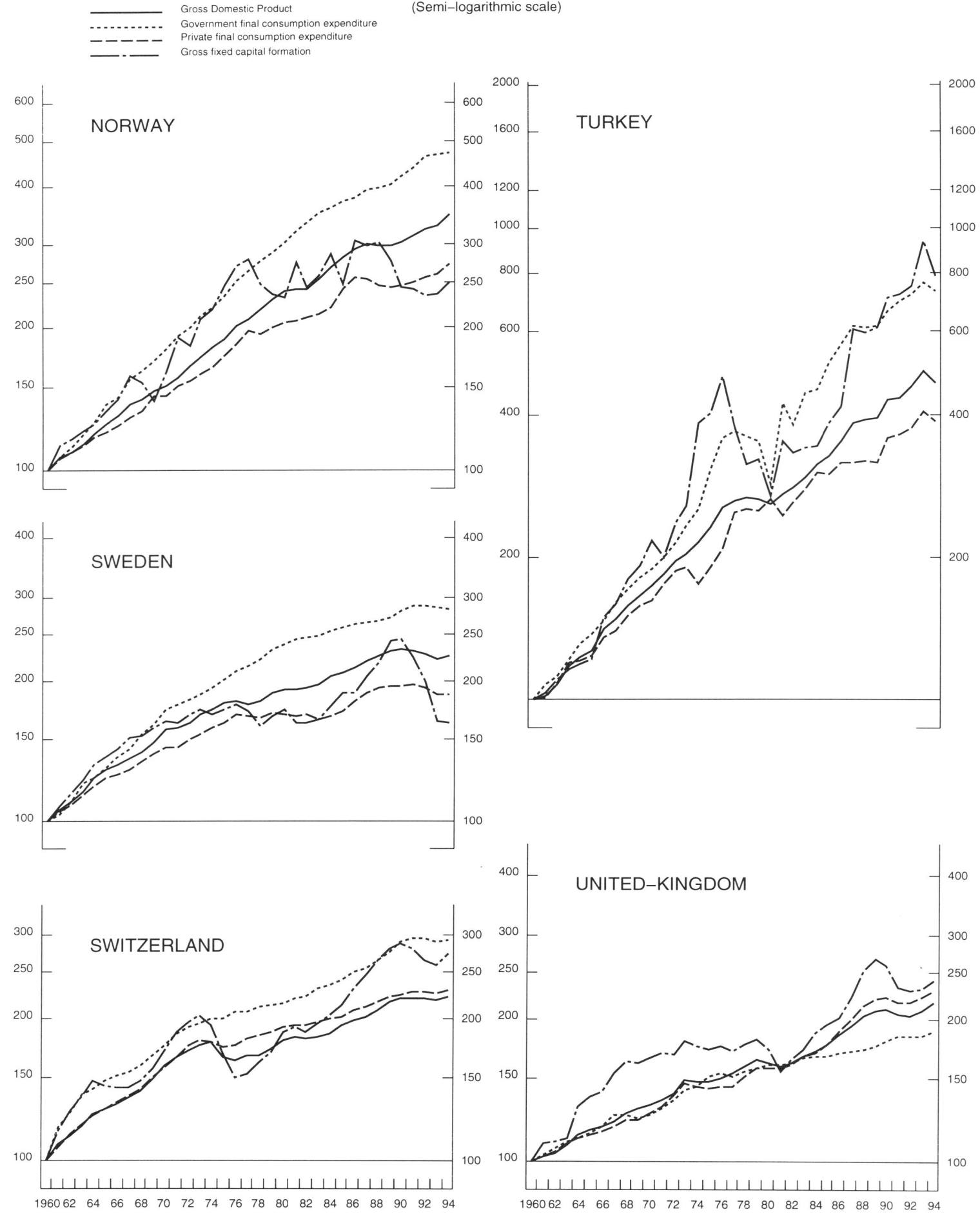

UNITED-KINGDOM

PART TWO

DEUXIÈME PARTIE

Main aggregates: Zones
Principaux agrégats : Zones

The statistics for Germany in this publication refer to Germany after unification. Official data for Germany after unification are available only from 1991 onwards. In this publication, the secretariat has estimated some national accounts aggregates for the whole of Germany back to 1960 in order to calculate the various zones totals. These estimates are based on statistics published by Deutsches Institut für Wirtschaftsforschung for period 1989-90 and by the East German Statistical Office in 1990 for period 1980-89. They are also based on the ratios of the aggregates of West Germany and the whole of Germany.

Les statistiques concernant l'Allemagne dans cette publication se réfèrent à l'Allemagne après l'unification. Des données officielles pour l'Allemagne après l'unification ne sont disponibles qu'à partir de 1991. Dans cette publication, le secrétariat a estimé certains agrégats des comptes nationaux pour l'Allemagne dans son ensemble depuis 1960 afin de calculer les différentes zones. Ces estimations sont basées sur des statistiques publiées par Deutsches Institut für Wirtschaftsforschung pour la période 1989-90 et par l'Office Statistique de l'Allemagne de l'Est en 1990 pour la période 1980-89. Elles sont aussi basées sur les rapports des agrégats de l'Allemagne occidentale et de l'Allemagne dans son ensemble.

This part presents for each zone (OECD-Total, OECD-Europe and EU15), in US dollars, the following tables:
– Expenditure on the gross domestic product, at current and constant prices.
– Cost components of G.D.P.
– Capital transactions of the nation.
– Relations among national accounting aggregates.

a) The first three tables, referring to OECD-Total, OECD-Europe and EU15 are based on *exchange rates*. The data for the individual countries in each group have been converted into US dollars using 1990 exchange rates. The use of constant exchange rates throughout ensures that year to year movements depend only on movements in the current price data for the countries concerned, and are not affected by fluctuations in exchange rates from one year to the next.

b) The last three tables, referring also to OECD-Total, OECD-Europe and EU15 are based on *Purchasing Power parities*. The data for the individual countries in each group have been converted into US dollars using the general GDP PPPs and not the PPPs specific to each aggregate. 1990 PPPs are used to calculate constant dollars series.

Data for Mexico have been included in area total.

Cette partie fournit pour chaque zone (OCDE-Total, OCDE-Europe et UE15), en dollars des É-U les tableaux suivants :
– Produit intérieur brut et ses emplois aux prix courants et aux prix constants.
– Répartition du P.I.B.
– Opérations en capital de la nation.
– Relations entre les principaux agrégats de la Comptabilité nationale.

a) Les trois premiers tableaux concernant l'OCDE-Total, l'OCDE-Europe et l'UE15 sont basés sur les *taux de change*. Les données des pays composant chaque groupe de pays ont été convertis en dollars É-U en utilisant les taux de change de 1990. L'utilisation de taux de change constant sur toute la période assure le fait que les variations d'une année à l'autre dépendent uniquement des mouvements des données à prix courants des pays concernés et ne sont pas affectées par les fluctuations des taux de change d'une année à l'autre.

b) Les trois derniers tableaux concernant l'OCDE-Total, l'OCDE-Europe et l'UE15 sont basés sur *les parités de pouvoir d'achat*. Les données des pays composant chaque zone ont été converties en dollars É-U en utilisant la PPA du PIB et non les PPA spécifiques de chaque agrégat. Les PPA de 1990 ont été utilisées pour calculer les séries en dollars constants.

Les données du Mexique ont été intégrées aux totaux par zones.

OECD-TOTAL

Main aggregates based on exchange rates

billions of US dollars

	1960	1966	1967	1968	1969	1970	1971	1972	1973	1974	1975	1976	1977	1978	1979
EXPENDITURE ON THE G.D.P.															
At current prices and 1990 exchange rates															
1. Government final consumption expenditure	162.52	281.61	312.60	338.85	369.60	410.71	456.76	509.22	575.07	675.26	782.84	865.23	950.98	1047.95	1165.52
2. Private final consumption expenditure	692.82	1112.96	1190.46	1302.83	1433.01	1570.91	1729.77	1927.75	2184.03	2471.42	2787.97	3136.94	3497.38	3869.96	4313.89
3. Households	..	..	..	..	..	..	..	..	..	..	..	..	..	..	..
4. Private non-profit institutions serving households	..	..	..	..	..	..	..	..	..	..	..	..	..	..	..
5. Increase in stocks	20.89	27.73	25.43	36.08	46.83	43.78	28.89	26.67	54.00	69.38	−8.49	53.86	54.76	50.39	70.53
6. Gross fixed capital formation	238.88	429.12	452.37	503.30	572.28	649.56	720.04	806.36	946.51	1038.23	1073.38	1187.41	1331.49	1508.75	1715.56
7. **Total Domestic Expenditure**	**1115.10**	**1851.42**	**1980.87**	**2181.06**	**2421.72**	**2674.96**	**2935.47**	**3270.00**	**3759.61**	**4254.29**	**4635.69**	**5243.44**	**5834.62**	**6477.05**	**7265.49**
8. Exports of goods and services	142.98	240.49	257.64	293.57	337.66	389.57	431.09	474.69	575.68	772.39	800.95	929.20	1023.85	1100.96	1283.94
9. *Less:* Imports of goods and services	134.32	230.02	243.72	275.47	318.60	370.30	403.69	445.70	553.76	774.21	769.22	918.32	1013.97	1068.92	1317.17
10. Statistical discrepancy	2.16	3.02	3.03	3.81	4.93	3.71	3.25	5.77	6.21	5.94	3.27	1.41	1.80	4.33	5.33
11. **Gross Domestic Product**	**1125.91**	**1864.91**	**1997.81**	**2202.97**	**2445.72**	**2697.94**	**2966.11**	**3304.76**	**3787.74**	**4258.40**	**4670.70**	**5255.74**	**5846.30**	**6513.41**	**7237.60**
At the price levels and exchange rates of 1990															
1. Government final consumption expenditure	1134.90	1486.70	1574.13	1620.78	1652.03	1690.40	1712.37	1767.15	1810.25	1868.05	1935.76	1982.15	2019.19	2080.29	2140.76
2. Private final consumption expenditure	3382.50	4571.03	4765.79	5020.06	5296.88	5528.81	5759.58	6099.94	6438.76	6475.91	6634.71	6925.80	7166.16	7444.96	7709.36
3. Households	..	..	..	..	..	..	..	..	..	..	..	..	..	..	..
4. Private non-profit institutions serving households	..	..	..	..	..	..	..	..	..	..	..	..	..	..	..
5. Increase in stocks	76.76	78.51	69.67	78.32	110.29	116.71	78.93	51.74	134.72	165.48	−13.31	110.70	106.63	82.26	117.73
6. Gross fixed capital formation	1121.96	1673.54	1728.48	1858.92	1995.42	2093.95	2189.89	2329.58	2498.02	2396.08	2273.22	2355.26	2449.86	2573.09	2690.74
7. **Total Domestic Expenditure**	**5716.12**	**7809.78**	**8138.06**	**8578.08**	**9054.62**	**9429.86**	**9740.77**	**10248.41**	**10881.75**	**10905.53**	**10830.38**	**11373.91**	**11741.85**	**12180.61**	**12658.59**
8. Exports of goods and services	514.60	777.87	818.84	913.14	1014.01	1109.01	1178.88	1270.91	1410.26	1513.55	1467.06	1598.56	1687.70	1783.94	1900.32
9. *Less:* Imports of goods and services	524.62	822.75	872.10	966.15	1083.30	1204.50	1272.05	1388.05	1555.42	1587.16	1476.05	1650.40	1714.69	1792.96	1941.67
10. Statistical discrepancy	−22.32	−17.04	−29.72	−22.11	−6.94	−20.54	−19.11	−15.49	−30.28	−30.11	−25.68	−35.08	−21.39	−13.18	−20.41
11. **Gross Domestic Product**	**5683.78**	**7747.86**	**8055.08**	**8502.95**	**8978.39**	**9313.83**	**9628.49**	**10115.78**	**10706.30**	**10801.81**	**10795.71**	**11286.98**	**11693.46**	**12158.40**	**12596.83**
COST COMPONENTS OF THE G.D.P.[1]															
1. Indirect taxes	117.69	190.15	205.49	229.56	258.44	280.80	309.31	341.66	382.97	420.14	455.02	511.87	574.43	629.27	705.43
2. *Less:* Subsidies	8.51	19.30	20.85	30.92	31.28	33.24	35.97	44.16	49.62	61.80	73.56	80.91	92.59	107.32	118.83
3. Consumption of fixed capital	112.39	190.93	209.03	230.35	257.36	292.80	327.62	371.27	420.95	493.58	559.38	619.34	692.21	773.61	877.40
4. Compensation of employees paid by resident producers	582.99	986.69	1057.59	1165.98	1303.99	1462.46	1626.18	1820.13	2102.03	2426.26	2698.63	3026.27	3362.41	3725.06	4136.24
5. Operating surplus	314.08	497.32	530.80	588.19	639.64	675.66	711.98	794.19	915.44	951.67	993.14	1136.92	1260.97	1443.27	1583.46
6. Statistical discrepancy	7.27	19.11	15.75	19.79	17.57	19.47	27.00	21.66	15.97	28.57	38.08	42.23	48.85	49.53	53.91
7. **Gross Domestic Product**	**1125.91**	**1864.91**	**1997.82**	**2202.95**	**2445.73**	**2697.95**	**2966.12**	**3304.74**	**3787.74**	**4258.41**	**4670.69**	**5255.73**	**5846.29**	**6513.42**	**7237.61**
CAPITAL TRANSACTIONS OF THE NATION[1]															
Finance of Gross Capital Formation															
1. Consumption of fixed capital	112.39	190.93	209.03	230.35	257.36	292.80	327.62	371.27	420.95	493.58	559.38	619.34	692.21	773.61	877.40
2. Net saving	153.30	262.87	273.16	316.36	372.57	407.49	428.21	479.54	603.02	600.38	508.73	605.43	670.83	790.72	858.37
3. *Less:* Surplus of the nation on current transactions	0.07	4.59	−6.21	−4.06	1.91	8.08	16.65	15.74	1.95	−42.63	4.65	−5.38	−8.10	3.99	−12.59
4. Statistical discrepancy	−6.17	7.31	−10.81	−11.66	−8.91	0.55	9.07	−2.18	−21.52	−28.48	1.35	11.24	14.16	−1.14	37.90
5. **Finance of Gross Capital Formation**	**259.45**	**456.52**	**477.60**	**539.11**	**619.11**	**692.77**	**748.25**	**832.89**	**1000.50**	**1108.11**	**1064.80**	**1241.39**	**1385.31**	**1559.20**	**1786.25**
Gross capital formation															
6. Increase in stocks	20.89	27.73	25.43	36.08	46.83	43.78	28.89	26.67	54.00	69.38	−8.49	53.86	54.76	50.39	70.53
7. Gross fixed capital formation	238.88	429.12	452.37	503.30	572.28	649.56	720.04	806.36	946.51	1038.23	1073.38	1187.41	1331.49	1508.75	1715.56
8. Statistical discrepancy	−0.32	−0.33	−0.21	−0.27	−0.01	−0.59	−0.68	−0.13	−0.01	0.51	−0.08	0.12	−0.95	0.05	0.17
9. **Gross Capital Formation**	**259.45**	**456.52**	**477.59**	**539.11**	**619.11**	**692.76**	**748.26**	**832.90**	**1000.50**	**1108.11**	**1064.80**	**1241.39**	**1385.31**	**1559.19**	**1786.25**
RELATIONS AMONG NATIONAL ACCOUNTING AGGREGATES[1]															
1. **Gross Domestic Product**	1125.91	1864.91	1997.81	2202.95	2445.72	2697.95	2966.12	3304.75	3787.74	4258.41	4670.69	5255.73	5846.29	6513.41	7237.61
2. *Plus:* Net factor income from the rest of the world	4.45	5.28	5.70	7.19	7.97	8.47	10.17	12.91	18.21	18.65	14.73	19.36	19.13	23.92	37.56
3. Factor income from the rest of the world	..	..	..	..	..	..	..	..	..	..	..	..	..	..	..
4. Factor income paid to the rest of the world	..	..	..	..	..	..	..	..	..	..	..	..	..	..	..
5. *Equals:* **Gross National Product**	1130.36	1870.18	2003.51	2210.14	2453.70	2706.42	2976.28	3317.66	3805.96	4277.07	4685.42	5275.10	5865.43	6537.33	7275.16
6. *Less:* Consumption of fixed capital	112.39	190.93	209.03	230.35	257.36	292.80	327.62	371.27	420.95	493.58	559.38	619.34	692.21	773.61	877.40
7. *Plus:* Statistical discrepancy	−7.43	−11.47	−9.15	−12.93	−14.86	−14.55	−17.69	−14.11	−9.72	−18.01	−22.42	−20.17	−26.39	−27.86	−25.66
8. *Equals:* **National Income**	1010.55	1667.79	1785.33	1966.86	2181.48	2399.07	2630.97	2932.28	3375.28	3765.47	4103.63	4635.58	5146.82	5735.86	6372.11
9. *Plus:* Net current transfers from the rest of the world	−5.05	−7.26	−7.80	−8.26	−9.02	−10.11	−12.25	−14.09	−13.36	−14.69	−16.13	−14.16	−15.35	−16.47	−17.84
10. Current transfers from the rest of the world	..	..	..	..	..	..	..	..	..	..	..	..	..	..	..
11. Current transfers paid to the rest of the world	..	..	..	..	..	..	..	..	..	..	..	..	..	..	..
12. *Equals:* **National Disposable Income**	1005.49	1660.52	1777.53	1958.60	2172.46	2388.96	2618.72	2918.19	3361.93	3750.78	4087.50	4621.42	5131.48	5719.39	6354.27
13. *Less:* Final consumption	855.55	1394.69	1502.85	1641.35	1802.86	1981.79	2185.94	2437.54	2758.91	3145.23	3568.80	3997.67	4446.34	4915.97	5478.99
14. *Plus:* Statistical discrepancy	3.35	−2.96	−1.52	−0.89	2.97	0.32	−4.56	−1.12	0.01	−5.16	−9.98	−18.33	−14.30	−12.71	−16.90
15. *Equals:* **Net Saving**	153.30	262.87	273.16	316.36	372.57	407.49	428.21	479.54	603.02	600.38	508.73	605.43	670.83	790.72	858.37
16. *Less:* Surplus of the nation on current transactions	0.05	4.59	−6.21	−4.06	1.91	8.08	16.65	15.74	1.95	−42.63	4.65	−5.38	−8.10	3.99	−12.59
17. *Plus:* Statistical discrepancy	−5.99	7.65	−10.59	−11.39	−8.90	1.13	9.74	−2.05	−21.51	−28.99	1.44	11.12	15.11	−1.19	37.73
18. *Equals:* **Net Capital Formation**	**147.26**	**265.92**	**268.77**	**309.03**	**361.76**	**400.55**	**421.31**	**461.75**	**579.56**	**614.02**	**505.50**	**621.93**	**694.04**	**785.52**	**908.70**

1. At current prices and 1990 exchange rates.

National Accounts, Volume 1, OECD, 1996

OCDE-TOTAL

Principaux Agrégats basés sur les taux de change

milliards de dollars É-U

1980	1981	1982	1983	1984	1985	1986	1987	1988	1989	1990	1991	1992	1993	1994	
															DÉPENSES IMPUTÉES AU P.I.B.
															Aux prix courants et taux de change de 1990
1322.14	1474.72	1610.50	1732.71	1855.95	1995.87	2131.66	2263.38	2403.85	2546.58	2756.50	2973.48	3159.57	3303.42	3472.38	1. Consommation finale des administrations publiques
4785.36	5255.89	5692.95	6169.57	6664.08	7188.50	7661.19	8205.01	8868.56	9572.34	10319.50	10985.76	11719.63	12453.41	13506.15	2. Consommation finale privée
..	..	..	..	..	..	..	..	..	..	..	..	..	..	..	3. Ménages
..	..	..	..	..	..	..	..	..	..	..	..	..	..	..	4. Institutions privées sans but lucratif au service des ménages
38.77	34.79	−14.50	−1.67	107.41	63.52	51.30	56.59	76.54	123.39	74.28	49.44	27.73	10.15	56.75	5. Variations des stocks
1872.28	2004.71	2033.80	2116.30	2312.66	2483.56	2621.60	2814.26	3132.78	3430.23	3674.34	3758.14	3861.97	3967.49	4335.92	6. Formation brute de capital fixe
8018.56	8770.11	9322.75	10016.91	10940.10	11731.44	12465.75	13339.25	14481.74	15672.54	16834.61	17766.82	18768.90	19734.48	21371.20	7. **Demande intérieure totale**
1509.72	1712.99	1800.97	1898.23	2171.43	2323.76	2232.87	2334.76	2581.34	2921.67	3116.59	3229.63	3393.08	3570.62	4115.05	8. Exportations de biens et services
1565.76	1711.77	1783.15	1866.75	2154.30	2290.44	2179.67	2332.48	2586.42	2945.19	3153.77	3214.25	3363.80	3505.96	4013.55	9. *Moins*: Importations de biens et services
4.20	0.09	1.28	0.79	9.14	8.16	7.13	5.04	8.97	6.50	2.98	−6.63	−7.90	−13.65	−5.67	10. Divergence statistique
7966.72	8771.42	9341.85	10049.18	10966.36	11772.93	12526.08	13346.57	14485.63	15655.53	16800.42	17775.58	18790.27	19785.48	21467.04	11. **Produit intérieur brut**
															Aux niveaux de prix et taux de change de 1990
2196.13	2249.43	2290.95	2341.64	2399.16	2478.07	2563.34	2634.23	2685.62	2706.44	2766.50	2819.29	2851.31	2860.24	2872.38	1. Consommation finale des administrations publiques
7790.72	7871.96	7975.15	8195.15	8454.98	8756.18	9081.48	9387.93	9763.04	10057.63	10319.50	10443.92	10667.01	10824.82	11086.90	2. Consommation finale privée
..	..	..	..	..	..	..	..	..	..	..	..	..	..	..	3. Ménages
..	..	..	..	..	..	..	..	..	..	..	..	..	..	..	4. Institutions privées sans but lucratif au service des ménages
71.15	48.51	−4.22	9.62	120.93	76.24	65.72	64.14	83.34	121.85	74.28	46.56	36.30	5.60	90.18	5. Variations des stocks
2678.49	2677.15	2576.02	2598.84	2756.03	2876.92	2964.46	3120.52	3357.38	3551.51	3674.34	3659.07	3687.11	3696.10	3854.09	6. Formation brute de capital fixe
12736.48	12847.04	12837.90	13145.25	13731.10	14187.40	14675.00	15206.82	15889.38	16437.42	16834.61	16968.84	17241.74	17386.76	17903.55	7. **Demande intérieure totale**
1980.70	2072.26	2066.93	2113.56	2298.90	2397.05	2434.06	2547.13	2741.56	2958.90	3116.59	3204.56	3354.41	3450.95	3744.00	8. Exportations de biens et services
1942.39	1939.48	1916.43	1963.27	2171.60	2266.17	2388.15	2550.76	2767.26	2997.79	3153.77	3212.03	3370.61	3440.03	3755.98	9. *Moins*: Importations de biens et services
−10.42	10.79	4.92	19.02	45.05	43.17	31.03	23.93	17.94	10.33	2.98	8.15	14.55	25.57	29.09	10. Divergence statistique
12764.36	12990.62	12993.32	13314.55	13903.44	14361.46	14751.93	15227.13	15881.63	16408.86	16800.42	16969.52	17240.10	17423.25	17920.66	11. **Produit intérieur brut**
															RÉPARTITION DU P.I.B.[1]
790.10	889.48	950.95	1032.22	1138.05	1221.70	1304.73	1418.36	1533.77	1648.54	1772.41	1903.26	2025.56	2136.64	2335.36	1. Impôts indirects
135.36	147.21	160.55	181.91	201.69	206.29	221.89	236.08	238.98	236.82	255.55	266.59	273.99	299.56	326.91	2. *Moins*: Subventions
1000.36	1134.80	1240.78	1325.48	1406.29	1501.28	1593.19	1690.50	1817.69	1978.30	2117.69	2260.61	2391.03	2488.58	2650.01	3. Consommation de capital fixe
4587.88	5037.99	5379.67	5707.20	6136.36	6545.14	6950.10	7392.70	7958.77	8542.08	9248.55	9837.53	10425.52	10914.73	11615.98	4. Rémunération des salariés payée par les producteurs résidents
1672.11	1807.41	1900.22	2113.71	2448.23	2673.90	2844.96	3058.05	3399.84	3682.67	3897.81	4041.62	4200.57	4522.21	5211.29	5. Excédent net d'exploitation
51.62	48.96	30.79	52.48	39.11	37.20	55.00	23.03	14.53	40.75	19.50	−0.75	21.59	22.87	−18.69	6. Divergence statistique
7966.71	8771.42	9341.85	10049.18	10966.36	11772.93	12526.09	13346.56	14485.63	15655.53	16800.41	17775.68	18790.28	19785.49	21467.04	7. **Produit intérieur brut**
															OPÉRATIONS EN CAPITAL DE LA NATION[1]
															Financement de la formation brute de capital
1000.36	1134.80	1240.78	1325.48	1406.29	1501.28	1593.19	1690.50	1817.69	1978.30	2117.69	2260.61	2391.03	2488.58	2650.01	1. Consommation de capital fixe
832.61	866.38	766.55	774.82	1000.00	1040.87	1065.65	1150.31	1362.05	1490.17	1499.94	1492.51	1373.77	1387.05	1686.46	2. Épargne nette
−16.81	0.32	−28.01	−13.69	−51.42	−76.06	−120.04	−168.27	−192.07	−245.96	−247.12	−49.41	−96.25	−64.70	−70.15	3. *Moins*: Solde des opérations courantes de la nation
61.24	38.50	−16.35	−1.28	−38.36	−71.18	−106.67	−139.69	−160.79	−160.73	−117.11	3.95	27.03	35.03	−14.97	4. Divergence statistique
1911.01	2039.36	2018.99	2112.71	2419.34	2547.04	2672.21	2869.39	3211.03	3553.70	3747.64	3806.48	3888.07	3975.36	4391.65	5. **Financement de la formation brute de capital**
															Formation brute de capital
38.77	34.80	−14.50	−1.67	107.41	63.52	51.30	56.59	76.54	123.39	74.28	49.44	27.73	10.15	56.75	6. Variations des stocks
1872.28	2004.71	2033.80	2116.30	2312.66	2483.56	2621.60	2814.26	3132.78	3430.23	3674.34	3758.14	3861.97	3967.49	4335.92	7. Formation brute de capital fixe
−0.04	−0.15	−0.30	−1.93	−0.74	−0.04	−0.69	−1.47	1.70	0.07	−0.97	−1.11	−1.61	−2.29	−1.02	8. Divergence statistique
1911.02	2039.36	2019.00	2112.71	2419.34	2547.04	2672.21	2869.39	3211.03	3553.69	3747.65	3806.47	3888.08	3975.36	4391.65	9. **Formation brute de capital**
															RELATIONS ENTRE LES PRINCIPAUX AGRÉGATS[1]
7966.71	8771.42	9341.85	10049.18	10966.36	11772.93	12526.08	13346.57	14485.63	15655.53	16800.42	17775.58	18790.28	19785.48	21467.04	1. **Produit intérieur brut**
32.64	20.13	12.12	15.05	8.63	−0.17	−9.64	−10.31	−16.98	−12.55	−30.22	−33.36	−44.83	−47.32	−80.50	2. *Plus*: Revenu net des facteurs reçu du reste du monde
..	..	..	..	..	..	..	..	..	..	..	..	..	..	..	3. Revenu des facteurs reçu du reste du monde
..	..	..	..	..	..	..	..	..	..	..	..	..	..	..	4. Revenu des facteurs payé au reste du monde
7999.36	8791.54	9353.98	10064.23	10974.99	11772.76	12516.44	13336.26	14468.65	15642.98	16774.99	17742.21	18745.45	19738.26	21386.54	5. *Égal*: **Produit national brut**
1000.36	1134.80	1240.78	1325.48	1406.29	1501.28	1593.19	1690.50	1817.69	1978.30	2117.69	2260.61	2391.03	2488.58	2650.01	6. *Moins*: Consommation de capital fixe
−24.39	−23.54	−22.70	−25.42	−28.85	−29.70	−30.19	−21.52	−13.49	−6.43	−3.27	2.97	−11.94	−21.36	−12.07	7. *Plus*: Divergence statistique
6974.60	7633.21	8090.49	8713.33	9539.84	10241.79	10893.07	11624.24	12637.45	13658.25	14654.00	15484.57	16342.48	17228.21	18724.45	8. *Égal*: **Revenu national**
−19.48	−23.88	−26.73	−26.26	−26.79	−30.43	−33.32	−30.34	−31.41	−48.06	−60.25	−31.42	−80.68	−82.03	−91.16	9. *Plus*: Transferts courants nets reçus du reste du monde
..	..	..	..	..	..	..	..	..	..	..	..	..	..	..	10. Transferts courants reçus du reste du monde
..	..	..	..	..	..	..	..	..	..	..	..	..	..	..	11. Transferts courants payés au reste du monde
6955.12	7609.33	8063.76	8687.06	9513.05	10211.35	10859.74	11593.90	12606.05	13610.19	14593.74	15453.16	16261.80	17146.29	18633.30	12. *Égal*: **Revenu national disponible**
6106.12	6728.04	7302.50	7900.97	8520.87	9184.36	9792.85	10468.39	11272.42	12118.92	13086.00	13959.14	14879.14	15756.83	16978.75	13. *Moins*: Consommation finale
−16.39	−14.90	5.29	−11.28	7.82	13.89	−1.25	24.82	28.42	−1.10	−7.80	−1.50	−8.80	−2.30	31.90	14. *Plus*: Divergence statistique
832.61	866.39	766.55	774.82	1000.00	1040.87	1065.65	1150.31	1362.05	1490.17	1499.94	1492.51	1373.77	1387.05	1686.46	15. *Égal*: **Épargne nette**
−16.81	0.32	−28.01	−13.69	−51.42	−76.06	−120.04	−168.27	−192.07	−245.96	−247.12	−49.41	−96.25	−64.70	−70.15	16. *Moins*: Solde des opérations courantes de la nation
61.27	38.65	−16.05	0.65	−37.63	−71.14	−105.98	−138.22	−162.50	−160.91	−116.05	4.96	28.64	37.32	−13.95	17. *Plus*: Divergence statistique
910.69	904.71	778.51	789.16	1013.79	1045.79	1079.71	1180.36	1391.63	1575.22	1630.92	1546.87	1498.66	1489.06	1742.66	18. *Égal*: **Formation nette de capital**

1. Aux prix courants et taux de change de 1990.

OECD-EUROPE

Main aggregates based on exchange rates

billions of US dollars

	1960	1966	1967	1968	1969	1970	1971	1972	1973	1974	1975	1976	1977	1978	1979
EXPENDITURE ON THE G.D.P.															
At current prices and 1990 exchange rates															
1. Government final consumption expenditure	61.01	113.32	122.67	131.07	145.88	165.47	193.70	217.29	249.85	295.86	346.44	387.31	427.14	476.90	533.88
2. Private final consumption expenditure	269.33	440.62	465.61	500.12	550.75	608.76	675.63	753.33	847.60	955.61	1079.15	1217.31	1358.27	1496.12	1677.39
3. Households	..	..	..	..	..	..	..	..	..	..	..	..	..	..	..
4. Private non-profit institutions serving households	..	..	..	..	..	..	..	..	..	..	..	..	..	..	..
5. Increase in stocks	12.35	9.24	4.93	12.62	21.43	23.97	11.63	8.79	22.53	27.87	−8.44	27.13	18.50	12.95	37.68
6. Gross fixed capital formation	103.47	185.21	186.60	198.27	223.16	264.11	298.71	327.13	365.23	395.95	411.21	454.14	501.12	550.75	623.11
7. **Total Domestic Expenditure**	**446.16**	**748.39**	**779.81**	**842.08**	**941.22**	**1062.32**	**1179.67**	**1306.54**	**1485.20**	**1675.28**	**1828.37**	**2085.88**	**2305.03**	**2536.71**	**2872.06**
8. Exports of goods and services	96.63	158.30	169.35	191.81	221.57	253.89	280.20	310.64	371.20	480.70	489.61	575.48	641.22	692.52	796.26
9. *Less:* Imports of goods and services	91.57	155.16	159.63	179.09	210.32	246.30	269.44	294.16	354.52	471.94	470.47	569.58	626.49	657.01	791.94
10. Statistical discrepancy	2.37	3.53	3.39	4.10	4.99	4.53	4.05	5.86	5.91	4.80	3.30	1.66	3.10	4.61	6.22
11. **Gross Domestic Product**	**453.60**	**755.06**	**792.94**	**858.90**	**957.47**	**1074.43**	**1194.47**	**1328.88**	**1507.79**	**1688.84**	**1850.81**	**2093.44**	**2322.86**	**2576.83**	**2882.60**
At the price levels and exchange rates of 1990															
1. Government final consumption expenditure	523.64	674.88	704.92	725.10	747.25	776.90	811.03	845.59	879.90	907.70	946.96	974.30	991.19	1028.80	1060.73
2. Private final consumption expenditure	1505.87	2007.71	2082.91	2177.97	2302.53	2426.13	2531.25	2658.18	2791.70	2828.58	2880.80	2997.32	3088.12	3184.84	3297.32
3. Households	..	..	..	..	..	..	..	..	..	..	..	..	..	..	..
4. Private non-profit institutions serving households	..	..	..	..	..	..	..	..	..	..	..	..	..	..	..
5. Increase in stocks	50.82	32.91	18.72	27.91	56.96	79.92	34.95	21.90	75.36	90.56	−10.24	69.98	46.79	25.38	72.06
6. Gross fixed capital formation	586.90	837.86	863.07	910.33	971.44	1028.01	1070.26	1112.83	1171.98	1147.98	1093.68	1116.25	1125.20	1138.33	1177.15
7. **Total Domestic Expenditure**	**2667.23**	**3553.37**	**3669.62**	**3841.31**	**4078.18**	**4311.16**	**4447.49**	**4638.50**	**4918.94**	**4974.82**	**4911.21**	**5157.85**	**5251.30**	**5377.36**	**5607.26**
8. Exports of goods and services	362.31	542.77	571.62	637.37	711.43	773.42	823.34	890.13	980.64	1043.65	1003.85	1097.62	1159.83	1219.05	1294.76
9. *Less:* Imports of goods and services	353.20	555.35	580.36	637.72	724.29	816.10	860.04	932.27	1032.22	1048.59	990.71	1101.46	1127.72	1163.32	1271.14
10. Statistical discrepancy	−11.20	−10.35	−15.57	−12.42	−2.81	−5.86	−8.97	−5.63	−16.27	−15.63	−5.53	−18.49	−7.31	−2.30	−5.14
11. **Gross Domestic Product**	**2665.14**	**3530.44**	**3645.30**	**3828.55**	**4062.51**	**4262.63**	**4401.82**	**4590.73**	**4851.10**	**4954.25**	**4918.82**	**5135.51**	**5276.10**	**5430.79**	**5625.74**
COST COMPONENTS OF THE G.D.P.[1]															
1. Indirect taxes	57.23	96.58	102.98	113.35	130.04	137.39	151.81	169.14	188.81	203.71	222.80	255.79	287.72	320.46	365.42
2. *Less:* Subsidies	6.34	12.38	13.36	21.80	21.22	21.73	23.64	28.58	34.31	40.31	48.81	56.07	63.56	74.31	83.14
3. Consumption of fixed capital	40.00	73.53	78.77	84.30	92.07	107.29	122.11	137.18	155.09	182.45	207.04	232.32	261.15	290.81	327.06
4. Compensation of employees paid by resident producers	217.68	388.24	405.21	438.52	489.78	565.72	640.78	717.19	823.67	948.46	1065.24	1192.23	1319.72	1455.07	1620.42
5. Operating surplus	135.43	194.83	204.55	226.52	248.46	266.27	281.80	310.36	349.05	367.15	376.59	436.55	485.63	547.69	614.01
6. Statistical discrepancy	9.62	14.25	14.79	18.01	18.34	19.51	21.63	23.58	25.48	27.38	27.96	32.61	32.18	37.11	38.83
7. **Gross Domestic Product**	**453.61**	**755.05**	**792.94**	**858.89**	**957.47**	**1074.44**	**1194.49**	**1328.87**	**1507.79**	**1688.85**	**1850.82**	**2093.44**	**2322.84**	**2576.83**	**2882.60**
CAPITAL TRANSACTIONS OF THE NATION[1]															
Finance of Gross Capital Formation															
1. Consumption of fixed capital	40.00	73.53	78.77	84.30	92.07	107.28	122.11	137.18	155.09	182.45	207.04	232.32	261.15	290.81	327.06
2. Net saving	77.39	117.47	116.13	132.29	156.68	179.17	186.93	203.83	237.08	233.15	194.06	230.91	248.79	284.59	317.93
3. *Less:* Surplus of the nation on current transactions	−2.14	−1.18	−8.54	−7.77	−4.03	−1.28	2.27	4.87	−7.29	−37.24	−10.38	−16.76	−12.53	−2.17	5.98
4. Statistical discrepancy	−3.71	2.27	−11.91	−13.46	−8.19	0.35	3.58	−0.21	−11.70	−29.02	−8.70	1.26	−2.85	−13.87	21.78
5. **Finance of Gross Capital Formation**	**115.81**	**194.45**	**191.53**	**210.89**	**244.59**	**288.09**	**310.34**	**335.92**	**387.76**	**423.82**	**402.77**	**481.26**	**519.62**	**563.70**	**660.79**
Gross capital formation															
6. Increase in stocks	12.35	9.24	4.93	12.62	21.43	23.97	11.63	8.79	22.53	27.87	−8.44	27.13	18.50	12.95	37.68
7. Gross fixed capital formation	103.47	185.21	186.60	198.27	223.16	264.11	298.71	327.13	365.23	395.95	411.21	454.14	501.12	550.75	623.11
8. Statistical discrepancy	..	..	..	..	..	..	..	..	..	..	..	..	..	..	..
9. **Gross Capital Formation**	**115.81**	**194.45**	**191.53**	**210.89**	**244.59**	**288.09**	**310.34**	**335.92**	**387.76**	**423.82**	**402.77**	**481.26**	**519.62**	**563.70**	**660.79**
RELATIONS AMONG NATIONAL ACCOUNTING AGGREGATES[1]															
1. **Gross Domestic Product**	**453.60**	**755.05**	**792.93**	**858.89**	**957.47**	**1074.44**	**1194.48**	**1328.88**	**1507.79**	**1688.85**	**1850.82**	**2093.43**	**2322.85**	**2576.83**	**2882.60**
2. *Plus:* Net factor income from the rest of the world	1.81	1.66	1.95	3.04	3.82	4.13	4.43	5.24	6.43	5.77	3.88	5.95	2.77	6.20	9.19
3. Factor income from the rest of the world	..	..	..	..	..	..	..	..	..	..	..	..	..	..	..
4. Factor income paid to the rest of the world	..	..	..	..	..	..	..	..	..	..	..	..	..	..	..
5. *Equals:* **Gross National Product**	**455.41**	**756.71**	**794.88**	**861.93**	**961.29**	**1078.57**	**1198.91**	**1334.12**	**1514.22**	**1694.62**	**1854.69**	**2099.38**	**2325.62**	**2583.02**	**2891.80**
6. *Less:* Consumption of fixed capital	40.00	73.53	78.77	84.30	92.07	107.28	122.11	137.18	155.09	182.45	207.04	232.32	261.15	290.81	327.06
7. *Plus:* Statistical discrepancy	−6.65	−9.40	−9.03	−11.08	−13.07	−14.60	−15.44	−17.10	−18.75	−18.25	−18.26	−20.97	−20.60	−23.05	−24.36
8. *Equals:* **National Income**	**408.77**	**673.79**	**707.09**	**766.56**	**856.15**	**956.69**	**1061.36**	**1179.84**	**1340.38**	**1493.92**	**1629.39**	**1846.09**	**2043.87**	**2269.17**	**2540.37**
9. *Plus:* Net current transfers from the rest of the world	−1.03	−2.08	−2.20	−2.46	−3.00	−3.45	−4.26	−4.77	−5.57	−7.01	−7.73	−7.15	−8.26	−8.38	−8.45
10. Current transfers from the rest of the world	..	..	..	..	..	..	..	..	..	..	..	..	..	..	..
11. Current transfers paid to the rest of the world	..	..	..	..	..	..	..	..	..	..	..	..	..	..	..
12. *Equals:* **National Disposable Income**	**407.74**	**671.70**	**704.89**	**764.10**	**853.15**	**953.23**	**1057.11**	**1175.07**	**1334.81**	**1486.91**	**1621.67**	**1838.94**	**2035.61**	**2260.79**	**2531.92**
13. *Less:* Final consumption	330.57	554.06	588.07	630.86	696.89	774.40	868.74	971.18	1097.26	1250.01	1423.59	1600.12	1783.39	1971.07	2210.85
14. *Plus:* Statistical discrepancy	0.21	−0.18	−0.69	−0.95	0.42	0.33	−1.44	−0.06	−0.47	−3.75	−4.02	−7.91	−3.43	−5.12	−3.14
15. *Equals:* **Net Saving**	**77.39**	**117.47**	**116.13**	**132.29**	**156.68**	**179.17**	**186.93**	**203.83**	**237.08**	**233.15**	**194.06**	**230.91**	**248.79**	**284.59**	**317.93**
16. *Less:* Surplus of the nation on current transactions	−2.16	−1.18	−8.54	−7.77	−4.03	−1.28	2.27	4.87	−7.29	−37.24	−10.38	−16.76	−12.53	−2.17	5.98
17. *Plus:* Statistical discrepancy	−3.85	2.27	−11.91	−13.46	−8.19	0.35	3.58	−0.21	−11.70	−29.02	−8.70	1.26	−2.85	−13.87	21.78
18. *Equals:* **Net Capital Formation**	**75.70**	**120.92**	**112.76**	**126.59**	**152.53**	**180.80**	**188.23**	**198.75**	**232.67**	**241.37**	**195.74**	**248.94**	**258.47**	**272.89**	**333.73**

1. At current prices and 1990 exchange rates.

National Accounts, Volume 1, OECD, 1996

OCDE-EUROPE

Principaux Agrégats basés sur les taux de change

milliards de dollars É-U

1980	1981	1982	1983	1984	1985	1986	1987	1988	1989	1990	1991	1992	1993	1994	
															DÉPENSES IMPUTÉES AU P.I.B.
															Aux prix courants et taux de change de 1990
611.60	685.71	751.45	815.61	872.16	935.28	995.55	1062.80	1132.22	1205.79	1325.41	1449.97	1580.95	1684.86	1810.23	1. Consommation finale des administrations publiques
1884.71	2085.90	2294.86	2496.92	2699.66	2919.59	3135.34	3361.64	3624.21	3938.85	4276.08	4668.32	5054.01	5460.73	6167.13	2. Consommation finale privée
															3. Ménages
															4. Institutions privées sans but lucratif au service des ménages
33.20	−8.98	−2.77	−0.51	21.90	17.05	23.59	22.20	42.40	52.92	39.58	20.40	3.92	−23.36	−8.18	5. Variations des stocks
712.05	747.39	784.48	836.94	892.52	957.30	1035.34	1125.71	1269.89	1424.63	1558.16	1645.55	1701.28	1731.23	1970.43	6. Formation brute de capital fixe
3241.56	3510.02	3828.02	4148.97	4486.25	4829.22	5189.82	5572.35	6068.72	6622.20	7199.23	7784.24	8340.15	8853.45	9939.61	7. **Demande intérieure totale**
908.04	1043.54	1139.88	1237.44	1420.10	1550.76	1492.52	1543.04	1673.71	1902.50	2005.53	2063.99	2165.15	2310.72	2749.19	8. Exportations de biens et services
936.88	1039.63	1121.19	1195.22	1362.25	1476.25	1392.79	1473.55	1625.12	1868.59	1977.24	2063.78	2148.77	2225.58	2585.47	9. *Moins :* Importations de biens et services
4.62	0.93	2.98	3.73	8.42	9.11	7.97	6.20	5.93	3.56	1.03	−3.07	−2.67	−8.19	−4.14	10. Divergence statistique
3217.33	3514.87	3849.69	4194.92	4552.52	4912.84	5297.52	5648.04	6123.23	6659.67	7228.55	7781.38	8353.85	8930.41	10099.19	11. **Produit intérieur brut**
															Aux niveaux de prix et taux de change de 1990
1085.12	1110.08	1126.67	1149.46	1167.46	1196.26	1224.01	1255.26	1281.93	1293.88	1325.41	1353.99	1386.24	1397.35	1409.47	1. Consommation finale des administrations publiques
3353.09	3358.82	3390.76	3440.91	3499.94	3596.57	3745.34	3880.81	4026.00	4151.13	4276.08	4368.81	4436.39	4434.37	4495.92	2. Consommation finale privée
															3. Ménages
															4. Institutions privées sans but lucratif au service des ménages
61.35	−7.22	9.27	4.30	30.17	27.66	38.16	34.37	50.84	54.22	39.58	23.38	17.65	−22.68	36.65	5. Variations des stocks
1200.69	1157.94	1131.66	1138.74	1154.18	1181.40	1235.58	1308.19	1409.89	1500.81	1558.16	1564.52	1547.02	1458.83	1488.42	6. Formation brute de capital fixe
5700.25	5619.62	5658.36	5733.41	5851.74	6001.89	6243.09	6478.63	6768.66	7000.04	7199.23	7310.71	7387.30	7267.88	7430.46	7. **Demande intérieure totale**
1315.66	1372.19	1390.57	1432.01	1539.56	1611.63	1630.91	1692.85	1790.07	1924.47	2005.53	2027.24	2098.85	2135.97	2316.29	8. Exportations de biens et services
1296.47	1264.50	1277.87	1297.04	1377.35	1437.43	1511.07	1617.97	1741.45	1878.71	1977.24	2033.59	2100.74	2057.09	2205.60	9. *Moins :* Importations de biens et services
−5.11	7.11	11.01	19.46	26.31	24.18	19.18	14.70	9.06	4.81	1.03	0.35	0.48	10.06	7.17	10. Divergence statistique
5714.33	5734.42	5782.06	5887.83	6040.26	6200.27	6382.10	6568.21	6826.34	7050.62	7228.55	7304.71	7385.89	7356.81	7548.32	11. **Produit intérieur brut**
															RÉPARTITION DU P.I.B. [1]
411.32	450.19	494.05	544.98	597.64	639.27	696.51	751.72	812.85	873.96	937.80	1023.89	1093.84	1177.33	1328.66	1. Impôts indirects
91.09	98.74	108.17	120.55	139.00	144.81	155.96	165.04	168.40	170.43	178.52	191.76	199.54	218.91	245.77	2. *Moins :* Subventions
376.75	426.70	472.65	516.05	557.48	599.19	636.22	676.76	728.99	788.83	856.82	923.20	979.50	1047.34	1129.59	3. Consommation de capital fixe
1825.69	1993.63	2154.73	2302.00	2449.09	2619.06	2796.49	2972.48	3183.18	3437.28	3775.86	4102.62	4409.63	4640.00	5035.72	4. Rémunération des salariés payée par les producteurs résidents
658.28	707.74	799.22	912.66	1040.70	1150.18	1272.29	1358.20	1510.17	1676.01	1811.99	1922.71	2069.57	2285.43	2850.85	5. Excédent net d'exploitation
36.39	35.35	37.20	39.78	46.62	49.94	51.97	53.92	56.44	54.02	24.60	0.72	0.85	−0.79	0.14	6. Divergence statistique
3217.33	3514.87	3849.69	4194.92	4552.52	4912.84	5297.52	5648.04	6123.23	6659.67	7228.55	7781.38	8353.85	8930.41	10099.19	7. **Produit intérieur brut**
															OPÉRATIONS EN CAPITAL DE LA NATION [1]
															Financement de la formation brute de capital
376.75	426.70	472.65	516.05	557.48	599.19	636.22	676.76	728.99	788.83	856.82	923.20	979.50	1047.34	1129.59	1. Consommation de capital fixe
317.37	283.25	287.93	326.04	378.21	410.28	477.68	496.75	581.09	666.21	689.13	655.78	643.35	638.57	881.88	2. Épargne nette
−5.51	−4.25	−32.46	−9.33	−8.14	−24.23	−54.88	−82.90	−119.76	−167.22	−160.90	−83.91	−79.68	−13.76	52.57	3. *Moins :* Solde des opérations courantes de la nation
45.63	24.20	−11.33	−14.99	−29.41	−59.35	−109.86	−108.50	−117.54	−144.70	−109.10	3.07	2.67	8.19	3.35	4. Divergence statistique
745.26	738.41	781.70	836.43	914.42	974.36	1058.93	1147.91	1312.29	1477.56	1597.74	1665.95	1705.20	1707.87	1962.26	5. **Financement de la formation brute de capital**
															Formation brute de capital
33.20	−8.98	−2.77	−0.51	21.90	17.05	23.59	22.20	42.40	52.92	39.58	20.40	3.92	−23.36	−8.18	6. Variations des stocks
712.05	747.39	784.48	836.94	892.52	957.30	1035.34	1125.71	1269.89	1424.63	1558.16	1645.55	1701.28	1731.23	1970.43	7. Formation brute de capital fixe
															8. Divergence statistique
745.25	738.40	781.70	836.43	914.42	974.36	1058.93	1147.91	1312.29	1477.56	1597.74	1665.95	1705.20	1707.87	1962.26	9. **Formation brute de capital**
															RELATIONS ENTRE LES PRINCIPAUX AGRÉGATS [1]
3217.33	3514.87	3849.69	4194.92	4552.52	4912.84	5297.52	5648.04	6123.23	6659.67	7228.55	7781.38	8353.85	8930.41	10099.19	1. Produit intérieur brut
5.33	0.52	−7.43	−6.17	−6.46	−8.48	−9.82	−10.07	−16.30	−16.07	−36.37	−39.84	−46.60	−49.41	−60.15	2. *Plus :* Revenu net des facteurs reçu du reste du monde
															3. Revenu des facteurs reçu du reste du monde
															4. Revenu des facteurs payé au reste du monde
3222.67	3515.39	3842.27	4188.75	4546.06	4904.37	5287.70	5637.96	6106.93	6643.60	7196.94	7741.54	8307.26	8881.00	10039.05	5. *Égal :* **Produit national brut**
376.75	426.70	472.65	516.05	557.48	599.19	636.22	676.76	728.99	788.83	856.82	923.20	979.50	1047.34	1129.59	6. *Moins :* Consommation de capital fixe
−22.80	−20.81	−21.69	−22.88	−27.33	−28.55	−28.39	−27.59	−26.99	−20.70	−16.17					7. *Plus :* Divergence statistique
2823.12	3067.87	3347.93	3649.82	3961.26	4276.62	4623.09	4933.62	5350.95	5834.07	6323.95	6818.34	7327.76	7833.66	8909.45	8. *Égal :* **Revenu national**
−8.08	−11.55	−12.51	−11.42	−9.14	−11.47	−14.51	−12.43	−13.44	−23.22	−33.34	−44.28	−49.42	−49.50	−51.00	9. *Plus :* Transferts courants nets reçus du reste du monde
															10. Transferts courants reçus du reste du monde
															11. Transferts courants payés au reste du monde
2815.04	3056.32	3335.42	3638.39	3952.12	4265.15	4608.57	4921.18	5337.52	5810.85	6290.61	6774.06	7278.33	7784.16	8858.45	12. *Égal :* **Revenu national disponible**
2494.92	2769.06	3045.36	3311.24	3572.69	3854.86	4130.89	4424.44	4756.43	5144.64	5601.49	6118.29	6634.99	7145.59	7977.58	13. *Moins :* Consommation finale
−2.75	−4.01	−2.14	−1.11	−1.22	0.00	0.00	0.00	0.00	0.00	0.00	0.00	0.00	0.00	1.00	14. *Plus :* Divergence statistique
317.37	283.26	287.93	326.04	378.21	410.28	477.68	496.75	581.09	666.21	689.13	655.78	643.35	638.57	881.88	15. *Égal :* **Épargne nette**
−5.51	−4.25	−32.46	−9.33	−8.14	−24.23	−54.88	−82.90	−119.76	−167.22	−160.90	−83.91	−79.68	−13.76	52.57	16. *Moins :* Solde des opérations courantes de la nation
45.63	24.20	−11.33	−14.99	−29.41	−59.35	−109.86	−108.50	−117.54	−144.70	−109.10	3.07	2.67	8.19	3.35	17. *Plus :* Divergence statistique
368.51	311.70	309.05	320.38	356.94	375.16	422.71	471.15	583.30	688.73	740.92	742.76	725.70	660.53	832.66	18. *Égal :* **Formation nette de capital**

1. Aux prix courants et taux de change de 1990.

EU15

Main aggregates based on exchange rates

billions of US dollars

	1960	1966	1967	1968	1969	1970	1971	1972	1973	1974	1975	1976	1977	1978	1979
EXPENDITURE ON THE G.D.P.															
At current prices and 1990 exchange rates															
1. Government final consumption expenditure	57.91	106.97	115.81	123.64	137.72	156.31	182.86	205.08	235.82	279.96	328.77	367.98	406.87	455.32	511.00
2. Private final consumption expenditure	249.21	407.15	429.60	461.72	508.95	562.95	624.35	695.44	782.82	884.28	1003.73	1137.76	1273.50	1408.12	1583.48
3. Households	..	..	..	..	..	..	..	..	..	..	..	..	..	..	..
4. Private non-profit institutions serving households	..	..	..	..	..	..	..	..	..	..	..	..	..	..	..
5. Increase in stocks	10.98	7.84	2.92	10.99	19.62	19.88	8.40	6.52	19.90	22.60	-8.67	25.53	17.43	12.66	34.17
6. Gross fixed capital formation	95.16	169.66	170.38	181.53	205.16	242.53	272.51	297.53	332.12	361.17	378.28	422.46	467.15	515.70	586.71
7. **Total Domestic Expenditure**	413.26	691.62	718.71	777.88	871.45	981.67	1088.12	1204.56	1370.66	1548.01	1702.12	1953.73	2164.96	2391.80	2715.36
8. Exports of goods and services	86.56	140.91	150.60	170.73	197.70	227.15	251.39	278.48	334.44	438.04	447.95	529.89	590.51	640.19	738.98
9. *Less:* Imports of goods and services	81.33	137.69	140.97	159.09	187.44	218.31	239.04	261.39	316.67	426.73	430.13	524.81	575.25	607.08	735.10
10. Statistical discrepancy	2.39	3.57	3.44	4.07	4.93	4.58	4.15	5.86	5.98	5.00	3.63	2.16	3.64	4.68	6.17
11. **Gross Domestic Product**	420.88	698.40	731.78	793.59	886.64	995.09	1104.62	1227.50	1394.41	1564.32	1723.58	1960.97	2183.86	2429.58	2725.40
At the price levels and exchange rates of 1990															
1. Government final consumption expenditure	504.80	647.01	675.70	694.61	715.20	743.22	775.34	808.42	841.14	867.58	904.47	929.00	944.74	981.34	1012.65
2. Private final consumption expenditure	1395.70	1862.36	1932.99	2021.08	2136.62	2254.38	2349.21	2466.56	2595.39	2635.38	2684.64	2792.35	2865.12	2958.65	3069.14
3. Households	..	..	..	..	..	..	..	..	..	..	..	..	..	..	..
4. Private non-profit institutions serving households	..	..	..	..	..	..	..	..	..	..	..	..	..	..	..
5. Increase in stocks	45.62	26.99	11.21	22.19	51.20	68.38	25.71	16.54	69.00	77.12	-15.02	64.86	44.63	26.30	67.31
6. Gross fixed capital formation	550.17	785.09	808.01	853.86	914.06	964.43	1000.44	1039.98	1094.23	1064.60	1012.48	1032.42	1044.82	1062.38	1100.31
7. **Total Domestic Expenditure**	2496.28	3321.44	3427.91	3591.74	3817.08	4030.41	4150.71	4331.50	4599.76	4644.68	4586.57	4818.63	4899.31	5028.67	5249.40
8. Exports of goods and services	331.03	497.05	523.66	585.34	653.87	712.78	760.55	821.66	906.30	969.17	931.53	1017.42	1075.77	1129.60	1203.49
9. *Less:* Imports of goods and services	324.06	510.12	532.41	586.77	669.51	753.36	793.03	861.81	954.38	969.41	915.34	1016.61	1038.02	1076.25	1181.36
10. Statistical discrepancy	-15.14	-14.62	-19.97	-17.39	-8.10	-10.24	-12.42	-10.08	-20.41	-20.20	-8.97	-20.11	-7.30	-3.50	-6.16
11. **Gross Domestic Product**	2488.10	3293.75	3399.19	3572.93	3793.34	3979.58	4105.81	4281.27	4531.27	4624.24	4593.79	4799.33	4929.76	5078.51	5265.37
COST COMPONENTS OF THE G.D.P.[1]															
1. Indirect taxes	54.54	91.97	98.05	108.05	124.03	130.47	144.15	160.35	179.24	193.50	211.99	244.01	274.69	306.58	350.76
2. *Less:* Subsidies	5.88	11.65	12.55	20.79	20.16	20.64	22.33	27.05	32.63	38.07	46.37	53.21	60.25	70.54	79.29
3. Consumption of fixed capital	36.36	67.04	71.67	76.63	83.71	97.60	111.12	124.67	141.44	167.48	192.36	216.98	244.18	272.88	308.51
4. Compensation of employees paid by resident producers	201.01	358.04	372.23	403.23	451.73	522.98	591.05	660.75	759.40	876.46	989.43	1113.71	1237.53	1367.74	1528.47
5. Operating surplus	125.11	178.60	187.51	208.35	228.89	245.07	258.98	285.19	321.44	337.48	348.20	406.92	455.64	515.71	577.67
6. Statistical discrepancy	9.75	14.39	14.89	18.12	18.45	19.61	21.65	23.58	25.51	27.47	27.97	32.56	32.06	37.20	39.29
7. **Gross Domestic Product**	420.89	698.40	731.78	793.59	886.65	995.09	1104.63	1227.49	1394.41	1564.33	1723.58	1960.97	2183.85	2429.58	2725.40
CAPITAL TRANSACTIONS OF THE NATION[1]															
Finance of Gross Capital Formation															
1. Consumption of fixed capital	36.36	67.04	71.67	76.63	83.71	97.60	111.12	124.67	141.44	167.48	192.36	216.98	244.18	272.88	308.51
2. Net saving	71.05	106.62	104.32	119.47	143.15	162.89	168.51	183.44	214.07	208.16	172.54	210.29	229.68	263.29	293.96
3. *Less:* Surplus of the nation on current transactions	-2.31	-1.34	-9.01	-9.59	-5.84	-1.23	2.59	4.26	-7.71	-36.69	-13.17	-19.54	-14.12	-6.12	3.80
4. Statistical discrepancy	-3.58	2.50	-11.70	-13.18	-7.91	0.69	3.87	0.20	-11.20	-28.57	-8.45	1.18	-3.39	-13.93	22.21
5. **Finance of Gross Capital Formation**	106.14	177.50	173.31	192.52	224.79	262.41	280.91	304.04	352.02	383.77	369.61	447.98	484.59	528.36	620.88
Gross capital formation															
6. Increase in stocks	10.98	7.84	2.92	10.99	19.62	19.88	8.40	6.52	19.90	22.60	-8.67	25.53	17.43	12.66	34.17
7. Gross fixed capital formation	95.16	169.66	170.38	181.53	205.16	242.53	272.51	297.53	332.12	361.17	378.28	422.46	467.15	515.70	586.71
8. Statistical discrepancy	..	..	..	..	..	..	..	..	..	..	..	..	..	..	..
9. **Gross Capital Formation**	106.14	177.50	173.31	192.52	224.79	262.41	280.91	304.04	352.02	383.77	369.61	447.98	484.59	528.36	620.88
RELATIONS AMONG NATIONAL ACCOUNTING AGGREGATES[1]															
1. **Gross Domestic Product**	420.88	698.39	731.77	793.58	886.64	995.10	1104.62	1227.50	1394.41	1564.33	1723.58	1960.96	2183.86	2429.58	2725.40
2. *Plus:* Net factor income from the rest of the world	1.22	0.62	0.82	1.54	2.08	1.90	2.06	2.68	3.43	2.24	1.02	2.78	-0.72	3.39	6.21
3. Factor income from the rest of the world	..	..	..	..	..	..	..	..	..	..	..	..	..	..	..
4. Factor income paid to the rest of the world	..	..	..	..	..	..	..	..	..	..	..	..	..	..	..
5. *Equals:* **Gross National Product**	422.11	699.01	732.59	795.12	888.72	996.99	1106.68	1230.18	1397.84	1566.57	1724.61	1963.74	2183.14	2432.97	2731.61
6. *Less:* Consumption of fixed capital	36.36	67.04	71.67	76.63	83.71	97.60	111.12	124.67	141.44	167.48	192.36	216.98	244.18	272.88	308.51
7. *Plus:* Statistical discrepancy	-6.80	-9.66	-9.28	-11.35	-13.29	-14.97	-15.81	-17.51	-19.30	-18.88	-18.77	-21.28	-20.50	-23.14	-24.91
8. *Equals:* **National Income**	378.95	622.31	651.64	707.14	791.72	884.42	979.76	1088.00	1237.10	1380.21	1513.48	1725.48	1918.45	2136.95	2398.19
9. *Plus:* Net current transfers from the rest of the world	-0.78	-1.27	-1.43	-1.68	-2.07	-2.44	-3.18	-3.43	-4.10	-5.51	-6.42	-6.03	-7.00	-7.05	-7.03
10. Current transfers from the rest of the world	..	..	..	..	..	..	..	..	..	..	..	..	..	..	..
11. Current transfers paid to the rest of the world	..	..	..	..	..	..	..	..	..	..	..	..	..	..	..
12. *Equals:* **National Disposable Income**	378.18	621.03	650.20	705.46	789.66	881.98	976.58	1084.57	1233.00	1374.69	1507.05	1719.44	1911.46	2129.90	2391.15
13. *Less:* Final consumption	307.34	514.24	545.19	585.04	646.92	719.42	806.62	901.08	1018.46	1162.79	1330.50	1501.24	1678.35	1861.49	2094.06
14. *Plus:* Statistical discrepancy	0.21	-0.18	-0.69	-0.95	0.42	0.33	-1.44	-0.06	-0.47	-3.75	-4.02	-7.91	-3.43	-5.12	-3.14
15. *Equals:* **Net Saving**	71.05	106.62	104.32	119.47	143.15	162.89	168.51	183.44	214.07	208.16	172.54	210.29	229.68	263.29	293.96
16. *Less:* Surplus of the nation on current transactions	-2.33	-1.34	-9.01	-9.59	-5.84	-1.23	2.59	4.26	-7.71	-36.69	-13.17	-19.54	-14.12	-6.12	3.80
17. *Plus:* Statistical discrepancy	-3.72	2.50	-11.70	-13.18	-7.91	0.69	3.87	0.20	-11.20	-28.57	-8.45	1.18	-3.39	-13.93	22.21
18. *Equals:* **Net Capital Formation**	69.66	110.45	101.63	115.89	141.08	164.81	169.79	179.37	210.58	216.29	177.26	231.00	240.40	255.47	312.37

1. At current prices and 1990 exchange rates.

National Accounts, Volume 1, OECD, 1996

UE15

Principaux Agrégats basés sur les taux de change

milliards de dollars É-U

1980	1981	1982	1983	1984	1985	1986	1987	1988	1989	1990	1991	1992	1993	1994	
															DÉPENSES IMPUTÉES AU P.I.B.
															Aux prix courants et taux de change de 1990
586.63	657.66	720.52	781.79	836.27	895.98	953.01	1016.65	1081.60	1147.13	1253.44	1359.80	1462.82	1521.56	1570.49	1. Consommation finale des administrations publiques
1782.09	1973.75	2173.76	2367.70	2560.22	2765.74	2968.67	3180.95	3424.66	3704.27	3983.51	4299.79	4562.02	4732.66	4959.81	2. Consommation finale privée
															3. Ménages
															4. Institutions privées sans but lucratif au service des ménages
26.10	−11.12	−6.59	−2.60	18.86	11.86	16.41	15.17	39.62	47.16	29.97	18.54	2.18	−30.75	36.86	5. Variations des stocks
670.46	699.00	735.23	783.89	834.74	896.20	962.70	1044.78	1175.65	1318.30	1436.69	1500.83	1520.86	1454.71	1520.61	6. Formation brute de capital fixe
3065.29	3319.29	3622.92	3930.78	4250.09	4569.77	4900.79	5257.55	5721.53	6216.86	6703.60	7178.95	7547.88	7678.18	8087.77	7. **Demande intérieure totale**
841.24	968.41	1062.73	1155.22	1325.94	1445.97	1393.48	1440.17	1558.37	1765.05	1853.63	1895.18	1966.86	2063.92	2284.61	8. Exportations de biens et services
868.49	967.27	1047.92	1117.99	1274.10	1378.54	1292.63	1369.88	1510.61	1733.50	1827.72	1901.26	1955.39	1956.89	2155.86	9. *Moins :* Importations de biens et services
4.47	0.58	2.73	3.21	7.88	8.40	8.36	6.28	4.61	0.81	0.74	0.00	−0.60	0.40	−0.05	10. Divergence statistique
3042.51	3321.01	3640.46	3971.21	4309.80	4645.60	5010.01	5334.12	5773.91	6249.22	6730.26	7172.85	7558.74	7785.62	8216.47	11. **Produit intérieur brut**
															Aux niveaux de prix et taux de change de 1990
1037.54	1057.36	1074.07	1093.48	1110.47	1136.18	1161.26	1189.81	1215.34	1225.48	1253.44	1279.85	1310.13	1320.36	1332.55	1. Consommation finale des administrations publiques
3116.66	3126.92	3153.04	3195.71	3245.00	3335.33	3472.43	3605.74	3749.02	3872.87	3983.51	4071.39	4134.58	4123.02	4186.74	2. Consommation finale privée
															3. Ménages
															4. Institutions privées sans but lucratif au service des ménages
49.05	−11.82	3.31	1.69	25.97	19.94	27.92	24.74	47.48	47.67	29.97	20.38	16.65	−25.21	36.99	5. Variations des stocks
1123.12	1070.90	1049.74	1053.46	1064.05	1091.15	1134.18	1194.47	1292.35	1382.23	1436.69	1444.41	1429.33	1333.28	1365.51	6. Formation brute de capital fixe
5326.38	5243.36	5280.16	5344.33	5445.50	5582.60	5795.80	6014.75	6304.20	6528.25	6703.60	6816.03	6890.70	6751.44	6921.79	7. **Demande intérieure totale**
1221.08	1271.41	1289.27	1326.40	1424.60	1489.00	1508.04	1564.84	1652.85	1779.23	1853.63	1872.47	1936.48	1969.26	2138.17	8. Exportations de biens et services
1197.69	1164.58	1177.31	1192.15	1262.33	1318.26	1384.27	1486.34	1607.70	1739.06	1827.72	1886.63	1953.95	1899.59	2046.66	9. *Moins :* Importations de biens et services
−5.56	6.06	9.71	18.11	25.38	22.58	19.66	13.59	7.35	3.58	0.74	−0.22	−2.54	6.72	5.51	10. Divergence statistique
5344.21	5356.26	5401.83	5496.69	5633.16	5775.91	5939.22	6106.84	6356.70	6572.00	6730.26	6801.64	6870.70	6827.83	7018.82	11. **Produit intérieur brut**
															RÉPARTITION DU P.I.B. [1]
394.72	431.86	474.20	523.00	573.51	611.88	665.80	718.03	776.55	833.39	889.23	963.54	1012.64	1054.56	1123.22	1. Impôts indirects
86.77	94.21	103.06	115.11	133.15	138.56	149.26	157.99	160.52	165.46	161.46	163.07	178.40	180.26	200.99	2. *Moins :* Subventions
356.44	404.01	448.04	490.13	530.28	569.72	604.58	641.77	689.88	744.41	806.90	866.29	911.51	959.14	1000.30	3. Consommation de capital fixe
1725.39	1883.11	2034.54	2174.92	2314.46	2473.43	2637.67	2799.79	2996.29	3224.97	3525.41	3780.27	3982.45	4055.35	4165.55	4. Rémunération des salariés payée par les producteurs résidents
615.37	659.74	748.45	857.27	976.42	1077.63	1198.95	1278.58	1415.37	1554.12	1652.55	1740.76	1831.78	1915.85	2128.62	5. Excédent net d'exploitation
37.35	36.50	38.28	40.99	48.29	51.49	52.27	53.93	56.33	53.80	24.24	0.39	0.63	−1.12	−0.23	6. Divergence statistique
3042.51	3321.02	3640.46	3971.21	4309.80	4645.60	5010.01	5334.12	5773.91	6249.22	6730.26	7172.85	7558.75	7785.62	8216.47	7. **Produit intérieur brut**
															OPÉRATIONS EN CAPITAL DE LA NATION [1]
															Financement de la formation brute de capital
356.44	404.01	448.04	490.13	530.28	569.72	604.58	641.77	689.88	744.41	806.90	866.29	911.51	959.14	1000.30	1. Consommation de capital fixe
287.23	247.71	251.74	286.77	330.26	356.98	426.25	440.35	516.15	587.91	601.11	559.15	520.02	464.01	567.01	2. Épargne nette
−5.74	−10.13	−38.80	−17.39	−19.23	−37.29	−57.87	−85.84	−125.47	−175.10	−167.46	−93.93	−90.92	−1.21	9.10	3. *Moins :* Solde des opérations courantes de la nation
47.14	26.03	−9.95	−13.01	−26.17	−55.94	−109.58	−108.01	−116.23	−141.95	−108.81	0.00	0.60	−0.40	−0.73	4. Divergence statistique
696.56	687.88	728.64	781.29	853.60	908.05	979.11	1059.95	1215.27	1365.46	1466.65	1519.37	1523.04	1423.96	1557.47	5. **Financement de la formation brute de capital**
															Formation brute de capital
26.10	−11.12	−6.59	−2.60	18.86	11.86	16.41	15.17	39.62	47.16	29.97	18.54	2.18	−30.75	36.86	6. Variations des stocks
670.46	699.00	735.23	783.89	834.74	896.20	962.70	1044.78	1175.65	1318.30	1436.69	1500.83	1520.86	1454.71	1520.61	7. Formation brute de capital fixe
															8. Divergence statistique
696.56	687.88	728.64	781.29	853.60	908.05	979.11	1059.95	1215.27	1365.46	1466.65	1519.37	1523.04	1423.96	1557.47	9. **Formation brute de capital**
															RELATIONS ENTRE LES PRINCIPAUX AGRÉGATS [1]
3042.51	3321.01	3640.46	3971.21	4309.80	4645.60	5010.01	5334.12	5773.91	6249.22	6730.26	7172.85	7558.75	7785.62	8216.47	1. Produit intérieur brut
2.10	−4.11	−11.61	−10.88	−13.15	−16.30	−16.34	−16.47	−24.02	−24.63	−44.09	−47.52	−57.20	−63.34	−73.99	2. *Plus :* Revenu net des facteurs reçu du reste du monde
															3. Revenu des facteurs reçu du reste du monde
															4. Revenu des facteurs payé au reste du monde
3044.61	3316.91	3628.85	3960.33	4296.65	4629.30	4993.67	5317.65	5749.88	6224.59	6690.94	7125.33	7501.54	7722.28	8142.48	5. *Égal :* **Produit national brut**
356.44	404.01	448.04	490.13	530.28	569.72	604.58	641.77	689.88	744.41	806.90	866.29	911.51	959.14	1000.30	6. *Moins :* Consommation de capital fixe
−24.39	−22.57	−23.10	−24.67	−30.40	−31.50	−28.89	−28.03	−26.99	−20.70	−16.17					7. *Plus :* Divergence statistique
2663.77	2890.32	3157.71	3445.53	3735.97	4028.08	4360.21	4647.85	5033.01	5459.48	5867.87	6259.04	6590.04	6763.14	7142.19	8. *Égal :* **Revenu national**
−6.44	−9.74	−10.51	−9.45	−7.14	−9.38	−12.27	−9.90	−10.60	−20.18	−29.81	−40.30	−45.16	−44.91	−45.66	9. *Plus :* Transferts courants nets reçus du reste du monde
															10. Transferts courants reçus du reste du monde
															11. Transferts courants payés au reste du monde
2657.34	2880.58	3147.20	3436.08	3728.83	4018.69	4347.94	4637.95	5022.41	5439.30	5838.05	6218.74	6544.88	6718.23	7096.52	12. *Égal :* **Revenu national disponible**
2367.35	2628.85	2893.32	3148.19	3397.35	3661.72	3921.69	4197.60	4506.26	4851.40	5236.95	5659.59	6024.87	6254.22	6530.52	13. *Moins :* Consommation finale
−2.75	−4.01	−2.14	−1.11	−1.22	0.00	0.00	0.00	0.00	0.00	0.00	0.00	0.00	0.00	1.00	14. *Plus :* Divergence statistique
287.23	247.72	251.74	286.77	330.26	356.98	426.25	440.35	516.15	587.91	601.11	559.15	520.02	464.01	567.01	15. *Égal :* **Épargne nette**
−5.74	−10.13	−38.80	−17.39	−19.23	−37.29	−57.87	−85.84	−125.47	−175.10	−167.46	−93.93	−90.92	−1.21	9.10	16. *Moins :* Solde des opérations courantes de la nation
47.14	26.03	−9.95	−13.01	−26.17	−55.94	−109.58	−108.01	−116.23	−141.95	−108.81	0.00	0.60	−0.40	−0.73	17. *Plus :* Divergence statistique
340.12	283.87	280.60	291.15	323.32	338.33	374.53	418.18	525.38	621.05	659.76	653.08	611.54	464.82	557.17	18. *Égal :* **Formation nette de capital**

1. Aux prix courants et taux de change de 1990.

OECD-TOTAL

Main aggregates based on PPPs

billions of US dollars

	1960	1966	1967	1968	1969	1970	1971	1972	1973	1974	1975	1976	1977	1978	1979
EXPENDITURE ON THE G.D.P.															
At current prices and current PPPs															
1. Government final consumption expenditure	..	..	..	..	..	402.64	442.90	490.51	544.26	624.24	721.92	792.10	867.13	959.28	1077.52
2. Private final consumption expenditure	..	..	..	..	..	1571.96	1719.07	1895.24	2112.10	2341.42	2620.23	2908.49	3214.70	3575.27	4028.80
3. Households	..	..	..	..	..	..	..	..	..	..	..	..	..	..	..
4. Private non-profit institutions serving households	..	..	..	..	..	..	..	..	..	..	..	..	..	..	..
5. Increase in stocks	..	..	..	..	..	36.94	26.31	23.12	52.03	69.19	-6.10	52.50	55.76	50.50	63.78
6. Gross fixed capital formation	..	..	..	..	..	595.07	652.54	726.69	838.30	905.94	945.98	1040.44	1161.40	1323.43	1528.04
7. **Total Domestic Expenditure**	..	..	..	..	..	**2606.61**	**2840.81**	**3135.56**	**3546.69**	**3940.79**	**4282.03**	**4793.53**	**5299.00**	**5908.48**	**6698.15**
8. Exports of goods and services	..	..	..	..	..	358.73	393.27	430.66	516.83	667.11	692.77	793.53	878.10	965.92	1144.51
9. *Less:* Imports of goods and services	..	..	..	..	..	349.27	377.32	416.53	515.43	706.65	690.38	815.26	899.19	962.06	1184.35
10. Statistical discrepancy	..	..	..	..	..	-0.38	-1.69	1.67	0.70	-0.67	-2.34	-5.07	-3.45	-1.92	-0.62
11. **Gross Domestic Product**	..	..	..	..	..	**2615.69**	**2855.08**	**3151.36**	**3548.79**	**3900.57**	**4282.07**	**4766.73**	**5274.46**	**5910.42**	**6657.69**
At the price levels and PPPs of 1990															
1. Government final consumption expenditure	..	..	..	..	..	1517.60	1531.93	1579.68	1615.39	1667.59	1727.34	1768.12	1799.65	1851.79	1904.80
2. Private final consumption expenditure	..	..	..	..	..	5003.19	5212.76	5520.51	5823.97	5855.21	6000.37	6270.20	6494.79	6751.70	6985.92
3. Households	..	..	..	..	..	..	..	..	..	..	..	..	..	..	..
4. Private non-profit institutions serving households	..	..	..	..	..	..	..	..	..	..	..	..	..	..	..
5. Increase in stocks	..	..	..	..	..	95.91	70.07	46.37	122.36	148.35	-7.88	99.87	102.25	83.35	105.90
6. Gross fixed capital formation	..	..	..	..	..	1828.40	1909.68	2036.33	2185.92	2106.52	1996.62	2074.95	2158.49	2271.99	2379.45
7. **Total Domestic Expenditure**	..	..	..	..	..	**8445.11**	**8724.43**	**9182.89**	**9747.64**	**9777.68**	**9716.45**	**10213.13**	**10555.18**	**10958.84**	**11376.06**
8. Exports of goods and services	..	..	..	..	..	947.91	1007.01	1086.76	1209.49	1294.15	1256.19	1366.97	1439.91	1526.68	1629.40
9. *Less:* Imports of goods and services	..	..	..	..	..	1035.42	1093.52	1196.99	1342.46	1370.78	1273.25	1424.25	1480.58	1550.55	1678.42
10. Statistical discrepancy	..	..	..	..	..	-20.65	-19.19	-15.97	-28.91	-27.90	-25.55	-33.71	-22.42	-14.34	-19.62
11. **Gross Domestic Product**	..	..	..	..	..	**8336.94**	**8618.72**	**9056.69**	**9585.76**	**9673.15**	**9673.84**	**10122.14**	**10492.11**	**10920.62**	**11307.43**
COST COMPONENTS OF THE G.D.P.[1]															
1. Indirect taxes	..	..	..	..	..	275.83	300.21	326.43	359.54	388.15	420.53	468.00	520.94	571.28	646.14
2. *Less:* Subsidies	..	..	..	..	..	30.66	33.45	40.05	43.97	55.26	68.07	73.67	83.47	97.00	109.92
3. Consumption of fixed capital	..	..	..	..	..	273.63	303.12	339.41	377.83	436.57	500.77	550.24	612.60	689.56	791.90
4. Compensation of employees paid by resident producers	..	..	..	..	..	1407.62	1545.75	1714.83	1940.22	2184.49	2428.66	2694.33	2970.77	3312.20	3727.85
5. Operating surplus	..	..	..	..	..	679.57	723.03	799.18	907.97	929.47	976.44	1098.48	1221.38	1401.70	1563.07
6. Statistical discrepancy	..	..	..	..	..	9.70	16.43	11.55	7.20	17.16	23.75	29.35	32.22	32.67	38.65
7. **Gross Domestic Product**	..	..	..	..	..	**2615.70**	**2855.09**	**3151.35**	**3548.79**	**3900.57**	**4282.07**	**4766.72**	**5274.44**	**5910.42**	**6657.70**
CAPITAL TRANSACTIONS OF THE NATION[1]															
Finance of Gross Capital Formation															
1. Consumption of fixed capital	..	..	..	..	..	273.63	303.12	339.41	377.83	436.57	500.77	550.24	612.60	689.56	791.90
2. Net saving	..	..	..	..	..	364.49	381.16	424.23	524.58	497.30	423.10	498.61	560.89	670.09	751.94
3. *Less:* Surplus of the nation on current transactions	..	..	..	..	..	5.92	13.88	12.09	-0.88	-53.83	-10.65	-28.33	-28.08	-10.21	-19.42
4. Statistical discrepancy	..	..	..	..	..	-0.77	7.74	-1.87	-12.97	-12.08	5.29	15.87	14.70	4.13	28.73
5. **Finance of Gross Capital Formation**	..	..	..	..	..	**631.43**	**678.14**	**749.68**	**890.32**	**975.61**	**939.80**	**1093.05**	**1216.27**	**1373.99**	**1591.99**
Gross capital formation															
6. Increase in stocks	..	..	..	..	..	36.94	26.31	23.12	52.03	69.19	-6.10	52.50	55.76	50.50	63.78
7. Gross fixed capital formation	..	..	..	..	..	595.07	652.54	726.70	838.30	905.94	945.98	1040.44	1161.40	1323.43	1528.04
8. Statistical discrepancy	..	..	..	..	..	-0.59	-0.70	-0.13	-0.01	0.48	-0.08	0.11	-0.89	0.05	0.16
9. **Gross Capital Formation**	..	..	..	..	..	**631.42**	**678.14**	**749.69**	**890.32**	**975.61**	**939.80**	**1093.05**	**1216.27**	**1373.98**	**1591.99**
RELATIONS AMONG NATIONAL ACCOUNTING AGGREGATES[1]															
1. **Gross Domestic Product**	..	..	..	..	..	**2615.69**	**2855.08**	**3151.36**	**3548.79**	**3900.57**	**4282.07**	**4766.72**	**5274.45**	**5910.42**	**6657.70**
2. *Plus:* Net factor income from the rest of the world	..	..	..	..	..	8.06	9.97	12.20	18.31	19.55	12.95	14.79	15.01	17.35	30.71
3. Factor income from the rest of the world	..	..	..	..	..	..	..	..	..	..	..	..	..	..	..
4. Factor income paid to the rest of the world	..	..	..	..	..	..	..	..	..	..	..	..	..	..	..
5. *Equals:* **Gross National Product**	..	..	..	..	..	**2623.75**	**2865.06**	**3163.56**	**3567.10**	**3920.13**	**4295.02**	**4781.52**	**5289.46**	**5927.77**	**6688.41**
6. *Less:* Consumption of fixed capital	..	..	..	..	..	273.63	303.12	339.41	377.83	436.57	500.77	550.24	612.60	689.56	791.90
7. *Plus:* Statistical discrepancy	..	..	..	..	..	-5.58	-6.97	-4.12	-1.31	-6.50	-10.51	-9.17	-12.75	-12.35	-11.97
8. *Equals:* **National Income**	..	..	..	..	..	**2344.54**	**2554.97**	**2820.03**	**3187.95**	**3477.06**	**3783.75**	**4222.11**	**4664.10**	**5225.87**	**5884.53**
9. *Plus:* Net current transfers from the rest of the world	..	..	..	..	..	-5.77	-7.08	-7.85	-6.97	-8.67	-9.50	-7.73	-8.66	-9.64	-9.24
10. Current transfers from the rest of the world	..	..	..	..	..	..	..	..	..	..	..	..	..	..	..
11. Current transfers paid to the rest of the world	..	..	..	..	..	..	..	..	..	..	..	..	..	..	..
12. *Equals:* **National Disposable Income**	..	..	..	..	..	**2338.77**	**2547.88**	**2812.18**	**3180.98**	**3468.39**	**3774.25**	**4214.38**	**4655.43**	**5216.23**	**5875.29**
13. *Less:* Final consumption	..	..	..	..	..	1974.93	2160.84	2386.79	2656.02	2963.13	3339.10	3694.31	4079.20	4532.09	5105.82
14. *Plus:* Statistical discrepancy	..	..	..	..	..	0.64	-5.88	-1.17	-0.39	-7.96	-12.06	-21.45	-15.35	-14.05	-17.53
15. *Equals:* **Net Saving**	..	..	..	..	..	**364.49**	**381.16**	**424.23**	**524.57**	**497.30**	**423.10**	**498.61**	**560.89**	**670.09**	**751.95**
16. *Less:* Surplus of the nation on current transactions	..	..	..	..	..	5.92	13.88	12.10	-0.88	-53.83	-10.65	-28.33	-28.08	-10.21	-19.42
17. *Plus:* Statistical discrepancy	..	..	..	..	..	-0.18	8.45	-1.74	-12.96	-12.57	5.37	15.76	15.59	4.08	28.57
18. *Equals:* **Net Capital Formation**	..	..	..	..	..	**358.39**	**375.73**	**410.40**	**512.50**	**538.56**	**439.11**	**542.70**	**604.56**	**684.37**	**799.93**

1. At current prices and current PPPs.

National Accounts, Volume 1, OECD, 1996

OCDE-TOTAL

Principaux Agrégats basés sur les PPA

milliards de dollars É-U

1980	1981	1982	1983	1984	1985	1986	1987	1988	1989	1990	1991	1992	1993	1994	
															DÉPENSES IMPUTÉES AU P.I.B.
															Aux prix et PPA courants
1224.39	1388.78	1504.57	1597.22	1702.37	1823.34	1927.49	2040.38	2163.17	2288.97	2475.49	2629.60	2829.75	2881.76	2960.76	1. Consommation finale des administrations publiques
4498.22	5005.37	5381.17	5765.44	6212.17	6670.17	7042.67	7525.12	8110.82	8729.79	9353.83	9815.84	10608.02	10952.29	11472.03	2. Consommation finale privée
..	..	..	..	..	..	..	..	..	..	..	..	..	..	..	3. Ménages
..	..	..	..	..	..	..	..	..	..	..	..	..	..	..	4. Institutions privées sans but lucratif au service des ménages
41.61	41.64	−11.10	8.71	108.72	64.02	41.76	56.07	67.29	116.84	71.85	45.67	32.32	15.59	86.82	5. Variations des stocks
1679.45	1846.24	1861.07	1905.61	2079.24	2236.41	2339.39	2501.60	2779.46	3019.40	3208.37	3236.26	3388.70	3391.54	3587.26	6. Formation brute de capital fixe
7443.67	8282.03	8735.71	9276.98	10102.50	10793.94	11351.32	12123.17	13120.74	14155.00	15109.55	15727.38	16858.78	17241.18	18106.86	7. **Demande intérieure totale**
1338.57	1532.82	1612.74	1693.51	1919.17	2030.16	1946.77	2054.75	2265.19	2544.29	2700.68	2764.84	2966.74	3034.67	3343.64	8. Exportations de biens et services
1408.14	1568.05	1613.61	1672.25	1925.40	2034.09	1944.53	2088.32	2308.02	2604.58	2771.79	2781.64	2980.36	3006.85	3317.90	9. *Moins :* Importations de biens et services
−1.44	−4.83	−0.11	−0.37	9.32	7.45	5.98	5.08	11.98	10.48	2.79	−6.79	−6.76	−8.67	−2.21	10. Divergence statistique
7372.66	8241.97	8734.73	9297.87	10105.59	10797.45	11359.54	12094.68	13089.89	14105.19	15041.22	15703.79	16838.41	17260.33	18130.39	11. **Produit intérieur brut**
															Aux niveaux de prix et PPA de 1990
1953.19	2003.44	2040.17	2087.00	2140.37	2213.85	2292.63	2358.54	2403.29	2421.08	2475.49	2523.55	2548.33	2555.95	2564.04	1. Consommation finale des administrations publiques
7066.24	7144.88	7231.33	7429.21	7676.54	7951.65	8240.14	8508.52	8845.31	9110.30	9353.83	9460.38	9673.91	9836.79	10076.96	2. Consommation finale privée
..	..	..	..	..	..	..	..	..	..	..	..	..	..	..	3. Ménages
..	..	..	..	..	..	..	..	..	..	..	..	..	..	..	4. Institutions privées sans but lucratif au service des ménages
68.33	62.07	−0.46	13.65	117.17	73.12	58.61	61.90	76.71	113.35	71.85	43.77	44.06	21.60	86.09	5. Variations des stocks
2363.54	2374.40	2271.99	2282.70	2429.66	2541.16	2607.32	2744.04	2944.13	3105.29	3208.37	3186.62	3228.46	3266.40	3420.36	6. Formation brute de capital fixe
11451.31	11584.79	11543.04	11812.56	12363.74	12779.78	13198.70	13673.01	14269.45	14750.02	15109.54	15214.32	15494.77	15680.74	16147.45	7. **Demande intérieure totale**
1697.85	1775.15	1771.92	1812.62	1972.59	2050.97	2089.71	2199.00	2373.79	2560.79	2700.68	2784.04	2919.53	3009.38	3269.49	8. Exportations de biens et services
1686.86	1695.31	1661.90	1701.12	1893.29	1976.22	2082.72	2230.33	2423.06	2625.25	2771.79	2828.30	2990.41	3073.35	3352.27	9. *Moins :* Importations de biens et services
−13.59	3.78	−1.87	10.04	34.86	30.49	21.82	18.14	14.69	10.22	2.79	5.17	11.96	22.96	29.09	10. Divergence statistique
11448.71	11668.40	11651.19	11934.10	12477.90	12885.03	13227.50	13659.82	14234.87	14695.78	15041.22	15175.23	15435.84	15639.74	16093.77	11. **Produit intérieur brut**
															RÉPARTITION DU P.I.B.[1]
732.76	837.27	895.09	958.60	1046.40	1119.88	1181.18	1280.96	1373.43	1470.74	1570.54	1665.80	1802.95	1839.63	1940.91	1. Impôts indirects
126.18	141.38	154.72	172.56	187.16	188.91	198.80	207.99	207.50	204.57	215.45	222.66	233.15	247.22	251.45	2. *Moins :* Subventions
906.19	1041.56	1137.45	1208.96	1273.49	1353.28	1428.57	1509.81	1616.49	1752.64	1864.90	1971.66	2121.68	2168.23	2287.28	3. Consommation de capital fixe
4147.70	4619.98	4903.49	5136.51	5504.40	5856.31	6161.61	6556.75	7071.05	7603.46	8205.28	8647.47	9288.30	9511.32	9900.10	4. Rémunération des salariés payée par les producteurs résidents
1674.64	1848.43	1934.44	2126.43	2442.47	2633.79	2746.74	2944.22	3232.37	3450.83	3599.35	3641.61	3839.59	3969.71	4274.63	5. Excédent net d'exploitation
37.54	36.12	18.99	39.95	26.00	23.10	40.24	10.92	4.06	32.09	17.59	0.02	19.05	18.67	−21.08	6. Divergence statistique
7372.66	8241.98	8734.73	9297.87	10105.59	10797.45	11359.54	12094.68	13089.89	14105.19	15041.21	15703.89	16838.42	17260.33	18130.39	7. **Produit intérieur brut**
															OPÉRATIONS EN CAPITAL DE LA NATION[1]
															Financement de la formation brute de capital
906.19	1041.56	1137.45	1208.96	1273.49	1353.28	1428.57	1509.81	1616.49	1752.64	1864.90	1971.66	2121.68	2168.23	2287.28	1. Consommation de capital fixe
731.75	776.73	677.51	674.34	871.53	901.17	885.29	982.00	1169.23	1271.56	1262.42	1240.23	1148.86	1124.14	1277.62	2. Épargne nette
−37.65	−38.56	−48.13	−27.11	−72.85	−102.52	−144.18	−174.08	−195.21	−240.24	−240.90	−63.95	−125.41	−86.69	−128.74	3. *Moins :* Solde des opérations courantes de la nation
45.47	30.90	−13.40	2.18	−30.57	−56.57	−77.51	−109.53	−132.66	−128.14	−83.86	5.09	23.58	25.96	−20.53	4. Divergence statistique
1721.02	1887.75	1849.70	1912.59	2187.29	2300.39	2380.52	2556.36	2848.26	3136.30	3273.36	3280.93	3419.54	3405.02	3673.11	5. **Financement de la formation brute de capital**
															Formation brute de capital
41.61	41.64	−11.10	8.71	108.72	64.02	41.76	56.07	67.29	116.84	71.85	45.67	32.32	15.59	86.82	6. Variations des stocks
1679.45	1846.24	1861.07	1905.61	2079.24	2236.41	2339.39	2501.60	2779.46	3019.40	3203.37	3236.26	3388.70	3391.54	3587.26	7. Formation brute de capital fixe
−0.04	−0.14	−0.27	−1.72	−0.67	−0.03	−0.63	−1.31	1.52	0.05	−0.85	−1.01	−1.48	−2.11	−0.96	8. Divergence statistique
1721.02	1887.74	1849.70	1912.59	2187.29	2300.39	2380.52	2556.36	2848.26	3136.29	3273.36	3280.92	3419.54	3405.02	3673.11	9. **Formation brute de capital**
															RELATIONS ENTRE LES PRINCIPAUX AGRÉGATS[1]
7372.66	8241.98	8734.73	9297.87	10105.59	10797.45	11359.54	12094.68	13089.89	14105.19	15041.22	15703.79	16838.41	17260.33	18130.39	1. **Produit intérieur brut**
25.63	10.01	−6.31	−6.42	−12.93	−19.86	−30.09	−27.39	−28.81	−20.39	−32.17	−32.98	−48.16	−50.13	−81.66	2. *Plus :* Revenu net des facteurs reçu du reste du monde
..	..	..	..	..	..	..	..	..	..	..	..	..	..	..	3. Revenu des facteurs reçu du reste du monde
..	..	..	..	..	..	..	..	..	..	..	..	..	..	..	4. Revenu des facteurs payé au reste du monde
7398.29	8251.99	8728.43	9291.45	10092.66	10777.59	11329.45	12067.29	13061.08	14084.79	15012.73	15670.81	16790.25	17210.30	18048.73	5. *Égal :* **Produit national brut**
906.19	1041.56	1137.45	1208.96	1273.49	1353.28	1428.57	1509.81	1616.49	1752.64	1864.90	1971.66	2121.68	2168.23	2287.28	6. *Moins :* Consommation de capital fixe
−12.72	−13.65	−18.27	−20.37	−23.99	−24.80	−23.34	−17.34	−10.40	−5.49	−3.12	2.08	−9.50	−17.10	−9.80	7. *Plus :* Divergence statistique
6479.37	7196.79	7572.71	8062.13	8795.18	9399.52	9877.54	10540.13	11434.19	12326.66	13144.71	13701.24	14659.07	15024.97	15751.65	8. *Égal :* **Revenu national**
−9.85	−13.43	−15.62	−15.16	−15.97	−18.72	−20.84	−17.45	−19.39	−35.25	−45.17	−14.17	−63.62	−64.38	−72.82	9. *Plus :* Transferts courants nets reçus du reste du monde
..	..	..	..	..	..	..	..	..	..	..	..	..	..	..	10. Transferts courants reçus du reste du monde
..	..	..	..	..	..	..	..	..	..	..	..	..	..	..	11. Transferts courants payés au reste du monde
6469.52	7183.35	7557.09	8046.97	8779.21	9380.79	9856.70	10522.68	11414.81	12291.42	13099.55	13687.08	14595.45	14960.59	15678.82	12. *Égal :* **Revenu national disponible**
5721.10	6391.38	6884.72	7361.29	7915.44	8493.52	8970.16	9565.50	10273.99	11018.76	11823.33	12445.34	13437.79	13834.05	14432.98	13. *Moins :* Consommation finale
−16.67	−15.25	5.14	−11.34	7.76	13.89	−1.25	24.82	28.42	−1.10	−7.80	−1.50	−8.80	−2.30	31.77	14. *Plus :* Divergence statistique
731.75	776.73	677.51	674.34	871.53	901.17	885.29	982.00	1169.23	1271.56	1262.42	1240.23	1148.86	1124.14	1277.62	15. *Égal :* **Épargne nette**
−37.61	−38.56	−48.13	−27.11	−72.85	−102.52	−144.18	−174.08	−195.21	−240.24	−240.90	−63.95	−125.41	−86.69	−128.74	16. *Moins :* Solde des opérations courantes de la nation
45.50	31.04	−13.12	3.91	−29.91	−56.54	−76.88	−108.21	−134.18	−128.29	−87.91	6.00	25.06	28.07	−19.57	17. *Plus :* Divergence statistique
814.86	846.33	712.52	705.36	914.47	947.14	952.59	1047.86	1230.26	1383.50	1415.32	1310.18	1299.34	1238.90	1386.79	18. *Égal :* **Formation nette de capital**

1. Aux prix et PPA courants.

OECD-EUROPE

Main aggregates based on PPPs

billions of US dollars

	1960	1966	1967	1968	1969	1970	1971	1972	1973	1974	1975	1976	1977	1978	1979
EXPENDITURE ON THE G.D.P.															
At current prices and current PPPs															
1. Government final consumption expenditure	..	..	..	..	..	165.48	189.29	209.89	236.53	275.30	321.23	354.95	389.18	433.97	490.34
2. Private final consumption expenditure	..	..	..	..	..	658.39	719.62	789.44	881.92	990.32	1100.71	1215.54	1333.74	1467.98	1655.19
3. Households	..	..	..	..	..	..	..	..	..	..	..	..	..	..	..
4. Private non-profit institutions serving households	..	..	..	..	..	..	..	..	..	..	..	..	..	..	..
5. Increase in stocks	..	..	..	..	..	23.28	11.45	9.01	25.37	36.10	−5.27	29.57	20.99	14.59	34.12
6. Gross fixed capital formation	..	..	..	..	..	266.10	291.23	316.96	361.37	400.30	416.56	454.59	491.50	533.54	605.16
7. **Total Domestic Expenditure**	..	..	..	..	..	1113.25	1211.59	1325.30	1505.20	1702.02	1833.22	2054.65	2235.41	2450.07	2784.81
8. Exports of goods and services	..	..	..	..	..	237.58	260.22	284.27	336.09	428.25	435.51	505.50	563.96	615.59	715.37
9. *Less:* Imports of goods and services	..	..	..	..	..	235.26	253.36	275.97	338.69	456.05	440.99	524.44	567.79	592.95	718.95
10. Statistical discrepancy	..	..	..	..	..	1.55	0.37	2.91	1.38	−0.83	−0.84	−3.45	−1.24	−0.63	1.20
11. **Gross Domestic Product**	..	..	..	..	..	1117.12	1218.82	1336.51	1503.98	1673.39	1826.90	2032.26	2230.33	2472.09	2782.43
At the price levels and PPPs of 1990															
1. Government final consumption expenditure	..	..	..	..	..	640.21	668.20	697.01	725.75	749.23	783.21	806.59	820.39	850.73	876.40
2. Private final consumption expenditure	..	..	..	..	..	2045.63	2137.90	2247.19	2361.98	2390.02	2435.88	2536.51	2621.08	2703.78	2796.32
3. Households	..	..	..	..	..	..	..	..	..	..	..	..	..	..	..
4. Private non-profit institutions serving households	..	..	..	..	..	..	..	..	..	..	..	..	..	..	..
5. Increase in stocks	..	..	..	..	..	63.29	26.65	16.98	64.33	75.28	−9.86	56.34	38.61	21.05	57.00
6. Gross fixed capital formation	..	..	..	..	..	853.47	886.25	923.98	975.49	961.52	917.00	939.43	942.73	952.21	983.80
7. **Total Domestic Expenditure**	..	..	..	..	..	3602.60	3718.99	3885.17	4127.55	4176.05	4126.23	4338.87	4422.81	4527.77	4713.51
8. Exports of goods and services	..	..	..	..	..	631.20	673.58	728.35	802.94	852.82	821.78	899.14	948.35	997.68	1060.44
9. *Less:* Imports of goods and services	..	..	..	..	..	668.47	705.56	767.66	852.41	865.48	816.54	906.94	928.43	956.14	1044.53
10. Statistical discrepancy	..	..	..	..	..	−4.75	−7.70	−4.86	−15.63	−13.50	−4.24	−15.56	−6.10	−1.65	−3.73
11. **Gross Domestic Product**	..	..	..	..	..	3560.58	3679.30	3841.00	4062.45	4149.89	4127.24	4315.51	4436.64	4567.66	4725.68
COST COMPONENTS OF THE G.D.P.[1]															
1. Indirect taxes	..	..	..	..	..	141.57	152.40	165.29	182.02	195.56	211.01	238.99	266.66	294.96	338.88
2. *Less:* Subsidies	..	..	..	..	..	20.76	22.73	26.46	31.02	38.96	48.57	53.74	60.05	69.85	79.48
3. Consumption of fixed capital	..	..	..	..	..	108.14	120.18	132.81	149.72	176.47	200.57	221.49	245.89	272.95	308.34
4. Compensation of employees paid by resident producers	..	..	..	..	..	567.90	629.70	695.50	788.21	900.31	1015.99	1117.21	1218.31	1341.46	1506.37
5. Operating surplus	..	..	..	..	..	310.81	327.66	357.22	402.62	424.07	432.14	488.64	541.04	609.41	683.52
6. Statistical discrepancy	..	..	..	..	..	9.47	11.62	12.15	12.42	15.94	15.77	19.67	18.48	23.16	24.79
7. **Gross Domestic Product**	..	..	..	..	..	1117.12	1218.83	1336.51	1503.98	1673.39	1826.90	2032.26	2230.32	2472.09	2782.43
CAPITAL TRANSACTIONS OF THE NATION[1]															
Finance of Gross Capital Formation															
1. Consumption of fixed capital	..	..	..	..	..	108.14	120.18	132.81	149.72	176.47	200.57	221.49	245.89	272.95	308.34
2. Net saving	..	..	..	..	..	184.01	187.02	202.89	236.34	225.28	193.39	226.31	248.07	282.77	320.14
3. *Less:* Surplus of the nation on current transactions	..	..	..	..	..	1.89	7.85	8.94	−7.37	−45.79	−18.28	−29.14	−17.73	2.61	3.97
4. Statistical discrepancy	..	..	..	..	..	−0.88	3.32	−0.79	−6.69	−11.14	−0.95	7.21	0.79	−4.98	14.77
5. **Finance of Gross Capital Formation**	..	..	..	..	..	289.38	302.68	325.97	386.74	436.40	411.29	484.16	512.49	548.13	639.28
Gross capital formation															
6. Increase in stocks	..	..	..	..	..	23.28	11.45	9.01	25.37	36.10	−5.27	29.57	20.99	14.59	34.12
7. Gross fixed capital formation	..	..	..	..	..	266.10	291.23	316.96	361.37	400.30	416.56	454.59	491.50	533.54	605.16
8. Statistical discrepancy	..	..	..	..	..	..	..	..	..	..	..	..	..	..	..
9. **Gross Capital Formation**	..	..	..	..	..	289.38	302.68	325.97	386.74	436.40	411.29	484.16	512.49	548.13	639.28
RELATIONS AMONG NATIONAL ACCOUNTING AGGREGATES[1]															
1. **Gross Domestic Product**	..	..	..	..	..	1117.13	1218.83	1336.51	1503.98	1673.39	1826.90	2032.26	2230.32	2472.09	2782.43
2. *Plus:* Net factor income from the rest of the world	..	..	..	..	..	4.44	5.25	5.95	8.26	7.79	3.88	4.05	2.15	4.22	8.88
3. Factor income from the rest of the world	..	..	..	..	..	..	..	..	..	..	..	..	..	..	..
4. Factor income paid to the rest of the world	..	..	..	..	..	..	..	..	..	..	..	..	..	..	..
5. *Equals:* **Gross National Product**	..	..	..	..	..	1121.56	1224.07	1342.47	1512.23	1681.19	1830.78	2036.31	2232.47	2476.31	2791.31
6. *Less:* Consumption of fixed capital	..	..	..	..	..	108.14	120.18	132.81	149.72	176.47	200.57	221.49	245.89	272.95	308.34
7. *Plus:* Statistical discrepancy	..	..	..	..	..	−6.56	−6.96	−7.46	−7.76	−8.56	−10.43	−12.13	−11.65	−12.43	−13.36
8. *Equals:* **National Income**	..	..	..	..	..	1006.86	1096.93	1202.20	1354.75	1496.16	1619.77	1802.68	1974.94	2190.93	2469.62
9. *Plus:* Net current transfers from the rest of the world	..	..	..	..	..	0.70	0.64	1.16	0.57	−1.25	−1.40	−1.12	−2.11	−2.22	−0.69
10. Current transfers from the rest of the world	..	..	..	..	..	..	..	..	..	..	..	..	..	..	..
11. Current transfers paid to the rest of the world	..	..	..	..	..	..	..	..	..	..	..	..	..	..	..
12. *Equals:* **National Disposable Income**	..	..	..	..	..	1007.56	1097.57	1203.37	1355.32	1494.91	1618.37	1801.56	1972.83	2188.71	2468.93
13. *Less:* Final consumption	..	..	..	..	..	824.20	907.79	1000.37	1118.12	1263.09	1418.89	1564.21	1720.28	1899.49	2145.02
14. *Plus:* Statistical discrepancy	..	..	..	..	..	0.65	−2.76	−0.11	−0.86	−6.54	−6.10	−11.04	−4.47	−6.46	−3.77
15. *Equals:* **Net Saving**	..	..	..	..	..	184.01	187.02	202.89	236.34	225.28	193.39	226.31	248.07	282.77	320.14
16. *Less:* Surplus of the nation on current transactions	..	..	..	..	..	1.89	7.85	8.94	−7.37	−45.79	−18.28	−29.14	−17.73	2.61	3.97
17. *Plus:* Statistical discrepancy	..	..	..	..	..	−0.88	3.32	−0.79	−6.69	−11.14	−0.95	7.21	0.79	−4.98	14.77
18. *Equals:* **Net Capital Formation**	..	..	..	..	..	181.24	182.49	193.17	237.02	259.93	210.71	262.67	266.60	275.18	330.94

1. At current prices and current PPPs.

National Accounts, Volume 1, OECD, 1996

OCDE-EUROPE

Principaux Agrégats basés sur les PPA

milliards de dollars É-U

1980	1981	1982	1983	1984	1985	1986	1987	1988	1989	1990	1991	1992	1993	1994	
															DÉPENSES IMPUTÉES AU P.I.B.
															Aux prix et PPA courants
557.70	637.44	683.84	725.94	763.17	807.13	842.80	894.67	951.75	1012.43	1102.34	1176.41	1305.23	1315.98	1345.49	1. Consommation finale des administrations publiques
1854.46	2056.87	2211.77	2337.29	2484.70	2635.63	2767.85	2959.79	3168.57	3412.92	3649.82	3855.88	4202.65	4227.52	4384.24	2. Consommation finale privée
..	..	..	..	..	..	..	..	..	..	..	..	..	..	..	3. Ménages
..	..	..	..	..	..	..	..	..	..	..	..	..	..	..	4. Institutions privées sans but lucratif au service des ménages
34.94	−1.35	2.98	0.46	19.33	15.76	20.93	21.05	36.08	45.35	34.40	16.77	4.20	−20.76	20.12	5. Variations des stocks
683.63	728.34	747.99	771.15	804.41	854.18	907.25	984.06	1107.76	1222.53	1316.23	1350.10	1405.71	1323.64	1369.26	6. Formation brute de capital fixe
3130.73	3421.30	3646.58	3834.84	4071.60	4312.70	4538.82	4859.57	5264.17	5693.22	6102.79	6399.16	6917.78	6846.38	7119.12	7. **Demande intérieure totale**
807.62	937.90	1008.93	1077.26	1226.10	1319.53	1247.44	1296.79	1408.81	1587.28	1658.17	1672.14	1794.45	1826.30	2024.34	8. Exportations de biens et services
850.39	956.04	1016.59	1059.67	1194.56	1272.40	1179.76	1256.79	1384.69	1579.94	1656.41	1685.09	1789.83	1752.22	1910.88	9. *Moins :* Importations de biens et services
−1.02	−3.94	1.84	2.54	8.46	8.52	6.76	6.08	9.21	7.80	0.95	−3.50	−1.85	−3.49	−0.86	10. Divergence statistique
3086.95	3399.21	3640.77	3854.98	4111.60	4368.34	4613.26	4905.66	5297.50	5708.36	6105.50	6382.70	6920.54	6916.98	7231.73	11. **Produit intérieur brut**
															Aux niveaux de prix et PPA de 1990
894.73	918.18	931.03	951.57	966.26	991.01	1015.09	1042.10	1064.18	1075.02	1102.34	1127.05	1153.75	1164.50	1174.18	1. Consommation finale des administrations publiques
2846.68	2846.70	2878.32	2925.27	2978.57	3058.26	3187.16	3301.85	3428.34	3534.09	3649.82	3726.75	3787.33	3795.50	3840.91	2. Consommation finale privée
..	..	..	..	..	..	..	..	..	..	..	..	..	..	..	3. Ménages
..	..	..	..	..	..	..	..	..	..	..	..	..	..	..	4. Institutions privées sans but lucratif au service des ménages
48.83	−4.52	7.76	3.04	23.31	21.62	31.16	28.82	42.44	45.61	34.40	19.36	17.99	−13.69	26.75	5. Variations des stocks
999.22	966.60	945.86	950.51	961.13	985.80	1030.67	1101.23	1187.87	1264.05	1316.23	1321.18	1310.08	1247.12	1264.44	6. Formation brute de capital fixe
4789.46	4726.96	4762.97	4830.38	4929.27	5056.69	5264.09	5474.01	5722.83	5918.97	6102.79	6194.33	6269.15	6193.43	6306.27	7. **Demande intérieure totale**
1075.63	1122.37	1139.48	1175.12	1266.37	1324.32	1341.25	1397.75	1479.64	1589.60	1658.17	1678.75	1741.27	1773.65	1926.10	8. Exportations de biens et services
1067.60	1043.13	1056.28	1073.89	1141.90	1188.95	1250.23	1345.79	1450.81	1566.77	1656.41	1702.58	1765.74	1739.80	1853.90	9. *Moins :* Importations de biens et services
−3.89	6.17	10.22	16.37	23.06	20.86	16.76	14.52	9.22	5.58	0.95	−0.39	0.45	8.69	5.94	10. Divergence statistique
4793.60	4812.36	4856.40	4947.98	5076.81	5212.91	5371.86	5540.49	5760.88	5947.38	6105.50	6170.11	6245.14	6235.96	6384.41	11. **Produit intérieur brut**
															RÉPARTITION DU P.I.B. [1]
381.81	423.30	455.73	491.55	528.56	557.41	600.38	646.32	696.96	742.34	787.32	837.69	909.12	918.54	970.03	1. Impôts indirects
87.84	97.53	103.70	111.46	125.77	127.70	133.13	138.14	140.68	141.51	146.45	154.32	162.72	170.45	174.51	2. *Moins :* Subventions
351.87	401.16	433.30	459.55	488.18	517.30	537.87	569.36	611.79	658.09	707.02	744.43	805.76	819.83	850.37	3. Consommation de capital fixe
1681.99	1853.44	1959.92	2041.08	2134.82	2250.14	2352.60	2493.60	2669.26	2888.34	3143.73	3339.29	3639.28	3596.86	3657.44	4. Rémunération des salariés payée par les producteurs résidents
736.13	795.29	869.82	946.58	1051.95	1134.97	1217.90	1294.93	1417.82	1519.60	1594.69	1615.00	1728.35	1752.92	1928.38	5. Excédent net d'exploitation
22.99	23.56	25.70	27.67	33.86	36.21	37.63	39.60	42.36	41.50	19.19	0.60	0.75	−0.73	0.02	6. Divergence statistique
3086.95	3399.22	3640.77	3854.98	4111.60	4368.34	4613.26	4905.66	5297.50	5708.36	6105.50	6382.70	6920.54	6916.98	7231.73	7. **Produit intérieur brut**
															OPÉRATIONS EN CAPITAL DE LA NATION [1]
															Financement de la formation brute de capital
351.87	401.16	433.30	459.55	488.18	517.30	537.87	569.36	611.79	658.09	707.02	744.43	805.76	819.83	850.37	1. Consommation de capital fixe
315.26	287.16	281.82	302.96	341.26	370.69	425.50	446.03	523.65	582.13	585.55	544.22	532.57	478.01	564.77	2. Épargne nette
−20.91	−21.07	−44.21	−20.38	−15.50	−26.45	−45.08	−70.28	−101.52	−143.86	−142.64	−74.71	−69.72	−1.56	25.93	3. *Moins :* Solde des opérations courantes de la nation
30.53	17.59	−8.37	−11.28	−21.20	−44.50	−80.27	−80.55	−93.10	−116.21	−84.57	3.50	1.85	3.49	0.17	4. Divergence statistique
718.57	726.99	750.97	771.61	823.74	869.94	928.18	1005.11	1143.85	1267.87	1350.64	1366.87	1409.91	1302.88	1389.39	5. **Financement de la formation brute de capital**
															Formation brute de capital
34.94	−1.35	2.98	0.46	19.33	15.76	20.93	21.05	36.08	45.35	34.40	16.77	4.20	−20.76	20.12	6. Variations des stocks
683.63	728.34	747.99	771.15	804.41	854.18	907.25	984.06	1107.76	1222.53	1316.23	1350.10	1405.71	1323.64	1369.26	7. Formation brute de capital fixe
..	..	..	..	..	..	..	..	..	..	..	..	..	..	..	8. Divergence statistique
718.57	726.99	750.97	771.61	823.74	869.94	928.18	1005.11	1143.85	1267.87	1350.64	1366.87	1409.91	1302.88	1389.39	9. **Formation brute de capital**
															RELATIONS ENTRE LES PRINCIPAUX AGRÉGATS [1]
3086.95	3399.21	3640.77	3854.98	4111.60	4368.34	4613.26	4905.66	5297.50	5708.36	6105.50	6382.70	6920.54	6916.98	7231.73	1. **Produit intérieur brut**
5.21	−0.91	−8.71	−9.44	−9.46	−10.78	−11.18	−10.66	−16.64	−13.57	−30.17	−32.94	−38.93	−41.21	−51.01	2. *Plus :* Revenu net des facteurs reçu du reste du monde
..	..	..	..	..	..	..	..	..	..	..	..	..	..	..	3. Revenu des facteurs reçu du reste du monde
..	..	..	..	..	..	..	..	..	..	..	..	..	..	..	4. Revenu des facteurs payé au reste du monde
3092.16	3398.30	3632.07	3845.53	4102.14	4357.57	4602.07	4895.00	5280.86	5694.79	6079.02	6349.76	6881.61	6875.77	7180.71	5. *Égal :* **Produit national brut**
351.87	401.16	433.30	459.55	488.18	517.30	537.87	569.36	611.79	658.09	707.02	744.43	805.76	819.83	850.37	6. *Moins :* Consommation de capital fixe
−11.81	−11.97	−17.55	−18.25	−22.81	−24.03	−21.98	−21.20	−20.29	−15.90	−12.51	..	..	..	..	7. *Plus :* Divergence statistique
2728.48	2985.17	3181.21	3367.73	3591.15	3816.23	4042.22	4304.44	4648.79	5020.80	5359.48	5605.33	6075.85	6055.94	6330.34	8. *Égal :* **Revenu national**
0.46	−2.12	−2.52	−1.74	0.16	−2.79	−6.08	−3.96	−4.82	−13.32	−21.77	−28.82	−35.38	−34.44	−36.52	9. *Plus :* Transferts courants nets reçus du reste du monde
..	..	..	..	..	..	..	..	..	..	..	..	..	..	..	10. Transferts courants reçus du reste du monde
..	..	..	..	..	..	..	..	..	..	..	..	..	..	..	11. Transferts courants payés au reste du monde
2728.94	2983.05	3178.69	3365.99	3591.31	3813.44	4036.14	4300.48	4643.97	5007.48	5337.71	5576.51	6040.47	6021.51	6293.83	12. *Égal :* **Revenu national disponible**
2410.64	2691.53	2894.59	3061.86	3248.77	3442.75	3610.62	3854.46	4120.32	4425.35	4752.16	5032.29	5507.90	5543.50	5729.93	13. *Moins :* Consommation finale
−3.04	−4.36	−2.28	−1.17	−1.28	0.00	0.00	0.00	0.00	0.00	0.00	0.00	0.00	0.00	0.87	14. *Plus :* Divergence statistique
315.26	287.16	281.82	302.96	341.26	370.69	425.50	446.03	523.65	582.13	585.55	544.22	532.57	478.01	564.77	15. *Égal :* **Épargne nette**
−20.91	−21.07	−44.21	−20.38	−15.50	−26.45	−45.08	−70.28	−101.52	−143.86	−142.64	−74.71	−69.72	−1.56	25.93	16. *Moins :* Solde des opérations courantes de la nation
30.53	17.59	−8.37	−11.28	−21.20	−44.50	−80.27	−80.55	−93.10	−116.21	−84.57	3.50	1.85	3.49	0.17	17. *Plus :* Divergence statistique
366.70	325.83	317.67	312.06	335.55	352.64	390.30	435.76	532.06	609.78	643.62	622.44	604.15	483.06	539.02	18. *Égal :* **Formation nette de capital**

1. Aux prix et PPA courants.

EU15

Main aggregates based on PPPs

billions of US dollars

	1960	1966	1967	1968	1969	1970	1971	1972	1973	1974	1975	1976	1977	1978	1979
EXPENDITURE ON THE G.D.P.															
At current prices and current PPPs															
1. Government final consumption expenditure	..	..	..	..	..	157.05	179.46	198.70	223.72	261.13	304.09	334.54	365.63	409.59	464.25
2. Private final consumption expenditure	..	..	..	..	..	608.72	663.98	727.98	815.46	914.49	1015.44	1121.14	1227.54	1350.24	1525.02
3. Households	..	..	..	..	..	..	..	..	..	..	..	..	..	..	..
4. Private non-profit institutions serving households	..	..	..	..	..	..	..	..	..	..	..	..	..	..	..
5. Increase in stocks	..	..	..	..	..	20.61	9.32	7.66	23.67	31.54	−7.46	27.95	20.67	15.75	33.95
6. Gross fixed capital formation	..	..	..	..	..	247.96	270.72	294.25	335.99	371.95	385.74	418.88	452.41	495.27	563.12
7. **Total Domestic Expenditure**	..	..	..	..	..	1034.33	1123.48	1228.60	1398.84	1579.12	1697.81	1902.51	2066.26	2270.85	2586.34
8. Exports of goods and services	..	..	..	..	..	220.91	242.38	264.68	313.57	402.22	409.34	475.76	531.17	579.72	674.63
9. *Less:* Imports of goods and services	..	..	..	..	..	217.44	233.55	254.90	314.55	425.72	410.97	490.43	528.68	555.65	675.75
10. Statistical discrepancy	..	..	..	..	..	1.60	0.45	2.91	1.43	−0.67	−0.58	−3.07	−0.83	−0.57	1.17
11. **Gross Domestic Product**	..	..	..	..	..	1039.39	1132.77	1241.29	1399.29	1554.94	1695.59	1884.77	2067.92	2294.34	2586.39
At the price levels and PPPs of 1990															
1. Government final consumption expenditure	..	..	..	..	..	613.55	639.96	667.42	694.63	716.72	747.62	767.85	780.54	810.51	836.02
2. Private final consumption expenditure	..	..	..	..	..	1884.69	1965.74	2065.30	2176.24	2210.96	2250.24	2339.48	2399.47	2478.57	2570.80
3. Households	..	..	..	..	..	..	..	..	..	..	..	..	..	..	..
4. Private non-profit institutions serving households	..	..	..	..	..	..	..	..	..	..	..	..	..	..	..
5. Increase in stocks	..	..	..	..	..	55.37	20.30	13.47	59.56	64.20	−15.49	52.43	37.88	23.42	55.93
6. Gross fixed capital formation	..	..	..	..	..	801.15	831.00	864.77	912.07	887.49	843.42	859.85	870.97	886.80	917.37
7. **Total Domestic Expenditure**	..	..	..	..	..	3354.76	3457.01	3610.96	3842.50	3879.37	3825.79	4019.61	4088.86	4199.31	4380.13
8. Exports of goods and services	..	..	..	..	..	589.09	629.57	680.12	750.16	800.47	770.46	841.54	890.39	935.05	997.03
9. *Less:* Imports of goods and services	..	..	..	..	..	623.33	657.18	716.02	794.71	806.55	758.98	842.02	860.75	893.31	980.53
10. Statistical discrepancy	..	..	..	..	..	−7.69	−9.88	−7.73	−18.28	−17.13	−6.68	−16.83	−4.93	−1.82	−3.91
11. **Gross Domestic Product**	..	..	..	..	..	3312.83	3419.51	3567.34	3779.66	3856.16	3830.59	4002.31	4113.57	4239.23	4392.72
COST COMPONENTS OF THE G.D.P.[1]															
1. Indirect taxes	..	..	..	..	..	134.67	144.62	156.35	172.56	184.97	199.07	225.39	251.31	278.69	321.69
2. *Less:* Subsidies	..	..	..	..	..	19.69	21.56	25.20	29.72	37.05	46.33	50.84	56.21	65.19	74.28
3. Consumption of fixed capital	..	..	..	..	..	100.70	111.93	123.67	140.03	165.37	188.85	208.45	231.18	256.89	290.86
4. Compensation of employees paid by resident producers	..	..	..	..	..	534.49	592.20	654.07	742.31	849.03	958.46	1052.98	1148.36	1264.72	1420.80
5. Operating surplus	..	..	..	..	..	279.68	293.95	320.25	361.70	376.68	379.83	429.24	475.02	536.16	602.34
6. Statistical discrepancy	..	..	..	..	..	9.54	11.63	12.13	12.41	15.95	15.71	19.55	18.26	23.08	24.98
7. **Gross Domestic Product**	..	..	..	..	..	1039.39	1132.77	1241.28	1399.29	1554.95	1695.59	1884.77	2067.91	2294.34	2586.39
CAPITAL TRANSACTIONS OF THE NATION[1]															
Finance of Gross Capital Formation															
1. Consumption of fixed capital	..	..	..	..	..	100.70	111.93	123.67	140.03	165.37	188.85	208.45	231.18	256.89	290.86
2. Net saving	..	..	..	..	..	170.48	172.80	187.26	217.54	204.73	173.49	204.56	228.31	261.84	296.00
3. *Less:* Surplus of the nation on current transactions	..	..	..	..	..	2.00	8.25	8.56	−8.38	−44.19	−16.68	−26.67	−13.21	2.69	4.89
4. Statistical discrepancy	..	..	..	..	..	−0.60	3.56	−0.45	−6.30	−10.79	−0.75	7.15	0.38	−5.02	15.11
5. **Finance of Gross Capital Formation**	..	..	..	..	..	268.57	280.04	301.92	359.66	403.50	378.28	446.83	473.08	511.02	597.07
Gross capital formation															
6. Increase in stocks	..	..	..	..	..	20.61	9.32	7.66	23.67	31.54	−7.46	27.95	20.67	15.75	33.95
7. Gross fixed capital formation	..	..	..	..	..	247.96	270.72	294.26	335.99	371.95	385.74	418.88	452.41	495.27	563.12
8. Statistical discrepancy	..	..	..	..	..	..	..	..	..	..	..	..	..	..	..
9. **Gross Capital Formation**	..	..	..	..	..	268.57	280.04	301.92	359.66	403.50	378.28	446.83	473.08	511.02	597.07
RELATIONS AMONG NATIONAL ACCOUNTING AGGREGATES[1]															
1. **Gross Domestic Product**	..	..	..	..	..	1039.40	1132.77	1241.29	1399.29	1554.95	1695.59	1884.77	2067.92	2294.34	2586.39
2. *Plus:* Net factor income from the rest of the world	..	..	..	..	..	3.06	3.30	3.62	5.07	4.47	1.10	1.76	−0.29	2.31	6.73
3. Factor income from the rest of the world	..	..	..	..	..	..	..	..	..	..	..	..	..	..	..
4. Factor income paid to the rest of the world	..	..	..	..	..	..	..	..	..	..	..	..	..	..	..
5. *Equals:* **Gross National Product**	..	..	..	..	..	1042.45	1136.06	1244.91	1404.36	1559.42	1696.69	1886.52	2067.63	2296.65	2593.12
6. *Less:* Consumption of fixed capital	..	..	..	..	..	100.70	111.93	123.67	140.03	165.37	188.85	208.45	231.18	256.89	290.86
7. *Plus:* Statistical discrepancy	..	..	..	..	..	−6.87	−7.27	−7.80	−8.20	−9.05	−10.83	−12.37	−11.57	−12.49	−13.79
8. *Equals:* **National Income**	..	..	..	..	..	934.88	1016.86	1113.44	1256.13	1385.00	1497.01	1665.71	1824.87	2027.27	2288.47
9. *Plus:* Net current transfers from the rest of the world	..	..	..	..	..	1.04	1.01	1.65	1.12	−0.64	−0.94	−0.71	−1.55	−1.60	0.06
10. Current transfers from the rest of the world	..	..	..	..	..	..	..	..	..	..	..	..	..	..	..
11. Current transfers paid to the rest of the world	..	..	..	..	..	..	..	..	..	..	..	..	..	..	..
12. *Equals:* **National Disposable Income**	..	..	..	..	..	935.92	1017.87	1115.09	1257.25	1384.36	1496.06	1665.00	1823.32	2025.67	2288.53
13. *Less:* Final consumption	..	..	..	..	..	766.09	842.31	927.73	1038.85	1173.09	1316.48	1449.40	1590.54	1757.37	1988.77
14. *Plus:* Statistical discrepancy	..	..	..	..	..	0.65	−2.76	−0.11	−0.86	−6.54	−6.10	−11.04	−4.47	−6.46	−3.77
15. *Equals:* **Net Saving**	..	..	..	..	..	170.48	172.80	187.26	217.54	204.73	173.49	204.56	228.31	261.84	296.00
16. *Less:* Surplus of the nation on current transactions	..	..	..	..	..	2.00	8.25	8.57	−8.38	−44.19	−16.68	−26.67	−13.21	2.69	4.89
17. *Plus:* Statistical discrepancy	..	..	..	..	..	−0.60	3.56	−0.45	−6.30	−10.79	−0.75	7.15	0.38	−5.02	15.11
18. *Equals:* **Net Capital Formation**	..	..	..	..	..	167.87	168.11	178.25	219.63	238.13	189.42	238.38	241.91	254.13	306.22

1. At current prices and current PPPs.

UE15

Principaux Agrégats basés sur les PPA

milliards de dollars É-U

1980	1981	1982	1983	1984	1985	1986	1987	1988	1989	1990	1991	1992	1993	1994	
															DÉPENSES IMPUTÉES AU P.I.B.
															Aux prix et PPA courants
532.34	605.85	651.31	689.25	726.13	767.15	799.28	849.79	904.37	958.19	1033.04	1104.09	1223.20	1229.25	1263.31	1. Consommation finale des administrations publiques
1705.79	1900.19	2040.10	2151.16	2279.79	2422.02	2543.27	2713.22	2918.94	3146.62	3343.51	3538.84	3860.26	3860.10	4022.71	2. Consommation finale privée
..	..	..	..	..	..	..	..	..	..	..	..	..	..	..	3. Ménages
..	..	..	..	..	..	..	..	..	..	..	..	..	..	..	4. Institutions privées sans but lucratif au service des ménages
29.00	-5.64	-0.20	-0.33	17.94	11.79	14.85	14.80	36.14	40.50	25.48	16.82	2.91	-23.88	29.07	5. Variations des stocks
639.98	673.63	691.25	710.48	738.08	779.63	816.85	884.76	997.28	1114.06	1200.58	1229.83	1280.53	1184.01	1232.87	6. Formation brute de capital fixe
2907.11	3174.03	3382.46	3550.55	3761.94	3980.59	4174.26	4462.57	4856.72	5259.36	5612.60	5889.59	6366.90	6249.48	6547.96	7. **Demande intérieure totale**
757.59	877.89	942.91	1005.35	1139.98	1225.03	1159.04	1200.74	1298.73	1470.30	1539.12	1548.58	1658.70	1685.32	1857.06	8. Exportations de biens et services
793.41	893.37	949.97	986.83	1107.86	1179.09	1086.98	1156.03	1277.21	1461.73	1531.74	1562.21	1656.91	1606.71	1760.47	9. *Moins :* Importations de biens et services
-1.12	-4.20	1.66	2.18	8.10	8.05	7.03	5.36	3.35	0.50	0.45	0.00	-0.37	0.25	0.02	10. Divergence statistique
2870.17	3154.35	3377.06	3571.25	3802.16	4034.58	4253.35	4512.64	4881.59	5268.43	5620.42	5875.95	6368.29	6328.34	6644.58	11. **Produit intérieur brut**
															Aux niveaux de prix et PPA de 1990
856.47	872.76	886.94	903.58	917.40	938.40	959.46	983.27	1004.81	1014.36	1033.04	1060.53	1085.25	1094.35	1104.80	1. Consommation finale des administrations publiques
2611.19	2620.53	2643.04	2679.59	2719.43	2795.66	2911.50	3025.10	3149.18	3255.40	3343.51	3420.13	3474.04	3465.91	3519.66	2. Consommation finale privée
..	..	..	..	..	..	..	..	..	..	..	..	..	..	..	3. Ménages
..	..	..	..	..	..	..	..	..	..	..	..	..	..	..	4. Institutions privées sans but lucratif au service des ménages
40.03	-9.52	3.47	1.71	20.97	16.17	23.56	21.37	41.44	40.43	25.48	18.99	16.50	-18.14	32.00	5. Variations des stocks
935.26	892.00	875.62	877.67	885.02	907.51	943.51	996.06	1080.62	1155.46	1200.58	1205.92	1194.69	1116.64	1143.70	6. Formation brute de capital fixe
4442.95	4375.77	4409.07	4462.54	4542.82	4657.73	4838.04	5025.80	5276.04	5465.66	5612.60	5705.56	5770.48	5658.76	5800.17	7. **Demande intérieure totale**
1010.36	1049.97	1063.95	1095.38	1177.51	1230.87	1248.42	1297.80	1370.45	1475.34	1539.12	1557.02	1612.16	1639.79	1780.76	8. Exportations de biens et services
993.16	966.52	978.18	990.69	1049.01	1094.71	1151.78	1240.21	1344.88	1455.69	1531.74	1581.06	1641.27	1597.44	1719.83	9. *Moins :* Importations de biens et services
-3.17	6.48	9.79	16.58	23.41	20.73	18.09	13.21	6.97	3.71	0.45	-1.11	-3.79	4.05	2.71	10. Divergence statistique
4456.97	4465.70	4504.63	4583.81	4694.72	4814.62	4952.77	5096.61	5308.59	5489.02	5620.42	5680.41	5737.57	5705.16	5863.80	11. **Produit intérieur brut**
															RÉPARTITION DU P.I.B. [1]
362.66	401.57	433.74	465.80	501.86	527.50	565.12	607.13	656.52	700.89	740.00	786.46	852.15	855.80	907.47	1. Impôts indirects
82.59	91.56	97.80	104.61	118.17	120.39	125.98	131.82	133.75	133.92	137.97	143.82	149.24	158.82	159.96	2. *Moins :* Subventions
332.65	379.47	410.03	434.95	462.04	489.30	507.67	536.29	576.08	619.79	665.96	701.71	758.93	770.34	800.51	3. Consommation de capital fixe
1591.27	1754.27	1854.84	1929.29	2016.73	2124.03	2215.91	2344.53	2512.48	2701.38	2929.98	3081.87	3344.23	3290.29	3365.80	4. Rémunération des salariés payée par les producteurs résidents
642.64	686.38	750.00	817.50	904.84	977.01	1052.89	1116.92	1228.01	1338.97	1403.52	1449.35	1561.63	1571.70	1731.01	5. Excédent net d'exploitation
23.54	24.22	26.26	28.32	34.86	37.13	37.73	39.58	42.26	41.32	18.94	0.38	0.60	-0.97	-0.23	6. Divergence statistique
2870.17	3154.35	3377.06	3571.25	3802.16	4034.58	4253.35	4512.64	4881.59	5268.43	5620.42	5875.95	6368.29	6328.34	6644.58	7. **Produit intérieur brut**
															OPÉRATIONS EN CAPITAL DE LA NATION [1]
															Financement de la formation brute de capital
332.65	379.47	410.03	434.95	462.04	489.30	507.67	536.29	576.08	619.79	665.96	701.71	758.93	770.34	800.51	1. Consommation de capital fixe
288.53	247.73	242.10	263.72	293.91	311.90	360.71	374.16	437.49	495.19	502.81	466.57	447.41	388.43	469.05	2. Épargne nette
-16.14	-21.87	-46.33	-21.41	-19.11	-32.48	-43.41	-68.56	-107.08	-148.48	-141.36	-78.37	-76.73	-1.61	6.90	3. *Moins :* Solde des opérations courantes de la nation
31.67	18.92	-7.40	-9.93	-19.04	-42.25	-80.09	-79.45	-87.24	-108.90	-84.07	0.00	0.37	-0.25	-0.71	4. Divergence statistique
668.98	668.00	691.05	710.15	756.02	791.42	831.70	899.56	1033.41	1154.56	1226.06	1246.65	1283.44	1160.13	1261.95	5. **Financement de la formation brute de capital**
															Formation brute de capital
29.00	-5.64	-0.20	-0.33	17.94	11.79	14.85	14.80	36.14	40.50	25.48	16.82	2.91	-23.88	29.07	6. Variations des stocks
639.98	673.63	691.25	710.48	738.08	779.63	816.85	884.76	997.28	1114.06	1200.58	1229.83	1280.53	1184.01	1232.87	7. Formation brute de capital fixe
..	..	..	..	..	..	..	..	..	..	..	..	..	..	..	8. Divergence statistique
668.98	668.00	691.05	710.15	756.02	791.42	831.70	899.56	1033.41	1154.56	1226.06	1246.65	1283.44	1160.13	1261.95	9. **Formation brute de capital**
															RELATIONS ENTRE LES PRINCIPAUX AGRÉGATS [1]
2870.17	3154.35	3377.06	3571.26	3802.16	4034.58	4253.35	4512.64	4881.59	5268.43	5620.42	5875.95	6368.29	6328.34	6644.58	1. **Produit intérieur brut**
2.15	-5.34	-12.49	-12.43	-14.69	-16.80	-15.48	-15.36	-21.43	-21.38	-36.76	-38.42	-45.93	-48.85	-56.75	2. *Plus :* Revenu net des facteurs reçu du reste du monde
..	..	..	..	..	..	..	..	..	..	..	..	..	..	..	3. Revenu des facteurs reçu du reste du monde
..	..	..	..	..	..	..	..	..	..	..	..	..	..	..	4. Revenu des facteurs payé au reste du monde
2872.32	3149.01	3364.57	3558.82	3787.47	4017.78	4237.87	4497.28	4860.15	5247.05	5587.35	5837.53	6322.36	6279.49	6587.83	5. *Égal :* **Produit national brut**
332.65	379.47	410.03	434.95	462.04	489.30	507.67	536.29	576.08	619.79	665.96	701.71	758.93	770.34	800.51	6. *Moins :* Consommation de capital fixe
-13.01	-13.25	-18.53	-19.47	-24.86	-25.97	-22.32	-21.48	-20.29	-15.90	-12.51	..	..	..	..	7. *Plus :* Divergence statistique
2526.67	2756.30	2936.01	3104.40	3300.57	3502.51	3707.89	3939.50	4263.79	4611.35	4908.88	5135.82	5563.43	5509.15	5787.33	8. *Égal :* **Revenu national**
1.51	-0.95	-1.24	-0.47	1.44	-1.44	-4.62	-2.33	-2.99	-11.37	-19.53	-26.31	-32.54	-31.37	-32.94	9. *Plus :* Transferts courants nets reçus du reste du monde
..	..	..	..	..	..	..	..	..	..	..	..	..	..	..	10. Transferts courants reçus du reste du monde
..	..	..	..	..	..	..	..	..	..	..	..	..	..	..	11. Transferts courants payés au reste du monde
2528.17	2755.35	2934.77	3103.93	3302.01	3501.06	3703.27	3937.17	4260.81	4599.99	4889.35	5109.50	5530.89	5477.78	5754.38	12. *Égal :* **Revenu national disponible**
2236.61	2503.26	2690.38	2839.04	3006.83	3189.16	3342.56	3563.01	3823.31	4104.80	4386.54	4642.94	5083.49	5089.35	5286.21	13. *Moins :* Consommation finale
-3.04	-4.36	-2.28	-1.17	-1.28	0.00	0.00	0.00	0.00	0.00	0.00	0.00	0.00	0.00	0.87	14. *Plus :* Divergence statistique
288.53	247.73	242.10	263.72	293.91	311.90	360.71	374.16	437.49	495.19	502.81	466.57	447.41	388.43	469.05	15. *Égal :* **Épargne nette**
-16.14	-21.87	-46.33	-21.41	-19.11	-32.48	-43.41	-68.56	-107.08	-148.48	-141.36	-78.37	-76.73	-1.61	6.90	16. *Moins :* Solde des opérations courantes de la nation
31.67	18.92	-7.40	-9.93	-19.04	-42.25	-80.09	-79.45	-87.24	-108.90	-84.07	0.00	0.37	-0.25	-0.71	17. *Plus :* Divergence statistique
336.34	288.53	281.02	275.20	293.98	302.13	324.03	363.27	457.33	534.77	560.10	544.94	524.50	389.79	461.44	18. *Égal :* **Formation nette de capital**

1. Aux prix et PPA courants.

PART THREE

TROISIÈME PARTIE

Main aggregates: Countries
Principaux agrégats : Pays

The statistics for Germany in this publication refer to Germany after unification. Official data for Germany after unification are available only from 1991 onwards. In this publication, the secretariat has estimated some national accounts aggregates for the whole of Germany back to 1960 in order to calculate the various zones totals. These estimates are based on statistics published by Deutsches Institut für Wirtschaftsforschung for period 1989-90 and by the East German Statistical Office in 1990 for period 1980-89. They are also based on the ratios of the aggregates of West Germany and the whole of Germany.

Les statistiques concernant l'Allemagne dans cette publication se réfèrent à l'Allemagne après l'unification. Des données officielles pour l'Allemagne après l'unification ne sont disponibles qu'à partir de 1991. Dans cette publication, le secrétariat a estimé certains agrégats des comptes nationaux pour l'Allemagne dans son ensemble depuis 1960 afin de calculer les différentes zones. Ces estimations sont basées sur des statistiques publiées par Deutsches Institut für Wirtschaftsforschung pour la période 1989-90 et par l'Office Statistique de l'Allemagne de l'Est en 1990 pour la période 1980-89. Elles sont aussi basées sur les rapports des agrégats de l'Allemagne occidentale et de l'Allemagne dans son ensemble.

This part presents for each country, in national currency, the following tables:
– Expenditure on the gross domestic product, at current and constant prices.
– Cost components of G.D.P.
– Capital transactions of the nation.
– Relations among national accounting aggregates.

To facilitate inter-country comparisons the constant price data are shown at the price levels of 1990. For countries that do not use 1990 as the base year calculating their constant price series, the constant price data for each aggregate have been scaled up by the ratio in 1990 of the current value of that aggregate to its value at the prices of the base year used by the country concerned. This scaling procedure in no way alters the fact that the constant price series concerned still reflect the *relative* prices of the years actually used. The base years used are given in the tables when they differ from 1990.

Cette partie fournit pour chaque pays, en monnaie nationale, les tableaux suivants :
– Produit intérieur brut et ses emplois aux prix courants et aux prix constants.
– Répartition du P.I.B.
– Opérations en capital de la nation.
– Relations entre les principaux agrégats de la Comptabilité nationale.

Pour faciliter les comparaisons entre pays, les séries à prix constants sont montrées, aux niveaux de prix de 1990. Pour les pays n'utilisant pas 1990 comme année de base de leurs séries à prix constants, les données à prix constants de chaque agrégat ont été multipliées par le rapport en 1990 de la valeur courante de cet agrégat à sa valeur aux prix de l'année de base utilisée par le pays concerné. Cette procédure ne modifie pas le fait que les séries ainsi rebasées aux prix de 1990 reflètent toujours les prix *relatifs* de l'année de base réellement utilisée. Les années de base utilisées sont précisées dans les tableaux lorsqu'elles diffèrent de 1990.

CANADA
1968 SNA

Main aggregates

millions of Canadian dollars

	1960	1966	1967	1968	1969	1970	1971	1972	1973	1974	1975	1976	1977	1978	1979
EXPENDITURE ON THE G.D.P.															
At current prices															
1. Government final consumption expenditure	5260	9611	11064	12652	14136	16389	18157	20049	22770	27354	33147	38154	43260	47201	52151
2. Private final consumption expenditure	25546	37573	40644	44296	48541	51258	55602	62264	71198	83202	96251	109988	121915	135588	151521
3. Households	..	..	..	..	..	..	..	..	..	..	..	..	..	..	..
4. Private non-profit institutions serving households	..	..	..	..	..	..	..	..	..	..	..	..	..	..	..
5. Increase in stocks	409	1278	205	737	1477	239	371	782	1864	3591	1368	2330	1864	1053	4993
6. Gross fixed capital formation	8844	15922	16248	16492	18144	19011	21570	23878	28858	35780	41845	46707	50226	54579	63435
7. **Total Domestic Expenditure**	40059	64384	68161	74177	82298	86897	95700	106973	124690	149927	172611	197179	217265	238421	272100
8. Exports of goods and services	6728	12564	14161	16166	17844	20078	21173	23737	29767	37805	38954	44252	51183	61152	75073
9. *Less:* Imports of goods and services	7222	12584	13461	15186	17705	17830	19531	22779	28024	37366	41362	45279	51252	60052	73279
10. Statistical discrepancy	–372	–387	–249	–318	–13	–683	–792	–146	–13	590	–97	140	–1108	59	198
11. **Gross Domestic Product**	39193	63977	68612	74839	82424	88462	96550	107785	126420	150956	170106	196292	216088	239580	274092
At 1990 price levels[1]															
1. Government final consumption expenditure	38712*	56034*	60386*	65028*	67100*	73352	76548	78573	83185	87772	93556	95408	99736	101361	102041
2. Private final consumption expenditure	118027*	154830*	161035*	168266*	176914*	180690	191439	205742	221070	233879	244877	260776	268884	278032	286044
3. Households	..	..	..	..	..	..	..	..	..	..	..	..	..	..	..
4. Private non-profit institutions serving households	..	..	..	..	..	..	..	..	..	..	..	..	..	..	..
5. Increase in stocks	1910	4138	1614	2603	3974	1048	1094	2330	3740	6934	1960	3598	2564	1257	6104
6. Gross fixed capital formation	32692	49568	49407	49651	52335	52394	56636	59084	64944	69258	73281	76668	78264	80693	87584
7. **Total Domestic Expenditure**	191341*	264570*	272442*	285548*	300323*	307484	325717	345729	372939	397843	413674	436450	449448	461343	481773
8. Exports of goods and services	24790	40617	44829	50488	54542	59277	62364	67247	74346	72871	67940	75138	81803	92963	97638
9. *Less:* Imports of goods and services	23099	35259	37103	40750	46071	45281	48524	55226	63326	70344	68039	73914	75205	80773	89982
10. Statistical discrepancy	–291	2110	–184	–298	2000	–2415	–2119	–1129	151	529	–2259	–1084	–3854	–655	1896
11. **Gross Domestic Product**	192741*	272038*	279984*	294988*	310794*	319065	337438	356621	384110	400899	411316	436590	452192	472878	491325
COST COMPONENTS OF THE G.D.P.															
1. Indirect taxes	4901	8592	9402	10200	11304	11925	12918	14616	16525	20663	21287	24666	27027	28836	32112
2. *Less:* Subsidies	314	674	673	680	760	830	865	989	1214	2796	4200	3674	3839	4017	5477
3. Consumption of fixed capital	4769	7369	7881	8412	9153	9948	10764	11734	13628	16447	18760	21454	23798	26619	30743
4. Compensation of employees paid by resident producers	20141	33579	37150	40385	45161	48952	53758	60341	69521	82867	96623	111884	124021	134933	151736
5. Operating surplus	9323	14723	14602	16204	17553	17783	19183	21936	27946	34365	37538	42103	43972	53268	65177
6. Statistical discrepancy	373	388	250	318	13	684	792	147	14	–590	98	–141	1109	–59	–199
7. **Gross Domestic Product**	39193	63977	68612	74839	82424	88462	96550	107785	126420	150956	170106	196292	216088	239580	274092
CAPITAL TRANSACTIONS OF THE NATION															
Finance of Gross Capital Formation															
1. Consumption of fixed capital	4769	7369	7881	8412	9153	9948	10764	11734	13628	16447	18760	21454	23798	26619	30743
2. Net saving	2588	7875	7466	7938	9323	8776	9718	12069	17027	22264	19132	23224	21297	23863	32671
3. *Less:* Surplus of the nation on current transactions	–1151	–1181	–607	–243	–1119	841	125	–564	–40	–1840	–5126	–4640	–4778	–5268	–5411
4. Statistical discrepancy	373	388	250	318	13	684	792	147	14	–590	98	–141	1109	–59	–199
5. **Finance of Gross Capital Formation**	8881	16813	16204	16911	19608	18567	21149	24514	30709	39961	43116	49177	50982	55691	68626
Gross capital formation															
6. Increase in stocks	409	1278	205	737	1477	239	371	782	1864	3591	1368	2330	1864	1053	4993
7. Gross fixed capital formation	8844	15922	16248	16492	18144	19011	21570	23878	28858	35780	41845	46707	50226	54579	63435
8. Statistical discrepancy	–372	–387	–249	–318	–13	–683	–792	–146	–13	590	–97	140	–1108	59	198
9. **Gross Capital Formation**	8881	16813	16204	16911	19608	18567	21149	24514	30709	39961	43116	49177	50982	55691	68626
RELATIONS AMONG NATIONAL ACCOUNTING AGGREGATES															
1. **Gross Domestic Product**	39193	63977	68612	74839	82424	88462	96550	107785	126420	150956	170106	196292	216088	239580	274092
2. *Plus:* Net factor income from the rest of the world	–616	–1120	–1240	–1221	–1207	–1351	–1506	–1461	–1730	–2238	–2538	–3536	–4571	–5950	–7155
3. Factor income from the rest of the world	254	514	493	620	892	1046	992	1024	1235	1444	1733	1679	1806	2353	2648
4. Factor income paid to the rest of the world	870	1634	1733	1841	2099	2397	2498	2485	2965	3682	4271	5215	6377	8303	9803
5. *Equals:* **Gross National Product**	38577	62857	67372	73618	81217	87111	95044	106324	124690	148718	167568	192756	211517	233630	266937
6. *Less:* Consumption of fixed capital	4769	7369	7881	8412	9153	9948	10764	11734	13628	16447	18760	21454	23798	26619	30743
7. *Plus:* Statistical discrepancy	–373	–388	–250	–318	–13	–684	–792	–147	–14	590	–98	141	–1109	59	199
8. *Equals:* **National Income**	33435	55100	59241	64888	72051	76479	83488	94443	111048	132861	148710	171443	186610	207070	236393
9. *Plus:* Net current transfers from the rest of the world	–41	–41	–67	–2	–51	–56	–11	–61	–53	–41	–180	–77	–138	–418	–50
10. Current transfers from the rest of the world	131	302	327	319	343	392	449	469	537	659	723	783	865	976	1204
11. Current transfers paid to the rest of the world	172	343	394	321	394	448	460	530	590	700	903	860	1003	1394	1254
12. *Equals:* **National Disposable Income**	33394	55059	59174	64886	72000	76423	83477	94382	110995	132820	148530	171366	186472	206652	236343
13. *Less:* Final consumption	30806	47184	51708	56948	62677	67647	73759	82313	93968	110556	129398	148142	165175	182789	203672
14. *Plus:* Statistical discrepancy	..	..	..	..	..	..	..	..	..	..	..	..	..	..	..
15. *Equals:* **Net Saving**	2588	7875	7466	7938	9323	8776	9718	12069	17027	22264	19132	23224	21297	23863	32671
16. *Less:* Surplus of the nation on current transactions	–1151	–1181	–607	–243	–1119	841	125	–564	–40	–1840	–5126	–4640	–4778	–5268	–5411
17. *Plus:* Statistical discrepancy	745	775	499	636	26	1367	1584	293	27	–1180	195	–281	2217	–118	–397
18. *Equals:* **Net Capital Formation**	4484	9831	8572	8817	10468	9302	11177	12926	17094	22924	24453	27583	28292	29013	37685

1. At 1986 relative prices.

Principaux Agrégats

millions de dollars canadiens

	1980	1981	1982	1983	1984	1985	1986	1987	1988	1989	1990	1991	1992	1993	1994
DÉPENSES IMPUTÉES AU P.I.B.															
Aux prix courants															
1. Consommation finale des administrations publiques	59097	68604	78443	84314	88882	95274	99878	105570	114164	123770	134763	144498	150046	151807	150381
2. Consommation finale privée	170408	193839	208099	228221	248428	271099	293489	318216	345179	373670	393055	404983	415823	430025	446041
3. Ménages	..	..	..	..	..	..	..	..	..	..	..	..	..	..	..
4. Institutions privées sans but lucratif au service des ménages	..	..	..	..	..	..	..	..	..	..	..	..	..	..	..
5. Variations des stocks	336	1186	−9753	−2898	4761	2281	2557	3071	3795	3607	−2835	−3235	−3701	1103	2822
6. Formation brute de capital fixe	72288	86119	81327	81227	84699	94198	101560	116717	132790	146075	141376	132001	128865	128884	139192
7. Demande intérieure totale	**302129**	**349748**	**358116**	**390864**	**426770**	**462852**	**497484**	**543574**	**595928**	**647122**	**666359**	**678247**	**691033**	**711819**	**738436**
8. Exportations de biens et services	87579	96880	96651	103444	126035	134919	138119	145416	159309	163903	168917	164849	181189	209370	249371
9. *Moins :* Importations de biens et services	81933	93001	82598	89832	110632	123388	133369	140502	156384	166079	171223	172805	187254	212534	243756
10. Divergence statistique	−45	−173	−349	−2247	−862	−44	−808	−1710	1987	201	−1244	−1178	−1882	−2668	−1193
11. Produit intérieur brut	**307730**	**353454**	**371820**	**402229**	**441311**	**474339**	**501426**	**546778**	**600840**	**645147**	**662809**	**669113**	**683086**	**705987**	**742858**
Aux niveaux de prix de 1990 [1]															
1. Consommation finale des administrations publiques	104923	107562	110106	111741	113165	116687	118526	120572	125514	130576	134763	138426	139848	140469	138032
2. Consommation finale privée	292331	299101	291229	301351	315450	331712	346066	361012	377026	389332	393055	386670	391864	398215	410123
3. Ménages	..	..	..	..	..	..	..	..	..	..	..	..	..	..	..
4. Institutions privées sans but lucratif au service des ménages	..	..	..	..	..	..	..	..	..	..	..	..	..	..	..
5. Variations des stocks	−276	336	−9381	−3066	3146	1704	2098	2755	1889	3233	−2835	−3572	−5040	235	2110
6. Formation brute de capital fixe	96418	107777	95935	95245	97278	106480	113090	125319	138195	146574	141376	137227	135204	135956	145798
7. Demande intérieure totale	**493396**	**514776**	**487889**	**505271**	**529039**	**556583**	**579780**	**609658**	**642624**	**669715**	**666359**	**658751**	**661876**	**674875**	**696063**
8. Exportations de biens et services	100298	104708	102429	108988	128282	135924	141990	146948	160915	162221	168917	171359	184455	203645	232612
9. *Moins :* Importations de biens et services	94423	102478	86938	94773	110987	120599	129779	138837	158013	167938	171223	176936	186831	203233	224659
10. Divergence statistique	−666	−2	−3006	−3113	2950	3378	2077	895	3849	752	−1244	−2423	−3460	−4374	−2321
11. Produit intérieur brut	**498605**	**517004**	**500374**	**516373**	**549284**	**575286**	**594068**	**618664**	**649375**	**664750**	**662809**	**650751**	**656040**	**670913**	**701695**
RÉPARTITION DU P.I.B.															
1. Impôts indirects	35505	45956	48248	50150	54957	58789	64338	71365	79030	86868	87694	93636	97742	99977	104611
2. *Moins :* Subventions	8233	9499	9340	10015	12243	11577	10511	11646	11240	10654	11032	13578	13353	11246	10949
3. Consommation de capital fixe	35527	40677	44356	47060	50884	55926	60595	64116	68128	72352	78594	82331	85305	87904	92973
4. Rémunération des salariés payée par les producteurs résidents	171424	197910	211604	221800	238849	257518	274801	298834	327823	353632	372087	382378	391619	398163	410298
5. Excédent net d'exploitation	73462	78237	76602	90987	108001	113638	111394	122399	139086	143150	134222	123167	119890	128521	144732
6. Divergence statistique	45	173	350	2247	863	45	809	1710	−1987	−201	1244	1179	1883	2668	1193
7. Produit intérieur brut	**307730**	**353454**	**371820**	**402229**	**441311**	**474339**	**501426**	**546778**	**600840**	**645147**	**662809**	**669113**	**683086**	**705987**	**742858**
OPÉRATIONS EN CAPITAL DE LA NATION															
Financement de la formation brute de capital															
1. Consommation de capital fixe	35527	40677	44356	47060	50884	55926	60595	64116	68128	72352	78594	82331	85305	87904	92973
2. Épargne nette	35030	39057	28039	28637	38258	37058	30167	39831	55807	53095	30021	13234	4721	8700	25586
3. *Moins :* Solde des opérations courantes de la nation	−1977	−7225	1520	1862	1407	−3406	−11738	−12421	−16624	−24637	−27438	−30844	−31373	−28047	−21069
4. Divergence statistique	45	173	350	2247	863	45	809	1710	−1987	−201	1244	1178	1883	2668	1193
5. Financement de la formation brute de capital	**72579**	**87132**	**71225**	**76082**	**88598**	**96435**	**103309**	**118078**	**138572**	**149883**	**137297**	**127587**	**123282**	**127319**	**140821**
Formation brute de capital															
6. Variations des stocks	336	1186	−9753	−2898	4761	2281	2557	3071	3795	3607	−2835	−3235	−3701	1103	2822
7. Formation brute de capital fixe	72288	86119	81327	81227	84699	94198	101560	116717	132790	146075	141376	132001	128865	128884	139192
8. Divergence statistique	−45	−173	−349	−2247	−862	−44	−808	−1710	1987	201	−1244	−1178	−1882	−2668	−1193
9. Formation brute de capital	**72579**	**87132**	**71225**	**76082**	**88598**	**96435**	**103309**	**118078**	**138572**	**149883**	**137297**	**127588**	**123282**	**127319**	**140821**
RELATIONS ENTRE LES PRINCIPAUX AGRÉGATS															
1. Produit intérieur brut	**307730**	**353454**	**371820**	**402229**	**441311**	**474339**	**501426**	**546778**	**600840**	**645147**	**662809**	**669113**	**683086**	**705987**	**742858**
2. *Plus :* Revenu net des facteurs reçu du reste du monde	−7827	−11337	−12670	−11603	−13486	−14332	−16402	−16444	−18712	−21495	−23859	−21869	−24242	−23991	−26272
3. Revenu des facteurs reçu du reste du monde	3639	3993	5479	5594	6363	7574	7716	8027	11993	10334	10579	10898	9576	10624	11522
4. Revenu des facteurs payé au reste du monde	11466	15330	18149	17197	19849	21906	24118	24471	30705	31829	34438	32767	33818	34615	37794
5. *Égal :* **Produit national brut**	**299903**	**342117**	**359150**	**390626**	**427825**	**460007**	**485024**	**530334**	**582128**	**623652**	**638950**	**647244**	**658844**	**681996**	**716586**
6. *Moins :* Consommation de capital fixe	35527	40677	44356	47060	50884	55926	60595	64116	68128	72352	78594	82331	85305	87904	92973
7. *Plus :* Divergence statistique	−45	−173	−350	−2247	−863	−45	−809	−1710	1987	201	−1244	−1178	−1882	−2668	−1193
8. *Égal :* **Revenu national**	**264331**	**301267**	**314444**	**341319**	**376078**	**404036**	**423620**	**464508**	**515987**	**551501**	**559112**	**563735**	**571657**	**591424**	**622420**
9. *Plus :* Transferts courants nets reçus du reste du monde	204	233	137	−147	−510	−605	−86	−891	−837	−966	−1273	−1020	−1067	−892	−412
10. Transferts courants reçus du reste du monde	1514	1655	1778	1653	1729	1750	2452	2035	2519	2393	2652	2612	2703	2944	3116
11. Transferts courants payés au reste du monde	1310	1422	1641	1800	2239	2355	2538	2926	3356	3359	3925	3631	3769	3836	3528
12. *Égal :* **Revenu national disponible**	**264535**	**301500**	**314581**	**341172**	**375568**	**403431**	**423534**	**463617**	**515150**	**550535**	**557839**	**562715**	**570590**	**590532**	**622008**
13. *Moins :* Consommation finale	229505	262443	286542	312535	337310	366373	393367	423786	459343	497440	527818	549481	565869	581832	596422
14. *Plus :* Divergence statistique	..	..	..	..	..	..	..	..	..	..	..	..	..	..	..
15. *Égal :* **Épargne nette**	**35030**	**39057**	**28039**	**28637**	**38258**	**37058**	**30167**	**39831**	**55807**	**53095**	**30021**	**13234**	**4721**	**8700**	**25586**
16. *Moins :* Solde des opérations courantes de la nation	−1977	−7225	1520	1862	1407	−3406	−11738	−12421	−16624	−24637	−27438	−30844	−31373	−28047	−21069
17. *Plus :* Divergence statistique	90	346	699	4494	1725	89	1617	3420	−3974	−402	2488	2358	3766	5336	2386
18. *Égal :* **Formation nette de capital**	**37097**	**46628**	**27218**	**31269**	**38576**	**40553**	**43522**	**55672**	**68457**	**77330**	**59947**	**46435**	**39859**	**42083**	**49041**

1. Aux prix relatifs de 1986.

MEXICO
1968 SNA

Main aggregates

millions of new pesos

	1960	1966	1967	1968	1969	1970	1971	1972	1973	1974	1975	1976	1977	1978	1979
EXPENDITURE ON THE G.D.P.															
At current prices															
1. Government final consumption expenditure	9.2*	19.8*	21.8*	25.1*	27.9*	31.3*	36.2*	47.3*	61.5*	79.8*	110.0*	146.3*	192.9*	247.4*	324.1*
2. Private final consumption expenditure	125.9*	222.6*	243.3*	271.9*	296.3*	350.5*	393.6*	444.9*	534.2*	689.3*	829.3*	1023.9*	1345.0*	1693.6*	2167.6*
3. Households	..	..	..	..	..	..	..	..	..	..	..	..	..	..	..
4. Private non-profit institutions serving households	..	..	..	..	..	..	..	..	..	..	..	..	..	..	..
5. Increase in stocks	2.6*	5.3*	3.5*	0.9*	1.9*	6.9*	5.7*	1.1*	6.3*	18.8*	10.6*	-0.6*	37.1*	29.2*	33.7*
6. Gross fixed capital formation	27.3*	53.8*	63.4*	70.3*	77.9*	95.0*	94.4*	114.8*	142.9*	191.7*	252.5*	309.0*	389.3*	527.6*	769.8*
7. **Total Domestic Expenditure**	165.0*	301.5*	332.0*	368.2*	404.0*	483.7*	529.9*	608.0*	744.9*	979.6*	1202.4*	1478.7*	1964.3*	2497.9*	3295.2*
8. Exports of goods and services	13.9*	22.7*	22.8*	25.9*	30.7*	30.7*	33.4*	40.6*	51.8*	67.4*	67.5*	103.7*	170.0*	218.0*	305.8*
9. *Less:* Imports of goods and services	19.0*	27.4*	30.0*	34.3*	37.6*	43.0*	42.9*	50.1*	65.6*	95.5*	106.2*	135.8*	189.7*	259.0*	383.4*
10. Statistical discrepancy	-2.5*	-4.1*	-4.7*	-5.3*	-5.2*	-6.9*	-8.2*	-8.2*	-8.8*	-11.1*	-13.9*	-13.6*	-11.6*	-13.7*	-11.2*
11. **Gross Domestic Product**	157.3*	292.7*	320.2*	354.5*	391.9*	464.4*	512.2*	590.3*	722.2*	940.4*	1149.8*	1433.0*	1933.0*	2443.2*	3206.4*
At 1990 price levels[1]															
1. Government final consumption expenditure	8419*	14741*	15707*	17366*	18120*	19625*	21711*	24623*	27094*	28807*	32878*	34969*	34574*	38008*	41652*
2. Private final consumption expenditure	123016*	176289*	187921*	200918*	214409*	228067*	239982*	256180*	273172*	287259*	303666*	317456*	323928*	350326*	381312*
3. Households	..	..	..	..	..	..	..	..	..	..	..	..	..	..	..
4. Private non-profit institutions serving households	..	..	..	..	..	..	..	..	..	..	..	..	..	..	..
5. Increase in stocks	19120*	19072*	18627*	10243*	13999*	14192*	11475*	11599*	13719*	23838*	21325*	18212*	24321*	24312*	25849*
6. Gross fixed capital formation	27980*	45382*	50633*	55613*	59442*	64258*	63158*	70885*	81339*	87766*	95898*	96328*	89861*	103495*	124452*
7. **Total Domestic Expenditure**	178535*	255484*	272888*	284140*	305970*	326142*	336326*	363287*	395324*	427670*	453767*	466965*	472684*	516141*	573265*
8. Exports of goods and services	11444*	18139*	17664*	19630*	22078*	24050*	24997*	29104*	33085*	33149*	30197*	35215*	40375*	45052*	50521*
9. *Less:* Imports of goods and services	20539*	26364*	28579*	22825*	31160*	33931*	32373*	35681*	41635*	50079*	50295*	50793*	45615*	55583*	72194*
10. Statistical discrepancy	-5432*	-7489*	-7968*	-8521*	-8651*	-9098*	-8973*	-9575*	-10447*	-11415*	-11940*	-11779*	-12703*	-13356*	-14271*
11. **Gross Domestic Product**	164008*	239770*	254005*	272424*	288237*	307163*	319977*	347135*	376327*	399325*	421729*	439608*	454741*	492254*	537321*
COST COMPONENTS OF THE G.D.P.															
1. Indirect taxes	7.2*	13.2*	14.3*	18.1*	20.2*	24.6*	28.0*	32.9*	41.7*	56.5*	78.7*	95.6*	138.5*	174.3*	258.9*
2. *Less:* Subsidies	1.0*	1.9*	2.0*	2.6*	2.9*	3.5*	5.0*	5.8*	7.9*	17.1*	18.2*	26.6*	36.0*	41.5*	59.8*
3. Consumption of fixed capital	16.5*	29.0*	32.6*	36.3*	40.8*	38.6*	41.4*	48.4*	57.4*	75.7*	96.8*	123.1*	173.0*	220.8*	289.2*
4. Compensation of employees paid by resident producers	49.0*	98.0*	105.7*	121.5*	133.4*	165.5*	181.6*	217.9*	258.9*	345.3*	437.6*	576.6*	750.8*	925.1*	1208.7*
5. Operating surplus	86.7*	156.1*	171.7*	183.7*	203.3*	239.2*	265.7*	297.0*	371.0*	478.6*	555.8*	667.5*	912.3*	1171.7*	1517.8*
6. Statistical discrepancy	-1.0*	-1.6*	-2.0*	-2.5*	-3.0*	-0.1*	0.5*	0.0*	1.1*	1.4*	-0.9*	-3.1*	-5.6*	-7.3*	-8.5*
7. **Gross Domestic Product**	157.3*	292.8*	320.2*	354.5*	391.9*	464.4*	512.2*	590.3*	722.2*	940.4*	1149.8*	1433.0*	1933.0*	2443.2*	3206.4*
CAPITAL TRANSACTIONS OF THE NATION															
Finance of Gross Capital Formation															
1. Consumption of fixed capital	16.5*	29.0*	32.6*	36.3*	40.8*	38.6*	41.4*	48.4*	57.4*	75.7*	96.8*	123.1*	173.0*	220.8*	289.2*
2. Net saving	11.7*	27.6*	29.7*	30.0*	35.7*	47.5*	46.7*	55.1*	71.5*	96.0*	115.2*	137.2*	207.3*	263.8*	377.5*
3. *Less:* Surplus of the nation on current transactions	-5.6*	-5.5*	-9.4*	-11.7*	-8.7*	-19.8*	-16.3*	-16.1*	-24.1*	-48.6*	-68.1*	-67.0*	-55.1*	-90.5*	-163.4*
4. Statistical discrepancy	-3.8*	-2.9*	-4.7*	-6.7*	-5.5*	-3.9*	-4.2*	-3.8*	-3.9*	-9.9*	-17.1*	-18.9*	-9.1*	-18.2*	-26.7*
5. **Finance of Gross Capital Formation**	29.9*	59.2*	66.9*	71.2*	79.8*	101.9*	100.1*	115.8*	149.1*	210.5*	263.0*	308.4*	426.4*	556.8*	803.5*
Gross capital formation															
6. Increase in stocks	2.6*	5.3*	3.5*	0.9*	1.9*	6.9*	5.7*	1.1*	6.3*	18.8*	10.6*	-0.6*	37.1*	29.2*	33.7*
7. Gross fixed capital formation	27.3*	53.8*	63.4*	70.3*	77.9*	95.0*	94.4*	114.8*	142.9*	191.7*	252.5*	309.0*	389.3*	527.6*	769.8*
8. Statistical discrepancy	..	..	..	..	..	..	..	..	..	..	..	..	..	..	..
9. **Gross Capital Formation**	29.9*	59.2*	66.9*	71.2*	79.8*	101.9*	100.1*	115.8*	149.1*	210.5*	263.0*	308.4*	426.4*	556.8*	803.5*
RELATIONS AMONG NATIONAL ACCOUNTING AGGREGATES															
1. **Gross Domestic Product**	157.3*	292.8*	320.2*	354.5*	391.9*	464.4*	512.2*	590.3*	722.2*	940.4*	1149.8*	1433.0*	1933.0*	2443.2*	3206.4*
2. *Plus:* Net factor income from the rest of the world	-0.8*	-2.2*	-2.6*	-3.4*	-3.6*	-6.2*	-7.1*	-8.1*	-11.0*	-16.5*	-19.7*	-31.8*	-47.2*	-57.6*	-84.7*
3. Factor income from the rest of the world	1.1*	1.5*	1.7*	1.9*	2.3*	2.6*	2.4*	2.8*	3.3*	3.3*	4.0*	6.1*	10.4*	17.0*	20.5*
4. Factor income paid to the rest of the world	1.9*	3.8*	4.2*	5.3*	6.0*	8.8*	9.5*	10.9*	14.3*	19.7*	23.7*	37.9*	57.5*	74.6*	105.1*
5. *Equals:* **Gross National Product**	156.5*	290.5*	317.6*	351.1*	388.3*	458.2*	505.1*	582.2*	711.1*	924.0*	1130.2*	1401.2*	1885.8*	2385.6*	3121.7*
6. *Less:* Consumption of fixed capital	16.5*	29.0*	32.6*	36.3*	40.8*	38.6*	41.4*	48.4*	57.4*	75.7*	96.8*	123.1*	173.0*	220.8*	289.2*
7. *Plus:* Statistical discrepancy	6.4*	8.2*	9.5*	11.8*	12.1*	9.0*	12.0*	12.7*	12.5*	15.3*	19.4*	26.8*	28.6*	35.5*	31.5*
8. *Equals:* **National Income**	146.4*	269.8*	294.6*	326.6*	359.5*	428.6*	475.7*	546.5*	666.2*	863.5*	1052.8*	1305.0*	1741.4*	2200.2*	2864.1*
9. *Plus:* Net current transfers from the rest of the world	0.4*	0.1*	0.3*	0.4*	0.5*	0.7*	0.7*	0.8*	1.0*	1.6*	1.8*	2.5*	3.9*	4.6*	5.2*
10. Current transfers from the rest of the world	0.6*	0.4*	0.5*	0.6*	0.6*	0.9*	0.9*	1.0*	1.2*	1.7*	2.0*	2.8*	4.5*	5.3*	6.0*
11. Current transfers paid to the rest of the world	0.2*	0.2*	0.2*	0.2*	0.2*	0.2*	0.1*	0.1*	0.2*	0.2*	0.2*	0.3*	0.6*	0.7*	0.8*
12. *Equals:* **National Disposable Income**	146.8*	269.9*	294.8*	327.0*	360.0*	429.3*	476.4*	547.3*	667.3*	865.1*	1054.6*	1307.5*	1745.3*	2204.8*	2869.3*
13. *Less:* Final consumption	135.1*	242.3*	265.1*	297.0*	324.2*	381.8*	429.8*	492.2*	595.7*	769.1*	939.3*	1170.2*	1538.0*	1941.1*	2491.7*
14. *Plus:* Statistical discrepancy	..	..	..	..	..	..	..	..	..	..	..	..	..	..	..
15. *Equals:* **Net Saving**	11.7*	27.6*	29.7*	30.0*	35.7*	47.5*	46.7*	55.1*	71.5*	96.0*	115.2*	137.2*	207.3*	263.8*	377.5*
16. *Less:* Surplus of the nation on current transactions	-5.6*	-5.5*	-9.4*	-11.7*	-8.7*	-19.8*	-16.3*	-16.1*	-24.1*	-48.6*	-68.1*	-67.0*	-55.1*	-90.5*	-163.4*
17. *Plus:* Statistical discrepancy	-3.8*	-2.9*	-4.7*	-6.7*	-5.5*	-3.9*	-4.2*	-3.8*	-3.9*	-9.9*	-17.1*	-18.9*	-9.1*	-18.2*	-26.7*
18. *Equals:* **Net Capital Formation**	13.5*	30.2*	34.4*	34.9*	39.0*	63.3*	58.8*	67.5*	91.7*	134.8*	166.2*	185.4*	253.3*	336.0*	514.3*

1. At 1980 relative prices for 1980-1994 and at 1970 relative prices for 1960-1979.

MEXIQUE
SCN de 1968

Principaux Agrégats

millions de nouveaux pesos

1980	1981	1982	1983	1984	1985	1986	1987	1988	1989	1990	1991	1992	1993	1994	
															DÉPENSES IMPUTÉES AU P.I.B.
															Aux prix courants
448.7	660.0	1025.8	1573.7	2721.7	4374.0	7208.2	16995	33741	42915	57798	77971	102751	121952	147314	1. Consommation finale des administrations publiques
2908.8	3944.9	6036.1	10881.7	18589.9	30574.9	54208.9	127268	270998	356900	486354	621208	735865	805684	891199	2. Consommation finale privée
..	..	..	..	..	..	..	..	..	..	..	..	..	..	..	3. Ménages
..	..	..	..	..	..	..	..	..	..	..	..	..	..	..	4. Institutions privées sans but lucratif au service des ménages
107.2	60.7	−4.4	573.3	565.6	986.5	−734.1	1566	4501	16480	22544	25327	25254	18289	19868	5. Variations des stocks
1106.8	1616.8	2248.8	3137.0	5287.2	9048.3	15414.7	35667	75199	92220	127728	168486	211933	229541	258835	6. Formation brute de capital fixe
4571.5	6282.5	9306.4	16165.7	27164.4	44983.7	76097.7	181496	384439	508515	694425	892993	1075802	1175466	1317216	7. **Demande intérieure totale**
478.5	637.7	1502.1	3397.4	5122.4	7305.3	13732.4	37692	65568	81148	108299	119535	128325	139948	161623	8. Exportations de biens et services
580.0	792.6	1010.7	1684.4	2815.3	4897.3	10638.8	25877	59555	82045	116318	147363	184972	187831	225925	9. *Moins :* Importations de biens et services
..	..	..	..	..	..	..	..	..	..	..	..	..	..	..	10. Divergence statistique
4470.1	6127.6	9797.8	17878.7	29471.6	47391.7	79191.3	193312	390451	507618	686406	865166	1019156	1127584	1252915	11. **Produit intérieur brut**
															Aux niveaux de prix de 1990[1]
45622	50309	51330	52727	56201	56710	57549	56856	56569	56486	57798	60068	61457	62702	64250	1. Consommation finale des administrations publiques
410066	440298	429413	406400	419636	434579	422264	421695	429343	458469	486354	510133	530067	531104	550806	2. Consommation finale privée
..	..	..	..	..	..	..	..	..	..	..	..	..	..	..	3. Ménages
..	..	..	..	..	..	..	..	..	..	..	..	..	..	..	4. Institutions privées sans but lucratif au service des ménages
40328	44296	20558	15938	16541	22272	9239	15623	23415	22788	22544	23216	31440	27775	29488	5. Variations des stocks
143042	166257	138339	99217	105593	113885	100448	100325	106125	112908	127728	138340	153346	151446	163755	6. Formation brute de capital fixe
639058	701160	639640	574282	597971	627446	589500	594499	615452	650651	694424	731757	776310	773027	808299	7. **Demande intérieure totale**
53607	59809	72841	82727	87446	83553	88233	96607	102174	104493	108299	113266	115170	119477	128247	8. Exportations de biens et services
95213	112084	69657	46117	54331	60300	55726	58594	80107	97134	116318	135830	164169	162116	183102	9. *Moins :* Importations de biens et services
−15404	−15652	−14068	−9147	−7681	−10011	−5370	−4432	−1616	−814	1	2108	3941	5255	8015	10. Divergence statistique
582048	633233	628756	601745	623405	640688	616637	628080	635903	657196	686406	711301	731252	735643	761459	11. **Produit intérieur brut**
															RÉPARTITION DU P.I.B.
432.0	579.3	1135.3	1924.1	3164.1	5688.2	8540.9	23523	42548	56245	74873	93852	111889	118837	129749	1. Impôts indirects
89.1	121.7	277.3	598.3	788.6	1260.7	2222.0	4795	6937	8455	8660	7743	9039	10816	12742	2. *Moins :* Subventions
383.5	527.2	956.3	2176.3	3358.7	5331.2	10870.9	25284	46763	53637	66239	82703	98237	112881	144085	3. Consommation de capital fixe
1610.9	2295.4	3450.2	5247.7	8444.8	13589.8	22605.2	51878	102179	130490	171415	222960	278554	320854	365851*	4. Rémunération des salariés payée par les producteurs résidents
2132.7	2847.4	4533.4	9128.9	15292.6	24043.2	39396.4	97421	205898	275701	382538	473395	539515	585828	625972*	5. Excédent net d'exploitation
..	..	..	..	..	..	..	..	..	..	..	..	..	..	..	6. Divergence statistique
4470.1	6127.6	9797.8	17878.7	29471.6	47391.7	79191.3	193312	390451	507618	686406	865166	1019156	1127584	1252915	7. **Produit intérieur brut**
															OPÉRATIONS EN CAPITAL DE LA NATION
															Financement de la formation brute de capital
383.5	527.2	956.3	2176.3	3358.7	5331.2	10870.9	25284	46763	53637	66239	82703	98237	112881	144085	1. Consommation de capital fixe
606.7	785.5	1238.0	2237.5	3259.6	5318.7	3518.9	17247	28681	41800	65567	71717	65347	64893	44958	2. Épargne nette
−223.8	−364.9	−50.1	703.5	765.4	615.0	−290.9	5298	−4257	−13262	−18466	−39394	−73603	−70056	−89661	3. *Moins :* Solde des opérations courantes de la nation
..	..	..	..	..	..	..	..	..	..	..	..	..	..	..	4. Divergence statistique
1214.0	1677.5	2244.4	3710.2	5852.9	10034.8	14680.6	37233	79700	108700	150272	193814	237187	247830	278704	5. **Financement de la formation brute de capital**
															Formation brute de capital
107.2	60.7	−4.4	573.3	565.6	986.5	−734.1	1566	4501	16480	22544	25327	25254	18289	19868	6. Variations des stocks
1106.8	1616.8	2248.8	3137.0	5287.2	9048.3	15414.7	35667	75199	92220	127728	168486	211933	229541	258835	7. Formation brute de capital fixe
..	..	..	..	..	..	..	..	..	..	..	..	..	..	..	8. Divergence statistique
1214.0	1677.5	2244.4	3710.2	5852.9	10034.8	14680.6	37233	79700	108700	150272	193814	237187	247830	278703	9. **Formation brute de capital**
															RELATIONS ENTRE LES PRINCIPAUX AGRÉGATS
4470.1	6127.6	9797.8	17878.7	29471.6	47391.7	79191.3	193312	390451	507618	636406	865166	1019156	1127584	1252915	1. **Produit intérieur brut**
−128.7	−217.1	−558.2	−1054.8	−1618.0	−2121.8	−4255.3	−8849	−14588	−17511	−20369	−18164	−26302	−30656	−35301	2. *Plus :* Revenu net des facteurs reçu du reste du monde
28.6	40.2	82.2	214.0	424.3	631.6	1119.0	3289	6730	7546	8319	10639	8897	8531	10974	3. Revenu des facteurs reçu du reste du monde
157.2	257.3	640.4	1268.8	2042.3	2753.4	5374.2	12139	21318	25057	28688	28803	35199	39187	46275	4. Revenu des facteurs payé au reste du monde
4341.4	5910.5	9239.6	16823.9	27853.5	45269.9	74936.1	184462	375864	490107	616037	847001	992854	1096928	1217614	5. *Égal :* **Produit national brut**
383.5	527.2	956.3	2176.3	3358.7	5331.2	10870.9	25284	46763	53637	66239	82703	98237	112881	144085	6. *Moins :* Consommation de capital fixe
..	..	..	..	..	..	..	..	..	..	..	..	..	..	..	7. *Plus :* Divergence statistique
3957.9	5383.3	8283.3	14647.7	24494.8	39938.7	64065.2	159178	329101	436470	599798	764299	894617	984047	1073529	8. *Égal :* **Revenu national**
6.3	7.1	16.6	45.3	76.3	328.9	870.8	2332	4318	5145	9922	6598	9346	8482	9942	9. *Plus :* Transferts courants nets reçus du reste du monde
7.3	8.5	17.7	49.9	80.4	336.5	878.8	2358	4353	5185	9962	6655	9405	8534	9998	10. Transferts courants reçus du reste du monde
1.0	1.4	1.1	4.7	4.1	7.6	8.0	26	34	39	40	57	59	52	56	11. Transferts courants payés au reste du monde
3964.2	5390.4	8299.9	14692.9	24571.1	40267.6	64936.0	161510	333419	441615	609720	770897	903962	992529	1083471	12. *Égal :* **Revenu national disponible**
3357.5	4604.9	7061.9	12455.4	21311.6	34948.9	61417.1	144263	304739	399815	544153	699180	838615	927636	1038513	13. *Moins :* Consommation finale
..	..	..	..	..	..	..	..	..	..	..	..	..	..	..	14. *Plus :* Divergence statistique
606.7	785.5	1238.0	2237.5	3259.6	5318.7	3518.9	17247	28681	41800	65567	71717	65347	64893	44958	15. *Égal :* **Épargne nette**
−223.8	−364.9	−50.1	703.5	765.4	615.0	−290.9	5298	−4257	−13262	−18466	−39394	−73603	−70056	−89661	16. *Moins :* Solde des opérations courantes de la nation
..	..	..	..	..	..	..	..	..	..	..	..	..	..	..	17. *Plus :* Divergence statistique
830.4	1150.3	1288.1	1534.0	2494.2	4703.7	3809.8	11948	32938	55063	84033	111111	138950	134949	134618	18. *Égal :* **Formation nette de capital**

1. Aux prix relatifs de 1980 pour la période 1980-1994 et aux prix relatifs de 1970 pour la période 1960-1979.

UNITED STATES
1968 SNA

Main aggregates

millions of dollars

	1960	1966	1967	1968	1969	1970	1971	1972	1973	1974	1975	1976	1977	1978	1979
EXPENDITURE ON THE G.D.P.															
At current prices															
1. Government final consumption expenditure	86656	136275	153882	166422	176521	189488	198513	217473	234937	263338	294616	319294	346602	378087	420834
2. Private final consumption expenditure	328089	474720	501019	549956	594536	635633	688046	754361	833391	910510	1004184	1120834	1247024	1389196	1547116
3. Households	..	..	..	..	..	..	..	..	..	..	..	..	..	..	..
4. Private non-profit institutions serving households	..	..	..	..	..	..	..	..	..	..	..	..	..	..	..
5. Increase in stocks	3498	11624	9449	9252	10452	1369	8200	8381	16463	12707	−4280	16801	25252	29364	14080
6. Gross fixed capital formation	92524	145120	147608	163463	178694	181746	203351	231789	263122	276608	278779	316748	381455	460577	529410
7. **Total Domestic Expenditure**	510767	767739	811958	889093	960203	1008236	1098110	1212004	1347913	1463163	1573299	1773677	2000333	2257224	2511440
8. Exports of goods and services	26765	40505	43048	47450	51379	59087	62344	70128	93741	124930	136993	147823	157468	184574	227243
9. *Less:* Imports of goods and services	22840	37058	39912	46556	50491	55760	62342	74216	91159	127465	122729	151146	182444	212254	252714
10. Statistical discrepancy	..	..	..	..	..	..	..	..	..	..	..	..	..	..	..
11. **Gross Domestic Product**	514692	771186	815094	889987	961091	1011563	1098112	1207916	1350495	1460628	1587563	1770354	1975357	2229544	2485969
At 1990 price levels[1]															
1. Government final consumption expenditure	485562	631691	679310	692797	692542	685738	662340	671224	665440	683924	690987	698355	706753	716195	734098
2. Private final consumption expenditure	1349017	1758663	1811765	1906746	1976788	2021070	2088526	2208033	2309189	2289446	2334856	2458553	2557276	2661559	2721367
3. Households	..	..	..	..	..	..	..	..	..	..	..	..	..	..	..
4. Private non-profit institutions serving households	..	..	..	..	..	..	..	..	..	..	..	..	..	..	..
5. Increase in stocks	7542	27134	26241	23244	26305	−2848	22997	11290	30457	21678	−14997	21378	35777	41445	13630
6. Gross fixed capital formation	378476	538797	530088	561096	576106	556664	587001	638979	683794	642777	572850	615420	690132	754370	785863
7. **Total Domestic Expenditure**	2220597	2956285	3047404	3183883	3271741	3260624	3360864	3529526	3688880	3637825	3583696	3793706	3989938	4173569	4254958
8. Exports of goods and services	97714	136626	140727	152520	161874	176447	179096	193647	230384	250849	248055	255707	259084	284112	309095
9. *Less:* Imports of goods and services	102504	154086	163305	189184	201446	210004	224329	251211	275251	269015	239907	286289	318888	341273	345707
10. Statistical discrepancy	−915	3316	1190	861	800	−2929	−726	−534	3851	2601	−5305	−3779	−694	3100	3823
11. **Gross Domestic Product**	2214892	2942141	3026016	3148080	3232969	3224138	3314905	3471428	3647864	3622260	3586539	3759345	3929440	4119508	4222169
COST COMPONENTS OF THE G.D.P.															
1. Indirect taxes	45479	65415	70391	79021	86593	94251	103596	111350	121034	129258	140020	151573	165475	177807	188734
2. *Less:* Subsidies	1239	4032	3896	4306	4650	4951	4963	6966	5602	3734	5046	5744	7660	9427	9215
3. Consumption of fixed capital	54680	73904	80152	87896	96993	106117	116799	130806	143201	167645	196455	215757	240444	274645	318661
4. Compensation of employees paid by resident producers	296918	443559	476214	525470	579180	619072	660327	727512	814663	893830	952118	1062353	1181813	1338406	1502639
5. Operating surplus	121992	189551	191402	201971	205528	197064	219233	244153	277678	272210	298056	335998	384411	440522	471388
6. Statistical discrepancy	−3138	2789	831	−65	−2553	10	3120	1061	−479	1418	5960	10416	10874	7591	13762
7. **Gross Domestic Product**	514692	771186	815094	889987	961091	1011563	1098112	1207916	1350495	1460627	1587563	1770353	1975357	2229544	2485969
CAPITAL TRANSACTIONS OF THE NATION															
Finance of Gross Capital Formation															
1. Consumption of fixed capital	54680	73904	80152	87896	96993	106117	116799	130806	143201	167645	196455	215757	240444	274645	318661
2. Net saving	47704	83936	79622	86616	96476	81007	92224	104702	145593	127389	93460	116177	146203	196996	211923
3. *Less:* Surplus of the nation on current transactions	3224	3885	3548	1732	1770	4019	592	−3601	8730	7137	21376	8801	−9186	−10709	856
4. Statistical discrepancy	−3138	2789	831	−65	−2553	10	3120	1061	−479	1418	5960	10416	10874	7591	13762
5. **Finance of Gross Capital Formation**	96022	156744	157057	172715	189146	183115	211551	240170	279585	289315	274499	333549	406707	489941	543490
Gross capital formation															
6. Increase in stocks	3498	11624	9449	9252	10452	1369	8200	8381	16463	12707	−4280	16801	25252	29364	14080
7. Gross fixed capital formation	92524	145120	147608	163463	178694	181746	203351	231789	263122	276608	278779	316748	381455	460577	529410
8. Statistical discrepancy	..	..	..	..	..	..	..	..	..	..	..	..	..	..	..
9. **Gross Capital Formation**	96022	156744	157057	172715	189146	183115	211551	240170	279585	289315	274499	333549	406707	489941	543490
RELATIONS AMONG NATIONAL ACCOUNTING AGGREGATES															
1. **Gross Domestic Product**	514692	771186	815094	889987	961091	1011563	1098112	1207916	1350495	1460628	1587563	1770354	1975357	2229544	2485969
2. *Plus:* Net factor income from the rest of the world	3392	5487	5813	6539	6658	7015	8211	9280	13558	16908	14722	18455	21998	23632	34279
3. Factor income from the rest of the world	4968	8255	8857	10280	11940	12969	14119	16428	23840	30254	28156	32770	37689	47146	69709
4. Factor income paid to the rest of the world	1576	2768	3044	3741	5282	5954	5908	7148	10282	13346	13434	14315	15691	23514	35430
5. *Equals:* **Gross National Product**	518084	776673	820907	896526	967749	1018578	1106323	1217196	1364053	1477536	1602285	1788809	1997355	2253176	2520248
6. *Less:* Consumption of fixed capital	54680	73904	80152	87896	96993	106117	116799	130806	143201	167645	196455	215757	240444	274645	318661
7. *Plus:* Statistical discrepancy	..	..	..	..	..	..	..	..	..	..	..	..	..	..	..
8. *Equals:* **National Income**	463404	702769	740755	808630	870756	912461	989524	1086390	1220852	1309891	1405830	1573052	1756911	1978531	2201587
9. *Plus:* Net current transfers from the rest of the world	−4093	−5049	−5401	−5701	−5776	−6323	−7621	−8793	−7410	−7236	−7610	−6331	−6208	−6661	−7952
10. Current transfers from the rest of the world	434	529	568	743	775	756	765	1008	1074	1083	1206	1473	1687	2166	2539
11. Current transfers paid to the rest of the world	4527	5578	5969	6444	6551	7079	8386	9801	8484	8319	8816	7804	7895	8827	10491
12. *Equals:* **National Disposable Income**	459311	697720	735354	802929	864980	906138	981903	1077597	1213442	1302655	1398220	1566721	1750703	1971870	2193635
13. *Less:* Final consumption	414745	610995	654901	716378	771057	825121	886559	971834	1068328	1173848	1298800	1440128	1593626	1767283	1967950
14. *Plus:* Statistical discrepancy	3138	−2789	−831	65	2553	−10	−3120	−1061	479	−1418	−5960	−10416	−10874	−7591	−13762
15. *Equals:* **Net Saving**	47704	83936	79622	86616	96476	81007	92224	104702	145593	127389	93460	116177	146203	196996	211923
16. *Less:* Surplus of the nation on current transactions	3224	3885	3548	1732	1770	4019	592	−3601	8730	7137	21376	8801	−9186	−10709	856
17. *Plus:* Statistical discrepancy	−3138	2789	831	−65	−2553	10	3120	1061	−479	1418	5960	10416	10874	7591	13762
18. *Equals:* **Net Capital Formation**	41342	82840	76905	84819	92153	76998	94752	109364	136384	121670	78044	117792	166263	215296	224829

1. At 1985 relative prices.

National Accounts, Volume 1, OECD, 1996

ÉTATS-UNIS
SCN de 1968

Principaux Agrégats

millions de dollars

1980	1981	1982	1983	1984	1985	1986	1987	1988	1989	1990	1991	1992	1993	1994	
															DÉPENSES IMPUTÉES AU P.I.B.
															Aux prix courants
476343	529385	579269	620821	669749	727869	781950	830972	876420	915800	978900	1025500	1050400	1070400	1093800*	1. Consommation finale des administrations publiques
1708277	1887328	2016947	2201908	2401883	2598435	2764716	2960584	3198135	3420500	3647600	3776500	3996900	4235900	4478000*	2. Consommation finale privée
..	..	..	..	..	..	..	..	..	..	..	..	..	..	..	3. Ménages
..	..	..	..	..	..	..	..	..	..	..	..	..	..	..	4. Institutions privées sans but lucratif au service des ménages
-6535	31562	-11411	593	71341	28599	14937	25641	8361	35000	12500	2000	6700	18600	44000*	5. Variations des stocks
546433	603834	590658	626364	727809	782985	807866	829874	886860	920600	930100	881200	923500	1011500	1144500*	6. Formation brute de capital fixe
2724518	3052109	3175463	3449686	3870782	4137888	4369469	4647071	4969776	5291900	5569100	5685200	5977500	6336400	6760300*	7. **Demande intérieure totale**
277525	301373	280227	272738	297795	296384	313052	356553	436394	500400	548900	592300	628200	647800	706400*	8. Exportations de biens et services
293896	317686	303194	328126	405110	417623	451737	507050	552208	587700	628500	620900	668400	724300	816900*	9. *Moins :* Importations de biens et services
..	..	..	..	..	..	..	..	..	-100	100	-200	..	..	..	10. Divergence statistique
2708147	3035796	3152496	3394298	3763467	4016649	4230784	4496574	4853962	5204500	5489600	5656400	5937300	6259900	6649800*	11. **Produit intérieur brut**
															Aux niveaux de prix de 1990[1]
753087	766088	784145	801336	830312	870827	913741	949815	963542	961672	978900	993496	983207	975191	966338*	1. Consommation finale des administrations publiques
2714700	2749189	2775085	2898782	3042387	3175759	3295403	3389563	3518936	3591991	3647600	3638800	3747452	3878959	4014499*	2. Consommation finale privée
..	..	..	..	..	..	..	..	..	..	..	..	..	..	..	3. Ménages
..	..	..	..	..	..	..	..	..	..	..	..	..	..	..	4. Institutions privées sans but lucratif au service des ménages
-13164	29987	-18351	4590	73745	25764	12955	18160	2035	29026	12500	-2728	3589	11830	30180*	5. Variations des stocks
733345	737542	684723	724641	830915	876570	881494	889965	922814	935922	930100	881065	932451	1043508	1172141*	6. Formation brute de capital fixe
4187968	4282806	4225602	4429349	4777359	4948920	5103593	5247503	5407327	5518611	5569100	5510633	5666699	5909488	6183158*	7. **Demande intérieure totale**
338498	345163	314339	301334	322949	326284	347860	386453	450375	505635	548900	587651	633778	665043	725151*	8. Exportations de biens et services
322654	334354	328680	366766	453658	478098	517700	548843	574916	602284	623500	632278	701539	789346	895126*	9. *Moins :* Importations de biens et services
1561	4249	-6173	-7234	298	-3880	-7258	-6649	-4248	453	100	-1347	1165	5614	13897	10. Divergence statistique
4205373	4297864	4205088	4356683	4646948	4793226	4926495	5078464	5278538	5422415	5489600	5464659	5600103	5790799	6027080*	11. **Produit intérieur brut**
															RÉPARTITION DU P.I.B.
211957	249277	256425	280104	309480	329910	345500	364986	385343	414700	444000	478300	504400	525300	554100*	1. Impôts indirects
10611	12178	15483	22098	22476	22499	26879	32020	31264	29100	28300	29000	32100	37800	33500*	2. *Moins :* Subventions
364559	418944	457926	478744	496187	521533	548330	574345	610783	662600	687500	715000	749800	764700	817500*	3. Consommation de capital fixe
1652530	1825399	1927107	2041148	2237670	2395159	2536519	2712491	2936165	3115500	3313500	3420900	3606100	3795500	4020600*	4. Rémunération des salariés payée par les producteurs résidents
476075	543463	533951	606235	751644	806433	826068	901589	981350	1039800	1065100	1069800	1100300	1209900	1322000*	5. Excédent net d'exploitation
13638	10891	-7429	10166	-9038	-13887	1246	-24817	-28415	1000	7800	1500	8800	2300	-30900*	6. Divergence statistique
2708148	3035796	3152497	3394299	3763467	4016649	4230784	4496574	4853962	5204500	5489600	5656500	5937300	6259900	6649800*	7. **Produit intérieur brut**
															OPÉRATIONS EN CAPITAL DE LA NATION
															Financement de la formation brute de capital
364559	418944	457926	478744	496187	521533	548330	574345	610783	662600	687500	715000	749800	764700	817500*	1. Consommation de capital fixe
172017	214006	126288	103086	217991	185871	131506	150865	194866	202500	168900	174700	115000	170800	258700*	2. Épargne nette
10316	8445	-2462	-34961	-94010	-118067	-141721	-155122	-117987	-89300	-78500	8100	-56600	-92300	-143200*	3. *Moins :* Solde des opérations courantes de la nation
13638	10891	-7429	10166	-9038	-13887	1246	-24817	-28415	1100	7800	1500	8800	2300	-30900*	4. Divergence statistique
539898	635396	579247	626957	799150	811584	822803	855515	895221	955500	942700	883100	930200	1030100	1188500*	5. **Financement de la formation brute de capital**
															Formation brute de capital
-6535	31562	-11411	593	71341	28599	14937	25641	8361	35000	12500	2000	6700	18600	44000*	6. Variations des stocks
546433	603834	590658	626364	727809	782985	807866	829874	886860	920600	930100	881200	923500	1011500	1144500*	7. Formation brute de capital fixe
..	..	..	..	..	..	..	..	..	-100	100	-100	..	..	..	8. Divergence statistique
539898	635396	579247	626957	799150	811584	822803	855515	895221	955500	942700	883100	930200	1030100	1188500*	9. **Formation brute de capital**
															RELATIONS ENTRE LES PRINCIPAUX AGRÉGATS
2708147	3035796	3152496	3394298	3763467	4016649	4230784	4496574	4853962	5204500	5489600	5656400	5937300	6259900	6649800*	1. **Produit intérieur brut**
36452	35477	33165	33517	29047	20583	15327	12037	15725	23600	30000	25200	15800	15900	800*	2. *Plus :* Revenu net des facteurs reçu du reste du monde
80583	94088	97293	95834	108118	97262	95960	105051	128701	157500	168600	155700	133500	136600	167100*	3. Revenu des facteurs reçu du reste du monde
44131	58611	64128	62317	79071	76679	80633	93014	112976	133900	138600	130500	117600	120600	166300*	4. Revenu des facteurs payé au reste du monde
2744599	3071273	3185661	3427815	3792514	4037232	4246111	4508611	4869687	5228100	5519600	5681600	5953100	6275900	6650600*	5. *Égal :* **Produit national brut**
364559	418944	457926	478744	496187	521533	548330	574345	610783	662600	687500	715000	749800	764700	817500*	6. *Moins :* Consommation de capital fixe
..	..	..	..	..	..	..	..	..	..	..	..	..	..	..	7. *Plus :* Divergence statistique
2380040	2652329	2727735	2949071	3296327	3515699	3697781	3934266	4258904	4565500	4832100	4966600	5203300	5511100	5833100*	8. *Égal :* **Revenu national**
-9765	-10719	-12660	-13090	-15742	-17411	-18363	-16662	-17898	-25600	-28900	11500	-32200	-31700	-33500*	9. *Plus :* Transferts courants nets reçus du reste du monde
3177	2938	2214	2158	2315	2670	2926	3227	3908	4300	9200	49000	8800	7700	..	10. Transferts courants reçus du reste du monde
12942	13657	14874	15248	18057	20081	21289	19889	21806	29900	38100	37500	40900	39300	..	11. Transferts courants payés au reste du monde
2370275	2641610	2715075	2935981	3280585	3498288	3679418	3917604	4241006	4539900	4803200	4978100	5171100	5479500	5799600*	12. *Égal :* **Revenu national disponible**
2184620	2416713	2596216	2822729	3071632	3326304	3546666	3791556	4074555	4336300	4628600	4801900	5047300	5306300	5571800*	13. *Moins :* Consommation finale
-13638	-10891	7429	-10166	9038	13887	-1246	24817	28415	-1100	-7800	-1500	-8800	-2300	30900*	14. *Plus :* Divergence statistique
172017	214006	126288	103086	217991	185871	131506	150865	194866	202500	168900	174700	115000	170800	258700*	15. *Égal :* **Épargne nette**
10316	8445	-2462	-34961	-94010	-118067	-141721	-155122	-117987	-89300	-78500	8100	-56600	-92300	-143200*	16. *Moins :* Solde des opérations courantes de la nation
13638	10891	-7429	10166	-9038	-13887	1246	-24817	-28415	1100	7800	1500	8800	2300	-30900*	17. *Plus :* Divergence statistique
175339	216452	121321	148213	302963	290051	274473	281170	284438	292900	255100	168100	180400	265400	371000*	18. *Égal :* **Formation nette de capital**

1. Aux prix relatifs de 1985.

JAPAN
1968 SNA

Main aggregates

billions of yen

	1960	1966	1967	1968	1969	1970	1971	1972	1973	1974	1975	1976	1977	1978	1979
EXPENDITURE ON THE G.D.P.															
At current prices															
1. Government final consumption expenditure	1282	3054	3410	3934	4558	5455	6421	7537	9336	12240	14890	16417	18243	19752	21486
2. Private final consumption expenditure	9395	22142	25405	28974	33300	38333	43230	49901	60308	72912	84763	95784	107076	117923	130078
3. Households	9218	21683	24923	28453	32725	37805	42687	49302	59651	72108	83920	94846	105870	116643	128558
4. Private non-profit institutions serving households	178	459	482	521	575	528	543	599	657	804	843	938	1206	1280	1519
5. Increase in stocks	623	815	1528	1910	1938	2573	1215	1299	1885	3396	476	1092	1280	1027	1813
6. Gross fixed capital formation	4638	11562	14287	17567	21441	26043	27637	31524	40938	46695	48136	51945	55982	62147	70171
7. **Total Domestic Expenditure**	15938	37573	44630	52385	61237	72404	78503	90261	112467	135243	148265	165238	182581	200849	223548
8. Exports of goods and services	1714	4031	4311	5348	6558	7926	9452	9779	11291	18258	18982	22582	24308	22729	25627
9. *Less:* Imports of goods and services	1641	3434	4211	4757	5567	6985	7254	7645	11261	19257	18919	21247	21267	19174	27629
10. Statistical discrepancy	..	..	..	..	..	..	..	..	..	..	..	..	..	..	..
11. **Gross Domestic Product**	16011	38170	44730	52976	62228	73345	80701	92395	112497	134244	148328	166573	185622	204404	221546
At 1990 price levels[1]															
1. Government final consumption expenditure	10672	15071	15668	16671	17657	18913	19909	20985	22102	22809	24591	25691	26739	28101	29323
2. Private final consumption expenditure	44989	74918	82704	89763	99048	106388	112346	122539	133657	133549	139589	143920	149840	157978	168279
3. Households	43699	72643	80446	87460	96662	104450	110551	120769	131984	131941	138060	142385	148041	156122	166201
4. Private non-profit institutions serving households	1361	2402	2376	2417	2500	2004	1836	1792	1668	1594	1500	1498	1785	1836	2067
5. Increase in stocks	1066	1049	2159	2827	2498	4557	2144	2154	2849	4447	645	1248	1739	934	2053
6. Gross fixed capital formation	13288	28912	34150	41135	48897	57146	59659	65450	73065	66981	66343	68141	70023	75484	80174
7. **Total Domestic Expenditure**	70015	119950	134681	150396	168100	187004	194058	211128	231673	227786	231168	239000	248341	262497	279829
8. Exports of goods and services	2495	5797	6187	7667	9261	10882	12622	13144	13831	17034	16869	19670	21975	21917	22865
9. *Less:* Imports of goods and services	3768	7581	9302	10433	11862	14574	15599	17243	21435	22326	20032	21371	22241	23786	26850
10. Statistical discrepancy	-1158	-1202	-1640	-966	-535	-682	-665	-955	-2280	-2074	-1281	-1027	-667	-1173	-2028
11. **Gross Domestic Product**	67584	116964	129926	146664	164964	182630	190416	206074	221789	220420	226724	236272	247408	259455	273816
COST COMPONENTS OF THE G.D.P.															
1. Indirect taxes	1353	2713	3160	3759	4253	5202	5712	6491	7889	9254	9736	10870	12890	13912	16188
2. *Less:* Subsidies	85	310	410	586	657	805	904	1066	1180	2123	2207	2181	2469	2713	2930
3. Consumption of fixed capital	1751	5022	5885	6944	8275	9730	10911	12825	15296	17766	19025	20704	23012	24999	27644
4. Compensation of employees paid by resident producers	6453	16780	19286	22477	26453	31895	37817	44026	55180	70010	81581	92020	102795	111079	120062
5. Operating surplus	6470	13713	16823	20152	23648	27415	26937	30569	36622	39298	39602	45256	48692	56422	60368
6. Statistical discrepancy	68	252	-13	229	257	-91	228	-450	-1309	39	590	-97	702	706	215
7. **Gross Domestic Product**	16010	38170	44731	52975	62229	73346	80701	92395	112498	134244	148327	166572	185622	204405	221547
CAPITAL TRANSACTIONS OF THE NATION															
Finance of Gross Capital Formation															
1. Consumption of fixed capital	1751	5022	5885	6944	8275	9730	10911	12825	15296	17766	19025	20704	23012	24999	27644
2. Net saving	3522	7595	9926	12731	15651	19722	19748	22524	28847	31001	28845	33547	36416	40974	42229
3. *Less:* Surplus of the nation on current transactions	80	493	-18	427	803	744	2036	2077	11	-1285	-152	1117	2867	3504	-1896
4. Statistical discrepancy	68	253	-13	229	257	-91	228	-450	-1309	39	590	-97	702	706	215
5. **Finance of Gross Capital Formation**	5261	12377	15816	19477	23380	28617	28851	32822	42823	50091	48612	53037	57263	63175	71984
Gross capital formation															
6. Increase in stocks	623	815	1528	1910	1938	2573	1215	1299	1885	3396	476	1092	1280	1027	1813
7. Gross fixed capital formation	4638	11562	14287	17567	21441	26043	27637	31524	40938	46695	48136	51945	55982	62147	70171
8. Statistical discrepancy	..	..	..	..	..	..	..	..	..	..	..	..	..	..	..
9. **Gross Capital Formation**	5261	12377	15815	19477	23379	28616	28852	32823	42823	50091	48612	53037	57262	63174	71984
RELATIONS AMONG NATIONAL ACCOUNTING AGGREGATES															
1. **Gross Domestic Product**	16010	38170	44731	52975	62229	73345	80701	92394	112498	134244	148327	166573	185622	204404	221547
2. *Plus:* Net factor income from the rest of the world	-12	-97	-104	-150	-163	-157	-109	7	21	-247	-157	-156	-92	70	278
3. Factor income from the rest of the world	60	135	156	180	260	347	443	598	841	1189	1273	1257	1254	1376	2276
4. Factor income paid to the rest of the world	72	231	260	330	423	503	552	592	820	1436	1430	1414	1346	1306	1998
5. *Equals:* **Gross National Product**	15998	38073	44626	52825	62066	73188	80592	92401	112520	133997	148170	166417	185530	204474	221825
6. *Less:* Consumption of fixed capital	1751	5022	5885	6944	8275	9730	10911	12825	15296	17766	19025	20704	23012	24999	27644
7. *Plus:* Statistical discrepancy	-68	-253	13	-229	-257	91	-228	450	1309	-39	-590	97	-702	-706	-215
8. *Equals:* **National Income**	14180	32799	38755	45652	53534	63550	69453	80026	98532	116192	128555	145809	161816	178770	193966
9. *Plus:* Net current transfers from the rest of the world	19	-8	-13	-13	-26	-40	-53	-64	-41	-39	-57	-62	-81	-121	-172
10. Current transfers from the rest of the world	22	25	26	30	31	35	45	42	41	55	59	68	70	62	80
11. Current transfers paid to the rest of the world	4	32	40	43	56	75	98	106	81	94	115	129	151	183	252
12. *Equals:* **National Disposable Income**	14199	32791	38741	45639	53509	63510	69400	79962	98492	116153	128498	145748	161735	178649	193794
13. *Less:* Final consumption	10677	25196	28815	32908	37858	43788	49651	57438	69644	85152	99653	112201	125319	137676	151564
14. *Plus:* Statistical discrepancy	..	..	..	..	..	..	..	..	..	..	..	..	..	..	..
15. *Equals:* **Net Saving**	3522	7595	9926	12731	15651	19722	19748	22524	28847	31001	28845	33547	36416	40974	42230
16. *Less:* Surplus of the nation on current transactions	80	493	-18	427	803	744	2036	2077	11	-1285	-152	1117	2867	3504	-1896
17. *Plus:* Statistical discrepancy	68	253	-13	229	257	-91	228	-450	-1309	39	590	-97	702	706	215
18. *Equals:* **Net Capital Formation**	3510	7355	9930	12533	15105	18887	17941	19998	27527	32324	29586	32333	34250	38175	44341

1. At 1985 relative prices for 1970-1994 and at 1980 relative prices for 1960-1969.

JAPON
SCN de 1968

Principaux Agrégats

milliards de yens

1980	1981	1982	1983	1984	1985	1986	1987	1988	1989	1990	1991	1992	1993	1994	
															DÉPENSES IMPUTÉES AU P.I.B.
															Aux prix courants
23568	25585	26796	27996	29449	30685	32388	32975	34184	36275	38807	41232	43258	44666	46108	1. Consommation finale des administrations publiques
141324	149997	160834	169687	178631	188760	195969	204585	215122	228483	243628	255084	264824	270919	277677	2. Consommation finale privée
139506	147988	158854	167509	176267	186235	193308	201973	212237	225427	240493	251540	261201	267125	..	3. Ménages
1818	2008	1980	2179	2364	2525	2661	2612	2885	3056	3135	3544	3623	3795	..	4. Institutions privées sans but lucratif au service des ménages
1613	1423	1187	186	1011	2159	1643	690	2630	3089	2322	3271	1631	661	1275	5. Variations des stocks
75821	78908	79735	78881	83251	88040	91310	99160	111074	122766	136733	143429	142207	138815	134064	6. Formation brute de capital fixe
242326	255913	268552	276750	292342	309644	321310	337410	363010	390613	421490	443016	451920	455061	459124	7. **Demande intérieure totale**
32887	37977	39391	39275	45066	46307	38090	36210	37483	42352	45920	46810	47409	44244	44449	8. Exportations de biens et services
35036	35927	37341	34258	36865	35532	24791	25195	29065	36768	42872	38529	36184	33333	34424	9. *Moins :* Importations de biens et services
..	..	..	..	..	..	..	..	..	..	..	..	..	..	..	10. Divergence statistique
240177	257963	270602	281767	300543	320419	334609	348425	371428	396197	424538	451297	463145	465972	469149	11. **Produit intérieur brut**
															Aux niveaux de prix de 1990[1]
30291	31743	32384	33353	34249	34836	36386	36543	37329	38088	38807	39417	40500	41181	42349	1. Consommation finale des administrations publiques
170079	172758	180386	186607	191720	198205	204902	213575	224758	234412	243628	248963	253161	255745	261310	2. Consommation finale privée
167799	170313	177973	184055	189020	195360	201949	210668	221626	231210	240493	245503	249671	252057	..	3. Ménages
2292	2471	2423	2571	2728	2879	2990	2925	3161	3224	3135	3491	3515	3734	..	4. Institutions privées sans but lucratif au service des ménages
1240	1171	1002	−71	775	1966	1571	632	2732	3429	2322	3461	1375	617	1545	5. Variations des stocks
80184	82102	81984	81196	84977	89486	93745	102709	114955	125619	136733	141773	140185	137706	134352	6. Formation brute de capital fixe
281794	287774	295756	301085	311721	324493	336604	353459	379774	401548	421490	433614	435221	435249	439556	7. **Demande intérieure totale**
26746	30099	30379	31827	36537	38521	36635	36667	39242	42794	45920	48293	50793	51462	54076	8. Exportations de biens et services
24763	24869	24254	23524	25979	25616	26234	28287	33574	39479	42872	41129	40950	42050	45594	9. *Moins :* Importations de biens et services
−13	915	1330	2014	2407	3469	2819	2348	1353	170	0	1840	2432	1923	842	10. Divergence statistique
283764	293919	303211	311402	324686	340867	349824	364187	386795	405033	424538	442618	447496	446584	448880	11. **Produit intérieur brut**
															RÉPARTITION DU P.I.B.
17688	19455	20285	20631	22943	24900	25213	28379	30878	32162	35212	34968	37301	37199	37994*	1. Impôts indirects
3593	3745	3780	3968	3807	3650	3678	3419	3409	3104	4644	3852	3304	3475	4145*	2. *Moins :* Subventions
30701	34059	36216	38426	40778	43615	46170	48861	52306	57941	62820	68387	72622	73348	74595*	3. Consommation de capital fixe
130398	141490	149559	157357	166120	173892	181959	189069	200111	214850	233374	251690	260792	266951	273277*	4. Rémunération des salariés payée par les producteurs résidents
64757	66332	68217	69233	74395	81501	84787	86625	93250	96390	99797	100680	94240	89188	85828*	5. Excédent net d'exploitation
225	372	104	88	114	161	159	−1091	−1708	−2041	−2022	−576	1495	2762	1600*	6. Divergence statistique
240176	257963	270601	281767	300543	320419	334610	348424	371428	396198	424537	451297	463146	465973	469149	7. **Produit intérieur brut**
															OPÉRATIONS EN CAPITAL DE LA NATION
															Financement de la formation brute de capital
30701	34059	36216	38426	40778	43615	46170	48861	52306	57941	62820	68387	72622	73348	74595*	1. Consommation de capital fixe
44026	47152	46486	45636	51838	58082	60930	64777	73470	78056	83894	90061	84809	78146	71730*	2. Épargne nette
−2481	1251	1885	5083	8467	11660	14306	12697	10364	8100	5638	11171	15089	14780	12586*	3. *Moins :* Solde des opérations courantes de la nation
225	372	104	88	114	161	159	−1091	−1708	−2041	−2022	−576	1495	2762	1600*	4. Divergence statistique
77433	80332	80921	79067	84263	90198	92953	99850	113704	125856	139054	146701	143837	139476	135339	5. **Financement de la formation brute de capital**
															Formation brute de capital
1613	1424	1187	186	1011	2159	1643	690	2630	3089	2322	3271	1631	661	1275	6. Variations des stocks
75821	78908	79735	78881	83251	88040	91310	99160	111074	122766	136733	143429	142207	138815	134064	7. Formation brute de capital fixe
..	..	..	..	..	..	..	..	..	..	..	..	..	..	..	8. Divergence statistique
77434	80332	80922	79067	84262	90199	92953	99850	113704	125855	139055	146700	143838	139476	135339	9. **Formation brute de capital**
															RELATIONS ENTRE LES PRINCIPAUX AGRÉGATS
240176	257963	270602	281767	300543	320419	334609	348425	371428	396197	424538	451297	463145	465972	469149	1. **Produit intérieur brut**
−78	−546	69	311	505	1137	1229	2054	2302	2849	2932	3190	4268	4381	4028	2. *Plus :* Revenu net des facteurs reçu du reste du monde
2820	3837	5088	4211	4953	5768	5338	7607	10124	14761	18520	19767	19052	17381	..	3. Revenu des facteurs reçu du reste du monde
2898	4384	5019	3900	4448	4631	4108	5553	7822	11911	15588	16577	14784	13001	..	4. Revenu des facteurs payé au reste du monde
240098	257416	270671	282078	301048	321556	335838	350479	373731	399046	427469	454487	467413	470353	473177	5. *Égal :* **Produit national brut**
30701	34059	36216	38426	40778	43615	46170	48861	52306	57941	62820	68387	72622	73348	74595*	6. *Moins :* Consommation de capital fixe
−225	−373	−104	−89	−114	−161	−159	1091	1708	2041	2022	576	−1495	−2762	−1600*	7. *Plus :* Divergence statistique
209172	222985	234351	243563	260156	277780	289509	302709	323132	343147	366671	386676	393296	394243	396982*	8. *Égal :* **Revenu national**
−254	−252	−233	−245	−239	−253	−222	−371	−356	−333	−342	−299	−405	−511	−1467*	9. *Plus :* Transferts courants nets reçus du reste du monde
87	97	117	114	134	102	70	92	141	142	149	163	179	149	..	10. Transferts courants reçus du reste du monde
342	349	350	359	373	355	292	463	497	475	491	462	584	660	..	11. Transferts courants payés au reste du monde
208918	222733	234118	243318	259916	277527	289287	302338	322776	342814	366329	386378	392891	393732	395515*	12. *Égal :* **Revenu national disponible**
164892	175581	187632	197682	208078	219445	228357	237560	249306	264758	282435	296316	308082	315585	323785	13. *Moins :* Consommation finale
..	..	..	..	..	..	..	..	..	..	..	..	..	..	..	14. *Plus :* Divergence statistique
44026	47152	46486	45636	51838	58082	60930	64777	73470	78056	83894	90061	84809	78146	71730*	15. *Égal :* **Épargne nette**
−2481	1251	1885	5083	8467	11660	14306	12697	10364	8100	5638	11171	15089	14780	12586*	16. *Moins :* Solde des opérations courantes de la nation
225	372	104	88	114	161	159	−1091	−1708	−2041	−2022	−576	1495	2762	1600*	17. *Plus :* Divergence statistique
46732	46273	44705	40641	43485	46583	46783	50989	61398	67914	76235	78313	71216	66128	60744*	18. *Égal :* **Formation nette de capital**

1. Aux prix relatifs de 1985 pour la période 1970-1994 et aux prix relatifs de 1980 pour la période 1960-1969.

AUSTRALIA[1]
1968 SNA

Main aggregates

millions of Australian dollars, fiscal years

	1960	1966	1967	1968	1969	1970	1971	1972	1973	1974	1975	1976	1977	1978	1979
EXPENDITURE ON THE G.D.P.															
At current prices															
1. Government final consumption expenditure	1747	3210	3709	3892	4296	4899	5591	6357	7954	10780	13333	15394	17272	19099	21394
2. Private final consumption expenditure	9634	14343	15677	17076	18837	20837	23170	26001	30730	37446	44790	51171	56933	64228	72532
3. Households	..	..	..	..	..	..	..	..	..	..	..	..	..	..	..
4. Private non-profit institutions serving households	..	..	..	..	..	..	..	..	..	..	..	..	..	..	..
5. Increase in stocks	478	360	113	682	440	441	17	−270	1166	1025	159	1129	−430	1343	845
6. Gross fixed capital formation	3718	6164	6674	7535	8209	9131	10113	10996	12930	15138	18440	21009	22649	25984	28844
7. **Total Domestic Expenditure**	15577	24077	26173	29185	31782	35308	38891	43084	52780	64389	76722	88703	96424	110654	123615
8. Exports of goods and services	2165	3472	3559	3887	4754	5076	5683	7017	7890	10107	11217	13402	14236	16893	21993
9. *Less:* Imports of goods and services	2590	3673	4115	4255	4733	5093	5242	5392	7893	10379	10921	13934	15179	17978	21105
10. Statistical discrepancy	56	−38	−134	−96	10	−180	−44	84	833	633	−417	−577	−173	−1110	−1219
11. **Gross Domestic Product**	15208	23838	25483	28721	31813	35111	39288	44793	53610	64750	76601	87594	95308	108459	123284
At 1990 price levels[2]															
1. Government final consumption expenditure	16844	25024	27530	27778	28943	30017	31428	32454	34899	37835	40592	42055	43507	45202	46060
2. Private final consumption expenditure	74977	98227	103638	109076	115548	120425	125479	132436	139536	144125	148988	152594	155461	160930	164755
3. Households	..	..	..	..	..	..	..	..	..	..	..	..	..	..	..
4. Private non-profit institutions serving households	..	..	..	..	..	..	..	..	..	..	..	..	..	..	..
5. Increase in stocks	3491	2133	−33	4604	2234	2264	−544	−1540	4206	4035	66	3246	−1515	3378	1922
6. Gross fixed capital formation	29819	43463	45867	49814	52399	55029	56969	57710	59633	56493	59101	60172	59531	63243	63813
7. **Total Domestic Expenditure**	125131	168847	177002	191272	199124	207735	213332	221060	238274	242488	248747	258067	256984	272753	276550
8. Exports of goods and services	12159	17620	18471	19680	22918	25050	27487	28244	26588	28550	29705	31733	32444	34454	37025
9. *Less:* Imports of goods and services	16360	22582	24820	25727	27748	27310	26550	26642	34213	35082	32941	36576	35115	38080	37915
10. Statistical discrepancy	298	−378	−1031	−716	569	245	1999	2872	3953	3094	187	−365	1013	−1264	−1731
11. **Gross Domestic Product**	121228	163507	169622	184509	194863	205720	216268	225534	234602	239050	245698	252859	255326	267863	273929
COST COMPONENTS OF THE G.D.P.															
1. Indirect taxes	1639	2445	2680	2969	3284	3579	4099	4572	5695	6969	8873	10054	10848	12679	14975
2. *Less:* Subsidies	77	192	221	252	296	346	433	466	592	760	850	1026	1292	1591	1839
3. Consumption of fixed capital	1869	3044	3319	3688	4069	4571	5164	5849	6910	9049	10914	12631	14341	16077	18430
4. Compensation of employees paid by resident producers	7634	12118	13212	14627	16452	18884	21077	23562	28894	37160	42830	48316	53066	57085	63616
5. Operating surplus	4143	6423	6493	7689	8304	8423	9381	11276	12703	12332	14834	17619	18345	24209	28102
6. Statistical discrepancy	..	..	..	..	..	..	..	..	..	..	..	..	..	..	..
7. **Gross Domestic Product**	15208	23838	25483	28721	31813	35111	39288	44793	53610	64750	76601	87594	95308	108459	123284
CAPITAL TRANSACTIONS OF THE NATION															
Finance of Gross Capital Formation															
1. Consumption of fixed capital	1869	3044	3319	3688	4069	4571	5164	5849	6910	9049	10914	12631	14341	16077	18430
2. Net saving	1741	2885	2411	3690	4105	4291	4823	5948	7430	6770	6393	7050	5295	7200	8853
3. *Less:* Surplus of the nation on current transactions	−642	−557	−923	−743	−485	−530	−99	987	−589	−977	−875	−1880	−2410	−2940	−1187
4. Statistical discrepancy	−56	38	134	96	−10	180	44	−84	−833	−633	417	577	173	1110	1219
5. **Finance of Gross Capital Formation**	4196	6524	6787	8217	8649	9572	10130	10726	14096	16163	18599	22138	22219	27327	29689
Gross capital formation															
6. Increase in stocks	478	360	113	682	440	441	17	−270	1166	1025	159	1129	−430	1343	845
7. Gross fixed capital formation	3718	6164	6674	7535	8209	9131	10113	10996	12930	15138	18440	21009	22649	25984	28844
8. Statistical discrepancy	..	..	..	..	..	..	..	..	..	..	..	..	..	..	..
9. **Gross Capital Formation**	4196	6524	6787	8217	8649	9572	10130	10726	14096	16163	18599	22138	22219	27327	29689
RELATIONS AMONG NATIONAL ACCOUNTING AGGREGATES															
1. **Gross Domestic Product**	15208	23838	25483	28721	31813	35111	39288	44793	53610	64750	76601	87594	95308	108459	123284
2. *Plus:* Net factor income from the rest of the world	−195	−312	−343	−366	−494	−485	−514	−550	−406	−505	−845	−1050	−1210	−1515	−1940
3. Factor income from the rest of the world	49	103	94	124	127	152	210	302	493	565	343	344	378	432	559
4. Factor income paid to the rest of the world	244	415	437	490	621	637	724	852	899	1070	1188	1394	1588	1947	2499
5. *Equals:* **Gross National Product**	15013	23526	25140	28355	31319	34626	38774	44243	53204	64245	75756	86544	94098	106944	121344
6. *Less:* Consumption of fixed capital	1869	3044	3319	3688	4069	4571	5164	5849	6910	9049	10914	12631	14341	16077	18430
7. *Plus:* Statistical discrepancy	..	..	..	..	..	..	..	..	..	..	..	..	..	..	..
8. *Equals:* **National Income**	13144	20482	21821	24667	27250	30055	33610	38394	46294	55196	64842	73913	79757	90867	102914
9. *Plus:* Net current transfers from the rest of the world	−22	−44	−24	−9	−12	−28	−26	−88	−180	−200	−326	−298	−257	−340	−135
10. Current transfers from the rest of the world	83	190	216	243	283	294	354	383	376	427	410	446	606	621	833
11. Current transfers paid to the rest of the world	105	234	240	252	295	322	380	471	556	627	736	744	863	961	968
12. *Equals:* **National Disposable Income**	13122	20438	21797	24658	27238	30027	33584	38306	46114	54996	64516	73615	79500	90527	102779
13. *Less:* Final consumption	11381	17553	19386	20968	23133	25736	28761	32358	38684	48226	58123	66565	74205	83327	93926
14. *Plus:* Statistical discrepancy	..	..	..	..	..	..	..	..	..	..	..	..	..	..	..
15. *Equals:* **Net Saving**	1741	2885	2411	3690	4105	4291	4823	5948	7430	6770	6393	7050	5295	7200	8853
16. *Less:* Surplus of the nation on current transactions	−642	−557	−923	−743	−485	−530	−99	987	−589	−977	−875	−1880	−2410	−2940	−1187
17. *Plus:* Statistical discrepancy	−56	38	134	96	−10	180	44	−84	−833	−633	417	577	173	1110	1219
18. *Equals:* **Net Capital Formation**	2327	3480	3468	4529	4580	5001	4966	4877	7186	7114	7685	9507	7878	11250	11259

1. Fiscal years beginning on 1st July.
2. At 1989-90 relative prices for 1984-1994, at 1984-85 relative prices for 1974-1983, at 1979-80 relative prices for 1969-1973, at 1974-75 relative prices for 1966-1968 and at 1966-67 relative prices for 1960-1965.

AUSTRALIE[1]

SCN de 1968

Principaux Agrégats

millions dollars australiens, années fiscales

1980	1981	1982	1983	1984	1985	1986	1987	1988	1989	1990	1991	1992	1993	1994	
															DÉPENSES IMPUTÉES AU P.I.B.
															Aux prix courants
25075	28639	32474	35860	40188	44830	49038	52538	56741	61620	66754	71524	74611	77257	79384	1. Consommation finale des administrations publiques
82871	94412	105965	116722	128163	143602	157153	175130	195472	217428	229991	242035	253119	264177	282481	2. Consommation finale privée
..	..	..	..	..	..	..	..	..	..	..	..	..	..	..	3. Ménages
..	..	..	..	..	..	..	..	..	..	..	..	..	..	..	4. Institutions privées sans but lucratif au service des ménages
465	1559	−2437	1376	1013	884	−1554	469	3573	4922	−1895	−1943	291	1029	2709	5. Variations des stocks
35192	41456	41105	44325	51016	59303	64475	72354	85146	89479	81331	77340	81753	87447	97090	6. Formation brute de capital fixe
143603	**166066**	**177107**	**198283**	**220380**	**248619**	**269112**	**300491**	**340932**	**373449**	**376181**	**388956**	**409774**	**429910**	**461664**	**7. Demande intérieure totale**
22539	23631	25540	28773	35566	38940	44085	51683	55449	60981	66277	69997	76444	82540	86869	8. Exportations de biens et services
25075	29023	29062	31304	39650	46279	48193	53006	61245	67552	65957	67990	77857	83897	95818	9. *Moins :* Importations de biens et services
−452	−1952	−1109	75	833	−246	25	461	4791	4173	1581	−4907	−5449	−2105	849	10. Divergence statistique
140615	**158722**	**172476**	**195827**	**217129**	**241034**	**265029**	**299629**	**339927**	**371051**	**378082**	**386056**	**402912**	**426448**	**453564**	**11. Produit intérieur brut**
															Aux niveaux de prix de 1990[2]
48204	48610	49891	52027	54961	57562	59550	61332	62616	64813	66754	68732	69966	71565	73863	1. Consommation finale des administrations publiques
171486	178548	180772	185414	192017	199330	201128	209332	218654	228455	229991	236100	242592	248797	261387	2. Consommation finale privée
..	..	..	..	..	..	..	..	..	..	..	..	..	..	..	3. Ménages
..	..	..	..	..	..	..	..	..	..	..	..	..	..	..	4. Institutions privées sans but lucratif au service des ménages
762	2339	−3918	2285	1272	574	−2432	99	3262	4383	−895	−2602	91	117	2269	5. Variations des stocks
70032	74616	66482	68489	74781	78222	77517	82375	90965	90551	81331	77744	80300	84810	94130	6. Formation brute de capital fixe
290484	**304113**	**293227**	**308215**	**323031**	**335688**	**335763**	**353138**	**375497**	**388202**	**376181**	**379974**	**392949**	**405289**	**431649**	**7. Demande intérieure totale**
35188	36057	36085	38738	44642	46551	51230	55651	56442	59535	66277	72228	76375	84040	86961	8. Exportations de biens et services
41422	46094	42156	44343	51238	51742	48397	53349	66074	69512	65957	68281	73268	78966	92793	9. *Moins :* Importations de biens et services
−753	−4147	−2018	−426	993	−612	−169	587	5388	4380	581	−4760	−5018	−1363	1602	10. Divergence statistique
283497	**289929**	**285138**	**302184**	**317428**	**329885**	**338427**	**356027**	**371253**	**382605**	**378082**	**379161**	**391038**	**409000**	**427419**	**11. Produit intérieur brut**
															RÉPARTITION DU P.I.B.
17297	19711	22686	26001	29758	32860	36367	41532	45817	49056	50469	50295	52032	57357	62644	1. Impôts indirects
2235	2569	3180	3523	3918	4325	4696	4509	4612	4599	5788	6017	6456	6491	6295	2. *Moins :* Subventions
21207	24300	27801	29940	32539	37485	42576	46709	51269	55906	58228	59764	62693	65085	67881	3. Consommation de capital fixe
74054	85566	94949	100618	110982	122535	133983	147220	164686	183438	189711	193659	200263	209951	223155	4. Rémunération des salariés payée par les producteurs résidents
30292	31714	30220	42791	47768	52479	56799	68677	82767	87250	85462	88355	94380	100546	106179	5. Excédent net d'exploitation
..	..	..	..	..	..	..	..	..	..	..	..	..	..	..	6. Divergence statistique
140615	**158722**	**172476**	**195827**	**217129**	**241034**	**265029**	**299629**	**339927**	**371051**	**378082**	**386056**	**402912**	**426448**	**453564**	**7. Produit intérieur brut**
															OPÉRATIONS EN CAPITAL DE LA NATION
															Financement de la formation brute de capital
21207	24300	27801	29940	32539	37485	42576	46709	51269	55906	58228	59764	62693	65085	67881	1. Consommation de capital fixe
9188	8223	2462	8781	9924	8115	8765	16622	25021	20959	7888	−496	−423	6029	8214	2. Épargne nette
−4810	−8540	−7296	−7055	−10399	−14341	−11605	−9953	−17220	−21709	−14901	−11222	−14325	−15258	−24553	3. *Moins :* Solde des opérations courantes de la nation
452	1952	1109	−75	−833	246	−25	−461	−4791	−4173	−1581	4907	5449	2105	−849	4. Divergence statistique
35657	**43015**	**38668**	**45701**	**52029**	**60187**	**62921**	**72823**	**88719**	**94401**	**79436**	**75397**	**82044**	**88477**	**99799**	**5. Financement de la formation brute de capital**
															Formation brute de capital
465	1559	−2437	1376	1013	884	−1554	469	3573	4922	−1895	−1943	291	1029	2709	6. Variations des stocks
35192	41456	41105	44325	51016	59303	64475	72354	85146	89479	81331	77340	81753	87447	97090	7. Formation brute de capital fixe
..	..	..	..	..	..	..	..	..	..	..	..	..	..	..	8. Divergence statistique
35657	**43015**	**38668**	**45701**	**52029**	**60187**	**62921**	**72823**	**88719**	**94401**	**79436**	**75397**	**82044**	**88476**	**99799**	**9. Formation brute de capital**
															RELATIONS ENTRE LES PRINCIPAUX AGRÉGATS
140615	**158722**	**172476**	**195827**	**217129**	**241034**	**265029**	**299629**	**339927**	**371051**	**378082**	**386056**	**402912**	**426448**	**453564**	**1. Produit intérieur brut**
−2134	−2956	−3579	−4639	−6513	−7685	−8680	−10263	−13597	−17428	−17616	−15424	−13597	−14097	−16091	2. *Plus :* Revenu net des facteurs reçu du reste du monde
682	761	1175	1508	1555	1608	1891	1868	2179	3331	3809	3840	3880	3355	3683	3. Revenu des facteurs reçu du reste du monde
2816	3717	4754	6147	8068	9293	10571	12131	15776	20759	21425	19264	17477	17452	19774	4. Revenu des facteurs payé au reste du monde
138481	**155766**	**168897**	**191188**	**210616**	**233349**	**256349**	**289366**	**326330**	**353623**	**360466**	**370632**	**389315**	**412351**	**437473**	**5. *Égal :* Produit national brut**
21207	24300	27801	29940	32539	37485	42576	46709	51269	55906	58228	59764	62693	65085	67881	6. *Moins :* Consommation de capital fixe
..	..	..	..	..	..	..	..	..	..	..	..	..	..	..	7. *Plus :* Divergence statistique
117274	**131466**	**141096**	**161248**	**178077**	**195864**	**213773**	**242657**	**275061**	**297717**	**302238**	**310868**	**326622**	**347267**	**369592**	**8. *Égal :* Revenu national**
−140	−192	−195	115	198	683	1183	1633	2173	2290	2395	2195	685	196	487	9. *Plus :* Transferts courants nets reçus du reste du monde
986	1138	1320	1758	1952	2517	3017	3545	4210	4518	4711	4584	3119	2820	3210	10. Transferts courants reçus du reste du monde
1126	1330	1515	1643	1754	1834	1834	1912	2037	2228	2316	2389	2434	2624	2723	11. Transferts courants payés au reste du monde
117134	**131274**	**140901**	**161363**	**178275**	**196547**	**214956**	**244290**	**277234**	**300007**	**304633**	**313063**	**327307**	**347463**	**370079**	**12. *Égal :* Revenu national disponible**
107946	123051	138439	152582	168351	188432	206191	227668	252213	279048	296745	313559	327730	341434	361865	13. *Moins :* Consommation finale
..	..	..	..	..	..	..	..	..	..	..	..	..	..	..	14. *Plus :* Divergence statistique
9188	**8223**	**2462**	**8781**	**9924**	**8115**	**8765**	**16622**	**25021**	**20959**	**7888**	**−496**	**−423**	**6029**	**8214**	**15. *Égal :* Épargne nette**
−4810	−8540	−7296	−7055	−10399	−14341	−11605	−9953	−17220	−21709	−14901	−11222	−14325	−15258	−24553	16. *Moins :* Solde des opérations courantes de la nation
452	1952	1109	−75	−833	246	−25	−461	−4791	−4173	−1581	4907	5449	2105	−849	17. *Plus :* Divergence statistique
14450	**18715**	**10867**	**15761**	**19490**	**22702**	**20345**	**26114**	**37450**	**38495**	**21208**	**15633**	**19351**	**23391**	**31918**	**18. *Égal :* Formation nette de capital**

1. Années fiscales commençant le 1er juillet.
2. Aux prix relatifs de 1989-90 pour la période 1984-1994, aux prix relatifs de 1984-85 pour la période 1974-1983, aux prix relatifs de 1979-80 pour la période 1969-1973, aux prix relatifs de 1974-75 pour la période 1966-1968 et aux prix relatifs de 1966-67 pour la période 1960-1965.

NEW ZEALAND[1]
1968 SNA

Main aggregates

millions of N. Z. dollars, fiscal years

	1960	1966	1967	1968	1969	1970	1971	1972	1973	1974	1975	1976	1977	1978	1979
EXPENDITURE ON THE G.D.P.															
At current prices															
1. Government final consumption expenditure	300	579	554	597	643	770	886	1023	1176	1443	1732	1937	2363	2882	3314
2. Private final consumption expenditure	1930*	2800	2903	3061	3344	3742	4225	4768	5479	6229	7127	8196	9149	10324	12053
3. Households	..	..	..	..	..	..	4163	4708	5411	6150	7039	8078	9022	10178	11879
4. Private non-profit institutions serving households	..	..	..	..	..	..	62	61	67	80	88	119	128	147	173
5. Increase in stocks	85	183	73	47	116	109	163	–39	274	752	–179	121	133	–246	470
6. Gross fixed capital formation	607	992	946	905	1073	1302	1514	1880	2188	2695	3246	3538	3545	3880	4067
7. **Total Domestic Expenditure**	**2922***	**4554**	**4476**	**4610**	**5176**	**5923**	**6788**	**7632**	**9117**	**11119**	**11926**	**13792**	**15190**	**16840**	**19904**
8. Exports of goods and services	628	920	861	1065	1263	1296	1560	1946	2241	2117	2666	3765	4125	4687	5996
9. *Less:* Imports of goods and services	691	1012	873	994	1142	1472	1505	1710	2233	3344	3430	4057	4378	4647	6256
10. Statistical discrepancy	–4*	–259	–105	–71	–170	–19	–104	–160	–100	–45	–56	12	34	78	150
11. **Gross Domestic Product**	**2855***	**4203**	**4359**	**4610**	**5127**	**5728**	**6739**	**7708**	**9025**	**9847**	**11106**	**13512**	**14971**	**16958**	**19794**
At 1990 price levels[2]															
1. Government final consumption expenditure	5665*	7751*	7373*	7544*	7590*	7908*	8099*	8591*	8939*	9676*	10149*	10070*	10480*	10969*	10824*
2. Private final consumption expenditure	24180*	31141*	29862*	30585*	32280*	33793*	33944*	36341*	39412*	40994*	40691*	39359*	38082*	38762*	38579*
3. Households	..	..	..	..	..	..	..	..	..	..	..	..	..	..	..
4. Private non-profit institutions serving households	..	..	..	..	..	..	..	..	..	..	..	..	..	..	..
5. Increase in stocks	827*	2424*	898*	485*	1421*	870*	1040*	0*	1991*	4341*	–443*	1072*	893*	–196*	1288*
6. Gross fixed capital formation	5766*	8658*	7849*	6688*	7692*	8365*	8862*	10399*	11644*	12437*	11765*	10811*	9633*	9161*	8832*
7. **Total Domestic Expenditure**	**36438***	**49974***	**45982***	**45302***	**48983***	**50936***	**51945***	**55331***	**61986***	**67448***	**62162***	**61312***	**59088***	**58696***	**59523***
8. Exports of goods and services	5573*	7367*	7299*	8281*	9373*	9441*	10130*	10339*	10138*	9863*	11121*	12354*	12348*	12646*	13201*
9. *Less:* Imports of goods and services	6143*	9001*	7333*	7325*	8121*	9724*	9536*	10427*	12650*	14330*	11235*	11066*	11199*	11382*	12808*
10. Statistical discrepancy	–1126*	–1068*	–845*	–1177*	–558*	–1679*	–1027*	–1523*	–1938*	–2020*	–1788*	–870*	–1514*	–1000*	246*
11. **Gross Domestic Product**	**34742***	**47272***	**45103***	**45081***	**49677***	**48974***	**51512***	**53720***	**57536***	**60961***	**60260***	**61730***	**58723***	**58960***	**60162***
COST COMPONENTS OF THE G.D.P.															
1. Indirect taxes	285	389	408	441	482	577	662	754	850	917	1103	1300	1469	1725	1998
2. *Less:* Subsidies	32	40	21	20	26	59	108	129	163	238	391	243	277	428	352
3. Consumption of fixed capital	203	360	376	411	450	505	549	609	689	799	943	1077	1167	1297	1468
4. Compensation of employees paid by resident producers	1223	1952	2035	2144	2382	2870	3403	3827	4514	5439	6278	7072	8102	9415	10977
5. Operating surplus	1176*	1542	1560	1635	1839	1834	2233	2647	3135	2930	3173	4306	4509	4948	5704
6. Statistical discrepancy	..	..	..	..	..	..	..	..	..	..	..	..	..	..	..
7. **Gross Domestic Product**	**2855***	**4203**	**4358**	**4611**	**5127**	**5727**	**6739**	**7708**	**9025**	**9847**	**11106**	**13512**	**14970**	**16957**	**19795**
CAPITAL TRANSACTIONS OF THE NATION															
Finance of Gross Capital Formation															
1. Consumption of fixed capital	203	360	376	411	450	505	549	609	689	799	943	1077	1167	1297	1468
2. Net saving	406*	401	463	499	636	661	1063	1298	1690	1313	1163	2045	1960	2013	2511
3. *Less:* Surplus of the nation on current transactions	–79	–155	–75	29	67	–226	39	226	17	–1290	–905	–549	–584	–402	–709
4. Statistical discrepancy	4*	259	105	71	170	19	104	160	100	45	56	–12	–34	–78	–150
5. **Finance of Gross Capital Formation**	**692**	**1175**	**1019**	**952**	**1189**	**1411**	**1677**	**1841**	**2462**	**3447**	**3067**	**3659**	**3677**	**3634**	**4538**
Gross capital formation															
6. Increase in stocks	85	183	73	47	116	109	163	–39	274	752	–179	121	133	–246	470
7. Gross fixed capital formation	607	992	946	905	1073	1302	1514	1880	2188	2695	3246	3538	3545	3880	4067
8. Statistical discrepancy	..	..	..	..	..	..	..	..	..	..	..	..	..	..	..
9. **Gross Capital Formation**	**692**	**1175**	**1019**	**952**	**1189**	**1411**	**1677**	**1841**	**2462**	**3447**	**3067**	**3659**	**3678**	**3634**	**4537**
RELATIONS AMONG NATIONAL ACCOUNTING AGGREGATES															
1. **Gross Domestic Product**	**2855***	**4203**	**4359**	**4610**	**5127**	**5728**	**6739**	**7708**	**9025**	**9847**	**11106**	**13512**	**14971**	**16958**	**19794**
2. *Plus:* Net factor income from the rest of the world	–14	–42	–47	–32	–41	–41	–46	–54	–37	–82	–165	–265	–336	–409	–460
3. Factor income from the rest of the world	..	..	..	..	..	..	39	57	79	73	75	70	87	83	79
4. Factor income paid to the rest of the world	..	..	..	..	..	..	85	111	116	155	240	335	423	492	539
5. *Equals:* **Gross National Product**	**2841***	**4161**	**4312**	**4578**	**5086**	**5687**	**6693**	**7654**	**8988**	**9765**	**10941**	**13247**	**14634**	**16549**	**19335**
6. *Less:* Consumption of fixed capital	203	360	376	411	450	505	549	609	689	799	943	1077	1167	1297	1468
7. *Plus:* Statistical discrepancy	..	..	..	..	..	..	..	..	..	..	..	..	..	..	..
8. *Equals:* **National Income**	**2638***	**3801**	**3936**	**4167**	**4636**	**5182**	**6144**	**7045**	**8299**	**8966**	**9998**	**12170**	**13467**	**15252**	**17867**
9. *Plus:* Net current transfers from the rest of the world	–3	–21	–17	–10	–13	–9	30	44	46	19	24	8	5	–33	11
10. Current transfers from the rest of the world	..	..	..	..	..	..	84	105	123	124	143	142	163	166	223
11. Current transfers paid to the rest of the world	..	..	..	..	..	..	54	61	77	105	119	134	158	199	212
12. *Equals:* **National Disposable Income**	**2635***	**3780**	**3919**	**4157**	**4623**	**5173**	**6174**	**7089**	**8345**	**8985**	**10022**	**12178**	**13472**	**15219**	**17878**
13. *Less:* Final consumption	2230*	3379	3457	3658	3987	4512	5111	5791	6655	7672	8859	10133	11512	13206	15367
14. *Plus:* Statistical discrepancy	..	..	..	..	..	..	..	..	..	..	..	..	..	..	..
15. *Equals:* **Net Saving**	**406***	**401**	**463**	**499**	**636**	**661**	**1063**	**1298**	**1690**	**1313**	**1163**	**2045**	**1960**	**2013**	**2511**
16. *Less:* Surplus of the nation on current transactions	–79	–155	–75	29	67	–226	39	226	17	–1290	–905	–549	–584	–402	–709
17. *Plus:* Statistical discrepancy	4*	259	105	71	170	19	104	160	100	45	56	–12	–34	–78	–150
18. *Equals:* **Net Capital Formation**	**489**	**815**	**643**	**541**	**739**	**906**	**1128**	**1232**	**1773**	**2648**	**2124**	**2582**	**2510**	**2337**	**3070**

1. Fiscal years beginning on 1st April.
2. At 1982-83 relative prices.

NOUVELLE-ZÉLANDE[1]

SCN de 1968

Principaux Agrégats

millions dollars N. Z., années fiscales

1980	1981	1982	1983	1984	1985	1986	1987	1988	1989	1990	1991	1992	1993	1994	
															DÉPENSES IMPUTÉES AU P.I.B.
															Aux prix courants
4134	4989	5566	5858	6334	7345	8930	10128	11023	11733	12291	12269	12658	12692	12682	1. Consommation finale des administrations publiques
14169	16633	19018	20718	23582	27869	32962	37432	40523	43455	45760	45937	46974	48743	51799	2. Consommation finale privée
13961	16360	18726	20429	23260	27493	32475	36863	39899	42734	44938	45051	46084	47843	50785	3. Ménages
208	272	292	289	322	375	487	569	625	720	822	886	890	901	1014	4. Institutions privées sans but lucratif au service des ménages
43	290	400	586	1442	340	887	503	767	2083	709	725	1626	2147	1949	5. Variations des stocks
4754	6597	7774	8612	9994	11978	12363	13382	12892	14303	13795	11541	12367	14712	17260	6. Formation brute de capital fixe
23100	28509	32758	35774	41352	47532	55142	61445	65205	71574	72555	70472	73625	78294	83690	7. **Demande intérieure totale**
7003	8249	9266	10507	13229	13947	15122	16663	18064	19154	19935	21519	23698	25085	26920	8. Exportations de biens et services
7272	9168	10318	11063	14539	15311	15240	15635	15616	18972	19527	19201	21812	22706	25216	9. *Moins :* Importations de biens et services
237	426	−145	−168	−364	−391	0	62	−426	−350	0	238	−290	−675	910	10. Divergence statistique
23068	**28016**	**31561**	**35050**	**39678**	**45777**	**55024**	**62535**	**67227**	**71406**	**72963**	**73028**	**75221**	**79998**	**86304**	11. **Produit intérieur brut**
															Aux niveaux de prix de 1990[2]
10922*	11123*	11186	11487	11696	11895	12030	12158	12146	12138	12291	12381	12598	12213	12024	1. Consommation finale des administrations publiques
38487*	39273*	38732	39927	41471	42041	43927	44624	45483	45642	45760	44846	45066	46736	48870	2. Consommation finale privée
..	..	38636	39336	40863	41119	43381	44031	44821	44913	44938	43967	44177	45822	47913	3. Ménages
..	..	423	423	442	472	618	654	708	756	822	857	865	891	933	4. Institutions privées sans but lucratif au service des ménages
651*	784*	889	832	1835	323	932	417	568	1742	709	294	941	1576	1401	5. Variations des stocks
8703*	10500*	11230	11960	12632	13508	12739	13510	13161	14381	13795	11601	12678	15247	19078	6. Formation brute de capital fixe
58763*	61680*	62037	64206	67634	67767	69628	70709	71358	73903	72555	69122	71283	75772	81373	7. **Demande intérieure totale**
13620*	13934*	14151	15005	16425	16702	17482	18674	18925	18519	19935	21196	21429	23344	24993	8. Exportations de biens et services
11925*	13234*	13427	13320	14858	15083	15392	16866	16727	19202	19527	18863	20452	22891	27206	9. *Moins :* Importations de biens et services
118*	1136*	1944*	561*	551*	883*	48	204	−1366	176	0	565	1892	1900	3709	10. Divergence statistique
60576*	**63516***	**64705***	**66452***	**69752***	**70269***	**71766**	**72721**	**72190**	**73396**	**72963**	**72020**	**74152**	**78125**	**82869**	11. **Produit intérieur brut**
															RÉPARTITION DU P.I.B.
2344	2913	3440	3874	4524	4854	6735	9081	9398	10848	11135	10837	10787	11268	11964	1. Impôts indirects
348	578	756	660	598	362	292	271	180	206	205	241	286	294	255	2. *Moins :* Subventions
1672	1926	2247	2689	3241	3826	4492	5230	5764	6168	6525	6884	7325	7727	8279	3. Consommation de capital fixe
13066	15754	17248	17589	19250	22675	27095	30458	31869	32959	33368	33001	33660	34695	37416	4. Rémunération des salariés payée par les producteurs résidents
6333	8001	9382	11557	13261	14784	16994	18039	20377	21637	22139	22548	23735	26603	28900	5. Excédent net d'exploitation
..	..	..	..	..	..	..	..	..	..	..	..	..	..	..	6. Divergence statistique
23067	**28016**	**31561**	**35049**	**39678**	**45777**	**55024**	**62537**	**67228**	**71406**	**72962**	**73029**	**75221**	**79999**	**86304**	7. **Produit intérieur brut**
															OPÉRATIONS EN CAPITAL DE LA NATION
															Financement de la formation brute de capital
1672	1926	2247	2689	3241	3826	4492	5230	5764	6168	6525	6884	7325	7727	8279	1. Consommation de capital fixe
2622	3886	3983	4634	4777	4441	6152	6709	6837	5557	4379	3762	5441	7617	9606	2. Épargne nette
−740	−1502	−1799	−1707	−3044	−3660	−2606	−2009	−633	−4311	−3600	−1859	−937	−841	−2234	3. *Moins :* Solde des opérations courantes de la nation
−237	−426	145	168	374	391	0	−62	426	350	0	−238	290	675	−910	4. Divergence statistique
4797	**6888**	**8174**	**9198**	**11436**	**12318**	**13250**	**13886**	**13660**	**16386**	**14504**	**12267**	**13993**	**16860**	**19209**	5. **Financement de la formation brute de capital**
															Formation brute de capital
43	290	400	586	1442	340	887	503	767	2083	709	725	1626	2147	1949	6. Variations des stocks
4754	6597	7774	8612	9994	11978	12363	13382	12892	14303	13795	11541	12367	14712	17260	7. Formation brute de capital fixe
..	..	..	..	..	..	..	..	..	..	..	..	..	..	..	8. Divergence statistique
4797	**6887**	**8174**	**9198**	**11436**	**12318**	**13250**	**13885**	**13659**	**16386**	**14504**	**12266**	**13993**	**16859**	**19209**	9. **Formation brute de capital**
															RELATIONS ENTRE LES PRINCIPAUX AGRÉGATS
23068	28016	31561	35050	39678	45777	55024	62536	67228	71406	72962	73030	75221	79999	86304	1. **Produit intérieur brut**
−511	−615	−858	−1275	−2002	−2520	−2767	−3270	−3318	−4769	−4243	−4424	−3064	−3425	−4093	2. *Plus :* Revenu net des facteurs reçu du reste du monde
93	188	210	238	150	418	608	788	611	645	1033	853	795	525	563	3. Revenu des facteurs reçu du reste du monde
604	803	1068	1513	2153	2938	3375	4058	3929	5414	5276	5277	3859	3950	4656	4. Revenu des facteurs payé au reste du monde
22557	**27402**	**30703**	**33775**	**37675**	**43257**	**52257**	**59267**	**63910**	**66637**	**63719**	**68606**	**72157**	**76574**	**82211**	5. *Égal :* **Produit national brut**
1672	1926	2247	2689	3241	3826	4492	5230	5764	6168	6525	6884	7325	7727	8279	6. *Moins :* Consommation de capital fixe
..	..	..	..	..	..	..	..	..	..	..	..	..	..	..	7. *Plus :* Divergence statistique
20885	**25476**	**28456**	**31086**	**34434**	**39431**	**47765**	**54037**	**58146**	**60469**	**62194**	**61722**	**64832**	**68847**	**73931**	8. *Égal :* **Revenu national**
40	32	111	124	258	224	279	232	237	276	235	247	241	205	155	9. *Plus :* Transferts courants nets reçus du reste du monde
302	343	325	375	587	686	484	463	482	533	538	564	572	569	560	10. Transferts courants reçus du reste du monde
262	311	214	251	329	462	205	231	245	257	303	317	331	364	405	11. Transferts courants payés au reste du monde
20925	**25508**	**28567**	**31210**	**34693**	**39655**	**48044**	**54269**	**58383**	**60745**	**62429**	**61969**	**65073**	**69052**	**74087**	12. *Égal :* **Revenu national disponible**
18303	21622	24584	26576	29916	35214	41892	47560	51546	55188	58051	58206	59632	61435	64481	13. *Moins :* Consommation finale
..	..	..	..	..	..	..	..	..	..	..	..	..	..	..	14. *Plus :* Divergence statistique
2622	**3886**	**3983**	**4634**	**4777**	**4441**	**6152**	**6709**	**6837**	**5557**	**4379**	**3762**	**5441**	**7617**	**9606**	15. *Égal :* **Épargne nette**
−740	−1502	−1799	−1707	−3044	−3660	−2606	−2009	−633	−4311	−3600	−1859	−937	−841	−2234	16. *Moins :* Solde des opérations courantes de la nation
−237	−426	145	168	374	391	0	−62	426	350	0	−238	290	675	−910	17. *Plus :* Divergence statistique
3125	**4962**	**5927**	**6509**	**8195**	**8492**	**8758**	**8655**	**7895**	**10218**	**7979**	**5382**	**6668**	**9132**	**10930**	18. *Égal :* **Formation nette de capital**

1. Années fiscales commençant le 1er avril.
2. Aux prix relatifs de 1982-83.

AUSTRIA
1968 SNA

Main aggregates

millions of schilling

	1960	1966	1967	1968	1969	1970	1971	1972	1973	1974	1975	1976	1977	1978	1979
EXPENDITURE ON THE G.D.P.															
At current prices															
1. Government final consumption expenditure	21120	36680	41570	45250	50480	55220	61980	70100	81910	97430	113050	127790	138743	154139	165957
2. Private final consumption expenditure	97120	155660	167360	178370	189700	205290	230000	259810	291780	330610	368260	410180	456865	468855	511717
3. Households	..	..	..	..	..	..	..	..	..	..	..	..	..	..	..
4. Private non-profit institutions serving households	..	..	..	..	..	..	..	..	..	..	..	..	..	..	..
5. Increase in stocks[2]	5230	5260	2880	5130	6850	14510	7760	1990	12790	16880	−4330	9118	9132	3446	12824
6. Gross fixed capital formation	40660	74760	76030	78860	83950	97180	116900	144910	154970	175720	174920	188706	212912	215567	231939
7. **Total Domestic Expenditure**	**164130**	**272360**	**287840**	**307610**	**330980**	**372200**	**416640**	**476810**	**541450**	**620640**	**651900**	**735794**	**817652**	**842007**	**922437**
8. Exports of goods and services	39510	67260	71520	78800	95020	116750	128640	146440	165890	204210	209020	236292	256937	280757	327688
9. *Less:* Imports of goods and services	40760	71090	73770	79580	91010	113070	125660	143710	163890	206290	204810	247341	278398	280430	331588
10. Statistical discrepancy	10	0	0	0	10	0	0	0	10	0	0	0	0	0	0
11. **Gross Domestic Product**	**162890**	**268530**	**285590**	**306830**	**335000**	**375880**	**419620**	**479540**	**543460**	**618560**	**656110**	**724745**	**796191**	**842334**	**918537**
At 1990 price levels[1]															
1. Government final consumption expenditure	144358	173022	179930	185587	189775	196030	202454	210785	217072	229451	238580	248741	256837	265314	273208
2. Private final consumption expenditure	360207	467576	483914	503301	518002	539572	575822	610833	643646	662904	684431	715534	754528	743387	776145
3. Households	..	..	..	..	..	..	..	..	..	..	..	..	..	..	..
4. Private non-profit institutions serving households	..	..	..	..	..	..	..	..	..	..	..	..	..	..	..
5. Increase in stocks[2]	13224	5660	2066	6716	11215	23942	−2753	−9812	18622	9437	−16541	9110	11874	2650	15107
6. Gross fixed capital formation	143255	215039	215196	221340	232217	255007	290173	325393	326529	339488	322677	334997	352054	337726	349572
7. **Total Domestic Expenditure**	**661044**	**861297**	**881106**	**916944**	**951209**	**1014551**	**1065696**	**1137199**	**1205869**	**1241280**	**1229147**	**1308382**	**1375293**	**1349077**	**1414032**
8. Exports of goods and services	96804	145161	153609	166596	195912	228233	242859	267497	282051	312261	304769	338475	352804	378668	422811
9. *Less:* Imports of goods and services	102624	163612	167310	179407	195585	228751	243133	272665	298713	319340	304495	357531	379580	379948	424315
10. Statistical discrepancy	−12375	−11505	−11060	−9489	−742	4484	5173	5025	3420	5461	5749	2378	1838	3358	2683
11. **Gross Domestic Product**	**642849**	**831341**	**856345**	**894644**	**950794**	**1018517**	**1070595**	**1137056**	**1192627**	**1239662**	**1235170**	**1291704**	**1350355**	**1351155**	**1415211**
COST COMPONENTS OF THE G.D.P.															
1. Indirect taxes	24000	43840	45650	51100	55190	61680	70000	82490	97230	106920	111530	119550	135872	139301	151202
2. *Less:* Subsidies	3020	6040	6050	6240	6470	6520	7560	7900	9200	12910	18980	20807	23305	26549	26931
3. Consumption of fixed capital	18790	32350	35030	37050	39420	43850	49520	56200	62370	71470	77420	82508	90609	97618	104268
4. Compensation of employees paid by resident producers	73490	128350	138950	147310	160640	175820	203190	230880	270380	315030	353600	389469	431454	472421	504516
5. Operating surplus	49630	70040	72000	77610	86220	101050	104470	117870	122680	138050	132550	154025	161561	159543	185482
6. Statistical discrepancy	0	−10	10	0	0	0	0	0	0	0	−10	0	0	0	0
7. **Gross Domestic Product**	**162890**	**268530**	**285590**	**306830**	**335000**	**375880**	**419620**	**479540**	**543460**	**618560**	**656110**	**724745**	**796191**	**842334**	**918537**
CAPITAL TRANSACTIONS OF THE NATION															
Finance of Gross Capital Formation															
1. Consumption of fixed capital	18790	32350	35030	37050	39420	43850	49520	56200	62370	71470	77420	82508	90609	97618	104268
2. Net saving	25340	44340	41870	45670	55310	70110	77120	91330	103790	115230	92800	99002	102499	115168	131450
3. *Less:* Surplus of the nation on current transactions	−1750	−3330	−2010	−1270	3920	2260	1980	630	−1610	−5900	−370	−16314	−28936	−6227	−9045
4. Statistical discrepancy	..	..	..	..	..	..	..	..	..	..	..	..	..	..	..
5. **Finance of Gross Capital Formation**	**45880**	**80020**	**78910**	**83990**	**90810**	**111700**	**124660**	**146900**	**167770**	**192600**	**170590**	**197824**	**222044**	**219013**	**244763**
Gross capital formation															
6. Increase in stocks[2]	5230	5260	2880	5130	6850	14510	7760	1990	12790	16880	−4330	9118	9132	3446	12824
7. Gross fixed capital formation	40660	74760	76030	78860	83950	97180	116900	144910	154970	175720	174920	188706	212912	215567	231939
8. Statistical discrepancy	..	..	..	..	..	..	..	..	..	..	..	..	..	..	..
9. **Gross Capital Formation**	**45890**	**80020**	**78910**	**83990**	**90800**	**111690**	**124660**	**146900**	**167760**	**192600**	**170590**	**197824**	**222044**	**219013**	**244763**
RELATIONS AMONG NATIONAL ACCOUNTING AGGREGATES															
1. **Gross Domestic Product**	162890	268530	285590	306830	335000	375880	419620	479540	543460	618560	656110	724745	796191	842334	918537
2. *Plus:* Net factor income from the rest of the world	−330	−930	−1290	−1860	−1670	−1970	−1900	−2700	−3380	−2970	−3620	−5043	−6873	−8378	−7813
3. Factor income from the rest of the world	550	1400	1520	1900	2620	3530	4230	4090	5120	10180	10620	11370	12350	14500	21088
4. Factor income paid to the rest of the world	880	2330	2810	3750	4290	5510	6140	6800	8500	13150	14230	16410	19220	22880	28901
5. *Equals:* **Gross National Product**	162560	267600	284300	304970	333330	373910	417720	476840	540080	615590	652500	719702	789318	833956	910724
6. *Less:* Consumption of fixed capital	18790	32350	35030	37050	39420	43850	49520	56200	62370	71470	77420	82508	90609	97618	104268
7. *Plus:* Statistical discrepancy	..	..	..	..	..	..	..	..	..	..	..	..	..	..	..
8. *Equals:* **National Income**	143770	235250	249260	267930	293910	330060	368200	420640	477710	544120	575070	637194	698709	736338	806456
9. *Plus:* Net current transfers from the rest of the world	−180	1440	1540	1370	1580	550	900	600	−230	−850	−970	−222	−602	1824	2668
10. Current transfers from the rest of the world	1470	3330	3100	3000	3380	3730	4540	5130	6000	6910	7190	8328	8838	10146	12250
11. Current transfers paid to the rest of the world	1650	1900	1560	1630	1800	3180	3640	4530	6230	7760	8160	8550	9440	8322	9582
12. *Equals:* **National Disposable Income**	143590	236680	250800	269290	295490	330610	369100	421240	477480	543270	574100	636972	698107	738162	809124
13. *Less:* Final consumption	118240	192340	208930	223620	240180	260510	291980	329910	373690	428040	481310	537970	595608	622994	677674
14. *Plus:* Statistical discrepancy	..	..	..	..	..	..	..	..	..	..	..	..	..	..	..
15. *Equals:* **Net Saving**	25340	44340	41870	45670	55310	70110	77120	91330	103790	115230	92800	99002	102499	115168	131450
16. *Less:* Surplus of the nation on current transactions	−1750	−3330	−2010	−1270	3920	2260	1980	630	−1610	−5900	−370	−16314	−28936	−6227	−9045
17. *Plus:* Statistical discrepancy	..	..	..	..	..	..	..	..	..	..	..	..	..	..	..
18. *Equals:* **Net Capital Formation**	27090	47670	43880	46940	51390	67850	75130	90700	105390	121130	93180	115316	131435	121395	140495

1. At 1983 relative prices for 1976-1994, at 1976 relative prices for 1970-1975 and at 1964 relative prices for 1960-1969.
2. Including statistical discrepancy.

AUTRICHE
SCN de 1968

Principaux Agrégats

millions de schillings

1980	1981	1982	1983	1984	1985	1986	1987	1988	1989	1990	1991	1992	1993	1994	
															DÉPENSES IMPUTÉES AU P.I.B.
															Aux prix courants
178697	195245	214303	226891	237759	254999	270655	280436	288356	302881	319888	348415	374804	404541	426323	1. Consommation finale des administrations publiques
552532	596505	640196	694839	733182	775529	804407	837778	882695	935418	998252	1062096	1133659	1180743	1247237	2. Consommation finale privée
..	..	..	..	..	..	..	..	..	..	..	..	..	..	..	3. Ménages
..	..	..	..	..	..	..	..	..	..	..	..	..	..	..	4. Institutions privées sans but lucratif au service des ménages
27433	10239	−2646	−5821	20984	11165	10255	13837	16120	12628	17340	10429	6030	9800	34724	5. Variations des stocks [2]
255457	267941	262881	269550	282920	304413	324006	342112	371168	405750	442392	488383	513105	515088	560936	6. Formation brute de capital fixe
1014119	1069930	1114734	1185459	1274845	1346106	1409323	1474163	1558339	1656677	1777872	1909223	2027598	2110172	2269220	7. **Demande intérieure totale**
366244	404512	431244	449686	497645	549126	522970	527054	590659	669618	728312	774706	791618	786507	835381	8. Exportations de biens et services
385659	418470	412443	433928	495715	546807	509796	519829	582559	653395	704875	757496	771967	772607	841684	9. *Moins :* Importations de biens et services
0	0	0	0	0	0	0	0	0	0	0	0	0	0	0	10. Divergence statistique
994704	1055972	1133535	1201217	1276775	1348425	1422497	1481388	1566439	1672900	1801309	1926533	2047249	2124072	2262917	11. **Produit intérieur brut**
															Aux niveaux de prix de 1990 [1]
280489	286721	293310	299808	300452	306295	311385	312630	313654	316127	319888	328279	335345	345640	353385	1. Consommation finale des administrations publiques
787860	790373	799928	839767	839127	859131	874317	901777	936737	966110	998252	1027519	1055881	1063172	1090155	2. Consommation finale privée
..	..	..	..	..	..	..	..	..	..	..	..	..	..	..	3. Ménages
..	..	..	..	..	..	..	..	..	..	..	..	..	..	..	4. Institutions privées sans but lucratif au service des ménages
32087	−2528	−4667	−9406	21919	12018	6679	6007	15982	8002	17340	7863	6783	11479	28701	5. Variations des stocks [2]
360002	355043	326054	324188	331034	347595	360388	371630	394086	418398	442392	470342	478200	470451	502248	6. Formation brute de capital fixe
1460438	1429609	1414625	1454357	1492532	1525039	1552769	1592044	1660459	1708637	1777872	1834003	1876209	1890742	1974489	7. **Demande intérieure totale**
444796	466487	479078	494354	524457	560612	545420	558362	610849	676015	728312	770311	779705	767616	807331	8. Exportations de biens et services
450638	447217	432290	456238	501418	532401	526182	550749	606019	656473	704875	750316	763672	758139	820177	9. *Moins :* Importations de biens et services
1906	3416	6415	4601	1880	1559	1193	−377	−1140	−282	0	−1556	−1992	−3073	−6698	10. Divergence statistique
1456502	1452295	1467828	1497074	1517451	1554809	1573200	1599280	1664149	1727897	1801309	1852442	1890250	1897146	1954945	11. **Produit intérieur brut**
															RÉPARTITION DU P.I.B.
162828	174395	184984	197080	216087	225931	234044	245154	254887	271413	287880	305779	325823	339123	367957	1. Impôts indirects
30054	32086	34280	35394	35933	39203	46047	47381	45079	45109	47854	60882	65301	70564	61140	2. *Moins :* Subventions
116098	128514	140763	149238	158193	167526	176195	183870	194114	205630	218486	235159	252567	270078	288691	3. Consommation de capital fixe
545631	589011	616847	642438	676330	717091	761254	792734	821941	874476	940062	1020817	1088922	1135660	1175772	4. Rémunération des salariés payée par les producteurs résidents
200201	196138	225221	247855	262098	277080	297051	307011	340576	366490	402735	425660	445238	449775	491637	5. Excédent net d'exploitation
0	0	0	0	0	0	0	0	0	0	0	0	0	0	0	6. Divergence statistique
994704	1055972	1133535	1201217	1276775	1348425	1422497	1481388	1566439	1672900	1801309	1926533	2047249	2124072	2262917	7. **Produit intérieur brut**
															OPÉRATIONS EN CAPITAL DE LA NATION
															Financement de la formation brute de capital
116098	128514	140763	149238	158193	167526	176195	183870	194114	205630	218486	235159	252567	270078	288691	1. Consommation de capital fixe
140364	128258	131657	122800	141775	145559	161816	169346	190132	216025	254881	264976	264940	246565	284692	2. Épargne nette
−26428	−21408	12185	8309	−3936	−2493	3750	−2733	−3042	3277	13635	1323	−1628	−8245	−22277	3. *Moins :* Solde des opérations courantes de la nation
..	..	..	..	..	..	..	..	..	..	..	..	..	..	..	4. Divergence statistique
282890	278180	260235	263729	303904	315578	334261	355949	387288	418378	459732	498812	519135	524888	595660	5. **Financement de la formation brute de capital**
															Formation brute de capital
27433	10239	−2646	−5821	20984	11165	10255	13837	16120	12628	17340	10429	6030	9800	34724	6. Variations des stocks [2]
255457	267941	262881	269550	282920	304413	324006	342112	371168	405750	442392	488383	513105	515088	560936	7. Formation brute de capital fixe
..	..	..	..	..	..	..	..	..	..	..	..	..	..	..	8. Divergence statistique
282890	278180	260235	263729	303904	315578	334261	355949	387288	418378	459732	498812	519135	524888	595660	9. **Formation brute de capital**
															RELATIONS ENTRE LES PRINCIPAUX AGRÉGATS
994704	1055972	1133535	1201217	1276775	1348425	1422497	1481388	1566439	1672900	1801309	1926533	2047249	2124072	2262917	1. Produit intérieur brut
−8353	−8758	−8417	−8809	−8551	−7069	−11966	−12905	−8467	−8915	−7278	−13092	−9660	−9429	−7532	2. *Plus :* Revenu net des facteurs reçu du reste du monde
32847	50941	54250	47204	58367	66487	58448	57361	66912	88239	100230	104997	103072	108008	102041	3. Revenu des facteurs reçu du reste du monde
41200	59699	62667	56013	66918	73556	70414	70266	75379	97154	107508	118089	112732	117437	109573	4. Revenu des facteurs payé au reste du monde
986351	1047214	1125118	1192408	1268224	1341356	1410531	1468483	1557972	1663985	1794031	1913441	2037589	2114643	2255385	5. *Égal :* **Produit national brut**
116098	128514	140763	149238	158193	167526	176195	183870	194114	205630	218486	235159	252567	270078	288691	6. *Moins :* Consommation de capital fixe
..	..	..	..	..	..	..	..	..	..	..	..	..	..	..	7. *Plus :* Divergence statistique
870253	918700	984355	1043170	1110031	1173830	1234336	1284613	1363858	1458355	1575545	1678282	1785022	1844565	1966694	8. *Égal :* **Revenu national**
1340	1308	1801	1360	2685	2257	2542	2947	−2675	−4031	−2524	−2795	−11619	−12716	−8442	9. *Plus :* Transferts courants nets reçus du reste du monde
12947	14120	14683	14460	16498	16152	16673	17741	19494	20574	23318	25551	21131	21734	..	10. Transferts courants reçus du reste du monde
11607	12812	12882	13100	13813	13895	14131	14794	18601	18857	19341	22633	39654	47205	..	11. Transferts courants payés au reste du monde
871593	920008	986156	1044530	1112716	1176087	1236878	1287560	1361183	1454324	1573021	1675487	1773403	1831849	1958252	12. *Égal :* **Revenu national disponible**
731229	791750	854499	921730	970941	1030528	1075062	1118214	1171051	1238299	1318140	1410511	1508463	1585284	1673560	13. *Moins :* Consommation finale
..	..	..	..	..	..	..	..	..	..	..	..	..	..	..	14. *Plus :* Divergence statistique
140364	128258	131657	122800	141775	145559	161816	169346	190132	216025	254881	264976	264940	246565	284692	15. *Égal :* **Épargne nette**
−26428	−21408	12185	8309	−3936	−2493	3750	−2733	−3042	3277	13635	1323	−1628	−8245	−22277	16. *Moins :* Solde des opérations courantes de la nation
..	..	..	..	..	..	..	..	..	..	..	..	..	..	..	17. *Plus :* Divergence statistique
166792	149666	119472	114491	145711	148052	158066	172079	193174	212748	241246	263653	266568	254810	306969	18. *Égal :* **Formation nette de capital**

1. Aux prix relatifs de 1983 pour la période 1976-1994, aux prix relatifs de 1976 pour la période 1970-1975 et aux prix relatifs de 1964 pour la période 1960-1969.
2. Y compris une divergence statistique.

BELGIUM
1968 SNA

Main aggregates

millions of francs

	1960	1966	1967	1968	1969	1970	1971	1972	1973	1974	1975	1976	1977	1978	1979
EXPENDITURE ON THE G.D.P.															
At current prices															
1. Government final consumption expenditure	69309	117102	128766	139007	154503	169406	194660	224282	255264	302339	373592	423388	467281	520144	561057
2. Private final consumption expenditure	385274	570132	601221	651577	705980	755200	833083	930163	1063352	1230319	1390427	1571628	1724507	1838929	2002392
3. Households															
4. Private non-profit institutions serving households															
5. Increase in stocks	−406	8651	4216	9285	21985	20527	19067	7396	22225	44678	−13122	4255	8616	4389	23846
6. Gross fixed capital formation	107741	204329	218847	219667	241297	286177	304806	329746	375579	467370	511147	568732	602958	647527	661101
7. **Total Domestic Expenditure**	561918	900214	953050	1019536	1123765	1231310	1351616	1491587	1716420	2044706	2262044	2568003	2803362	3010989	3248396
8. Exports of goods and services	213900	395300	414200	465500	561600	654500	698700	789100	975800	1260200	1220100	1456900	1543700	1597400	1863900
9. *Less:* Imports of goods and services	218800	403400	411900	462700	551200	623700	668300	735300	937200	1248100	1211000	1446000	1561800	1620900	1923500
10. Statistical discrepancy															
11. **Gross Domestic Product**	557018	892114	955350	1022336	1134165	1262110	1382016	1545387	1755020	2056806	2271144	2578903	2785262	2987489	3188796
At 1990 price levels[1]															
1. Government final consumption expenditure	353282	502333	530864	549332	583825	601899	635197	672603	708513	732669	765670	793872	811925	860969	882330
2. Private final consumption expenditure	1631851	1977388	2033581	2142045	2256711	2355266	2466891	2613892	2816526	2889810	2908186	3048589	3121558	3193248	3347433
3. Households															
4. Private non-profit institutions serving households															
5. Increase in stocks	−5972	13223	−1824	11685	47828	47416	45183	17010	59016	94815	−28232	9256	15639	11704	42368
6. Gross fixed capital formation	469408	713327	734059	724822	763477	827826	812092	839661	898633	960982	943037	980697	981109	1008229	980792
7. **Total Domestic Expenditure**	2448569	3206271	3296680	3427884	3651841	3832407	3959363	4143166	4482688	4678276	4588661	4832414	4930231	5074150	5252923
8. Exports of goods and services	743490	1209202	1260856	1414719	1631502	1798279	1879910	2087788	2383349	2472862	2269628	2590383	2674829	2762512	2968842
9. *Less:* Imports of goods and services	790590	1270520	1290636	1441800	1665096	1792407	1857422	2035766	2412606	2519584	2292238	2601302	2751348	2850182	3115903
10. Statistical discrepancy	−10533	3924	4009	7555	16428	27635	25988	24216	15369	19970	16307	16270	7011	7258	−5579
11. **Gross Domestic Product**	2390936	3148877	3270909	3408358	3634675	3865914	4007839	4219404	4468800	4651524	4582358	4837765	4860723	4993738	5100283
COST COMPONENTS OF THE G.D.P.															
1. Indirect taxes	64170	119381	131083	140209	154085	166969	180481	190419	212747	244807	264808	319181	349540	378433	405802
2. *Less:* Subsidies	10734	24012	24327	29775	32890	36355	39589	48624	60960	63328	76854	101497	116009	126221	143139
3. Consumption of fixed capital	56286	86135	92407	98959	108861	124569	133834	148993	161636	193201	212444	231274	262291	281399	302497
4. Compensation of employees paid by resident producers	256690	445613	476887	506841	562038	630649	718906	823487	948732	1144350	1313747	1515946	1646922	1767153	1888888
5. Operating surplus	190606	264997	279300	306102	342071	376278	388384	431112	492865	537776	556999	613999	642518	686725	734748
6. Statistical discrepancy															
7. **Gross Domestic Product**	557018	892114	955350	1022336	1134165	1262110	1382016	1545387	1755020	2056806	2271144	2578903	2785262	2987489	3188796
CAPITAL TRANSACTIONS OF THE NATION															
Finance of Gross Capital Formation															
1. Consumption of fixed capital	56286	86135	92407	98959	108861	124569	133834	148993	161636	193201	212444	231274	262291	281399	302497
2. Net saving	51749	124345	138456	138993	167521	217066	219302	244359	270598	326261	282699	348698	317429	333043	290966
3. *Less:* Surplus of the nation on current transactions	700	−2500	7800	9000	13100	34931	29263	56210	34430	7414	−2882	6985	−31854	−37474	−91484
4. Statistical discrepancy															
5. **Finance of Gross Capital Formation**	107335	212980	223063	228952	263282	306704	323873	337142	397804	512048	498025	572987	611574	651916	684947
Gross capital formation															
6. Increase in stocks	−406	8651	4216	9285	21985	20527	19067	7396	22225	44678	−13122	4255	8616	4389	23846
7. Gross fixed capital formation	107741	204329	218847	219667	241297	286177	304806	329746	375579	467370	511147	568732	602958	647527	661101
8. Statistical discrepancy															
9. **Gross Capital Formation**	107335	212980	223063	228952	263282	306704	323873	337142	397804	512048	498025	572987	611574	651916	684947
RELATIONS AMONG NATIONAL ACCOUNTING AGGREGATES															
1. **Gross Domestic Product**	557018	892114	955350	1022336	1134165	1262110	1382016	1545387	1755020	2056806	2271144	2578903	2785262	2987489	3188796
2. *Plus:* Net factor income from the rest of the world	6900	6000	6900	7300	7500	9600	8000	9800	7100	8700	9700	13800	8000	5600	−8600
3. Factor income from the rest of the world						56500	47600	48900	56800	92300	94900	96500	101700	118600	139500
4. Factor income paid to the rest of the world						46900	39600	39100	49700	83600	85200	82700	93700	113000	148100
5. *Equals:* **Gross National Product**	563918	898114	962250	1029636	1141665	1271710	1390016	1555187	1762120	2065506	2280844	2592703	2793262	2993089	3180196
6. *Less:* Consumption of fixed capital	56286	86135	92407	98959	108861	124569	133834	148993	161636	193201	212444	231274	262291	281399	302497
7. *Plus:* Statistical discrepancy															
8. *Equals:* **National Income**	507632	811979	869843	930677	1032804	1147141	1256182	1406194	1600484	1872305	2068400	2361429	2530971	2711690	2877699
9. *Plus:* Net current transfers from the rest of the world	−1300	−400	−1400	−1100	−4800	−5469	−9137	−7390	−11270	−13386	−21682	−17715	−21754	−19574	−23284
10. Current transfers from the rest of the world						21174	23934	26300	31814	27788	30602	40193	47243	57507	64323
11. Current transfers paid to the rest of the world						26643	33071	33690	43084	41174	52284	57908	68997	77081	87607
12. *Equals:* **National Disposable Income**	506332	811579	868443	929577	1028004	1141672	1247045	1398804	1589214	1858919	2046718	2343714	2509217	2692116	2854415
13. *Less:* Final consumption	454583	687234	729987	790584	860483	924606	1027743	1154445	1318616	1532658	1764019	1995016	2191788	2359073	2563449
14. *Plus:* Statistical discrepancy															
15. *Equals:* **Net Saving**	51749	124345	138456	138993	167521	217066	219302	244359	270598	326261	282699	348698	317429	333043	290966
16. *Less:* Surplus of the nation on current transactions	700	−2500	7800	9000	13100	34931	29263	56210	34430	7414	−2882	6985	−31854	−37474	−91484
17. *Plus:* Statistical discrepancy															
18. *Equals:* **Net Capital Formation**	51049	126845	130656	129993	154421	182135	190039	188149	236168	318847	285581	341713	349283	370517	382450

1. At 1985 relative prices for 1980-1994, at 1980 relative prices for 1970-1979 and at 1970 relative prices for 1960-1969.

National Accounts, Volume 1, OECD, 1996

BELGIQUE
SCN de 1968

Principaux Agrégats

millions de francs

1980	1981	1982	1983	1984	1985	1986	1987	1988	1989	1990	1991	1992	1993	1994	
															DÉPENSES IMPUTÉES AU P.I.B.
															Aux prix courants
613889	666139	703488	725508	760210	815164	846685	851783	852950	887457	922667	994402	1035619	1090998	1140415	1. Consommation finale des administrations publiques
2171908	2333773	2549281	2687506	2875382	3105122	3198743	3358594	3505810	3773519	4007734	4232855	4439461	4545911	4740804	2. Consommation finale privée
..	..	..	..	..	..	..	..	..	..	..	..	..	..	..	3. Ménages
..	..	..	..	..	..	..	..	..	..	..	..	..	..	..	4. Institutions privées sans but lucratif au service des ménages
24668	−4978	5302	−29566	15821	−34733	−30211	10838	18665	19265	˙534	−7431	−3209	−9265	16721	5. Variations des stocks
728285	642879	672119	669008	709028	741285	782915	834146	983034	1153045	1303799	1310768	1354937	1294063	1329430	6. Formation brute de capital fixe
3538750	3637813	3930190	4052456	4360441	4626838	4798132	5055361	5360459	5833286	6235734	6530594	6826808	6921707	7227370	7. **Demande intérieure totale**
2170200	2439000	2794300	3078900	3505200	3644900	3522900	3608800	4028800	4629800	4738700	4845600	4977900	4997700	5430700	8. Exportations de biens et services
2257800	2497000	2833500	3004300	3429000	3525900	3327200	3452300	3826000	4436400	4558100	4642600	4706300	4650800	5032100	9. *Moins :* Importations de biens et services
..	..	..	..	..	..	..	..	..	..	..	..	..	..	..	10. Divergence statistique
3451150	3579813	3890990	4127056	4436641	4745838	4993832	5211861	5563259	6026686	6416334	6733594	7098408	7268607	7625970	11. **Produit intérieur brut**
															Aux niveaux de prix de 1990[1]
895695	901245	889265	891211	894174	916506	933204	936024	927895	926623	922667	945075	948376	955745	970055	1. Consommation finale des administrations publiques
3413706	3375094	3420229	3365471	3406172	3471912	3552116	3659784	3762246	3906784	4007734	4130047	4247963	4219403	4272797	2. Consommation finale privée
..	..	..	..	..	..	..	..	..	..	..	..	..	..	..	3. Ménages
..	..	..	..	..	..	..	..	..	..	..	..	..	..	..	4. Institutions privées sans but lucratif au service des ménages
41191	−13314	2594	−33137	26064	−40047	−26254	14737	24847	19973	˙534	353	14177	4676	23043	5. Variations des stocks
1026007	860779	846036	808818	822918	828811	865441	913977	1054502	1184157	1303799	1283959	1286425	1200368	1206409	6. Formation brute de capital fixe
5376599	5123804	5158124	5032363	5149328	5177182	5324507	5524522	5769490	6037537	6235734	6359434	6496941	6380192	6472304	7. **Demande intérieure totale**
3054414	3131189	3171818	3259370	3437198	3476248	3667280	3906857	4240186	4551388	4738700	4860491	5049139	5129252	5542217	8. Exportations de biens et services
3116593	3023884	3028402	2990270	3162677	3185989	3427521	3729683	4026514	4381628	4558100	4663188	4860172	4925683	5278447	9. *Moins :* Importations de biens et services
5842	38593	47928	72991	67826	70634	49368	23726	22723	715	0	1836	−7390	−13869	−20380	10. Divergence statistique
5320262	5269702	5349468	5374454	5492195	5538075	5613634	5725422	6005885	6208012	6416334	6558573	6678518	6569892	6715694	11. **Produit intérieur brut**
															RÉPARTITION DU P.I.B.
428031	448921	495208	530053	554687	582009	594658	645134	675499	737455	786118	822922	865009	907979	985777	1. Impôts indirects
138516	147072	157083	178394	186039	190760	190853	178986	183572	168168	200329	221113	209677	209308	204725	2. *Moins :* Subventions
312145	332471	362803	398532	423312	455805	471497	497015	550515	583961	643413	658518	692589	702658	720224	3. Consommation de capital fixe
2071027	2151866	2280240	2387242	2534834	2663477	2793870	2863914	2975177	3124062	3387211	3651226	3849290	3912079	4065768	4. Rémunération des salariés payée par les producteurs résidents
778463	793627	909822	989623	1109847	1235307	1324660	1384784	1545640	1749376	1799921	1822041	1901197	1955199	2058926	5. Excédent net d'exploitation
..	..	..	..	..	..	..	..	..	..	..	..	..	..	..	6. Divergence statistique
3451150	3579813	3890990	4127056	4436641	4745838	4993832	5211861	5563259	6026686	6416334	6733594	7098408	7268607	7625970	7. **Produit intérieur brut**
															OPÉRATIONS EN CAPITAL DE LA NATION
															Financement de la formation brute de capital
312145	332471	362803	398532	423312	455805	471497	497015	550515	583961	643413	658518	692589	702658	720224	1. Consommation de capital fixe
292255	171218	170020	206576	276956	257041	377232	409138	543352	686846	702863	761152	805149	866605	955254	2. Épargne nette
−148553	−134212	−144598	−34334	−24581	6294	96025	61169	92168	98497	40943	116333	146010	284465	329327	3. *Moins :* Solde des opérations courantes de la nation
..	..	..	..	..	..	..	..	..	..	..	..	..	..	..	4. Divergence statistique
752953	637901	677421	639442	724849	706552	752704	844984	1001699	1172310	1305333	1303337	1351728	1284798	1346151	5. **Financement de la formation brute de capital**
															Formation brute de capital
24668	−4978	5302	−29566	15821	−34733	−30211	10838	18665	19265	˙534	−7431	−3209	−9265	16721	6. Variations des stocks
728285	642879	672119	669008	709028	741285	782915	834146	983034	1153045	1303799	1310768	1354937	1294063	1329430	7. Formation brute de capital fixe
..	..	..	..	..	..	..	..	..	..	..	..	..	..	..	8. Divergence statistique
752953	637901	677421	639442	724849	706552	752704	844984	1001699	1172310	1305333	1303337	1351728	1284798	1346151	9. **Formation brute de capital**
															RELATIONS ENTRE LES PRINCIPAUX AGRÉGATS
3451150	3579813	3890990	4127056	4436641	4745838	4993832	5211861	5563259	6026686	6416334	6733594	7098408	7268607	7625970	1. Produit intérieur brut
−26200	−30000	−58400	−62800	−59700	−76400	−59700	−49400	−49900	−35300	−71500	−34700	−51900	22200	34100	2. *Plus :* Revenu net des facteurs reçu du reste du monde
217300	459750	538500	508200	608800	722100	653000	632300	758300	1130500	1244800	1465100	1664300	1678600	1784900	3. Revenu des facteurs reçu du reste du monde
243500	489700	596900	571000	668500	798500	712700	681700	808200	1165800	1316300	1499800	1716200	1656400	1750800	4. Revenu des facteurs payé au reste du monde
3424950	3549813	3832590	4064256	4376941	4669438	4934132	5162461	5513359	5991386	6344834	6698894	7046508	7290807	7660070	5. *Égal :* **Produit national brut**
312145	332471	362803	398532	423312	455805	471497	497015	550515	583961	643413	658518	692589	702658	720224	6. *Moins :* Consommation de capital fixe
..	..	..	..	..	..	..	..	..	..	..	..	..	..	..	7. *Plus :* Divergence statistique
3112805	3217342	3469787	3665724	3953629	4213633	4462635	4665446	4962844	5407425	5701421	6040376	6353919	6588149	6939846	8. *Égal :* **Revenu national**
−34753	−46212	−46998	−46134	−41081	−36306	−39975	−45931	−60732	−59603	−68157	−51967	−73690	−84635	−103373	9. *Plus :* Transferts courants nets reçus du reste du monde
61033	66923	82581	92561	106255	120277	112007	117851	120118	130782	180431	199642	179503	182284	184955	10. Transferts courants reçus du reste du monde
95786	113135	129579	138695	147336	156583	151982	163782	180850	190385	248588	251609	253193	266919	288328	11. Transferts courants payés au reste du monde
3078052	3171130	3422789	3619590	3912548	4177327	4422660	4619515	4902112	5347822	5633264	5988409	6280229	6503514	6836473	12. *Égal :* **Revenu national disponible**
2785797	2999912	3252769	3413014	3635592	3920286	4045428	4210377	4358760	4660976	4930401	5227257	5475080	5636909	5881219	13. *Moins :* Consommation nationale finale
..	..	..	..	..	..	..	..	..	..	..	..	..	..	..	14. *Plus :* Divergence statistique
292255	171218	170020	206576	276956	257041	377232	409138	543352	686846	702863	761152	805149	866605	955254	15. *Égal :* **Épargne nette**
−148553	−134212	−144598	−34334	−24581	6294	96025	61169	92168	98497	40943	116333	146010	284465	329327	16. *Moins :* Solde des opérations courantes de la nation
..	..	..	..	..	..	..	..	..	..	..	..	..	..	..	17. *Plus :* Divergence statistique
440808	305430	314618	240910	301537	250747	281207	347969	451184	588349	661920	644819	659139	582140	625927	18. *Égal :* **Formation nette de capital**

1. Aux prix relatifs de 1985 pour la période 1980-1994, aux prix relatifs de 1980 pour la période 1970-1979 et aux prix relatifs de 1970 pour la période 1960-1969.

DENMARK
1968 SNA

Main aggregates

millions of kroner

	1960	1966	1967	1968	1969	1970	1971	1972	1973	1974	1975	1976	1977	1978	1979
EXPENDITURE ON THE G.D.P.															
At current prices															
1. Government final consumption expenditure	5466*	13209	15127	17562	20253	23675	27865	32075	36808	45254	53182	60523	66767	76247	86834
2. Private final consumption expenditure	25492*	45975	50832	55477	61684	68078	73165	80437	94202	105224	119942	142133	158900	174890	195814
3. Households	..	45816	50650	55265	61446	67800	72802	79976	93679	104585	119184	141217	157855	173556	194307
4. Private non-profit institutions serving households	..	159	182	212	238	278	363	461	523	639	758	916	1045	1333	1507
5. Increase in stocks	1816*	585	6	530	1348	1148	759	318	2332	2365	–424	2569	2177	–524	1577
6. Gross fixed capital formation	8890*	18609	20542	22086	26358	29283	31752	37006	42808	46461	45588	57678	61660	67495	72471
7. **Total Domestic Expenditure**	41664*	78378	86507	95655	109643	122184	133541	149836	176150	199304	218288	262903	289504	318108	356696
8. Exports of goods and services	13233*	21934	23076	25980	29429	33103	36183	40835	49314	61481	65049	72455	80463	86516	101444
9. *Less:* Imports of goods and services	13748*	23129	24770	27277	31753	36661	38604	39943	52605	67156	67081	84143	90656	93247	111247
10. Statistical discrepancy	..	..	..	..	..	..	..	..	..	..	..	..	..	..	..
11. **Gross Domestic Product**	41149*	77183	84813	94358	107319	118626	131120	150728	172859	193629	216256	251215	279311	311377	346893
At 1990 price levels[1]															
1. Government final consumption expenditure	66104*	92351	99338	104022	111095	118745	125230	132425	137709	142547	145420	151911	155559	165198	174882
2. Private final consumption expenditure	209984*	277725	285819	291321	309653	320513	318095	323349	339023	329319	341426	368296	372288	375075	380236
3. Households	..	276337	284346	289759	307996	318764	316097	321091	336726	326995	339058	365686	369576	371936	377036
4. Private non-profit institutions serving households	..	1243	1328	1418	1504	1593	1864	2136	2164	2202	2240	2475	2582	3035	3097
5. Increase in stocks	9275*	2639	–630	2055	5756	3760	2259	438	6783	6075	–1583	4800	3615	–2408	1643
6. Gross fixed capital formation	65791*	105126	110778	112832	126130	128891	131390	143554	148535	135382	118614	138926	135528	137032	136430
7. **Total Domestic Expenditure**	351154*	477841	495305	510230	552634	571909	576974	599766	632050	613323	603877	663933	666990	674897	693191
8. Exports of goods and services	62556*	91564	95182	103991	110405	116590	123072	129944	140098	145003	142421	148240	154340	156168	169221
9. *Less:* Imports of goods and services	71810*	113317	118411	124162	140473	153567	152463	154720	174478	167839	159766	184668	184714	184935	194120
10. Statistical discrepancy	–3594	–6876	–7495	–7011	–8976	–10937	–9622	–8645	–10754	–9044	–8928	–12511	–11644	–11930	–11611
11. **Gross Domestic Product**	338306*	449212	464581	483048	513590	523995	537961	566345	586916	581443	577604	614994	624972	634200	656681
COST COMPONENTS OF THE G.D.P.															
1. Indirect taxes	5028*	11454	13369	16137	18431	20484	22935	26222	29133	30833	33560	40797	47869	56817	65759
2. *Less:* Subsidies	269*	1594	2009	2601	2900	3189	3689	4332	5376	6857	6017	7703	8761	10498	11184
3. Consumption of fixed capital	4592*	9062	10090	10942	12301	14057	15793	17974	20161	25027	29785	33446	38515	43230	48289
4. Compensation of employees paid by resident producers	20000*	40582	44891	50122	56747	63859	72120	80223	92318	109094	122742	140460	155815	172801	193130
5. Operating surplus	11798*	17679	18472	19758	22740	23415	23961	30641	36623	35532	36186	44215	45873	49027	50899
6. Statistical discrepancy	..	..	..	..	..	..	..	..	..	..	..	..	..	..	..
7. **Gross Domestic Product**	41149*	77183	84813	94358	107319	118626	131120	150728	172859	193629	216256	251215	279311	311377	346893
CAPITAL TRANSACTIONS OF THE NATION															
Finance of Gross Capital Formation															
1. Consumption of fixed capital	4592*	9062	10090	10942	12301	14057	15793	17974	20161	25027	29785	33446	38515	43230	48289
2. Net saving	5653*	8650	8419	10102	12356	11803	13525	18819	22049	17769	12111	14485	14137	15211	9429
3. *Less:* Surplus of the nation on current transactions	–461*	–1482	–2039	–1572	–3049	–4571	–3193	–531	–2930	–6030	–3268	–12316	–11185	–8530	–16330
4. Statistical discrepancy	..	..	..	..	..	..	..	..	..	..	..	..	..	..	..
5. **Finance of Gross Capital Formation**	10706*	19194	20548	22616	27706	30431	32511	37324	45140	48826	45164	60247	63837	66971	74048
Gross capital formation															
6. Increase in stocks	1816*	585	6	530	1348	1148	759	318	2332	2365	–424	2569	2177	–524	1577
7. Gross fixed capital formation	8890*	18609	20542	22086	26358	29283	31752	37006	42808	46461	45588	57678	61660	67495	72471
8. Statistical discrepancy	..	..	..	..	..	..	..	..	..	..	..	..	..	..	..
9. **Gross Capital Formation**	10706*	19194	20548	22616	27706	30431	32511	37324	45140	48826	45164	60247	63837	66971	74048
RELATIONS AMONG NATIONAL ACCOUNTING AGGREGATES															
1. **Gross Domestic Product**	41149*	77183	84813	94358	107319	118626	131120	150728	172859	193629	216256	251215	279311	311377	346893
2. *Plus:* Net factor income from the rest of the world	58*	–15	–64	–78	–137	–213	–406	–746	–833	–1276	–1664	–1955	–3066	–4599	–6584
3. Factor income from the rest of the world	..	592	664	800	876	1021	1059	1157	1523	2283	2117	2390	3152	4016	5672
4. Factor income paid to the rest of the world	..	607	728	878	1013	1234	1465	1903	2356	3559	3781	4345	6218	8615	12256
5. *Equals:* **Gross National Product**	41207*	77168	84749	94280	107182	118414	130714	149983	172027	192353	214592	249259	276244	306777	340308
6. *Less:* Consumption of fixed capital	4592*	9062	10090	10942	12301	14057	15793	17974	20161	25027	29785	33446	38515	43230	48289
7. *Plus:* Statistical discrepancy	..	..	..	..	..	..	..	..	..	..	..	..	..	..	..
8. *Equals:* **National Income**	36615*	68106	74659	83338	94881	104357	114921	132009	151866	167326	184807	215813	237729	263547	292019
9. *Plus:* Net current transfers from the rest of the world	–4*	–272	–281	–197	–588	–801	–367	–677	1194	922	427	1328	2074	2800	58
10. Current transfers from the rest of the world	..	21	47	253	93	142	205	165	2830	2562	2730	3973	5829	6801	5406
11. Current transfers paid to the rest of the world	..	293	328	450	681	943	572	842	1636	1640	2303	2645	3755	4001	5348
12. *Equals:* **National Disposable Income**	36611*	67834	74378	83141	94293	103556	114555	131331	153059	168247	185235	217141	239804	266348	292077
13. *Less:* Final consumption	30958*	59184	65959	73039	81937	91753	101030	112512	131010	150478	173124	202656	225667	251137	282648
14. *Plus:* Statistical discrepancy	..	..	..	..	..	..	..	..	..	..	..	..	..	..	..
15. *Equals:* **Net Saving**	5653*	8650	8419	10102	12356	11803	13525	18819	22049	17769	12111	14485	14137	15211	9429
16. *Less:* Surplus of the nation on current transactions	–461*	–1482	–2039	–1572	–3049	–4571	–3193	–531	–2930	–6030	–3268	–12316	–11185	–8530	–16330
17. *Plus:* Statistical discrepancy	..	..	..	..	..	..	..	..	..	..	..	..	..	..	..
18. *Equals:* **Net Capital Formation**	6114*	10132	10458	11674	15405	16374	16718	19350	24979	23799	15379	26801	25322	23741	25759

1. At 1980 relative prices for 1966-1994 and at 1975 relative prices for 1960-1965.

DANEMARK
SCN de 1968

Principaux Agrégats

millions de couronnes

1980	1981	1982	1983	1984	1985	1986	1987	1988	1989	1990	1991	1992	1993	1994	
															DÉPENSES IMPUTÉES AU P.I.B.
															Aux prix courants
99734	113215	131098	140544	146176	155481	159359	176214	188487	196546	202504	211201	219128	229808	235948	1. Consommation finale des administrations publiques
208814	228566	255639	279963	307889	337215	366747	377878	388806	403894	415032	430202	442968	457904	497529	2. Consommation finale privée
207048	226705	253620	277680	305198	334191	363338	374135	384819	399688	409998	424927	437547	451359	490452	3. Ménages
1766	1861	2019	2283	2691	3024	3409	3743	3987	4207	5034	5275	5421	6545	7077	4. Institutions privées sans but lucratif au service des ménages
−1125	−800	1120	−187	6852	5098	5016	−5075	−1488	1885	−917	−667	−893	−7271	1891	5. Variations des stocks
70312	63817	74614	82049	97252	115192	138370	138033	132226	138953	139357	136693	130513	131668	137778	6. Formation brute de capital fixe
377735	**404798**	**462471**	**502369**	**558169**	**612986**	**669492**	**687050**	**708031**	**741278**	**755976**	**777429**	**791716**	**812109**	**873146**	7. **Demande intérieure totale**
122256	149042	168924	186311	207523	225566	213559	220084	238916	264908	283575	306006	310677	299863	326038	8. Exportations de biens et services
126205	146050	166928	176140	200408	223480	216555	207226	214891	238936	240442	255567	251141	238735	265999	9. *Moins :* Importations de biens et services
..	..	..	..	..	..	..	..	..	..	..	..	..	..	−3	10. Divergence statistique
373786	**407790**	**464467**	**512540**	**565284**	**615072**	**666496**	**699908**	**732056**	**767250**	**799109**	**827868**	**851252**	**873237**	**933182**	11. **Produit intérieur brut**
															Aux niveaux de prix de 1990[1]
182358	187158	192916	192837	192042	196891	197847	202725	204640	203385	202504	202204	204969	210659	212939	1. Consommation finale des administrations publiques
366223	357766	362949	372323	384910	404020	427202	420793	416500	414848	415032	419916	424531	434554	467480	2. Consommation finale privée
362826	354541	359836	368947	381210	400045	422939	416470	412094	410384	409998	414771	419238	428470	461081	3. Ménages
3321	3146	3018	3293	3629	3906	4195	4267	4359	4423	5034	5149	5303	6143	6452	4. Institutions privées sans but lucratif au service des ménages
−2876	−2287	1758	−166	7563	5887	2923	−5902	−2174	3132	−917	−594	−1844	−6968	−6403	5. Variations des stocks
119233	96318	103139	105048	118585	133481	156310	150420	141283	140424	141833	139357	131441	121919	122830	6. Formation brute de capital fixe
664938	**638955**	**660762**	**670042**	**703100**	**740279**	**784282**	**768036**	**759390**	**763198**	**755976**	**752967**	**749575**	**757390**	**796846**	7. **Demande intérieure totale**
177941	192533	197351	206934	214112	224734	224804	236217	254595	265178	283575	305347	313702	307507	331048	8. Exportations de biens et services
180981	177941	184665	187915	198160	214205	228666	224088	227445	237644	240442	250373	249889	239708	265124	9. *Moins :* Importations de biens et services
−8122	−5589	−5925	−4727	−4678	−5794	−8266	−5742	−3096	−2873	0	1907	3133	3532	2678	10. Divergence statistique
653776	**647958**	**667523**	**684334**	**714374**	**745014**	**772154**	**774423**	**783444**	**787859**	**799109**	**809848**	**816521**	**828721**	**865448**	11. **Produit intérieur brut**
															RÉPARTITION DU P.I.B.
69591	75077	82040	91426	102228	112913	130880	135974	139551	140201	141521	144461	148593	153351	168428	1. Impôts indirects
11794	12406	14986	16755	18621	18358	20060	22011	25340	26955	28354	28726	34221	34875	35187	2. *Moins :* Subventions
54566	61612	68618	75560	82273	88666	94568	103154	107300	116000	119800	125500	129600	134000	136600	3. Consommation de capital fixe
212722	230056	259944	283353	306095	330841	356230	388891	407106	422094	439262	452933	468410	473890	488675	4. Rémunération des salariés payée par les producteurs résidents
48701	53451	68851	78956	93309	101010	104878	93900	103439	115910	126880	133700	138877	146870	174665	5. Excédent net d'exploitation
..	..	..	..	..	..	..	..	..	..	..	..	..	..	..	6. Divergence statistique
373786	**407790**	**464467**	**512540**	**565284**	**615072**	**666496**	**699908**	**732056**	**767250**	**799109**	**827868**	**851253**	**873236**	**933181**	7. **Produit intérieur brut**
															OPÉRATIONS EN CAPITAL DE LA NATION
															Financement de la formation brute de capital
54566	61612	68618	75560	82273	88666	94568	103154	107300	116000	119800	125500	129600	134000	136600	1. Consommation de capital fixe
963	−10904	−12618	−6930	3291	3243	12603	9201	14009	13496	22719	19615	21569	16053	21639	2. Épargne nette
−13658	−12309	−19734	−13232	−18540	−28381	−36215	−20603	−9429	−11342	4077	9088	21550	25656	18570	3. *Moins :* Solde des opérations courantes de la nation
..	..	..	..	..	..	..	..	..	..	..	..	..	..	..	4. Divergence statistique
69187	**63017**	**75734**	**81862**	**104104**	**120290**	**143386**	**132958**	**130738**	**140838**	**138442**	**136027**	**129619**	**124397**	**139669**	5. **Financement de la formation brute de capital**
															Formation brute de capital
−1125	−800	1120	−187	6852	5098	5016	−5075	−1488	1885	−917	−667	−893	−7271	1891	6. Variations des stocks
70312	63817	74614	82049	97252	115192	138370	138033	132226	138953	139357	136693	130513	131668	137778	7. Formation brute de capital fixe
..	..	..	..	..	..	..	..	..	..	..	..	..	..	..	8. Divergence statistique
69187	**63017**	**75734**	**81862**	**104104**	**120290**	**143386**	**132958**	**130738**	**140838**	**138440**	**136026**	**129620**	**124397**	**139669**	9. **Formation brute de capital**
															RELATIONS ENTRE LES PRINCIPAUX AGRÉGATS
373786	407790	464467	512540	565284	615072	666496	699908	732056	767250	799109	827868	851252	873237	933182	1. **Produit intérieur brut**
−9282	−12685	−17816	−18430	−23860	−26171	−27492	−27566	−27733	−30870	−34293	−34092	−31889	−28673	−31437	2. *Plus :* Revenu net des facteurs reçu du reste du monde
7563	11114	11012	10412	15101	17735	19119	20863	27746	38015	40831	62257	99151	153368	147157	3. Revenu des facteurs reçu du reste du monde
16845	23799	28828	28842	38960	43905	46612	48430	55479	68885	75124	96349	131040	182041	178594	4. Revenu des facteurs payé au reste du monde
364503	**395105**	**446650**	**494111**	**541424**	**588901**	**639004**	**672342**	**704322**	**736379**	**764816**	**793776**	**819364**	**844564**	**901745**	5. *Égal :* **Produit national brut**
54566	61612	68618	75560	82273	88666	94568	103154	107300	116000	119800	125500	129600	134000	136600	6. *Moins :* Consommation de capital fixe
..	..	..	..	..	..	..	..	..	..	..	..	..	..	..	7. *Plus :* Divergence statistique
309937	**333493**	**378032**	**418551**	**459151**	**500235**	**544436**	**569188**	**597022**	**620379**	**645016**	**668276**	**689764**	**710564**	**765145**	8. *Égal :* **Revenu national**
−427	−2616	−3913	−4973	−1795	−4296	−5727	−5895	−5720	−6444	−4763	−7259	−6098	−6799	−10030	9. *Plus :* Transferts courants nets reçus du reste du monde
5608	4124	3619	3921	7758	7315	9303	8913	10505	9135	10546	9892	9509	12154	11654	10. Transferts courants reçus du reste du monde
6035	6740	7532	8894	9553	11612	15029	14808	16225	15579	15309	17151	15607	18953	21684	11. Transferts courants payés au reste du monde
309511	**330877**	**374119**	**413577**	**457356**	**495939**	**538709**	**563293**	**591302**	**613936**	**640255**	**661018**	**683665**	**703765**	**755116**	12. *Égal :* **Revenu national disponible**
308548	341781	386737	420507	454065	492696	526106	554092	577293	600440	617536	641403	662096	687712	733477	13. *Moins :* Consommation finale
..	..	..	..	..	..	..	..	..	..	..	..	..	..	..	14. *Plus :* Divergence statistique
963	**−10904**	**−12618**	**−6930**	**3291**	**3243**	**12603**	**9201**	**14009**	**13496**	**22719**	**19615**	**21569**	**16053**	**21639**	15. *Égal :* **Épargne nette**
−13658	−12309	−19734	−13232	−18540	−28381	−36215	−20603	−9429	−11342	4077	9088	21550	25656	18570	16. *Moins :* Solde des opérations courantes de la nation
..	..	..	..	..	..	..	..	..	..	..	..	..	..	..	17. *Plus :* Divergence statistique
14621	**1405**	**7116**	**6302**	**21831**	**31624**	**48818**	**29804**	**23438**	**24838**	**18640**	**10526**	**20**	**−9603**	**3069**	18. *Égal :* **Formation nette de capital**

1. Aux prix relatifs de 1980 pour la période 1966-1994 et aux prix relatifs de 1975 pour la période 1960-1965.

FINLAND
1968 SNA

Main aggregates

millions of markkaa

	1960	1966	1967	1968	1969	1970	1971	1972	1973	1974	1975	1976	1977	1978	1979
EXPENDITURE ON THE G.D.P.															
At current prices															
1. Government final consumption expenditure	1931	4087	4658	5482	5934	6613	7618	8959	10694	13686	17585	21019	23735	25941	29414
2. Private final consumption expenditure	9857	17579	19148	20935	23679	25901	28116	33042	39269	47812	57496	65714	72648	80377	91314
3. Households	9576	16991	18487	20169	22852	24989	27064	31847	37880	46149	55492	63401	70100	77639	88146
4. Private non-profit institutions serving households	281	588	661	766	827	912	1052	1195	1389	1663	2004	2313	2548	2738	3168
5. Increase in stocks	168	212	–54	462	461	1594	1163	–347	–74	4258	2360	–1426	–1742	–2752	3731
6. Gross fixed capital formation	4589	7559	7862	8290	9768	12010	13817	16359	20566	26859	32483	32738	35026	34228	38532
7. **Total Domestic Expenditure**	16545	29437	31614	35169	39842	46118	50714	58013	70455	92615	109924	118045	129667	137794	162991
8. Exports of goods and services	3640	5683	6176	8143	9905	11745	12226	14946	18153	24799	24758	29537	36974	43037	52546
9. *Less:* Imports of goods and services	3755	6140	6460	7572	9517	12310	13139	14797	18603	28094	30923	31823	34727	37390	49948
10. Statistical discrepancy	–231	–426	–9	168	756	190	456	463	1359	735	–585	885	–3369	–1152	–39
11. **Gross Domestic Product**	16199	28554	31321	35908	40986	45743	50257	58625	71364	90055	103174	116644	128545	142289	165550
At 1990 price levels[1]															
1. Government final consumption expenditure	28387	38759	40535	42908	44359	46777	49474	53309	56290	58824	62881	66478	69283	71789	74441
2. Private final consumption expenditure	86150	117271	119741	119821	132680	142728	145120	157285	166643	169608	174947	176467	174691	178882	187838
3. Households	82240	111796	114021	113976	126548	136264	138259	150096	159285	162290	167710	169187	167336	171435	179985
4. Private non-profit institutions serving households	3997	5631	5911	6065	6292	6603	7074	7359	7474	7393	7237	7280	7355	7447	7853
5. Increase in stocks	1630	1689	–657	3297	3044	11021	7343	–2319	–684	16438	7585	–4342	–4372	–6671	8397
6. Gross fixed capital formation	52500	68065	67226	63740	71823	80771	83816	89285	96885	100268	106228	96926	94296	87485	89766
7. **Total Domestic Expenditure**	168667	225784	226845	229766	251906	281297	285753	297560	319134	345138	351641	335529	333898	331485	360442
8. Exports of goods and services	27228	37245	39461	43400	50664	55091	54400	62269	66804	66381	57109	63976	73942	81079	87733
9. *Less:* Imports of goods and services	26922	40381	40258	38677	47296	56894	56554	58933	66603	71061	71460	70297	69433	67281	79281
10. Statistical discrepancy	160	–3035	–1672	–4945	–3709	–9136	–7594	–3828	–2341	–13864	–6930	–250	–8643	–8616	–8802
11. **Gross Domestic Product**	169133	219613	224376	229544	251565	270358	276005	297068	316994	326594	330360	328958	329764	336667	360092
COST COMPONENTS OF THE G.D.P.															
1. Indirect taxes	2131	3673	4324	5094	5615	6020	6799	7930	9346	11152	12792	14517	17292	19572	22313
2. *Less:* Subsidies	461	928	911	1006	1216	1279	1374	1560	1626	2784	3955	4472	4731	4781	5818
3. Consumption of fixed capital	1844	3367	3731	4360	4763	5511	6442	7547	9318	12277	14476	16761	19406	21824	24511
4. Compensation of employees paid by resident producers	7376	14794	16198	18091	20117	22784	26268	30735	37537	47419	58981	68227	73679	77719	88920
5. Operating surplus	5309	7648	7979	9369	11707	12707	12122	13973	16789	21991	20880	21611	22899	27955	35624
6. Statistical discrepancy	..	..	..	..	..	..	..	..	..	..	..	..	..	..	..
7. **Gross Domestic Product**	16199	28554	31321	35908	40986	45743	50257	58625	71364	90055	103174	116644	128545	142289	165550
CAPITAL TRANSACTIONS OF THE NATION															
Finance of Gross Capital Formation															
1. Consumption of fixed capital	1844	3367	3731	4360	4763	5511	6442	7547	9318	12277	14476	16761	19406	21824	24511
2. Net saving	2544	3338	3543	4823	6222	7280	7566	8378	11187	15142	11969	11123	10085	11250	17241
3. *Less:* Surplus of the nation on current transactions	–138	–640	–525	263	0	–1003	–1428	–550	–1346	–4433	–7813	–4313	–424	2750	–472
4. Statistical discrepancy	231	426	9	–168	–756	–190	–456	–463	–1359	–735	585	–885	3369	1152	39
5. **Finance of Gross Capital Formation**	4757	7771	7808	8752	10229	13604	14980	16012	20492	31117	34843	31312	33284	31476	42263
Gross capital formation															
6. Increase in stocks	168	212	–54	462	461	1594	1163	–347	–74	4258	2360	–1426	–1742	–2752	3731
7. Gross fixed capital formation	4589	7559	7862	8290	9768	12010	13817	16359	20566	26859	32483	32738	35026	34228	38532
8. Statistical discrepancy	..	..	..	..	..	..	..	..	..	..	..	..	..	..	..
9. **Gross Capital Formation**	4757	7771	7808	8752	10229	13604	14980	16012	20492	31117	34843	31312	33284	31476	42263
RELATIONS AMONG NATIONAL ACCOUNTING AGGREGATES															
1. **Gross Domestic Product**	16199	28554	31321	35908	40986	45743	50257	58625	71364	90055	103174	116644	128545	142289	165550
2. *Plus:* Net factor income from the rest of the world	–27	–173	–236	–307	–369	–426	–496	–648	–815	–1042	–1525	–1858	–2476	–2692	–2773
3. Factor income from the rest of the world	33	43	47	87	118	174	238	253	329	569	512	544	609	943	1455
4. Factor income paid to the rest of the world	60	216	283	394	487	600	734	901	1144	1611	2037	2402	3085	3635	4228
5. *Equals:* **Gross National Product**	16172	28381	31085	35601	40617	45317	49761	57977	70549	89013	101649	114786	126069	139597	162777
6. *Less:* Consumption of fixed capital	1844	3367	3731	4360	4763	5511	6442	7547	9318	12277	14476	16761	19406	21824	24511
7. *Plus:* Statistical discrepancy	..	..	..	..	..	..	..	..	..	..	..	..	..	..	..
8. *Equals:* **National Income**	14328	25014	27354	31241	35854	39806	43319	50430	61231	76736	87173	98025	106663	117773	138266
9. *Plus:* Net current transfers from the rest of the world	4	–10	–5	–1	–19	–12	–19	–51	–81	–96	–123	–169	–195	–205	–297
10. Current transfers from the rest of the world	65	137	168	184	206	248	296	301	321	358	489	547	640	721	956
11. Current transfers paid to the rest of the world	61	147	173	185	225	260	315	352	402	454	612	716	835	926	1253
12. *Equals:* **National Disposable Income**	14332	25004	27349	31240	35835	39794	43300	50379	61150	76640	87050	97856	106468	117568	137969
13. *Less:* Final consumption	11788	21666	23806	26417	29613	32514	35734	42001	49963	61498	75081	86733	96383	106318	120728
14. *Plus:* Statistical discrepancy	..	..	..	..	..	..	..	..	..	..	..	..	..	..	..
15. *Equals:* **Net Saving**	2544	3338	3543	4823	6222	7280	7566	8378	11187	15142	11969	11123	10085	11250	17241
16. *Less:* Surplus of the nation on current transactions	–138	–640	–525	263	0	–1003	–1428	–550	–1346	–4433	–7813	–4313	–424	2750	–472
17. *Plus:* Statistical discrepancy	–231	426	9	–168	–756	–190	–456	–463	–1359	–735	585	–885	3369	1152	39
18. *Equals:* **Net Capital Formation**	2451	4404	4077	4392	5466	8093	8538	8465	11174	18840	20367	14551	13878	9652	17752

1. At 1990 relative prices for 1985-1994, at 1985 relative prices for 1976-1984 and at 1980 relative prices for 1960-1975.

FINLANDE
SCN de 1968

Principaux Agrégats

millions de markkas

1980	1981	1982	1983	1984	1985	1986	1987	1988	1989	1990	1991	1992	1993	1994	
															DÉPENSES IMPUTÉES AU P.I.B.
															Aux prix courants
34392	40177	45840	52451	58842	66967	72849	80046	87199	96019	108535	118719	118453	112190	113726	1. Consommation finale des administrations publiques
103551	117277	134225	149624	165149	180887	194007	211534	232580	254588	269754	274709	272114	275252	283934	2. Consommation finale privée
99873	112964	129260	144066	159140	174165	186830	203783	223918	245058	259157	263886	261136	264379	273000	3. Ménages
3678	4313	4965	5558	6009	6722	7177	7751	8662	9530	10597	10823	10978	10873	10934	4. Institutions privées sans but lucratif au service des ménages
6700	2060	2061	−116	1487	−440	−2211	−889	3006	6424	2924	−9498	−5833	−3880	6971	5. Variations des stocks
48703	54782	61647	69546	73010	79423	82908	92541	109258	136148	139144	110061	87953	71194	72784	6. Formation brute de capital fixe
193346	**214296**	**243773**	**271505**	**298488**	**326837**	**347553**	**383232**	**432043**	**493179**	**520357**	**493991**	**472687**	**454756**	**477415**	7. **Demande intérieure totale**
63489	72357	75801	82735	94190	98034	95634	100048	108750	116702	118828	109289	128272	159438	181219	8. Exportations de biens et services
65016	69250	73762	81361	86137	94639	89898	97775	109866	125996	126600	122422	121878	133341	149827	9. *Moins* : Importations de biens et services
−443	−743	−2227	−1272	−1944	1396	1705	1350	3414	3113	2845	10	−2303	1544	−1028	10. Divergence statistique
191376	**216660**	**243585**	**271607**	**304597**	**331628**	**354994**	**386855**	**434341**	**486998**	**515430**	**490868**	**476778**	**482397**	**507779**	11. **Produit intérieur brut**
															Aux niveaux de prix de 1990[1]
77552	80721	83403	86507	88878	92900	95792	99878	102132	104526	108535	111256	108799	103028	102385	1. Consommation finale des administrations publiques
191933	194487	204006	210290	216906	225002	234000	246163	258821	269879	269754	260031	247363	240177	244493	2. Consommation finale privée
183794	185961	195085	201100	207739	215488	224238	236228	248631	259445	259157	249612	236968	230026	234511	3. Ménages
8139	8526	8921	9190	9167	9514	9762	9935	10190	10434	10597	10419	10395	10151	9982	4. Institutions privées sans but lucratif au service des ménages
12522	3399	2926	−138	1967	−577	−2620	−1321	2967	7978	2924	−9567	−6071	−3694	6435	5. Variations des stocks
99657	100916	106098	109995	107729	110138	109707	115067	126370	145054	139144	110965	92237	74528	72881	6. Formation brute de capital fixe
381664	**379523**	**396433**	**406654**	**415480**	**427463**	**436879**	**459787**	**490290**	**527437**	**520357**	**472685**	**442328**	**414039**	**426194**	7. **Demande intérieure totale**
95192	100180	99125	101143	106215	107365	108673	111632	115761	117241	118828	110965	122059	142459	160294	8. Exportations de biens et services
85908	82406	84226	86811	88216	93868	96281	105175	116898	127311	126600	111755	112989	113752	128104	9. *Moins* : Importations de biens et services
−11654	−10936	−12425	−11296	−11431	−4702	−2665	−1327	−1434	−2003	2845	7116	10605	13825	16678	10. Divergence statistique
379294	**386361**	**398907**	**409690**	**422048**	**436258**	**446606**	**464917**	**487719**	**515364**	**515430**	**479011**	**462003**	**456571**	**475062**	11. **Produit intérieur brut**
															RÉPARTITION DU P.I.B.
25593	29580	33091	36848	43380	47639	52316	57388	66667	75595	78025	74730	71643	71556	74196	1. Impôts indirects
6225	7264	7760	8868	9794	10347	11308	11684	11271	13717	14756	17174	17028	16376	15633	2. *Moins* : Subventions
28343	32219	35788	40487	44489	48516	52202	57102	63366	71813	79512	82170	81892	83819	86281	3. Consommation de capital fixe
104064	120469	133452	147913	164641	183327	196548	213873	236454	264582	288768	289775	273616	258075	263840	4. Rémunération des salariés payée par les producteurs résidents
39601	41656	49014	55227	61881	62493	65236	70176	79125	88725	83881	61367	66655	85323	99095	5. Excédent net d'exploitation
..	..	..	..	..	..	..	..	..	..	..	..	..	..	..	6. Divergence statistique
191376	**216660**	**243585**	**271607**	**304597**	**331628**	**354994**	**386855**	**434341**	**486998**	**515430**	**490868**	**476778**	**482397**	**507779**	7. **Produit intérieur brut**
															OPÉRATIONS EN CAPITAL DE LA NATION
															Financement de la formation brute de capital
28343	32219	35788	40487	44489	48516	52202	57102	63366	71813	79512	82170	81892	83819	86281	1. Consommation de capital fixe
21454	21676	20959	21369	27929	27180	26575	28351	40981	48998	38888	−8294	−24110	−21192	−1976	2. Épargne nette
−5163	−2204	−4734	−6302	−135	−4683	−3625	−7549	−11331	−24874	−26513	−26697	−22035	−6231	5578	3. *Moins* : Solde des opérations courantes de la nation
443	743	2227	1272	1944	−1396	−1705	−1350	−3414	−3113	−2845	−10	2303	−1544	1028	4. Divergence statistique
55403	**56842**	**63708**	**69430**	**74497**	**78983**	**80697**	**91652**	**112264**	**142572**	**142068**	**100563**	**82120**	**67314**	**79755**	5. **Financement de la formation brute de capital**
															Formation brute de capital
6700	2060	2061	−116	1487	−440	−2211	−889	3006	6424	2924	−9498	−5833	−3880	6971	6. Variations des stocks
48703	54782	61647	69546	73010	79423	82908	92541	109258	136148	139144	110061	87953	71194	72784	7. Formation brute de capital fixe
..	..	..	..	..	..	..	..	..	..	..	..	..	..	..	8. Divergence statistique
55403	**56842**	**63708**	**69430**	**74497**	**78983**	**80697**	**91652**	**112264**	**142572**	**142068**	**100563**	**82120**	**67314**	**79755**	9. **Formation brute de capital**
															RELATIONS ENTRE LES PRINCIPAUX AGRÉGATS
191376	216660	243585	271607	304597	331628	354994	386855	434341	486998	515430	490868	476778	482397	507779	1. Produit intérieur brut
−3242	−4405	−5347	−5794	−7104	−6708	−7584	−8013	−8367	−11096	−13936	−16569	−19817	−23217	−21117	2. *Plus* : Revenu net des facteurs reçu du reste du monde
2007	3072	3544	3665	4883	6221	4976	5586	8497	11222	15024	14437	12674	13229	10781	3. Revenu des facteurs reçu du reste du monde
5249	7477	8891	9459	11987	12929	12560	13599	16864	22318	28960	31006	32491	36446	31898	4. Revenu des facteurs payé au reste du monde
188134	**212255**	**238238**	**265813**	**297493**	**324920**	**347410**	**378842**	**425974**	**475902**	**501494**	**474299**	**456961**	**459180**	**486662**	5. *Égal* : **Produit national brut**
28343	32219	35788	40487	44489	48516	52202	57102	63366	71813	79512	82170	81892	83819	86281	6. *Moins* : Consommation de capital fixe
..	..	..	..	..	..	..	..	..	..	..	..	..	..	..	7. *Plus* : Divergence statistique
159791	**180036**	**202450**	**225326**	**253004**	**276404**	**295208**	**321740**	**362608**	**404089**	**421982**	**392129**	**375069**	**375361**	**400381**	8. *Égal* : **Revenu national**
−394	−906	−1426	−1882	−1084	−1370	−1777	−1809	−1848	−4484	−4805	−6995	−8612	−9111	−4697	9. *Plus* : Transferts courants nets reçus du reste du monde
1237	1725	1430	2010	3695	3426	3440	3807	5453	2642	2176	902	−332	−587	3634	10. Transferts courants reçus du reste du monde
1631	2631	2856	3892	4779	4796	5217	5616	7301	7126	6981	7897	8280	8524	8331	11. Transferts courants payés au reste du monde
159397	**179130**	**201024**	**223444**	**251920**	**275034**	**293431**	**319931**	**360760**	**399605**	**417177**	**385134**	**366457**	**366250**	**395684**	12. *Égal* : **Revenu national disponible**
137943	157454	180065	202075	223991	247854	266856	291580	319779	350607	378289	393428	390567	387442	397660	13. *Moins* : Consommation finale
..	..	..	..	..	..	..	..	..	..	..	..	..	..	..	14. *Plus* : Divergence statistique
21454	**21676**	**20959**	**21369**	**27929**	**27180**	**26575**	**28351**	**40981**	**48998**	**38888**	**−8294**	**−24110**	**−21192**	**−1976**	15. *Égal* : **Épargne nette**
−5163	−2204	−4734	−6302	−135	−4683	−3625	−7549	−11331	−24874	−26513	−26697	−22035	−6231	5578	16. *Moins* : Solde des opérations courantes de la nation
443	743	2227	1272	1944	−1396	−1705	−1350	−3414	−3113	−2845	−10	2303	−1544	1028	17. *Plus* : Divergence statistique
27060	**24623**	**27920**	**28943**	**30008**	**30467**	**28495**	**34550**	**48898**	**70759**	**62556**	**18393**	**228**	**−16505**	**−6526**	18. *Égal* : **Formation nette de capital**

1. Aux prix relatifs de 1990 pour la période 1985-1994, aux prix relatifs de 1985 pour la période 1976-1984 et aux prix relatifs de 1980 pour la période 1960-1975.

FRANCE
1968 SNA

Main aggregates

millions of francs

	1960	1966	1967	1968	1969	1970	1971	1972	1973	1974	1975	1976	1977	1978	1979
EXPENDITURE ON THE G.D.P.															
At current prices															
1. Government final consumption expenditure	42766*	75419*	81279*	92158*	103752*	116640	131926	146800	167688	200234	243436	287761	329533	383684	436653
2. Private final consumption expenditure	179610*	312821*	338677*	369604*	419612*	459577	511128	570303	645005	749585	862260	993537	1117094	1263999	1442018
3. Households	178759*	311348*	337104*	367787*	417500*	457196	508440	567287	641563	745647	857794	988445	1111354	1257568	1434812
4. Private non-profit institutions serving households	838*	1450*	1545*	1801*	2102*	2381	2688	3016	3442	3938	4466	5092	5740	6431	7206
5. Increase in stocks	8418*	10120*	9650*	10547*	17649*	20181	13258	16132	22108	30107	–9667	24503	29469	17410	32530
6. Gross fixed capital formation	62707*	130749*	141999*	151209*	173154*	192937	218274	244451	285188	336123	354310	407235	439349	488441	555074
7. **Total Domestic Expenditure**	293501*	529109*	571605*	623518*	714167*	789335	874586	977686	1119989	1316049	1450339	1713036	1915445	2153534	2466275
8. Exports of goods and services	43579*	71009*	75875*	82652*	100232*	125428	145213	165138	198573	269637	279799	332954	392889	445463	526941
9. *Less:* Imports of goods and services	37357*	69511*	74265*	82920*	103963*	121244	135613	154877	188727	282708	262254	345437	390531	416409	512119
10. Statistical discrepancy	935*	139*	91*	–127*	65*	..	..	..	..	..	..	..	..	..	..
11. **Gross Domestic Product**	300658*	530746*	573306*	623123*	710501*	793519	884186	987947	1129835	1302978	1467884	1700553	1917803	2182588	2481097
At 1990 price levels[1]															
1. Government final consumption expenditure	449785*	563460*	587438*	620390*	645963*	672987	699494	724149	748591	757725	790932	823804	843418	886505	913361
2. Private final consumption expenditure	1310818*	1830582*	1923836*	2000354*	2121078*	2211491	2316486	2429484	2554466	2578317	2646234	2771206	2844032	2953400	3037210
3. Households	1302162*	1820919*	1914018*	1989947*	2110133*	2200247	2304466	2416909	2541271	2565361	2633299	2757899	2830329	2939400	3022938
4. Private non-profit institutions serving households	8887*	9674*	9785*	10397*	10923*	11199	11965	12517	13136	12907	12897	13276	13669	13972	14248
5. Increase in stocks	43355*	46991*	40332*	45636*	76084*	77799	49853	45808	84360	95946	–32160	59803	80246	35535	80212
6. Gross fixed capital formation	416751*	691335*	733026*	773551*	844445*	883473	947916	1000707	1072869	1081855	1008476	1036211	1020038	1043172	1076624
7. **Total Domestic Expenditure**	2220710*	3132367*	3284632*	3439930*	3687570*	3845751	4013749	4200148	4460286	4513842	4413482	4691025	4787734	4918612	5107407
8. Exports of goods and services	215402*	312779*	335573*	367180*	424937*	493438	541981	607747	674834	736100	728113	790076	853485	910120	979935
9. *Less:* Imports of goods and services	216172*	366236*	396581*	447727*	535153*	568680	606732	689983	784658	790889	715396	841276	847964	877593	969271
10. Statistical discrepancy	–16638*	–11335*	–12233*	–11221*	4863*	17004	18720	11579	2847	12468	30706	13213	24276	29271	20391
11. **Gross Domestic Product**	2203302*	3067576*	3211390*	3348161*	3582216*	3787513	3967718	4129491	4353309	4471521	4456905	4653038	4817530	4980409	5138461
COST COMPONENTS OF THE G.D.P.															
1. Indirect taxes	48284*	88498*	92810*	98066*	113840*	119002	130967	147679	167175	186846	212990	254674	273914	318554	376633
2. *Less:* Subsidies	4960*	11982*	12770*	16644*	17316*	15975	17395	19811	24535	27059	35366	41870	49589	54919	64955
3. Consumption of fixed capital	26513*	46180*	50251*	52655*	58587*	72363	82981	95657	111102	138314	163602	192611	222144	253030	292432
4. Compensation of employees paid by resident producers	133767*	250125*	269973*	301803*	345178*	391444	441486	493521	566401	678946	801764	932940	1061181	1203113	1363245
5. Operating surplus	97391*	158161*	173377*	187907*	211063*	226685	246147	270901	309692	325931	324894	362198	410153	462810	513742
6. Statistical discrepancy	–337*	–235*	–334*	–664*	–851*	..	..	..	..	..	..	..	..	..	..
7. **Gross Domestic Product**	300658*	530747*	573307*	623123*	710501*	793519	884186	987947	1129835	1302978	1467884	1700553	1917803	2182588	2481097
CAPITAL TRANSACTIONS OF THE NATION															
Finance of Gross Capital Formation															
1. Consumption of fixed capital	26513*	46180*	50251*	52655*	58587*	72363	82981	95657	111102	138314	163602	192611	222144	253030	292432
2. Net saving	51177*	98890*	105425*	109741*	129956*	147029	156560	174341	203417	211034	193445	224563	244855	283861	318339
3. *Less:* Surplus of the nation on current transactions	6565*	4201*	4027*	640*	–2260*	6274	8009	9415	7223	–16882	12404	–14564	–1819	31040	23167
4. Statistical discrepancy	..	..	..	..	..	..	..	..	..	..	..	..	..	..	..
5. **Finance of Gross Capital Formation**	71125*	140869*	151649*	161756*	190803*	213118	231532	260583	307296	366230	344643	431738	468818	505851	587604
Gross capital formation															
6. Increase in stocks	8418*	10120*	9650*	10547*	17649*	20181	13258	16132	22108	30107	–9667	24503	29469	17410	32530
7. Gross fixed capital formation	62707*	130749*	141999*	151209*	173154*	192937	218274	244451	285188	336123	354310	407235	439349	488441	555074
8. Statistical discrepancy	..	..	..	..	..	..	..	..	..	..	..	..	..	..	..
9. **Gross Capital Formation**	71125*	140869*	151649*	161756*	190803*	213118	231532	260583	307296	366230	344643	431738	468818	505851	587604
RELATIONS AMONG NATIONAL ACCOUNTING AGGREGATES															
1. **Gross Domestic Product**	300658*	530746*	573307*	623123*	710501*	793519	884186	987947	1129835	1302978	1467884	1700553	1917803	2182588	2481097
2. *Plus:* Net factor income from the rest of the world	1574*	2677*	3079*	2927*	2940*	3299	2897	2105	2324	4138	2371	2910	3893	4755	8616
3. Factor income from the rest of the world	3045*	5753*	6250*	7149*	8692*	11229	11556	12462	16461	26242	24668	28825	33056	42557	61742
4. Factor income paid to the rest of the world	1359*	2914*	2966*	4087*	5689*	7930	8659	10357	14137	22104	22297	25915	29163	37802	53126
5. *Equals:* **Gross National Product**	302232*	533423*	576386*	626050*	713441*	796818	887083	990052	1132159	1307116	1470255	1703463	1921696	2187343	2489713
6. *Less:* Consumption of fixed capital	26513*	46180*	50251*	52655*	58587*	72363	82981	95657	111102	138314	163602	192611	222144	253030	292432
7. *Plus:* Statistical discrepancy	–1557*	603*	83*	–862*	–349*	..	..	..	..	..	..	..	..	..	..
8. *Equals:* **National Income**	274162*	487846*	526218*	572533*	654505*	724455	804102	894395	1021057	1168802	1306653	1510852	1699552	1934313	2197281
9. *Plus:* Net current transfers from the rest of the world	–609*	–716*	–837*	–1030*	–1185*	–1209	–4488	–2951	–4947	–7949	–7512	–4991	–8070	–2769	–271
10. Current transfers from the rest of the world	3540*	6121*	6148*	7843*	11139*	15009	16464	18649	22381	20850	26268	32780	35771	51329	61831
11. Current transfers paid to the rest of the world	6071*	8160*	9011*	11231*	14032*	16218	20952	21600	27328	28799	33780	37771	43841	54098	62102
12. *Equals:* **National Disposable Income**	273553*	487130*	525381*	571503*	653320*	723246	799614	891444	1016110	1160853	1299141	1505861	1691482	1931544	2197010
13. *Less:* Final consumption	222376*	388240*	419956*	461762*	523364*	576217	643054	717103	812693	949819	1105696	1281298	1446627	1647683	1878671
14. *Plus:* Statistical discrepancy	..	..	..	..	..	..	..	..	..	..	..	..	..	..	..
15. *Equals:* **Net Saving**	51177*	98890*	105425*	109741*	129956*	147029	156560	174341	203417	211034	193445	224563	244855	283861	318339
16. *Less:* Surplus of the nation on current transactions	6565*	4201*	4027*	640*	–2260*	6274	8009	9415	7223	–16882	12404	–14564	–1819	31040	23167
17. *Plus:* Statistical discrepancy	..	..	..	..	..	..	..	..	..	..	..	..	..	..	..
18. *Equals:* **Net Capital Formation**	44612*	94689*	101398*	109101*	132216*	140755	148551	164926	196194	227916	181041	239127	246674	252821	295172

1. At 1985 relative prices for 1970-1994 and at 1970 relative prices for 1960-1969.

National Accounts, Volume 1, OECD, 1996

FRANCE
SCN de 1968

Principaux Agrégats

millions de francs

1980	1981	1982	1983	1984	1985	1986	1987	1988	1989	1990	1991	1992	1993	1994		
																DÉPENSES IMPUTÉES AU P.I.B.
																Aux prix courants
509274	595028	701299	782134	854300	910315	959509	1004657	1058400	1106075	1170435	1238998	1320526	1405383	1444410	1.	Consommation finale des administrations publiques
1653311	1907219	2200820	2435547	2651305	2871097	3062808	3249514	3444407	3671748	3873580	4055649	4208390	4310136	4451983	2.	Consommation finale privée
1645072	1897908	2190339	2424143	2639171	2858393	3049520	3235582	3429508	3655793	3861322	4037525	4189834	4291627	4433069	3.	Ménages
8239	9311	10481	11404	12134	12704	13288	13932	14899	15955	17258	18124	18556	18509	18914	4.	Institutions privées sans but lucratif au service des ménages
34326	−7501	18809	−14054	−12416	−17871	17156	20679	40295	59270	70945	21061	−14875	−106541	−19309	5.	Variations des stocks
645753	700530	774278	809601	840364	905291	977517	1054768	1188313	1314552	1391358	1436922	1401927	1319222	1338043	6.	Formation brute de capital fixe
2842664	3195276	3695206	4013228	4333553	4668832	5016990	5329618	5731415	6151645	6511318	6752630	6915968	6928200	7215127	7.	**Demande intérieure totale**
604422	714282	790351	900658	1053328	1123930	1074095	1101383	1221304	1411087	1467972	1538062	1587935	1558742	1683861	8.	Exportations de biens et services
638791	744754	859536	907388	1024968	1092619	1021789	1094349	1217627	1403052	1469802	1514461	1493363	1404152	1522938	9.	*Moins :* Importations de biens et services
..	..	..	..	..	..	..	..	..	..	..	..	..	..	..	10.	Divergence statistique
2808295	3164804	3626021	4006498	4361913	4700143	5069296	5336652	5735092	6159680	6509488	6776231	7010540	7082790	7376050	11.	**Produit intérieur brut**
																Aux niveaux de prix de 1990[1]
935879	964869	1000825	1021025	1033194	1056360	1074116	1103909	1141232	1146933	1170435	1203127	1244984	1287254	1302411	1.	Consommation finale des administrations publiques
3068450	3122584	3222512	3250023	3280283	3352292	3476883	3570473	3677588	3782537	3878580	3931286	3984666	3991996	4050843	2.	Consommation finale privée
3054044	3108096	3207981	3235529	3265956	3337954	3462489	3555518	3661883	3766230	3861322	3913562	3966987	3974782	4033424	3.	Ménages
14382	14469	14524	14493	14336	14356	14428	14984	15727	16323	17258	17715	17682	17237	17445	4.	Institutions privées sans but lucratif au service des ménages
66343	−5026	39803	−7019	6148	331	45495	57299	62402	60735	70945	25533	2258	−109125	−14334	5.	Variations des stocks
1106136	1085434	1072003	1036539	1009833	1043999	1091927	1146142	1256479	1350479	1391358	1392051	1349157	1270963	1284329	6.	Formation brute de capital fixe
5176809	5167861	5335143	5300567	5329458	5452981	5688420	5877822	6137701	6340683	6511318	6551997	6581065	6441088	6623249	7.	**Demande intérieure totale**
1003869	1039757	1021222	1058666	1129904	1152507	1137216	1169461	1265498	1395989	1467972	1528064	1602349	1597307	1689732	8.	Exportations de biens et services
991096	968472	990882	964342	989725	1031250	1100144	1184050	1284649	1386228	1469802	1514598	1530275	1479301	1576522	9.	*Moins :* Importations de biens et services
20186	32851	27722	40952	46840	42343	26370	13476	7992	6595	0	−5168	−4330	−7772	−9224	10.	Divergence statistique
5209768	5271998	5393204	5435843	5516477	5616581	5751862	5876710	6126541	6357040	6509488	6560295	6648809	6551322	6727235	11.	**Produit intérieur brut**
																RÉPARTITION DU P.I.B.
428590	480076	559807	619647	688426	742648	785542	836125	891710	934229	983429	995345	1015855	1036157	1100818	1.	Impôts indirects
71637	89924	98984	113645	133516	142752	157979	168705	144159	137504	136487	144242	154460	174239	174797	2.	*Moins :* Subventions
346185	397229	456655	508546	551642	589380	631975	673500	725034	776143	828961	880117	907100	925227	952264	3.	Consommation de capital fixe
1575784	1792602	2054560	2259282	2425773	2582446	2708114	2821197	2976425	3161614	3371797	3531792	3669277	3723188	3817301	4.	Rémunération des salariés payée par les producteurs résidents
529373	584821	653983	732668	829588	928421	1101644	1174535	1286082	1425198	1461788	1513219	1572768	1572457	1680464	5.	Excédent net d'exploitation
..	..	..	..	..	..	..	..	..	..	..	..	..	..	..	6.	Divergence statistique
2808295	3164804	3626021	4006498	4361913	4700143	5069296	5336652	5735092	6159680	6509488	6776231	7010540	7082790	7376050	7.	**Produit intérieur brut**
																OPÉRATIONS EN CAPITAL DE LA NATION
																Financement de la formation brute de capital
346185	397229	456655	508546	551642	589380	631975	673500	725034	776143	828961	880117	907100	925227	952264	1.	Consommation de capital fixe
317194	270525	259472	255023	275821	300424	386574	392443	485822	565381	571005	540651	488684	358522	447629	2.	Épargne nette
−16700	−25275	−76960	−31978	−485	2384	23876	−9504	−17752	−32298	−62337	−37215	8732	71068	81159	3.	*Moins :* Solde des opérations courantes de la nation
..	..	..	..	..	..	..	..	..	..	..	..	..	..	..	4.	Divergence statistique
680079	693029	793087	795547	827948	887420	994673	1075447	1228608	1373822	1462303	1457983	1387052	1212681	1318734	5.	**Financement de la formation brute de capital**
																Formation brute de capital
34326	−7501	18809	−14054	−12416	−17871	17156	20679	40295	59270	70945	21061	−14875	−106541	−19309	6.	Variations des stocks
645753	700530	774278	809601	840364	905291	977517	1054768	1188313	1314552	1391358	1436922	1401927	1319222	1338043	7.	Formation brute de capital fixe
..	..	..	..	..	..	..	..	..	..	..	..	..	..	..	8.	Divergence statistique
680079	693029	793087	795547	827948	887420	994673	1075447	1228608	1373822	1462303	1457983	1387052	1212681	1318734	9.	**Formation brute de capital**
																RELATIONS ENTRE LES PRINCIPAUX AGRÉGATS
2808295	3164804	3626021	4006498	4361913	4700143	5069296	5336652	5735092	6159680	6509488	6776231	7010540	7082790	7376050	1.	**Produit intérieur brut**
12587	10277	1980	−11727	−23505	−25679	−16608	−12467	−11647	−9971	−32084	−38287	−57130	−55315	−50765	2.	*Plus :* Revenu net des facteurs reçu du reste du monde
92182	146949	170350	158672	183267	201020	173526	171913	191330	237813	263783	329004	345525	394368	447363	3.	Revenu des facteurs reçu du reste du monde
79595	136672	168370	170399	206772	226699	190134	184380	202977	247784	295867	367291	402655	449683	498128	4.	Revenu des facteurs payé au reste du monde
2820882	3175081	3628001	3994771	4338408	4674464	5052688	5324185	5723445	6149709	6477404	6737944	6953410	7027475	7325285	5.	*Égal :* **Produit national brut**
346185	397229	456655	508546	551642	589380	631975	673500	725034	776143	828961	880117	907100	925227	952264	6.	*Moins :* Consommation de capital fixe
..	..	..	..	..	..	..	..	..	..	..	..	..	..	..	7.	*Plus :* Divergence statistique
2474697	2777852	3171346	3486225	3786766	4085084	4420713	4650685	4998411	5373566	5648443	5857827	6046310	6102248	6373021	8.	*Égal :* **Revenu national**
5082	−5080	−9755	−13521	−5340	−3248	−11822	−4071	−9782	−30362	−28423	−22529	−28710	−28207	−28999	9.	*Plus :* Transferts courants nets reçus du reste du monde
71518	75235	89001	98970	105188	119676	116887	133104	148960	130948	135558	171448	166376	180637	182333	10.	Transferts courants reçus du reste du monde
66436	80315	98756	112491	110528	122924	128709	137175	158742	161310	163981	193977	195086	208844	211332	11.	Transferts courants payés au reste du monde
2479779	2772772	3161591	3472704	3781426	4081836	4408891	4646614	4988629	5343204	5620020	5835298	6017600	6074041	6344022	12.	*Égal :* **Revenu national disponible**
2162585	2502247	2902119	3217681	3505605	3781412	4022317	4254171	4502807	4777823	5049015	5294647	5528916	5715519	5896393	13.	*Moins :* Consommation finale
..	..	..	..	..	..	..	..	..	..	..	..	..	..	..	14.	*Plus :* Divergence statistique
317194	270525	259472	255023	275821	300424	386574	392443	485822	565381	571005	540651	488684	358522	447629	15.	*Égal :* **Épargne nette**
−16700	−25275	−76960	−31978	−485	2384	23876	−9504	−17752	−32298	−62337	−37215	8732	71068	81159	16.	*Moins :* Solde des opérations courantes de la nation
..	..	..	..	..	..	..	..	..	..	..	..	..	..	..	17.	*Plus :* Divergence statistique
333894	295800	336432	287001	276306	298040	362698	401947	503574	597679	633342	577866	479952	287454	366470	18.	*Égal :* **Formation nette de capital**

1. Aux prix relatifs de 1985 pour la période 1970-1994 et aux prix relatifs de 1970 pour la période 1960-1969.

GERMANY[1]
1968 SNA

Main aggregates

millions of DM

	1960	1966	1967	1968	1969	1970	1971	1972	1973	1974	1975	1976	1977	1978	1979

EXPENDITURE ON THE G.D.P.

At current prices

1. Government final consumption expenditure
2. Private final consumption expenditure
3.   Households
4.   Private non-profit institutions serving households
5. Increase in stocks
6. Gross fixed capital formation
7. **Total Domestic Expenditure**
8. Exports of goods and services
9. *Less:* Imports of goods and services
10. Statistical discrepancy
11. **Gross Domestic Product**

At 1990 price levels[2]

1. Government final consumption expenditure
2. Private final consumption expenditure
3.   Households
4.   Private non-profit institutions serving households
5. Increase in stocks
6. Gross fixed capital formation
7. **Total Domestic Expenditure**
8. Exports of goods and services
9. *Less:* Imports of goods and services
10. Statistical discrepancy
11. **Gross Domestic Product**

COST COMPONENTS OF THE G.D.P.

1. Indirect taxes
2. *Less:* Subsidies
3. Consumption of fixed capital
4. Compensation of employees paid by resident producers
5. Operating surplus
6. Statistical discrepancy
7. **Gross Domestic Product**

CAPITAL TRANSACTIONS OF THE NATION

Finance of Gross Capital Formation

1. Consumption of fixed capital
2. Net saving
3. *Less:* Surplus of the nation on current transactions
4. Statistical discrepancy
5. **Finance of Gross Capital Formation**

Gross capital formation

6. Increase in stocks
7. Gross fixed capital formation
8. Statistical discrepancy
9. **Gross Capital Formation**

RELATIONS AMONG NATIONAL ACCOUNTING AGGREGATES

1. **Gross Domestic Product**
2. *Plus:* Net factor income from the rest of the world
3.   Factor income from the rest of the world
4.   Factor income paid to the rest of the world
5. *Equals:* **Gross National Product**
6. *Less:* Consumption of fixed capital
7. *Plus:* Statistical discrepancy
8. *Equals:* **National Income**
9. *Plus:* Net current transfers from the rest of the world
10.   Current transfers from the rest of the world
11.   Current transfers paid to the rest of the world
12. *Equals:* **National Disposable Income**
13. *Less:* Final consumption
14. *Plus:* Statistical discrepancy
15. *Equals:* **Net Saving**
16. *Less:* Surplus of the nation on current transactions
17. *Plus:* Statistical discrepancy
18. *Equals:* **Net Capital Formation**

1. Data refer to Germany after unification.
2. At 1991 relative prices.

National Accounts, Volume 1, OECD, 1996

ALLEMAGNE[1]

SCN de 1968

Principaux Agrégats

millions de DM

1980	1981	1982	1983	1984	1985	1986	1987	1988	1989	1990	1991	1992	1993	1994	
															DÉPENSES IMPUTÉES AU P.I.B.
															Aux prix courants
..	..	..	..	..	..	..	..	..	..	..	556950	617210	631680	650380	1. Consommation finale des administrations publiques
..	..	..	..	..	..	..	..	..	..	..	1629250	1754520	1834410	1902370	2. Consommation finale privée
..	..	..	..	..	..	..	..	..	..	..	1591720	1711470	1787310	1852000	3. Ménages
..	..	..	..	..	..	..	..	..	..	..	37530	43050	47100	50370	4. Institutions privées sans but lucratif au service des ménages
..	..	..	..	..	..	..	..	..	..	..	14380	-2840	-12710	20430	5. Variations des stocks
..	..	..	..	..	..	..	..	..	..	..	656010	709360	689220	729660	6. Formation brute de capital fixe
..	..	..	..	..	..	..	..	..	..	..	2856590	3078250	3142600	3302840	7. **Demande intérieure totale**
..	..	..	..	..	..	..	..	..	..	..	724070	728780	695880	752690	8. Exportations de biens et services
..	..	..	..	..	..	..	..	..	..	..	727060	731430	683580	735230	9. *Moins* : Importations de biens et services
..	..	..	..	..	..	..	..	..	..	..	..	..	..	..	10. Divergence statistique
..	..	..	..	..	..	..	..	..	..	..	2853600	3075600	3154900	3320300	11. **Produit intérieur brut**
															Aux niveaux de prix de 1990[2]
..	..	..	..	..	..	..	..	..	..	..	518823*	544580*	541599*	548167*	1. Consommation finale des administrations publiques
..	..	..	..	..	..	..	..	..	..	..	1555508*	1599674*	1607522*	1621204*	2. Consommation finale privée
..	..	..	..	..	..	..	..	..	..	..	1519580*	1561051*	1567619*	1580612*	3. Ménages
..	..	..	..	..	..	..	..	..	..	..	35939*	38640*	39923*	40613*	4. Institutions privées sans but lucratif au service des ménages
..	..	..	..	..	..	..	..	..	..	..	17159*	1515*	-3320*	27359*	5. Variations des stocks
..	..	..	..	..	..	..	..	..	..	..	628325*	650603*	613862*	639991*	6. Formation brute de capital fixe
..	..	..	..	..	..	..	..	..	..	..	2719815*	2796372*	2759663*	2836721*	7. **Demande intérieure totale**
..	..	..	..	..	..	..	..	..	..	..	714342*	712172*	678707*	729841*	8. Exportations de biens et services
..	..	..	..	..	..	..	..	..	..	..	710711*	726156*	688737*	737329*	9. *Moins* : Importations de biens et services
..	..	..	..	..	..	..	..	..	..	..	1727*	2758*	3235*	2422*	10. Divergence statistique
..	..	..	..	..	..	..	..	..	..	..	2725173*	2785146*	2752868*	2831655*	11. **Produit intérieur brut**
															RÉPARTITION DU P.I.B.
..	..	..	..	..	..	..	..	..	..	..	358460	389840	409130	443330	1. Impôts indirects
..	..	..	..	..	..	..	..	..	..	..	65380	59260	63620	70300	2. *Moins* : Subventions
..	..	..	..	..	..	..	..	..	..	..	364290	397840	423730	439450	3. Consommation de capital fixe
..	..	..	..	..	..	..	..	..	..	..	1608200	1738400	1774630	1814310	4. Rémunération des salariés payée par les producteurs résidents
..	..	..	..	..	..	..	..	..	..	..	588030	608780	611030	693510	5. Excédent net d'exploitation
..	..	..	..	..	..	..	..	..	..	..	..	..	..	..	6. Divergence statistique
..	..	..	..	..	..	..	..	..	..	..	2853600	3075600	3154900	3320300	7. **Produit intérieur brut**
															OPÉRATIONS EN CAPITAL DE LA NATION
															Financement de la formation brute de capital
..	..	..	..	..	..	..	..	..	..	..	364290	397840	423730	439450	1. Consommation de capital fixe
..	..	..	..	..	..	..	..	..	..	..	276210	278370	222910	268360	2. Épargne nette
..	..	..	..	..	..	..	..	..	..	..	-29890	-30310	-29870	-42280	3. *Moins* : Solde des opérations courantes de la nation
..	..	..	..	..	..	..	..	..	..	..	..	..	..	..	4. Divergence statistique
..	..	..	..	..	..	..	..	..	..	..	670390	706520	676510	750090	5. **Financement de la formation brute de capital**
															Formation brute de capital
..	..	..	..	..	..	..	..	..	..	..	14380	-2840	-12710	20430	6. Variations des stocks
..	..	..	..	..	..	..	..	..	..	..	656010	709360	689220	729660	7. Formation brute de capital fixe
..	..	..	..	..	..	..	..	..	..	..	..	..	..	..	8. Divergence statistique
..	..	..	..	..	..	..	..	..	..	..	670390	706520	676510	750090	9. **Formation brute de capital**
															RELATIONS ENTRE LES PRINCIPAUX AGRÉGATS
..	..	..	..	..	..	..	..	..	..	..	2853600	3075600	3154900	3320300	1. **Produit intérieur brut**
..	..	..	..	..	..	..	..	..	..	..	28200	18900	6600	-7900	2. *Plus* : Revenu net des facteurs reçu du reste du monde
..	..	..	..	..	..	..	..	..	..	..	121550	127080	128030	121820	3. Revenu des facteurs reçu du reste du monde
..	..	..	..	..	..	..	..	..	..	..	93350	108180	121430	129720	4. Revenu des facteurs payé au reste du monde
..	..	..	..	..	..	..	..	..	..	..	2881800	3094500	3161500	3312400	5. *Égal* : **Produit national brut**
..	..	..	..	..	..	..	..	..	..	..	364290	397840	423730	439450	6. *Moins* : Consommation de capital fixe
..	..	..	..	..	..	..	..	..	..	..	..	..	..	..	7. *Plus* : Divergence statistique
..	..	..	..	..	..	..	..	..	..	..	2517510	2696660	2737770	2872950	8. *Égal* : **Revenu national**
..	..	..	..	..	..	..	..	..	..	..	-55100	-46560	-48770	-51840	9. *Plus* : Transferts courants nets reçus du reste du monde
..	..	..	..	..	..	..	..	..	..	..	..	..	..	..	10. Transferts courants reçus du reste du monde
..	..	..	..	..	..	..	..	..	..	..	..	..	..	..	11. Transferts courants payés au reste du monde
..	..	..	..	..	..	..	..	..	..	..	2462410	2650100	2689000	2821110	12. *Égal* : **Revenu national disponible**
..	..	..	..	..	..	..	..	..	..	..	2186200	2371730	2466090	2552750	13. *Moins* : Consommation finale
..	..	..	..	..	..	..	..	..	..	..	..	..	..	..	14. *Plus* : Divergence statistique
..	..	..	..	..	..	..	..	..	..	..	276210	278370	222910	268360	15. *Égal* : **Épargne nette**
..	..	..	..	..	..	..	..	..	..	..	-29890	-30310	-29870	-42280	16. *Moins* : Solde des opérations courantes de la nation
..	..	..	..	..	..	..	..	..	..	..	..	..	..	..	17. *Plus* : Divergence statistique
..	..	..	..	..	..	..	..	..	..	..	306100	308680	252780	310640	18. *Égal* : **Formation nette de capital**

1. Les données se réfèrent à l'Allemagne après l'unification de l'Allemagne.
2. Aux prix relatifs de 1991.

WEST GERMANY[1]
1968 SNA

Main aggregates

millions of DM

	1960	1966	1967	1968	1969	1970	1971	1972	1973	1974	1975	1976	1977	1978	1979
EXPENDITURE ON THE G.D.P.															
At current prices															
1. Government final consumption expenditure	40450	75450	80050	82730	93120	106470	126760	141040	163090	190110	210080	221860	235130	253090	273540
2. Private final consumption expenditure	171840	275060	282630	300740	330900	368850	408980	451960	495590	533640	583450	631870	682130	725940	781310
3. Households	169390	271080	278480	296320	325750	363130	402580	444690	487150	525080	574800	622100	670770	713390	767540
4. Private non-profit institutions serving households	2450	3980	4150	4420	5150	5720	6400	7270	8440	8560	8650	9770	11360	12550	13770
5. Increase in stocks	9200	5300	-500	11100	17300	14200	4470	4300	12380	3710	-6360	15680	6990	7230	23000
6. Gross fixed capital formation	73580	124170	114180	119390	138900	172050	196110	209170	219260	212710	209410	225650	242430	264900	301290
7. **Total Domestic Expenditure**	295070	479980	476360	513960	580220	661570	736320	806470	890320	940170	996580	1095060	1166680	1251160	1379140
8. Exports of goods and services	57490	93540	101010	113890	129460	143000	155690	169780	200400	259960	253500	287820	304550	318290	348190
9. *Less:* Imports of goods and services	49850	85290	83020	94570	112730	129270	142260	153130	173470	216200	223450	262380	275940	285900	338890
10. Statistical discrepancy	..	..	..	..	..	..	..	..	..	..	..	..	..	..	..
11. **Gross Domestic Product**	302710	488230	494350	533280	596950	675300	749750	823120	917250	983930	1026630	1120500	1195290	1283550	1388440
At 1990 price levels[2]															
1. Government final consumption expenditure	180949	246094	255052	256474	267628	279135	293316	305596	320817	333719	346591	351757	356398	370120	382582
2. Private final consumption expenditure	470372	629290	636500	666404	719541	774875	817456	855525	880753	885091	912970	948841	991913	1028488	1062537
3. Households	460236	618186	625157	654863	706398	761220	803017	840032	863982	869612	898373	933141	974340	1009629	1042950
4. Private non-profit institutions serving households	10141	11128	11367	11568	13167	13684	14470	15523	16797	15513	14642	15743	17611	18894	19622
5. Increase in stocks	20661	2434	-10711	9848	21179	23881	1141	1509	20033	7685	-5221	27657	13052	9077	30866
6. Gross fixed capital formation	255011	336040	312490	322753	353629	385268	407970	418901	417737	377017	356786	369558	382693	398317	424853
7. **Total Domestic Expenditure**	926993	1213858	1193331	1255479	1361977	1463159	1519883	1581531	1639340	1603512	1611126	1697813	1744056	1806002	1900838
8. Exports of goods and services	135218	199530	214988	242283	264780	283022	295381	315568	348953	390886	366129	401468	417253	429207	447548
9. *Less:* Imports of goods and services	102715	165249	163136	184610	215995	265039	288812	305551	320451	321576	325675	359956	372166	392613	428703
10. Statistical discrepancy	3050	3652	2757	2840	3410	4258	4381	4353	4100	2392	2651	2979	2732	2989	3868
11. **Gross Domestic Product**	962546	1251791	1247940	1315992	1414172	1485400	1530833	1595901	1671942	1675214	1654231	1742304	1791875	1845585	1923551
COST COMPONENTS OF THE G.D.P.															
1. Indirect taxes	41780	65500	67990	74940	88280	89050	98690	110180	121070	125040	130280	141920	152520	167560	183160
2. *Less:* Subsidies	2520	5650	5550	12980	11620	11780	12610	15780	18650	18860	20390	22130	24630	29700	31160
3. Consumption of fixed capital	23630	47770	50520	53650	58200	68030	78080	86730	95980	107780	117240	125770	134010	144390	157800
4. Compensation of employees paid by resident producers	143160	250830	250350	268840	302620	359290	406820	450560	512630	566600	591240	637940	685410	731740	791660
5. Operating surplus	96660	129780	131040	148830	159470	170710	178770	191430	206220	203370	208260	237000	247980	269560	286980
6. Statistical discrepancy	..	..	..	..	..	..	..	..	..	..	..	..	..	..	..
7. **Gross Domestic Product**	302710	488230	494350	533280	596950	675300	749750	823120	917250	983930	1026630	1120500	1195290	1283550	1388440
CAPITAL TRANSACTIONS OF THE NATION															
Finance of Gross Capital Formation															
1. Consumption of fixed capital	23630	47770	50520	53650	58200	68030	78080	86730	95980	107780	117240	125770	134010	144390	157800
2. Net saving	63900	82920	74070	89130	106510	122000	125400	131600	149060	135610	98210	124830	125130	145960	159180
3. *Less:* Surplus of the nation on current transactions	4750	1220	10910	12290	8510	3780	2900	4860	13400	26970	12400	9270	9720	18220	-7310
4. Statistical discrepancy	..	..	..	..	..	..	..	..	..	..	..	..	..	..	..
5. **Finance of Gross Capital Formation**	82780	129470	113680	130490	156200	186250	200580	213470	231640	216420	203050	241330	249420	272130	324290
Gross capital formation															
6. Increase in stocks	9200	5300	-500	11100	17300	14200	4470	4300	12380	3710	-6360	15680	6990	7230	23000
7. Gross fixed capital formation	73580	124170	114180	119390	138900	172050	196110	209170	219260	212710	209410	225650	242430	264900	301290
8. Statistical discrepancy	..	..	..	..	..	..	..	..	..	..	..	..	..	..	..
9. **Gross Capital Formation**	82780	129470	113680	130490	156200	186250	200580	213470	231640	216420	203050	241330	249420	272130	324290
RELATIONS AMONG NATIONAL ACCOUNTING AGGREGATES															
1. **Gross Domestic Product**	302710	488230	494350	533280	596950	675300	749750	823120	917250	983930	1026630	1120500	1195290	1283550	1388440
2. *Plus:* Net factor income from the rest of the world	290	-830	-650	420	850	400	650	1480	1550	-230	1070	3300	310	5850	5360
3. Factor income from the rest of the world	3190	4880	5400	6320	7880	9930	11270	12080	13650	15950	16050	18720	19980	22910	26400
4. Factor income paid to the rest of the world	2900	5710	6050	5900	7030	9530	10620	10600	12100	16180	14980	15420	19670	17060	21040
5. *Equals:* **Gross National Product**	303000	487400	493700	533700	597800	675700	750400	824600	918800	983700	1027700	1123800	1195600	1289400	1393800
6. *Less:* Consumption of fixed capital	23630	47770	50520	53650	58200	68030	78080	86730	95980	107780	117240	125770	134010	144390	157800
7. *Plus:* Statistical discrepancy	..	..	..	..	..	..	..	..	..	..	..	..	..	..	..
8. *Equals:* **National Income**	279370	439630	443180	480050	539600	607670	672320	737870	822820	875920	910460	998030	1061590	1145010	1236000
9. *Plus:* Net current transfers from the rest of the world	-3180	-6200	-6430	-7450	-9070	-10350	-11180	-13270	-15080	-16560	-18720	-19470	-19200	-20020	-21970
10. Current transfers from the rest of the world	240	600	640	1520	1980	2420	3910	4100	5400	5690	5740	6960	9520	11330	11260
11. Current transfers paid to the rest of the world	3420	6800	7070	8970	11050	12770	15090	17370	20480	22250	24460	26430	28720	31350	33230
12. *Equals:* **National Disposable Income**	276190	433430	436750	472600	530530	597320	661140	724600	807740	859360	891740	978560	1042390	1124990	1214030
13. *Less:* Final consumption	212290	350510	362680	383470	424020	475320	535740	593000	658680	723750	793530	853730	917260	979030	1054850
14. *Plus:* Statistical discrepancy	..	..	..	..	..	..	..	..	..	..	..	..	..	..	..
15. *Equals:* **Net Saving**	63900	82920	74070	89130	106510	122000	125400	131600	149060	135610	98210	124830	125130	145960	159180
16. *Less:* Surplus of the nation on current transactions	4750	1220	10910	12290	8510	3780	2900	4860	13400	26970	12400	9270	9720	18220	-7310
17. *Plus:* Statistical discrepancy	..	..	..	..	..	..	..	..	..	..	..	..	..	..	..
18. *Equals:* **Net Capital Formation**	59150	81700	63160	76840	98000	118220	122500	126740	135660	108640	85810	115560	115410	127740	166490

1. Federal Republic of Germany before the unification of Germany.
2. At 1991 relative prices.

ALLEMAGNE OCCIDENTALE[1]

SCN de 1968

Principaux Agrégats

millions de DM

1980	1981	1982	1983	1984	1985	1986	1987	1988	1989	1990	1991	1992	1993	1994	
															DÉPENSES IMPUTÉES AU P.I.B.
															Aux prix courants
298020	318390	326440	336440	350440	365720	382550	397280	412380	418820	444070	467160	505480	513950	527660	1. Consommation finale des administrations publiques
837020	883520	916100	959280	1001200	1036530	1066430	1108020	1153690	1220950	1320710	1446970	1536510	1591580	1646340	2. Consommation finale privée
821690	866660	898330	940130	981230	1014740	1042340	1082150	1126620	1192120	1289980	1412760	1498580	1550620	1603910	3. Ménages
15330	16860	17770	19150	19970	21790	24090	25870	27070	28830	30730	34210	37930	40960	42430	4. Institutions privées sans but lucratif au service des ménages
11770	-10550	-16040	-1500	5320	1250	2920	-560	10300	16010	11490	17770	-4940	-17010	12990	5. Variations des stocks
332080	331290	323450	340810	350670	355810	373480	385780	409900	448520	507780	564260	582650	538170	549990	6. Formation brute de capital fixe
1478890	1522650	1549950	1635030	1707630	1759310	1825380	1890520	1986270	2104300	2284050	2496160	2619700	2626690	2736980	7. **Demande intérieure totale**
389140	441120	474390	479630	536320	592740	580540	576610	619830	701430	778900	885730	940380	924700	1002050	8. Exportations de biens et services
395990	428800	436250	446120	493060	528870	480630	476650	510120	581290	636950	734290	747080	705090	765630	9. *Moins* : Importations de biens et services
..	..	..	..	..	..	..	..	..	..	..	..	..	..	..	10. Divergence statistique
1472040	1534970	1588090	1668540	1750890	1823180	1925290	1990480	2095980	2224440	2426000	2647600	2813000	2846300	2973400	11. **Produit intérieur brut**
															Aux niveaux de prix de 1990[2]
392542	399723	396123	396906	406809	415203	425745	432305	441492	434377	444070	446104	465900	464018	470560	1. Consommation finale des administrations publiques
1075744	1069266	1055105	1070625	1089867	1108665	1147129	1186326	1218843	1253364	1320710	1394901	1424775	1426742	1435264	2. Consommation finale privée
1054896	1047636	1033781	1048321	1067084	1084140	1120383	1158140	1190140	1223722	1289980	1362138	1390437	1391584	1400560	3. Ménages
20876	21652	21345	22322	22801	24534	26746	28183	28700	29638	30730	32760	34331	35145	34695	4. Institutions privées sans but lucratif au service des ménages
9775	-13293	-14822	15	5713	89	1828	-2871	9114	14609	11490	13934	-5811	-12540	16185	5. Variations des stocks
434181	412548	390218	402380	402943	400949	414246	421829	440458	468014	507780	538217	535222	481730	486872	6. Formation brute de capital fixe
1912242	1868244	1826624	1869926	1905332	1924906	1988948	2037589	2109907	2170364	2284050	2393156	2420086	2359950	2408881	7. **Demande intérieure totale**
470706	504585	524298	520073	562678	605203	601462	603831	636950	701430	778900	874336	916280	896922	964817	8. Exportations de biens et services
443955	430259	425719	431491	453787	474176	486796	507018	533012	577497	636950	718376	741406	708906	765522	9. *Moins* : Importations de biens et services
3424	1772	851	1427	866	64	607	909	972	452	0	-680	-1573	-2514	-2757	10. Divergence statistique
1942417	1944342	1926054	1959935	2015089	2055997	2104221	2135311	2214817	2295094	2426000	2548436	2593387	2545452	2605419	11. **Produit intérieur brut**
															RÉPARTITION DU P.I.B.
193470	198290	201680	214390	226130	230310	236170	245500	257110	278330	302220	337530	365360	380170	408520	1. Impôts indirects
30650	29120	29250	31720	36330	37940	41310	44800	47740	46780	48830	45510	43770	45080	48930	2. *Moins* : Subventions
175000	190620	203690	214930	226370	235360	243690	252300	263090	279450	303010	332890	359700	379290	388630	3. Consommation de capital fixe
860880	902550	929750	949030	983690	1021420	1074440	1119350	1163780	1216250	1315520	1430300	1528650	1543340	1564310	4. Rémunération des salariés payée par les producteurs résidents
273340	272630	282220	321910	351030	374030	412300	418130	459740	497190	554080	592390	603060	588580	660870	5. Excédent net d'exploitation
..	..	..	..	..	..	..	..	..	..	..	..	..	..	..	6. Divergence statistique
1472040	1534970	1588090	1668540	1750890	1823180	1925290	1990480	2095980	2224440	2426000	2647600	2813000	2846300	2973400	7. **Produit intérieur brut**
															OPÉRATIONS EN CAPITAL DE LA NATION
															Financement de la formation brute de capital
175000	190620	203690	214930	226370	235360	243690	252300	263090	279450	303010	332890	359700	379290	388630	1. Consommation de capital fixe
144080	120910	116840	138750	153840	165620	214940	215250	246260	292100	301300	272190	262750	196030	234650	2. Épargne nette
-24770	-9210	13120	14370	24220	43920	82230	82330	89150	107020	85040	23050	44740	54160	60300	3. *Moins* : Solde des opérations courantes de la nation
..	..	..	..	..	..	..	..	..	..	..	..	..	..	..	4. Divergence statistique
343850	320740	307410	339310	355990	357060	376400	385220	420200	464530	519270	582030	577710	521160	562980	5. **Financement de la formation brute de capital**
															Formation brute de capital
11770	-10550	-16040	-1500	5320	1250	2920	-560	10300	16010	11490	17770	-4940	-17010	12990	6. Variations des stocks
332080	331290	323450	340810	350670	355810	373480	385780	409900	448520	507780	564260	582650	538170	549990	7. Formation brute de capital fixe
..	..	..	..	..	..	..	..	..	..	..	..	..	..	..	8. Divergence statistique
343850	320740	307410	339310	355990	357060	376400	385220	420200	464530	519270	582030	577710	521160	562980	9. **Formation brute de capital**
															RELATIONS ENTRE LES PRINCIPAUX AGRÉGATS
1472040	1534970	1588090	1668540	1750890	1823180	1925290	1990480	2095980	2224440	2426000	2647600	2813000	2846300	2973400	1. **Produit intérieur brut**
5360	4630	2210	7160	12410	11320	10810	12520	12020	24660	22600	20200	8100	-2800	-16200	2. *Plus* : Revenu net des facteurs reçu du reste du monde
31520	40580	43300	42610	49480	51920	56480	60910	68040	86860	105490	123160	130800	133140	127240	3. Revenu des facteurs reçu du reste du monde
26160	35950	41090	35450	37070	40600	45670	48390	56020	62200	82890	102960	122700	135940	143440	4. Revenu des facteurs payé au reste du monde
1477400	1539600	1590300	1675700	1763300	1834500	1936100	2003000	2108000	2249100	2448600	2667800	2821100	2843500	2957200	5. *Égal* : **Produit national brut**
175000	190620	203690	214930	226370	235360	243690	252300	263090	279450	303010	332890	359700	379290	388630	6. *Moins* : Consommation de capital fixe
..	..	..	..	..	..	..	..	..	..	..	..	..	..	..	7. *Plus* : Divergence statistique
1302400	1348980	1386610	1460770	1536930	1599140	1692410	1750700	1844910	1969650	2145590	2334910	2461400	2464210	2568570	8. *Égal* : **Revenu national**
-23280	-26160	-27230	-26300	-31450	-31270	-28490	-30150	-32580	-37780	-79510	-148590	-156660	-162650	-159920	9. *Plus* : Transferts courants nets reçus du reste du monde
11340	10800	10970	13670	13830	13840	16160	14830	18590	17860	21320	35260	41230	41600	..	10. Transferts courants reçus du reste du monde
34620	36960	38200	39970	45280	45110	44650	44980	51170	55640	100830	185360	198910	206120	..	11. Transferts courants payés au reste du monde
1279120	1322820	1359380	1434470	1505480	1567870	1663920	1720550	1812330	1931870	2066080	2186320	2304740	2301560	2408650	12. *Égal* : **Revenu national disponible**
1135040	1201910	1242540	1295720	1351640	1402250	1448980	1505300	1566070	1639770	1764780	1914130	2041990	2105530	2174000	13. *Moins* : Consommation finale
..	..	..	..	..	..	..	..	..	..	..	..	..	..	..	14. *Plus* : Divergence statistique
144080	120910	116840	138750	153840	165620	214940	215250	246260	292100	301300	272190	262750	196030	234650	15. *Égal* : **Épargne nette**
-24770	-9210	13120	14370	24220	43920	82230	82330	89150	107020	85040	23050	44740	54160	60300	16. *Moins* : Solde des opérations courantes de la nation
..	..	..	..	..	..	..	..	..	..	..	..	..	..	..	17. *Plus* : Divergence statistique
168850	130120	103720	124380	129620	121700	132710	132920	157110	185080	216260	249140	218010	141870	174350	18. *Égal* : **Formation nette de capital**

1. République Fédérale d'Allemagne avant l'unification de l'Allemagne.
2. Aux prix relatifs de 1991.

GREECE
1968 SNA

Main aggregates

millions of drachmae

	1960	1966	1967	1968	1969	1970	1971	1972	1973	1974	1975	1976	1977	1978	1979
EXPENDITURE ON THE G.D.P.															
At current prices															
1. Government final consumption expenditure	10646*	20433*	24334*	26146*	29301*	32649*	35780*	39743*	47962*	67536*	88242*	107554*	133080*	160165*	202016*
2. Private final consumption expenditure	106073*	181569*	196632*	211692*	231566*	259830*	282099*	311731*	385837*	479868*	570396*	681485*	797592*	950848*	1136933*
3. Households	..	..	..	..	..	..	..	..	..	..	..	..	..	..	..
4. Private non-profit institutions serving households	..	..	..	..	..	..	..	..	..	..	..	..	..	..	..
5. Increase in stocks	−1804*	−700*	3701*	−3406*	1119*	14999*	7960*	3686*	45856*	49862*	51160*	49542*	34790*	45917*	66645*
6. Gross fixed capital formation	29844*	64621*	65441*	81119*	97839*	105411*	124259*	156383*	202395*	187177*	208769*	261054*	330301*	414703*	550727*
7. **Total Domestic Expenditure**	144758*	265924*	290108*	315552*	359825*	412889*	450099*	511544*	682050*	784443*	918566*	1099635*	1295762*	1571633*	1956321*
8. Exports of goods and services	8771*	20573*	21039*	20553*	23665*	27401*	31169*	40479*	62960*	82934*	103571*	132614*	148325*	186733*	228029*
9. *Less:* Imports of goods and services	18789*	40121*	41709*	46112*	53274*	58840*	65169*	81015*	130628*	154808*	193182*	227959*	260295*	306065*	386067*
10. Statistical discrepancy	−8497*	−6308*	−10034*	−8486*	−10355*	−22628*	−19603*	−17581*	−33202*	−35291*	−22091*	−14033*	−26924*	−58155*	−83190*
11. **Gross Domestic Product**	126243*	240068*	259405*	281506*	319861*	358823*	396495*	453426*	581180*	677277*	806865*	990256*	1156868*	1394146*	1715094*
At 1990 price levels[1]															
1. Government final consumption expenditure	442855*	650415*	705496*	714979*	769823*	815249*	855534*	904006*	965503*	1082102*	1211252*	1273419*	1356516*	1404037*	1486120*
2. Private final consumption expenditure	2509958*	3671228*	3900344*	4168014*	4425604*	4814967*	5082614*	5437475*	5852309*	5891469*	6213525*	6543707*	6843157*	7232241*	7422616*
3. Households	..	..	..	..	..	..	..	..	..	..	..	..	..	..	..
4. Private non-profit institutions serving households	..	..	..	..	..	..	..	..	..	..	..	..	..	..	..
5. Increase in stocks	−52847*	34945*	97247*	−64146*	50667*	353679*	198758*	117060*	740207*	639592*	593834*	492508*	326292*	409860*	479733*
6. Gross fixed capital formation	943217*	1637845*	1612030*	1956234*	2320812*	2288746*	2609241*	3011487*	3241972*	2413025*	2418207*	2583070*	2783886*	2950692*	3210489*
7. **Total Domestic Expenditure**	3843183*	5994433*	6315117*	6775081*	7566906*	8272641*	8746147*	9470028*	10799991*	10026188*	10436818*	10892704*	11309851*	11996830*	12598958*
8. Exports of goods and services	154860*	320230*	336431*	333070*	381630*	428803*	479665*	589440*	727098*	727970*	805386*	937324*	953940*	1110344*	1184185*
9. *Less:* Imports of goods and services	348365*	693386*	742891*	819717*	946669*	1005019*	1081827*	1248599*	1651166*	1382148*	1469226*	1559556*	1683895*	1804305*	1933615*
10. Statistical discrepancy	−277039*	−354097*	−352777*	−362283*	−489049*	−665528*	−612533*	−610638*	−1075218*	−891500*	−779352*	−704880*	−686348*	−746704*	−903805*
11. **Gross Domestic Product**	3372639*	5267180*	5555880*	5926151*	6512818*	7030897*	7531452*	8200231*	8800705*	8480510*	8993626*	9565592*	9893548*	10556165*	10945723*
COST COMPONENTS OF THE G.D.P.															
1. Indirect taxes	11341*	26714*	29678*	33082*	37446*	40745*	43962*	49306*	60853*	67176*	90079*	111944*	138553*	167295*	203408*
2. *Less:* Subsidies	160*	3758*	4509*	3857*	2780*	2852*	4532*	5474*	10187*	16826*	19460*	26419*	32655*	38426*	37949*
3. Consumption of fixed capital	6529*	12863*	14331*	15829*	17607*	20686*	24091*	29125*	37503*	48200*	58228*	72636*	88868*	109776*	137849*
4. Compensation of employees paid by resident producers	31144*	61724*	68698*	76677*	86019*	95947*	106653*	123160*	148701*	181215*	222511*	282591*	354041*	441746*	551070*
5. Operating surplus	85439*	154616*	162924*	170640*	194105*	219068*	243126*	276300*	375118*	432507*	487949*	584674*	633372*	736331*	883031*
6. Statistical discrepancy	−8049*	−12091*	−11717*	−10865*	−12535*	−14773*	−16806*	−18992*	−30808*	−34995*	−32441*	−35169*	−25310*	−22576*	−22316*
7. **Gross Domestic Product**	126244*	240068*	259405*	281506*	319861*	358823*	396495*	453426*	581180*	677277*	806865*	990256*	1156869*	1394146*	1715094*
CAPITAL TRANSACTIONS OF THE NATION															
Finance of Gross Capital Formation															
1. Consumption of fixed capital	6529*	12863*	14331*	15829*	17607*	20686*	24091*	29125*	37503*	48200*	58228*	72636*	88868*	109776*	137849*
2. Net saving	16549*	44260*	46884*	48333*	64837*	85216*	99654*	122595*	182901*	162569*	160908*	209049*	241420*	318647*	429750*
3. *Less:* Surplus of the nation on current transactions	−6492*	−8780*	−10217*	−18364*	−23048*	−20076*	−10716*	−10187*	−39877*	−33968*	−53230*	−33649*	−39726*	−33653*	−57532*
4. Statistical discrepancy	−1530*	−1982*	−2289*	−4813*	−6533*	−5568*	−2241*	−1837*	−12031*	−7698*	−12437*	−4738*	−4924*	−1456*	−7758*
5. **Finance of Gross Capital Formation**	28040*	63921*	69142*	77714*	98958*	120410*	132219*	160070*	248250*	237039*	259929*	310596*	365090*	460620*	617372*
Gross capital formation															
6. Increase in stocks	−1804*	−700*	3701*	−3406*	1119*	14999*	7960*	3686*	45856*	49862*	51160*	49542*	34790*	45917*	66645*
7. Gross fixed capital formation	29844*	64621*	65441*	81119*	97839*	105411*	124259*	156383*	202395*	187177*	208769*	261054*	330301*	414703*	550727*
8. Statistical discrepancy	..	..	..	..	..	..	..	..	..	..	..	..	..	..	..
9. **Gross Capital Formation**	28040*	63921*	69142*	77714*	98958*	120410*	132219*	160070*	248250*	237039*	259929*	310596*	365090*	460620*	617372*
RELATIONS AMONG NATIONAL ACCOUNTING AGGREGATES															
1. **Gross Domestic Product**	126244*	240068*	259405*	281506*	319861*	358823*	396495*	453426*	581180*	677277*	806865*	990256*	1156868*	1394146*	1715094*
2. *Plus:* Net factor income from the rest of the world	3179*	6359*	7039*	8225*	8208*	8977*	12849*	15622*	21345*	29147*	31331*	40686*	49392*	52919*	70895*
3. Factor income from the rest of the world	1971*	4404*	5000*	5776*	6019*	6928*	9597*	11604*	15681*	22042*	23838*	31094*	36168*	39819*	53053*
4. Factor income paid to the rest of the world	279*	1104*	1370*	1522*	1821*	2401*	3058*	3642*	4771*	7259*	7975*	10519*	10898*	12943*	16993*
5. *Equals:* **Gross National Product**	129423*	246426*	266444*	289730*	328070*	367800*	409345*	469048*	602524*	706424*	838196*	1030943*	1206261*	1447065*	1785989*
6. *Less:* Consumption of fixed capital	6529*	12863*	14331*	15829*	17607*	20686*	24091*	29125*	37503*	48200*	58228*	72636*	88868*	109776*	137849*
7. *Plus:* Statistical discrepancy	6036*	2572*	5766*	2089*	3432*	15860*	12138*	9435*	20471*	22421*	5896*	243*	8127*	43780*	61150*
8. *Equals:* **National Income**	128931*	236135*	257879*	275990*	313895*	362973*	397392*	449358*	585492*	680646*	785865*	958550*	1125519*	1381070*	1709290*
9. *Plus:* Net current transfers from the rest of the world	4337*	10128*	9971*	10181*	11809*	14722*	20142*	24711*	31209*	29327*	33680*	39538*	46573*	48590*	59409*
10. Current transfers from the rest of the world	..	..	..	..	..	..	..	..	..	..	..	..	..	..	..
11. Current transfers paid to the rest of the world	..	..	..	..	..	..	..	..	..	..	..	..	..	..	..
12. *Equals:* **National Disposable Income**	133268*	246263*	267849*	286171*	325704*	377695*	417533*	474069*	616701*	709973*	819545*	998088*	1172092*	1429660*	1768698*
13. *Less:* Final consumption	116719*	202003*	220966*	237838*	260867*	292479*	317879*	351475*	433799*	547404*	658637*	789039*	930672*	1111013*	1338949*
14. *Plus:* Statistical discrepancy	..	..	..	..	..	..	..	..	..	..	..	..	..	..	..
15. *Equals:* **Net Saving**	16549*	44260*	46884*	48333*	64837*	85216*	99654*	122595*	182901*	162569*	160908*	209049*	241420*	318647*	429750*
16. *Less:* Surplus of the nation on current transactions	−6492*	−8780*	−10217*	−18364*	−23048*	−20076*	−10716*	−10187*	−39877*	−33968*	−53230*	−33649*	−39726*	−33653*	−57532*
17. *Plus:* Statistical discrepancy	−1530*	−1982*	−2289*	−4813*	−6533*	−5568*	−2241*	−1837*	−12031*	−7698*	−12437*	−4738*	−4924*	−1456*	−7758*
18. *Equals:* **Net Capital Formation**	21511*	51058*	54812*	61885*	81351*	99724*	108128*	130944*	210747*	188840*	201701*	237961*	276222*	350844*	479523*

1. At 1988 relative prices for 1988-1994 and at 1970 relative prices for 1960-1987.

GRÈCE
SCN de 1968

Principaux Agrégats

millions de drachmes

1980	1981	1982	1983	1984	1985	1986	1987	1988	1989	1990	1991	1992	1993	1994		
																DÉPENSES IMPUTÉES AU P.I.B.
																Aux prix courants
242259*	318816*	407640*	501187*	642536*	814925*	923220*	1059481*	1323105	1654757	2022861	2331038	2552740	2931449	3253311	1.	Consommation finale des administrations publiques
1387780*	1737628*	2178745*	2580015*	3092439*	3801086*	4672203*	5472995*	6473885	7828621	9531162	11583098	13563108	15442922	17367913	2.	Consommation finale privée
..	..	..	..	..	..	..	..	6453320	7809720	9508150	11555132	13530362	15405637	17325980	3.	Ménages
..	..	..	..	..	..	..	..	20565	18901	23012	27966	32746	37285	41933	4.	Institutions privées sans but lucratif au service des ménages
84309*	65440*	12715*	34063*	11003*	96017*	47999*	−22261*	131417	80464	31802	410853	241204	294243	394587	5.	Variations des stocks
617110*	680755*	766007*	930844*	1048542*	1313281*	1518735*	1603162*	1966683	2447361	3027974	3357136	3712743	4012036	4350053	6.	Formation brute de capital fixe
2331457*	2802638*	3365106*	4046109*	4794521*	6025308*	7162157*	8113377*	9895090	12011203	14613799	17682125	20069795	22680650	25365864	7.	**Demande intérieure totale**
326800*	385945*	432216*	556917*	753514*	893292*	1126735*	1404215*	1645537	1922388	2152945	2726677	3227016	3493982	4098681	8.	Exportations de biens et services
480254*	594997*	789903*	990040*	1218719*	1619310*	1822302*	2132771*	2450783	3106864	3793346	4560559	5058685	5565550	6268245	9.	*Moins :* Importations de biens et services
−124181*	−132678*	83219*	83289*	239067*	243981*	153388*	144072*	..	..	..	..	..	..	..	10.	Divergence statistique
2053822*	2460908*	3090637*	3696275*	4568382*	5543271*	6619978*	7528893*	9089844	10826727	12973398	15848243	18238126	20609082	23196300	11.	**Produit intérieur brut**
																Aux niveaux de prix de 1990[1]
1489144*	1590666*	1627171*	1671885*	1722862*	1777727*	1763169*	1778764*	1880935	1979125	2022861	2062329	2080963	2100169	2083163	1.	Consommation finale des administrations publiques
7434816*	7586380*	7881034*	7902406*	8036719*	8350487*	8405315*	8508849*	8811861	9336092	9531162	9750154	9929103	9942270	10091387	2.	Consommation finale privée
..	..	..	..	..	..	..	..	8783954	9313550	9508150	9726614	9905130	9918265	10067022	3.	Ménages
..	..	..	..	..	..	..	..	27880	22542	23012	23541	23973	24004	24365	4.	Institutions privées sans but lucratif au service des ménages
519705*	243912*	103441*	115730*	45110*	242177*	204698*	2309*	325128	228849	31802	592195	547075	512231	574908	5.	Variations des stocks
3002678*	2777408*	2723965*	2688337*	2536105*	2667607*	2501578*	2374643*	2585694	2768808	3027974	2822289	2793920	2723863	2731549	6.	Formation brute de capital fixe
12446343*	12198366*	12335611*	12378358*	12340796*	13037998*	12874760*	12664565*	13603618	14312874	14613799	15226967	15351061	15278533	15481007	7.	**Demande intérieure totale**
1266377*	1191292*	1105625*	1193808*	1395998*	1413930*	1612459*	1870173*	2037859	2133454	2152945	2483346	2689221	2561498	2729750	8.	Exportations de biens et services
1779434*	1844326*	1973947*	2103567*	2107953*	2377866*	2468251*	2877251*	3107855	3396346	3793346	4280380	4558292	4473171	4654812	9.	*Moins :* Importations de biens et services
−795747*	−401654*	−279626*	−236011*	−87066*	−172059*	75979*	381574*	41323	31975	0	−4089	−2617	−9832	−3955	10.	Divergence statistique
11137539*	11143678*	11187663*	11232588*	11541775*	11902003*	12094947*	12039061*	12574945	13081957	12973398	13425844	13479373	13357028	13551990	11.	**Produit intérieur brut**
																RÉPARTITION DU P.I.B.
214691*	259571*	361642*	460335*	570411*	699195*	939779*	1093198*	1233225	1324002	1813349	2333343	2855477	3324684	3693383	1.	Impôts indirects
47551*	99036*	138977*	165522*	188553*	302361*	411468*	424805*	415000	447900	570260	658848	739431	977911	1037856	2.	*Moins :* Subventions
174328*	215328*	264284*	334465*	404123*	494517*	619780*	709242*	811731	959774	1139992	1340620	1543151	1749894	1897324	3.	Consommation de capital fixe
661405*	816940*	1055163*	1276500*	1565705*	1957428*	2212034*	2488512*	3043000	3838792	4665385	5263453	5816261	6434800	7354976	4.	Rémunération des salariés payée par les producteurs résidents
1092552*	1316631*	1580958*	1802237*	2232999*	2704939*	3277177*	3666789*	4435113	5152564	5845529	7507912	8662586	10255798	11200126	5.	Excédent net d'exploitation
−41604*	−48524*	−32433*	−11740*	−16303*	−10447*	−17325*	−4045*	−18225	−505	79403	61763	100082	−178183	88347	6.	Divergence statistique
2053822*	2460908*	3090637*	3696275*	4568382*	5543271*	6619978*	7528892*	9089844	10826727	12973398	15848243	18238126	20609082	23196300	7.	**Produit intérieur brut**
																OPÉRATIONS EN CAPITAL DE LA NATION
																Financement de la formation brute de capital
174328*	215328*	264284*	334465*	404123*	494517*	619780*	709242*	811731	959774	1139992	1340620	1543151	1749894	1897324	1.	Consommation de capital fixe
525217*	485867*	315994*	361369*	377965*	299000*	437797*	490126*	956952	864360	956928*	1649617*	1785611*	2256575*	2678647*	2.	Épargne nette
19946*	−33008*	−244746*	−335173*	−330833*	−814163*	−627540*	−414844*	−329417	−703691	−962856*	−777752*	−625185*	−299810*	−168669*	3.	*Moins :* Solde des opérations courantes de la nation
21820*	11992*	−46302*	−66099*	−53375*	−198382*	−118383*	−33310*	..	..	..	..	..	..	..	4.	Divergence statistique
701418*	746195*	778722*	964908*	1059545*	1409298*	1566734*	1580901*	2098100	2527825	3059776	3767989	3953947	4306279	4744640	5.	**Financement de la formation brute de capital**
																Formation brute de capital
84309*	65440*	12715*	34063*	11003*	96017*	47999*	−22261*	131417	80464	31802	410853	241204	294243	394587	6.	Variations des stocks
617110*	680755*	766007*	930844*	1048542*	1313281*	1518735*	1603162*	1966683	2447361	3027974	3357136	3712743	4012036	4350053	7.	Formation brute de capital fixe
..	..	..	..	..	..	..	..	..	..	..	..	..	..	..	8.	Divergence statistique
701418*	746195*	778722*	964908*	1059545*	1409298*	1566734*	1580901*	2098100	2527825	3059776	3767989	3953947	4306279	4744640	9.	**Formation brute de capital**
																RELATIONS ENTRE LES PRINCIPAUX AGRÉGATS
2053822*	2460908*	3090637*	3696275*	4568382*	5543271*	6619978*	7528893*	9089844	10826727	12973398	15848243	18238126	20609082	23196300	1.	**Produit intérieur brut**
92359*	96250*	94265*	49603*	3042*	−55110*	−110673*	−103310*	−92431	−135783	−106155	−121670	−138366	−20522	−23245	2.	*Plus :* Revenu net des facteurs reçu du reste du monde
71423*	97627*	103038*	103022*	118645*	129863*	117230*	137930*	176168	195370	234490	290361	369884	554065	579972	3.	Revenu des facteurs reçu du reste du monde
24873*	53410*	61108*	89992*	138640*	189569*	210556*	230323*	268599	331153	340645	412031	508250	574587	603217	4.	Revenu des facteurs payé au reste du monde
2146181*	2557158*	3184902*	3745878*	4571425*	5488161*	6509305*	7425583*	8997413	10690944	12867243	15726573	18099760	20588560	23173055	5.	*Égal :* **Produit national brut**
174328*	215328*	264284*	334465*	404123*	494517*	619780*	709242*	811731	959774	1139992	1340620	1543151	1749894	1897324	6.	*Moins :* Consommation de capital fixe
120127*	114698*	−154009*	−156657*	−284219*	−356322*	−213039*	−166700*	..	..	..	..	..	..	..	7.	*Plus :* Divergence statistique
2091980*	2456528*	2766608*	3254756*	3883083*	4637322*	5676486*	6549641*	8185682	9731170	11727251	14385953	16556609	18838666	21275731	8.	*Égal :* **Revenu national**
63276*	85782*	135770*	187814*	229857*	277688*	356735*	472961*	568260	616568	783700*	1177800*	1344850*	1792280*	2024140*	9.	*Plus :* Transferts courants nets reçus du reste du monde
..	..	..	..	..	..	..	..	..	..	..	..	..	..	..	10.	Transferts courants reçus du reste du monde
..	..	..	..	..	..	..	..	..	..	..	..	..	..	..	11.	Transferts courants payés au reste du monde
2155255*	2542310*	2902378*	3442570*	4112940*	4915010*	6033220*	7022601*	8753942	10347738	12510951*	15563753*	17901459*	20630946*	23299871*	12.	*Égal :* **Revenu national disponible**
1630039*	2056444*	2586384*	3081202*	3734975*	4616010*	5595423*	6532476*	7796990	9483378	11554023*	13914136*	16115848*	18374371*	20621224*	13.	*Moins :* Consommation finale
..	..	..	..	..	..	..	..	..	..	..	..	..	..	..	14.	*Plus :* Divergence statistique
525217*	485867*	315994*	361369*	377965*	299000*	437797*	490126*	956952	864360	956928*	1649617*	1785611*	2256575*	2678647*	15.	*Égal :* **Épargne nette**
19946*	−33008*	−244746*	−335173*	−330833*	−814163*	−627540*	−414844*	−329417	−703691	−962856*	−777752*	−625185*	−299810*	−168669*	16.	*Moins :* Solde des opérations courantes de la nation
21820*	11992*	−46302*	−66099*	−53375*	−198382*	−118383*	−33310*	..	..	..	..	..	..	..	17.	*Plus :* Divergence statistique
527090*	530867*	514437*	630443*	655423*	914781*	946954*	871659*	1286369	1568051	1919784	2427369	2410796	2556385	2847316	18.	*Égal :* **Formation nette de capital**

1. Aux prix relatifs de 1988 pour la période 1988-1994 et aux prix relatifs de 1970 pour la période 1960-1987.

ICELAND
1968 SNA

Main aggregates

millions of kronur

	1960	1966	1967	1968	1969	1970	1971	1972	1973	1974	1975	1976	1977	1978	1979
EXPENDITURE ON THE G.D.P.															
At current prices															
1. Government final consumption expenditure	9.47*	30.04*	33.54*	38.54*	45.87*	59.45*	78.19*	108.96*	148.11*	239.73*	350.29*	469.53*	683.01*	1122.83*	1712.85*
2. Private final consumption expenditure	58.13*	168.18*	177.72*	190.94*	220.30*	283.92*	359.17*	442.04*	587.22*	890.87*	1252.07*	1714.26*	2468.88*	3854.81*	5798.87*
3. Households	..	..	..	..	..	..	..	..	..	..	..	..	..	..	..
4. Private non-profit institutions serving households	..	..	..	..	..	..	..	..	..	..	..	..	..	..	..
5. Increase in stocks	−1.24*	0.87*	0.74*	−2.64*	2.05*	−2.89*	14.13*	−10.40*	−3.15*	25.34*	37.13*	−17.79*	66.01*	−38.57*	51.00*
6. Gross fixed capital formation	27.86*	77.48*	88.04*	95.44*	93.28*	113.58*	174.24*	212.13*	325.17*	500.88*	696.29*	854.54*	1194.83*	1653.01*	2360.09*
7. **Total Domestic Expenditure**	94.22*	276.57*	300.04*	322.28*	361.50*	454.06*	625.73*	752.73*	1057.35*	1656.82*	2335.78*	3020.54*	4412.73*	6592.08*	9922.81*
8. Exports of goods and services	37.14*	88.40*	76.55*	92.64*	156.86*	204.40*	216.47*	254.40*	362.81*	466.40*	705.68*	1029.81*	1417.64*	2438.37*	3743.03*
9. *Less:* Imports of goods and services	40.71*	91.17*	98.04*	115.65*	149.64*	196.74*	253.85*	267.60*	383.87*	610.89*	883.48*	1019.31*	1452.00*	2242.00*	3631.00*
10. Statistical discrepancy	0.04*	0.01*	−0.73*	−0.70*	0.79*	0.62*	0.00*	−0.31*	1.60*	−1.70*	−1.04*	2.63*	2.68*	4.27*	1.13*
11. **Gross Domestic Product**	90.69*	273.81*	277.82*	298.57*	369.51*	462.34*	588.35*	739.22*	1037.89*	1510.63*	2156.94*	3033.67*	4381.05*	6792.72*	10035.97*
At 1990 price levels[1]															
1. Government final consumption expenditure	11621*	16975*	18325*	19347*	19964*	21724*	23376*	26769*	29043*	31504*	34445*	36174*	36956*	39584*	41753*
2. Private final consumption expenditure	54298*	88911*	90260*	85425*	81064*	94054*	110191*	118199*	124500*	137269*	124081*	130809*	147698*	160937*	165484*
3. Households	..	..	..	..	..	..	..	..	..	..	..	..	..	..	..
4. Private non-profit institutions serving households	..	..	..	..	..	..	..	..	..	..	..	..	..	..	..
5. Increase in stocks	−3237*	−660*	−1249*	−4558*	−163*	−2451*	5081*	−7422*	−4983*	2695*	4780*	−7023*	258*	−4536*	−1626*
6. Gross fixed capital formation	25188*	39463*	44048*	40171*	30639*	32842*	46751*	47161*	57741*	62317*	56818*	55274*	61419*	58017*	56990*
7. **Total Domestic Expenditure**	87870*	144689*	151384*	140385*	131504*	146169*	185399*	184707*	206301*	233785*	220124*	215234*	246331*	254002*	262601*
8. Exports of goods and services	31606*	48953*	42737*	39991*	46950*	54682*	50181*	57460*	62438*	60776*	62369*	70519*	76805*	88447*	93991*
9. *Less:* Imports of goods and services	26608*	48132*	51171*	46587*	40263*	51480*	64134*	64463*	77568*	87278*	76146*	73368*	88467*	91688*	93949*
10. Statistical discrepancy	2836*	960*	1663*	2908*	1751*	1009*	−1426*	2819*	1639*	−3471*	−1218*	4968*	1629*	−244*	50*
11. **Gross Domestic Product**	95704*	146470*	144613*	136697*	139942*	150380*	170020*	180523*	192810*	203812*	205129*	217353*	236298*	250517*	262693*
COST COMPONENTS OF THE G.D.P.															
1. Indirect taxes	24.39*	57.51*	60.22*	63.64*	69.74*	97.85*	133.83*	164.15*	234.98*	372.39*	539.81*	723.76*	1006.11*	1520.29*	2271.24*
2. *Less:* Subsidies	8.42*	16.27*	20.90*	20.73*	17.02*	19.47*	35.18*	38.72*	40.39*	71.21*	107.98*	109.73*	141.83*	254.01*	435.65*
3. Consumption of fixed capital	12.03*	29.23*	32.23*	41.96*	57.49*	64.77*	72.56*	92.92*	138.87*	190.71*	309.05*	401.37*	530.42*	819.88*	1237.74*
4. Compensation of employees paid by resident producers	43.22*	140.43*	139.95*	145.35*	179.85*	225.55*	294.02*	359.16*	500.36*	751.64*	1005.31*	1364.76*	2014.91*	3213.06*	4883.73*
5. Operating surplus	16.51*	54.61*	57.34*	58.91*	68.60*	80.79*	105.66*	140.40*	155.72*	185.26*	282.22*	436.73*	594.15*	820.32*	1109.50*
6. Statistical discrepancy	2.95*	8.31*	8.98*	9.45*	10.85*	12.85*	17.44*	21.29*	48.35*	81.85*	128.54*	216.79*	377.29*	673.19*	969.42*
7. **Gross Domestic Product**	90.68*	273.82*	277.82*	298.58*	369.51*	462.34*	588.33*	739.20*	1037.89*	1510.64*	2156.95*	3033.68*	4381.05*	6792.73*	10035.98*
CAPITAL TRANSACTIONS OF THE NATION															
Finance of Gross Capital Formation															
1. Consumption of fixed capital	12.03*	29.23*	32.23*	41.96*	57.49*	64.77*	72.56*	92.92*	138.87*	190.71*	309.05*	401.37*	530.42*	819.88*	1237.74*
2. Net saving	10.45*	45.79*	33.73*	25.22*	41.51*	52.11*	76.90*	90.70*	156.17*	179.35*	208.80*	389.93*	632.12*	871.56*	1103.03*
3. *Less:* Surplus of the nation on current transactions	−4.14*	−3.34*	−22.82*	−25.62*	3.67*	6.19*	−38.90*	−18.10*	−26.99*	−156.16*	−215.56*	−45.45*	−98.30*	77.00*	−70.32*
4. Statistical discrepancy	..	..	..	..	..	..	..	..	..	..	..	..	..	..	..
5. **Finance of Gross Capital Formation**	26.62*	78.36*	88.78*	92.80*	95.33*	110.69*	188.36*	201.72*	322.03*	526.22*	733.41*	836.75*	1260.84*	1614.44*	2411.09*
Gross capital formation															
6. Increase in stocks	−1.24*	0.87*	0.74*	−2.64*	2.05*	−2.89*	14.13*	−10.40*	−3.15*	25.34*	37.13*	−17.79*	66.01*	−38.57*	51.00*
7. Gross fixed capital formation	27.86*	77.48*	88.04*	95.44*	93.28*	113.58*	174.24*	212.13*	325.17*	500.88*	696.29*	854.54*	1194.83*	1653.01*	2360.09*
8. Statistical discrepancy	..	..	..	..	..	..	..	..	..	..	..	..	..	..	..
9. **Gross Capital Formation**	26.62*	78.35*	88.78*	92.80*	95.33*	110.69*	188.37*	201.73*	322.02*	526.22*	733.42*	836.75*	1260.84*	1614.44*	2411.09*
RELATIONS AMONG NATIONAL ACCOUNTING AGGREGATES															
1. **Gross Domestic Product**	90.68*	273.81*	277.83*	298.58*	369.51*	462.34*	588.34*	739.22*	1037.89*	1510.63*	2156.94*	3033.68*	4381.04*	6792.73*	10035.97*
2. *Plus:* Net factor income from the rest of the world	−0.93*	−1.52*	−1.90*	−3.09*	−4.62*	−3.63*	−3.84*	−6.72*	−8.89*	−14.45*	−36.71*	−54.97*	−66.65*	−121.52*	−184.41*
3. Factor income from the rest of the world	0.25*	2.33*	2.25*	2.00*	4.13*	8.31*	8.49*	7.76*	11.52*	15.17*	8.99*	17.43*	24.31*	39.88*	105.61*
4. Factor income paid to the rest of the world	1.33*	2.95*	3.42*	4.90*	7.76*	8.12*	8.47*	11.99*	16.37*	25.19*	52.18*	79.72*	97.93*	176.78*	286.26*
5. *Equals:* **Gross National Product**	89.75*	272.29*	275.93*	295.49*	364.89*	458.71*	584.50*	732.50*	1029.00*	1496.18*	2120.23*	2978.71*	4314.39*	6671.21*	9851.56*
6. *Less:* Consumption of fixed capital	12.03*	29.23*	32.23*	41.96*	57.49*	64.77*	72.56*	92.92*	138.87*	190.71*	309.05*	401.37*	530.42*	819.88*	1237.74*
7. *Plus:* Statistical discrepancy	0.33*	1.08*	1.47*	1.34*	0.52*	1.86*	2.62*	2.67*	2.01*	5.34*	1.74*	−2.07*	1.04*	−0.13*	5.93*
8. *Equals:* **National Income**	78.05*	244.14*	245.17*	254.87*	307.92*	395.80*	514.56*	642.25*	892.14*	1310.81*	1812.92*	2575.27*	3785.01*	5851.20*	8619.75*
9. *Plus:* Net current transfers from the rest of the world	0.00*	−0.13*	−0.18*	−0.17*	−0.24*	−0.32*	−0.30*	−0.55*	−0.64*	−0.86*	−1.76*	−1.55*	−1.00*	−2.00*	−5.00*
10. Current transfers from the rest of the world	0.00*	0.00*	0.00*	0.00*	0.00*	0.00*	0.00*	0.00*	0.00*	0.00*	0.00*	0.00*	0.00*	0.00*	0.00*
11. Current transfers paid to the rest of the world	0.00*	0.13*	0.18*	0.17*	0.24*	0.32*	0.30*	0.55*	0.64*	0.86*	1.76*	1.55*	1.00*	2.00*	5.00*
12. *Equals:* **National Disposable Income**	78.05*	244.01*	244.99*	254.70*	307.68*	395.48*	514.26*	641.70*	891.50*	1309.95*	1811.16*	2573.72*	3784.01*	5849.20*	8614.75*
13. *Less:* Final consumption	67.60*	198.22*	211.26*	229.48*	266.17*	343.37*	437.36*	551.00*	735.33*	1130.60*	1602.36*	2183.79*	3151.89*	4977.64*	7511.72*
14. *Plus:* Statistical discrepancy	..	..	..	..	..	..	..	..	..	..	..	..	..	..	..
15. *Equals:* **Net Saving**	10.45*	45.79*	33.73*	25.22*	41.51*	52.11*	76.90*	90.70*	156.17*	179.35*	208.80*	389.93*	632.12*	871.56*	1103.03*
16. *Less:* Surplus of the nation on current transactions	−4.14*	−3.34*	−22.82*	−25.62*	3.67*	6.19*	−38.90*	−18.10*	−26.99*	−156.16*	−215.56*	−45.45*	−98.30*	77.00*	−70.32*
17. *Plus:* Statistical discrepancy	0*	0*	0*	0*	0*	0*	0*	0*	0*	0*	0*	0*	0*	0*	0*
18. *Equals:* **Net Capital Formation**	14.59*	49.13*	56.55*	50.84*	37.84*	45.92*	115.80*	108.80*	183.16*	335.51*	424.36*	435.38*	730.42*	794.56*	1173.35*

1. At 1990 relative prices for 1990-1994, at 1980 relative prices for 1977-1989, at 1969 relative prices for 1965-1976 and at 1960 relative prices for 1960-1964.

ISLANDE
SCN de 1968

Principaux Agrégats

millions de couronnes

1980	1981	1982	1983	1984	1985	1986	1987	1988	1989	1990	1991	1992	1993	1994	
															DÉPENSES IMPUTÉES AU P.I.B.
															Aux prix courants
2663	4227	6942	12050	14701	21130	28776	38981	50537	60341	69989	78157	80375	84818	89066	1. Consommation finale des administrations publiques
9326	14957	23864	41016	55872	77240	99196	133557	161068	190254	223729	248999	249044	248952	257461	2. Consommation finale privée
..	..	..	..	..	..	..	..	..	..	..	..	..	..	..	3. Ménages
..	..	..	..	..	..	..	..	..	..	..	..	..	..	..	4. Institutions privées sans but lucratif au service des ménages
80	253	913	−1070	−661	−3111	−3748	−3783	−3085	−8143	−556	−1226	−446	435	−1001	5. Variations des stocks
4116	6214	9726	14839	19337	25528	30778	42593	50503	58730	70007	76060	69599	64176	65840	6. Formation brute de capital fixe
16185	25651	41445	66835	89249	120787	155002	211348	259023	301182	359169	401990	398572	398381	411366	7. **Demande intérieure totale**
5645	8561	12466	26683	33765	48774	61961	71681	81721	106282	124246	124943	121248	134972	156511	8. Exportations de biens et services
5648	8936	14329	25275	33871	48663	55880	73965	84100	99240	119595	130305	121943	122493	134635	9. *Moins :* Importations de biens et services
..	..	..	..	..	..	..	..	..	..	..	..	..	..	..	10. Divergence statistique
16182	25276	39582	68243	89143	120898	161083	209064	256644	308224	363820	396628	397877	410860	433242	11. **Produit intérieur brut**
															Aux niveaux de prix de 1990[1]
42634	45821	48544	50818	51122	54438	58394	62205	65104	67058	69989	72194	71581	73227	75644	1. Consommation finale des administrations publiques
171080	181647	190636	179904	186563	194451	207879	241505	232314	222628	223729	232978	222645	212696	216312	2. Consommation finale privée
..	..	..	..	..	..	..	..	..	..	..	..	..	..	..	3. Ménages
..	..	..	..	..	..	..	..	..	..	..	..	..	..	..	4. Institutions privées sans but lucratif au service des ménages
−1677	−355	2463	−5670	−947	−4097	−5792	−4419	−1326	−3633	−556	1126	34	925	−661	5. Variations des stocks
64942	65700	65747	57385	62749	63396	62197	74062	73999	68240	70007	71428	63512	56229	55612	6. Formation brute de capital fixe
276979	292813	307390	282437	299487	308188	322678	373353	370091	354293	359169	377726	357772	343077	346907	7. **Demande intérieure totale**
96527	99588	90679	100648	103077	114465	121271	125238	120723	124280	124246	117090	115091	122410	134022	8. Exportations de biens et services
96759	103646	103046	93058	101573	111132	112194	138303	131947	118413	119595	126226	116400	105164	110671	9. *Moins :* Importations de biens et services
1045	883	864	−509	476	−114	−1069	−1155	60	−254	0	0	0	0	0	10. Divergence statistique
277792	289638	295887	289518	301467	311407	330686	359133	358927	359906	363820	368590	356463	360323	370258	11. **Produit intérieur brut**
															RÉPARTITION DU P.I.B.
3681	6126	9530	15094	20918	27638	35823	48320	61324	72152	79167	83965	83763	77156	79198	1. Impôts indirects
572	973	1535	2511	2866	4107	5273	5988	9107	12835	12953	12319	13225	10504	9576	2. *Moins :* Subventions
1964	3098	5100	9330	11409	15483	19696	23473	29001	37267	43814	48346	51425	54579	56651	3. Consommation de capital fixe
7725	11989	18779	29513	38352	56216	74404	109893	136137	153392	173781	200715	202412	203800	209100	4. Rémunération des salariés payée par les producteurs résidents
1972	2994	4231	10493	16238	18283	25318	29602	32736	45326	59039	56822	60482	66221	76549	5. Excédent net d'exploitation
1412	2043	3477	6323	5092	7386	11117	3762	6552	12922	20972	19099	13020	19608	21319	6. Divergence statistique
16182	25277	39582	68242	89143	120899	161085	209062	256643	308224	363820	396628	397877	410860	433241	7. **Produit intérieur brut**
															OPÉRATIONS EN CAPITAL DE LA NATION
															Financement de la formation brute de capital
1964	3098	5100	9330	11409	15483	19696	23473	29001	37267	43814	48346	51425	54579	56651	1. Consommation de capital fixe
1914	2334	2411	3143	3094	2175	8042	8187	9451	8970	13529	7975	5277	9830	16472	2. Épargne nette
−318	−1035	−3128	−1295	−4173	−4760	707	−7149	−8965	−4350	−8108	−18513	−12451	−202	8284	3. *Moins :* Solde des opérations courantes de la nation
..	..	..	..	..	..	..	..	..	..	..	..	..	..	..	4. Divergence statistique
4196	6467	10639	13768	18676	22418	27031	38809	47417	50587	65451	74834	69153	64611	64839	5. **Financement de la formation brute de capital**
															Formation brute de capital
80	253	913	−1070	−661	−3111	−3748	−3783	−3085	−8143	−556	−1226	−446	435	−1001	6. Variations des stocks
4116	6214	9726	14839	19337	25528	30778	42593	50503	58730	70007	76060	69599	64176	65840	7. Formation brute de capital fixe
..	..	..	..	..	..	..	..	..	..	..	..	..	..	..	8. Divergence statistique
4196	6467	10639	13769	18676	22417	27030	38810	47418	50587	65451	74834	69153	64611	64839	9. **Formation brute de capital**
															RELATIONS ENTRE LES PRINCIPAUX AGRÉGATS
16182	25276	39582	68242	89144	120899	161085	209063	256644	308224	363820	396628	397877	410860	433242	1. **Produit intérieur brut**
−310	−648	−1247	−2671	−4024	−4824	−5302	−4799	−6506	−11164	−12401	−12686	−11305	−12142	−13077	2. *Plus :* Revenu net des facteurs reçu du reste du monde
167	326	597	773	1027	1431	1740	2482	2955	3923	4471	4777	5412	5806	5423	3. Revenu des facteurs reçu du reste du monde
477	974	1844	3444	5051	6255	7042	7281	9461	15087	16872	17463	16717	17948	18500	4. Revenu des facteurs payé au reste du monde
15872	24629	38335	65571	85119	116075	155782	204264	250138	297060	351419	383942	386572	398718	420165	5. *Égal :* **Produit national brut**
1964	3098	5100	9330	11409	15483	19696	23473	29001	37267	43814	48346	51425	54579	56651	6. *Moins :* Consommation de capital fixe
..	..	..	..	..	..	..	..	..	..	..	..	..	..	..	7. *Plus :* Divergence statistique
13909	21531	33235	56241	73710	100592	136086	180791	221136	259793	307605	335596	335147	344139	363514	8. *Égal :* **Revenu national**
−5	−12	−18	−32	−43	−47	−72	−66	−80	−228	−358	−465	−451	−539	−515	9. *Plus :* Transferts courants nets reçus du reste du monde
0	0	0	0	0	0	0	0	0	0	0	0	0	0	0	10. Transferts courants reçus du reste du monde
5	12	18	32	43	47	72	66	80	228	358	465	451	539	515	11. Transferts courants payés au reste du monde
13904	21519	33217	56209	73667	100545	136014	180725	221056	259565	307247	335131	334696	343600	362999	12. *Égal :* **Revenu national disponible**
11989	19184	30806	53066	70573	98370	127972	172538	211605	250595	293718	327156	329419	333770	346527	13. *Moins :* Consommation finale
0	0	0	0	0	0	0	0	0	0	0	0	0	0	0	14. *Plus :* Divergence statistique
1914	2334	2411	3143	3094	2175	8042	8187	9451	8970	13529	7975	5277	9830	16472	15. *Égal :* **Épargne nette**
−318	−1035	−3128	−1295	−4173	−4760	707	−7149	−8965	−4350	−8108	−18513	−12451	−202	8284	16. *Moins :* Solde des opérations courantes de la nation
0	0	0	0	0	0	0	0	0	0	0	0	0	0	0	17. *Plus :* Divergence statistique
2232	3369	5539	4438	7267	6935	7335	15336	18416	13320	21637	26488	17728	10032	8188	18. *Égal :* **Formation nette de capital**

1. Aux prix relatifs de 1990 pour la période 1990-1994, aux prix relatifs de 1980 pour la période 1977-1989, aux prix relatifs de 1969 pour la période 1965-1976 et aux prix relatifs de 1960 pour la période 1960-1964.

IRELAND
1968 SNA

Main aggregates

millions of irish pounds

	1960	1966	1967	1968	1969	1970	1971	1972	1973	1974	1975	1976	1977	1978	1979
EXPENDITURE ON THE G.D.P.															
At current prices															
1. Government final consumption expenditure	78.6*	137.2*	147.4*	166.9*	194.6*	237.3*	282.5*	343.0*	422.8*	513.1*	705.3*	839.4*	972.9*	1155.8*	1431.3*
2. Private final consumption expenditure	523.6*	785.7*	837.8*	957.0*	1086.7*	1208.8*	1365.7*	1574.7*	1882.8*	2214.2*	2634.1*	3251.6*	3962.4*	4667.1*	5600.2*
3. Households	..	..	..	..	..	..	..	..	..	..	..	..	..	..	..
4. Private non-profit institutions serving households	..	..	..	..	..	..	..	..	..	..	..	..	..	..	..
5. Increase in stocks	12.6*	7.9*	-5.2*	14.1*	35.2*	28.1*	6.1*	31.0*	42.5*	132.7*	22.7*	17.0*	181.6*	92.9*	201.5*
6. Gross fixed capital formation	92.6*	203.5*	225.3*	265.0*	340.7*	375.1*	446.0*	539.3*	694.5*	749.0*	877.3*	1184.9*	1437.7*	1902.4*	2457.4*
7. **Total Domestic Expenditure**	707.4*	1134.3*	1205.3*	1403.0*	1657.2*	1849.3*	2100.3*	2488.0*	3042.6*	3609.0*	4239.4*	5292.9*	6554.6*	7818.2*	9690.4*
8. Exports of goods and services	201.4*	377.1*	418.6*	484.7*	538.1*	600.2*	670.6*	774.9*	1028.7*	1274.6*	1622.6*	2157.3*	2823.3*	3381.4*	3945.1*
9. *Less:* Imports of goods and services	236.6*	438.9*	454.1*	566.7*	670.1*	732.8*	808.7*	898.5*	1218.3*	1718.6*	1860.1*	2537.2*	3356.7*	4067.5*	5266.4*
10. Statistical discrepancy	-8.3*	-9.8*	-9.1*	-11.4*	-12.5*	-12.7*	-13.2*	-11.1*	-12.2*	-22.8*	-13.6*	-18.6*	-22.5*	-25.4*	-42.4*
11. **Gross Domestic Product**	663.9*	1062.7*	1160.7*	1309.6*	1512.7*	1704.0*	1949.0*	2353.3*	2840.8*	3142.2*	3988.3*	4894.4*	5998.7*	7106.7*	8326.7*
At 1990 price levels[1]															
1. Government final consumption expenditure	1406.2*	1661.7*	1736.4*	1836.8*	1964.1*	2186.5*	2375.3*	2554.3*	2726.6*	2932.9*	3188.1*	3271.2*	3339.2*	3603.4*	3768.2*
2. Private final consumption expenditure	6306.0*	7482.3*	7763.3*	8458.8*	8913.9*	8822.4*	9108.1*	9577.1*	10264.5*	10433.1*	10519.1*	10816.7*	11549.0*	12601.3*	13160.0*
3. Households	..	..	..	..	..	..	..	..	..	..	..	..	..	..	..
4. Private non-profit institutions serving households	..	..	..	..	..	..	..	..	..	..	..	..	..	..	..
5. Increase in stocks	101.7*	45.4*	8.2*	91.7*	137.9*	204.7*	37.3*	255.2*	281.7*	685.4*	-59.5*	45.0*	507.4*	242.0*	403.1*
6. Gross fixed capital formation	1070.9*	1910.8*	2040.3*	2310.2*	2782.7*	2690.0*	2930.1*	3159.1*	3669.8*	3243.4*	3126.4*	3550.3*	3694.2*	4391.7*	4989.4*
7. **Total Domestic Expenditure**	8884.8*	11100.2*	11548.2*	12697.5*	13798.6*	13903.6*	14450.8*	15545.7*	16942.6*	17294.8*	16774.1*	17683.2*	19089.8*	20838.4*	22320.7*
8. Exports of goods and services	1421.1*	2355.2*	2598.4*	2831.5*	2962.4*	3518.9*	3663.2*	3795.2*	4209.4*	4239.1*	4559.2*	4929.3*	5620.9*	6313.3*	6721.7*
9. *Less:* Imports of goods and services	1857.4*	3192.8*	3312.3*	3831.2*	4346.3*	4719.5*	4939.4*	5189.5*	6177.3*	6036.0*	5419.7*	6214.9*	7039.3*	8144.9*	9273.9*
10. Statistical discrepancy	-397.4*	-505.5*	-512.9*	-525.4*	-587.3*	-561.0*	-611.1*	-772.6*	-964.4*	-890.7*	-480.0*	-748.7*	-737.7*	-855.9*	-1060.1*
11. **Gross Domestic Product**	8051.1*	9757.1*	10321.4*	11172.4*	11827.4*	12142.0*	12563.5*	13378.8*	14010.3*	14607.2*	15433.6*	15648.9*	16933.7*	18150.9*	18708.4*
COST COMPONENTS OF THE G.D.P.															
1. Indirect taxes	100.6*	182.9*	201.0*	227.5*	274.3*	314.7*	358.1*	414.5*	494.2*	532.1*	645.8*	891.3*	1016.2*	1116.8*	1229.8*
2. *Less:* Subsidies	18.1*	36.9*	45.6*	51.4*	60.8*	69.3*	75.5*	83.0*	104.2*	136.5*	224.9*	261.3*	423.8*	556.2*	617.6*
3. Consumption of fixed capital	41.6*	81.3*	90.5*	104.9*	126.4*	138.6*	159.6*	189.6*	221.0*	265.6*	311.3*	404.5*	514.0*	674.9*	820.4*
4. Compensation of employees paid by resident producers	294.1*	515.2*	558.6*	626.5*	724.8*	845.6*	980.0*	1145.4*	1394.4*	1688.4*	2159.6*	2568.7*	3035.3*	3624.5*	4499.5*
5. Operating surplus	243.6*	309.4*	346.1*	390.9*	433.4*	454.3*	501.1*	660.7*	805.0*	747.0*	1057.2*	1234.2*	1837.9*	2240.3*	2354.1*
6. Statistical discrepancy	2.1*	10.8*	10.1*	11.2*	14.6*	20.1*	25.7*	26.1*	30.4*	45.6*	39.3*	57.0*	19.1*	6.4*	40.5*
7. **Gross Domestic Product**	663.9*	1062.7*	1160.7*	1309.6*	1512.7*	1704.0*	1949.0*	2353.3*	2840.8*	3142.2*	3988.3*	4894.4*	5998.7*	7106.7*	8326.7*
CAPITAL TRANSACTIONS OF THE NATION															
Finance of Gross Capital Formation															
1. Consumption of fixed capital	41.6*	81.3*	90.5*	104.9*	126.4*	138.6*	159.6*	189.6*	221.0*	265.6*	311.3*	404.5*	514.0*	674.9*	820.4*
2. Net saving	56.1*	101.6*	129.4*	140.8*	160.1*	177.1*	196.7*	295.5*	375.4*	283.0*	472.7*	487.9*	706.1*	762.5*	682.4*
3. *Less:* Surplus of the nation on current transactions	-1.0*	-19.1*	18.1*	-19.4*	-82.1*	-77.6*	-84.4*	-57.5*	-110.9*	-350.0*	-68.6*	-293.4*	-367.0*	-546.0*	-1258.4*
4. Statistical discrepancy	6.5*	9.4*	18.3*	14.0*	7.3*	9.9*	11.4*	27.7*	29.7*	-16.9*	47.4*	16.1*	32.2*	11.9*	-102.3*
5. **Finance of Gross Capital Formation**	105.2*	211.4*	220.1*	279.1*	375.9*	403.2*	452.1*	570.3*	737.0*	881.7*	900.0*	1201.9*	1619.3*	1995.3*	2658.9*
Gross capital formation															
6. Increase in stocks	12.6*	7.9*	-5.2*	14.1*	35.2*	28.1*	6.1*	31.0*	42.5*	132.7*	22.7*	17.0*	181.6*	92.9*	201.5*
7. Gross fixed capital formation	92.6*	203.5*	225.3*	265.0*	340.7*	375.1*	446.0*	539.3*	694.5*	749.0*	877.3*	1184.9*	1437.7*	1902.4*	2457.4*
8. Statistical discrepancy	..	..	..	..	..	..	..	..	..	..	..	..	..	..	..
9. **Gross Capital Formation**	105.2*	211.4*	220.1*	279.1*	375.9*	403.2*	452.1*	570.3*	737.0*	881.7*	900.0*	1201.9*	1619.3*	1995.3*	2658.9*
RELATIONS AMONG NATIONAL ACCOUNTING AGGREGATES															
1. **Gross Domestic Product**	663.9*	1062.7*	1160.7*	1309.6*	1512.7*	1704.0*	1949.0*	2353.3*	2840.8*	3142.2*	3988.3*	4894.4*	5998.7*	7106.7*	8326.7*
2. *Plus:* Net factor income from the rest of the world	16.3*	23.9*	25.3*	32.7*	29.2*	29.2*	27.4*	30.5*	12.9*	19.8*	4.4*	-37.1*	-111.7*	-235.1*	-291.6*
3. Factor income from the rest of the world	..	..	..	..	..	69.6*	74.5*	89.6*	121.3*	166.4*	183.7*	235.3*	241.6*	286.7*	348.2*
4. Factor income paid to the rest of the world	..	..	..	..	..	41.9*	48.6*	60.9*	110.6*	149.7*	182.6*	276.4*	356.9*	525.4*	644.1*
5. *Equals:* **Gross National Product**	680.2*	1086.6*	1186.0*	1342.3*	1541.9*	1733.2*	1976.4*	2383.8*	2853.7*	3162.0*	3992.7*	4857.3*	5887.0*	6871.6*	8035.1*
6. *Less:* Consumption of fixed capital	41.6*	81.3*	90.5*	104.9*	126.4*	138.6*	159.6*	189.6*	221.0*	265.6*	311.3*	404.5*	514.0*	674.9*	820.4*
7. *Plus:* Statistical discrepancy	2.1*	-1.5*	-5.2*	-4.4*	-5.9*	-7.4*	-9.1*	-22.9*	-30.5*	-9.1*	-37.3*	-32.8*	-51.0*	-49.7*	-23.7*
8. *Equals:* **National Income**	640.7*	1003.8*	1090.3*	1233.0*	1409.6*	1587.2*	1807.7*	2171.3*	2602.2*	2887.3*	3644.1*	4420.0*	5322.0*	6147.0*	7191.0*
9. *Plus:* Net current transfers from the rest of the world	17.6*	20.7*	24.3*	31.7*	31.8*	36.0*	37.2*	41.9*	78.8*	123.0*	168.0*	158.9*	319.4*	438.4*	522.9*
10. Current transfers from the rest of the world	..	..	..	..	..	38.6*	40.3*	45.5*	89.3*	136.0*	202.3*	221.8*	404.5*	517.6*	619.0*
11. Current transfers paid to the rest of the world	..	..	..	..	..	2.6*	3.1*	3.6*	10.5*	13.0*	34.3*	62.9*	85.1*	79.2*	96.1*
12. *Equals:* **National Disposable Income**	658.3*	1024.5*	1114.6*	1264.7*	1441.4*	1623.2*	1844.9*	2213.2*	2681.0*	3010.3*	3812.1*	4578.9*	5641.4*	6585.4*	7713.9*
13. *Less:* Final consumption	602.2*	922.9*	985.2*	1123.9*	1281.3*	1446.1*	1648.2*	1917.7*	2305.6*	2727.3*	3339.4*	4091.0*	4935.3*	5822.9*	7031.5*
14. *Plus:* Statistical discrepancy	..	..	..	..	..	..	..	..	..	..	..	..	..	..	..
15. *Equals:* **Net Saving**	56.1*	101.6*	129.4*	140.8*	160.1*	177.1*	196.7*	295.5*	375.4*	283.0*	472.7*	487.9*	706.1*	762.5*	682.4*
16. *Less:* Surplus of the nation on current transactions	-1.0*	-19.1*	18.1*	-19.4*	-82.1*	-77.6*	-84.4*	-57.5*	-110.9*	-350.0*	-68.6*	-293.4*	-367.0*	-546.0*	-1258.4*
17. *Plus:* Statistical discrepancy	6.5*	9.4*	18.3*	14.0*	7.3*	9.9*	11.4*	27.7*	29.7*	-16.9*	47.4*	16.1*	32.2*	11.9*	-102.3*
18. *Equals:* **Net Capital Formation**	63.6*	130.1*	129.6*	174.2*	249.5*	264.6*	292.5*	380.7*	516.0*	616.1*	588.7*	797.4*	1105.3*	1320.4*	1838.5*

1. At 1990 relative prices for 1987-1994 and at 1985 relative prices for 1960-1986.

IRLANDE
SCN de 1968

Principaux Agrégats

millions de livres irlandaises

1980	1981	1982	1983	1984	1985	1986	1987	1988	1989	1990	1991	1992	1993	1994	
															DÉPENSES IMPUTÉES AU P.I.B.
															Aux prix courants
1860.2*	2260.3*	2646.2*	2857.3*	3066.6*	3300.9*	3541.9	3574.7	3539.5	3682.6	4078.2	4473.0	4834.1	5196.0	5575.0	1. Consommation finale des administrations publiques
6669.5*	8112.6*	8666.2*	9546.5*	10454.1*	11478.6*	12138.4	12845.4	13945.6	15402.8	15896.7	16672.9	17582.3	18136.0	19438.0	2. Consommation finale privée
															3. Ménages
..	..	..	..	..	..	..	..	..	..	..	..	..	..	..	4. Institutions privées sans but lucratif au service des ménages
−76.4*	−151.0*	168.9*	100.7*	217.9*	163.2*	142.0	11.3	−150.2	175.8	662.9	590.1	−233.9	−186.0	−270.0	5. Variations des stocks
2725.2*	3428.6*	3611.1*	3480.4*	3579.6*	3447.3*	3431.7	3469.5	3670.3	4379.8	4948.1	4707.0	4783.0	4807.0	5260.0	6. Formation brute de capital fixe
11178.5*	13650.5*	15092.4*	15984.9*	17318.2*	18390.0*	19254.0	19900.9	21005.2	23641.0	25585.9	26443.0	26965.5	27953.0	30003.0	7. **Demande intérieure totale**
4649.0*	5515.9*	6447.7*	7769.0*	9791.9*	10762.5*	10377.3	11855.1	13633.6	16136.8	16115.8	16892.6	18823.0	21857.0	25024.0	8. Exportations de biens et services
5935.1*	7159.8*	7458.8*	8213.0*	9873.7*	10458.7*	9928.5	10681.3	11920.9	14359.5	14514.0	15072.1	15816.8	17637.0	20286.0	9. *Moins :* Importations de biens et services
−47.1*	−59.7*	−6.2*	3.4*	19.7*	17.1*	..	..	..	..	..	..	..	..	..	10. Divergence statistique
9845.3*	11946.9*	14075.1*	15544.3*	17256.1*	18710.9*	19702.8	21074.7	22717.9	25418.3	27187.7	28263.5	29971.7	32173.0	34741.0	11. **Produit intérieur brut**
															Aux niveaux de prix de 1990[1]
4035.5*	4048.9*	4180.3*	4165.0*	4136.0*	4211.3*	4321.8	4112.3	3907.5	3870.3	4078.2	4179.7	4283.3	4340.0	4509.0	1. Consommation finale des administrations publiques
13216.5*	13440.9*	12492.3*	12598.7*	12851.9*	13442.0*	13712.5	14168.4	14797.4	15716.3	15896.7	16216.6	16685.2	16915.0	17649.0	2. Consommation finale privée
															3. Ménages
..	..	..	..	..	..	..	..	..	..	..	..	..	..	..	4. Institutions privées sans but lucratif au service des ménages
−183.8*	−216.0*	214.5*	119.0*	249.3*	195.2*	187.7	3.1	−157.9	152.2	662.9	608.1	−224.2	−190.0	−334.0	5. Variations des stocks
4754.0*	5207.1*	5029.4*	4562.4*	4447.3*	4104.5*	3989.9	3944.5	3961.4	4477.2	4948.1	4564.0	4509.9	4382.0	4698.0	6. Formation brute de capital fixe
21822.2*	22480.9*	21916.5*	21445.1*	21684.9*	21953.0*	22211.9	22228.3	22508.4	24216.0	25585.9	25568.4	25254.2	25447.0	26522.0	7. **Demande intérieure totale**
7148.8*	7288.6*	7692.1*	8496.1*	9905.6*	10557.4*	10862.1	12352.3	13446.3	14832.9	16115.8	16943.2	19278.0	21043.0	23963.0	8. Exportations de biens et services
8857.0*	9008.4*	8727.6*	9134.8*	10035.0*	10360.5*	10943.6	11619.6	12189.4	13830.1	14514.0	14719.5	15642.8	16710.0	18699.0	9. *Moins :* Importations de biens et services
−829.4*	−835.3*	−500.1*	−475.4*	−339.1*	−278.9*	−353.0	−168.1	0.0	0.0	0.0	0.0	0.0	0.0	0.0	10. Divergence statistique
19284.6*	19925.8*	20380.9*	20331.0*	21216.4*	21871.0*	21777.4	22792.9	23765.3	25218.8	27187.7	27792.1	28889.4	29780.0	31786.0	11. **Produit intérieur brut**
															RÉPARTITION DU P.I.B.
1571.2*	1980.6*	2423.2*	2794.4*	3113.5*	3269.6*	3475.2	3672.4	3965.4	4377.0	4445.9	4513.8	4781.5	4891.0	5578.0	1. Impôts indirects
648.9*	662.1*	749.4*	894.5*	1086.1*	1272.5*	1303.0	1374.7	1612.2	1179.7	1609.7	1637.8	1473.6	1714.0	1667.0	2. *Moins :* Subventions
1062.4*	1195.2*	1403.5*	1569.9*	1640.3*	1770.9*	1885.1	2062.5	2162.1	2379.3	2604.0	2759.2	2906.9	3093.0	3272.0	3. Consommation de capital fixe
5590.3*	6624.6*	7558.7*	8261.5*	8965.6*	9610.0*	10264.5	10796.6	11439.7	12272.3	13271.1	14099.9	15006.9	16035.0	16972.0	4. Rémunération des salariés payée par les producteurs résidents
2144.0*	2639.1*	3249.9*	3617.0*	4464.1*	5214.7*	5380.9	5917.9	6762.9	7569.4	8476.4	8528.3	8750.0	9868.0	10586.0	5. Excédent net d'exploitation
126.3*	169.5*	189.2*	196.0*	158.7*	118.2*	..	..	..	..	..	..	..	..	..	6. Divergence statistique
9845.3*	11946.9*	14075.1*	15544.3*	17256.1*	18710.9*	19702.7	21074.7	22717.9	25418.3	27187.7	28263.4	29971.7	32173.0	34741.0	7. **Produit intérieur brut**
															OPÉRATIONS EN CAPITAL DE LA NATION
															Financement de la formation brute de capital
1062.4*	1195.2*	1403.5*	1569.9*	1640.3*	1770.9*	1885.1	2062.5	2162.1	2379.3	2604.0	2759.2	2906.9	3093.0	3272.0	1. Consommation de capital fixe
423.0*	346.5*	843.6*	880.0*	1068.0*	1015.0*	1046.5	1371.5	1357.9	1756.5	2824.7	3089.0	2630.3	3109.0	3495.0	2. Épargne nette
−1308.5*	−1990.4*	−1681.3*	−1208.3*	−1132.0*	−832.5*	−642.0	−46.8	−0.1	−419.8	−182.3	551.2	988.1	1581.0	1777.0	3. *Moins :* Solde des opérations courantes de la nation
−145.1*	−254.5*	−148.4*	−77.1*	−42.8*	−7.9*	..	..	..	..	..	..	..	..	..	4. Divergence statistique
2648.8*	3277.6*	3780.0*	3581.1*	3797.5*	3610.5*	3573.6	3480.8	3520.1	4555.6	5611.0	5297.0	4549.1	4621.0	4990.0	5. **Financement de la formation brute de capital**
															Formation brute de capital
−76.4*	−151.0*	168.9*	100.7*	217.9*	163.2*	142.0	11.3	−150.2	175.8	662.9	590.1	−233.9	−186.0	−270.0	6. Variations des stocks
2725.2*	3428.6*	3611.1*	3480.4*	3579.6*	3447.3*	3431.7	3469.5	3670.3	4379.8	4948.1	4707.0	4783.0	4807.0	5260.0	7. Formation brute de capital fixe
..	..	..	..	..	..	..	..	..	..	..	..	..	..	..	8. Divergence statistique
2648.8*	3277.6*	3780.0*	3581.1*	3797.5*	3610.5*	3573.7	3480.8	3520.1	4555.6	5611.0	5297.1	4549.1	4621.0	4990.0	9. **Formation brute de capital**
															RELATIONS ENTRE LES PRINCIPAUX AGRÉGATS
9845.3*	11946.9*	14075.1*	15544.3*	17256.1*	18710.9*	19702.7	21074.8	22717.9	25418.3	27186.6	28263.4	29971.8	32174.0	34741.0	1. Produit intérieur brut
−369.0*	−520.1*	−956.0*	−1220.0*	−1688.7*	−2025.6*	−2016.6	−2112.4	−2661.8	−3232.8	−3131.3	−2865.0	−3298.7	−4014.0	−4134.0	2. *Plus :* Revenu net des facteurs reçu du reste du monde
476.6*	581.7*	598.5*	564.6*	708.0*	811.6*	752.0	787.0	1028.3	1344.8	1638.9	1762.3	1665.7	1642.0	1961.0	3. Revenu des facteurs reçu du reste du monde
851.7*	1108.6*	1558.8*	1786.5*	2398.1*	2838.2*	2768.8	2899.4	3690.1	4577.6	4770.2	4627.3	4964.4	5656.0	6095.0	4. Revenu des facteurs payé au reste du monde
9476.3*	11426.9*	13119.1*	14324.3*	15567.4*	16685.3*	17686.1	18962.5	20056.1	22185.4	24056.4	25398.2	26673.1	28160.0	30607.0	5. *Égal :* **Produit national brut**
1062.4*	1195.2*	1403.5*	1569.9*	1640.3*	1770.9*	1885.1	2062.5	2162.1	2379.3	2604.0	2759.2	2906.9	3093.0	3272.0	6. *Moins :* Consommation de capital fixe
20.4*	44.3*	−53.8*	−50.3*	−69.7*	−43.3*	..	..	..	..	..	..	..	..	..	7. *Plus :* Divergence statistique
8434.3*	10276.0*	11661.8*	12704.1*	13857.4*	14871.1*	15801.0	16899.9	17894.0	19806.1	21452.4	22639.2	23766.2	25067.0	27335.0	8. *Égal :* **Revenu national**
518.4*	443.4*	494.2*	579.7*	731.3*	923.4*	925.8	891.8	949.1	1035.8	1347.2	1595.7	1280.6	1374.0	1173.0	9. *Plus :* Transferts courants nets reçus du reste du monde
641.8*	598.0*	685.7*	831.3*	1014.4*	1235.9*	1299.5	1270.3	1312.1	1407.7	1728.6	2048.1	1748.6	1954.3	..	10. Transferts courants reçus du reste du monde
123.4*	154.6*	191.5*	251.6*	283.1*	312.5*	373.7	378.5	363.1	371.9	381.4	452.4	467.9	568.6	..	11. Transferts courants payés au reste du monde
8952.7*	10719.4*	12156.0*	13283.8*	14588.7*	15794.5*	16726.8	17791.7	18843.1	20841.9	22799.6	24234.9	25046.8	26441.0	28508.0	12. *Égal :* **Revenu national disponible**
8529.7*	10372.9*	11312.4*	12403.8*	13520.7*	14779.5*	15680.3	16420.2	17485.1	19085.4	19974.9	21145.9	22416.4	23332.0	25013.0	13. *Moins :* Consommation finale
															14. *Plus :* Divergence statistique
423.0*	346.5*	843.6*	880.0*	1068.0*	1015.0*	1046.5	1371.5	1357.9	1756.5	2824.7	3089.0	2630.3	3109.0	3495.0	15. *Égal :* **Épargne nette**
−1308.5*	−1990.4*	−1681.3*	−1208.3*	−1132.0*	−832.5*	−642.0	−46.8	−0.1	−419.8	−182.3	551.2	988.1	1581.0	1777.0	16. *Moins :* Solde des opérations courantes de la nation
−145.1*	−254.5*	−148.4*	−77.1*	−42.8*	−7.9*	..	..	..	..	..	..	..	..	..	17. *Plus :* Divergence statistique
1586.4*	2082.4*	2376.5*	2011.2*	2157.2*	1839.6*	1688.6	1418.3	1358.0	2176.3	3007.0	2537.8	1642.2	1528.0	1718.0	18. *Égal :* **Formation nette de capital**

1. Aux prix relatifs de 1990 pour la période 1987-1994 et aux prix relatifs de 1985 pour la période 1960-1986.

ITALY
1968 SNA

Main aggregates

billions of lire

	1960	1966	1967	1968	1969	1970	1971	1972	1973	1974	1975	1976	1977	1978	1979
EXPENDITURE ON THE G.D.P.															
At current prices															
1. Government final consumption expenditure	2974*	6334*	6761*	7369*	7988*	8709	10634	12082	13936	16805	19563	23438	29529	35850	44962
2. Private final consumption expenditure	14791*	27297*	30237*	32263*	35388*	39992	43660	47951	58484	73637	85972	106383	129209	150848	185051
3. Households	14691*	27214*	30142*	32167*	35280*	39818	43451	47718	58242	73321	85593	105857	128656	150207	184279
4. Private non-profit institutions serving households	84*	99*	111*	116*	129*	174	209	233	242	316	379	526	553	641	772
5. Increase in stocks	865*	622*	858*	33*	689*	1883	723	722	2213	5158	-1383	5300	3038	3508	5631
6. Gross fixed capital formation	6448*	9804*	11203*	12645*	14462*	16532	17475	18465	24063	31664	34568	41776	50323	57657	70767
7. **Total Domestic Expenditure**	25078*	44057*	49059*	52310*	58527*	67116	72492	79220	98696	127264	138720	176897	212099	247863	306411
8. Exports of goods and services	3222*	6922*	7503*	8570*	9836*	11041	12355	14110	16833	24637	28467	38563	49838	59392	75153
9. *Less:* Imports of goods and services	3352*	6192*	7078*	7544*	9127*	10979	11853	13520	18791	29711	28555	40591	47539	53719	71730
10. Statistical discrepancy	-157*	499*	400*	735*	457*	..	..	..	..	..	..	..	..	..	..
11. **Gross Domestic Product**	24791*	45286*	49884*	54071*	59693*	67178	72994	79810	96738	122190	138632	174869	214398	253536	309834
At 1990 price levels[1]															
1. Government final consumption expenditure	88921*	113272*	118238*	124367*	127847*	131133	137930	144912	148841	152371	156026	159318	164156	169969	175041
2. Private final consumption expenditure	216611*	311613*	334619*	351915*	375127*	403661	417606	431347	461733	478830	479733	503861	520431	536677	574858
3. Households	215074*	310611*	333512*	350798*	373905*	401826	415609	429260	459777	476612	477381	501190	518058	534258	572350
4. Private non-profit institutions serving households	1288*	1173*	1276*	1317*	1422*	1822	1978	2066	1949	2200	2327	2634	2356	2403	2495
5. Increase in stocks	9269*	3692*	5646*	-3181*	2951*	13336	1761	1219	11082	21210	-12197	16843	5004	5862	10286
6. Gross fixed capital formation	111118*	132350*	147881*	163847*	176547*	181910	182214	184606	200767	204864	189840	189931	193433	194653	205768
7. **Total Domestic Expenditure**	425919*	560927*	606384*	636948*	682472*	730040	739511	762084	822423	857275	813402	869953	883024	907161	965953
8. Exports of goods and services	34798*	69361*	74332*	84642*	94593*	100101	107114	117261	121884	129043	131408	144773	161608	176761	192216
9. *Less:* Imports of goods and services	37534*	65622*	74473*	78851*	94065*	109126	112290	122555	133998	135873	118870	134806	137360	144149	160756
10. Statistical discrepancy	-5302*	5951*	5331*	8863*	8336*	7037	5402	2916	3403	7441	9196	10161	12850	14227	13704
11. **Gross Domestic Product**	417881*	570617*	611574*	651602*	691336*	728052	739737	759706	813712	857886	835136	890081	920122	954000	1011117
COST COMPONENTS OF THE G.D.P.															
1. Indirect taxes	2789*	4799*	5561*	5897*	6349*	6977	7550	7795	8984	11103	11286	15338	20099	23129	26834
2. *Less:* Subsidies	384*	671*	807*	1035*	1188*	1147	1474	1685	1803	2092	4392	5098	6556	7773	10216
3. Consumption of fixed capital	2587*	4718*	5043*	5410*	6002*	6993*	7569*	8322*	10261*	13869*	17617*	21536*	26511*	30496*	36046*
4. Compensation of employees paid by resident producers	9917*	19709*	21800*	23704*	26118*	30541	35012	39056	47051	58692	70854	86915	106315	123164	149607
5. Operating surplus	10010*	16825*	18312*	20108*	22453*	23814*	24337*	26322*	32245*	40618*	43267*	56178*	68029*	84520*	107563*
6. Statistical discrepancy	-127*	-94*	-26*	-12*	-41*	..	..	..	..	..	..	..	..	..	..
7. **Gross Domestic Product**	24792*	45286*	49883*	54072*	59693*	67178	72994	79810	96738	122190	138632	174869	214398	253536	309834
CAPITAL TRANSACTIONS OF THE NATION															
Finance of Gross Capital Formation															
1. Consumption of fixed capital	2587*	4718*	5043*	5410*	6002*	6993*	7569*	8322*	10261*	13869*	17617*	21536*	26511*	30496*	36046*
2. Net saving	4755*	7342*	8194*	9450*	10926*	11951*	11666*	12103*	14494*	17854*	15340*	23377*	29244*	36127*	45460*
3. *Less:* Surplus of the nation on current transactions	134*	979*	752*	1211*	1088*	529	1037	1238	-1521	-5099	-228	-2163	2394	5458	5108
4. Statistical discrepancy	105*	-655*	-424*	-971*	-689*	..	..	..	..	..	..	..	..	..	..
5. **Finance of Gross Capital Formation**	7313*	10426*	12061*	12678*	15151*	18415	18198	19187	26276	36822	33185	47076	53361	61165	76398
Gross capital formation															
6. Increase in stocks	865*	622*	858*	33*	689*	1883	723	722	2213	5158	-1383	5300	3038	3508	5631
7. Gross fixed capital formation	6448*	9804*	11203*	12645*	14462*	16532	17475	18465	24063	31664	34568	41776	50323	57657	70767
8. Statistical discrepancy	..	..	..	..	..	..	..	..	..	..	..	..	..	..	..
9. **Gross Capital Formation**	7313*	10426*	12061*	12678*	15151*	18415	18198	19187	26276	36822	33185	47076	53361	61165	76398
RELATIONS AMONG NATIONAL ACCOUNTING AGGREGATES															
1. **Gross Domestic Product**	24792*	45286*	49884*	54071*	59692*	67178	72994	79810	96738	122190	138632	174869	214398	253536	309834
2. *Plus:* Net factor income from the rest of the world	76*	237*	210*	260*	331*	311	338	336	271	-96	-419	-514	-223	-21	845
3. Factor income from the rest of the world	180*	548*	564*	654*	846*	999	1121	1250	1581	2326	1654	1729	2276	3131	4773
4. Factor income paid to the rest of the world	109*	330*	364*	410*	534*	688	783	914	1310	2422	2073	2243	2499	3152	3928
5. *Equals:* **Gross National Product**	24868*	45523*	50094*	54331*	60023*	67489	73332	80146	97009	122094	138213	174355	214175	253515	310679
6. *Less:* Consumption of fixed capital	2587*	4718*	5043*	5410*	6002*	6993*	7569*	8322*	10261*	13869*	17617*	21536*	26511*	30496*	36046*
7. *Plus:* Statistical discrepancy	57*	-116*	-137*	-90*	-30*	..	..	..	..	..	..	..	..	..	..
8. *Equals:* **National Income**	22338*	40689*	44914*	48831*	53991*	60496*	65763*	71824*	86748*	108225*	120596*	152819*	187664*	223019*	274633*
9. *Plus:* Net current transfers from the rest of the world	182*	284*	278*	251*	311*	156	197	312	166	71	279	379	318	-194	840
10. Current transfers from the rest of the world	228*	416*	443*	478*	531*	588	848	1014	1114	1045	1406	1769	2197	2590	3889
11. Current transfers paid to the rest of the world	49*	138*	169*	231*	225*	432	651	702	948	974	1127	1390	1879	2784	3049
12. *Equals:* **National Disposable Income**	22520*	40973*	45192*	49082*	54302*	60652*	65960*	72136*	86914*	108296*	120875*	153198*	187982*	222825*	275473*
13. *Less:* Final consumption	17765*	33631*	36998*	39632*	43376*	48701	54294	60033	72420	90442	105535	129821	158738	186698	230013
14. *Plus:* Statistical discrepancy	..	..	..	..	..	..	..	..	..	..	..	..	..	..	..
15. *Equals:* **Net Saving**	4755*	7342*	8194*	9450*	10926*	11951*	11666*	12103*	14494*	17854*	15340*	23377*	29244*	36127*	45460*
16. *Less:* Surplus of the nation on current transactions	134*	979*	752*	1211*	1088*	529	1037	1238	-1521	-5099	-228	-2163	2394	5458	5108
17. *Plus:* Statistical discrepancy	105*	-655*	-424*	-971*	-689*	..	..	..	..	..	..	..	..	..	..
18. *Equals:* **Net Capital Formation**	4726*	5708*	7018*	7268*	9149*	11422*	10629*	10865*	16015*	22953*	15568*	25540*	26850*	30669*	40352*

1. At 1985 relative prices for 1980-1994, at 1980 relative prices for 1970-1979 and at 1970 relative prices for 1960-1969.

ITALIE
SCN de 1968

Principaux Agrégats

milliards de lires

1980	1981	1982	1983	1984	1985	1986	1987	1988	1989	1990	1991	1992	1993	1994		
																DÉPENSES IMPUTÉES AU P.I.B.
																Aux prix courants
57013	74156	87386	103568	118034	133265	145960	163880	184291	198517	228375	249585	264068	273088	280322	1.	Consommation finale des administrations publiques
236603	284030	335448	387170	443268	498048	551868	606889	670883	740267	806593	884753	945747	960488	1015544	2.	Consommation finale privée
235561	282833	334026	385566	441289	495811	549472	604429	668215	737407	803386	881111	942020	956668	1011532	3.	Ménages
1042	1197	1422	1604	1979	2237	2396	2460	2668	2860	3207	3642	3727	3820	4012	4.	Institutions privées sans but lucratif au service des ménages
10460	4150	6453	3348	13895	14965	10722	12397	15409	13777	9422	10222	5090	-1507	9529	5.	Variations des stocks
94062	110683	121734	134842	152603	167593	177654	194102	219252	241023	265946	281895	287424	261946	269538	6.	Formation brute de capital fixe
398138	473019	551021	628928	727800	813871	886204	977268	1089835	1193584	1310336	1426455	1502329	1494015	1574933	7.	**Demande intérieure totale**
84953	108344	125125	140016	165197	185022	181961	192273	210046	243047	272868	279974	300707	361894	416368	8.	Exportations de biens et services
95422	117333	131022	135508	167237	188313	168262	185738	208044	243169	271138	276976	299033	305759	350196	9.	*Moins :* Importations de biens et services
..	..	..	..	..	..	..	..	..	..	..	..	..	..	..	10.	Divergence statistique
387669	464030	545124	633436	725760	810580	899903	983803	1091837	1193462	1312066	1429453	1504003	1550150	1641105	11.	**Produit intérieur brut**
																Aux niveaux de prix de 1990[1]
178747	182848	187637	194114	198459	205220	210470	217786	223983	225800	228375	231851	234130	235711	235805	1.	Consommation finale des administrations publiques
610310	620947	626489	630052	643714	663455	692416	723255	756406	783850	806593	827592	839611	810940	818386	2.	Consommation finale privée
607762	618393	623883	627400	640930	660637	689517	720318	753414	780788	803386	824265	836268	807583	815022	3.	Ménages
2542	2549	2599	2643	2771	2808	2891	2933	2992	3065	3207	3325	3343	3349	3358	4.	Institutions privées sans but lucratif au service des ménages
19540	3078	8228	2125	13370	15950	14461	14340	13775	9251	9422	7624	11858	-4022	6078	5.	Variations des stocks
223676	216687	206529	205299	212672	214048	218787	229733	245686	256285	265946	267603	262996	228500	228254	6.	Formation brute de capital fixe
1032273	1023560	1028883	1031590	1068215	1098673	1136134	1185114	1239850	1275186	1310336	1334670	1348595	1271129	1288523	7.	**Demande intérieure totale**
175784	186849	184561	189312	203805	210050	212416	222101	232795	251058	272868	272350	286954	315425	350434	8.	Exportations de biens et services
165796	163409	163064	160932	180872	188174	194301	213151	228708	245070	271138	277287	293378	269302	292953	9.	*Moins :* Importations de biens et services
11695	12766	11651	12346	9971	9204	8511	5156	4030	3473	0	-1919	-4645	4510	4528	10.	Divergence statistique
1053956	1059766	1062031	1072316	1101119	1129753	1162760	1199220	1247967	1284647	1312066	1327814	1337526	1321762	1350532	11.	**Produit intérieur brut**
																RÉPARTITION DU P.I.B.
35846	41369	50208	62084	72097	77636	89071	101141	117823	132464	148938	170552	178864	198073	203614	1.	Impôts indirects
13350	15765	20058	22781	27577	27825	32293	31986	33338	37069	35986	40982	39669	44237	43186	2.	*Moins :* Subventions
44581	56512	67744	77966	88456	100188	107966	116849	128252	140567	154252	168419	179842	192242	203203	3.	Consommation de capital fixe
184063	224032	260859	300156	334994	374051	404065	438837	482553	528340	592391	646776	680373	687439	699398	4.	Rémunération des salariés payée par les producteurs résidents
136529	157882	186371	216011	257790	286530	331094	358962	396547	429160	452471	484688	504593	516633	578076	5.	Excédent net d'exploitation
..	..	..	..	..	..	..	..	..	..	..	..	..	..	..	6.	Divergence statistique
387669	464030	545124	633436	725760	810580	899903	983803	1091837	1193462	1312066	1429453	1504003	1550150	1641105	7.	**Produit intérieur brut**
																OPÉRATIONS EN CAPITAL DE LA NATION
																Financement de la formation brute de capital
44581	56512	67744	77966	88456	100188	107966	116849	128252	140567	154252	168419	179842	192242	203203	1.	Consommation de capital fixe
51296	47920	52371	62391	73380	74967	84537	87579	98340	98683	102859	97269	78558	86834	106085	2.	Épargne nette
-8645	-10401	-8072	2167	-4662	-7403	4127	-2071	-8069	-15550	-18257	-26429	-34114	18637	30221	3.	*Moins :* Solde des opérations courantes de la nation
..	..	..	..	..	..	..	..	..	..	..	..	..	..	..	4.	Divergence statistique
104522	114833	128187	138190	166498	182558	188376	206499	234661	254800	275368	292117	292514	260439	279067	5.	**Financement de la formation brute de capital**
																Formation brute de capital
10460	4150	6453	3348	13895	14965	10722	12397	15409	13777	9422	10222	5090	-1507	9529	6.	Variations des stocks
94062	110683	121734	134842	152603	167593	177654	194102	219252	241023	265946	281895	287424	261946	269538	7.	Formation brute de capital fixe
..	..	..	..	..	..	..	..	..	..	..	..	..	..	..	8.	Divergence statistique
104522	114833	128187	138190	166498	182558	188376	206499	234661	254800	275368	292117	292514	260439	279067	9.	**Formation brute de capital**
																RELATIONS ENTRE LES PRINCIPAUX AGRÉGATS
387669	464030	545124	633436	725760	810580	899903	983803	1091837	1193462	1312066	1429453	1504003	1550150	1641105	1.	**Produit intérieur brut**
790	-2186	-3273	-4196	-4736	-5378	-6907	-6722	-7550	-10496	-15701	-20172	-25719	-25287	-24932	2.	*Plus :* Revenu net des facteurs reçu du reste du monde
6452	8802	10255	9226	11709	13222	11687	11435	13018	18116	22975	27668	32658	43554	39871	3.	Revenu des facteurs reçu du reste du monde
5662	10988	13528	13422	16445	18600	18594	18157	20568	28612	38676	47840	58377	68841	64803	4.	Revenu des facteurs payé au reste du monde
388459	461844	541851	629240	721024	805202	892996	977081	1084287	1182966	1296365	1409281	1478284	1524863	1616173	5.	*Égal :* **Produit national brut**
44581	56512	67744	77966	88456	100188	107966	116849	128252	140567	154252	168419	179842	192242	203203	6.	*Moins :* Consommation de capital fixe
..	..	..	..	..	..	..	..	..	..	..	..	..	..	..	7.	*Plus :* Divergence statistique
343878	405332	474107	551274	632568	705014	785030	860232	956035	1042399	1142113	1240862	1298442	1332621	1412970	8.	*Égal :* **Revenu national**
1034	774	1098	1855	2114	1266	-2665	-1884	-2521	-4932	-4286	-9255	-10069	-12211	-11019	9.	*Plus :* Transferts courants nets reçus du reste du monde
5041	5858	7122	8725	10473	10846	10235	11656	12310	13687	13676	16074	15199	17725	14428	10.	Transferts courants reçus du reste du monde
4007	5084	6024	6870	8359	9580	12900	13540	14831	18619	18162	25329	25268	29936	25447	11.	Transferts courants payés au reste du monde
344912	406106	475205	553129	634682	706280	782365	858348	953514	1037467	1137827	1231607	1288373	1320410	1401951	12.	*Égal :* **Revenu national disponible**
293616	358186	422834	490738	561302	631313	697828	770769	855174	938784	1034968	1134338	1209815	1233576	1295866	13.	*Moins :* Consommation finale
..	..	..	..	..	..	..	..	..	..	..	..	..	..	..	14.	*Plus :* Divergence statistique
51296	47920	52371	62391	73380	74967	84537	87579	98340	98683	102859	97269	78558	86834	106085	15.	*Égal :* **Épargne nette**
-8645	-10401	-8072	2167	-4662	-7403	4127	-2071	-8069	-15550	-18257	-26429	-34114	18637	30221	16.	*Moins :* Solde des opérations courantes de la nation
..	..	..	..	..	..	..	..	..	..	..	..	..	..	..	17.	*Plus :* Divergence statistique
59941	58321	60443	60224	78042	82370	80410	89650	106409	114233	121116	123698	112672	68197	75864	18.	*Égal :* **Formation nette de capital**

1. Aux prix relatifs de 1985 pour la période 1980-1994, aux prix relatifs de 1980 pour la période 1970-1979 et aux prix relatifs de 1970 pour la période 1960-1969.

LUXEMBOURG[1]
1968 SNA

Main aggregates

millions of francs

	1960	1966	1967	1968	1969	1970	1971	1972	1973	1974	1975	1976	1977	1978	1979
EXPENDITURE ON THE G.D.P.															
At current prices															
1. Government final consumption expenditure	2381*	3935*	4191*	4581*	4841*	5405*	6138*	6945*	8098*	10034*	12110*	13748*	15228*	16413*	18249*
2. Private final consumption expenditure	17350*	26392*	26984*	28842*	30909*	34210*	37819*	41671*	46213*	53138*	61667*	69525*	75172*	80009*	86932*
3. Households	..	..	..	..	..	..	..	..	..	..	..	..	..	..	..
4. Private non-profit institutions serving households	..	..	..	..	..	..	..	..	..	..	..	..	..	..	..
5. Increase in stocks	–478*	–1264*	–2536*	–2274*	–2372*	–1081*	–2292*	–2825*	–3950*	–6782*	–7820*	–6278*	–8597*	–4094*	–7742*
6. Gross fixed capital formation	5466*	9820*	8897*	8974*	10472*	12721*	15921*	17589*	20987*	23032*	24096*	24893*	25744*	27030*	29822*
7. **Total Domestic Expenditure**	24719*	38883*	37536*	40123*	43850*	51255*	57586*	63380*	71348*	79422*	90053*	101888*	107547*	119358*	127261*
8. Exports of goods and services	24648*	31038*	31752*	35626*	43182*	53300*	53825*	57074*	74759*	104709*	87390*	95821*	97052*	102419*	120994*
9. *Less:* Imports of goods and services	20758*	29877*	28253*	30847*	35361*	44929*	50987*	52287*	63416*	82180*	82385*	88496*	91468*	99589*	114326*
10. Statistical discrepancy	231*	696*	–32*	–42*	275*	1179*	1494*	1655*	2166*	1496*	765*	1040*	166*	1776*	1004*
11. **Gross Domestic Product**	28840*	40740*	41003*	44860*	51946*	60805*	61918*	69822*	84857*	103447*	95823*	110253*	113297*	123964*	134933*
At 1990 price levels[2]															
1. Government final consumption expenditure	19481*	23000*	23967*	25309*	26142*	27215*	28024*	29189*	30192*	31325*	32361*	33266*	34237*	34852*	35630*
2. Private final consumption expenditure	71851*	95063*	95037*	99123*	104290*	110681*	116901*	122564*	129618*	135451*	142594*	147071*	150433*	154870*	160340*
3. Households	..	..	..	..	..	..	..	..	..	..	..	..	..	..	..
4. Private non-profit institutions serving households	..	..	..	..	..	..	..	..	..	..	..	..	..	..	..
5. Increase in stocks	1384*	–3985*	–7385*	–6678*	–5932*	–2384*	–3130*	–5279*	–8002*	–9899*	–10371*	–7501*	–15214*	–5702*	–13258*
6. Gross fixed capital formation	32582*	43628*	40167*	38493*	42535*	45721*	50591*	54142*	60546*	56323*	52138*	49936*	49897*	50426*	52327*
7. **Total Domestic Expenditure**	125298*	157706*	151786*	156247*	167035*	181233*	192386*	200616*	212354*	213200*	216722*	222772*	219353*	234446*	235039*
8. Exports of goods and services	84107*	106321*	108384*	120023*	136548*	148877*	154641*	162808*	185422*	205349*	173177*	174815*	182218*	187225*	205319*
9. *Less:* Imports of goods and services	79087*	104464*	99466*	108562*	120702*	143628*	155082*	159202*	177123*	187492*	170596*	172562*	171878*	183885*	195672*
10. Statistical discrepancy	3091*	1875*	1084*	850*	2487*	2044*	1611*	2105*	2825*	1836*	–1715*	–1923*	–3088*	–1948*	–3316*
11. **Gross Domestic Product**	133409*	161438*	161788*	168558*	185368*	188526*	193556*	206327*	223478*	232893*	217588*	223102*	226605*	235838*	241370*
COST COMPONENTS OF THE G.D.P.															
1. Indirect taxes	2723*	3927*	4034*	4262*	4628*	5581*	6299*	7632*	9213*	10320*	11721*	13199*	14215*	16177*	16857*
2. *Less:* Subsidies	332*	1023*	1064*	1048*	791*	759*	812*	1041*	1372*	1897*	2694*	3668*	4578*	4830*	5207*
3. Consumption of fixed capital	4989*	7413*	8069*	9241*	10718*	11792*	12858*	13308*	16844*	18238*	18543*	18334*	18078*	19207*	21898*
4. Compensation of employees paid by resident producers	11567*	18875*	19322*	20557*	22240*	26385*	29599*	33703*	38628*	49332*	56586*	63084*	69603*	73477*	79438*
5. Operating surplus	10796*	12592*	11773*	13268*	17022*	19747*	15686*	17787*	23924*	29688*	12397*	19842*	15688*	19753*	22141*
6. Statistical discrepancy	–904*	–1044*	–1132*	–1419*	–1870*	–1941*	–1713*	–1564*	–2380*	–2233*	–731*	–538*	291*	179*	–194*
7. **Gross Domestic Product**	28839*	40740*	41002*	44861*	51947*	60805*	61917*	69825*	84857*	103448*	95822*	110253*	113297*	123963*	134933*
CAPITAL TRANSACTIONS OF THE NATION															
Finance of Gross Capital Formation															
1. Consumption of fixed capital	4989*	7413*	8069*	9241*	10718*	11792*	12858*	13308*	16844*	18238*	18543*	18334*	18078*	19207*	21898*
2. Net saving	4673*	4739*	3978*	4628*	7225*	11520*	9119*	12257*	17224*	25187*	17263*	24811*	24104*	28892*	30133*
3. *Less:* Surplus of the nation on current transactions	3100*	586*	2609*	3752*	6242*	8080*	3518*	6326*	12006*	23533*	14007*	20399*	21070*	20945*	25152*
4. Statistical discrepancy	–1574*	–3010*	–3077*	–3417*	–3601*	–3592*	–4830*	–4475*	–5025*	–3642*	–5523*	–4131*	–3965*	–4218*	–4799*
5. **Finance of Gross Capital Formation**	4988*	8556*	6361*	6700*	8100*	11640*	13629*	14764*	17037*	16250*	16276*	18615*	17147*	22936*	22080*
Gross capital formation															
6. Increase in stocks	–478*	–1264*	–2536*	–2274*	–2372*	–1081*	–2292*	–2825*	–3950*	–6782*	–7820*	–6278*	–8597*	–4094*	–7742*
7. Gross fixed capital formation	5466*	9820*	8897*	8974*	10472*	12721*	15921*	17589*	20987*	23032*	24096*	24893*	25744*	27030*	29822*
8. Statistical discrepancy	..	..	..	..	..	..	..	..	..	..	..	..	..	..	..
9. **Gross Capital Formation**	4988*	8556*	6361*	6700*	8100*	11640*	13629*	14764*	17037*	16250*	16276*	18615*	17147*	22936*	22080*
RELATIONS AMONG NATIONAL ACCOUNTING AGGREGATES															
1. **Gross Domestic Product**	28839*	40740*	41003*	44860*	51947*	60804*	61918*	69824*	84857*	103448*	95823*	110254*	113297*	123963*	134932*
2. *Plus:* Net factor income from the rest of the world	89*	117*	180*	242*	364*	1731*	1996*	3084*	3145*	5128*	10710*	15043*	17550*	19219*	20926*
3. Factor income from the rest of the world	1066*	2661*	3279*	4326*	6729*	12744*	17475*	21972*	39881*	77961*	80335*	87335*	102086*	127944*	208904*
4. Factor income paid to the rest of the world	983*	2572*	3129*	4124*	6428*	11010*	15519*	18871*	36992*	73453*	69629*	71901*	84083*	108481*	188799*
5. *Equals:* **Gross National Product**	28928*	40857*	41183*	45102*	52311*	62535*	63914*	72908*	88002*	108576*	106533*	125297*	130847*	143182*	155858*
6. *Less:* Consumption of fixed capital	4989*	7413*	8069*	9241*	10718*	11792*	12858*	13308*	16844*	18238*	18543*	18334*	18078*	19207*	21898*
7. *Plus:* Statistical discrepancy	662*	1909*	2419*	2583*	2023*	1025*	2625*	1897*	989*	–1244*	3930*	2125*	3168*	2170*	2995*
8. *Equals:* **National Income**	24601*	35353*	35533*	38444*	43616*	51768*	53681*	61497*	72147*	89094*	91920*	109088*	115937*	126145*	136955*
9. *Plus:* Net current transfers from the rest of the world	–197*	–287*	–380*	–393*	–641*	–633*	–605*	–624*	–612*	–735*	–880*	–1004*	–1433*	–831*	–1641*
10. Current transfers from the rest of the world	..	..	..	..	..	..	..	..	..	..	..	..	..	..	..
11. Current transfers paid to the rest of the world	..	..	..	..	..	..	..	..	..	..	..	..	..	..	..
12. *Equals:* **National Disposable Income**	24404*	35066*	35153*	38051*	42975*	51135*	53076*	60873*	71535*	88359*	91040*	108084*	114504*	125314*	135314*
13. *Less:* Final consumption	19731*	30327*	31175*	33423*	35750*	39615*	43957*	48616*	54311*	63172*	73777*	83273*	90400*	96422*	105181*
14. *Plus:* Statistical discrepancy	..	..	..	..	..	..	..	..	..	..	..	..	..	..	..
15. *Equals:* **Net Saving**	4673*	4739*	3978*	4628*	7225*	11520*	9119*	12257*	17224*	25187*	17263*	24811*	24104*	28892*	30133*
16. *Less:* Surplus of the nation on current transactions	3100*	586*	2609*	3752*	6242*	8080*	3518*	6364*	12006*	23533*	14007*	20399*	21070*	20945*	25152*
17. *Plus:* Statistical discrepancy	–1574*	–3010*	–3077*	–3417*	–3601*	–3592*	–4830*	–4437*	–5025*	–3642*	–5523*	–4131*	–3965*	–4218*	–4799*
18. *Equals:* **Net Capital Formation**	–1*	1143*	–1708*	–2541*	–2618*	–152*	771*	1456*	193*	–1988*	–2267*	281*	–931*	3729*	182*

1. In the National Accounts published by the Service Central de la Statistique et des Études Économiques of Luxembourg imputed bank services provided to non-residents are not deducted in calculating GDP. For this reason, estimates of GDP published by the Luxembourg authorities are somewhat higher than those shown here, particularly for recent years.
2. At 1985 relative prices for 1970-1994 and at 1975 relative prices for 1960-1969.

National Accounts, Volume 1, OECD, 1996

LUXEMBOURG[1]

SCN de 1968

Principaux Agrégats

millions de francs

1980	1981	1982	1983	1984	1985	1986	1987	1988	1989	1990	1991	1992	1993	1994		
																DÉPENSES IMPUTÉES AU P.I.B.
																Aux prix courants
20741*	23065*	24401*	25766*	27823*	30207	32205	35654	37487	40903	46354	49499	53271	56946	60048	1.	Consommation finale des administrations publiques
96081*	106131*	117825*	128190*	138553*	148300	157489	167171	179704	195541	214558	234461	242394	257027	269654	2.	Consommation finale privée
..	..	..	..	..	146592	155569	164987	177213	192528	211177	230476	238034	251970	264466	3.	Ménages
..	..	..	..	..	1708	1920	2184	2491	3013	3381	3985	4360	5057	5188	4.	Institutions privées sans but lucratif au service des ménages
-8612*	-7578*	-7402*	-2298*	372*	-2205	-1974	-6322	-7754	-164	-3669	-1264	-3158	-2542	1238	5.	Variations des stocks
36090*	36075*	39732*	37151*	38879*	36320	49236	58076	69895	75628	83244	96578	93368	105202	99620	6.	Formation brute de capital fixe
144300*	157693*	174556*	188809*	205627*	212622	236956	254579	279332	311908	340487	379274	385875	416633	430560	7.	**Demande intérieure totale**
128196*	133754*	153968*	171731*	213293*	242853	247184	249839	285531	326649	338444	360433	380431	399821	432056	8.	Exportations de biens et services
127821*	136702*	155109*	169525*	207435*	228732	232646	244440	276954	311327	333193	367279	368044	378370	394011	9.	*Moins :* Importations de biens et services
2170*	1780*	1993*	1955*	2455*	..	..	..	..	..	..	..	..	..	..	10.	Divergence statistique
146845*	156525*	175408*	192970*	213940*	226743	251494	259978	287909	327230	345738	372428	398262	438084	468605	11.	**Produit intérieur brut**
																Aux niveaux de prix de 1990[2]
36729*	37243*	37794*	38511*	39348*	40123*	41359*	42487*	44107*	44938*	46354*	48131*	49803*	50700*	51760*	1.	Consommation finale des administrations publiques
164849*	167716*	168377*	169206*	171652*	176215*	182125*	191249*	198636*	206322*	214558*	228537*	232471*	230380*	236140*	2.	Consommation finale privée
..	..	..	..	..	..	..	..	..	..	..	..	..	..	..	3.	Ménages
..	..	..	..	..	..	..	..	..	..	..	..	..	..	..	4.	Institutions privées sans but lucratif au service des ménages
-12846*	-8616*	-7145*	-3069*	-606*	252*	-2235*	-8915*	-9056*	-7789*	-3669*	-1412*	-2129*	-5460*	-5930*	5.	Variations des stocks
58973*	54601*	54343*	47950*	48009*	43440*	57007*	65413*	74613*	81222*	83244*	91406*	89483*	92950*	95180*	6.	Formation brute de capital fixe
247705*	250944*	253369*	252598*	258403*	260030*	278256*	290234*	308300*	324693*	340487*	366662*	369628*	368570*	377150*	7.	**Demande intérieure totale**
202347*	192588*	191984*	202140*	238582*	261325*	269624*	287177*	308627*	329906*	338444*	350715*	355363*	346830*	364180*	8.	Exportations de biens et services
203280*	197457*	196880*	199340*	227065*	242855*	257573*	277549*	301176*	319493*	333193*	360089*	360710*	351690*	365410*	9.	*Moins :* Importations de biens et services
-3372*	-4016*	-3676*	-3283*	-2207*	-2975*	-1607*	-2677*	-1588*	-28*	0*	-953*	-1309*	-700*	-970*	10.	Divergence statistique
243400*	242059*	244797*	252115*	267713*	275525*	288700*	297185*	314163*	335078*	345738*	356335*	362972*	363010*	374950*	11.	**Produit intérieur brut**
																RÉPARTITION DU P.I.B.
19617*	21182*	24870*	31071*	33655*	36253	38662	40227	44303	50761	55240	60333	67932	76667	78361	1.	Impôts indirects
5447*	7285*	8279*	10542*	9831*	7892	8474	9090	9246	9242	10956	12221	13393	14242	15392	2.	*Moins :* Subventions
23876*	25435*	27209*	30262*	33907*	35961	37216	38985	41172	45283	49086	53815	59249	61162	63700	3.	Consommation de capital fixe
87813*	96436*	103137*	110056*	118838*	126169	137453	147646	158056	177266	195928	218176	236636	253808	269919	4.	Rémunération des salariés payée par les producteurs résidents
20835*	20279*	28178*	31936*	37644*	36252	46637	42210	53624	63162	56440	52325	47838	60689	72017	5.	Excédent net d'exploitation
152*	477*	294*	187*	-272*	..	..	..	..	..	..	..	..	..	..	6.	Divergence statistique
146846*	156524*	175409*	192970*	213941*	226743	251494	259978	287909	327230	345738	372428	398262	438084	468605	7.	**Produit intérieur brut**
																OPÉRATIONS EN CAPITAL DE LA NATION
																Financement de la formation brute de capital
23876*	25435*	27209*	30262*	33907*	35961	37216	38985	41172	45283	49086	53815	59249	61162	63700	1.	Consommation de capital fixe
33182*	37193*	58882*	70773*	78287*	83388	94283	82859	94808	117270	125867	135259	128395	107874	111447	2.	Épargne nette
23888*	28599*	51805*	65356*	71760*	85234	84237	70090	73839	87089	95378	93760	97434	66376	74289	3.	*Moins :* Solde des opérations courantes de la nation
-5692*	-5532*	-1956*	-826*	-1183*	..	..	..	..	..	..	..	..	..	..	4.	Divergence statistique
27478*	28497*	32330*	34853*	39251*	34115	47262	51754	62141	75464	79575	95314	90210	102660	100858	5.	**Financement de la formation brute de capital**
																Formation brute de capital
-8612*	-7578*	-7402*	-2298*	372*	-2205	-1974	-6322	-7754	-164	-3669	-1264	-3158	-2542	1238	6.	Variations des stocks
36090*	36075*	39732*	37151*	38879*	36320	49236	58076	69895	75628	83244	96578	93368	105202	99620	7.	Formation brute de capital fixe
..	..	..	..	..	..	..	..	..	..	..	..	..	..	..	8.	Divergence statistique
27478*	28497*	32330*	34853*	39251*	34115	47262	51754	62141	75464	79575	95314	90210	102660	100858	9.	**Formation brute de capital**
																RELATIONS ENTRE LES PRINCIPAUX AGRÉGATS
146845*	156525*	175409*	192970*	213941*	226743	251494	259978	287909	327230	345738	372428	398262	438084	468605	1.	**Produit intérieur brut**
25270*	33018*	54282*	65150*	69236*	75388	75057	70876	72346	77239	96009	109495	95502	53876	48221	2.	*Plus :* Revenu net des facteurs reçu du reste du monde
342925*	555294*	588504*	491537*	561392*	563217	511363	524179	594480	878596	1073126	1126487	1206514	1168165	1050230	3.	Revenu des facteurs reçu du reste du monde
320062*	527094*	537078*	426463*	492845*	487829	436306	453303	522134	801357	977117	1016992	1111012	1114289	1002009	4.	Revenu des facteurs payé au reste du monde
172115*	189543*	229691*	258120*	283177*	302131	326551	330854	360255	404469	441747	481923	493764	491960	516826	5.	*Égal :* **Produit national brut**
23876*	25435*	27209*	30262*	33907*	35961	37216	38985	41172	45283	49086	53815	59249	61162	63700	6.	*Moins :* Consommation de capital fixe
3641*	4623*	1515*	419*	-318*	..	..	..	..	..	..	..	..	..	..	7.	*Plus :* Divergence statistique
151880*	168731*	203997*	228277*	248952*	266170	289335	291869	319083	359186	392661	428108	434515	430798	453126	8.	*Égal :* **Revenu national**
-1876*	-2342*	-2889*	-3548*	-4289*	-4275	-5358	-6185	-7084	-5472	-5882	-8889	-9455	-8951	-11977	9.	*Plus :* Transferts courants nets reçus du reste du monde
..	..	..	..	..	..	..	..	..	..	..	..	..	..	..	10.	Transferts courants reçus du reste du monde
..	..	..	..	..	..	..	..	..	..	..	..	..	..	..	11.	Transferts courants payés au reste du monde
150004*	166389*	201108*	224729*	244663*	261895	283977	285684	311999	353714	386779	419219	425060	421847	441149	12.	*Égal :* **Revenu national disponible**
116822*	129196*	142226*	153956*	166376*	178507	189694	202825	217191	236444	260912	283960	296665	313973	329702	13.	*Moins :* Consommation finale
..	..	..	..	..	..	..	..	..	..	..	..	..	..	..	14.	*Plus :* Divergence statistique
33182*	37193*	58882*	70773*	78287*	83388	94283	82859	94808	117270	125867	135259	128395	107874	111447	15.	*Égal :* **Épargne nette**
23888*	28599*	51805*	65356*	71760*	85234	84237	70090	73839	87089	95378	93760	97434	66376	74289	16.	*Moins :* Solde des opérations courantes de la nation
-5692*	-5532*	-1956*	-826*	-1183*	..	..	..	..	..	..	..	..	..	..	17.	*Plus :* Divergence statistique
3602*	3062*	5121*	4591*	5344*	-1846	10046	12769	20969	30181	30489	41499	30961	41498	37158	18.	*Égal :* **Formation nette de capital**

1. Dans les Comptes Nationaux publiés par le Service Central de la Statistique et des Études Économiques du Luxembourg les services bancaires imputés fournis aux non-résidents ne sont pas déduits du PIB. Pour cette raison, le PIB publié par les autorités Luxembourgeoises est sensiblement plus élevé que celui montré ici, surtout pour les années récentes.
2. Aux prix relatifs de 1985 pour la période 1970-1994 et aux prix relatifs de 1975 pour la période 1960-1969.

NETHERLANDS
1968 SNA

Main aggregates

millions of guilders

	1960	1966	1967	1968	1969	1970	1971	1972	1973	1974	1975	1976	1977	1978	1979
EXPENDITURE ON THE G.D.P.															
At current prices															
1. Government final consumption expenditure	5502*	11458*	12875*	13950*	15908*	18301*	21430*	23960*	26893*	31826*	37515*	42634*	46930	51610	56310
2. Private final consumption expenditure	26416*	47320*	51377*	56163*	64268*	72040*	80300*	89973*	101549*	115343*	131171*	150539*	167140	182140	195410
3. Households	..	..	..	..	..	..	..	..	..	..	..	..	..	..	..
4. Private non-profit institutions serving households	..	..	..	..	..	..	..	..	..	..	..	..	..	..	..
5. Increase in stocks	1386*	817*	523*	324*	2378*	2544*	1568*	759*	2576*	4797*	–975*	3074*	1600	1270	1230
6. Gross fixed capital formation	11133*	21366*	23536*	26606*	27553*	32557*	35962*	37790*	42212*	45524*	48088*	50839*	60100	65530	68570
7. **Total Domestic Expenditure**	**44437***	**80961***	**88311***	**97043***	**110107***	**125442***	**139260***	**152482***	**173230***	**197490***	**215799***	**247086***	**275770**	**300550**	**321520**
8. Exports of goods and services	20852*	32177*	34298*	38472*	45187*	53457*	61057*	68322*	82115*	106106*	108016*	126475*	128710	131840	153240
9. *Less:* Imports of goods and services	20099*	33322*	35127*	38569*	45492*	55617*	61553*	64235*	76667*	100873*	100902*	118245*	125610	131810	154820
10. Statistical discrepancy	–133*	–309*	–255*	–227*	–266*	–365*	–278*	–99*	–115*	–81*	199*	223*	..	..	..
11. **Gross Domestic Product**	**45057***	**79507***	**87227***	**96719***	**109536***	**122917***	**138486***	**156470***	**178563***	**202642***	**223112***	**255539***	**278870**	**300580**	**319940**
At 1990 price levels[1]															
1. Government final consumption expenditure	34173*	39959*	40912*	41811*	43690*	46328*	48355*	48736*	49127*	50211*	52267*	54414*	56260	58410	60450
2. Private final consumption expenditure	102161*	143397*	151197*	161160*	173887*	186743*	192909*	199664*	207646*	215334*	222434*	234229*	245000	255690	261600
3. Households	..	..	..	..	..	..	..	..	..	..	..	..	..	..	..
4. Private non-profit institutions serving households	..	..	..	..	..	..	..	..	..	..	..	..	..	..	..
5. Increase in stocks	4474*	2562*	1722*	1256*	6910*	7105*	5410*	3972*	6783*	9325*	1299*	7825*	5420	5110	4730
6. Gross fixed capital formation	45906*	68996*	74833*	83184*	81318*	87447*	88779*	86744*	90374*	86756*	82976*	81167*	89080	91210	89830
7. **Total Domestic Expenditure**	**186714***	**254914***	**268664***	**287411***	**305805***	**327623***	**335453***	**339116***	**353930***	**361626***	**358976***	**377635***	**395760**	**410420**	**416610**
8. Exports of goods and services	49188*	71405*	76132*	85864*	98696*	110403*	122161*	134321*	150575*	154474*	149628*	164411*	161500	166870	179270
9. *Less:* Imports of goods and services	47584*	77217*	82117*	92809*	105930*	121482*	128912*	135084*	149946*	148677*	142637*	157072*	161610	171790	181880
10. Statistical discrepancy	2176*	–1437*	–1938*	–2995*	–3260*	–4416*	–3397*	–2280*	–2730*	–1640*	–519*	–817*	–2590	–3170	–2710
11. **Gross Domestic Product**	**190494***	**247665***	**260741***	**277471***	**295311***	**312128***	**325305***	**336073***	**351829***	**365783***	**365448***	**384157***	**393060**	**402330**	**411290**
COST COMPONENTS OF THE G.D.P.															
1. Indirect taxes	4596*	8456*	9514*	11057*	11695*	14138*	16186*	18723*	21000*	22330*	25096*	29992*	34930	37490	39940
2. *Less:* Subsidies	947*	1002*	1286*	1403*	1821*	2378*	2065*	2599*	3689*	4084*	4559*	7054*	7970	9040	10010
3. Consumption of fixed capital	4575*	7718*	8387*	9069*	10027*	11547*	13347*	14912*	16577*	19425*	22520*	25254*	27280	29890	32870
4. Compensation of employees paid by resident producers	20980*	42951*	46876*	51695*	59892*	68429*	78525*	87897*	101823*	118378*	133628*	148624*	162530	175910	189150
5. Operating surplus	15892*	21383*	23669*	26229*	29508*	31040*	32583*	37557*	42743*	46618*	46821*	58639*	62100	66330	67990
6. Statistical discrepancy	–37*	1*	67*	71*	237*	141*	–89*	–19*	109*	–24*	–393*	84*	..	..	..
7. **Gross Domestic Product**	**45059***	**79507***	**87227***	**96718***	**109538***	**122917***	**138487***	**156471***	**178563***	**202643***	**223113***	**255539***	**278870**	**300580**	**319940**
CAPITAL TRANSACTIONS OF THE NATION															
Finance of Gross Capital Formation															
1. Consumption of fixed capital	4575*	7718*	8387*	9069*	10027*	11547*	13347*	14912*	16577*	19425*	22520*	25254*	27280	29890	32870
2. Net saving	9169*	13543*	15217*	17896*	19899*	21546*	23518*	27817*	34641*	36909*	30430*	36386*	36810	34660	33310
3. *Less:* Surplus of the nation on current transactions	1373*	–785*	–279*	298*	290*	–1899*	–491*	4836*	7505*	6947*	6131*	8276*	2390	–2250	–3620
4. Statistical discrepancy	148*	137*	176*	263*	295*	109*	174*	656*	1075*	934*	294*	549*	..	..	..
5. **Finance of Gross Capital Formation**	**12519***	**22183***	**24059***	**26930***	**29931***	**35101***	**37530***	**38549***	**44788***	**50321***	**47113***	**53913***	**61700**	**66800**	**69800**
Gross capital formation															
6. Increase in stocks	1386*	817*	523*	324*	2378*	2544*	1568*	759*	2576*	4797*	–975*	3074*	1600	1270	1230
7. Gross fixed capital formation	11133*	21366*	23536*	26606*	27553*	32557*	35962*	37790*	42212*	45524*	48088*	50839*	60100	65530	68570
8. Statistical discrepancy	..	..	..	..	..	..	..	..	..	..	..	..	..	..	..
9. **Gross Capital Formation**	**12519***	**22183***	**24059***	**26930***	**29931***	**35101***	**37530***	**38549***	**44788***	**50321***	**47113***	**53913***	**61700**	**66800**	**69800**
RELATIONS AMONG NATIONAL ACCOUNTING AGGREGATES															
1. **Gross Domestic Product**	**45058***	**79507***	**87226***	**96718***	**109538***	**122917***	**138487***	**156471***	**178563***	**202643***	**223112***	**255540***	**278870**	**300580**	**319940**
2. *Plus:* Net factor income from the rest of the world	147*	190*	268*	187*	242*	171*	119*	214*	398*	511*	–6*	37*	150	–1020	–1140
3. Factor income from the rest of the world	1547*	2526*	3059*	3182*	3865*	4846*	5470*	5542*	7382*	10204*	9171*	9601*	10470	11560	16340
4. Factor income paid to the rest of the world	1099*	1962*	2247*	2645*	3165*	4424*	5250*	4996*	6266*	8796*	9516*	9812*	10320	12580	17480
5. *Equals:* **Gross National Product**	**45205***	**79697***	**87494***	**96905***	**109780***	**123088***	**138606***	**156685***	**178961***	**203154***	**223106***	**255577***	**279020**	**299560**	**318800**
6. *Less:* Consumption of fixed capital	4575*	7718*	8387*	9069*	10027*	11547*	13347*	14912*	16577*	19425*	22520*	25254*	27280	29890	32870
7. *Plus:* Statistical discrepancy	471*	455*	532*	329*	470*	422*	203*	293*	816*	817*	–518*	–128*	..	..	..
8. *Equals:* **National Income**	**41101***	**72434***	**79639***	**88165***	**100223***	**111963***	**125462***	**142066***	**163200***	**184546***	**200068***	**230195***	**251740**	**269670**	**285930**
9. *Plus:* Net current transfers from the rest of the world	–14*	–113*	–170*	–156*	–148*	–76*	–214*	–316*	–117*	–468*	–952*	–636*	–860	–1260	–900
10. Current transfers from the rest of the world	..	..	..	..	..	..	..	..	..	..	..	..	..	..	..
11. Current transfers paid to the rest of the world	..	..	..	..	..	..	..	..	..	..	..	..	..	..	..
12. *Equals:* **National Disposable Income**	**41087***	**72321***	**79469***	**88009***	**100075***	**111887***	**125248***	**141750***	**163083***	**184078***	**199116***	**229559***	**250880**	**268410**	**285030**
13. *Less:* Final consumption	31918*	58778*	64252*	70113*	80176*	90341*	101730*	113933*	128442*	147169*	168686*	193173*	214070	233750	251720
14. *Plus:* Statistical discrepancy	..	..	..	..	..	..	..	..	..	..	..	..	..	..	..
15. *Equals:* **Net Saving**	**9169***	**13543***	**15217***	**17896***	**19899***	**21546***	**23518***	**27817***	**34641***	**36909***	**30430***	**36386***	**36810**	**34660**	**33310**
16. *Less:* Surplus of the nation on current transactions	1373*	–785*	–279*	298*	290*	–1899*	–491*	4836*	7505*	6947*	6131*	8276*	2390	–2250	–3620
17. *Plus:* Statistical discrepancy	148*	137*	176*	263*	295*	109*	174*	656*	1075*	934*	294*	549*	..	..	..
18. *Equals:* **Net Capital Formation**	**7944***	**14465***	**15672***	**17861***	**19904***	**23554***	**24183***	**23637***	**28211***	**30896***	**24593***	**28659***	**34420**	**36910**	**36930**

1. At 1990 relative prices for 1985-1994, at 1985 relative prices for 1980-1984, at 1980 relative prices for 1969-1979 and at 1975 relative prices for 1960-1968.

PAYS-BAS
SCN de 1968

Principaux Agrégats

millions de florins

1980	1981	1982	1983	1984	1985	1986	1987	1988	1989	1990	1991	1992	1993	1994	
															DÉPENSES IMPUTÉES AU P.I.B.
															Aux prix courants
59 390	61 880	64 640	66 270	65 870	67 070	67 940	70 040	70 470	72 040	75 080	78 600	83 010	84 660	86 520	1. Consommation finale des administrations publiques
207 900	214 570	224 360	232 990	240 330	252 910	260 230	267 940	271 640	284 490	303 100	322 460	340 920	351 980	368 050	2. Consommation finale privée
..	..	..	..	..	..	..	..	..	..	..	..	..	..	..	3. Ménages
..	..	..	..	..	..	..	..	..	..	..	..	..	..	..	4. Institutions privées sans but lucratif au service des ménages
2 900	−1 020	−1 760	790	970	1 440	3 830	−420	310	5 430	6 520	5 350	3 140	−2 360	4 250	5. Variations des stocks
73 050	70 040	69 500	72 210	77 290	83 690	89 350	91 580	97 390	104 080	107 940	110 460	113 320	111 730	117 310	6. Formation brute de capital fixe
343 240	**345 470**	**356 740**	**372 260**	**384 460**	**405 110**	**421 350**	**429 140**	**439 810**	**466 040**	**492 640**	**516 870**	**540 390**	**546 010**	**576 130**	7. **Demande intérieure totale**
174 600	202 680	208 380	214 680	242 690	258 730	221 950	219 260	240 250	267 670	279 740	293 090	294 880	292 690	312 100	8. Exportations de biens et services
176 160	189 950	192 060	199 590	221 450	238 300	205 440	207 560	222 380	248 760	255 830	267 390	269 170	259 660	279 810	9. *Moins :* Importations de biens et services
..	..	..	..	..	..	..	..	..	..	..	..	..	..	..	10. Divergence statistique
341 680	**358 200**	**373 060**	**387 350**	**405 700**	**425 540**	**437 860**	**440 840**	**457 680**	**484 950**	**516 550**	**542 570**	**566 100**	**579 040**	**608 420**	11. **Produit intérieur brut**
															Aux niveaux de prix de 1990[1]
61 300	63 000	64 440	65 900	65 900	67 470	69 890	71 730	72 750	73 870	75 080	76 230	77 510	77 630	78 310	1. Consommation finale des administrations publiques
260 610	252 890	251 720	254 110	257 140	264 380	271 250	278 670	281 020	290 820	303 100	312 490	320 380	323 270	330 190	2. Consommation finale privée
..	..	..	..	..	..	..	..	..	..	..	..	..	..	..	3. Ménages
..	..	..	..	..	..	..	..	..	..	..	..	..	..	..	4. Institutions privées sans but lucratif au service des ménages
6 120	1 810	1 000	3 090	2 690	3 130	3 860	−200	50	5 290	6 520	4 880	2 860	−2 950	3 010	5. Variations des stocks
89 640	80 750	77 370	79 330	83 910	89 810	95 990	96 850	101 230	106 230	107 940	108 160	108 820	105 410	108 530	6. Formation brute de capital fixe
417 670	**398 450**	**394 530**	**402 430**	**409 640**	**424 790**	**440 990**	**447 050**	**455 050**	**476 210**	**492 640**	**501 760**	**509 570**	**503 360**	**520 040**	7. **Demande intérieure totale**
183 160	186 580	184 960	190 820	205 220	215 680	219 620	228 500	249 010	265 570	279 740	292 890	301 310	306 120	323 940	8. Exportations de biens et services
182 440	171 600	170 840	177 580	186 390	198 200	205 220	213 760	230 010	245 520	255 830	266 370	271 870	268 870	288 940	9. *Moins :* Importations de biens et services
−2 140	710	670	650	1 540	980	70	110	−70	−100	0	0	−30	−350	−370	10. Divergence statistique
416 250	**414 140**	**409 320**	**416 320**	**430 010**	**443 250**	**455 460**	**461 900**	**473 980**	**496 160**	**516 550**	**528 280**	**538 980**	**540 260**	**554 670**	11. **Produit intérieur brut**
															RÉPARTITION DU P.I.B.
41 210	41 570	43 790	45 800	49 300	51 620	55 340	58 620	60 560	60 370	63 720	67 370	72 040	74 980	78 950	1. Impôts indirects
10 380	10 120	11 480	12 870	14 290	15 190	15 830	19 190	18 850	16 740	15 730	17 710	18 050	17 420	16 040	2. *Moins :* Subventions
36 310	40 130	43 010	44 770	46 630	48 470	49 650	51 080	53 580	56 900	59 720	62 830	65 910	68 760	71 760	3. Consommation de capital fixe
201 070	205 080	211 190	213 380	214 300	221 710	231 570	239 360	245 740	252 850	267 740	283 870	300 240	308 210	314 640	4. Rémunération des salariés payée par les producteurs résidents
73 470	81 540	86 550	96 270	109 760	118 930	117 130	110 970	116 650	131 570	141 100	146 210	145 960	144 510	159 110	5. Excédent net d'exploitation
..	..	..	..	..	..	..	..	..	..	..	..	..	..	..	6. Divergence statistique
341 680	**358 200**	**373 060**	**387 350**	**405 700**	**425 540**	**437 860**	**440 840**	**457 680**	**484 950**	**516 550**	**542 570**	**566 100**	**579 040**	**608 420**	7. **Produit intérieur brut**
															OPÉRATIONS EN CAPITAL DE LA NATION
															Financement de la formation brute de capital
36 310	40 130	43 010	44 770	46 630	48 470	49 650	51 080	53 580	56 900	59 720	62 830	65 910	68 760	71 760	1. Consommation de capital fixe
35 200	36 910	36 970	40 740	48 890	54 800	56 920	48 640	56 980	69 520	74 490	71 690	68 320	66 020	76 560	2. Épargne nette
−4 440	8 020	12 240	12 510	17 260	18 140	13 390	8 560	12 860	16 910	19 750	18 710	17 770	25 410	26 760	3. *Moins :* Solde des opérations courantes de la nation
..	..	..	..	..	..	..	..	..	..	..	..	..	..	..	4. Divergence statistique
75 950	**69 020**	**67 740**	**73 000**	**78 260**	**85 130**	**93 180**	**91 160**	**97 700**	**109 510**	**114 460**	**115 810**	**116 460**	**109 370**	**121 560**	5. **Financement de la formation brute de capital**
															Formation brute de capital
2 900	−1 020	−1 760	790	970	1 440	3 830	−420	310	5 430	6 520	5 350	3 140	−2 360	4 250	6. Variations des stocks
73 050	70 040	69 500	72 210	77 290	83 690	89 350	91 580	97 390	104 080	107 940	110 460	113 320	111 730	117 310	7. Formation brute de capital fixe
..	..	..	..	..	..	..	..	..	..	..	..	..	..	..	8. Divergence statistique
75 950	**69 020**	**67 740**	**73 000**	**78 260**	**85 130**	**93 180**	**91 160**	**97 700**	**109 510**	**114 460**	**115 810**	**116 460**	**109 370**	**121 560**	9. **Formation brute de capital**
															RELATIONS ENTRE LES PRINCIPAUX AGRÉGATS
341 680	358 200	373 060	387 350	405 700	425 540	437 860	440 840	457 680	484 950	516 550	542 570	566 100	579 040	608 420	1. Produit intérieur brut
−1 340	−1 870	−1 150	−380	−1 620	−40	−680	−1 150	−3 500	−200	−910	−940	−2 250	−790	2 230	2. *Plus :* Revenu net des facteurs reçu du reste du monde
22 970	30 620	31 250	26 220	30 150	32 120	29 260	30 880	33 230	48 290	50 310	52 110	53 060	51 720	48 930	3. Revenu des facteurs reçu du reste du monde
24 310	32 490	32 400	26 600	31 770	32 160	29 940	32 030	36 730	48 490	51 220	53 050	55 310	52 510	46 700	4. Revenu des facteurs payé au reste du monde
340 340	**356 330**	**371 910**	**386 970**	**404 080**	**425 500**	**437 180**	**439 690**	**454 180**	**484 750**	**515 640**	**541 630**	**563 850**	**578 250**	**610 650**	5. *Égal :* **Produit national brut**
36 310	40 130	43 010	44 770	46 630	48 470	49 650	51 080	53 580	56 900	59 720	62 830	65 910	68 760	71 760	6. *Moins :* Consommation de capital fixe
..	..	..	..	..	..	..	..	..	..	..	..	..	..	..	7. *Plus :* Divergence statistique
304 030	316 200	328 900	342 200	357 450	377 030	387 530	388 610	400 600	427 850	455 920	478 800	497 940	509 490	538 890	8. *Égal :* Revenu national
−1 540	−2 840	−2 930	−2 200	−2 360	−2 250	−2 440	−1 990	−1 510	−1 800	−3 250	−6 050	−5 690	−6 830	−7 760	9. *Plus :* Transferts courants nets reçus du reste du monde
..	..	..	..	..	8 520	9 090	10 010	11 070	11 750	10 910	10 300	10 370	10 180	..	10. Transferts courants reçus du reste du monde
..	..	..	..	..	10 770	11 530	12 000	12 580	13 550	14 160	16 350	16 090	17 180	..	11. Transferts courants payés au reste du monde
302 490	**313 360**	**325 970**	**340 000**	**355 090**	**374 780**	**385 090**	**386 620**	**399 090**	**426 050**	**452 670**	**472 750**	**492 250**	**502 660**	**531 130**	12. *Égal :* **Revenu national disponible**
267 290	276 450	289 000	299 260	306 200	319 980	328 170	337 980	342 110	356 530	378 180	401 060	423 930	436 640	454 570	13. *Moins :* Consommation finale
..	..	..	..	..	..	..	..	..	..	..	..	..	..	..	14. *Plus :* Divergence statistique
35 200	**36 910**	**36 970**	**40 740**	**48 890**	**54 800**	**56 920**	**48 640**	**56 980**	**69 520**	**74 490**	**71 690**	**68 320**	**66 020**	**76 560**	15. *Égal :* **Épargne nette**
−4 440	8 020	12 240	12 510	17 260	18 140	13 390	8 560	12 860	16 910	19 750	18 710	17 770	25 410	26 760	16. *Moins :* Solde des opérations courantes de la nation
..	..	..	..	..	..	..	..	..	..	..	..	..	..	..	17. *Plus :* Divergence statistique
39 640	**28 890**	**24 730**	**28 230**	**31 630**	**36 660**	**43 530**	**40 080**	**44 120**	**52 610**	**54 740**	**52 980**	**50 550**	**40 610**	**49 800**	18. *Égal :* **Formation nette de capital**

1. Aux prix relatifs de 1990 pour la période 1985-1994, aux prix relatifs de 1985 pour la période 1980-1984, aux prix relatifs de 1980 pour la période 1969-1979 et aux prix relatifs de 1975 pour la période 1960-1968.

NORWAY
1993 SNA

Main aggregates

millions of kroner

	1960	1966	1967	1968	1969	1970	1971	1972	1973	1974	1975	1976	1977	1978	1979
EXPENDITURE ON THE G.D.P.															
At current prices															
1. Government final consumption expenditure	4545*	9026*	10285*	11298*	12487*	14476*	17091*	19105*	21812*	25414*	30702*	36461*	41316*	46577*	49831*
2. Private final consumption expenditure	20686*	32070*	34807*	37203*	41471*	45520*	50656*	55579*	61636*	69904*	82075*	94628*	109886*	117029*	127005*
3. Households	..	..	..	..	..	..	..	..	..	..	..	..	..	..	..
4. Private non-profit institutions serving households	..	..	..	..	..	..	..	..	..	..	..	..	..	..	..
5. Increase in stocks	1475*	3058*	2802*	1583*	2201*	6255*	5201*	3178*	5077*	9516*	7927*	9074*	6665*	−98*	7402*
6. Gross fixed capital formation	10196*	16651*	18855*	18236*	17963*	22574*	28171*	29078*	34883*	42182*	54096*	66035*	75698*	72111*	70492*
7. **Total Domestic Expenditure**	**36902***	**60805***	**66749***	**68320***	**74123***	**88825***	**101119***	**106941***	**123407***	**147017***	**174799***	**206197***	**233565***	**235619***	**254730***
8. Exports of goods and services	13663*	22275*	25039*	27514*	29394*	33432*	35839*	40090*	48773*	60069*	62243*	70234*	76331*	87297*	105499*
9. Less: Imports of goods and services	14205*	23007*	26035*	26121*	27765*	34316*	38613*	39159*	49108*	63563*	71899*	86125*	96446*	88822*	98824*
10. Statistical discrepancy	−111*	−237*	−289*	190*	367*	−351*	−636*	32*	−419*	−1269*	−2085*	−3116*	−3424*	−442*	307*
11. **Gross Domestic Product**	**36250***	**59836***	**65464***	**69904***	**76119***	**87590***	**97710***	**107904***	**122653***	**142254***	**163059***	**187191***	**210026***	**233652***	**261712***
At 1990 price levels[1]															
1. Government final consumption expenditure	35481*	50637*	55382*	57709*	60483*	64278*	68154*	71246*	75131*	78152*	83168*	89302*	93707*	98716*	102220*
2. Private final consumption expenditure	145082*	180161*	187073*	193941*	208823*	208803*	218370*	224831*	231335*	240255*	252566*	267915*	286486*	281824*	290880*
3. Households	..	..	..	..	..	..	..	..	..	..	..	..	..	..	..
4. Private non-profit institutions serving households	..	..	..	..	..	..	..	..	..	..	..	..	..	..	..
5. Increase in stocks	11010*	16294*	19766*	12977*	13839*	26304*	21333*	11471*	14043*	28244*	22927*	24830*	14177*	−761*	14739*
6. Gross fixed capital formation	63962*	90584*	101245*	98151*	89732*	103078*	122404*	117390*	133401*	140204*	156914*	172797*	179090*	159015*	151109*
7. **Total Domestic Expenditure**	**255535***	**337676***	**363466***	**362778***	**372877***	**402463***	**430261***	**424938***	**453910***	**486855***	**515575***	**554844***	**573460***	**538794***	**558948***
8. Exports of goods and services	57657*	85635*	92851*	99969*	105289*	105392*	106594*	121610*	131687*	132584*	136679*	152068*	157591*	170809*	175215*
9. Less: Imports of goods and services	67684*	104809*	117082*	119692*	121866*	138413*	147296*	145805*	166853*	174721*	186878*	209891*	217104*	187707*	186398*
10. Statistical discrepancy	−8085*	−9563*	−10967*	−7373*	−5496*	−11627*	−15358*	−7209*	−9033*	−13726*	−16420*	−17488*	−17244*	−2643*	−2208*
11. **Gross Domestic Product**	**237423***	**308939***	**328268***	**335682***	**350804***	**357815***	**374201***	**393534***	**409711***	**430992***	**448956***	**479533***	**496703***	**519253***	**545557***
COST COMPONENTS OF THE G.D.P.															
1. Indirect taxes	4600*	8169*	9023*	9408*	11145*	14530*	16555*	18145*	20279*	22681*	26386*	30930*	36232*	37847*	40998*
2. Less: Subsidies	1220*	1988*	2129*	2387*	2949*	3419*	3914*	4344*	4960*	6238*	7686*	9650*	11715*	13653*	13900*
3. Consumption of fixed capital	4844*	7982*	9203*	9542*	10417*	12064*	13552*	14754*	16645*	20458*	23074*	28753*	33983*	37854*	40348*
4. Compensation of employees paid by resident producers	17084*	29880*	33608*	36376*	39450*	43880*	51212*	57672*	65247*	75861*	90303*	104769*	118378*	129886*	135573*
5. Operating surplus	11784*	16627*	16334*	17647*	18764*	21200*	20480*	21704*	25678*	30028*	31089*	32141*	32434*	42365*	61635*
6. Statistical discrepancy	−842*	−834*	−576*	−682*	−707*	−665*	−173*	−28*	−234*	−535*	−108*	247*	715*	−646*	−2944*
7. **Gross Domestic Product**	**36250***	**59835***	**65464***	**69905***	**76120***	**87589***	**97710***	**107904***	**122653***	**142254***	**163058***	**187189***	**210026***	**233651***	**261711***
CAPITAL TRANSACTIONS OF THE NATION															
Finance of Gross Capital Formation															
1. Consumption of fixed capital	4844*	7982*	9203*	9542*	10417*	12061*	13552*	14753*	16645*	20458*	23074*	28753*	33983*	37854*	40350*
2. Net saving	6882*	11708*	11981*	12777*	12393*	17063*	17825*	19678*	24331*	27660*	27354*	24665*	17154*	22353*	34749*
3. Less: Surplus of the nation on current transactions	−782*	−1450*	−1805*	690*	947*	−1796*	−3827*	−402*	−2080*	−6405*	−13188*	−21166*	−27850*	−11435*	−5484*
4. Statistical discrepancy	−837*	−1429*	−1331*	−1810*	−1699*	−2091*	−1832*	−2577*	−3097*	−2825*	−1593*	525*	3376*	371*	−2689*
5. **Finance of Gross Capital Formation**	**11671***	**19710***	**21657***	**19819***	**20165***	**28829***	**33372***	**32256***	**39960***	**51698***	**62023***	**75109***	**82363***	**72013***	**77894***
Gross capital formation															
6. Increase in stocks	1475*	3058*	2802*	1583*	2201*	6255*	5201*	3178*	5077*	9516*	7927*	9074*	6665*	−98*	7402*
7. Gross fixed capital formation	10196*	16651*	18855*	18236*	17963*	22574*	28171*	29078*	34883*	42182*	54096*	66035*	75698*	72111*	70492*
8. Statistical discrepancy	..	..	..	..	..	..	..	..	..	..	..	..	..	..	..
9. **Gross Capital Formation**	**11671***	**19710***	**21657***	**19819***	**20165***	**28829***	**33372***	**32256***	**39960***	**51698***	**62023***	**75109***	**82363***	**72013***	**77894***
RELATIONS AMONG NATIONAL ACCOUNTING AGGREGATES															
1. **Gross Domestic Product**	**36250***	**59836***	**65464***	**69904***	**76120***	**87589***	**97710***	**107903***	**122652***	**142254***	**163057***	**187190***	**210026***	**233651***	**261710***
2. Plus: Net factor income from the rest of the world	−387*	−759*	−842*	−827*	−685*	−752*	−905*	−1244*	−1436*	−2236*	−2318*	−3689*	−5729*	−8693*	−11288*
3. Factor income from the rest of the world	179*	416*	486*	598*	946*	1026*	971*	849*	1184*	1899*	1740*	1708*	1816*	2383*	3241*
4. Factor income paid to the rest of the world	536*	1122*	1271*	1381*	1637*	1783*	1858*	2022*	2557*	4042*	3940*	5109*	7019*	10242*	13461*
5. Equals: **Gross National Product**	**35862***	**59077***	**64621***	**69077***	**75435***	**86837***	**96805***	**106659***	**121216***	**140018***	**160740***	**183501***	**204297***	**224958***	**250422***
6. Less: Consumption of fixed capital	4844*	7982*	9203*	9542*	10417*	12061*	13552*	14753*	16645*	20458*	23074*	28753*	33983*	37854*	40350*
7. Plus: Statistical discrepancy	948*	1655*	1598*	1686*	1363*	2352*	2321*	2565*	3446*	3905*	3185*	1948*	−594*	532*	3434*
8. Equals: **National Income**	**31967***	**52751***	**57017***	**61222***	**66381***	**77128***	**85574***	**94471***	**108018***	**123465***	**140851***	**156696***	**169720***	**187636***	**213507***
9. Plus: Net current transfers from the rest of the world	146*	52*	56*	57*	−29*	−69*	−1*	−108*	−239*	−486*	−721*	−943*	−1364*	−1678*	−1922*
10. Current transfers from the rest of the world	158*	167*	186*	219*	227*	248*	314*	306*	307*	322*	322*	322*	330*	336*	361*
11. Current transfers paid to the rest of the world	75*	176*	198*	242*	333*	399*	424*	514*	639*	893*	1112*	1322*	1729*	2033*	2296*
12. Equals: **National Disposable Income**	**32113***	**52803***	**57073***	**61278***	**66352***	**77059***	**85573***	**94363***	**107779***	**122979***	**140130***	**155753***	**168356***	**185958***	**211585***
13. Less: Final consumption	25231*	41095*	45092*	48501*	53959*	59996*	67748*	74684*	83448*	95319*	112776*	131089*	151202*	163606*	176836*
14. Plus: Statistical discrepancy	..	..	..	..	..	..	..	..	..	..	..	..	..	..	..
15. Equals: **Net Saving**	**6882***	**11708***	**11981***	**12777***	**12393***	**17063***	**17825***	**19678***	**24331***	**27660***	**27354***	**24665***	**17154***	**22353***	**34749***
16. Less: Surplus of the nation on current transactions	−782*	−1450*	−1805*	690*	947*	−1796*	−3827*	−402*	−2080*	−6405*	−13188*	−21166*	−27850*	−11435*	−5484*
17. Plus: Statistical discrepancy	−837*	−1429*	−1331*	−1810*	−1699*	−2091*	−1832*	−2577*	−3097*	−2825*	−1593*	525*	3376*	371*	−2689*
18. Equals: **Net Capital Formation**	**6827***	**11728***	**12454***	**10277***	**9748***	**16768***	**19820***	**17503***	**23315***	**31241***	**38949***	**46356***	**48380***	**34159***	**37544***

1. At t-1 relative prices for 1987-1994, at 1984 relative prices for 1985-1986, at 1980 relative prices for 1980-1984, at 1975 relative prices for 1975-1979 and at 1970 relative prices for 1960-1974.

NORVÈGE
SCN de 1993
Principaux Agrégats

millions de couronnes

1980	1981	1982	1983	1984	1985	1986	1987	1988	1989	1990	1991	1992	1993	1994	
															DÉPENSES IMPUTÉES AU P.I.B.
															Aux prix courants
57204*	66979*	75314*	83664*	89959*	99109*	108658*	124131*	130754	139016	149465	161326	172945	179484	185485	1. Consommation finale des administrations publiques
143013*	164123*	185383*	204067*	223040*	259541*	294934*	315179*	325167	338778	357100	376275	394949	412247	437070	2. Consommation finale privée
..	..	..	..	..	..	..	..	308211	320913	338236	356054	373649	390401	414160	3. Ménages
..	..	..	..	..	..	..	..	16956	17865	18864	20221	21300	21846	22910	4. Institutions privées sans but lucratif au service des ménages
18104*	1822*	15590*	7285*	12573*	26369*	24666*	20339*	5616	4297	11903	6068	5774	13151	19496	5. Variations des stocks
75404*	97765*	98265*	110179*	125216*	117202*	155009*	167601*	181428	175057	156210	157426	156340	163124	175969	6. Formation brute de capital fixe
293725*	330689*	374552*	405194*	450788*	502220*	583267*	627250*	642965	657148	674678	701095	730008	768006	818020	7. **Demande intérieure totale**
134913*	156425*	165167*	184082*	214264*	235770*	194833*	200399*	213858	262658	293752	308046	300094	315545	334746	8. Exportations de biens et services
116980*	130032*	144062*	151525*	172276*	193954*	212334*	210723*	217232	237459	246359	246368	245806	262200	282436	9. *Moins :* Importations de biens et services
909*	2229*	1588*	3279*	3425*	4455*	-2450*	-1237*	..	..	..	..	..	..	..	10. Divergence statistique
312567*	359310*	397245*	441030*	496201*	548492*	563316*	615690*	639591	682347	722071	762773	784296	821351	870330	11. **Produit intérieur brut**
															Aux niveaux de prix de 1990[1]
107765*	114385*	118863*	124389*	127433*	131589*	134525*	139866*	140546	143626	149465	155318	163842	165537	167376	1. Consommation finale des administrations publiques
297710*	301104*	306420*	311052*	319496*	351161*	370821*	367161*	356820	354588	357100	362277	370412	378308	395843	2. Consommation finale privée
..	..	..	..	..	..	..	..	338661	336134	338236	342765	350154	358044	375117	3. Ménages
..	..	..	..	..	..	..	..	18148	18450	18864	19518	20269	20269	20722	4. Institutions privées sans but lucratif au service des ménages
31643*	-615*	20707*	7440*	16028*	34292*	30200*	21171*	5060	4190	11903	6223	4946	12150	18870	5. Variations des stocks
148851*	175525*	156206*	165292*	183386*	157810*	195579*	191485*	194537	177397	156210	154224	149108	151279	159651	6. Formation brute de capital fixe
585969*	590399*	602196*	608173*	646343*	674852*	731125*	719683*	696963	679801	674678	678042	688308	707274	741740	7. **Demande intérieure totale**
178886*	181349*	181084*	194799*	210797*	225249*	228750*	231441*	244267	270454	293752	311615	327850	334476	362958	8. Exportations de biens et services
192471*	195327*	202467*	202438*	221669*	234740*	258069*	239326*	235217	240301	246359	246794	248575	258540	275706	9. *Moins :* Importations de biens et services
-3879*	-2930*	-5409*	1538*	1180*	4871*	-3554*	359*	2543	1069	0	256	84	396	-739	10. Divergence statistique
568505*	573491*	575404*	602072*	636651*	670232*	698252*	712157*	708556	711023	722071	743119	767667	783606	828253	11. **Produit intérieur brut**
															RÉPARTITION DU P.I.B.
48897*	55549*	61585*	69550*	77995*	90799*	99660*	107212*	106704	107049	110849	116721	122212	131031	141729	1. Impôts indirects
16572*	18093*	19644*	20289*	21344*	22362*	24548*	26164*	28035	30001	32565	34176	34914	37663	38279	2. *Moins :* Subventions
45250*	52575*	60184*	65224*	68396*	72771*	79390*	91140*	99776	106446	108311	113653	116076	122381	130550*	3. Consommation de capital fixe
152368*	172007*	192114*	207704*	226685*	251116*	284377*	320960*	339738	344185	357217	374035	388233	395746	416557	4. Rémunération des salariés payée par les producteurs résidents
88794*	104644*	110122*	127100*	155462*	166704*	127532*	123018*	121408*	154668*	178259*	192540*	192689*	209856*	219773*	5. Excédent net d'exploitation
-6172*	-7373*	-7114*	-8261*	-10993*	-10534*	-3095*	-477*	..	..	..	..	..	..	..	6. Divergence statistique
312564*	359309*	397246*	441029*	496202*	548493*	563316*	615690*	639591	682347	722071	762773	784296	821351	870330	7. **Produit intérieur brut**
															OPÉRATIONS EN CAPITAL DE LA NATION
															Financement de la formation brute de capital
45250*	52575*	60184*	65225*	68395*	72771*	79390*	91139*	99776*	106446*	108311*	113653*	116076*	122381*	130550*	1. Consommation de capital fixe
63387*	71421*	66656*	79829*	114530*	119889*	67238*	70687*	61062*	72259*	78222*	78251*	75166*	79027*	85970*	2. Épargne nette
5661*	12947*	4308*	15217*	24862*	27725*	-34750*	-28407*	-26206	-649	18420	28410	29128	25133	21055	3. *Moins :* Solde des opérations courantes de la nation
-9468*	-11461*	-8676*	-12374*	-20272*	-21364*	-1703*	-2293*	..	..	..	..	..	..	..	4. Divergence statistique
93508*	99587*	113855*	117464*	137790*	143571*	179675*	187940*	187044	179354	168113	163494	162114	176275	195465	5. **Financement de la formation brute de capital**
															Formation brute de capital
18104*	1822*	15590*	7285*	12573*	26369*	24666*	20339*	5616	4297	11903	6068	5774	13151	19496	6. Variations des stocks
75404*	97765*	98265*	110179*	125216*	117202*	155009*	167601*	181428	175057	156210	157426	156340	163124	175969	7. Formation brute de capital fixe
..	..	..	..	..	..	..	..	..	..	..	..	..	..	..	8. Divergence statistique
93508*	99587*	113855*	117464*	137790*	143571*	179675*	187940*	187044	179354	168113	163494	162114	176275	195465	9. **Formation brute de capital**
															RELATIONS ENTRE LES PRINCIPAUX AGRÉGATS
312565*	359310*	397246*	441029*	496200*	548492*	563315*	615689*	639591	682347	722071	762773	784296	821351	870330	1. **Produit intérieur brut**
-11523*	-12805*	-15377*	-15737*	-15907*	-11506*	-11005*	-11557*	-16391	-19237	-21510	-25332	-17474	-18683	-19788	2. *Plus :* Revenu net des facteurs reçu du reste du monde
5168*	8489*	10419*	10094*	13121*	17704*	19862*	20294*	21126	25464	26038	21347	16713	16861	19481	3. Revenu des facteurs reçu du reste du monde
15777*	20537*	24908*	24869*	28331*	29481*	31403*	32360*	37517	44701	47548	46679	34187	35544	39269	4. Revenu des facteurs payé au reste du monde
301042*	346505*	381869*	425291*	480293*	536986*	552310*	604132*	623200	663110	700561	737442	766822	802669	850542	5. *Égal :* **Produit national brut**
45250*	52575*	60184*	65225*	68395*	72771*	79390*	91139*	99776	106446	108311	113653	116076	122381	130550*	6. *Moins :* Consommation de capital fixe
9952*	11016*	8831*	11193*	19252*	18485*	3113*	2746*	..	..	..	..	..	..	..	7. *Plus :* Divergence statistique
265744*	304945*	330516*	371259*	431150*	482700*	476034*	515738*	523424*	556664*	592250*	623789*	650746*	680288*	719992*	8. *Égal :* **Revenu national**
-2141*	-2423*	-3164*	-3699*	-3622*	-4161*	-5204*	-5742*	-6441	-6611	-7463	-7937	-7686	-9529	-11466	9. *Plus :* Transferts courants nets reçus du reste du monde
460*	618*	706*	777*	821*	861*	795*	922*	1087	1136	1358	1556	10029	10879	9251	10. Transferts courants reçus du reste du monde
2635*	3114*	3930*	4530*	4517*	5077*	5970*	6647*	7528	7747	8821	9493	18115	20408	20717	11. Transferts courants payés au reste du monde
263604*	302522*	327352*	367560*	427528*	478539*	470830*	509997*	516983*	550053*	584787*	615852*	643060*	670759*	708526*	12. *Égal :* **Revenu national disponible**
200217*	231101*	260697*	287731*	312999*	358650*	403592*	439310*	455921	477794	506565	537601	567894	591731	622555	13. *Moins :* Consommation finale
..	..	..	..	..	..	..	..	..	..	..	..	..	..	..	14. *Plus :* Divergence statistique
63387*	71421*	66656*	79829*	114530*	119889*	67238*	70687*	61062*	72259*	78222*	78251*	75166*	79027*	85970*	15. *Égal :* **Épargne nette**
5661*	12947*	4308*	15217*	24862*	27725*	-34750*	-28407*	-26206	-649	18420	28410	29128	25133	21055	16. *Moins :* Solde des opérations courantes de la nation
-9468*	-11461*	-8676*	-12374*	-20272*	-21364*	-1703*	-2293*	..	..	..	..	..	..	..	17. *Plus :* Divergence statistique
48258*	47012*	53671*	52238*	69395*	70799*	100285*	96801*	87268*	72908*	59802*	49841*	46038*	53894*	64915*	18. *Égal :* **Formation nette de capital**

1. Aux prix relatifs de t-1 pour la période 1987-1994, aux prix relatifs de 1984 pour la période 1985-1986, aux prix relatifs de 1980 pour la période 1980-1984, aux prix relatifs de 1975 pour la période 1975-1979 et aux prix relatifs de 1970 pour la période 1960-1974.

PORTUGAL
1968 SNA

Main aggregates

millions of escudos

	1960	1966	1967	1968	1969	1970	1971	1972	1973	1974	1975	1976	1977	1978	1979
EXPENDITURE ON THE G.D.P.															
At current prices															
1. Government final consumption expenditure	7972*	15096*	18210*	20179*	21864*	26018*	28497*	32816*	38243*	50641*	59759*	68147*	92963*	116057*	145588*
2. Private final consumption expenditure	58840*	90159*	97048*	112465*	124419*	132092*	153168*	167637*	206247*	277858*	327903*	396352*	507583*	603360*	755389*
3. Households	..	..	..	..	..	..	..	..	..	..	..	..	501150*	595666*	745542*
4. Private non-profit institutions serving households	..	..	..	..	..	..	..	..	..	..	..	..	5641*	6835*	9144*
5. Increase in stocks	-2171*	-3486*	-6434*	-654*	-3839*	5667*	-1881*	-2032*	6724*	5218*	-38122*	-13588*	9109*	10997*	18906*
6. Gross fixed capital formation	20771*	37004*	43908*	40487*	45227*	51791*	61740*	78753*	94876*	110626*	122608*	147363*	207959*	275646*	331060*
7. **Total Domestic Expenditure**	85412*	138772*	152733*	172476*	187671*	215569*	241524*	277173*	346090*	444344*	472148*	598274*	817613*	1006060*	1250944*
8. Exports of goods and services	12508*	31915*	35854*	36491*	39064*	43389*	49961*	63173*	75467*	91207*	76990*	81784*	115363*	158459*	268875*
9. *Less:* Imports of goods and services	16816*	36379*	38654*	43203*	45495*	54688*	63580*	73654*	94706*	142409*	122991*	143930*	208398*	254873*	374410*
10. Statistical discrepancy	124*	-422*	-278*	-102*	450*	-2125*	-1541*	-3101*	-5988*	-7389*	2724*	-3054*	-13022*	-14553*	-16050*
11. **Gross Domestic Product**	81227*	133886*	149655*	165663*	181690*	202145*	226365*	263592*	320864*	385754*	428870*	533074*	711557*	895092*	1129359*
At 1990 price levels[1]															
1. Government final consumption expenditure	182853*	312763*	346280*	375662*	388667*	415854*	442534*	480648*	518138*	607855*	648093*	693460*	775278*	809755*	861574*
2. Private final consumption expenditure	1771259*	2143928*	2249215*	2848221*	2974463*	3053124*	3440307*	3578853*	4009131*	4399583*	4360653*	4513264*	4540339*	4447618*	4447511*
3. Households	..	..	..	..	..	..	..	..	..	..	..	4479287*	4387746*	4385769*	
4. Private non-profit institutions serving households	..	..	..	..	..	..	..	..	..	..	..	49510*	48691*	54109*	
5. Increase in stocks	-140627*	-229713*	-295281*	-127323*	-224284*	-1873*	-190285*	-197145*	-35338*	-62817*	-643827*	-376351*	-151746*	-155350*	1074*
6. Gross fixed capital formation	726633*	1209973*	1280101*	1160833*	1265157*	1410898*	1549531*	1758851*	1926419*	1792432*	1589828*	1602868*	1795231*	1906800*	1881164*
7. **Total Domestic Expenditure**	2540118*	3436951*	3580315*	4257393*	4404003*	4878003*	5242087*	5621207*	6418350*	6737053*	5954747*	6433241*	6959102*	7008823*	7191323*
8. Exports of goods and services	394041*	945666*	979563*	946344*	973682*	957850*	1052530*	1247770*	1299901*	1095700*	924886*	924886*	979450*	1068512*	1420761*
9. *Less:* Imports of goods and services	497244*	938771*	882286*	1173855*	1263110*	1274171*	1459081*	1634701*	1841498*	1929160*	1442623*	1491675*	1670686*	1673652*	1884182*
10. Statistical discrepancy	-7764*	6296*	32842*	9873*	10854*	-60269*	-35605*	-49597*	-111355*	-72304*	140756*	96192*	28841*	70338*	111184*
11. **Gross Domestic Product**	2429151*	3450142*	3710434*	4039755*	4125429*	4501413*	4799931*	5184679*	5765398*	5831289*	5577766*	5962644*	6296707*	6474021*	6839086*
COST COMPONENTS OF THE G.D.P.															
1. Indirect taxes	5693*	11436*	13711*	15635*	17341*	21020*	22383*	25250*	30343*	36974*	41710*	61635*	79240*	93890*	116295*
2. *Less:* Subsidies	634*	1508*	1677*	2342*	2055*	3108*	3130*	2985*	3952*	8596*	8699*	18969*	23797*	36158*	45026*
3. Consumption of fixed capital	4166*	6810*	7481*	8488*	9370*	10296*	11529*	13489*	15153*	17136*	19798*	22155*	29660*	40630*	49191*
4. Compensation of employees paid by resident producers	36928*	60244*	68240*	70430*	77146*	97899*	113175*	131150*	154584*	208403*	276789*	338938*	414409*	492912*	603719*
5. Operating surplus	35297*	56990*	62019*	72922*	79301*	76613*	83587*	98091*	125857*	135618*	108772*	139267*	221193*	315364*	418918*
6. Statistical discrepancy	-222*	-87*	-119*	530*	587*	-575*	-1180*	-1401*	-1121*	-3781*	-9500*	-9951*	-9150*	-11547*	-13738*
7. **Gross Domestic Product**	81227*	133885*	149655*	165663*	181690*	202145*	226365*	263592*	320864*	385754*	428870*	533074*	711556*	895092*	1129359*
CAPITAL TRANSACTIONS OF THE NATION															
Finance of Gross Capital Formation															
1. Consumption of fixed capital	4166*	6810*	7481*	8488*	9370*	10296*	11529*	13489*	15153*	17136*	19798*	22155*	29660*	40630*	49191*
2. Net saving	11053*	30785*	40629*	37789*	43928*	57614*	61247*	90401*	110519*	76860*	36338*	63664*	118266*	193865*	283116*
3. *Less:* Surplus of the nation on current transactions	-3777*	1242*	6305*	2933*	7518*	4436*	6584*	16624*	11253*	-27515*	-27443*	-49450*	-75539*	-58142*	-22256*
4. Statistical discrepancy	-396*	-2835*	-4330*	-3511*	-4392*	-6016*	-6333*	-10545*	-12819*	-5667*	908*	-1494*	-6398*	-5994*	-4596*
5. **Finance of Gross Capital Formation**	18600*	33518*	37475*	39833*	41389*	57458*	59859*	76721*	101600*	115844*	84486*	133775*	217068*	286643*	349967*
Gross capital formation															
6. Increase in stocks	-2171*	-3486*	-6434*	-654*	-3839*	5667*	-1881*	-2032*	6724*	5218*	-38122*	-13588*	9109*	10997*	18906*
7. Gross fixed capital formation	20771*	37004*	43908*	40487*	45227*	51791*	61740*	78753*	94876*	110626*	122608*	147363*	207959*	275646*	331060*
8. Statistical discrepancy	..	..	..	..	..	..	..	..	..	..	..	..	..	..	..
9. **Gross Capital Formation**	18600*	33518*	37475*	39833*	41389*	57458*	59859*	76721*	101600*	115844*	84486*	133775*	217068*	286643*	349967*
RELATIONS AMONG NATIONAL ACCOUNTING AGGREGATES															
1. **Gross Domestic Product**	81227*	133886*	149655*	165663*	181690*	202145*	226365*	263592*	320864*	385754*	428870*	533074*	711556*	895092*	1129359*
2. *Plus:* Net factor income from the rest of the world	89*	377*	689*	709*	1088*	1035*	483*	673*	2455*	3816*	-430*	-4680*	-7998*	-15879*	-22608*
3. Factor income from the rest of the world	..	..	..	..	..	..	..	..	..	..	..	..	2659*	3909*	6655*
4. Factor income paid to the rest of the world	..	..	..	..	..	..	..	..	..	..	..	..	10678*	19763*	29279*
5. *Equals:* **Gross National Product**	81316*	134263*	150344*	166372*	182778*	203180*	226848*	264265*	323318*	389570*	428441*	528394*	703558*	879213*	1106752*
6. *Less:* Consumption of fixed capital	4166*	6810*	7481*	8488*	9370*	10296*	11529*	13489*	15153*	17136*	19798*	22155*	29660*	40630*	49191*
7. *Plus:* Statistical discrepancy	-951*	2518*	4802*	2966*	4100*	7393*	7335*	14861*	18150*	3002*	-12733*	-9256*	-1283*	2061*	6927*
8. *Equals:* **National Income**	76199*	129971*	147665*	160850*	177508*	200277*	222653*	265637*	326316*	375436*	395911*	496983*	672615*	840643*	1064488*
9. *Plus:* Net current transfers from the rest of the world	1665*	6068*	8222*	9583*	12702*	15448*	20259*	25217*	28693*	29923*	28089*	31180*	46197*	72638*	119605*
10. Current transfers from the rest of the world	..	..	..	..	..	..	..	..	..	..	..	..	51519*	79382*	125637*
11. Current transfers paid to the rest of the world	..	..	..	..	..	..	..	..	..	..	..	..	5480*	7139*	7145*
12. *Equals:* **National Disposable Income**	77864*	136039*	155887*	170432*	190210*	215725*	242912*	290853*	355009*	405359*	423999*	528163*	718812*	913281*	1184092*
13. *Less:* Final consumption	66812*	105255*	115258*	132643*	146282*	158111*	181665*	200453*	244490*	328499*	387662*	464499*	600546*	719417*	900977*
14. *Plus:* Statistical discrepancy	..	..	..	..	..	..	..	..	..	..	..	..	..	..	..
15. *Equals:* **Net Saving**	11053*	30785*	40629*	37789*	43928*	57614*	61247*	90401*	110519*	76860*	36338*	63664*	118266*	193865*	283116*
16. *Less:* Surplus of the nation on current transactions	-3777*	1242*	6305*	2933*	7518*	4436*	6584*	16624*	11253*	-27515*	-27443*	-49450*	-75539*	-58142*	-22256*
17. *Plus:* Statistical discrepancy	-396*	-2835*	-4330*	-3511*	-4392*	-6016*	-6333*	-10545*	-12819*	-5667*	908*	-1494*	-6398*	-5994*	-4596*
18. *Equals:* **Net Capital Formation**	14434*	26708*	29994*	31345*	32018*	47162*	48331*	63232*	86447*	98709*	64689*	111620*	187408*	246013*	300776*

1. At 1985 relative prices for 1977-1994 and at 1963 relative prices for 1960-1976.

PORTUGAL

SCN de 1968

Principaux Agrégats

millions d'escudos

1980	1981	1982	1983	1984	1985	1986	1987	1988	1989	1990	1991	1992	1993	1994	
															DÉPENSES IMPUTÉES AU P.I.B.
															Aux prix courants
193243*	239047*	292248*	368642*	447717*	578749*	718375	830736	1020829	1226693	1495612	1810817	2141965	2338528	2489700*	1. Consommation finale des administrations publiques
952918*	1178234*	1450540*	1798552*	2243140*	2697227*	3241525	3767843	4437451	5140404	6137336	7244533	8346885	8971837	9420500*	2. Consommation finale privée
939323*	1162158*	1431187*	1773828*	2212706*	2660735*	3197540	3718836	4380595	5076598	6061251	7153232	8242711	8855162	..	3. Ménages
14752*	16231*	18779*	26367*	30428*	36305*	43985	49007	56856	63806	76085	91301	104174	116675	..	4. Institutions privées sans but lucratif au service des ménages
42015*	38931*	32933*	−65096*	−84787*	−94674*	−45873	42141	152282	117715	116399	100002	117430	94800	46800*	5. Variations des stocks
450075*	580722*	720890*	842220*	832422*	963194*	1225371	1590608	1949620	2236972	2612369	2987685	3426498	3413889	3708300*	6. Formation brute de capital fixe
1638250*	**2036934***	**2496611***	**2944719***	**3438492***	**4144495***	**5139398**	**6231328**	**7560182**	**8721784**	**10361716**	**12143037**	**14032778**	**14819054**	**15665300***	7. **Demande intérieure totale**
344145*	389736*	488759*	721652*	1049228*	1315956*	1467405	1793102	2128337	2681042	3131877	3218952	3266146	3522127	4121100*	8. Exportations de biens et services
525436*	675190*	828348*	1009749*	1266015*	1451400*	1580935	2132694	2778891	3262328	3908499	4177667	4470242	4715558	5347300*	9. *Moins :* Importations de biens et services
−28865*	−44737*	−53162*	−39640*	−20304*	−2427*	..	..	..	..	..	..	..	..	..	10. Divergence statistique
1428094*	**1706743***	**2103860***	**2616982***	**3201402***	**4006624***	**5025868**	**5891736**	**6909628**	**8140498**	**9585094**	**11184212**	**12828682**	**13625623**	**14439100***	11. **Produit intérieur brut**
															Aux niveaux de prix de 1990[1]
930448*	981616*	1018197*	1056778*	1059107*	1127188*	1207932	1253755	1354571	1414679	1495612	1540509*	1562152*	1562152*	1584147*	1. Consommation finale des administrations publiques
4613744*	4747594*	4859256*	4789565*	4648506*	4679933*	4941580	5239646	5538411	5738582	6137336	6432897*	6672263*	6697768*	6710693*	2. Consommation finale privée
4545056*	4679301*	4790316*	4718115*	4580109*	4611669*	4868709	5166718	5463565	5664486	6061251	..	..	..	..	3. Ménages
69563*	64668*	63412*	72631*	67746*	66479*	72485	72663	74640	73998	76085	..	..	..	..	4. Institutions privées sans but lucratif au service des ménages
41837*	4744*	−16042*	−276407*	−281527*	−249650*	−179404	−89710	86169	131816	116399	155982*	215665*	229809*	252648*	5. Variations des stocks
2041732*	2154098*	2202725*	2045629*	1689971*	1630028*	1807225	2110285	2345831	2446727	2612369	2676198*	2821422*	2685801*	2791434*	6. Formation brute de capital fixe
7627761*	**7888052***	**8064136***	**7615565***	**7110572***	**7187499***	**7777333**	**8513976**	**9324982**	**9731744**	**10361716**	**10805586***	**11271502***	**11175530***	**11338922***	7. **Demande intérieure totale**
1452239*	1387717*	1452507*	1650123*	1842117*	1964911*	2097653	2319051	2501712	2834874	3131877	3148496*	3341313*	3171796*	3511190*	8. Exportations de biens et services
2014505*	2061480*	2141218*	2009694*	1920401*	1947478*	2276274	2736216	3186559	3438608	3908499	4119395*	4576935*	4432489*	4809387*	9. *Moins :* Importations de biens et services
87460*	54409*	48486*	155066*	233960*	270951*	186744	119975	52310	64168	0	−44018	−138195	−130952	−183029	10. Divergence statistique
7152955*	**7268698***	**7423911***	**7411060***	**7271733***	**7475883***	**7785456**	**8216786**	**8692445**	**9192178**	**9585094**	**9790675***	**9897685***	**9783825***	**9857696***	11. **Produit intérieur brut**
															RÉPARTITION DU P.I.B.
171913*	208992*	267611*	348371*	424412*	519058*	756187	863339	1075744	1204627	1413707	1603604	1892300	1872807	1984600*	1. Impôts indirects
65505*	81594*	79765*	91984*	120346*	127388*	149655	148935	158644	151704	187316	227654	310700	287610	304800*	2. *Moins :* Subventions
61344*	70529*	90492*	111978*	137671*	172230*	216112*	253345*	297114*	350041*	412589*	480921*	551633*	585902*	620900*	3. Consommation de capital fixe
770733*	945306*	1155053*	1407492*	1661242*	2001623*	2408501	2800986	3262772	3848146	4652530	5394865	6204095	6585600*	6978800*	4. Rémunération des salariés payée par les producteurs résidents
504504*	582579*	689198*	859288*	1118292*	1460379*	1794723*	2123001*	2432642*	2889388*	3293584*	3932476*	4491354*	4868924*	5159600*	5. Excédent net d'exploitation
−14895*	−19069*	−18729*	−18164*	−19869*	−19279*	..	..	..	..	..	..	..	..	..	6. Divergence statistique
1428094*	**1706743***	**2103860***	**2616982***	**3201402***	**4006624***	**5025868**	**5891736**	**6909628**	**8140498**	**9585094**	**11184212**	**12828682**	**13625623**	**14439100***	7. **Produit intérieur brut**
															OPÉRATIONS EN CAPITAL DE LA NATION
															Financement de la formation brute de capital
61344*	70529*	90492*	111978*	137671*	172230*	216112*	253345*	297114*	350041*	412589*	480921*	551633*	585902*	620900*	1. Consommation de capital fixe
345039*	333954*	366431*	440156*	497060*	716156*	1099237*	1412536*	1573189*	1932880*	2148187*	2394990*	2744170*	2641663*	2874800*	2. Épargne nette
−96403*	−235563*	−323460*	−246108*	−124766*	16055*	135851	33132	−231599	−71766	−167992	−211776*	−248125*	−281124*	−259400*	3. *Moins :* Solde des opérations courantes de la nation
−10696*	−20394*	−26560*	−21118*	−11861*	−3811*	..	..	..	..	..	..	..	..	..	4. Divergence statistique
492090*	**619652***	**753823***	**777124***	**747635***	**868520***	**1179498**	**1632749**	**2101902**	**2354687**	**2728768**	**3087687**	**3543928**	**3508689**	**3755700***	5. **Financement de la formation brute de capital**
															Formation brute de capital
42015*	38931*	32933*	−65096*	−84787*	−94674*	−45873	42141	152282	117715	116399	100002	117430	94800	46800*	6. Variations des stocks
450075*	580722*	720890*	842220*	832422*	963194*	1225371	1590608	1949620	2236972	2612369	2987685	3426498	3413889	3708300*	7. Formation brute de capital fixe
..	..	..	..	..	..	..	..	..	..	..	..	..	..	..	8. Divergence statistique
492090*	**619652***	**753823***	**777124***	**747635***	**868520***	**1179498**	**1632749**	**2101902**	**2354687**	**2728768**	**3087687**	**3543928**	**3508689**	**3755700***	9. **Formation brute de capital**
															RELATIONS ENTRE LES PRINCIPAUX AGRÉGATS
1428094*	**1706743***	**2103860***	**2616982***	**3201402***	**4006624***	**5025868**	**5891736**	**6909628**	**8140498**	**9585094**	**11184212**	**12828682**	**13625623**	**14439100***	1. **Produit intérieur brut**
−32974*	−62947*	−107277*	−124644*	−180151*	−198981*	−159634	−135994	−126419	−97189	−28627	−11491	79431	−18093	−19200*	2. *Plus :* Revenu net des facteurs reçu du reste du monde
8735*	12090*	12473*	18731*	30259*	46154*	44542	57645	68522	130527	218553	221052	299333	395129	..	3. Revenu des facteurs reçu du reste du monde
41687*	74778*	118925*	142913*	209465*	244693*	204176	193639	194941	227716	247180	232543	219902	413222	..	4. Revenu des facteurs payé au reste du monde
1395120*	**1643796***	**1996583***	**2492038***	**3021251***	**3807643***	**4866234**	**5755742**	**6783209**	**8043309**	**9556467**	**11172721**	**12908113**	**13607530**	**14419900***	5. *Égal :* **Produit national brut**
61344*	70529*	90492*	111978*	137671*	172230*	216112*	253345*	297114*	350041*	412589*	480921*	551633*	585902*	620900*	6. *Moins :* Consommation de capital fixe
6665*	−1160*	−8538*	−12571*	−19507*	−17506*	..	..	..	..	..	..	..	..	..	7. *Plus :* Divergence statistique
1340441*	**1572159***	**1897554***	**2367489***	**2864074***	**3617907***	**4650122***	**5502397***	**6486095***	**7693268***	**9143878***	**10691800***	**12356480***	**13021628***	**13799000***	8. *Égal :* **Revenu national**
150759*	179128*	211666*	240262*	323842*	374224*	409015	508718	545374	606709	637257	758540*	876540*	930400*	986000*	9. *Plus :* Transferts courants nets reçus du reste du monde
155632*	182299*	218117*	250305*	337054*	390792*	471454	598310	642290	723737	..	..	..	..	..	10. Transferts courants reçus du reste du monde
6524*	5371*	8805*	12467*	16508*	20259*	62439	89592	96916	117028	..	..	..	..	..	11. Transferts courants payés au reste du monde
1491199*	**1751236***	**2109219***	**2607750***	**3187917***	**3992132***	**5059137**	**6011115***	**7031469***	**8299977***	**9781135***	**11450340***	**13233020***	**13952028***	**14785000***	12. *Égal :* **Revenu national disponible**
1146160*	1417282*	1742788*	2167595*	2690857*	3275976*	3959900	4598579	5458280	6367097	7632948	9055350	10488850	11310365	11910200*	13. *Moins :* Consommation finale
..	..	..	..	..	..	..	..	..	..	..	..	..	..	..	14. *Plus :* Divergence statistique
345039*	333954*	366431*	440156*	497060*	716156*	1099237*	1412536*	1573189*	1932880*	2148187*	2394990*	2744170*	2641663*	2874800*	15. *Égal :* **Épargne nette**
−96403*	−235563*	−323460*	−246108*	−124766*	16055*	135851	33132	−231599	−71766	−167992	−211776*	−248125*	−281124*	−259400*	16. *Moins :* Solde des opérations courantes de la nation
−10696*	−20394*	−26560*	−21118*	−11861*	−3811*	..	..	..	..	..	..	..	..	..	17. *Plus :* Divergence statistique
430746*	**549123***	**663331***	**665146***	**609965***	**696290***	**963386***	**1379404***	**1804788***	**2004646***	**2316179***	**2606766***	**2992295***	**2922787***	**3134200***	18. *Égal :* **Formation nette de capital**

1. Aux prix relatifs de 1985 pour la période 1977-1994 et aux prix relatifs de 1963 pour la période 1960-1976.

SPAIN

1968 SNA

Main aggregates

billions of pesetas

	1960	1966	1967	1968	1969	1970	1971	1972	1973	1974	1975	1976	1977	1978	1979
EXPENDITURE ON THE G.D.P.															
At current prices															
1. Government final consumption expenditure	57.4	141.9	173.7	189.5	217.7	248.8	285.7	331.4	399.0	508.7	630.8	820.0	1059.4	1344.4	1638.9
2. Private final consumption expenditure	476.7	1109.6	1244.2	1386.1	1532.1	1701.1	1925.6	2245.3	2694.4	3332.9	3919.5	4817.1	6050.3	7272.4	8581.4
3. Households	..	..	..	..	..	..	..	..	..	..	..	..	..	..	..
4. Private non-profit institutions serving households	..	..	..	..	..	..	..	..	..	..	..	..	..	..	..
5. Increase in stocks	−2.0	47.6	25.0	15.7	58.7	21.1	25.7	32.0	31.6	112.7	126.6	145.2	97.1	27.8	99.0
6. Gross fixed capital formation	140.9	408.1	464.4	533.2	618.0	684.1	706.0	867.6	1108.0	1435.9	1592.5	1807.4	2201.5	2551.5	2842.4
7. **Total Domestic Expenditure**	**673.0**	**1707.2**	**1907.3**	**2124.5**	**2426.5**	**2655.1**	**2943.0**	**3476.3**	**4233.0**	**5390.2**	**6269.4**	**7589.7**	**9408.3**	**11196.1**	**13161.7**
8. Exports of goods and services	60.9	154.0	167.7	234.0	287.3	348.3	421.7	507.3	610.8	740.3	815.9	997.0	1334.0	1710.1	1975.2
9. *Less:* Imports of goods and services	50.2	234.6	232.9	278.8	332.6	373.6	396.7	500.3	644.3	987.8	1047.0	1320.3	1522.3	1621.3	1935.8
10. Statistical discrepancy	..	..	..	..	..	..	..	..	..	..	..	..	..	..	..
11. **Gross Domestic Product**	**683.7**	**1626.6**	**1842.1**	**2079.7**	**2381.2**	**2629.8**	**2968.0**	**3483.3**	**4199.5**	**5142.7**	**6038.3**	**7266.4**	**9220.0**	**11284.9**	**13201.1**
At 1990 price levels[1]															
1. Government final consumption expenditure	1786.9	2359.8	2415.8	2461.2	2569.3	2717.2	2834.0	2981.4	3172.2	3467.3	3647.6	3899.2	4051.3	4270.1	4449.3
2. Private final consumption expenditure	8338.0	13380.6	14186.1	15033.9	16109.9	16861.3	17721.3	19192.2	20689.1	21744.2	22135.7	23375.3	23725.9	23939.5	24250.7
3. Households	..	..	..	..	..	..	..	..	..	..	..	..	..	..	..
4. Private non-profit institutions serving households	..	..	..	..	..	..	..	..	..	..	..	..	..	..	..
5. Increase in stocks	−14.8	481.5	222.1	123.9	482.0	223.3	265.7	319.9	291.1	620.6	586.9	564.7	318.3	81.0	249.5
6. Gross fixed capital formation	2161.3	4788.5	5077.9	5558.3	6113.8	6323.4	6133.6	7004.7	7915.2	8406.0	8027.7	7963.5	7891.8	7678.8	7340.9
7. **Total Domestic Expenditure**	**12271.4**	**21010.4**	**21901.9**	**23177.3**	**25275.0**	**26125.2**	**26954.7**	**29498.2**	**32067.6**	**34238.1**	**34397.9**	**35802.7**	**35987.3**	**35969.4**	**36290.4**
8. Exports of goods and services	831.0	1619.2	1544.4	1828.8	2117.0	2497.7	2852.4	3234.6	3558.1	3522.5	3508.4	3683.8	4129.5	4571.4	4827.4
9. *Less:* Imports of goods and services	483.6	2018.2	1952.5	2110.8	2448.4	2631.1	2649.6	3293.4	3843.4	4150.8	4113.4	4516.6	4268.2	4225.5	4707.3
10. Statistical discrepancy	289.8	265.2	288.9	324.5	344.3	369.7	429.6	396.0	376.7	356.3	357.4	308.5	431.2	495.4	415.4
11. **Gross Domestic Product**	**12908.5**	**20876.6**	**21782.8**	**23219.7**	**25287.9**	**26361.4**	**27587.1**	**29835.4**	**32159.1**	**33966.1**	**34150.2**	**35278.5**	**36279.9**	**36810.6**	**36825.9**
COST COMPONENTS OF THE G.D.P.															
1. Indirect taxes	50.0	127.1	143.5	152.0	182.5	204.6	222.0	265.0	331.3	353.8	403.9	480.4	613.2	693.4	824.0
2. *Less:* Subsidies	5.7	12.1	15.5	18.0	16.8	23.0	30.8	35.5	38.8	48.4	68.6	94.7	130.2	213.6	222.5
3. Consumption of fixed capital	78.3	171.7	184.9	218.9	246.9	283.3	317.0	351.7	412.6	523.1	638.7	767.3	970.5	1178.7	1440.2
4. Compensation of employees paid by resident producers	278.0	715.7	829.8	916.5	1048.6	1186.0	1374.0	1669.0	2035.0	2525.0	3077.0	3785.0	4805.0	5892.0	6870.0
5. Operating surplus	283.0	624.4	699.4	810.2	920.0	978.9	1085.8	1233.2	1459.3	1789.3	1987.2	2328.4	2961.4	3734.5	4289.4
6. Statistical discrepancy	..	..	..	..	..	..	..	..	..	..	..	..	..	..	..
7. **Gross Domestic Product**	**683.6**	**1626.8**	**1842.1**	**2079.6**	**2381.2**	**2629.8**	**2968.0**	**3483.4**	**4199.4**	**5142.8**	**6038.2**	**7266.4**	**9219.9**	**11285.0**	**13201.1**
CAPITAL TRANSACTIONS OF THE NATION															
Finance of Gross Capital Formation															
1. Consumption of fixed capital	78.3	171.7	184.9	218.9	246.9	283.3	317.0	351.7	412.6	523.1	638.7	767.3	970.5	1178.7	1440.2
2. Net saving	76.2	221.9	258.2	306.3	407.6	426.9	479.8	600.2	763.1	846.9	904.3	902.7	1169.2	1517.9	1566.7
3. *Less:* Surplus of the nation on current transactions	15.6	−62.1	−46.3	−23.7	−22.2	4.9	65.1	52.2	36.1	−178.6	−176.1	−282.6	−158.9	117.3	65.5
4. Statistical discrepancy	..	..	..	..	..	..	..	..	..	..	..	..	..	..	..
5. **Finance of Gross Capital Formation**	**138.9**	**455.7**	**489.4**	**548.9**	**676.7**	**705.3**	**731.7**	**899.7**	**1139.6**	**1548.6**	**1719.1**	**1952.6**	**2298.6**	**2579.3**	**2941.4**
Gross capital formation															
6. Increase in stocks	−2.0	47.6	25.0	15.7	58.7	21.2	25.7	32.0	31.6	112.7	126.6	145.2	97.1	27.8	99.0
7. Gross fixed capital formation	140.9	408.1	464.4	533.2	618.0	684.1	706.0	867.7	1108.0	1435.9	1592.5	1807.4	2201.5	2551.5	2842.4
8. Statistical discrepancy	..	..	..	..	..	..	..	..	..	..	..	..	..	..	..
9. **Gross Capital Formation**	**138.9**	**455.7**	**489.4**	**548.9**	**676.7**	**705.3**	**731.7**	**899.7**	**1139.6**	**1548.6**	**1719.1**	**1952.6**	**2298.6**	**2579.3**	**2941.4**
RELATIONS AMONG NATIONAL ACCOUNTING AGGREGATES															
1. **Gross Domestic Product**	**683.7**	**1626.7**	**1842.1**	**2079.6**	**2381.2**	**2629.9**	**2968.0**	**3483.4**	**4199.4**	**5142.8**	**6038.2**	**7266.4**	**9219.9**	**11285.0**	**13201.1**
2. *Plus:* Net factor income from the rest of the world	−0.4	−7.2	−8.2	−10.4	−15.8	−16.8	−15.4	−15.3	−10.8	0.4	−17.0	−38.5	−60.0	−84.2	−74.9
3. Factor income from the rest of the world	0.8	1.8	2.5	3.3	3.7	4.9	9.1	14.4	23.6	43.1	37.0	31.3	34.7	58.6	94.5
4. Factor income paid to the rest of the world	1.1	9.0	10.7	13.7	19.5	21.7	24.5	29.7	34.4	42.7	54.0	69.8	94.6	142.7	169.4
5. *Equals:* **Gross National Product**	**683.3**	**1619.5**	**1833.8**	**2069.2**	**2365.4**	**2613.0**	**2952.6**	**3468.1**	**4188.6**	**5143.2**	**6021.2**	**7227.9**	**9159.9**	**11200.8**	**13126.2**
6. *Less:* Consumption of fixed capital	78.3	171.7	184.9	218.9	246.9	283.3	317.0	351.7	412.6	523.1	638.7	767.3	970.5	1178.7	1440.2
7. *Plus:* Statistical discrepancy	..	..	..	..	..	..	..	..	..	..	..	..	..	..	..
8. *Equals:* **National Income**	**605.0**	**1447.8**	**1648.9**	**1850.3**	**2118.5**	**2329.7**	**2635.5**	**3116.4**	**3776.0**	**4620.1**	**5382.5**	**6460.6**	**8189.4**	**10022.2**	**11686.1**
9. *Plus:* Net current transfers from the rest of the world	5.3	25.6	27.1	31.5	38.9	47.1	55.5	60.4	80.3	68.5	72.1	79.2	89.5	112.6	100.9
10. Current transfers from the rest of the world	7.5*	25.8*	27.7*	32.6*	39.4*	49.7*	59.7*	66.5*	88.5*	83.0*	88.5*	106.9*	128.1*	154.2*	156.4*
11. Current transfers paid to the rest of the world	0.7*	0.6*	1.1*	1.6*	1.3*	3.5*	5.2*	7.2*	9.7*	16.0*	18.2*	29.8*	40.9*	44.5*	58.3*
12. *Equals:* **National Disposable Income**	**610.3**	**1473.4**	**1676.0**	**1881.8**	**2157.4**	**2376.7**	**2691.0**	**3176.8**	**3856.3**	**4688.6**	**5454.5**	**6539.8**	**8278.9**	**10134.8**	**11787.0**
13. *Less:* Final consumption	534.1	1251.5	1417.8	1575.5	1749.8	1949.9	2211.3	2576.7	3093.3	3841.6	4550.3	5637.1	7109.7	8616.8	10220.3
14. *Plus:* Statistical discrepancy	..	..	..	..	..	..	..	..	..	..	..	..	..	..	..
15. *Equals:* **Net Saving**	**76.1**	**221.9**	**258.2**	**306.3**	**407.6**	**426.8**	**479.7**	**600.2**	**763.0**	**847.0**	**904.3**	**902.7**	**1169.2**	**1517.9**	**1566.7**
16. *Less:* Surplus of the nation on current transactions	15.6	−62.1	−46.3	−23.7	−22.2	4.9	65.1	52.2	36.1	−178.6	−176.1	−282.6	−158.9	117.3	65.5
17. *Plus:* Statistical discrepancy	..	..	..	..	..	..	..	..	..	..	..	..	..	..	..
18. *Equals:* **Net Capital Formation**	**60.5**	**284.1**	**304.5**	**330.0**	**429.8**	**421.9**	**414.6**	**548.0**	**726.9**	**1025.6**	**1080.3**	**1185.3**	**1328.1**	**1400.6**	**1501.2**

1. At 1986 relative prices.

ESPAGNE
SCN de 1968

Principaux Agrégats

milliards de pesetas

1980	1981	1982	1983	1984	1985	1986	1987	1988	1989	1990	1991	1992	1993	1994	
															DÉPENSES IMPUTÉES AU P.I.B.
															Aux prix courants
2007.6	2369.9	2783.7	3280.2	3646.5	4151.7	4740.2	5451.8	5924.4	6831.3	7814.6	8881.9	10093.1	10699.7	10900.2	1. Consommation finale des administrations publiques
9991.5	11301.4	12939.2	14604.2	16304.6	18080.0	20437.7	22855.8	25179.6	28366.9	31303.4	34268.8	37242.9	38457.8	40659.5	2. Consommation finale privée
..	..	..	..	..	..	..	..	..	..	..	..	..	..	..	3. Ménages
..	..	..	..	..	..	..	..	..	..	..	..	..	..	..	4. Institutions privées sans but lucratif au service des ménages
156.6	-0.6	115.7	155.0	254.3	13.4	162.0	257.6	419.3	448.5	461.4	438.0	472.0	8.4	177.4	5. Variations des stocks
3368.2	3728.8	4263.8	4686.0	4778.8	5408.7	6296.8	7518.1	9083.1	10867.6	12261.4	13066.5	12916.2	12109.9	12788.8	6. Formation brute de capital fixe
15523.9	17399.5	20102.4	22725.4	24984.2	27653.8	31636.7	36083.3	40606.4	46514.3	51840.8	56655.2	60724.2	61275.8	64525.9	7. **Demande intérieure totale**
2386.6	3041.9	3630.6	4666.9	5864.5	6407.2	6416.9	6995.8	7574.8	8150.4	8555.1	9409.4	10409.8	11819.5	14359.3	8. Exportations de biens et services
2742.5	3396.7	4010.4	4860.5	5329.2	5860.1	5729.7	6935.1	8022.5	9620.6	10250.7	11137.3	12052.8	12190.2	14268.4	9. *Moins :* Importations de biens et services
..	..	..	..	..	..	..	..	..	..	..	..	..	..	..	10. Divergence statistique
15168.0	17044.7	19722.6	22531.8	25519.5	28200.9	32323.9	36144.0	40158.7	45044.1	50145.2	54927.3	59081.2	60905.1	64616.8	11. **Produit intérieur brut**
															Aux niveaux de prix de 1990[1]
4636.2	4798.7	5052.2	5248.1	5376.0	5671.4	5976.8	6505.9	6768.5	7330.0	7814.6	8250.7	8584.1	8780.9	8757.0	1. Consommation finale des administrations publiques
24396.2	24087.8	24061.2	24129.9	24079.1	24929.7	25757.1	27249.5	28587.6	30203.6	31303.4	32208.0	32895.1	32185.5	32448.7	2. Consommation finale privée
..	..	..	..	..	..	..	..	..	..	..	..	..	..	..	3. Ménages
..	..	..	..	..	..	..	..	..	..	..	..	..	..	..	4. Institutions privées sans but lucratif au service des ménages
396.6	-27.4	133.0	222.6	292.1	-1.1	171.5	268.3	438.5	443.8	461.4	409.2	441.0	-30.4	128.3	5. Variations des stocks
7392.2	7205.7	7358.2	7183.8	6686.3	7092.2	7794.4	8888.9	10123.7	11499.3	12261.4	12459.9	11939.2	10676.7	10822.0	6. Formation brute de capital fixe
36821.2	36064.9	36604.6	36784.4	36433.5	37692.2	39699.7	42912.6	45918.2	49476.7	51840.8	53328.0	53859.4	51612.7	52156.1	7. **Demande intérieure totale**
4938.4	5344.6	5609.3	6168.2	6889.2	7071.8	7202.9	7658.9	8047.4	8288.5	8555.1	9228.1	9899.9	10745.8	12483.2	8. Exportations de biens et services
4862.5	4659.0	4881.1	4866.4	4778.9	5155.7	5899.9	7086.2	8108.6	9509.5	10250.7	11174.3	11941.0	11332.0	12514.7	9. *Moins :* Importations de biens et services
407.8	488.6	489.3	575.5	685.2	645.4	538.8	400.2	293.3	81.4	0.0	-99.2	-192.7	-2.0	-26.2	10. Divergence statistique
37304.9	37239.1	37822.2	38661.7	39229.0	40253.6	41541.7	43885.5	46150.4	48337.1	50145.2	51282.6	51625.6	51024.5	52098.3	11. **Produit intérieur brut**
															RÉPARTITION DU P.I.B.
1002.6	1236.6	1513.9	1885.3	2258.0	2668.7	3490.4	3908.3	4394.2	4910.2	5356.2	5888.8	6678.7	6425.1	7105.1	1. Impôts indirects
315.1	334.4	489.2	555.7	685.9	687.3	672.7	777.6	1110.7	1148.7	1269.4	1452.4	1527.7	1969.8	2079.5	2. *Moins :* Subventions
1722.3	2058.4	2402.8	2812.5	3230.1	3587.5	3857.9	4177.7	4599.8	5033.3	5545.2	6023.8	6452.2	6980.1	7479.2	3. Consommation de capital fixe
7784.0	8714.9	9853.2	11132.4	11876.2	12904.7	14589.2	16307.1	18198.8	20441.7	23284.0	25788.0	27673.3	28310.4	28981.6	4. Rémunération des salariés payée par les producteurs résidents
4974.2	5369.4	6442.0	7257.3	8841.1	9727.3	11059.2	12528.5	14076.4	15807.6	17229.2	18679.0	19804.9	21159.3	23130.5	5. Excédent net d'exploitation
..	..	..	..	..	..	..	..	..	..	..	..	..	..	..	6. Divergence statistique
15168.0	17044.9	19722.7	22531.8	25519.5	28200.9	32324.0	36144.0	40158.7	45044.1	50145.2	54927.2	59081.4	60905.1	64616.9	7. **Produit intérieur brut**
															OPÉRATIONS EN CAPITAL DE LA NATION
															Financement de la formation brute de capital
1722.3	2058.4	2402.8	2812.5	3230.1	3587.5	3857.9	4177.7	4599.8	5033.3	5545.2	6023.8	6452.2	6980.1	7479.2	1. Consommation de capital fixe
1431.0	1206.3	1461.9	1631.4	2112.9	2232.0	3124.2	3630.4	4469.8	4828.9	5322.6	5510.4	4800.9	4545.0	4682.1	2. Épargne nette
-371.5	-463.5	-514.8	-397.1	309.9	397.3	523.3	32.3	-433.2	-1453.9	-1855.0	-1970.2	-2135.1	-593.2	-804.9	3. *Moins :* Solde des opérations courantes de la nation
..	..	..	..	..	..	..	..	..	..	..	..	..	..	..	4. Divergence statistique
3524.8	3728.2	4379.5	4841.0	5033.1	5422.2	6458.8	7775.8	9502.4	11316.1	12722.8	13504.5	13388.2	12118.3	12966.2	5. **Financement de la formation brute de capital**
															Formation brute de capital
156.6	-0.6	115.7	155.0	254.2	13.4	162.0	257.6	419.3	448.5	461.4	438.0	472.0	8.4	177.4	6. Variations des stocks
3368.2	3728.8	4263.8	4686.0	4778.9	5408.7	6296.8	7518.1	9083.1	10867.6	12261.4	13066.5	12916.2	12109.9	12788.8	7. Formation brute de capital fixe
..	..	..	..	..	..	..	..	..	..	..	..	..	..	..	8. Divergence statistique
3524.8	3728.2	4379.5	4841.0	5033.1	5422.1	6458.8	7775.7	9502.4	11316.1	12722.8	13504.5	13388.2	12118.3	12966.2	9. **Formation brute de capital**
															RELATIONS ENTRE LES PRINCIPAUX AGRÉGATS
15168.0	17044.8	19722.6	22531.8	25519.5	28200.9	32324.0	36144.0	40158.7	45044.1	50145.2	54927.3	59081.3	60905.1	64616.8	1. Produit intérieur brut
-130.0	-238.1	-284.7	-358.2	-396.9	-330.7	-296.4	-304.5	-410.6	-384.0	-451.8	-554.1	-708.4	-526.3	-1146.5	2. *Plus :* Revenu net des facteurs reçu du reste du monde
127.0	191.1	211.6	194.3	244.7	538.2	407.5	379.9	476.9	723.7	826.2	1172.2	1485.6	1558.1	1249.3	3. Revenu des facteurs reçu du reste du monde
256.9	429.3	496.3	552.4	641.5	868.9	703.9	684.4	887.4	1107.7	1278.0	1726.3	2193.9	2084.5	2395.8	4. Revenu des facteurs payé au reste du monde
15038.0	16806.7	19438.0	22173.6	25122.7	27870.2	32027.6	35839.5	39748.2	44660.1	49693.4	54373.2	58372.9	60378.6	63470.4	5. *Égal :* **Produit national brut**
1722.3	2058.4	2402.8	2812.5	3230.1	3587.5	3857.9	4177.7	4599.8	5033.3	5545.2	6023.8	6452.2	6980.1	7479.2	6. *Moins :* Consommation de capital fixe
..	..	..	..	..	..	..	..	..	..	..	..	..	..	..	7. *Plus :* Divergence statistique
13315.7	14748.3	17035.2	19361.1	21892.6	24282.7	28169.7	31661.8	35148.3	39626.8	44148.3	48349.6	51920.7	53398.7	55991.2	8. *Égal :* **Revenu national**
114.4	129.4	149.6	154.7	171.4	180.9	132.4	276.2	425.0	400.3	292.3	311.7	216.2	303.8	250.6	9. *Plus :* Transferts courants nets reçus du reste du monde
146.8*	171.3*	197.3*	221.9*	236.7*	295.0	346.8	545.1	793.5	866.0	840.4	1060.5	1170.3	1249.8	..	10. Transferts courants reçus du reste du monde
35.1*	45.1*	51.4*	71.4*	69.7*	114.1	214.4	269.0	368.6	465.7	548.2	748.9	952.8	962.5	..	11. Transferts courants payés au reste du monde
13430.1	14877.7	17184.8	19515.8	22064.0	24463.6	28302.1	31937.9	35573.3	40027.1	44440.6	48661.1	52136.9	53702.5	56241.8	12. *Égal :* **Revenu national disponible**
11999.1	13671.3	15722.9	17884.4	19951.2	22231.7	25178.0	28307.6	31104.0	35198.2	39118.0	43150.7	47336.0	49157.5	51559.7	13. *Moins :* Consommation finale
..	..	..	..	..	..	..	..	..	..	..	..	..	..	..	14. *Plus :* Divergence statistique
1431.1	1206.4	1461.9	1631.4	2112.9	2232.0	3124.2	3630.4	4469.8	4828.9	5322.6	5510.4	4800.9	4545.0	4682.1	15. *Égal :* **Épargne nette**
-371.5	-463.5	-514.8	-397.1	309.9	397.3	523.3	32.3	-433.2	-1453.9	-1855.0	-1970.2	-2135.1	-593.2	-804.9	16. *Moins :* Solde des opérations courantes de la nation
..	..	..	..	..	..	..	..	..	..	..	..	..	..	..	17. *Plus :* Divergence statistique
1802.6	1669.9	1976.7	2028.5	1803.0	1834.6	2600.9	3598.0	4902.5	6282.8	7177.6	7480.7	6936.0	5138.2	5486.9	18. *Égal :* **Formation nette de capital**

1. Aux prix relatifs de 1986.

SWEDEN
1968 SNA

Main aggregates

millions of kronor

	1960	1966	1967	1968	1969	1970	1971	1972	1973	1974	1975	1976	1977	1978	1979
EXPENDITURE ON THE G.D.P.															
At current prices															
1. Government final consumption expenditure	11730*	23769*	26660*	29788*	32674*	37911*	42960*	47502*	52770*	60993*	73457*	86817*	104352*	118168*	134177*
2. Private final consumption expenditure	43248*	69214*	74618*	79052*	85348*	92746*	99920*	109976*	121344*	138384*	157773*	182465*	200026*	221696*	245099*
3. Households	..	..	..	..	..	91286*	98311*	108210*	119407*	136070*	154998*	179018*	195919*	216641*	239720*
4. Private non-profit institutions serving households	..	..	..	..	..	1317*	1464*	1606*	1757*	2133*	2603*	3304*	4030*	5090*	5368*
5. Increase in stocks	1903*	1382*	249*	441*	2004*	5285*	1990*	–178*	–1193*	6084*	10044*	7889*	–2406*	–7446*	965*
6. Gross fixed capital formation	16424*	30617*	33288*	34008*	35869*	38928*	41049*	45420*	49817*	55230*	63180*	72324*	78372*	80432*	91942*
7. **Total Domestic Expenditure**	**73305***	**124982***	**134815***	**143289***	**155895***	**174870***	**185919***	**202720***	**222738***	**260691***	**304454***	**349495***	**380344***	**412850***	**472183***
8. Exports of goods and services	16530*	26231*	28057*	30420*	34993*	41501*	45301*	49267*	62112*	82465*	84650*	94041*	101297*	116359*	140520*
9. *Less:* Imports of goods and services	16977*	27092*	28140*	30703*	35591*	42485*	43177*	46217*	55885*	84465*	85277*	99785*	107525*	112191*	145220*
10. Statistical discrepancy	88*	227*	238*	221*	245*	294*	283*	298*	349*	341*	370*	305*	97*	109*	67*
11. **Gross Domestic Product**	**72946***	**124348***	**134970***	**143227***	**155542***	**174180***	**188326***	**206068***	**229314***	**259032***	**304197***	**344056***	**374213***	**417127***	**467550***
At 1990 price levels[1]															
1. Government final consumption expenditure	133024	182336	190826	203779	214470	231793	236847	242643	248866	256523	268518	277993	286273	295715	309721
2. Private final consumption expenditure	356140	447238	457454	476277	497401	514786	515245	532926	546673	565131	580945	605088	598805	594567	608932
3. Households	..	..	..	..	..	504108	504414	521713	534938	553138	568833	593389	587015	582490	596509
4. Private non-profit institutions serving households	..	..	..	..	..	10562	10740	11120	11684	11914	11990	11410	11544	11898	12249
5. Increase in stocks	14526	9985	3917	3236	9229	29626	13482	690	–7073	22362	33179	27418	–4834	–18609	837
6. Gross fixed capital formation	119310	171186	180334	181506	189306	195464	194335	202432	207817	201521	207750	211608	205378	191327	199870
7. **Total Domestic Expenditure**	**623000**	**810745**	**832531**	**864798**	**910406**	**971669**	**959909**	**978691**	**996283**	**1045537**	**1090392**	**1122107**	**1085622**	**1063000**	**1119360**
8. Exports of goods and services	90592	137107	144665	155677	173531	188538	197529	209112	237748	250369	227129	236937	240387	259139	275041
9. *Less:* Imports of goods and services	111148	160455	164403	178022	200980	221808	214442	222963	238405	262115	253021	275813	265459	250925	280088
10. Statistical discrepancy	–18940	–20687	–20279	–21104	–20466	–20074	–15996	–16623	–9785	–16420	–21158	–28848	–22997	–15488	–18048
11. **Gross Domestic Product**	**583504**	**766710**	**792514**	**821349**	**862491**	**918325**	**927000**	**948217**	**985841**	**1017371**	**1043342**	**1054383**	**1037553**	**1055726**	**1096265**
COST COMPONENTS OF THE G.D.P.															
1. Indirect taxes	7229*	15102*	16412*	18984*	20202*	21787*	27669*	28980*	32847*	34164*	41686*	49364*	56549*	57710*	62096*
2. *Less:* Subsidies	979*	1946*	2086*	3010*	2970*	2870*	3453*	3910*	4332*	6098*	9285*	13475*	15406*	17452*	19879*
3. Consumption of fixed capital	8012*	13864*	14903*	15544*	15919*	17717*	19480*	21434*	24060*	28643*	33090*	38096*	43901*	49803*	56045*
4. Compensation of employees paid by resident producers	39669*	74377*	80510*	86762*	94542*	105839*	115754*	126692*	136296*	157629*	188775*	223939*	251817*	280382*	308161*
5. Operating surplus	18027*	22118*	24289*	24078*	26791*	30480*	28161*	31965*	38942*	43276*	48563*	45919*	38798*	47823*	61369*
6. Statistical discrepancy	988*	831*	943*	870*	1059*	1226*	716*	907*	1501*	1418*	1368*	212*	–1447*	–1140*	–241*
7. **Gross Domestic Product**	**72946***	**124346***	**134971***	**143228***	**155543***	**174179***	**188327***	**206068***	**229314***	**259032***	**304197***	**344055***	**374212***	**417126***	**467551***
CAPITAL TRANSACTIONS OF THE NATION															
Finance of Gross Capital Formation															
1. Consumption of fixed capital	8012*	13864*	14903*	15544*	15919*	17717*	19480*	21434*	24060*	28643*	33090*	38096*	43901*	49803*	56045*
2. Net saving	9276*	16223*	17334*	17276*	19609*	23473*	23795*	24924*	28955*	28713*	36500*	33542*	22778*	23677*	27349*
3. *Less:* Surplus of the nation on current transactions	–391*	–824*	–176*	–536*	–972*	–1304*	1711*	2548*	5959*	–2327*	–1401*	–6795*	–9151*	–159*	–9669*
4. Statistical discrepancy	648*	1088*	1124*	1093*	1373*	1719*	1475*	1432*	1568*	1631*	2233*	1780*	136*	–653*	–156*
5. **Finance of Gross Capital Formation**	**18327***	**31999***	**33537***	**34449***	**37873***	**44213***	**43039***	**45242***	**48624***	**61314***	**73224***	**80213***	**75966***	**72986***	**92907***
Gross capital formation															
6. Increase in stocks	1903*	1382*	249*	441*	2004*	5285*	1990*	–178*	–1193*	6084*	10044*	7889*	–2406*	–7446*	965*
7. Gross fixed capital formation	16424*	30617*	33288*	34008*	35869*	38928*	41049*	45420*	49817*	55230*	63180*	72324*	78372*	80432*	91942*
8. Statistical discrepancy	..	..	..	..	..	..	..	..	..	..	..	..	..	..	..
9. **Gross Capital Formation**	**18327***	**31999***	**33537***	**34449***	**37873***	**44213***	**43039***	**45242***	**48624***	**61314***	**73224***	**80213***	**75966***	**72986***	**92907***
RELATIONS AMONG NATIONAL ACCOUNTING AGGREGATES															
1. **Gross Domestic Product**	72946*	124346*	134972*	143227*	155542*	174179*	188327*	206069*	229315*	259032*	304196*	344055*	374212*	417127*	467550*
2. *Plus:* Net factor income from the rest of the world	95*	92*	23*	–27*	–82*	–43*	141*	277*	584*	544*	616*	352*	–526*	–1051*	–967*
3. Factor income from the rest of the world	365*	618*	602*	618*	665*	958*	1338*	1653*	2376*	2839*	3236*	4272*	4503*	6680*	7522*
4. Factor income paid to the rest of the world	202*	432*	508*	587*	701*	912*	1011*	1114*	1358*	1823*	2083*	3354*	4710*	7342*	7983*
5. *Equals:* **Gross National Product**	**73041***	**124438***	**134995***	**143200***	**155460***	**174136***	**188468***	**206346***	**229899***	**259576***	**304812***	**344407***	**373686***	**416076***	**466583***
6. *Less:* Consumption of fixed capital	8012*	13864*	14903*	15544*	15919*	17717*	19480*	21434*	24060*	28643*	33090*	38096*	43901*	49803*	56045*
7. *Plus:* Statistical discrepancy	–675*	–1232*	–1334*	–1281*	–1578*	–1941*	–1776*	–1744*	–1995*	–1649*	–2300*	–1598*	100*	285*	330*
8. *Equals:* **National Income**	**64354***	**109342***	**118758***	**126375***	**137963***	**154478***	**167212***	**183168***	**203844***	**229284***	**269422***	**304713***	**329885***	**366558***	**410868***
9. *Plus:* Net current transfers from the rest of the world	–100*	–136*	–146*	–259*	–332*	–348*	–537*	–766*	–775*	–1194*	–1692*	–1889*	–2729*	–3017*	–4243*
10. Current transfers from the rest of the world	173*	474*	516*	572*	741*	887*	923*	1144*	1274*	1457*	1691*	2062*	2110*	2453*	2024*
11. Current transfers paid to the rest of the world	273*	610*	662*	831*	1073*	1235*	1460*	1910*	2049*	2651*	3383*	3951*	4839*	5470*	6267*
12. *Equals:* **National Disposable Income**	**64254***	**109206***	**118612***	**126116***	**137631***	**154130***	**166675***	**182402***	**203069***	**228090***	**267730***	**302824***	**327156***	**363541***	**406625***
13. *Less:* Final consumption	54978*	92983*	101278*	108840*	118022*	130657*	142880*	157478*	174114*	199377*	231230*	269282*	304378*	339864*	379276*
14. *Plus:* Statistical discrepancy	..	..	..	..	..	..	..	..	..	..	..	..	..	..	..
15. *Equals:* **Net Saving**	**9276***	**16223***	**17334***	**17276***	**19609***	**23473***	**23795***	**24924***	**28955***	**28713***	**36500***	**33542***	**22778***	**23677***	**27349***
16. *Less:* Surplus of the nation on current transactions	–391*	–824*	–176*	–536*	–972*	–1304*	1711*	2548*	5959*	–2327*	–1401*	–6795*	–9151*	–159*	–9669*
17. *Plus:* Statistical discrepancy	648*	1088*	1124*	1093*	1373*	1719*	1475*	1432*	1568*	1631*	2233*	1780*	136*	–653*	–156*
18. *Equals:* **Net Capital Formation**	**10315***	**18135***	**18634***	**18905***	**21954***	**26496***	**23559***	**23808***	**24564***	**32671***	**40134***	**42117***	**32065***	**23183***	**36862***

1. At 1991 relative prices for 1991-1994, at 1985 relative prices for 1985-1990, at 1980 relative prices for 1970-1984 and at 1975 relative prices for 1960-1969.

SUÈDE
SCN de 1968

Principaux Agrégats

millions de couronnes

1980	1981	1982	1983	1984	1985	1986	1987	1988	1989	1990	1991	1992	1993	1994	
															DÉPENSES IMPUTÉES AU P.I.B.
															Aux prix courants
155452	172001	187654	205717	223403	241754	260171	273408	290266	322630	372130	394394	402508	403504	413506	1. Consommation finale des administrations publiques
273330	305552	340036	369442	403775	443671	487328	537868	584354	632744	692668	771310	777324	792077	820235	2. Consommation finale privée
267276	298244	331973	360584	394530	433555	476119	525312	570687	617469	674870	751413	756662	770755	797373	3. Ménages
6054	7308	8063	8858	9245	10116	11209	12556	13667	15275	17798	19897	20662	21322	22862	4. Institutions privées sans but lucratif au service des ménages
5923	-4073	-6286	-10263	-7757	-484	-5840	-4764	-3559	-488	-2475	-21173	-6657	-11627	10534	5. Variations des stocks
106427	109397	118089	132296	148792	166980	175503	197948	225105	271000	292525	280371	244603	205631	208229	6. Formation brute de capital fixe
541132	**582877**	**639493**	**697192**	**768213**	**851921**	**917162**	**1004460**	**1096166**	**1225886**	**1354848**	**1424902**	**1417778**	**1389585**	**1452504**	7. **Demande intérieure totale**
156469	174107	204756	253260	289819	305866	311134	332449	359690	394467	406831	404184	401586	473087	556746	8. Exportations de biens et services
166547	175299	208234	238142	260699	291186	281033	313307	341354	387751	401800	381759	377641	420491	492297	9. *Moins :* Importations de biens et services
..	..	..	..	..	..	..	..	..	..	..	..	..	..	..	10. Divergence statistique
531054	**581685**	**636015**	**712310**	**797333**	**866601**	**947263**	**1023602**	**1114502**	**1232602**	**1359879**	**1447327**	**1441723**	**1442181**	**1516953**	11. **Produit intérieur brut**
															Aux niveaux de prix de 1990[1]
316595	323794	327107	329642	337201	345361	349681	353033	355130	362653	372130	382424	382281	380154	376258	1. Consommation finale des administrations publiques
604062	601062	604492	590017	598572	614651	641860	671127	687452	695465	692668	699056	689265	663979	667285	2. Consommation finale privée
591227	586848	589534	574993	584355	600086	626711	655074	670941	678748	674870	680446	670709	645381	648791	3. Ménages
12739	14172	14940	15024	14178	14523	15103	16012	16472	16678	17798	18631	18585	18650	18540	4. Institutions privées sans but lucratif au service des ménages
11970	-9037	-10962	-17003	-11390	-1146	-8399	-7031	-6176	-3599	-2475	-21674	-6745	-10769	7625	5. Variations des stocks
206781	194434	193446	197211	210822	224119	224849	243327	259440	288846	292525	266548	237674	195806	194971	6. Formation brute de capital fixe
1139408	**1110253**	**1114083**	**1099867**	**1135205**	**1182985**	**1207991**	**1260456**	**1295846**	**1343365**	**1354848**	**1326354**	**1302475**	**1229170**	**1246139**	7. **Demande intérieure totale**
273294	278832	294710	323874	346103	350275	363329	378795	388255	400320	406831	397407	406723	437612	498140	8. Exportations de biens et services
281303	264924	273980	276123	290904	313509	327578	352809	371665	399127	401800	382087	386432	375778	425435	9. *Moins :* Importations de biens et services
-16837	-9748	-9224	-2306	1262	-5094	-1219	-4840	-1983	-2963	0	3023	2813	562	744	10. Divergence statistique
1114562	**1114413**	**1125589**	**1145312**	**1191666**	**1214657**	**1242523**	**1281602**	**1310453**	**1341595**	**1359879**	**1344697**	**1325579**	**1291566**	**1319588**	11. **Produit intérieur brut**
															RÉPARTITION DU P.I.B.
71446	82758	89247	108262	125764	142565	158958	176860	182766	199786	233362	256806	235067	225632	228153	1. Impôts indirects
22827	26829	31249	36496	39510	43394	46111	48395	48919	55719	63268	72710	78634	81299	82231	2. *Moins :* Subventions
64386	71902	80562	91650	100342	109794	118284	128095	142137	160168	178929	191562	193291	202944	206078	3. Consommation de capital fixe
346317	378800	400577	434137	475004	517802	567510	614232	670708	756614	851189	895127	883597	858021	897841	4. Rémunération des salariés payée par les producteurs résidents
71732	75054	96878	114757	135733	139834	148622	152810	167810	171753	159667	176542	208402	236883	267112	5. Excédent net d'exploitation
..	..	..	..	..	..	..	..	..	..	..	..	..	..	..	6. Divergence statistique
531054	**581685**	**636015**	**712310**	**797333**	**866601**	**947263**	**1023602**	**1114502**	**1232602**	**1359879**	**1447327**	**1441723**	**1442181**	**1516953**	7. **Produit intérieur brut**
															OPÉRATIONS EN CAPITAL DE LA NATION
															Financement de la formation brute de capital
64386	71902	80562	91650	100342	109794	118284	128095	142137	160168	178929	191562	193291	202944	206078	1. Consommation de capital fixe
30010	18755	9894	22824	42771	41847	53383	58510	66900	76561	61689	37156	236	-25101	1804	2. Épargne nette
-17954	-14667	-21347	-7559	2078	-14855	2004	-6579	-12509	-33783	-49432	-30480	-44419	-16161	-10881	3. *Moins :* Solde des opérations courantes de la nation
..	..	..	..	..	..	..	..	..	..	..	..	..	..	..	4. Divergence statistique
112350	**105324**	**111803**	**122033**	**141035**	**166496**	**169663**	**193184**	**221546**	**270512**	**290050**	**259198**	**237946**	**194004**	**218763**	5. **Financement de la formation brute de capital**
															Formation brute de capital
5923	-4073	-6286	-10263	-7757	-484	-5840	-4764	-3559	-488	-2475	-21173	-6657	-11627	10534	6. Variations des stocks
106427	109397	118089	132296	148792	166980	175503	197948	225105	271000	292525	280371	244603	205631	208229	7. Formation brute de capital fixe
..	..	..	..	..	..	..	..	..	..	..	..	..	..	..	8. Divergence statistique
112350	**105324**	**111803**	**122033**	**141035**	**166496**	**169663**	**193184**	**221546**	**270512**	**290050**	**259198**	**237946**	**194004**	**218763**	9. **Formation brute de capital**
															RELATIONS ENTRE LES PRINCIPAUX AGRÉGATS
531054	581685	636015	712310	797333	866601	947263	1023602	1114502	1232602	1359879	1447327	1441723	1442181	1516953	1. Produit intérieur brut
-3073	-7849	-12125	-15997	-19578	-20568	-18665	-16618	-21215	-28855	-40621	-41438	-53036	-57014	-62030	2. *Plus :* Revenu net des facteurs reçu du reste du monde
8870	12531	14850	14624	15940	20060	19537	21790	21175	31054	47448	58091	54215	60870	56332	3. Revenu des facteurs reçu du reste du monde
11943	20380	26975	30621	35518	40628	38202	38408	42390	59909	88069	99529	107251	117884	118362	4. Revenu des facteurs payé au reste du monde
527981	573836	623890	696313	777755	846033	928598	1006984	1093287	1203747	1319258	1405889	1388687	1385167	1454923	5. *Égal :* **Produit national brut**
64386	71902	80562	91650	100342	109794	118284	128095	142137	160168	178929	191562	193291	202944	206078	6. *Moins :* Consommation de capital fixe
..	..	..	..	..	..	..	..	..	..	..	..	..	..	..	7. *Plus :* Divergence statistique
463595	501934	543328	604663	677413	736239	810314	878889	951150	1043579	1140329	1214327	1195396	1182223	1248845	8. *Égal :* **Revenu national**
-4803	-5626	-5744	-6680	-7464	-8967	-9432	-9103	-9630	-11644	-13842	-11467	-15328	-11743	-13300	9. *Plus :* Transferts courants nets reçus du reste du monde
2100	6360	9199	9405	9447	11760	12511	13673	14609	15634	16230	19233	22503	23659	..	10. Transferts courants reçus du reste du monde
6903	11986	14943	16085	16911	20727	21943	22776	24239	27278	30072	30700	37831	35402	..	11. Transferts courants payés au reste du monde
458792	496308	537584	597983	669949	727272	800882	869786	941520	1031935	1126487	1202860	1180068	1170480	1235545	12. *Égal :* **Revenu national disponible**
428782	477553	527690	575159	627178	685425	747499	811276	874620	955374	1064798	1165704	1179832	1195581	1233741	13. *Moins :* Consommation finale
..	..	..	..	..	..	..	..	..	..	..	..	..	..	..	14. *Plus :* Divergence statistique
30010	18755	9894	22824	42771	41847	53383	58510	66900	76561	61689	37156	236	-25101	1804	15. *Égal :* **Épargne nette**
-17954	-14667	-21347	-7559	2078	-14855	2004	-6579	-12509	-33783	-49432	-30480	-44419	-16161	-10881	16. *Moins :* Solde des opérations courantes de la nation
..	..	..	..	..	..	..	..	..	..	..	..	..	..	..	17. *Plus :* Divergence statistique
47964	33422	31241	30383	40693	56702	51379	65089	79409	110344	111121	67636	44655	-8940	12685	18. *Égal :* **Formation nette de capital**

1. Aux prix relatifs de 1991 pour la période 1991-1994, aux prix relatifs de 1985 pour la période 1985-1990, aux prix relatifs de 1980 pour la période 1970-1984 et aux prix relatifs de 1975 pour la période 1960-1969.

SWITZERLAND
Former system

Main aggregates

millions of francs

	1960	1966	1967	1968	1969	1970	1971	1972	1973	1974	1975	1976	1977	1978	1979
EXPENDITURE ON THE G.D.P.															
At current prices															
1. Government final consumption expenditure	3305	6810	7235	7795	8560	9505	11240	12705	14620	16415	17685	18690	18895	19510	20520
2. Private final consumption expenditure	23330	39325	42250	45020	48790	53455	59890	67955	76140	83345	86270	89145	92900	95540	101000
3. Households	..	..	..	..	..	..	..	..	..	..	..	..	..	..	..
4. Private non-profit institutions serving households	..	..	..	..	..	..	..	..	..	..	..	..	..	..	..
5. Increase in stocks	1570	1260	2175	1915	2025	4290	3325	2455	2530	5200	-1455	205	0	435	3255
6. Gross fixed capital formation	9270	17905	18325	19195	20995	24955	30125	34640	38210	38885	33655	29230	30235	32490	34585
7. **Total Domestic Expenditure**	37475	65300	69985	73925	80370	92205	104580	117755	131500	143845	136155	137270	142030	147975	159360
8. Exports of goods and services	10955	19210	20495	23170	26630	29710	32060	35770	40225	45905	44030	47700	53445	53225	56015
9. *Less:* Imports of goods and services	11060	19155	20130	21975	25605	31250	33645	36815	41665	48650	40030	43010	49685	49525	56830
10. Statistical discrepancy	..	..	..	..	..	..	..	..	..	..	..	..	..	..	..
11. **Gross Domestic Product**	37370	65355	70350	75120	81395	90665	102995	116710	130060	141100	140155	141960	145790	151675	158545
At 1990 price levels[1]															
1. Government final consumption expenditure	14569	22007	22357	23216	24357	25525	27016	27795	28466	28949	29137	29943	30064	30668	30990
2. Private final consumption expenditure	79474	105641	108728	112943	119106	125504	131479	138628	142455	141762	137618	139086	143300	146481	148348
3. Households	..	..	..	..	..	..	..	..	..	..	..	..	..	..	..
4. Private non-profit institutions serving households	..	..	..	..	..	..	..	..	..	..	..	..	..	..	..
5. Increase in stocks	4974	3570	5555	4900	5092	9531	7407	4932	4938	9195	-1732	981	676	1229	5816
6. Gross fixed capital formation	29480	42215	42275	43575	46164	50285	55242	57993	59675	57136	49378	44190	44905	47645	50073
7. **Total Domestic Expenditure**	128497	173433	178915	184634	194719	210845	221144	229348	235534	237042	214401	214200	218945	226023	235227
8. Exports of goods and services	27564	40042	41416	45556	51637	55165	57310	60959	65749	66427	62063	67838	74430	77196	79099
9. *Less:* Imports of goods and services	21538	33650	35015	37926	42827	48773	51809	55578	59191	58614	49616	56093	61282	67978	72637
10. Statistical discrepancy	7748	8277	8536	8544	8590	8409	8197	7629	7658	8528	8081	5686	5175	2998	2486
11. **Gross Domestic Product**	142271	188102	193852	200808	212119	225646	234842	242358	249750	253383	234929	231631	237268	238239	244175
COST COMPONENTS OF THE G.D.P.															
1. Indirect taxes	2710	4590	4840	5265	5860	6375	6960	8170	8765	9115	9115	9440	9990	10775	11105
2. *Less:* Subsidies	365	575	640	870	815	760	955	1155	1220	1715	1680	1815	1970	2185	2215
3. Consumption of fixed capital	3975	7235	7810	8525	9290	10770	12250	14090	15250	16225	15245	14900	15990	16430	16700
4. Compensation of employees paid by resident producers	19345	35300	38335	40925	44085	49605	57675	65555	74735	83090	85150	85680	87690	92185	97095
5. Operating surplus	11705	18805	20005	21275	22975	24675	27065	30050	32530	34385	32325	33755	34090	34470	35860
6. Statistical discrepancy	..	..	..	..	..	..	..	..	..	..	..	..	..	..	..
7. **Gross Domestic Product**	37370	65355	70350	75120	81395	90665	102995	116710	130060	141100	140155	141960	145790	151675	158545
CAPITAL TRANSACTIONS OF THE NATION															
Finance of Gross Capital Formation															
1. Consumption of fixed capital	3975	7235	7810	8525	9290	10770	12250	14090	15250	16225	15245	14900	15990	16430	16700
2. Net saving	7275	12470	13745	14955	16030	18805	21610	23940	26535	28530	23775	23105	22670	24535	25425
3. *Less:* Surplus of the nation on current transactions	410	540	1055	2370	2300	330	410	935	1045	670	6820	8570	8425	8040	4285
4. Statistical discrepancy	..	..	..	..	..	..	..	..	..	..	..	..	..	..	..
5. **Finance of Gross Capital Formation**	10840	19165	20500	21110	23020	29245	33450	37095	40740	44085	32200	29435	30235	32925	37840
Gross capital formation															
6. Increase in stocks	1570	1260	2175	1915	2025	4290	3325	2455	2530	5200	-1455	205	0	435	3255
7. Gross fixed capital formation	9270	17905	18325	19195	20995	24955	30125	34640	38210	38885	33655	29230	30235	32490	34585
8. Statistical discrepancy	..	..	..	..	..	..	..	..	..	..	..	..	..	..	..
9. **Gross Capital Formation**	10840	19165	20500	21110	23020	29245	33450	37095	40740	44085	32200	29435	30235	32925	37840
RELATIONS AMONG NATIONAL ACCOUNTING AGGREGATES															
1. **Gross Domestic Product**	37370	65355	70350	75120	81395	90665	102995	116710	130060	141100	140155	141960	145790	151675	158545
2. *Plus:* Net factor income from the rest of the world	900	1620	1760	2270	2565	3265	3490	3825	4480	5395	4470	5220	6110	5820	6645
3. Factor income from the rest of the world	1470	2545	2850	3395	3890	4875	5560	6370	7380	8855	8060	8520	9405	9575	10480
4. Factor income paid to the rest of the world	570	925	1090	1125	1325	1610	2070	2545	2900	3460	3590	3300	3295	3755	3835
5. *Equals:* **Gross National Product**	38270	66975	72110	77390	83960	93930	106485	120535	134540	146495	144625	147180	151900	157495	165190
6. *Less:* Consumption of fixed capital	3975	7235	7810	8525	9290	10770	12250	14090	15250	16225	15245	14900	15990	16430	16700
7. *Plus:* Statistical discrepancy	..	..	..	..	..	..	..	..	..	..	..	..	..	..	..
8. *Equals:* **National Income**	34295	59740	64300	68865	74670	83160	94235	106445	119290	130270	129380	132280	135910	141065	148490
9. *Plus:* Net current transfers from the rest of the world	-385	-1135	-1070	-1095	-1290	-1395	-1495	-1845	-1995	-1980	-1650	-1340	-1445	-1480	-1545
10. Current transfers from the rest of the world	260	340	350	395	410	435	595	520	590	645	850	930	895	940	1015
11. Current transfers paid to the rest of the world	645	1475	1420	1490	1700	1830	2090	2365	2585	2625	2500	2270	2340	2420	2560
12. *Equals:* **National Disposable Income**	33910	58605	63230	67770	73380	81765	92740	104600	117295	128290	127730	130940	134465	139585	146945
13. *Less:* Final consumption	26635	46135	49485	52815	57350	62960	71130	80660	90760	99760	103955	107835	111795	115050	121520
14. *Plus:* Statistical discrepancy	..	..	..	..	..	..	..	..	..	..	..	..	..	..	..
15. *Equals:* **Net Saving**	7275	12470	13745	14955	16030	18805	21610	23940	26535	28530	23775	23105	22670	24535	25425
16. *Less:* Surplus of the nation on current transactions	410	540	1055	2370	2300	330	410	935	1045	670	6820	8570	8425	8040	4285
17. *Plus:* Statistical discrepancy	..	..	..	..	..	..	..	..	..	..	..	..	..	..	..
18. *Equals:* **Net Capital Formation**	6865	11930	12690	12585	13730	18475	21200	23005	25490	27860	16955	14535	14245	16495	21140

1. At 1980 relative prices for 1980-1994 and at 1970 relative prices for 1960-1979.

SUISSE
Ancien système

Principaux Agrégats

millions de francs

1980	1981	1982	1983	1984	1985	1986	1987	1988	1989	1990	1991	1992	1993	1994	
															DÉPENSES IMPUTÉES AU P.I.B.
															Aux prix courants
21685	23545	25555	27355	28500	30420	31845	32520	34860	37900	42200	45925	48555	48910	49605	1. Consommation finale des administrations publiques
108335	116020	122440	127755	134035	141015	145405	150715	157515	166735	178300	191205	198835	203800	207835	2. Consommation finale privée
..	..	..	..	..	..	..	..	..	..	..	..	..	..	..	3. Ménages
..	..	..	..	..	..	..	..	..	..	..	..	..	..	..	4. Institutions privées sans but lucratif au service des ménages
5820	2450	1795	1345	1500	1365	4370	4975	3355	6435	7310	4545	−980	−4175	−2210	5. Variations des stocks
40500	44560	45300	47500	49800	54200	58995	64370	71480	79860	84545	84810	80375	77020	80390	6. Formation brute de capital fixe
176340	186575	195090	203955	213835	227000	240615	252580	267210	290930	312355	326485	326785	325555	335620	7. **Demande intérieure totale**
62580	69100	69550	71760	80550	89015	89115	90525	97990	110510	115050	116720	122170	125300	127300	8. Exportations de biens et services
68590	70920	68660	71850	81155	88065	86380	88420	96790	111080	113415	112130	110190	108005	111000	9. *Moins* : Importations de biens et services
..	..	..	..	..	..	..	..	..	..	..	..	..	..	..	10. Divergence statistique
170330	184755	195980	203865	213230	227950	243350	254685	268410	290360	313990	331075	338765	342850	351920	11. **Produit intérieur brut**
															Aux niveaux de prix de 1990[1]
31286	32065	32397	33637	34056	35152	36458	37107	38694	40310	42200	42842	42777	42250	42597	1. Consommation finale des administrations publiques
152245	153011	152976	155548	157972	160256	164774	168196	171814	175644	178300	180921	180612	179586	181300	2. Consommation finale privée
..	..	..	..	..	..	..	..	..	..	..	..	..	..	..	3. Ménages
..	..	..	..	..	..	..	..	..	..	..	..	..	..	..	4. Institutions privées sans but lucratif au service des ménages
8897	3923	3024	2508	2717	2580	6316	7127	4970	6959	7310	4683	−779	−2701	1656	5. Variations des stocks
55041	56522	55075	57337	59709	62869	67829	72871	77927	82425	84545	82472	78334	76391	80923	6. Formation brute de capital fixe
247469	245521	243472	249030	254454	260857	275377	285301	293405	305338	312355	310918	300944	295526	306476	7. **Demande intérieure totale**
83110	87108	84617	85521	90946	98502	98868	100528	106364	111677	115050	114220	118051	119977	123988	8. Exportations de biens et services
77865	76861	74851	78160	83734	87980	94184	99367	104606	110208	113415	111531	107330	106433	115969	9. *Moins* : Importations de biens et services
2698	3317	3448	2874	2188	2259	1420	732	361	128	0	293	1283	1396	−250	10. Divergence statistique
255412	259085	256686	259265	263854	273638	281481	287194	295524	306935	313990	313900	312948	310466	314245	11. **Produit intérieur brut**
															RÉPARTITION DU P.I.B.
11910	12670	13315	14145	14895	15875	17375	18290	19245	20415	20685	20695	20595	21655	21950	1. Impôts indirects
2250	2160	2595	2825	3045	3245	3315	3495	3855	4255	4745	5195	5655	6100	6090	2. *Moins* : Subventions
17960	19550	20400	20900	21700	23400	24395	25640	27745	30520	32765	34300	35500	36210	36660	3. Consommation de capital fixe
104650	114120	122700	128155	133425	141525	150455	158155	168015	180240	196650	211275	218100	219990	222260	4. Rémunération des salariés payée par les producteurs résidents
38060	40575	42160	43490	46255	50395	54440	56095	57260	63440	68635	70000	70225	71095	77140	5. Excédent net d'exploitation
..	..	..	..	..	..	..	..	..	..	..	..	..	..	..	6. Divergence statistique
170330	184755	195980	203865	213230	227950	243350	254685	268410	290360	313990	331075	338765	342850	351920	7. **Produit intérieur brut**
															OPÉRATIONS EN CAPITAL DE LA NATION
															Financement de la formation brute de capital
17960	19550	20400	20900	21700	23400	24395	25640	27745	30520	32765	34300	35500	36210	36660	1. Consommation de capital fixe
27565	32890	34705	36020	39860	44540	51320	54970	60320	67260	71085	70205	65090	65235	66515	2. Épargne nette
−795	5430	8010	8075	10260	12375	12350	11265	13230	11485	11995	15150	21195	28600	24995	3. *Moins* : Solde des opérations courantes de la nation
..	..	..	..	..	..	..	..	..	..	..	..	..	..	..	4. Divergence statistique
46320	47010	47095	48845	51300	55565	63365	69345	74835	86295	91855	89355	79395	72845	78180	5. **Financement de la formation brute de capital**
															Formation brute de capital
5820	2450	1795	1345	1500	1365	4370	4975	3355	6435	7310	4545	−980	−4175	−2210	6. Variations des stocks
40500	44560	45300	47500	49800	54200	58995	64370	71480	79860	84545	84810	80375	77020	80390	7. Formation brute de capital fixe
..	..	..	..	..	..	..	..	..	..	..	..	..	..	..	8. Divergence statistique
46320	47010	47095	48845	51300	55565	63365	69345	74835	86295	91855	89355	79395	72845	78180	9. **Formation brute de capital**
															RELATIONS ENTRE LES PRINCIPAUX AGRÉGATS
170330	184755	195980	203865	213230	227950	243350	254685	268410	290360	313990	331075	338765	342850	351920	1. **Produit intérieur brut**
7015	9220	9190	10085	12830	13405	11575	11405	14540	14810	13595	14315	13430	15555	13555	2. *Plus* : Revenu net des facteurs reçu du reste du monde
11250	14510	15140	16735	19795	21250	20595	20900	24185	28010	28130	29285	27715	30685	30745	3. Revenu des facteurs reçu du reste du monde
4235	5290	5950	6650	6965	7845	9020	9495	9645	13200	14535	14970	14285	15130	17190	4. Revenu des facteurs payé au reste du monde
177345	193975	205170	213950	226060	241355	254925	266090	282950	305170	327585	345390	352195	358405	365475	5. *Égal* : **Produit national brut**
17960	19550	20400	20900	21700	23400	24395	25640	27745	30520	32765	34300	35500	36210	36660	6. *Moins* : Consommation de capital fixe
..	..	..	..	..	..	..	..	..	..	..	..	..	..	..	7. *Plus* : Divergence statistique
159385	174425	184770	193050	204360	217955	230530	240450	255205	274650	294820	311090	316695	322195	328815	8. *Égal* : **Revenu national**
−1800	−1970	−2070	−1920	−1965	−1980	−1960	−2245	−2510	−2755	−3235	−3755	−4215	−4250	−4860	9. *Plus* : Transferts courants nets reçus du reste du monde
1255	1440	1670	1985	2180	2495	2785	2850	3005	3140	3275	3395	3560	3670	3515	10. Transferts courants reçus du reste du monde
3055	3410	3740	3905	4145	4475	4745	5095	5515	5895	6510	7150	7775	7920	8375	11. Transferts courants payés au reste du monde
157585	172455	182700	191130	202395	215975	228570	238205	252695	271895	291585	307335	312480	317945	323955	12. *Égal* : **Revenu national disponible**
130020	139565	147995	155110	162535	171435	177250	183235	192375	204635	220500	237130	247390	252710	257440	13. *Moins* : Consommation finale
..	..	..	..	..	..	..	..	..	..	..	..	..	..	..	14. *Plus* : Divergence statistique
27565	32890	34705	36020	39860	44540	51320	54970	60320	67260	71085	70205	65090	65235	66515	15. *Égal* : **Épargne nette**
−795	5430	8010	8075	10260	12375	12350	11265	13230	11485	11995	15150	21195	28600	24995	16. *Moins* : Solde des opérations courantes de la nation
..	..	..	..	..	..	..	..	..	..	..	..	..	..	..	17. *Plus* : Divergence statistique
28360	27460	26695	27945	29600	32165	38970	43705	47090	55775	59090	55055	43895	36635	41520	18. *Égal* : **Formation nette de capital**

1. Aux prix relatifs de 1980 pour la période 1980-1994 et aux prix relatifs de 1970 pour la période 1960-1979.

TURKEY
1968 SNA

Main aggregates

billions of liras

	1960	1966	1967	1968	1969	1970	1971	1972	1973	1974	1975	1976	1977	1978	1979
EXPENDITURE ON THE G.D.P.															
At current prices															
1. Government final consumption expenditure	5.0*	11.2*	12.7*	14.3*	15.7*	19.0	25	32	43	53	77	107	152	199	328
2. Private final consumption expenditure	52.5*	96.3*	106.0*	118.0*	131.5*	150.0	192	228	278	382	488	593	776	1205	2126
3. Households	..	..	..	..	..	..	..	..	..	..	..	..	..	..	..
4. Private non-profit institutions serving households	..	..	..	..	..	..	..	..	..	..	..	..	..	..	..
5. Increase in stocks	−0.1*	2.1*	1.2*	0.7*	−0.3*	2.0	2	1	2	16	18	5	−7	−24	−63
6. Gross fixed capital formation	10.6*	20.3*	23.3*	27.4*	30.5*	38.0	43	53	69	97	133	198	246	302	549
7. **Total Domestic Expenditure**	67.9*	129.9*	143.2*	160.3*	177.4*	209.0	262	314	392	548	716	903	1167	1682	2940
8. Exports of goods and services	3.0*	5.8*	6.2*	6.2*	6.7*	9.0	13	17	25	30	34	46	42	72	108
9. *Less:* Imports of goods and services	3.8*	7.0*	6.5*	7.9*	8.1*	12.0	20	26	34	58	76	92	113	122	197
10. Statistical discrepancy	−0.6*	−0.1*	0.5*	0.1*	0.2*	..	..	..	..	..	..	..	..	..	..
11. **Gross Domestic Product**	66.5*	128.5*	143.3*	158.8*	176.2*	206.0	255	305	383	520	674	857	1096	1632	2851
At 1990 price levels[1]															
1. Government final consumption expenditure	6478.8*	9517.1*	10342.7*	11044.5*	11761.1*	12185.3	12917	13868	15052	16304	19937	23119	24001	23317	22756
2. Private final consumption expenditure	75265.0*	101754.4*	104901.0*	112538.6*	118497.5*	121142.7	132055	140575	142618	131524	142492	156025	186650	190334	188054
3. Households	..	..	..	..	..	..	..	..	..	..	..	..	..	..	..
4. Private non-profit institutions serving households	..	..	..	..	..	..	..	..	..	..	..	..	..	..	..
5. Increase in stocks	−204.2*	1982.8*	985.4*	502.6*	−300.3*	1358.3	1072	264	1700	5905	5962	1484	−1557	−4174	−4586
6. Gross fixed capital formation	12682.9*	18884.2*	20093.8*	22793.0*	24246.4*	27523.5	25292	30116	32593	49011	51156	61199	47991	39798	40893
7. **Total Domestic Expenditure**	94222.5*	132138.5*	136322.9*	146878.8*	154204.7*	162209.7	171336	184824	191963	202744	219547	241827	257085	249276	247117
8. Exports of goods and services	4404.2*	6207.7*	6731.0*	6738.9*	7201.3*	8231.0	9505	10890	12793	11578	12360	15281	10408	13244	12345
9. *Less:* Imports of goods and services	6151.8*	8967.5*	8267.4*	9728.1*	9910.0*	12092.1	13265	15787	18914	19754	22161	25269	24476	17155	15906
10. Statistical discrepancy	−1013.4*	−462.4*	−66.8*	−161.0*	−110.3*	443.3	57	155	115	1790	697	623	−2641	−1372	−1086
11. **Gross Domestic Product**	91461.5*	128916.2*	134719.8*	143728.6*	151385.7*	158791.9	167633	180082	185956	196358	210443	232462	240377	243994	242470
COST COMPONENTS OF THE G.D.P.															
1. Indirect taxes	4.2*	9.3*	11.2*	12.1*	14.1*	16.0	21	27	32	44	57	72	93	130	209
2. *Less:* Subsidies	0.2*	0.9*	0.5*	1.0*	1.6*	2.0	2	2	2	5	7	12	22	38	73
3. Consumption of fixed capital	3.4*	6.8*	7.8*	8.9*	10.3*	12.0	15	18	21	30	38	48	60	89	157
4. Compensation of employees paid by resident producers	19.5*	37.3*	40.9*	43.3*	49.1*	60.0*	73*	87*	108*	136*	183*	242*	300*	447*	819*
5. Operating surplus	40.1*	76.5*	83.9*	95.8*	104.3*	120.0*	148*	175*	224*	315*	403*	507*	665*	1004*	1739*
6. Statistical discrepancy	−0.5*	−0.4*	0.0*	−0.2*	0.1*	..	..	..	..	..	..	..	..	..	..
7. **Gross Domestic Product**	66.5*	128.5*	143.3*	158.9*	176.2*	206.0	255	305	383	520	674	857	1096	1632	2851
CAPITAL TRANSACTIONS OF THE NATION															
Finance of Gross Capital Formation															
1. Consumption of fixed capital	3.4*	6.8*	7.8*	8.9*	10.3*	12.0	15	18	21	30	38	48	60	89	157
2. Net saving	6.5*	14.9*	16.7*	17.9*	18.8*	28.0	30	37	58	74	90	122	122	156	270
3. *Less:* Surplus of the nation on current transactions	0.0*	0.0*	0.0*	0.0*	0.0*	0.0	0	1	8	−9	−23	−33	−57	−33	−59
4. Statistical discrepancy	0.6*	0.6*	0.0*	1.2*	1.1*	..	..	..	..	..	..	..	..	..	..
5. **Finance of Gross Capital Formation**	10.4*	22.4*	24.5*	28.0*	30.3*	40.0	45	54	71	113	151	203	239	278	486
Gross capital formation															
6. Increase in stocks	−0.1*	2.1*	1.2*	0.7*	−0.3*	2.0	2	1	2	16	18	5	−7	−24	−63
7. Gross fixed capital formation	10.6*	20.3*	23.3*	27.4*	30.5*	38.0	43	53	69	97	133	198	246	302	549
8. Statistical discrepancy	..	..	..	..	..	..	..	..	..	..	..	..	..	..	..
9. **Gross Capital Formation**	10.4*	22.4*	24.5*	28.0*	30.3*	40.0	45	54	71	113	151	203	239	278	486
RELATIONS AMONG NATIONAL ACCOUNTING AGGREGATES															
1. **Gross Domestic Product**	66.5*	128.5*	143.3*	158.8*	176.2*	206.0	255	305	383	520	674	857	1096	1632	2851
2. *Plus:* Net factor income from the rest of the world	−0.3*	0.6*	0.3*	0.3*	0.4*	2.0	6	9	16	18	17	11	12	14	26
3. Factor income from the rest of the world	..	0.9*	0.7*	0.8*	1.0*	3.0	7	11	17	20	19	16	18	26	60
4. Factor income paid to the rest of the world	..	0.3*	0.4*	0.5*	0.6*	1.0	1	2	1	2	2	5	6	12	34
5. *Equals:* **Gross National Product**	66.2*	129.1*	143.5*	159.1*	176.6*	208.0	261	314	399	538	691	868	1108	1646	2877
6. *Less:* Consumption of fixed capital	3.4*	6.8*	7.8*	8.9*	10.3*	12.0	15	18	21	30	38	48	60	89	157
7. *Plus:* Statistical discrepancy	0.0*	−0.1*	−0.5*	−0.7*	−0.7*	..	..	..	..	..	..	..	..	..	..
8. *Equals:* **National Income**	62.8*	122.1*	135.2*	149.6*	165.5*	196.0	246	296	378	508	653	820	1048	1557	2720
9. *Plus:* Net current transfers from the rest of the world	1.1*	0.2*	0.1*	0.7*	0.5*	1.0	1	1	1	1	2	2	2	3	4
10. Current transfers from the rest of the world	..	0.3*	0.1*	0.7*	0.6*	1.0	1	1	1	1	2	2	2	4	5
11. Current transfers paid to the rest of the world	..	0.0*	0.0*	0.0*	0.0*	0.0	0	0	0	0	0	0	0	1	1
12. *Equals:* **National Disposable Income**	64.0*	122.4*	135.3*	150.3*	166.0*	197.0	247	297	379	509	655	822	1050	1560	2724
13. *Less:* Final consumption	57.5*	107.5*	118.7*	132.3*	147.2*	169.0	217	260	321	435	565	700	928	1404	2454
14. *Plus:* Statistical discrepancy	..	..	..	..	..	..	..	..	..	..	..	..	..	..	..
15. *Equals:* **Net Saving**	6.5*	14.9*	16.7*	17.9*	18.8*	28.0	30	37	58	74	90	122	122	156	270
16. *Less:* Surplus of the nation on current transactions	0.0*	0.0*	0.0*	0.0*	0.0*	0.0	0	1	8	−9	−23	−33	−57	−33	−59
17. *Plus:* Statistical discrepancy	0.6*	0.6*	0.0*	1.2*	1.1*	..	..	..	..	..	..	..	..	..	..
18. *Equals:* **Net Capital Formation**	7.1*	15.6*	16.7*	19.2*	19.9*	28.0	30	36	50	83	113	155	179	189	329

1. At 1987 relative prices.

TURQUIE
SCN de 1968

Principaux Agrégats

milliards de livres

1980	1981	1982	1983	1984	1985	1986	1987	1988	1989	1990	1991	1992	1993	1994	
															DÉPENSES IMPUTÉES AU P.I.B.
															Aux prix courants
440	861	994	1454	1964	3139	4592	5845	9837	21240	43083	78256	141318	255539	450957	1. Consommation finale des administrations publiques
4230	5643	7691	10324	16626	24930	34394	51019	82050	149140	269562	434366	734306	1333631	2565519	2. Consommation finale privée
..	..	..	..	..	..	..	..	..	..	..	..	..	..	..	3. Ménages
61	198	47	−56	−87	136	409	687	..	1522	6601	..	..	21619	..	4. Institutions privées sans but lucratif au service des ménages
61	198	47	−56	−87	136	409	687	−1247	1522	6601	−6160	4000	21619	−121416	5. Variations des stocks
831	1526	2021	2628	4168	7650	12745	18491	33738	51837	89892	149272	251435	505866	946185	6. Formation brute de capital fixe
5562	**8228**	**10753**	**14350**	**22671**	**35855**	**52140**	**76042**	**124378**	**223739**	**409138**	**655734**	**1131059**	**2116655**	**3841245**	**7. Demande intérieure totale**
284	666	1274	1814	3574	5762	7043	11642	24106	36833	52215	87215	157360	270997	826379	8. Exportations de biens et services
615	993	1535	2258	4248	6522	8104	13267	22682	40420	69042	104819	189646	383358	788530	9. *Moins* : Importations de biens et services
..	..	..	..	..	..	..	306	3424	7172	749	−8013	−5405	−22428	−10666	10. Divergence statistique
5231	**7901**	**10492**	**13906**	**21997**	**35095**	**51079**	**74723**	**129226**	**227324**	**393060**	**630117**	**1093368**	**1981866**	**3868428**	**11. Produit intérieur brut**
															Aux niveaux de prix de 1990[1]
18548	27607	24678	28763	29310	33450	36542	39990	39566	39888	43083	45012	46716	49254	47530	1. Consommation finale des administrations publiques
199144	184015	196639	209888	226896	225516	238671	237920	240812	238326	269562	274738	283837	307788	291438	2. Consommation finale privée
..	..	..	..	..	..	..	..	..	..	..	..	..	..	..	3. Ménages
..	..	..	..	..	..	..	..	..	..	..	..	..	..	..	4. Institutions privées sans but lucratif au service des ménages
2263	4892	1129	−761	−801	1197	2522	3118	−2628	2426	6601	−3601	1994	6585	−11838	5. Variations des stocks
34044	44813	42254	43349	43751	48767	52857	76705	75908	77576	89892	90991	94920	118531	99665	6. Formation brute de capital fixe
253999	**261328**	**264701**	**281239**	**299156**	**308929**	**330592**	**357734**	**353658**	**358216**	**409138**	**407141**	**427466**	**482159**	**426796**	**7. Demande intérieure totale**
11789	19272	25830	29218	36649	35942	34109	43106	51045	50915	52215	54159	60116	64737	74564	8. Exportations de biens et services
26921	30286	32785	38335	45896	42861	41347	50848	48560	51906	69042	65439	72583	98558	76999	9. *Moins* : Importations de biens et services
−2328	−2290	−885	−2498	−2188	−2085	−2389	1414	2713	2534	749	839	5441	5914	5103	10. Divergence statistique
236540	**248024**	**256861**	**269624**	**287721**	**299925**	**320965**	**351407**	**358856**	**359759**	**393060**	**396700**	**420440**	**454254**	**429465**	**11. Produit intérieur brut**
															RÉPARTITION DU P.I.B.
386	604	693	1102	1532	2574	4347	6700	11356	19680	38109	66183	118486	221551	432084	1. Impôts indirects
112	189	199	322	540	701	788	669	1212	2322	4198	10293	24523	26533	89001	2. *Moins* : Subventions
288	436	577	758	1206	1923	2784	4081	7027	12532	21606	34511	60036	108654	211502	3. Consommation de capital fixe
1299*	1791*	2239*	2975*	4473*	6965*	9947*	14824*	24348*	65083*	127434*	279308*	533939*	938018*	1669672*	4. Rémunération des salariés payée par les producteurs résidents
3370*	5259*	7182*	9393*	15326*	24334*	34789*	49787*	87707*	132351*	210109*	260408*	405430*	740176*	1644171*	5. Excédent net d'exploitation
..	..	..	..	..	..	..	..	..	..	..	..	..	..	..	6. Divergence statistique
5231	**7901**	**10492**	**13906**	**21997**	**35095**	**51079**	**74723**	**129226**	**227324**	**393060**	**630117**	**1093368**	**1981866**	**3868428**	**7. Produit intérieur brut**
															OPÉRATIONS EN CAPITAL DE LA NATION
															Financement de la formation brute de capital
288	436	577	758	1206	1923	2784	4081	7027	12532	21606	34511	60036	108654	211502	1. Consommation de capital fixe
345	1083	1350	1397	2371	5358	9414	14074	30262	47458	62926	87260	167945	299498	659925	2. Épargne nette
−259	−205	−141	−417	−504	−505	−956	−1329	1374	−541	−12710	−13328	−22049	−96905	57323	3. *Moins* : Solde des opérations courantes de la nation
..	..	..	..	..	..	..	−306	−3424	−7172	−749	8013	5405	22428	10666	4. Divergence statistique
892	**1724**	**2068**	**2572**	**4081**	**7786**	**13154**	**19178**	**32491**	**53359**	**96493**	**143112**	**255435**	**527485**	**824770**	**5. Financement de la formation brute de capital**
															Formation brute de capital
61	198	47	−56	−87	136	409	687	−1247	1522	6601	−6160	4000	21619	−121416	6. Variations des stocks
831	1526	2021	2628	4168	7650	12745	18491	33738	51837	89892	149272	251435	505866	946185	7. Formation brute de capital fixe
..	..	..	..	..	..	..	..	..	..	..	..	..	..	..	8. Divergence statistique
892	**1724**	**2068**	**2572**	**4081**	**7786**	**13154**	**19178**	**32491**	**53359**	**96493**	**143112**	**255435**	**527485**	**824769**	**9. Formation brute de capital**
															RELATIONS ENTRE LES PRINCIPAUX AGRÉGATS
5231	7901	10492	13906	21997	35095	51079	74723	129226	227324	393060	630117	1093368	1981866	3868428	1. Produit intérieur brut
72	122	120	27	170	255	105	297	−49	3046	4117	4276	10237	15456	19474	2. *Plus* : Revenu net des facteurs reçu du reste du monde
160	285	378	378	771	1216	1590	2404	3973	9415	13083	19207	35307	58078	144523	3. Revenu des facteurs reçu du reste du monde
88	163	258	351	601	961	1485	2106	4022	6369	8965	14931	25070	42622	125049	4. Revenu des facteurs payé au reste du monde
5303	**8023**	**10612**	**13933**	**22167**	**35350**	**51184**	**75018**	**129176**	**230370**	**397177**	**634393**	**1103605**	**1997323**	**3887903**	**5. *Égal* : Produit national brut**
288	436	577	758	1206	1923	2784	4081	7027	12532	21606	34511	60036	108654	211502	6. *Moins* : Consommation de capital fixe
..	..	..	..	..	..	..	..	..	..	..	..	..	..	..	7. *Plus* : Divergence statistique
5015	**7587**	**10035**	**13175**	**20961**	**33427**	**48400**	**70937**	**122149**	**217838**	**375571**	**599882**	**1043569**	**1888668**	**3676401**	**8. *Égal* : Revenu national**
0	0	0	0	0	0	0	0	0	0	0	0	0	0	0	9. *Plus* : Transferts courants nets reçus du reste du monde
0	0	0	0	0	0	0	0	0	0	0	0	0	0	0	10. Transferts courants reçus du reste du monde
0	0	0	0	0	0	0	0	0	0	0	0	0	0	0	11. Transferts courants payés au reste du monde
5015	**7587**	**10035**	**13175**	**20961**	**33427**	**48400**	**70937**	**122149**	**217838**	**375571**	**599882**	**1043569**	**1888668**	**3676401**	**12. *Égal* : Revenu national disponible**
4670	6504	8685	11778	18590	28069	38986	56864	91887	170380	312645	512622	875624	1589170	3016476	13. *Moins* : Consommation finale
..	..	..	..	..	..	..	..	..	..	..	..	..	..	..	14. *Plus* : Divergence statistique
345	**1083**	**1350**	**1397**	**2371**	**5358**	**9414**	**14074**	**30262**	**47458**	**62926**	**87260**	**167945**	**299498**	**659925**	**15. *Égal* : Épargne nette**
−259	−205	−141	−417	−504	−505	−956	−1329	1374	−541	−12710	−13328	−22049	−96905	57323	16. *Moins* : Solde des opérations courantes de la nation
..	..	..	..	..	..	..	−306	−3424	−7172	−749	8013	5405	22428	10666	17. Divergence statistique
604	**1288**	**1491**	**1814**	**2875**	**5863**	**10370**	**15097**	**25464**	**40827**	**74887**	**108601**	**195399**	**418831**	**613267**	**18. *Égal* : Formation nette de capital**

1. Aux prix relatifs de 1987.

UNITED KINGDOM
1968 SNA

Main aggregates

millions of pounds sterling

	1960	1966	1967	1968	1969	1970	1971	1972	1973	1974	1975	1976	1977	1978	1979
EXPENDITURE ON THE G.D.P.															
At current prices															
1. Government final consumption expenditure	4241	6673	7375	7844	8195	9249	10557	12068	13780	17157	23659	27708	30191	34141	39623
2. Private final consumption expenditure	17057	24234	25466	27388	29065	31666	35512	40173	45932	52977	65193	75768	86623	99920	118595
3. Households	..	23988	25201	27098	28739	31276	35086	39729	45431	52354	64405	74813	85572	98683	117147
4. Private non-profit institutions serving households	..	246	265	290	326	390	427	444	501	623	789	956	1052	1237	1448
5. Increase in stocks	562	288	286	452	537	382	114	25	1529	1045	−1354	901	1824	1804	2162
6. Gross fixed capital formation	4232	7063	7708	8506	8832	9736	10894	11940	14726	17497	21035	24504	27036	31060	36925
7. **Total Domestic Expenditure**	**26092**	**38258**	**40835**	**44190**	**46629**	**51033**	**57077**	**64206**	**75967**	**88676**	**108533**	**128881**	**145674**	**166925**	**197305**
8. Exports of goods and services	5414	7439	7715	9366	10461	11916	13356	14021	17553	23442	27379	35676	43835	47949	55464
9. *Less:* Imports of goods and services	5771	7479	8129	9703	10236	11435	12518	14065	19340	27590	29182	37031	42715	45634	54706
10. Statistical discrepancy	123	68	−119	−182	143	93	−332	316	−103	−817	−1131	−2535	−1137	−1097	−237
11. **Gross Domestic Product**	**25858**	**38286**	**40302**	**43671**	**46997**	**51607**	**57583**	**64478**	**74077**	**83711**	**105599**	**124991**	**145657**	**168143**	**197826**
At 1990 price levels[1]															
1. Government final consumption expenditure	63079*	74798	79004	79399	78022	79404	81816	85431	89230	90840	95784	97033	95388	97480	99314
2. Private final consumption expenditure	155759*	180690	185051	190206	191370	196915	203145	215702	227506	224212	223448	224523	223750	235708	245989
3. Households	..	178727	182986	188034	189006	194549	200882	213599	225369	221900	221058	222049	221319	232717	242879
4. Private non-profit institutions serving households	..	2091	2174	2248	2404	2583	2511	2350	2383	2547	2624	2704	2662	2990	3109
5. Increase in stocks	4438	2201	1744	2777	3074	2290	727	−9	7953	3593	−4103	1955	4119	3458	4013
6. Gross fixed capital formation	41752	58818	63962	67967	67568	69276	70556	70401	74991	73173	71720	72921	71618	73777	75840
7. **Total Domestic Expenditure**	**265028***	**316507**	**329761**	**340349**	**340034**	**347885**	**356244**	**371525**	**399680**	**391818**	**386849**	**396432**	**394875**	**410423**	**425156**
8. Exports of goods and services	38059*	47707	48186	54311	59334	62556	66800	67362	75412	80632	78027	84860	90389	91853	95340
9. *Less:* Imports of goods and services	40673*	49331	52900	57101	58769	61788	64995	71099	79306	79948	74406	77938	79056	82038	89971
10. Statistical discrepancy	916*	−1396	−4315	−4047	−242	−265	−2281	570	−2658	−4717	−3133	−7323	−1589	−1194	75
11. **Gross Domestic Product**	**263330***	**313487**	**320732**	**333512**	**340357**	**348388**	**355768**	**368358**	**393128**	**387785**	**387337**	**396031**	**404619**	**419044**	**430600**
COST COMPONENTS OF THE G.D.P.															
1. Indirect taxes	3316	5243	5801	6555	7497	8115	8407	8931	9784	11107	13660	15865	19374	22291	29146
2. *Less:* Subsidies	493	559	801	895	842	884	939	1160	1504	3113	3785	3600	3456	3900	4720
3. Consumption of fixed capital	2164	3239	3431	3727	4077	4618	5330	6131	7329	9088	11621	13976	16501	19378	22827
4. Compensation of employees paid by resident producers	15205	22895	23851	25518	27295	30627	33570	37945	43972	52503	68630	78196	86776	99050	116072
5. Operating surplus	5663	7301	7750	8412	9062	9223	10734	12283	14334	12833	14342	18634	25670	29537	32968
6. Statistical discrepancy	2	167	270	354	−92	−92	481	348	162	1293	1131	1920	792	1787	1533
7. **Gross Domestic Product**	**25857**	**38286**	**40302**	**43671**	**46997**	**51607**	**57583**	**64478**	**74077**	**83711**	**105599**	**124991**	**145657**	**168143**	**197826**
CAPITAL TRANSACTIONS OF THE NATION															
Finance of Gross Capital Formation															
1. Consumption of fixed capital	2164	3239	3431	3727	4077	4618	5330	6131	7329	9088	11621	13976	16501	19378	22827
2. Net saving	2496	4051	3800	4330	5821	6340	5889	5884	7217	3598	3663	5024	10419	11496	14792
3. *Less:* Surplus of the nation on current transactions	−246	38	−374	−365	294	655	1024	82	−1444	−3746	−2135	−1950	−11	894	302
4. Statistical discrepancy	−112	99	389	536	−235	−185	813	32	265	2110	2262	4455	1929	2884	1770
5. **Finance of Gross Capital Formation**	**4794**	**7351**	**7994**	**8958**	**9369**	**10118**	**11008**	**11965**	**16255**	**18542**	**19681**	**25405**	**28860**	**32864**	**39087**
Gross capital formation															
6. Increase in stocks	562	288	286	452	537	382	114	25	1529	1045	−1354	901	1824	1804	2162
7. Gross fixed capital formation	4232	7063	7708	8506	8832	9736	10894	11940	14726	17497	21035	24504	27036	31060	36925
8. Statistical discrepancy	..	..	..	..	..	..	..	..	..	..	..	..	..	..	..
9. **Gross Capital Formation**	**4794**	**7351**	**7994**	**8958**	**9369**	**10118**	**11008**	**11965**	**16255**	**18542**	**19681**	**25405**	**28860**	**32864**	**39087**
RELATIONS AMONG NATIONAL ACCOUNTING AGGREGATES															
1. **Gross Domestic Product**	**25858**	**38286**	**40302**	**43671**	**46997**	**51607**	**57583**	**64478**	**74077**	**83711**	**105599**	**124991**	**145657**	**168143**	**197826**
2. *Plus:* Net factor income from the rest of the world	170	259	256	195	275	356	382	398	786	824	143	191	−3	370	1754
3. Factor income from the rest of the world	591	803	819	865	1062	1181	1221	2956	4107	5384	5722	6976	7580	9982	15948
4. Factor income paid to the rest of the world	421	544	563	670	787	825	839	2558	3321	4560	5579	6785	7583	9612	14194
5. *Equals:* **Gross National Product**	**26028**	**38545**	**40558**	**43866**	**47272**	**51963**	**57965**	**64876**	**74863**	**84537**	**105741**	**125182**	**145654**	**168513**	**199580**
6. *Less:* Consumption of fixed capital	2164	3239	3431	3727	4077	4618	5330	6131	7329	9088	11621	13976	16501	19378	22827
7. *Plus:* Statistical discrepancy	..	..	..	..	..	..	..	..	..	..	..	..	..	..	..
8. *Equals:* **National Income**	**23864**	**35306**	**37127**	**40139**	**43195**	**47345**	**52635**	**58745**	**67534**	**75447**	**94121**	**111206**	**129153**	**149135**	**176753**
9. *Plus:* Net current transfers from the rest of the world	−68	−181	−216	−223	−206	−182	−196	−272	−443	−422	−475	−786	−1128	−1791	−2210
10. Current transfers from the rest of the world	117	156	161	185	206	230	246	264	388	495	773	821	987	1344	1482
11. Current transfers paid to the rest of the world	185	337	377	408	412	412	442	536	831	917	1248	1607	2115	3135	3692
12. *Equals:* **National Disposable Income**	**23796**	**35125**	**36911**	**39916**	**42989**	**47163**	**52439**	**58473**	**67091**	**75025**	**93646**	**110420**	**128025**	**147344**	**174543**
13. *Less:* Final consumption	21421	30975	32722	35050	37403	41008	45737	52557	59609	69317	87721	100941	115677	132964	157981
14. *Plus:* Statistical discrepancy	121	−99	−389	−536	235	185	−813	−32	−265	−2110	−2262	−4455	−1929	−2884	−1770
15. *Equals:* **Net Saving**	**2496**	**4051**	**3800**	**4330**	**5821**	**6340**	**5889**	**5884**	**7217**	**3598**	**3663**	**5024**	**10419**	**11496**	**14792**
16. *Less:* Surplus of the nation on current transactions	−255	38	−374	−365	294	655	1024	82	−1444	−3746	−2135	−1950	−11	894	302
17. *Plus:* Statistical discrepancy	−121	99	389	536	−235	−185	813	32	265	2110	2262	4455	1929	2884	1770
18. *Equals:* **Net Capital Formation**	**2630**	**4112**	**4563**	**5231**	**5292**	**5500**	**5678**	**5834**	**8926**	**9454**	**8060**	**11429**	**12359**	**13486**	**16260**

1. At 1990 relative prices.

National Accounts, Volume 1, OECD, 1996

ROYAUME-UNI
SCN de 1968

Principaux Agrégats

millions de livres sterling

1980	1981	1982	1983	1984	1985	1986	1987	1988	1989	1990	1991	1992	1993	1994	
															DÉPENSES IMPUTÉES AU P.I.B.
															Aux prix courants
50 003	56 533	61 665	67 231	71 229	75 296	80 943	87 077	93 675	101 835	112 974	124 149	131 915	138 007	144 128	1. Consommation finale des administrations publiques
137 819	153 413	168 326	184 400	197 503	215 974	239 956	263 646	297 722	325 531	345 650	363 049	379 712	403 119	425 494	2. Consommation finale privée
136 074	151 282	165 909	181 653	194 259	212 087	235 266	258 366	291 414	318 722	337 812	355 113	371 905	395 319	417 768	3. Ménages
1 745	2 131	2 417	2 747	3 247	3 887	4 690	5 280	6 308	6 809	7 838	7 936	7 807	7 800	7 726	4. Institutions privées sans but lucratif au service des ménages
−2 572	−2 768	−1 188	1 465	1 296	821	682	1 228	4 333	2 677	−1 800	−4 927	−1 937	329	3 303	5. Variations des stocks
41 561	41 304	44 824	48 615	55 181	60 718	65 032	75 158	91 530	105 443	107 577	97 747	93 642	94 644	100 075	6. Formation brute de capital fixe
226 811	**248 482**	**273 627**	**301 711**	**325 209**	**352 809**	**386 613**	**427 109**	**487 260**	**535 486**	**564 401**	**580 018**	**603 332**	**636 099**	**673 000**	7. **Demande intérieure totale**
63 097	67 837	73 184	80 323	92 161	102 518	98 362	106 948	107 866	122 169	133 870	134 981	142 582	160 254	174 880	8. Exportations de biens et services
57 900	60 607	68 030	77 784	93 013	99 155	101 343	112 166	125 366	143 414	148 885	141 443	150 576	167 969	181 823	9. *Moins* : Importations de biens et services
−775	−1 439	−540	−731	485	0	0	0	0	0	0	0	0	0	124	10. Divergence statistique
231 233	**254 273**	**278 241**	**303 519**	**324 842**	**356 172**	**383 632**	**421 891**	**469 760**	**514 241**	**549 386**	**573 556**	**595 338**	**628 384**	**666 181**	11. **Produit intérieur brut**
															Aux niveaux de prix de 1990[1]
101 041	101 297	102 183	104 332	105 213	105 134	106 864	107 898	108 653	110 182	112 974	115 883	115 764	116 085	118 405	1. Consommation finale des administrations publiques
245 883	246 138	248 499	259 751	264 991	275 166	294 012	309 579	332 859	343 571	345 650	337 986	337 676	346 521	356 914	2. Consommation finale privée
242 801	242 790	244 949	255 921	260 619	270 205	288 342	303 378	325 735	336 259	337 812	330 429	330 716	339 994	350 478	3. Ménages
3 085	3 347	3 544	3 830	4 349	4 959	5 669	6 200	7 123	7 311	7 838	7 356	7 003	6 728	6 435	4. Institutions privées sans but lucratif au service des ménages
−4 064	−3 859	−1 545	1 637	1 307	990	1 199	1 652	5 094	2 704	−1 800	−4 631	−1 699	312	2 753	5. Variations des stocks
71 764	64 888	68 404	71 845	78 270	81 575	83 685	92 339	105 164	111 470	107 577	97 403	95 973	96 538	100 081	6. Formation brute de capital fixe
414 624	**408 464**	**417 541**	**437 565**	**449 781**	**462 865**	**485 760**	**511 468**	**551 770**	**567 927**	**564 401**	**546 641**	**547 714**	**559 456**	**578 153**	7. **Demande intérieure totale**
95 195	94 406	95 293	97 180	103 588	109 645	114 542	121 192	121 828	127 538	133 870	132 945	138 217	142 809	154 585	8. Exportations de biens et services
86 845	84 375	88 539	94 120	103 493	106 066	113 339	122 513	138 036	148 232	148 885	141 062	150 269	154 608	164 195	9. *Moins* : Importations de biens et services
562	−479	193	−1 063	670	0	0	0	0	0	0	0	0	0	0	10. Divergence statistique
423 536	**418 016**	**424 488**	**439 562**	**450 546**	**466 444**	**486 963**	**510 147**	**535 562**	**547 233**	**549 386**	**538 524**	**535 662**	**547 657**	**568 543**	11. **Produit intérieur brut**
															RÉPARTITION DU P.I.B.
35 802	41 809	45 637	48 451	51 588	55 282	61 461	67 697	74 555	78 455	76 719	83 765	85 713	89 218	94 528	1. Impôts indirects
5 773	6 553	6 003	6 404	7 678	7 322	6 456	6 603	6 246	6 050	6 324	6 223	6 892	7 545	7 348	2. *Moins* : Subventions
27 952	31 641	33 653	36 150	38 758	41 883	45 085	48 164	52 636	56 716	61 261	63 356	62 485	65 069	68 150	3. Consommation de capital fixe
137 970	149 923	159 060	170 094	181 685	197 168	212 735	230 590	256 564	284 487	313 462	330 851	342 882	352 321	362 973	4. Rémunération des salariés payée par les producteurs résidents
34 507	36 633	45 231	55 333	59 319	69 161	70 807	82 043	92 251	100 633	104 268	101 807	111 150	129 321	148 319	5. Excédent net d'exploitation
775	820	663	−105	1 170	0	0	0	0	0	0	0	0	0	−441	6. Divergence statistique
231 233	**254 273**	**278 241**	**303 519**	**324 842**	**356 172**	**383 632**	**421 891**	**469 760**	**514 241**	**549 386**	**573 556**	**595 338**	**628 384**	**666 181**	7. **Produit intérieur brut**
															OPÉRATIONS EN CAPITAL DE LA NATION
															Financement de la formation brute de capital
27 952	31 641	33 653	36 150	38 758	41 883	45 085	48 164	52 636	56 716	61 261	63 356	62 485	65 069	68 150	1. Consommation de capital fixe
12 926	10 936	12 867	15 822	15 976	20 806	16 472	19 143	20 062	22 413	17 333	13 841	13 784	14 260	22 020	2. Épargne nette
3 439	6 300	4 087	2 518	−1 058	1 150	−4 157	−9 079	−23 165	−28 991	−27 183	−15 623	−15 436	−15 644	−13 773	3. *Moins* : Solde des opérations courantes de la nation
1 550	2 259	1 203	626	685	0	0	0	0	0	0	0	0	0	−565	4. Divergence statistique
38 989	**38 536**	**43 636**	**50 080**	**56 477**	**61 539**	**65 714**	**76 386**	**95 863**	**108 120**	**105 777**	**92 820**	**91 705**	**94 973**	**103 378**	5. **Financement de la formation brute de capital**
															Formation brute de capital
−2 572	−2 768	−1 188	1 465	1 296	821	682	1 228	4 333	2 677	−1 800	−4 927	−1 937	329	3 303	6. Variations des stocks
41 561	41 304	44 824	48 615	55 181	60 718	65 032	75 158	91 530	105 443	107 577	97 747	93 642	94 644	100 075	7. Formation brute de capital fixe
..	..	..	..	..	..	..	..	..	..	..	..	..	..	..	8. Divergence statistique
38 989	**38 536**	**43 636**	**50 080**	**56 477**	**61 539**	**65 714**	**76 386**	**95 863**	**108 120**	**105 777**	**92 820**	**91 705**	**94 973**	**103 378**	9. **Formation brute de capital**
															RELATIONS ENTRE LES PRINCIPAUX AGRÉGATS
231 233	254 273	278 241	303 519	324 842	356 172	383 632	421 891	469 760	514 241	549 386	573 556	595 338	628 384	666 181	1. Produit intérieur brut
226	617	674	1 572	1 524	898	981	−461	−2 147	−3 168	−7 272	−7 778	−2 333	−2 690	−1 431	2. *Plus* : Revenu net des facteurs reçu du reste du monde
22 116	35 570	42 774	40 297	46 807	47 235	42 865	40 760	47 880	64 493	70 390	70 742	63 793	64 035	63 035	3. Revenu des facteurs reçu du reste du monde
21 890	34 953	42 100	38 725	45 283	46 337	41 884	41 221	50 027	67 661	77 662	78 520	66 126	66 725	64 466	4. Revenu des facteurs payé au reste du monde
231 460	**254 890**	**278 917**	**305 090**	**326 367**	**357 072**	**384 613**	**421 430**	**467 610**	**511 071**	**542 114**	**565 778**	**593 005**	**625 694**	**664 750**	5. *Égal* : **Produit national brut**
27 952	31 641	33 653	36 150	38 758	41 883	45 085	48 164	52 636	56 716	61 261	63 356	62 485	65 069	68 150	6. *Moins* : Consommation de capital fixe
..	..	..	..	..	..	..	..	..	..	..	..	..	..	..	7. *Plus* : Divergence statistique
203 507	**223 249**	**245 262**	**268 941**	**287 608**	**315 189**	**339 528**	**373 266**	**414 974**	**454 355**	**480 853**	**502 422**	**530 520**	**560 625**	**596 600**	8. *Égal* : **Revenu national**
−1 984	−1 547	−1 741	−1 593	−1 730	−3 111	−2 157	−3 400	−3 518	−4 578	−4 896	−1 383	−5 109	−5 239	−5 399	9. *Plus* : Transferts courants nets reçus du reste du monde
1 952	2 983	3 603	3 911	4 200	3 648	4 040	4 301	4 056	4 178	4 305	7 043	5 033	5 548	..	10. Transferts courants reçus du reste du monde
3 936	4 530	5 344	5 504	5 930	6 759	6 197	7 701	7 574	8 756	9 201	8 426	10 142	10 654	..	11. Transferts courants payés au reste du monde
201 523	**221 702**	**243 521**	**267 348**	**285 878**	**312 076**	**337 371**	**369 866**	**411 459**	**449 779**	**475 957**	**501 039**	**525 411**	**555 386**	**591 201**	12. *Égal* : **Revenu national disponible**
187 047	208 507	229 451	250 900	269 217	291 270	320 899	350 723	391 397	427 366	458 624	487 198	511 627	541 126	569 746	13. *Moins* : Consommation finale
−1 550	−2 259	−1 203	−626	−685	0	0	0	0	0	0	0	0	0	565	14. *Plus* : Divergence statistique
12 926	**10 936**	**12 867**	**15 822**	**15 976**	**20 806**	**16 472**	**19 143**	**20 062**	**22 413**	**17 333**	**13 841**	**13 784**	**14 260**	**22 020**	15. *Égal* : **Épargne nette**
3 439	6 300	4 087	2 518	−1 058	1 150	−4 157	−9 079	−23 165	−28 991	−27 183	−15 623	−15 436	−15 644	−13 773	16. *Moins* : Solde des opérations courantes de la nation
1 550	2 259	1 203	626	685	0	0	0	0	0	0	0	0	0	−565	17. *Plus* : Divergence statistique
11 037	**6 895**	**9 983**	**13 930**	**17 719**	**19 656**	**20 629**	**28 222**	**43 227**	**51 404**	**44 516**	**29 464**	**29 220**	**29 904**	**35 228**	18. *Égal* : **Formation nette de capital**

1. Aux prix relatifs de 1990.

PART FOUR

QUATRIÈME PARTIE

Growth triangles: Zones
Triangles de croissance : Zones

The statistics for Germany in this publication refer to Germany after unification. Official data for Germany after unification are available only from 1991 onwards. In this publication, the secretariat has estimated some national accounts aggregates for the whole of Germany back to 1960 in order to calculate the various zones totals. These estimates are based on statistics published by Deutsches Institut für Wirtschaftsforschung for period 1989-90 and by the East German Statistical Office in 1990 for period 1980-89. They are also based on the ratios of the aggregates of West Germany and the whole of Germany.

Les statistiques concernant l'Allemagne dans cette publication se réfèrent à l'Allemagne après l'unification. Des données officielles pour l'Allemagne après l'unification ne sont disponibles qu'à partir de 1991. Dans cette publication, le secrétariat a estimé certains agrégats des comptes nationaux pour l'Allemagne dans son ensemble depuis 1960 afin de calculer les différentes zones. Ces estimations sont basées sur des statistiques publiées par Deutsches Institut für Wirtschaftsforschung pour la période 1989-90 et par l'Office Statistique de l'Allemagne de l'Est en 1990 pour la période 1980-89. Elles sont aussi basées sur les rapports des agrégats de l'Allemagne occidentale et de l'Allemagne dans son ensemble.

This part presents for each zone growth triangles for the following aggregates:
– *Per capita* GDP (volume).
– *Per capita* private consumption (volume).
– GDP (volume and implicit price deflator).
– Private final consumption expenditure (volume and implicit price deflator).
– Government final consumption expenditure (volume and implicit price deflator).
– Gross fixed capital formation (volume and implicit price deflator).
– National disposable income (value).
– Compensation of employees (value).

Two sets of zones are presented: the first is based on exchange rates and the second on PPPs.

The price indices for zones based on exchange rates (or PPPs) are harmonic weighted averages of the component indices using as weights the current value of the aggregate expressed in US dollars at 1990 exchange rates (or 1990 PPPs).

Data for Mexico have been included in area total.

Cette partie fournit pour chaque zone des triangles de croissance pour les agrégats suivants :
– PIB par habitant (volume).
– Consommation finale privée par habitant (volume).
– PIB (volume et prix implicite).
– Consommation finale privée (volume et prix implicite).
– Consommation des administrations publiques (volume et prix implicite).
– Formation brute de capital fixe (volume et prix implicite).
– Revenu national disponible (valeur).
– Rémunération des salariés (valeur).

Deux ensembles de zones sont montrés : le premier basé sur les taux de change et l'autre sur les PPA.

Les indices de prix des zones basées sur les taux de change (ou les PPA) sont obtenus comme moyennes harmoniques des indices par pays pondérés par la valeur courante de l'agrégat exprimée en dollars É-U au taux de change de 1990 (ou PPA de 1990).

Les données du Mexique ont été intégrées aux totaux par zones.

OECD-TOTAL[1]

OCDE-TOTAL[1]

Average per cent changes at annual rate

Variations moyennes en pourcentage aux taux annuels

	1982	1983	1984	1985	1986	1987	1988	1989	1990	1991	1992	1993	1994
1981	-0.8	0.4	1.5	1.7	1.8	1.9	2.1	2.2	2.1	1.9	1.8	1.6	1.7
1982		1.7	2.7	2.6	2.4	2.4	2.6	2.6	2.4	2.2	2.0	1.9	1.9
1983			3.6	3.1	2.7	2.6	2.8	2.7	2.6	2.3	2.1	1.9	1.9
1984				2.5	2.2	2.3	2.6	2.6	2.4	2.1	1.9	1.7	1.7
1985					1.9	2.2	2.6	2.6	2.4	2.0	1.8	1.6	1.6
1986						2.4	2.9	2.8	2.5	2.0	1.8	1.5	1.6
1987							3.5	2.9	2.5	1.9	1.6	1.4	1.5
1988								2.4	2.0	1.4	1.2	1.0	1.2
1989									1.5	0.8	0.8	0.6	0.9
1990										0.1	0.4	0.3	0.8
1991											0.7	0.4	1.0
1992												0.2	1.1
1993													2.1

G.D.P. per head
(volume)
P.I.B. par tête
(volume)

	1982	1983	1984	1985	1986	1987	1988	1989	1990	1991	1992	1993	1994
1981	0.5	1.2	1.6	1.9	2.1	2.2	2.3	2.3	2.2	2.0	2.0	1.9	1.8
1982		2.0	2.2	2.4	2.5	2.5	2.6	2.6	2.5	2.2	2.1	2.0	2.0
1983			2.4	2.6	2.7	2.7	2.8	2.7	2.5	2.3	2.1	2.0	2.0
1984				2.8	2.9	2.8	2.9	2.7	2.6	2.2	2.1	1.9	1.9
1985					2.9	2.8	2.9	2.7	2.5	2.1	2.0	1.8	1.8
1986						2.6	2.9	2.6	2.4	2.0	1.9	1.7	1.7
1987							3.2	2.6	2.3	1.8	1.7	1.5	1.5
1988								2.1	1.9	1.4	1.4	1.2	1.3
1989									1.7	1.0	1.1	1.0	1.1
1990										0.3	0.8	0.7	0.9
1991											1.2	0.9	1.2
1992												0.6	1.1
1993													1.6

Private final consumption expenditure per head
(volume)
Consommation finale privée par tête
(volume)

	1982	1983	1984	1985	1986	1987	1988	1989	1990	1991	1992	1993	1994
1981	0.0	1.2	2.3	2.5	2.6	2.7	2.9	3.0	2.9	2.7	2.6	2.5	2.5
1982		2.5	3.4	3.4	3.2	3.2	3.4	3.4	3.3	3.0	2.9	2.7	2.7
1983			4.4	3.9	3.5	3.4	3.6	3.5	3.4	3.1	2.9	2.7	2.7
1984				3.3	3.0	3.1	3.4	3.4	3.2	2.9	2.7	2.5	2.6
1985					2.7	3.0	3.4	3.4	3.2	2.8	2.6	2.4	2.5
1986						3.2	3.8	3.6	3.3	2.8	2.6	2.4	2.5
1987							4.3	3.8	3.3	2.7	2.5	2.3	2.4
1988								3.3	2.9	2.2	2.1	1.9	2.0
1989									2.4	1.7	1.7	1.5	1.8
1990										1.0	1.3	1.2	1.6
1991											1.6	1.3	1.8
1992												1.1	2.0
1993													2.9

Gross domestic product
(volume)
Produit intérieur brut
(volume)

	1982	1983	1984	1985	1986	1987	1988	1989	1990	1991	1992	1993	1994
1981	6.5	5.7	5.3	5.0	4.7	4.4	4.4	4.4	4.5	4.5	4.4	4.4	4.5
1982		5.0	4.7	4.5	4.2	4.0	4.0	4.1	4.2	4.3	4.2	4.2	4.3
1983			4.5	4.2	4.0	3.8	3.9	4.0	4.1	4.2	4.2	4.2	4.3
1984				3.9	3.8	3.6	3.7	3.9	4.0	4.1	4.1	4.1	4.3
1985					3.6	3.4	3.6	3.9	4.1	4.2	4.2	4.2	4.3
1986						3.2	3.6	4.0	4.2	4.3	4.2	4.2	4.4
1987							4.1	4.3	4.5	4.6	4.5	4.4	4.6
1988								4.6	4.7	4.7	4.6	4.5	4.6
1989									4.8	4.8	4.5	4.4	4.7
1990										4.8	4.4	4.3	4.6
1991											4.0	4.1	4.6
1992												4.2	4.8
1993													5.5

Gross domestic product
(implicit price deflator)
Produit intérieur brut
(prix implicite)

	1982	1983	1984	1985	1986	1987	1988	1989	1990	1991	1992	1993	1994
1981	1.3	2.0	2.4	2.7	2.9	3.0	3.1	3.1	3.1	2.9	2.8	2.7	2.7
1982		2.8	3.0	3.2	3.3	3.3	3.4	3.4	3.3	3.0	3.0	2.8	2.8
1983			3.2	3.4	3.5	3.5	3.6	3.5	3.3	3.1	3.0	2.8	2.8
1984				3.6	3.6	3.6	3.7	3.5	3.4	3.1	2.9	2.8	2.7
1985					3.7	3.5	3.7	3.5	3.3	3.0	2.9	2.7	2.7
1986						3.4	3.7	3.5	3.2	2.8	2.7	2.5	2.5
1987							4.0	3.5	3.2	2.7	2.6	2.4	2.4
1988								3.0	2.8	2.3	2.2	2.1	2.1
1989									2.6	1.9	2.0	1.9	2.0
1990										1.2	1.7	1.6	1.8
1991											2.1	1.8	2.0
1992												1.5	1.9
1993													2.4

Private final consumption expenditure
(volume)
Consommation finale privée
(volume)

	1982	1983	1984	1985	1986	1987	1988	1989	1990	1991	1992	1993	1994
1981	6.9	6.2	5.7	5.3	4.8	4.6	4.5	4.5	4.6	4.7	4.6	4.6	4.7
1982		5.5	5.1	4.8	4.3	4.1	4.1	4.2	4.3	4.4	4.4	4.4	4.6
1983			4.7	4.4	3.9	3.8	3.8	4.0	4.1	4.3	4.3	4.3	4.5
1984				4.2	3.5	3.5	3.6	3.8	4.0	4.2	4.2	4.3	4.5
1985					2.8	3.2	3.4	3.8	4.0	4.2	4.3	4.3	4.5
1986						3.6	3.8	4.1	4.3	4.5	4.5	4.5	4.7
1987							3.9	4.4	4.6	4.7	4.7	4.7	4.9
1988								4.8	4.9	5.0	4.9	4.8	5.0
1989									5.1	5.1	4.9	4.9	5.1
1990										5.2	4.8	4.8	5.1
1991											4.4	4.6	5.0
1992												4.7	5.3
1993													5.9

Private final consumption expenditure
(implicit price deflator)
Consommation finale privée
(prix implicite)

	1982	1983	1984	1985	1986	1987	1988	1989	1990	1991	1992	1993	1994
1981	1.8	2.0	2.2	2.4	2.6	2.7	2.6	2.3	2.3	2.3	2.2	2.0	1.9
1982		2.2	2.3	2.7	2.8	2.8	2.7	2.4	2.4	2.3	2.2	2.0	1.9
1983			2.5	2.9	3.1	3.0	2.8	2.4	2.4	2.3	2.2	2.0	1.9
1984				3.3	3.4	3.2	2.9	2.4	2.4	2.3	2.2	2.0	1.8
1985					3.4	3.1	2.7	2.2	2.2	2.2	2.0	1.8	1.7
1986						2.8	2.4	1.8	1.9	1.9	1.8	1.6	1.4
1987							2.0	1.4	1.6	1.7	1.6	1.4	1.2
1988								0.8	1.5	1.6	1.5	1.3	1.1
1989									2.2	2.1	1.8	1.4	1.2
1990										1.9	1.5	1.1	0.9
1991											1.1	0.7	0.6
1992												0.3	0.4
1993													0.4

Government final consumption expenditure
(volume)
Consommation des administrations publiques
(volume)

	1982	1983	1984	1985	1986	1987	1988	1989	1990	1991	1992	1993	1994
1981	7.2	6.2	5.7	5.3	4.9	4.6	4.5	4.6	4.8	4.9	4.9	4.8	4.8
1982		5.3	4.9	4.6	4.3	4.1	4.1	4.3	4.5	4.6	4.7	4.6	4.6
1983			4.5	4.3	4.0	3.8	3.9	4.1	4.4	4.5	4.6	4.6	4.6
1984				4.1	3.7	3.6	3.7	4.0	4.4	4.5	4.6	4.6	4.6
1985					3.3	3.3	3.6	4.0	4.4	4.6	4.7	4.6	4.6
1986						3.3	3.7	4.2	4.7	4.9	4.9	4.8	4.8
1987							4.2	4.6	5.2	5.3	5.2	5.1	5.0
1988								5.1	5.7	5.6	5.5	5.2	5.1
1989									6.3	5.9	5.6	5.3	5.1
1990										5.5	5.3	4.9	4.9
1991											5.1	4.6	4.7
1992												4.2	4.4
1993													4.7

Government final consumption expenditure
(implicit price deflator)
Consommation des administrations publiques
(prix implicite)

	1982	1983	1984	1985	1986	1987	1988	1989	1990	1991	1992	1993	1994
1981	-3.8	-1.5	1.0	1.8	2.1	2.6	3.3	3.6	3.6	3.2	3.0	2.7	2.8
1982		0.9	3.4	3.8	3.6	3.9	4.5	4.7	4.5	4.0	3.7	3.3	3.4
1983			6.0	5.2	4.5	4.7	5.3	5.3	5.1	4.4	4.0	3.6	3.6
1984				4.4	3.7	4.2	5.1	5.2	4.9	4.1	3.7	3.3	3.4
1985					3.0	4.1	5.3	5.4	5.0	4.1	3.6	3.2	3.3
1986						5.3	6.4	6.2	5.5	4.3	3.7	3.2	3.3
1987							7.6	6.7	5.6	4.1	3.4	2.9	3.1
1988								5.8	4.6	2.9	2.4	1.9	2.3
1989									3.5	1.5	1.3	1.0	1.6
1990										-0.4	0.2	0.2	1.2
1991											0.8	0.5	1.7
1992												0.2	2.2
1993													4.3

Gross fixed capital formation
(volume)
Formation brute de capital fixe
(volume)

	1982	1983	1984	1985	1986	1987	1988	1989	1990	1991	1992	1993	1994
1981	5.4	4.3	3.9	3.6	3.4	3.1	3.2	3.2	3.3	3.2	3.1	3.0	3.2
1982		3.1	3.1	3.0	2.9	2.7	2.8	2.9	3.0	3.0	2.9	2.8	3.0
1983			3.0	3.0	2.8	2.6	2.8	2.9	3.0	2.9	2.8	2.8	3.0
1984				2.9	2.7	2.4	2.7	2.9	3.0	2.9	2.8	2.8	3.0
1985					2.4	2.2	2.6	2.8	3.0	2.9	2.8	2.8	3.0
1986						2.0	2.7	3.0	3.1	3.0	2.9	2.8	3.1
1987							3.5	3.5	3.5	3.3	3.0	2.9	3.2
1988								3.5	3.5	3.3	2.9	2.8	3.2
1989									3.5	3.1	2.7	2.7	3.1
1990										2.7	2.3	2.4	3.0
1991											2.0	2.2	3.1
1992												2.5	3.6
1993													4.8

Gross fixed capital formation
(implicit price deflator)
Formation brute de capital fixe
(prix implicite)

	1982	1983	1984	1985	1986	1987	1988	1989	1990	1991	1992	1993	1994
1981	6.0	6.8	7.7	7.6	7.4	7.3	7.5	7.5	7.5	7.3	7.1	7.0	7.1
1982		7.7	8.6	8.2	7.7	7.5	7.7	7.8	7.7	7.5	7.3	7.1	7.2
1983			9.5	8.4	7.7	7.5	7.7	7.8	7.7	7.5	7.2	7.0	7.2
1984				7.3	6.8	6.8	7.3	7.4	7.4	7.2	6.9	6.8	7.0
1985					6.3	6.6	7.3	7.4	7.4	7.1	6.9	6.7	6.9
1986						6.8	7.7	7.8	7.7	7.3	7.0	6.7	7.0
1987							8.7	8.3	8.0	7.4	7.0	6.7	7.0
1988								8.0	7.6	7.0	6.6	6.3	6.7
1989									7.2	6.6	6.1	5.9	6.5
1990										5.9	5.6	5.5	6.3
1991											5.2	5.3	6.4
1992												5.4	7.0
1993													8.7

National disposable income
(value)
Revenu national disponible
(valeur)

	1982	1983	1984	1985	1986	1987	1988	1989	1990	1991	1992	1993	1994
1981	6.8	6.4	6.8	6.8	6.6	6.6	6.8	6.8	7.0	6.9	6.8	6.7	6.6
1982		6.1	6.8	6.8	6.6	6.6	6.7	6.8	7.0	6.9	6.8	6.6	6.6
1983			7.5	7.1	6.8	6.7	6.9	7.0	7.1	7.0	6.9	6.7	6.7
1984				6.7	6.4	6.4	6.7	6.8	7.1	7.0	6.8	6.6	6.6
1985					6.2	6.3	6.7	6.9	7.2	7.0	6.9	6.6	6.6
1986						6.4	7.0	7.1	7.4	7.2	7.0	6.7	6.6
1987							7.7	7.5	7.8	7.4	7.1	6.7	6.7
1988								7.3	7.8	7.3	7.0	6.5	6.5
1989									8.3	7.3	6.9	6.3	6.3
1990										6.4	6.2	5.7	5.9
1991											6.0	5.3	5.7
1992												4.7	5.6
1993													6.4

Compensation of employees
(value)
Rémunération des salariés
(valeur)

1. These growth triangles are derived from data based on exchange rates.

1. Ces triangles de croissance sont calculés à partir de données basées sur les taux de change.

OECD-EUROPE[1]

Average per cent changes at annual rate

	1982	1983	1984	1985	1986	1987	1988	1989	1990	1991	1992	1993	1994
1981	0.4	0.9	1.3	1.5	1.7	1.8	2.1	2.1	2.1	1.9	1.8	1.5	1.6
1982		1.4	1.8	1.9	2.1	2.1	2.3	2.4	2.3	2.1	1.9	1.7	1.7
1983			2.2	2.2	2.3	2.3	2.5	2.5	2.4	2.2	2.0	1.7	1.7
1984				2.2	2.3	2.4	2.6	2.6	2.5	2.2	2.0	1.6	1.7
1985					2.5	2.5	2.8	2.7	2.6	2.2	1.9	1.6	1.6
1986						2.4	2.9	2.8	2.6	2.1	1.8	1.4	1.5
1987							3.3	3.0	2.6	2.1	1.7	1.3	1.4
1988								2.7	2.2	1.6	1.3	0.8	1.0
1989	G.D.P. per head								1.8	1.1	0.9	0.4	0.7
1990	(volume)									0.4	0.4	−0.1	0.5
1991	P.I.B. par tête										0.4	−0.3	0.5
1992	(volume)											−1.1	0.5
1993													2.1

	1982	1983	1984	1985	1986	1987	1988	1989	1990	1991	1992	1993	1994
1981	0.8	1.3	1.7	2.0	2.2	2.3	2.5	2.6	2.6	2.4	2.3	2.1	2.1
1982		1.8	2.2	2.4	2.5	2.6	2.8	2.9	2.8	2.6	2.5	2.2	2.2
1983			2.6	2.6	2.7	2.8	3.0	3.0	3.0	2.7	2.6	2.3	2.3
1984				2.6	2.8	2.8	3.1	3.1	3.0	2.8	2.5	2.2	2.3
1985					2.9	2.9	3.3	3.3	3.1	2.8	2.5	2.2	2.2
1986						2.9	3.4	3.4	3.2	2.7	2.5	2.1	2.1
1987							3.9	3.6	3.2	2.7	2.4	1.9	2.0
1988								3.3	2.9	2.3	2.0	1.5	1.7
1989	Gross domestic product								2.5	1.8	1.6	1.1	1.4
1990	(volume)									1.1	1.1	0.6	1.1
1991	Produit intérieur brut										1.1	0.4	1.1
1992	(volume)											−0.4	1.1
1993													2.6

	1982	1983	1984	1985	1986	1987	1988	1989	1990	1991	1992	1993	1994
1981	1.0	1.2	1.4	1.7	2.2	2.4	2.6	2.7	2.7	2.7	2.6	2.3	2.3
1982		1.5	1.6	2.0	2.5	2.7	2.9	2.9	2.9	2.9	2.7	2.5	2.4
1983			1.7	2.2	2.9	3.1	3.2	3.2	3.2	3.0	2.9	2.6	2.5
1984				2.8	3.4	3.5	3.6	3.5	3.4	3.2	3.0	2.7	2.5
1985					4.1	3.9	3.8	3.7	3.5	3.3	3.0	2.7	2.5
1986						3.6	3.7	3.5	3.4	3.1	2.9	2.4	2.3
1987							3.7	3.4	3.3	3.0	2.7	2.2	2.1
1988								3.1	3.1	2.8	2.5	2.0	1.9
1989	Private final consumption expenditure							3.0	2.6	2.2	1.7	1.6
1990	(volume)									2.2	1.9	1.2	1.3
1991	Consommation finale privée										1.5	0.7	1.0
1992	(volume)											−0.0	0.7
1993													1.4

	1982	1983	1984	1985	1986	1987	1988	1989	1990	1991	1992	1993	1994
1981	1.5	1.8	1.7	1.9	2.0	2.1	2.1	1.9	2.0	2.0	2.0	1.9	1.9
1982		2.0	1.8	2.0	2.1	2.2	2.2	2.0	2.1	2.1	2.1	2.0	1.9
1983			1.6	2.0	2.1	2.2	2.2	2.0	2.1	2.1	2.1	2.0	1.9
1984				2.5	2.4	2.4	2.4	2.1	2.1	2.1	2.2	2.0	1.9
1985					2.3	2.4	2.3	2.0	2.1	2.1	2.1	2.0	1.8
1986						2.6	2.3	1.9	2.0	2.0	2.1	1.9	1.8
1987							2.1	1.5	1.8	1.9	2.0	1.8	1.7
1988								0.9	1.7	1.8	2.0	1.7	1.6
1989	Government final consumption expenditure							2.4	2.3	2.3	1.9	1.7
1990	(volume)									2.2	2.3	1.8	1.5
1991	Consommation des administrations publiques										2.4	1.6	1.3
1992	(volume)											0.8	0.8
1993													0.9

	1982	1983	1984	1985	1986	1987	1988	1989	1990	1991	1992	1993	1994
1981	−2.3	−0.8	−0.1	0.5	1.3	2.1	2.9	3.3	3.4	3.1	2.7	1.9	2.0
1982		0.6	1.0	1.4	2.2	2.9	3.7	4.1	4.1	3.7	3.2	2.3	2.3
1983			1.4	1.9	2.8	3.5	4.4	4.7	4.6	4.1	3.5	2.5	2.5
1984				2.4	3.5	4.3	5.1	5.4	5.1	4.4	3.7	2.6	2.6
1985					4.6	5.2	6.1	6.2	5.7	4.8	3.9	2.7	2.6
1986						5.9	6.8	6.7	6.0	4.8	3.8	2.4	2.4
1987							7.8	7.1	6.0	4.6	3.4	1.8	1.9
1988								6.4	5.1	3.5	2.3	0.7	1.1
1989	Gross fixed capital formation							3.8	2.1	1.0	−0.7	−0.2
1990	(volume)									0.4	−0.4	−2.2	−1.1
1991	Formation brute de capital fixe										−1.1	−3.4	−1.6
1992	(volume)											−5.7	−1.9
1993													2.0

	1982	1983	1984	1985	1986	1987	1988	1989	1990	1991	1992	1993	1994
1981	9.1	9.1	8.9	8.7	8.6	8.3	8.3	8.4	8.4	8.3	8.2	8.1	8.5
1982		9.1	8.9	8.5	8.4	8.1	8.2	8.3	8.3	8.2	8.1	8.0	8.5
1983			8.6	8.3	8.2	8.0	8.1	8.1	8.1	8.0	7.9	7.9	8.4
1984				7.9	8.0	7.6	7.8	8.0	8.1	8.0	7.9	7.8	8.4
1985					8.1	7.4	7.8	8.0	8.1	8.0	7.9	7.8	8.5
1986						6.8	7.6	8.0	8.1	8.0	7.9	7.8	8.5
1987							8.5	8.7	8.5	8.3	8.1	7.9	8.8
1988								8.9	8.6	8.3	8.1	7.8	8.8
1989	National disposable income							8.3	8.0	7.8	7.6	8.8
1990	(value)									7.7	7.6	7.4	8.9
1991	Revenu national disponible										7.4	7.2	9.4
1992	(valeur)											6.9	10.3
1993													13.8

1. These growth triangles are derived from data based on exchange rates.

OCDE-EUROPE[1]

Variations moyennes en pourcentage aux taux annuels

	1982	1983	1984	1985	1986	1987	1988	1989	1990	1991	1992	1993	1994
1981	0.5	0.8	0.9	1.3	1.8	2.0	2.2	2.2	2.2	2.1	2.0	1.8	1.7
1982		1.1	1.2	1.5	2.1	2.3	2.4	2.4	2.4	2.3	2.2	1.9	1.8
1983			1.3	1.8	2.4	2.6	2.7	2.7	2.6	2.5	2.3	2.0	1.9
1984				2.3	3.0	3.0	3.1	3.0	2.8	2.7	2.4	2.1	2.0
1985					3.7	3.4	3.3	3.1	3.0	2.7	2.4	2.0	1.9
1986						3.1	3.1	2.9	2.8	2.5	2.2	1.8	1.7
1987							3.1	2.8	2.6	2.4	2.1	1.6	1.5
1988								2.5	2.4	2.1	1.8	1.3	1.2
1989	Private final consumption expenditure per head							2.3	1.9	1.6	1.0	1.0
1990	(volume)									1.5	1.2	0.6	0.6
1991	Consommation finale privée par tête										0.9	0.1	0.3
1992	(volume)											−0.7	0.1
1993													0.8

	1982	1983	1984	1985	1986	1987	1988	1989	1990	1991	1992	1993	1994
1981	8.6	7.8	7.1	6.6	6.3	5.8	5.6	5.6	5.6	5.7	5.7	5.9	6.2
1982		7.0	6.4	6.0	5.7	5.2	5.1	5.1	5.2	5.4	5.4	5.6	6.0
1983			5.8	5.5	5.2	4.8	4.7	4.8	5.0	5.2	5.3	5.5	5.9
1984				5.1	4.9	4.5	4.4	4.6	4.8	5.1	5.2	5.4	5.9
1985					4.8	4.2	4.2	4.5	4.8	5.1	5.2	5.5	6.0
1986						3.6	4.0	4.4	4.8	5.1	5.3	5.6	6.1
1987							4.3	4.8	5.2	5.5	5.6	5.9	6.5
1988								5.3	5.6	5.9	6.0	6.2	6.9
1989	Gross domestic product							5.9	6.2	6.2	6.5	7.2
1990	(implicit price deflator)									6.5	6.4	6.7	7.5
1991	Produit intérieur brut										6.2	6.7	7.9
1992	(prix implicite)											7.3	8.8
1993													10.2

	1982	1983	1984	1985	1986	1987	1988	1989	1990	1991	1992	1993	1994
1981	9.0	8.1	7.5	6.9	6.2	5.7	5.4	5.4	5.4	5.6	5.7	5.9	6.3
1982		7.2	6.8	6.2	5.5	5.1	4.9	5.0	5.2	5.3	5.6	6.1	
1983			6.3	5.8	4.9	4.5	4.4	4.6	4.7	5.0	5.1	5.4	6.0
1984				5.2	4.2	3.9	4.2	4.4	4.8	5.0	5.3	5.9	
1985					3.1	3.3	3.5	4.0	4.3	4.7	5.0	5.3	6.0
1986						3.5	3.7	4.3	4.5	5.0	5.3	5.7	6.4
1987							3.9	4.7	4.9	5.4	5.6	6.0	6.8
1988								5.4	5.4	5.9	6.1	6.5	7.3
1989	Private final consumption expenditure							5.4	6.1	6.3	6.7	7.6
1990	(implicit price deflator)									6.9	6.7	7.2	8.2
1991	Consommation finale privée										6.6	7.4	8.7
1992	(prix implicite)											8.1	9.7
1993													11.4

	1982	1983	1984	1985	1986	1987	1988	1989	1990	1991	1992	1993	1994
1981	8.0	7.2	6.5	6.1	5.7	5.4	5.2	5.3	5.5	5.7	5.7	5.7	5.8
1982		6.4	5.8	5.4	5.1	4.9	4.8	4.9	5.2	5.4	5.5	5.5	5.6
1983			5.3	5.0	4.7	4.5	4.5	4.6	5.0	5.3	5.4	5.4	5.5
1984				4.7	4.3	4.3	4.3	4.5	5.0	5.3	5.4	5.5	5.6
1985					4.0	4.1	4.1	4.5	5.0	5.4	5.5	5.6	5.7
1986						4.1	4.2	4.6	5.3	5.7	5.8	5.8	5.9
1987							4.3	4.9	5.7	6.0	6.1	6.1	6.1
1988								5.5	6.4	6.6	6.6	6.4	6.4
1989	Government final consumption expenditure							7.3	7.2	7.0	6.7	6.6
1990	(implicit price deflator)									7.1	6.8	6.4	6.5
1991	Consommation des administrations publiques										6.5	6.1	6.2
1992	(prix implicite)											5.7	6.1
1993													6.5

	1982	1983	1984	1985	1986	1987	1988	1989	1990	1991	1992	1993	1994
1981	7.4	6.7	6.2	5.9	5.4	4.9	4.9	4.9	5.0	5.0	5.0	5.2	5.7
1982		6.0	5.6	5.3	4.9	4.4	4.5	4.6	4.7	4.7	4.7	5.0	5.5
1983			5.2	5.0	4.5	4.0	4.2	4.4	4.5	4.6	4.6	4.9	5.5
1984				4.8	4.1	3.6	3.9	4.2	4.4	4.5	4.5	4.9	5.5
1985					3.4	3.1	3.6	4.0	4.3	4.4	4.5	4.9	5.6
1986						2.7	3.7	4.2	4.5	4.7	4.6	5.1	5.9
1987							4.7	5.0	5.1	5.1	5.0	5.5	6.3
1988								5.4	5.4	5.3	5.1	5.7	6.6
1989	Gross fixed capital formation							5.3	5.3	5.0	5.7	6.9
1990	(implicit price deflator)									5.2	4.9	5.9	7.3
1991	Formation brute de capital fixe										4.6	6.2	8.0
1992	(prix implicite)											7.9	9.7
1993													11.6

	1982	1983	1984	1985	1986	1987	1988	1989	1990	1991	1992	1993	1994
1981	8.1	7.5	7.1	7.1	7.0	6.9	6.9	7.0	7.4	7.5	7.5	7.3	7.4
1982		6.8	6.6	6.7	6.7	6.6	6.7	6.9	7.3	7.4	7.4	7.2	7.3
1983			6.4	6.7	6.7	6.6	6.7	6.9	7.3	7.5	7.5	7.3	7.4
1984				6.9	6.9	6.7	6.8	7.0	7.5	7.6	7.6	7.4	7.5
1985					6.8	6.5	6.7	7.0	7.6	7.8	7.7	7.4	7.5
1986						6.3	6.7	7.1	7.8	8.0	7.9	7.5	7.6
1987							7.1	7.5	8.3	8.4	8.2	7.7	7.8
1988								8.0	8.9	8.8	8.5	7.8	7.9
1989	Compensation of employees							9.9	9.3	8.7	7.8	7.9
1990	(value)									8.7	8.1	7.1	7.5
1991	Rémunération des salariés										7.5	6.3	7.1
1992	(valeur)											5.2	6.9
1993													8.5

1. Ces triangles de croissance sont calculés à partir de données basées sur les taux de change.

Comptes nationaux, Volume 1, OCDE, 1996

EU15[1]

UE15[1]

Average per cent changes at annual rate

Variations moyennes en pourcentage aux taux annuels

G.D.P. per head (volume) / **P.I.B. par tête** (volume)

	1982	1983	1984	1985	1986	1987	1988	1989	1990	1991	1992	1993	1994
1981	0.7	1.1	1.5	1.7	1.9	2.0	2.3	2.4	2.3	2.1	2.0	1.7	1.8
1982		1.6	2.0	2.1	2.2	2.3	2.5	2.6	2.5	2.3	2.1	1.8	1.9
1983			2.3	2.3	2.4	2.5	2.7	2.8	2.7	2.4	2.2	1.9	1.9
1984				2.4	2.5	2.5	2.8	2.9	2.7	2.4	2.2	1.8	1.9
1985					2.6	2.6	3.0	3.0	2.8	2.4	2.1	1.7	1.8
1986						2.6	3.2	3.1	2.8	2.4	2.1	1.6	1.7
1987							3.8	3.4	2.9	2.3	2.0	1.4	1.6
1988								3.0	2.5	1.8	1.5	1.0	1.2
1989									2.0	1.3	1.0	0.5	0.9
1990										0.5	0.5	–0.0	0.6
1991											0.5	–0.3	0.6
1992												–1.1	0.7
1993													2.5

Private final consumption expenditure per head (volume) / **Consommation finale privée par tête** (volume)

	1982	1983	1984	1985	1986	1987	1988	1989	1990	1991	1992	1993	1994
1981	0.6	0.9	1.1	1.5	1.9	2.2	2.4	2.5	2.5	2.4	2.3	2.0	2.0
1982		1.2	1.3	1.7	2.3	2.5	2.7	2.8	2.7	2.6	2.4	2.1	2.1
1983			1.4	2.0	2.6	2.9	3.0	3.0	2.9	2.8	2.6	2.2	2.1
1984				2.6	3.3	3.4	3.4	3.3	3.2	3.0	2.7	2.3	2.2
1985					3.9	3.8	3.7	3.5	3.3	3.0	2.7	2.3	2.2
1986						3.6	3.6	3.4	3.2	2.9	2.6	2.1	2.0
1987							3.6	3.3	3.0	2.7	2.3	1.8	1.7
1988								2.9	2.7	2.3	2.0	1.5	1.4
1989									2.4	2.1	1.7	1.1	1.1
1990										1.7	1.4	0.7	0.8
1991											1.1	0.2	0.5
1992												–0.8	0.2
1993													1.2

Gross domestic product (volume) / **Produit intérieur brut** (volume)

	1982	1983	1984	1985	1986	1987	1988	1989	1990	1991	1992	1993	1994
1981	0.9	1.3	1.7	1.9	2.1	2.2	2.5	2.6	2.6	2.4	2.3	2.0	2.1
1982		1.8	2.1	2.3	2.4	2.5	2.7	2.8	2.8	2.6	2.4	2.2	2.2
1983			2.5	2.5	2.6	2.7	2.9	3.0	2.9	2.7	2.5	2.2	2.2
1984				2.5	2.7	2.7	3.1	3.1	3.0	2.7	2.5	2.2	2.2
1985					2.8	2.8	3.2	3.3	3.1	2.8	2.5	2.1	2.2
1986						2.8	3.5	3.4	3.2	2.7	2.5	2.0	2.1
1987							4.1	3.7	3.3	2.7	2.4	1.9	2.0
1988								3.4	2.9	2.3	2.0	1.4	1.7
1989									2.4	1.7	1.5	1.0	1.3
1990										1.1	1.0	0.5	1.1
1991											1.0	0.2	1.1
1992												–0.6	1.1
1993													2.8

Gross domestic product (implicit price deflator) / **Produit intérieur brut** (prix implicite)

	1982	1983	1984	1985	1986	1987	1988	1989	1990	1991	1992	1993	1994
1981	8.7	7.9	7.3	6.7	6.4	5.9	5.6	5.5	5.5	5.5	5.4	5.2	5.0
1982		7.2	6.5	6.1	5.8	5.3	5.1	5.0	5.1	5.1	5.0	4.9	4.7
1983			5.9	5.5	5.3	4.9	4.7	4.7	4.8	4.8	4.8	4.7	4.5
1984				5.1	5.0	4.5	4.4	4.4	4.6	4.7	4.6	4.5	4.3
1985					4.9	4.2	4.1	4.3	4.5	4.6	4.6	4.5	4.3
1986						3.5	3.8	4.1	4.3	4.6	4.5	4.4	4.2
1987							4.0	4.3	4.6	4.8	4.7	4.5	4.3
1988								4.7	4.9	5.1	4.9	4.7	4.3
1989									5.2	5.3	5.0	4.6	4.2
1990										5.5	4.9	4.5	4.0
1991											4.3	4.0	3.5
1992												3.6	3.2
1993													2.7

Private final consumption expenditure (volume) / **Consommation finale privée** (volume)

	1982	1983	1984	1985	1986	1987	1988	1989	1990	1991	1992	1993	1994
1981	0.8	1.1	1.2	1.6	2.1	2.4	2.6	2.7	2.7	2.7	2.6	2.3	2.3
1982		1.4	1.4	1.9	2.4	2.7	2.9	3.0	3.0	2.9	2.7	2.5	2.4
1983			1.5	2.2	2.8	3.1	3.2	3.3	3.2	3.1	2.9	2.6	2.5
1984				2.8	3.4	3.6	3.7	3.6	3.5	3.3	3.1	2.7	2.6
1985					4.1	4.0	4.0	3.8	3.6	3.4	3.1	2.7	2.6
1986						3.8	3.9	3.7	3.5	3.2	3.0	2.5	2.4
1987							4.0	3.6	3.4	3.1	2.8	2.3	2.2
1988								3.3	3.1	2.8	2.5	1.9	1.9
1989									2.9	2.5	2.2	1.6	1.6
1990										2.2	1.9	1.2	1.3
1991											1.6	0.6	0.9
1992												–0.3	0.6
1993													1.5

Private final consumption expenditure (implicit price deflator) / **Consommation finale privée** (prix implicite)

	1982	1983	1984	1985	1986	1987	1988	1989	1990	1991	1992	1993	1994
1981	9.2	8.3	7.7	7.1	6.3	5.7	5.4	5.3	5.2	5.3	5.2	5.1	5.0
1982		7.5	7.0	6.3	5.5	5.1	4.8	4.8	4.8	4.9	4.8	4.7	4.6
1983			6.5	5.8	4.9	4.5	4.3	4.3	4.4	4.5	4.5	4.5	4.4
1984				5.1	4.1	3.8	3.7	3.9	4.0	4.3	4.3	4.3	4.1
1985					3.1	3.1	3.3	3.6	3.8	4.1	4.2	4.1	4.0
1986						3.2	3.4	3.8	4.0	4.3	4.3	4.3	4.2
1987							3.5	4.1	4.3	4.6	4.6	4.5	4.3
1988								4.7	4.6	5.0	4.8	4.7	4.4
1989									4.6	5.1	4.9	4.7	4.4
1990										5.6	5.0	4.7	4.3
1991											4.5	4.3	3.9
1992												4.0	3.6
1993													3.2

Government final consumption expenditure (volume) / **Consommation des administrations publiques** (volume)

	1982	1983	1984	1985	1986	1987	1988	1989	1990	1991	1992	1993	1994
1981	1.6	1.7	1.6	1.8	1.9	2.0	2.0	1.9	1.9	1.9	2.0	1.9	1.8
1982		1.8	1.7	1.9	2.0	2.1	2.1	1.9	1.9	2.0	2.0	1.9	1.8
1983			1.6	1.9	2.0	2.1	2.1	1.9	2.0	2.0	2.0	1.9	1.8
1984				2.3	2.3	2.3	2.3	2.0	2.0	2.0	2.1	1.9	1.8
1985					2.2	2.3	2.3	1.9	2.0	2.0	2.1	1.9	1.8
1986						2.5	2.3	1.8	1.9	2.0	2.0	1.9	1.7
1987							2.1	1.5	1.8	1.8	1.9	1.8	1.6
1988								0.8	1.6	1.7	1.9	1.7	1.5
1989									2.3	2.2	2.3	1.9	1.7
1990										2.1	2.2	1.7	1.5
1991											2.4	1.6	1.4
1992												0.8	0.9
1993													0.9

Government final consumption expenditure (implicit price deflator) / **Consommation des administrations publiques** (prix implicite)

	1982	1983	1984	1985	1986	1987	1988	1989	1990	1991	1992	1993	1994
1981	7.9	7.2	6.6	6.1	5.7	5.4	5.3	5.2	5.4	5.5	5.5	5.3	5.0
1982		6.6	6.0	5.5	5.2	5.0	4.8	4.9	5.1	5.2	5.2	5.0	4.8
1983			5.3	5.0	4.7	4.6	4.5	4.6	4.9	5.1	5.1	4.9	4.6
1984				4.7	4.4	4.3	4.3	4.4	4.8	5.0	5.0	4.8	4.6
1985					4.1	4.1	4.1	4.4	4.9	5.1	5.1	4.9	4.6
1986						4.1	4.1	4.5	5.1	5.3	5.3	5.0	4.6
1987							4.2	4.7	5.4	5.6	5.5	5.1	4.7
1988								5.2	6.0	6.1	5.8	5.3	4.8
1989									6.8	6.5	6.1	5.3	4.7
1990										6.2	5.7	4.8	4.2
1991											5.1	4.1	3.5
1992												3.2	2.7
1993													2.3

Gross fixed capital formation (volume) / **Formation brute de capital fixe** (volume)

	1982	1983	1984	1985	1986	1987	1988	1989	1990	1991	1992	1993	1994
1981	–2.0	–0.8	–0.2	0.5	1.2	1.8	2.7	3.2	3.3	3.0	2.7	1.8	1.9
1982		0.4	0.7	1.3	2.0	2.6	3.5	4.0	4.0	3.6	3.1	2.2	2.2
1983			1.0	1.8	2.5	3.2	4.2	4.6	4.5	4.0	3.4	2.4	2.4
1984				2.5	3.2	3.9	5.0	5.4	5.1	4.5	3.8	2.5	2.5
1985					3.9	4.6	5.8	6.1	5.7	4.8	3.9	2.5	2.5
1986						5.3	6.7	6.8	6.1	5.0	3.9	2.3	2.3
1987							8.2	7.6	6.3	4.9	3.7	1.8	1.9
1988								7.0	5.4	3.8	2.6	0.6	0.9
1989									3.9	2.2	1.1	–0.9	–0.2
1990										0.5	–0.3	–2.5	–1.3
1991											–1.0	–3.9	–1.9
1992												–6.7	–2.3
1993													2.4

Gross fixed capital formation (implicit price deflator) / **Formation brute de capital fixe** (prix implicite)

	1982	1983	1984	1985	1986	1987	1988	1989	1990	1991	1992	1993	1994
1981	7.3	6.8	6.3	5.9	5.4	5.0	4.9	4.9	4.9	4.8	4.5	4.4	4.2
1982		6.2	5.8	5.5	4.9	4.5	4.5	4.5	4.6	4.5	4.3	4.1	3.9
1983			5.4	5.1	4.5	4.1	4.1	4.2	4.3	4.3	4.1	3.9	3.7
1984				4.7	4.0	3.7	3.8	4.0	4.1	4.1	3.9	3.7	3.6
1985					3.3	3.2	3.5	3.8	4.0	4.0	3.8	3.6	3.4
1986						3.0	3.5	4.0	4.2	4.1	3.8	3.7	3.5
1987							4.0	4.4	4.6	4.4	4.0	3.8	3.5
1988								4.8	4.8	4.5	4.0	3.7	3.4
1989									4.8	4.4	3.7	3.4	3.1
1990										3.9	3.2	2.9	2.7
1991											2.4	2.5	2.3
1992												2.5	2.3
1993													2.1

National disposable income (value) / **Revenu national disponible** (valeur)

	1982	1983	1984	1985	1986	1987	1988	1989	1990	1991	1992	1993	1994
1981	9.3	9.2	9.0	8.7	8.6	8.3	8.3	8.3	8.2	8.0	7.7	7.3	7.2
1982		9.2	8.8	8.5	8.4	8.1	8.1	8.1	8.0	7.9	7.6	7.1	7.0
1983			8.5	8.1	8.2	7.8	7.9	8.0	7.9	7.7	7.4	6.9	6.8
1984				7.8	8.0	7.5	7.7	7.8	7.8	7.6	7.3	6.8	6.6
1985					8.2	7.4	7.7	7.9	7.8	7.5	7.2	6.6	6.5
1986						6.7	7.5	7.8	7.6	7.4	7.1	6.4	6.3
1987							8.3	8.3	8.0	7.6	7.1	6.4	6.3
1988								8.3	7.8	7.4	6.8	6.0	5.9
1989									7.3	6.9	6.4	5.4	5.5
1990										6.5	5.9	4.8	5.0
1991											5.2	3.9	4.5
1992												2.6	4.1
1993													5.6

Compensation of employees (value) / **Rémunération des salariés** (valeur)

	1982	1983	1984	1985	1986	1987	1988	1989	1990	1991	1992	1993	1994
1981	8.0	7.5	7.1	7.1	7.0	6.8	6.9	7.0	7.2	7.2	7.0	6.6	6.3
1982		6.9	6.7	6.7	6.7	6.6	6.7	6.8	7.1	7.1	6.9	6.5	6.2
1983			6.4	6.6	6.6	6.5	6.6	6.8	7.1	7.2	7.0	6.4	6.1
1984				6.9	6.8	6.6	6.7	6.9	7.3	7.3	7.0	6.4	6.1
1985					6.6	6.4	6.6	6.9	7.3	7.3	7.0	6.4	6.0
1986						6.1	6.6	6.9	7.5	7.5	7.1	6.3	5.9
1987							7.0	7.3	8.0	7.8	7.3	6.4	5.8
1988								7.6	8.5	8.1	7.4	6.2	5.6
1989									9.3	8.3	7.3	5.9	5.3
1990										7.2	6.3	4.8	4.3
1991											5.3	3.6	3.3
1992												1.8	2.3
1993													2.7

1. These growth triangles are derived from data based on exchange rates.

1. Ces triangles de croissance sont calculés à partir de données basées sur les taux de change.

National Accounts, Volume 1, OECD, 1996

86

OECD-TOTAL [1]

OCDE-TOTAL [1]

Average per cent changes at annual rate

Variations moyennes en pourcentage aux taux annuels

G.D.P. per head (volume)
P.I.B. par tête (volume)

	1982	1983	1984	1985	1986	1987	1988	1989	1990	1991	1992	1993	1994
1981	−1.0	0.3	1.5	1.7	1.8	1.9	2.1	2.1	2.0	1.8	1.7	1.6	1.7
1982		1.6	2.7	2.6	2.4	2.5	2.6	2.6	2.4	2.2	2.0	1.9	1.9
1983			3.8	3.1	2.7	2.7	2.8	2.7	2.5	2.2	2.1	1.9	1.9
1984				2.5	2.2	2.3	2.6	2.5	2.3	2.0	1.9	1.7	1.7
1985					1.9	2.2	2.6	2.5	2.3	1.9	1.8	1.6	1.7
1986						2.5	2.9	2.7	2.4	1.9	1.7	1.6	1.6
1987							3.4	2.9	2.4	1.8	1.6	1.4	1.5
1988								2.4	1.9	1.3	1.2	1.0	1.2
1989									1.5	0.7	0.8	0.7	1.0
1990										0.0	0.4	0.4	0.8
1991											0.8	0.6	1.1
1992												0.4	1.3
1993													2.1

Private final consumption expenditure per head (volume)
Consommation finale privée par tête (volume)

	1982	1983	1984	1985	1986	1987	1988	1989	1990	1991	1992	1993	1994
1981	0.4	1.2	1.6	1.9	2.1	2.2	2.3	2.3	2.2	2.0	2.0	1.9	1.9
1982		1.9	2.3	2.4	2.5	2.5	2.6	2.6	2.5	2.2	2.1	2.0	2.0
1983			2.6	2.7	2.7	2.7	2.8	2.7	2.5	2.2	2.1	2.0	2.0
1984				2.8	2.8	2.7	2.8	2.7	2.5	2.2	2.1	1.9	1.9
1985					2.9	2.7	2.8	2.6	2.5	2.1	2.0	1.8	1.8
1986						2.5	2.8	2.6	2.4	1.9	1.8	1.7	1.7
1987							3.1	2.6	2.3	1.8	1.7	1.6	1.6
1988								2.1	1.9	1.4	1.4	1.3	1.3
1989									1.8	1.0	1.1	1.0	1.2
1990										0.3	0.8	0.8	1.0
1991											1.4	1.1	1.3
1992												0.8	1.2
1993													1.6

Gross domestic product (volume)
Produit intérieur brut (volume)

	1982	1983	1984	1985	1986	1987	1988	1989	1990	1991	1992	1993	1994
1981	−0.1	1.1	2.3	2.5	2.5	2.7	2.9	2.9	2.9	2.7	2.6	2.5	2.5
1982		2.4	3.5	3.4	3.2	3.2	3.4	3.4	3.2	3.0	2.9	2.7	2.7
1983			4.6	3.9	3.5	3.4	3.6	3.5	3.4	3.0	2.9	2.7	2.8
1984				3.3	3.0	3.1	3.3	3.3	3.2	2.8	2.7	2.5	2.6
1985					2.7	3.0	3.4	3.3	3.1	2.8	2.6	2.5	2.5
1986						3.3	3.7	3.6	3.3	2.8	2.6	2.4	2.5
1987							4.2	3.7	3.3	2.7	2.5	2.3	2.4
1988								3.2	2.8	2.2	2.0	1.9	2.1
1989									2.4	1.6	1.7	1.6	1.8
1990										0.9	1.3	1.3	1.7
1991											1.7	1.5	2.0
1992												1.3	2.1
1993													2.9

Gross domestic product (implicit price deflator)
Produit intérieur brut (prix implicite)

	1982	1983	1984	1985	1986	1987	1988	1989	1990	1991	1992	1993	1994
1981	6.6	5.9	5.5	5.1	4.9	4.7	4.7	4.8	4.9	4.9	4.9	5.0	5.3
1982		5.2	4.9	4.7	4.4	4.3	4.4	4.5	4.6	4.7	4.8	4.9	5.2
1983			4.7	4.4	4.2	4.1	4.2	4.4	4.6	4.7	4.7	4.8	5.2
1984				4.1	4.0	3.9	4.1	4.3	4.5	4.7	4.7	4.9	5.2
1985					3.8	3.8	4.2	4.4	4.6	4.8	4.8	5.0	5.4
1986						3.7	4.3	4.6	4.8	5.0	5.0	5.1	5.6
1987							4.9	5.1	5.2	5.3	5.3	5.4	5.8
1988								5.2	5.3	5.4	5.3	5.5	6.0
1989									5.5	5.5	5.4	5.5	6.1
1990										5.6	5.4	5.5	6.3
1991											5.1	5.5	6.6
1992												5.9	7.3
1993													8.7

Private final consumption expenditure (volume)
Consommation finale privée (volume)

	1982	1983	1984	1985	1986	1987	1988	1989	1990	1991	1992	1993	1994
1981	1.2	2.0	2.4	2.7	2.9	3.0	3.1	3.1	3.0	2.8	2.8	2.7	2.7
1982		2.7	3.0	3.2	3.3	3.3	3.4	3.4	3.3	3.0	3.0	2.8	2.8
1983			3.3	3.5	3.5	3.4	3.6	3.5	3.3	3.1	3.0	2.8	2.8
1984				3.6	3.6	3.5	3.6	3.5	3.3	3.0	2.9	2.8	2.8
1985					3.6	3.4	3.6	3.5	3.3	2.9	2.8	2.7	2.7
1986						3.3	3.6	3.4	3.2	2.8	2.7	2.6	2.5
1987							4.0	3.5	3.2	2.7	2.6	2.4	2.4
1988								3.0	2.8	2.3	2.3	2.1	2.2
1989									2.7	1.9	2.0	1.9	2.0
1990										1.1	1.7	1.7	1.9
1991											2.3	2.0	2.1
1992												1.7	2.1
1993													2.4

Private final consumption expenditure (implicit price deflator)
Consommation finale privée (prix implicite)

	1982	1983	1984	1985	1986	1987	1988	1989	1990	1991	1992	1993	1994
1981	7.0	6.4	5.9	5.5	5.0	4.9	4.9	5.0	5.1	5.2	5.2	5.3	5.6
1982		5.7	5.3	5.0	4.5	4.5	4.5	4.7	4.8	4.9	5.0	5.1	5.5
1983			4.8	4.6	4.1	4.2	4.3	4.5	4.7	4.8	4.9	5.1	5.4
1984				4.4	3.8	3.9	4.2	4.4	4.7	4.9	4.9	5.1	5.5
1985					3.2	3.7	4.1	4.4	4.7	4.9	5.0	5.2	5.6
1986						4.3	4.6	4.9	5.1	5.3	5.3	5.5	5.9
1987							4.9	5.1	5.4	5.5	5.5	5.7	6.2
1988								5.4	5.6	5.8	5.7	5.9	6.4
1989									5.8	5.9	5.8	6.0	6.6
1990										6.1	5.8	6.0	6.8
1991											5.6	6.0	7.0
1992												6.4	7.8
1993													9.1

Government final consumption expenditure (volume)
Consommation des administrations publiques (volume)

	1982	1983	1984	1985	1986	1987	1988	1989	1990	1991	1992	1993	1994
1981	1.8	2.1	2.2	2.5	2.7	2.8	2.6	2.4	2.4	2.3	2.2	2.1	1.9
1982		2.3	2.4	2.8	3.0	2.9	2.8	2.5	2.4	2.4	2.2	2.1	1.9
1983			2.6	3.0	3.2	3.1	2.9	2.5	2.5	2.4	2.2	2.0	1.9
1984				3.4	3.5	3.3	2.9	2.5	2.5	2.4	2.2	2.0	1.8
1985					3.6	3.2	2.8	2.3	2.3	2.2	2.0	1.8	1.6
1986						2.9	2.4	1.8	1.9	1.9	1.8	1.6	1.4
1987							1.9	1.3	1.6	1.7	1.6	1.3	1.2
1988								0.7	1.5	1.6	1.5	1.2	1.1
1989									2.2	2.1	1.7	1.4	1.2
1990										1.9	1.5	1.1	0.9
1991											1.0	0.6	0.5
1992												0.3	0.3
1993													0.3

Government final consumption expenditure (implicit price deflator)
Consommation des administrations publiques (prix implicite)

	1982	1983	1984	1985	1986	1987	1988	1989	1990	1991	1992	1993	1994
1981	7.4	6.3	5.8	5.4	5.0	4.7	4.7	4.8	5.0	5.1	5.2	5.2	5.4
1982		5.3	4.9	4.7	4.4	4.2	4.3	4.4	4.7	4.9	5.0	5.0	5.2
1983			4.6	4.4	4.0	3.9	4.1	4.3	4.6	4.8	4.9	5.0	5.2
1984				4.2	3.8	3.7	3.9	4.2	4.6	4.8	5.0	5.1	5.2
1985					3.3	3.4	3.8	4.2	4.7	4.9	5.1	5.2	5.4
1986						3.5	4.1	4.5	5.1	5.3	5.4	5.4	5.6
1987							4.6	5.0	5.6	5.7	5.8	5.8	5.9
1988								5.5	6.1	6.1	6.1	6.0	6.1
1989									6.7	6.4	6.3	6.1	6.3
1990										6.0	6.0	5.9	6.2
1991											6.1	5.9	6.2
1992												5.7	6.3
1993													7.0

Gross fixed capital formation (volume)
Formation brute de capital fixe (volume)

	1982	1983	1984	1985	1986	1987	1988	1989	1990	1991	1992	1993	1994
1981	−4.3	−2.0	0.8	1.7	1.9	2.4	3.1	3.4	3.4	3.0	2.8	2.7	2.8
1982		0.5	3.4	3.8	3.5	3.8	4.4	4.6	4.4	3.8	3.6	3.4	3.5
1983			6.4	5.5	4.5	4.7	5.2	5.3	5.0	4.3	3.9	3.6	3.7
1984				4.6	3.6	4.1	4.9	5.0	4.7	4.0	3.6	3.3	3.5
1985					2.6	3.9	5.0	5.1	4.8	3.8	3.5	3.2	3.4
1986						5.2	6.3	6.0	5.3	4.1	3.6	3.3	3.5
1987							7.3	6.4	5.3	3.8	3.3	2.9	3.2
1988								5.5	4.4	2.7	2.3	2.1	2.5
1989									3.3	1.3	1.3	1.3	2.0
1990										−0.7	0.3	0.6	1.6
1991											1.3	1.2	2.4
1992												1.2	2.9
1993													4.7

Gross fixed capital formation (implicit price deflator)
Formation brute de capital fixe (prix implicite)

	1982	1983	1984	1985	1986	1987	1988	1989	1990	1991	1992	1993	1994
1981	5.9	4.9	4.3	4.0	3.8	3.5	3.6	3.7	3.7	3.7	3.6	3.7	4.1
1982		3.8	3.5	3.3	3.3	3.0	3.3	3.3	3.4	3.4	3.4	3.5	3.9
1983			3.2	3.1	3.1	2.8	3.1	3.3	3.4	3.4	3.4	3.5	3.9
1984				3.0	3.0	2.7	3.1	3.3	3.4	3.4	3.4	3.5	4.0
1985					3.0	2.6	3.2	3.3	3.5	3.5	3.4	3.6	4.1
1986						2.2	3.3	3.5	3.6	3.6	3.5	3.7	4.3
1987							4.3	4.1	4.1	3.9	3.8	3.9	4.6
1988								3.9	3.9	3.8	3.6	3.8	4.6
1989									4.0	3.8	3.6	3.8	4.8
1990										3.6	3.4	3.8	5.0
1991											3.1	3.9	5.4
1992												4.7	6.6
1993													8.6

National disposable income (values at current PPPs)
Revenu national disponible (valeurs en PPA courantes)

	1982	1983	1984	1985	1986	1987	1988	1989	1990	1991	1992	1993	1994
1981	5.2	5.8	6.9	6.9	6.5	6.6	6.8	6.9	6.9	6.7	6.7	6.3	6.2
1982		6.5	7.8	7.5	6.9	6.8	7.1	7.2	7.1	6.8	6.8	6.4	6.3
1983			9.1	8.0	7.0	6.9	7.2	7.3	7.2	6.9	6.8	6.4	6.3
1984				6.9	6.0	6.2	6.8	7.0	6.9	6.5	6.6	6.1	6.0
1985					5.1	5.9	6.8	7.0	6.9	6.5	6.5	6.0	5.9
1986						6.8	7.6	7.6	7.4	6.8	6.8	6.1	6.0
1987							8.5	8.1	7.6	6.8	6.8	6.0	5.9
1988								7.7	7.1	6.2	6.3	5.6	5.4
1989									6.6	5.5	5.9	5.0	5.0
1990										4.5	5.6	4.5	4.6
1991											6.6	4.5	4.6
1992												2.5	3.6
1993													4.8

Compensation of employees (values at current PPPs)
Rémunération des salariés (valeurs en PPA courantes)

	1982	1983	1984	1985	1986	1987	1988	1989	1990	1991	1992	1993	1994
1981	6.1	5.4	6.0	6.1	5.9	6.0	6.3	6.4	6.6	6.5	6.6	6.2	6.0
1982		4.8	6.0	6.1	5.9	6.0	6.3	6.5	6.6	6.5	6.6	6.2	6.0
1983			7.2	6.8	6.3	6.3	6.6	6.8	6.9	6.7	6.8	6.4	6.1
1984				6.4	5.8	6.0	6.5	6.7	6.9	6.7	6.8	6.3	6.0
1985					5.2	5.8	6.5	6.7	7.0	6.7	6.8	6.2	6.0
1986						6.4	7.1	7.3	7.4	7.0	7.1	6.4	6.1
1987							7.8	7.7	7.8	7.2	7.2	6.4	6.1
1988								7.5	7.7	6.9	7.1	6.1	5.8
1989									7.9	6.6	6.9	5.8	5.4
1990										5.4	6.4	5.0	4.8
1991											7.4	4.9	4.6
1992												2.4	3.2
1993													4.1

1. These growth triangles are derived from data based on purchasing power parities.

1. Ces triangles de croissance sont calculés à partir de données basées sur les parités de pouvoir d'achat.

87

Comptes nationaux, Volume 1, OCDE, 1996

OECD-EUROPE[1]

Average per cent changes at annual rate

G.D.P. per head (volume)
P.I.B. par tête (volume)

	1982	1983	1984	1985	1986	1987	1988	1989	1990	1991	1992	1993	1994
1981	0.5	1.0	1.4	1.6	1.8	1.9	2.1	2.2	2.2	2.0	1.9	1.6	1.6
1982		1.5	1.8	2.0	2.1	2.2	2.4	2.4	2.4	2.2	2.0	1.7	1.7
1983			2.2	2.2	2.3	2.4	2.6	2.6	2.5	2.3	2.1	1.8	1.8
1984				2.2	2.4	2.5	2.7	2.7	2.6	2.3	2.0	1.7	1.7
1985					2.6	2.6	2.9	2.8	2.6	2.3	2.0	1.7	1.7
1986						2.7	3.0	2.9	2.7	2.2	1.9	1.5	1.6
1987							3.4	3.0	2.7	2.1	1.8	1.3	1.4
1988								2.6	2.3	1.7	1.4	0.9	1.1
1989									2.0	1.2	1.0	0.5	0.8
1990										0.4	0.5	0.0	0.5
1991											0.5	–0.1	0.5
1992												–0.8	0.5
1993													1.8

Gross domestic product (volume)
Produit intérieur brut (volume)

	1982	1983	1984	1985	1986	1987	1988	1989	1990	1991	1992	1993	1994
1981	0.9	1.4	1.8	2.0	2.2	2.4	2.6	2.7	2.7	2.5	2.4	2.2	2.2
1982		1.9	2.2	2.4	2.6	2.7	2.9	2.9	2.9	2.7	2.5	2.3	2.3
1983			2.6	2.6	2.8	2.9	3.1	3.1	3.0	2.8	2.6	2.3	2.3
1984				2.7	2.9	3.0	3.2	3.2	3.1	2.8	2.6	2.3	2.3
1985					3.0	3.1	3.4	3.4	3.2	2.8	2.6	2.3	2.3
1986						3.1	3.6	3.5	3.3	2.8	2.5	2.2	2.2
1987							4.0	3.6	3.3	2.7	2.4	2.0	2.0
1988								3.2	2.9	2.3	2.0	1.6	1.7
1989									2.7	1.9	1.6	1.2	1.4
1990										1.1	1.1	0.7	1.1
1991											1.2	0.5	1.1
1992												–0.1	1.1
1993													2.4

Private final consumption expenditure (volume)
Consommation finale privée (volume)

	1982	1983	1984	1985	1986	1987	1988	1989	1990	1991	1992	1993	1994
1981	1.1	1.4	1.5	1.8	2.3	2.5	2.7	2.7	2.8	2.7	2.6	2.4	2.3
1982		1.6	1.7	2.0	2.6	2.8	3.0	3.0	3.0	2.9	2.8	2.5	2.4
1983			1.8	2.2	2.9	3.1	3.2	3.2	3.2	3.1	2.9	2.6	2.5
1984				2.7	3.4	3.5	3.6	3.5	3.4	3.3	3.0	2.7	2.6
1985					4.2	3.9	3.9	3.7	3.6	3.3	3.1	2.7	2.6
1986						3.6	3.7	3.5	3.4	3.2	2.9	2.5	2.4
1987							3.8	3.5	3.4	3.1	2.8	2.3	2.2
1988								3.1	3.2	2.8	2.5	2.1	1.9
1989									3.3	2.7	2.3	1.8	1.7
1990										2.1	1.9	1.3	1.3
1991											1.6	0.9	1.0
1992												0.2	0.7
1993													1.2

Government final consumption expenditure (volume)
Consommation des administrations publiques (volume)

	1982	1983	1984	1985	1986	1987	1988	1989	1990	1991	1992	1993	1994
1981	1.4	1.8	1.7	1.9	2.0	2.1	2.1	2.0	2.1	2.1	2.1	2.0	1.9
1982		2.2	1.9	2.1	2.2	2.3	2.3	2.1	2.1	2.1	2.2	2.1	2.0
1983			1.5	2.1	2.2	2.3	2.3	2.1	2.1	2.1	2.2	2.0	1.9
1984				2.6	2.5	2.6	2.4	2.2	2.2	2.2	2.2	2.1	2.0
1985					2.4	2.5	2.4	2.1	2.2	2.2	2.2	2.0	1.9
1986						2.7	2.4	1.9	2.1	2.1	2.2	2.0	1.8
1987							2.1	1.6	1.9	2.0	2.1	1.9	1.7
1988								1.0	1.8	1.9	2.0	1.8	1.7
1989									2.5	2.4	2.4	2.0	1.8
1990										2.2	2.3	1.8	1.6
1991											2.4	1.6	1.4
1992												0.9	0.9
1993													0.8

Gross fixed capital formation (volume)
Formation brute de capital fixe (volume)

	1982	1983	1984	1985	1986	1987	1988	1989	1990	1991	1992	1993	1994
1981	–2.1	–0.8	–0.2	0.5	1.3	2.2	3.0	3.4	3.5	3.2	2.8	2.1	2.1
1982		0.5	0.8	1.4	2.2	3.1	3.9	4.2	4.2	3.8	3.3	2.5	2.4
1983			1.1	1.8	2.7	3.7	4.6	4.9	4.8	4.2	3.6	2.8	2.6
1984				2.6	3.6	4.6	5.4	5.6	5.4	4.7	3.9	2.9	2.8
1985					4.6	5.7	6.4	6.4	6.0	5.0	4.1	3.0	2.8
1986						6.8	7.4	7.0	6.3	5.1	4.1	2.8	2.6
1987							7.9	7.1	6.1	4.7	3.5	2.1	2.0
1988								6.4	5.3	3.6	2.5	1.0	1.0
1989									4.1	2.2	1.2	–0.3	0.0
1990										0.4	–0.2	–1.8	–1.0
1991											–0.8	–2.8	–1.5
1992												–4.8	–1.8
1993													1.4

National disposable income (values at current PPPs)
Revenu national disponible (valeurs en PPA courantes)

	1982	1983	1984	1985	1986	1987	1988	1989	1990	1991	1992	1993	1994
1981	6.6	6.2	6.4	6.3	6.2	6.3	6.5	6.7	6.7	6.5	6.6	6.0	5.9
1982		5.9	6.3	6.3	6.2	6.2	6.5	6.7	6.7	6.4	6.6	6.0	5.9
1983			6.7	6.4	6.2	6.3	6.6	6.8	6.8	6.5	6.7	6.0	5.9
1984				6.2	6.0	6.2	6.6	6.9	6.8	6.5	6.7	5.9	5.8
1985					5.8	6.2	6.8	7.0	7.0	6.5	6.8	5.9	5.7
1986						6.5	7.3	7.5	7.2	6.7	7.0	5.9	5.7
1987							8.0	7.9	7.5	6.7	7.0	5.8	5.6
1988								7.8	7.2	6.3	6.8	5.3	5.2
1989									6.6	5.5	6.5	4.7	4.7
1990										4.5	6.4	4.1	4.2
1991											8.3	3.9	4.1
1992												–0.3	2.1
1993													4.5

1. These growth triangles are derived from data based on purchasing power parities.

OCDE-EUROPE[1]

Variations moyennes en pourcentage aux taux annuels

Private final consumption expenditure per head (volume)
Consommation finale privée par tête (volume)

	1982	1983	1984	1985	1986	1987	1988	1989	1990	1991	1992	1993	1994
1981	0.6	0.9	1.1	1.4	1.8	2.1	2.2	2.3	2.3	2.2	2.1	1.9	1.8
1982		1.2	1.3	1.6	2.1	2.3	2.5	2.5	2.5	2.4	2.2	2.0	1.9
1983			1.4	1.8	2.5	2.6	2.7	2.7	2.7	2.5	2.3	2.1	1.9
1984				2.2	3.0	3.0	3.1	3.0	2.9	2.7	2.5	2.1	2.0
1985					3.8	3.4	3.4	3.1	3.0	2.8	2.5	2.1	2.0
1986						3.1	3.2	2.9	2.8	2.6	2.3	1.9	1.7
1987							3.2	2.8	2.8	2.4	2.1	1.7	1.5
1988								2.5	2.5	2.2	1.9	1.4	1.3
1989									2.6	2.0	1.7	1.1	1.0
1990										1.5	1.2	0.6	0.6
1991											0.9	0.2	0.4
1992												–0.5	0.1
1993													0.7

Gross domestic product (implicit price deflator)
Produit intérieur brut (prix implicite)

	1982	1983	1984	1985	1986	1987	1988	1989	1990	1991	1992	1993	1994
1981	8.8	8.0	7.3	6.8	6.4	6.0	5.8	5.9	6.0	6.1	6.4	6.7	7.5
1982		7.2	6.6	6.2	5.9	5.4	5.3	5.4	5.6	5.9	6.1	6.6	7.4
1983			6.0	5.7	5.4	5.0	5.0	5.2	5.4	5.7	6.0	6.5	7.5
1984				5.4	5.2	4.7	4.7	5.0	5.3	5.7	6.0	6.6	7.6
1985					5.0	4.3	4.5	4.9	5.3	5.7	6.1	6.7	7.9
1986						3.7	4.3	4.9	5.4	5.9	6.3	7.0	8.2
1987							4.8	5.5	5.9	6.4	6.8	7.5	8.9
1988								6.1	6.4	6.9	7.3	8.1	9.6
1989									6.8	7.3	7.7	8.5	10.3
1990										7.9	8.2	9.1	11.2
1991											8.4	9.8	12.3
1992												11.1	14.2
1993													17.4

Private final consumption expenditure (implicit price deflator)
Consommation finale privée (prix implicite)

	1982	1983	1984	1985	1986	1987	1988	1989	1990	1991	1992	1993	1994
1981	9.1	8.2	7.6	7.1	6.3	5.9	5.7	5.8	5.9	6.1	6.4	6.8	7.7
1982		7.3	6.9	6.5	5.7	5.3	5.2	5.3	5.5	5.8	6.1	6.6	7.6
1983			6.4	6.0	5.2	4.8	4.8	5.0	5.2	5.6	6.0	6.6	7.6
1984				5.6	4.5	4.3	4.3	4.7	5.0	5.5	5.9	6.6	7.8
1985					3.4	3.7	3.9	4.5	4.9	5.5	6.0	6.7	8.0
1986						3.9	4.2	4.9	5.3	5.9	6.4	7.2	8.6
1987							4.5	5.4	5.7	6.4	6.9	7.7	9.3
1988								6.3	6.4	7.0	7.5	8.4	10.1
1989									6.4	7.4	7.9	8.9	10.9
1990										8.3	8.7	9.8	12.0
1991											9.0	10.6	13.3
1992												12.2	15.5
1993													19.0

Government final consumption expenditure (implicit price deflator)
Consommation des administrations publiques (prix implicite)

	1982	1983	1984	1985	1986	1987	1988	1989	1990	1991	1992	1993	1994
1981	8.2	7.3	6.7	6.2	5.8	5.5	5.4	5.5	5.7	6.0	6.2	6.4	6.7
1982		6.4	5.9	5.5	5.2	5.0	4.9	5.1	5.4	5.7	6.0	6.2	6.6
1983			5.4	5.1	4.8	4.6	4.6	4.9	5.3	5.7	5.9	6.2	6.6
1984				4.7	4.4	4.3	4.4	4.7	5.3	5.7	6.0	6.3	6.7
1985					4.1	4.1	4.3	4.7	5.4	5.9	6.2	6.5	7.0
1986						4.2	4.4	4.9	5.7	6.2	6.5	6.8	7.3
1987							4.6	5.3	6.2	6.7	7.0	7.3	7.8
1988								6.0	7.0	7.4	7.6	7.8	8.3
1989									8.1	8.1	8.2	8.3	8.8
1990										8.2	8.2	8.3	8.9
1991											8.3	8.4	9.2
1992												8.5	9.7
1993													10.8

Gross fixed capital formation (implicit price deflator)
Formation brute de capital fixe (prix implicite)

	1982	1983	1984	1985	1986	1987	1988	1989	1990	1991	1992	1993	1994
1981	7.6	6.9	6.5	6.1	5.6	5.0	5.1	5.2	5.3	5.5	5.6	6.2	7.2
1982		6.3	5.9	5.6	5.1	4.5	4.7	4.9	5.0	5.2	5.4	6.1	7.2
1983			5.6	5.3	4.7	4.1	4.4	4.7	4.9	5.1	5.3	6.1	7.3
1984				4.9	4.3	3.6	4.1	4.5	4.8	5.0	5.3	6.1	7.5
1985					3.7	3.0	3.8	4.4	4.7	5.0	5.3	6.3	7.8
1986						2.3	3.9	4.6	5.0	5.3	5.6	6.7	8.3
1987							5.5	5.8	5.9	6.1	6.3	7.4	9.2
1988								6.1	6.1	6.3	6.5	7.8	9.8
1989									6.1	6.4	6.6	8.2	10.6
1990										6.7	6.8	8.9	11.7
1991											6.9	10.1	13.4
1992												13.3	16.8
1993													20.3

Compensation of employees (values at current PPPs)
Rémunération des salariés (valeurs en PPA courantes)

	1982	1983	1984	1985	1986	1987	1988	1989	1990	1991	1992	1993	1994
1981	5.7	4.9	4.8	5.0	4.9	5.1	5.3	5.7	6.0	6.1	6.3	5.7	5.4
1982		4.1	4.4	4.7	4.7	4.9	5.3	5.7	6.1	6.1	6.4	5.7	5.3
1983			4.6	5.0	4.8	5.1	5.5	6.0	6.4	6.3	6.6	5.8	5.4
1984				5.4	5.0	5.3	5.7	6.2	6.7	6.6	6.9	6.0	5.5
1985					4.6	5.3	5.9	6.4	6.9	6.8	7.1	6.0	5.5
1986						6.0	6.5	7.1	7.5	7.3	7.5	6.3	5.7
1987							7.0	7.6	8.0	7.6	7.9	6.3	5.6
1988								8.2	8.5	7.8	8.1	6.1	5.4
1989									8.8	7.5	8.0	5.6	4.8
1990										6.2	7.6	4.6	3.9
1991											9.0	3.8	3.1
1992												–1.2	0.2
1993													1.7

1. Ces triangles de croissance sont calculés à partir de données basées sur les parités de pouvoir d'achat.

National Accounts, Volume 1, OECD, 1996

88

EU15[1]

UE15[1]

Average per cent changes at annual rate

Variations moyennes en pourcentage aux taux annuels

G.D.P. per head (volume) / **P.I.B. par tête** (volume)

	1982	1983	1984	1985	1986	1987	1988	1989	1990	1991	1992	1993	1994
1981	0.7	1.1	1.5	1.7	1.9	2.0	2.3	2.4	2.3	2.2	2.0	1.8	1.8
1982		1.6	1.9	2.1	2.2	2.3	2.6	2.6	2.6	2.3	2.2	1.9	1.9
1983			2.3	2.3	2.4	2.5	2.8	2.8	2.7	2.4	2.2	1.9	1.9
1984				2.4	2.5	2.6	2.9	2.9	2.8	2.4	2.2	1.8	1.9
1985					2.7	2.7	3.1	3.0	2.8	2.5	2.2	1.8	1.9
1986						2.7	3.3	3.2	2.9	2.4	2.1	1.6	1.7
1987							3.8	3.4	2.9	2.3	2.0	1.5	1.6
1988								3.0	2.5	1.9	1.5	1.0	1.3
1989									2.0	1.3	1.0	0.5	0.9
1990										0.6	0.6	0.0	0.6
1991											0.5	−0.2	0.6
1992												−1.0	0.7
1993													2.5

Private final consumption expenditure per head (volume) / **Consommation finale privée par tête** (volume)

	1982	1983	1984	1985	1986	1987	1988	1989	1990	1991	1992	1993	1994
1981	0.7	0.9	1.1	1.5	2.0	2.2	2.5	2.5	2.5	2.4	2.3	2.1	2.0
1982		1.2	1.3	1.7	2.3	2.6	2.8	2.8	2.8	2.6	2.5	2.2	2.1
1983			1.3	2.0	2.6	2.9	3.1	3.1	3.0	2.8	2.6	2.3	2.2
1984				2.6	3.3	3.4	3.5	3.4	3.2	3.0	2.8	2.4	2.3
1985					3.9	3.8	3.8	3.6	3.4	3.1	2.8	2.4	2.2
1986						3.7	3.7	3.5	3.2	2.9	2.6	2.1	2.0
1987							3.8	3.4	3.1	2.7	2.4	1.9	1.8
1988								3.0	2.7	2.4	2.0	1.5	1.5
1989									2.5	2.1	1.7	1.1	1.1
1990										1.6	1.4	0.7	0.8
1991											1.1	0.2	0.5
1992												−0.7	0.3
1993													1.2

Gross domestic product (volume) / **Produit intérieur brut** (volume)

	1982	1983	1984	1985	1986	1987	1988	1989	1990	1991	1992	1993	1994
1981	0.9	1.3	1.7	1.9	2.1	2.2	2.5	2.6	2.6	2.4	2.3	2.1	2.1
1982		1.8	2.1	2.2	2.4	2.5	2.8	2.9	2.8	2.6	2.4	2.2	2.2
1983			2.4	2.5	2.6	2.7	3.0	3.0	3.0	2.7	2.5	2.2	2.3
1984				2.6	2.7	2.8	3.1	3.2	3.0	2.8	2.5	2.2	2.2
1985					2.9	2.9	3.3	3.3	3.1	2.8	2.5	2.1	2.2
1986						2.9	3.5	3.5	3.2	2.8	2.5	2.0	2.1
1987							4.2	3.8	3.3	2.7	2.4	1.9	2.0
1988								3.4	2.9	2.3	2.0	1.5	1.7
1989									2.4	1.7	1.5	1.0	1.3
1990										1.1	1.0	0.5	1.1
1991											1.0	0.2	1.1
1992												−0.6	1.1
1993													2.8

Gross domestic product (implicit price deflator) / **Produit intérieur brut** (prix implicite)

	1982	1983	1984	1985	1986	1987	1988	1989	1990	1991	1992	1993	1994
1981	8.9	8.1	7.4	6.9	6.5	6.0	5.8	5.6	5.6	5.6	5.5	5.4	5.2
1982		7.3	6.7	6.2	5.9	5.5	5.2	5.2	5.2	5.3	5.2	5.0	4.9
1983			6.1	5.7	5.5	5.0	4.8	4.8	4.9	5.0	4.9	4.8	4.6
1984				5.3	5.2	4.7	4.5	4.6	4.7	4.8	4.8	4.7	4.5
1985					5.0	4.3	4.3	4.4	4.6	4.8	4.7	4.6	4.4
1986						3.7	3.9	4.2	4.5	4.7	4.7	4.5	4.3
1987							4.1	4.5	4.8	5.0	4.9	4.7	4.4
1988								4.8	5.1	5.3	5.1	4.8	4.5
1989									5.3	5.5	5.1	4.8	4.4
1990										5.6	5.1	4.6	4.1
1991											4.5	4.1	3.7
1992												3.8	3.2
1993													2.7

Private final consumption expenditure (volume) / **Consommation finale privée** (volume)

	1982	1983	1984	1985	1986	1987	1988	1989	1990	1991	1992	1993	1994
1981	0.9	1.1	1.2	1.6	2.1	2.4	2.7	2.7	2.8	2.7	2.6	2.4	2.3
1982		1.4	1.4	1.9	2.4	2.7	3.0	3.0	3.0	2.9	2.8	2.5	2.4
1983			1.5	2.1	2.8	3.1	3.3	3.3	3.2	3.1	2.9	2.6	2.5
1984				2.8	3.5	3.6	3.7	3.7	3.5	3.3	3.1	2.7	2.6
1985					4.1	4.0	4.0	3.9	3.7	3.4	3.2	2.7	2.6
1986						3.9	4.0	3.8	3.6	3.3	3.0	2.5	2.4
1987							4.1	3.7	3.4	3.1	2.8	2.3	2.2
1988								3.4	3.1	2.8	2.5	1.9	1.9
1989									2.9	2.5	2.2	1.6	1.6
1990										2.1	1.9	1.2	1.3
1991											1.6	0.7	1.0
1992												−0.2	0.7
1993													1.6

Private final consumption expenditure (implicit price deflator) / **Consommation finale privée** (prix implicite)

	1982	1983	1984	1985	1986	1987	1988	1989	1990	1991	1992	1993	1994
1981	9.4	8.5	7.9	7.2	6.4	5.9	5.6	5.5	5.4	5.4	5.4	5.3	5.1
1982		7.6	7.2	6.5	5.7	5.2	5.0	5.0	4.9	5.0	5.0	4.9	4.8
1983			6.7	6.0	5.1	4.6	4.5	4.5	4.5	4.7	4.7	4.6	4.5
1984				5.3	4.3	4.0	3.9	4.1	4.2	4.4	4.4	4.4	4.3
1985					3.3	3.3	3.4	3.8	4.0	4.3	4.3	4.3	4.2
1986						3.3	3.5	4.0	4.1	4.5	4.5	4.4	4.3
1987							3.7	4.3	4.4	4.7	4.7	4.6	4.4
1988								4.8	4.8	5.1	5.0	4.8	4.6
1989									4.7	5.2	5.0	4.8	4.5
1990										5.8	5.2	4.8	4.5
1991											4.6	4.4	4.0
1992												4.1	3.7
1993													3.3

Government final consumption expenditure (volume) / **Consommation des administrations publiques** (volume)

	1982	1983	1984	1985	1986	1987	1988	1989	1990	1991	1992	1993	1994
1981	1.6	1.7	1.7	1.8	1.9	2.0	2.0	1.9	1.9	2.0	2.0	1.9	1.8
1982		1.9	1.7	1.9	2.0	2.1	2.1	1.9	2.0	2.0	2.0	1.9	1.8
1983			1.5	1.9	2.0	2.1	2.1	1.9	2.0	2.0	2.1	1.9	1.8
1984				2.3	2.3	2.3	2.3	2.0	2.1	2.1	2.1	2.0	1.9
1985					2.2	2.4	2.3	2.0	2.0	2.1	2.1	1.9	1.8
1986						2.5	2.3	1.9	2.0	2.0	2.1	1.9	1.8
1987							2.2	1.6	1.8	1.9	2.0	1.8	1.7
1988								1.0	1.6	1.8	1.9	1.7	1.6
1989									2.3	2.3	2.3	1.9	1.7
1990										2.2	2.2	1.8	1.6
1991											2.3	1.6	1.4
1992												0.8	0.9
1993													1.0

Government final consumption expenditure (implicit price deflator) / **Consommation des administrations publiques** (prix implicite)

	1982	1983	1984	1985	1986	1987	1988	1989	1990	1991	1992	1993	1994
1981	8.0	7.3	6.7	6.2	5.8	5.6	5.4	5.4	5.5	5.6	5.6	5.4	5.2
1982		6.7	6.1	5.7	5.3	5.1	5.0	5.0	5.2	5.4	5.4	5.2	4.9
1983			5.5	5.2	4.8	4.7	4.6	4.7	5.0	5.2	5.2	5.0	4.8
1984				4.9	4.5	4.4	4.4	4.6	5.0	5.2	5.2	5.0	4.7
1985					4.2	4.2	4.2	4.5	5.0	5.2	5.2	5.0	4.7
1986						4.2	4.3	4.6	5.2	5.4	5.4	5.1	4.8
1987							4.3	4.8	5.5	5.7	5.6	5.3	4.8
1988								5.3	6.1	6.2	6.0	5.5	4.9
1989									7.0	6.7	6.2	5.5	4.9
1990										6.4	5.8	5.0	4.3
1991											5.3	4.3	3.7
1992												3.4	2.9
1993													2.3

Gross fixed capital formation (volume) / **Formation brute de capital fixe** (volume)

	1982	1983	1984	1985	1986	1987	1988	1989	1990	1991	1992	1993	1994
1981	−1.8	−0.8	−0.3	0.4	1.1	1.9	2.8	3.3	3.4	3.1	2.7	1.9	1.9
1982		0.2	0.5	1.2	1.9	2.6	3.6	4.0	4.0	3.6	3.2	2.2	2.3
1983			0.8	1.7	2.4	3.2	4.2	4.7	4.6	4.1	3.5	2.4	2.4
1984				2.5	3.3	4.0	5.1	5.5	5.2	4.5	3.8	2.6	2.6
1985					4.0	4.8	6.0	6.2	5.8	4.9	4.0	2.6	2.6
1986						5.6	7.0	7.0	6.2	5.0	4.0	2.4	2.4
1987							8.5	7.7	6.4	4.9	3.7	1.9	2.0
1988								6.9	5.4	3.7	2.5	0.7	1.0
1989									3.9	2.2	1.1	−0.9	−0.2
1990										0.4	−0.2	−2.4	−1.2
1991											−0.9	−3.8	−1.8
1992												−6.5	−2.2
1993													2.4

Gross fixed capital formation (implicit price deflator) / **Formation brute de capital fixe** (prix implicite)

	1982	1983	1984	1985	1986	1987	1988	1989	1990	1991	1992	1993	1994
1981	7.4	6.9	6.5	6.1	5.6	5.2	5.0	5.0	5.0	4.9	4.7	4.5	4.3
1982		6.5	6.1	5.7	5.1	4.7	4.6	4.7	4.7	4.6	4.4	4.2	4.1
1983			5.7	5.3	4.7	4.3	4.3	4.4	4.5	4.4	4.2	4.0	3.9
1984				4.9	4.2	3.9	3.9	4.1	4.3	4.2	4.0	3.9	3.7
1985					3.5	3.3	3.6	3.9	4.1	4.1	3.9	3.7	3.5
1986						3.2	3.7	4.1	4.3	4.2	3.9	3.8	3.5
1987							4.1	4.6	4.7	4.5	4.1	3.9	3.6
1988								5.0	5.0	4.6	4.1	3.8	3.5
1989									4.9	4.5	3.8	3.5	3.2
1990										4.0	3.2	3.0	2.8
1991											2.5	2.5	2.4
1992												2.6	2.4
1993													2.1

National disposable income (values at current PPPs) / **Revenu national disponible** (valeurs en PPA courantes)

	1982	1983	1984	1985	1986	1987	1988	1989	1990	1991	1992	1993	1994
1981	6.5	6.1	6.2	6.2	6.1	6.1	6.4	6.6	6.6	6.4	6.5	5.9	5.8
1982		5.8	6.1	6.1	6.0	6.1	6.4	6.6	6.6	6.4	6.5	5.8	5.8
1983			6.4	6.2	6.1	6.1	6.5	6.8	6.7	6.4	6.6	5.8	5.8
1984				6.0	5.9	6.0	6.6	6.9	6.8	6.4	6.7	5.8	5.7
1985					5.8	6.0	6.8	7.1	6.9	6.5	6.8	5.8	5.7
1986						6.3	7.3	7.5	7.2	6.6	6.9	5.8	5.7
1987							8.2	8.1	7.5	6.7	7.0	5.7	5.6
1988								8.0	7.1	6.2	6.7	5.2	5.1
1989									6.3	5.4	6.3	4.5	4.6
1990										4.5	6.4	3.9	4.2
1991											8.2	3.5	4.0
1992												−1.0	2.0
1993													5.0

Compensation of employees (values at current PPPs) / **Rémunération des salariés** (valeurs en PPA courantes)

	1982	1983	1984	1985	1986	1987	1988	1989	1990	1991	1992	1993	1994
1981	5.7	4.9	4.8	4.9	4.8	5.0	5.3	5.5	5.9	5.8	6.0	5.4	5.1
1982		4.0	4.3	4.6	4.5	4.8	5.2	5.5	5.9	5.8	6.1	5.3	5.1
1983			4.5	4.9	4.7	5.0	5.4	5.8	6.2	6.0	6.3	5.5	5.2
1984				5.3	4.8	5.1	5.6	6.0	6.4	6.2	6.5	5.6	5.3
1985					4.3	5.1	5.8	6.2	6.6	6.4	6.7	5.6	5.2
1986						5.8	6.5	6.8	7.2	6.8	7.1	5.8	5.4
1987							7.2	7.3	7.7	7.1	7.4	5.8	5.3
1988								7.5	8.0	7.0	7.4	5.5	5.0
1989									8.5	6.8	7.4	5.1	4.5
1990										5.2	6.8	3.9	3.5
1991											8.5	3.3	3.0
1992												−1.6	0.3
1993													2.3

1. These growth triangles are derived from data based on purchasing power parities.

1. Ces triangles de croissance sont calculés à partir de données basées sur les parités de pouvoir d'achat.

PART FIVE

CINQUIÈME PARTIE

Growth triangles: Countries
Triangles de croissance : Pays

The statistics for Germany in this publication refer to Germany after unification. Official data for Germany after unification are available only from 1991 onwards. In this publication, the secretariat has estimated some national accounts aggregates for the whole of Germany back to 1960 in order to calculate the various zones totals. These estimates are based on statistics published by Deutsches Institut für Wirtschaftsforschung for period 1989-90 and by the East German Statistical Office in 1990 for period 1980-89. They are also based on the ratios of the aggregates of West Germany and the whole of Germany.

Les statistiques concernant l'Allemagne dans cette publication se réfèrent à l'Allemagne après l'unification. Des données officielles pour l'Allemagne après l'unification ne sont disponibles qu'à partir de 1991. Dans cette publication, le secrétariat a estimé certains agrégats des comptes nationaux pour l'Allemagne dans son ensemble depuis 1960 afin de calculer les différentes zones. Ces estimations sont basées sur des statistiques publiées par Deutsches Institut für Wirtschaftsforschung pour la période 1989-90 et par l'Office Statistique de l'Allemagne de l'Est en 1990 pour la période 1980-89. Elles sont aussi basées sur les rapports des agrégats de l'Allemagne occidentale et de l'Allemagne dans son ensemble.

This part presents for each country growth triangles for the following aggregates:
– *Per capita* GDP (volume).
– *Per capita* private consumption (volume).
– GDP (volume and implicit price deflator).
– Private final consumption expenditure (volume and implicit price deflator).
– Government final consumption expenditure (volume and implicit price deflator).
– Gross fixed capital formation (volume and implicit price deflator).
– National disposable income (value).
– Compensation of employees (value).

Cette partie fournit pour chaque pays des triangles de croissance pour les agrégats suivants :
– PIB par habitant (volume).
– Consommation finale privée par habitant (volume).
– PIB (volume et prix implicite).
– Consommation finale privée (volume et prix implicite).
– Consommation des administrations publiques (volume et prix implicite).
– Formation brute de capital fixe (volume et prix implicite).
– Revenu national disponible (valeur).
– Rémunération des salariés (valeur).

CANADA

Average per cent changes at annual rate

Variations moyennes en pourcentage aux taux annuels

G.D.P. per head (volume)
P.I.B. par tête (volume)

	1982	1983	1984	1985	1986	1987	1988	1989	1990	1991	1992	1993	1994
1981	-4.4	-1.2	1.0	1.7	1.8	1.9	2.2	2.0	1.6	1.1	0.9	0.9	1.1
1982		2.2	3.7	3.8	3.4	3.3	3.3	2.9	2.3	1.7	1.5	1.4	1.6
1983			5.4	4.6	3.8	3.5	3.5	3.0	2.3	1.7	1.4	1.3	1.5
1984				3.8	3.0	2.9	3.1	2.6	1.8	1.1	0.9	0.9	1.2
1985					2.2	2.5	2.9	2.3	1.5	0.7	0.5	0.6	0.9
1986						2.8	3.2	2.3	1.3	0.4	0.2	0.3	0.7
1987							3.6	2.1	0.8	-0.2	-0.3	-0.1	0.4
1988								0.6	-0.6	-1.4	-1.2	-0.8	-0.1
1989									-1.8	-2.4	-1.8	-1.1	-0.2
1990										-3.0	-1.8	-0.9	0.1
1991											-0.7	0.1	1.2
1992												0.9	2.2
1993													3.5

Private final consumption expenditure per head (volume)
Consommation finale privée par tête (volume)

	1982	1983	1984	1985	1986	1987	1988	1989	1990	1991	1992	1993	1994
1981	-3.8	-0.7	0.7	1.6	1.9	2.1	2.2	2.1	1.8	1.4	1.2	1.1	1.2
1982		2.4	3.1	3.4	3.4	3.3	3.3	3.0	2.6	2.0	1.7	1.6	1.6
1983			3.7	3.9	3.7	3.5	3.4	3.1	2.6	1.9	1.7	1.5	1.6
1984				4.2	3.7	3.5	3.4	3.0	2.4	1.6	1.4	1.3	1.3
1985					3.3	3.1	3.1	2.7	2.0	1.2	1.0	0.9	1.0
1986						3.0	3.0	2.5	1.7	0.8	0.6	0.6	0.8
1987							3.1	2.3	1.3	0.3	0.2	0.2	0.4
1988								1.4	0.4	-0.6	-0.5	-0.4	0.0
1989									-0.5	-1.7	-1.2	-0.8	-0.3
1990										-2.8	-1.5	-0.9	-0.2
1991											-0.2	0.0	0.7
1992												0.2	1.1
1993													1.9

Gross domestic product (volume)
Produit intérieur brut (volume)

	1982	1983	1984	1985	1986	1987	1988	1989	1990	1991	1992	1993	1994
1981	-3.2	-0.1	2.0	2.7	2.8	3.0	3.3	3.2	2.8	2.3	2.2	2.2	2.4
1982		3.2	4.8	4.8	4.4	4.3	4.4	4.1	3.6	3.0	2.7	2.7	2.9
1983			6.4	5.6	4.8	4.6	4.7	4.3	3.6	2.9	2.7	2.7	2.8
1984				4.7	4.0	4.0	4.3	3.9	3.2	2.5	2.2	2.2	2.5
1985					3.3	3.7	4.1	3.7	2.9	2.1	1.9	1.9	2.2
1986						4.1	4.6	3.8	2.8	1.8	1.7	1.8	2.1
1987							5.0	3.7	2.3	1.3	1.2	1.4	1.8
1988								2.4	1.0	0.1	0.3	0.7	1.3
1989									-0.3	-1.1	-0.4	0.2	1.1
1990										-1.8	-0.5	0.4	1.4
1991											0.8	1.5	2.5
1992												2.3	3.4
1993													4.6

Gross domestic product (implicit price deflator)
Produit intérieur brut (prix implicite)

	1982	1983	1984	1985	1986	1987	1988	1989	1990	1991	1992	1993	1994
1981	8.7	6.7	5.5	4.8	4.3	4.4	4.4	4.5	4.3	4.2	3.9	3.7	3.4
1982		4.8	4.0	3.5	3.2	3.5	3.7	3.9	3.8	3.7	3.4	3.2	3.0
1983			3.1	2.9	2.7	3.2	3.5	3.7	3.6	3.5	3.3	3.1	2.8
1984				2.6	2.5	3.2	3.6	3.9	3.7	3.6	3.3	3.0	2.8
1985					2.4	3.5	3.9	4.2	3.9	3.7	3.4	3.1	2.8
1986						4.7	4.7	4.8	4.3	4.0	3.6	3.2	2.9
1987							4.7	4.8	4.2	3.9	3.3	3.0	2.6
1988								4.9	4.0	3.6	3.0	2.6	2.3
1989									3.0	2.9	2.4	2.0	1.8
1990										2.8	2.0	1.7	1.4
1991											1.3	1.2	1.0
1992												1.1	0.8
1993													0.6

Private final consumption expenditure (volume)
Consommation finale privée (volume)

	1982	1983	1984	1985	1986	1987	1988	1989	1990	1991	1992	1993	1994
1981	-2.6	0.4	1.8	2.6	3.0	3.2	3.4	3.4	3.1	2.6	2.5	2.4	2.5
1982		3.5	4.1	4.4	4.4	4.4	4.4	4.2	3.8	3.2	3.0	2.9	2.9
1983			4.7	4.9	4.7	4.6	4.6	4.4	3.9	3.2	3.0	2.8	2.8
1984				5.2	4.7	4.6	4.6	4.3	3.7	3.0	2.7	2.6	2.7
1985					4.3	4.3	4.4	4.1	3.5	2.6	2.4	2.3	2.4
1986						4.3	4.4	4.0	3.2	2.2	2.1	2.0	2.1
1987							4.4	3.8	2.9	1.7	1.7	1.6	1.8
1988								3.3	2.1	0.8	1.0	1.1	1.4
1989									1.0	-0.3	0.2	0.6	1.0
1990										-1.6	-0.2	0.4	1.1
1991											1.3	1.5	2.0
1992												1.6	2.3
1993													3.0

Private final consumption expenditure (implicit price deflator)
Consommation finale privée (prix implicite)

	1982	1983	1984	1985	1986	1987	1988	1989	1990	1991	1992	1993	1994
1981	10.3	8.1	6.7	6.0	5.5	5.3	5.1	5.0	4.9	4.9	4.6	4.3	4.1
1982		6.0	5.0	4.6	4.4	4.3	4.2	4.3	4.3	4.3	4.0	3.8	3.6
1983			4.0	3.9	3.8	3.9	3.9	4.0	4.1	4.1	3.8	3.6	3.3
1984				3.8	3.8	3.8	3.8	4.0	4.1	4.2	3.8	3.6	3.3
1985					3.8	3.9	3.9	4.1	4.1	4.2	3.8	3.5	3.2
1986						3.9	3.9	4.2	4.2	4.3	3.8	3.5	3.2
1987							3.9	4.3	4.3	4.4	3.8	3.4	3.0
1988								4.8	4.5	4.6	3.8	3.4	2.9
1989									4.2	4.5	3.4	3.0	2.5
1990										4.7	3.0	2.6	2.1
1991											1.3	1.5	1.3
1992												1.8	1.2
1993													0.7

Government final consumption expenditure (volume)
Consommation des administrations publiques (volume)

	1982	1983	1984	1985	1986	1987	1988	1989	1990	1991	1992	1993	1994
1981	2.4	1.9	1.7	2.1	2.0	1.9	2.2	2.5	2.5	2.6	2.4	2.2	1.9
1982		1.5	1.4	2.0	1.9	1.8	2.2	2.5	2.6	2.6	2.4	2.2	1.9
1983			1.3	2.2	2.0	1.9	2.4	2.6	2.7	2.7	2.5	2.3	1.9
1984				3.1	2.3	2.1	2.6	2.9	3.0	2.9	2.7	2.4	2.0
1985					1.6	1.7	2.5	2.9	2.9	2.9	2.6	2.3	1.9
1986						1.7	2.9	3.3	3.3	3.2	2.8	2.5	1.9
1987							4.1	4.1	3.8	3.5	3.0	2.6	2.0
1988								4.0	3.6	3.3	2.7	2.3	1.6
1989									3.2	3.0	2.3	1.8	1.1
1990										2.7	1.9	1.4	0.6
1991											1.0	0.7	-0.1
1992												0.4	-0.7
1993													-1.7

Government final consumption expenditure (implicit price deflator)
Consommation des administrations publiques (prix implicite)

	1982	1983	1984	1985	1986	1987	1988	1989	1990	1991	1992	1993	1994
1981	11.7	8.8	7.2	6.4	5.7	5.4	5.2	5.1	5.1	5.0	4.8	4.5	4.2
1982		5.9	5.0	4.6	4.3	4.2	4.2	4.2	4.3	4.3	4.2	3.9	3.6
1983			4.1	4.0	3.8	3.8	3.8	3.9	4.1	4.1	4.0	3.7	3.4
1984				4.0	3.6	3.7	3.7	3.8	4.1	4.1	4.0	3.6	3.3
1985					3.2	3.6	3.7	3.8	4.1	4.2	4.0	3.6	3.3
1986						3.9	3.9	4.0	4.4	4.4	4.1	3.6	3.3
1987							3.9	4.0	4.5	4.5	4.1	3.6	3.2
1988								4.2	4.9	4.7	4.2	3.5	3.1
1989									5.5	4.9	4.2	3.3	2.8
1990										4.4	3.6	2.6	2.2
1991											2.8	1.7	1.4
1992												0.7	0.8
1993													0.8

Gross fixed capital formation (volume)
Formation brute de capital fixe (volume)

	1982	1983	1984	1985	1986	1987	1988	1989	1990	1991	1992	1993	1994
1981	-11.0	-6.0	-3.4	-0.3	1.0	2.5	3.6	3.9	3.1	2.4	2.1	2.0	2.4
1982		-0.7	0.7	3.5	4.2	5.5	6.3	6.2	5.0	4.1	3.5	3.2	3.5
1983			2.1	5.7	5.9	7.1	7.7	7.4	5.8	4.7	4.0	3.6	3.9
1984				9.5	7.8	8.8	9.2	8.5	6.4	5.0	4.2	3.8	4.1
1985					6.2	8.5	9.1	8.3	5.8	4.3	3.5	3.1	3.6
1986						10.8	10.5	9.0	5.7	3.9	3.0	2.7	3.2
1987							10.3	8.1	4.1	2.3	1.5	1.4	2.2
1988								6.1	1.1	-0.2	-0.5	-0.3	0.9
1989									-3.5	-3.2	-2.7	-1.9	-0.1
1990										-2.9	-2.2	-1.3	0.8
1991											-1.5	-0.5	2.0
1992												0.6	3.8
1993													7.2

Gross fixed capital formation (implicit price deflator)
Formation brute de capital fixe (prix implicite)

	1982	1983	1984	1985	1986	1987	1988	1989	1990	1991	1992	1993	1994
1981	6.1	3.3	2.9	2.6	2.4	2.6	2.7	2.8	2.5	1.9	1.6	1.4	1.4
1982		0.6	1.3	1.4	1.5	1.9	2.1	2.3	2.1	1.4	1.2	1.0	1.0
1983			2.1	1.8	1.7	2.2	2.4	2.6	2.3	1.5	1.2	1.1	1.0
1984				1.6	1.6	2.3	2.5	2.7	2.3	1.4	1.1	0.9	0.9
1985					1.5	2.6	2.8	3.0	2.5	1.4	1.1	0.9	0.9
1986						3.7	3.4	3.5	2.7	1.4	1.0	0.8	0.8
1987							3.2	3.4	2.4	0.8	0.5	0.3	0.4
1988								3.7	2.0	0.0	-0.2	-0.3	-0.1
1989									0.3	-1.8	-1.5	-1.2	-0.9
1990										-3.8	-2.4	-1.8	-1.2
1991											-0.9	-0.7	-0.3
1992												-0.5	0.1
1993													0.7

National disposable income (value)
Revenu national disponible (valeur)

	1982	1983	1984	1985	1986	1987	1988	1989	1990	1991	1992	1993	1994
1981	4.3	6.4	7.6	7.6	7.0	7.4	8.0	7.8	7.1	6.4	6.0	5.8	5.7
1982		8.5	9.3	8.6	7.7	8.1	8.6	8.3	7.4	6.7	6.1	5.9	5.8
1983			10.1	8.7	7.5	8.0	8.6	8.3	7.3	6.5	5.9	5.6	5.6
1984				7.4	6.2	7.3	8.2	7.9	6.8	5.9	5.4	5.2	5.2
1985					5.0	7.2	8.5	8.1	6.7	5.7	5.1	4.9	4.9
1986						9.5	10.3	9.1	7.1	5.8	5.1	4.9	4.9
1987							11.1	9.0	6.4	5.0	4.2	4.1	4.3
1988								6.9	4.1	3.0	2.6	2.8	3.2
1989									1.3	1.1	1.2	1.8	2.5
1990										0.9	1.1	1.9	2.8
1991											1.4	2.4	3.4
1992												3.5	4.4
1993													5.3

Compensation of employees (value)
Rémunération des salariés (valeur)

	1982	1983	1984	1985	1986	1987	1988	1989	1990	1991	1992	1993	1994
1981	6.9	5.9	6.5	6.8	6.8	7.1	7.5	7.5	7.3	6.8	6.4	6.0	5.8
1982		4.8	6.2	6.8	6.8	7.1	7.6	7.6	7.3	6.8	6.3	5.9	5.7
1983			7.7	7.8	7.4	7.7	8.1	8.1	7.7	7.0	6.5	6.0	5.8
1984				7.8	7.3	7.8	8.2	8.2	7.7	7.0	6.4	5.8	5.6
1985					6.7	7.7	8.4	8.3	7.6	6.8	6.2	5.6	5.3
1986						8.7	9.2	8.8	7.9	6.8	6.1	5.4	5.1
1987							9.7	8.8	7.6	6.4	5.6	4.9	4.6
1988								7.9	6.5	5.3	4.5	4.0	3.8
1989									5.2	4.0	3.5	3.0	3.0
1990										2.8	2.6	2.3	2.5
1991											2.4	2.0	2.4
1992												1.7	2.4
1993													3.0

MEXICO

MEXIQUE

Average per cent changes at annual rate

Variations moyennes en pourcentage aux taux annuels

G.D.P. per head (volume)

P.I.B. par tête (volume)

	1982	1983	1984	1985	1986	1987	1988	1989	1990	1991	1992	1993	1994
1981	-3.0	-4.7	-2.7	-1.9	-2.7	-2.3	-2.1	-1.6	-1.2	-0.9	-0.8	-0.8	-0.6
1982		-6.4	-2.6	-1.6	-2.6	-2.1	-1.9	-1.5	-1.0	-0.7	-0.5	-0.6	-0.4
1983			1.3	1.0	-1.3	-1.0	-1.0	-0.6	-0.2	0.1	0.1	0.0	0.1
1984				0.6	-2.6	-1.8	-1.5	-1.0	-0.4	-0.1	-0.0	-0.1	0.0
1985					-5.7	-3.0	-2.3	-1.4	-0.6	-0.3	-0.1	-0.2	-0.0
1986						-0.2	-0.5	0.1	0.7	0.9	0.9	0.6	0.7
1987							-0.8	0.3	1.0	1.2	1.1	0.7	0.8
1988								1.3	1.9	1.8	1.6	1.0	1.1
1989									2.4	2.0	1.6	0.9	1.0
1990										1.6	1.2	0.4	0.7
1991											0.9	-0.2	0.4
1992												-1.2	0.1
1993													1.5

Private final consumption expenditure per head (volume)

Consommation finale privée par tête (volume)

	1982	1983	1984	1985	1986	1987	1988	1989	1990	1991	1992	1993	1994
1981	-4.7	-6.1	-3.8	-2.5	-3.0	-2.8	-2.5	-1.6	-1.0	-0.6	-0.4	-0.5	-0.3
1982		-7.5	-3.3	-1.8	-2.6	-2.5	-2.1	-1.2	-0.5	-0.1	0.1	-0.1	0.1
1983			1.0	1.2	-0.9	-1.2	-1.0	-0.1	0.5	0.8	0.9	0.7	0.8
1984				1.4	-1.8	-1.9	-1.5	-0.3	0.4	0.8	0.9	0.6	0.7
1985					-4.8	-3.5	-2.4	-0.7	0.2	0.7	0.9	0.5	0.7
1986						-2.1	-1.2	0.7	1.6	1.8	1.8	1.3	1.4
1987							-0.2	2.2	2.8	2.8	2.7	1.9	1.9
1988								4.7	4.4	3.9	3.4	2.4	2.2
1989									4.0	3.5	2.9	1.8	1.8
1990										2.9	2.4	1.0	1.2
1991											1.9	0.1	0.7
1992												-1.6	0.0
1993													1.7

Gross domestic product (volume)

Produit intérieur brut (volume)

	1982	1983	1984	1985	1986	1987	1988	1989	1990	1991	1992	1993	1994
1981	-0.7	-2.5	-0.5	0.3	-0.5	-0.1	0.1	0.5	0.9	1.2	1.3	1.3	1.4
1982		-4.3	-0.4	0.6	-0.5	-0.0	0.2	0.6	1.1	1.4	1.5	1.4	1.6
1983			3.6	3.2	0.8	1.1	1.1	1.5	1.9	2.1	2.2	2.0	2.2
1984				2.8	-0.5	0.2	0.5	1.1	1.6	1.9	2.0	1.9	2.0
1985					-3.8	-1.0	-0.2	0.6	1.4	1.8	1.9	1.7	1.9
1986						1.9	1.6	2.1	2.7	2.9	2.9	2.6	2.7
1987							1.2	2.3	3.0	3.2	3.1	2.7	2.8
1988								3.3	3.9	3.8	3.6	3.0	3.0
1989									4.4	4.0	3.6	2.9	3.0
1990										3.6	3.2	2.3	2.6
1991											2.8	1.7	2.3
1992												0.6	2.0
1993													3.5

Gross domestic product (implicit price deflator)

Produit intérieur brut (prix implicite)

	1982	1983	1984	1985	1986	1987	1988	1989	1990	1991	1992	1993	1994
1981	61.0	75.2	69.7	66.3	67.7	78.0	80.9	72.9	67.4	62.2	57.1	52.5	48.5
1982		90.7	74.2	68.1	69.4	81.6	84.5	74.7	68.2	62.3	56.7	51.8	47.4
1983			59.1	57.8	62.9	79.4	83.3	72.1	65.3	59.0	53.4	48.3	44.0
1984				56.5	64.8	86.7	89.8	74.8	66.3	59.0	52.6	47.2	42.6
1985					73.6	104.0	102.5	79.8	68.3	59.5	52.1	46.1	41.2
1986						139.7	118.7	81.9	67.0	56.8	48.8	42.5	37.5
1987							99.5	58.4	48.1	41.0	35.3	30.7	27.1
1988								25.8	27.6	25.6	22.7	20.1	17.9
1989									29.5	25.5	21.7	18.7	16.3
1990										21.6	18.1	15.3	13.3
1991											14.6	12.3	10.6
1992												10.0	8.7
1993													7.3

Private final consumption expenditure (volume)

Consommation finale privée (volume)

	1982	1983	1984	1985	1986	1987	1988	1989	1990	1991	1992	1993	1994
1981	-2.5	-3.9	-1.6	-0.3	-0.8	-0.7	-0.4	0.5	1.1	1.5	1.7	1.6	1.7
1982		-5.4	-1.1	0.4	-0.4	-0.4	-0.0	0.9	1.6	1.9	2.1	2.0	2.1
1983			3.3	3.4	1.3	0.9	1.1	2.0	2.6	2.9	3.0	2.7	2.8
1984				3.6	0.3	0.2	0.6	1.8	2.5	2.8	3.0	2.7	2.8
1985					-2.8	-1.5	-0.4	1.3	2.3	2.7	2.9	2.5	2.7
1986						-0.1	0.8	2.8	3.6	3.9	3.9	3.3	3.4
1987							1.8	4.3	4.9	4.9	4.7	3.9	3.9
1988								6.8	6.4	5.9	5.4	4.3	4.2
1989									6.1	5.5	5.0	3.7	3.7
1990										4.9	4.4	3.0	3.2
1991											3.9	2.0	2.6
1992												0.2	1.9
1993													3.7

Private final consumption expenditure (implicit price deflator)

Consommation finale privée (prix implicite)

	1982	1983	1984	1985	1986	1987	1988	1989	1990	1991	1992	1993	1994
1981	56.9	72.9	70.4	67.4	70.3	79.7	83.6	74.7	68.9	63.4	58.2	53.4	49.1
1982		90.5	77.5	71.1	73.8	84.7	88.5	77.4	70.4	64.2	58.3	53.0	48.5
1983			65.4	62.1	68.6	83.2	88.1	75.4	67.7	61.1	55.1	49.7	45.2
1984				58.8	70.2	89.6	94.3	77.4	68.1	60.5	53.8	48.1	43.3
1985					82.5	107.1	107.8	82.4	70.0	60.8	53.1	46.8	41.7
1986						135.1	121.7	82.4	67.1	56.8	48.7	42.3	37.3
1987							109.1	60.6	49.1	41.7	35.7	30.9	27.1
1988								23.3	25.9	24.5	21.8	19.2	17.0
1989									28.5	25.1	21.3	18.2	15.8
1990										21.8	17.8	14.9	12.8
1991											14.0	11.6	9.9
1992												9.3	8.0
1993													6.7

Government final consumption expenditure (volume)

Consommation des administrations publiques (volume)

	1982	1983	1984	1985	1986	1987	1988	1989	1990	1991	1992	1993	1994
1981	2.0	2.4	3.8	3.0	2.7	2.1	1.7	1.5	1.6	1.8	1.8	1.9	1.9
1982		2.7	4.6	3.4	2.9	2.1	1.6	1.4	1.5	1.8	1.8	1.8	1.9
1983			6.6	3.7	3.0	1.9	1.4	1.2	1.3	1.6	1.7	1.7	1.8
1984				0.9	1.2	0.4	0.2	0.1	0.5	1.0	1.1	1.2	1.3
1985					1.5	0.1	-0.1	-0.1	0.4	1.0	1.2	1.3	1.4
1986						-1.2	-0.9	-0.6	0.1	0.9	1.1	1.2	1.4
1987							-0.5	-0.3	0.5	1.4	1.6	1.6	1.8
1988								-0.1	1.1	2.0	2.1	2.1	2.1
1989									2.3	3.1	2.9	2.6	2.6
1990										3.9	3.1	2.8	2.7
1991											2.3	2.2	2.3
1992												2.0	2.2
1993													2.5

Government final consumption expenditure (implicit price deflator)

Consommation des administrations publiques (prix implicite)

	1982	1983	1984	1985	1986	1987	1988	1989	1990	1991	1992	1993	1994
1981	52.3	50.8	54.5	55.7	57.0	68.4	72.5	66.1	61.9	58.3	55.4	51.7	48.8
1982		49.3	55.7	56.9	58.2	71.8	76.1	68.2	63.1	59.0	55.7	51.6	48.5
1983			62.3	60.8	61.3	77.9	82.0	71.5	65.1	60.3	56.4	51.8	48.4
1984				59.3	60.8	83.4	87.3	73.4	65.6	60.0	55.7	50.7	47.1
1985					62.4	96.9	97.8	77.2	66.9	60.1	55.2	49.7	45.8
1986						138.7	118.2	82.4	68.1	59.6	54.0	48.0	43.8
1987							99.5	59.4	49.6	44.4	41.1	36.6	33.8
1988								27.4	29.5	29.6	29.4	26.7	25.2
1989									31.6	30.7	30.1	26.5	24.7
1990										29.8	29.3	24.8	23.1
1991											28.8	22.4	20.9
1992												16.3	17.1
1993													17.9

Gross fixed capital formation (volume)

Formation brute de capital fixe (volume)

	1982	1983	1984	1985	1986	1987	1988	1989	1990	1991	1992	1993	1994
1981	-16.8	-22.7	-14.0	-9.0	-9.6	-8.1	-6.2	-4.7	-2.9	-1.8	-0.7	-0.8	-0.1
1982		-28.3	-12.6	-6.3	-7.7	-6.2	-4.3	-2.9	-1.0	0.0	1.0	0.8	1.4
1983			6.4	7.1	0.4	0.3	1.4	2.2	3.7	4.2	5.0	4.3	4.7
1984				7.9	-2.5	-1.7	0.1	1.3	3.2	3.9	4.8	4.1	4.5
1985					-11.8	-6.1	-2.3	-0.2	2.3	3.3	4.3	3.6	4.1
1986						-0.1	2.8	4.0	6.2	6.6	7.3	6.0	6.3
1987							5.8	6.1	8.4	8.4	8.9	7.1	7.3
1988								6.4	9.7	9.2	9.6	7.4	7.5
1989									13.1	10.7	10.7	7.6	7.7
1990										8.3	9.6	5.8	6.4
1991											10.8	4.6	5.8
1992												-1.2	3.3
1993													8.1

Gross fixed capital formation (implicit price deflator)

Formation brute de capital fixe (prix implicite)

	1982	1983	1984	1985	1986	1987	1988	1989	1990	1991	1992	1993	1994
1981	67.2	80.3	72.7	69.1	73.6	82.2	84.5	74.0	67.3	62.1	56.9	52.3	47.9
1982		94.5	75.5	69.7	75.3	85.3	87.6	75.0	67.3	61.5	55.9	51.0	46.4
1983			58.4	58.5	69.3	83.1	86.2	71.9	63.8	57.8	52.2	47.3	42.7
1984				58.7	75.1	92.2	94.0	74.8	64.7	57.8	51.4	46.1	41.2
1985					93.1	111.5	107.4	79.1	66.0	57.6	50.4	44.6	39.4
1986						131.7	114.9	74.6	59.8	51.3	44.2	38.7	33.8
1987							99.3	51.6	41.2	36.0	31.2	27.3	23.8
1988								15.3	18.8	19.8	18.2	16.4	14.3
1989									22.4	22.1	19.2	16.7	14.1
1990										21.8	17.6	14.9	12.1
1991											13.5	11.6	9.1
1992												9.7	6.9
1993													4.3

National disposable income (value)

Revenu national disponible (valeur)

	1982	1983	1984	1985	1986	1987	1988	1989	1990	1991	1992	1993	1994
1981	54.0	65.1	65.8	65.3	64.5	76.2	80.3	73.5	69.1	64.3	59.3	54.4	50.4
1982		77.0	72.1	69.3	67.2	81.1	85.1	76.4	71.1	65.4	59.8	54.5	50.1
1983			67.2	65.5	64.1	82.1	86.7	76.3	70.3	64.1	58.0	52.4	47.8
1984				63.9	62.6	87.3	91.9	78.2	70.8	63.6	56.9	50.8	46.0
1985					61.3	100.3	102.3	82.0	72.2	63.6	56.0	49.3	44.2
1986						148.7	126.6	89.5	75.0	64.0	55.1	47.6	42.2
1987							106.4	65.4	55.7	47.8	41.1	35.3	31.2
1988								32.5	35.2	32.2	28.3	24.4	21.7
1989									38.1	32.1	27.0	22.4	19.7
1990										26.4	21.8	17.6	15.5
1991											17.3	13.5	12.0
1992												9.8	9.5
1993													9.2

Compensation of employees (value)

Rémunération des salariés (valeur)

	1982	1983	1984	1985	1986	1987	1988	1989	1990	1991	1992	1993	1994
1981	50.3	51.2	54.4	56.0	58.0	68.1	72.0	65.7	61.5	58.0	54.7	50.9	47.7
1982		52.1	56.4	57.9	60.0	72.0	75.9	68.0	62.9	58.9	55.1	51.0	47.5
1983			60.9	60.9	62.7	77.3	81.1	70.8	64.5	59.8	55.5	50.9	47.1
1984				60.9	63.6	83.1	86.5	72.9	65.2	59.6	54.8	49.8	45.8
1985					66.3	95.4	95.9	76.0	66.0	59.4	54.0	48.5	44.2
1986						129.5	112.6	79.4	65.9	58.1	52.0	46.1	41.6
1987							97.0	58.6	48.9	44.0	40.0	35.5	32.2
1988								27.7	29.5	29.7	28.5	25.7	23.7
1989									31.4	30.7	28.8	25.2	22.9
1990										30.1	27.5	23.2	20.9
1991											24.9	20.0	17.9
1992												15.2	14.6
1993													14.0

UNITED STATES

ÉTATS-UNIS

Average per cent changes at annual rate

Variations moyennes en pourcentage aux taux annuels

G.D.P. per head (volume)
P.I.B. par tête (volume)

	1982	1983	1984	1985	1986	1987	1988	1989	1990	1991	1992	1993	1994
1981	-3.1	-0.3	1.7	1.8	1.8	1.9	2.1	2.0	1.8	1.5	1.5	1.5	1.7
1982		2.7	4.2	3.5	3.1	2.9	2.9	2.8	2.4	2.0	1.9	2.0	2.1
1983			5.7	4.0	3.3	3.0	3.0	2.8	2.4	1.9	1.8	1.9	2.0
1984				2.2	2.0	2.1	2.3	2.2	1.9	1.4	1.4	1.5	1.6
1985					1.8	2.0	2.3	2.2	1.8	1.2	1.2	1.4	1.6
1986						2.2	2.6	2.3	1.8	1.1	1.2	1.3	1.5
1987							3.0	2.4	1.6	0.8	0.9	1.2	1.4
1988								1.8	1.0	0.1	0.4	0.8	1.2
1989									0.2	-0.7	0.0	0.6	1.1
1990										-1.5	-0.1	0.7	1.3
1991											1.4	1.8	2.3
1992												2.3	2.7
1993													3.1

Private final consumption expenditure per head (volume)
Consommation finale privée par tête (volume)

	1982	1983	1984	1985	1986	1987	1988	1989	1990	1991	1992	1993	1994
1981	-0.0	1.7	2.5	2.7	2.8	2.6	2.7	2.5	2.2	1.9	1.9	1.9	2.0
1982		3.5	3.8	3.7	3.5	3.2	3.1	2.8	2.5	2.1	2.1	2.1	2.1
1983			4.0	3.8	3.4	3.1	3.0	2.7	2.4	1.9	1.9	2.0	2.0
1984				3.5	3.1	2.7	2.8	2.4	2.1	1.6	1.6	1.7	1.8
1985					2.8	2.4	2.5	2.2	1.8	1.3	1.4	1.5	1.6
1986						1.9	2.4	2.0	1.6	1.0	1.2	1.3	1.5
1987							2.9	2.0	1.5	0.8	1.0	1.2	1.4
1988								1.1	0.8	0.1	0.5	0.9	1.2
1989									0.5	-0.4	0.3	0.9	1.2
1990										-1.3	0.3	1.0	1.4
1991											1.9	2.1	2.3
1992												2.4	2.5
1993													2.5

Gross domestic product (volume)
Produit intérieur brut (volume)

	1982	1983	1984	1985	1986	1987	1988	1989	1990	1991	1992	1993	1994
1981	-2.2	0.7	2.6	2.8	2.8	2.8	3.0	2.9	2.8	2.4	2.4	2.5	2.6
1982		3.6	5.1	4.5	4.0	3.8	3.9	3.7	3.4	3.0	2.9	3.0	3.0
1983			6.7	4.9	4.2	3.9	3.9	3.7	3.4	2.9	2.8	2.9	3.0
1984				3.1	3.0	3.0	3.2	3.1	2.8	2.3	2.4	2.5	2.6
1985					2.8	2.9	3.3	3.1	2.8	2.2	2.2	2.4	2.6
1986						3.1	3.5	3.2	2.7	2.1	2.2	2.3	2.6
1987							3.9	3.3	2.6	1.8	2.0	2.2	2.5
1988								2.7	2.0	1.2	1.5	1.9	2.2
1989									1.2	0.4	1.1	1.7	2.1
1990										-0.5	1.0	1.8	2.4
1991											2.5	2.9	3.3
1992												3.4	3.7
1993													4.1

Gross domestic product (implicit price deflator)
Produit intérieur brut (prix implicite)

	1982	1983	1984	1985	1986	1987	1988	1989	1990	1991	1992	1993	1994
1981	6.1	5.0	4.7	4.4	4.0	3.8	3.8	3.9	3.9	3.9	3.8	3.6	3.5
1982		3.9	3.9	3.8	3.5	3.4	3.5	3.6	3.7	3.6	3.5	3.4	3.3
1983			4.0	3.7	3.3	3.2	3.4	3.5	3.6	3.6	3.5	3.3	3.2
1984				3.5	3.0	3.0	3.2	3.5	3.6	3.6	3.4	3.3	3.1
1985					2.5	2.8	3.1	3.5	3.6	3.6	3.4	3.2	3.1
1986						3.1	3.5	3.8	3.9	3.8	3.6	3.3	3.2
1987							3.9	4.1	4.1	4.0	3.7	3.4	3.2
1988								4.4	4.3	4.0	3.6	3.3	3.1
1989									4.2	3.8	3.4	3.0	2.8
1990										3.5	3.0	2.6	2.5
1991											2.4	2.2	2.2
1992												2.0	2.0
1993													2.1

Private final consumption expenditure (volume)
Consommation finale privée (volume)

	1982	1983	1984	1985	1986	1987	1988	1989	1990	1991	1992	1993	1994
1981	0.9	2.7	3.4	3.7	3.7	3.6	3.6	3.4	3.2	2.8	2.9	2.9	3.0
1982		4.5	4.7	4.6	4.4	4.1	4.0	3.8	3.5	3.1	3.0	3.1	3.1
1983			5.0	4.7	4.4	4.0	4.0	3.6	3.3	2.9	2.9	3.0	3.0
1984				4.4	4.1	3.7	3.7	3.4	3.1	2.6	2.6	2.7	2.8
1985					3.8	3.3	3.5	3.1	2.8	2.3	2.4	2.5	2.6
1986						2.9	3.3	2.9	2.6	2.0	2.2	2.4	2.5
1987							3.8	2.9	2.5	1.8	2.0	2.3	2.4
1988								2.1	1.8	1.1	1.6	2.0	2.2
1989									1.5	0.6	1.4	1.9	2.2
1990										-0.2	1.4	2.1	2.4
1991											3.0	3.2	3.3
1992												3.5	3.5
1993													3.5

Private final consumption expenditure (implicit price deflator)
Consommation finale privée (prix implicite)

	1982	1983	1984	1985	1986	1987	1988	1989	1990	1991	1992	1993	1994
1981	5.9	5.2	4.8	4.5	4.1	4.1	4.1	4.2	4.3	4.2	4.1	3.9	3.8
1982		4.5	4.2	4.0	3.7	3.7	3.8	3.9	4.1	4.0	3.9	3.8	3.6
1983			3.9	3.8	3.4	3.6	3.7	3.8	4.0	4.0	3.8	3.7	3.6
1984				3.6	3.1	3.4	3.6	3.8	4.0	4.0	3.8	3.7	3.5
1985					2.5	3.3	3.6	3.9	4.1	4.0	3.9	3.7	3.5
1986						4.1	4.1	4.3	4.5	4.3	4.1	3.8	3.6
1987							4.1	4.4	4.6	4.4	4.1	3.8	3.6
1988								4.8	4.9	4.5	4.1	3.7	3.5
1989									5.0	4.4	3.9	3.5	3.2
1990										3.8	3.3	3.0	2.8
1991											2.8	2.6	2.4
1992												2.4	2.3
1993													2.1

Government final consumption expenditure (volume)
Consommation des administrations publiques (volume)

	1982	1983	1984	1985	1986	1987	1988	1989	1990	1991	1992	1993	1994
1981	2.4	2.3	2.7	3.3	3.6	3.6	3.3	2.9	2.8	2.6	2.3	2.0	1.8
1982		2.2	2.9	3.6	3.9	3.9	3.5	3.0	2.8	2.7	2.3	2.0	1.8
1983			3.6	4.2	4.5	4.3	3.8	3.1	2.9	2.7	2.3	2.0	1.7
1984				4.9	4.9	4.6	3.8	3.0	2.8	2.6	2.1	1.8	1.5
1985					4.9	4.4	3.4	2.5	2.4	2.2	1.7	1.4	1.2
1986						3.9	2.7	1.7	1.7	1.7	1.2	0.9	0.7
1987							1.4	0.6	1.0	1.1	0.7	0.4	0.2
1988								-0.2	0.8	1.0	0.5	0.2	0.0
1989									1.8	1.6	0.7	0.3	0.1
1990										1.5	0.2	-0.1	-0.3
1991											-1.0	-0.9	-0.9
1992												-0.8	-0.9
1993													-0.9

Government final consumption expenditure (implicit price deflator)
Consommation des administrations publiques (prix implicite)

	1982	1983	1984	1985	1986	1987	1988	1989	1990	1991	1992	1993	1994
1981	6.9	5.9	5.3	4.9	4.4	4.0	4.0	4.1	4.2	4.1	4.0	3.9	3.9
1982		4.9	4.5	4.2	3.7	3.4	3.5	3.7	3.9	3.8	3.8	3.7	3.6
1983			4.1	3.9	3.4	3.1	3.3	3.5	3.7	3.7	3.6	3.5	3.5
1984				3.6	3.0	2.7	3.0	3.4	3.6	3.6	3.6	3.5	3.4
1985					2.4	2.3	2.9	3.3	3.7	3.6	3.6	3.5	3.4
1986						2.2	3.1	3.6	4.0	3.8	3.8	3.6	3.6
1987							4.0	4.3	4.6	4.2	4.1	3.9	3.7
1988								4.7	4.9	4.3	4.1	3.8	3.7
1989									5.0	4.1	3.9	3.6	3.5
1990										3.2	3.4	3.2	3.1
1991											3.5	3.1	3.1
1992												2.7	2.9
1993													3.1

Gross fixed capital formation (volume)
Formation brute de capital fixe (volume)

	1982	1983	1984	1985	1986	1987	1988	1989	1990	1991	1992	1993	1994
1981	-7.2	-0.9	4.1	4.4	3.6	3.2	3.3	3.0	2.6	1.8	2.2	2.9	3.6
1982		5.8	10.2	8.6	6.5	5.4	5.1	4.6	3.9	2.8	3.1	3.9	4.6
1983			14.7	10.0	6.7	5.3	5.0	4.4	3.6	2.5	2.8	3.7	4.5
1984				5.5	3.0	2.3	2.7	2.4	1.9	0.8	1.5	2.6	3.5
1985					0.6	0.8	1.7	1.7	1.2	0.1	0.9	2.2	3.3
1986						1.0	2.3	2.0	1.4	-0.0	0.9	2.4	3.6
1987							3.7	2.5	1.5	-0.3	0.9	2.7	4.0
1988								1.4	0.4	-1.5	0.3	2.5	4.1
1989									-0.6	-3.0	-0.1	2.8	4.6
1990										-5.3	0.1	3.9	6.0
1991											5.8	8.8	10.0
1992												11.9	12.1
1993													12.3

Gross fixed capital formation (implicit price deflator)
Formation brute de capital fixe (prix implicite)

	1982	1983	1984	1985	1986	1987	1988	1989	1990	1991	1992	1993	1994
1981	5.4	2.8	2.3	2.2	2.3	2.2	2.3	2.3	2.2	2.0	1.7	1.4	1.4
1982		0.2	0.8	1.2	1.5	1.6	1.8	1.9	1.9	1.7	1.4	1.1	1.0
1983			1.3	1.7	2.0	1.9	2.1	2.2	2.1	1.8	1.5	1.2	1.1
1984				2.0	2.3	2.1	2.3	2.3	2.2	1.9	1.5	1.1	1.1
1985					2.6	2.2	2.5	2.4	2.3	1.9	1.5	1.0	1.0
1986						1.7	2.4	2.4	2.2	1.8	1.3	0.8	0.8
1987							3.1	2.7	2.4	1.8	1.2	0.6	0.7
1988								2.4	2.0	1.3	0.8	0.2	0.3
1989									1.7	0.8	0.2	-0.4	-0.1
1990										0.0	-0.5	-1.0	-0.6
1991											-1.0	-1.6	-0.8
1992												-2.1	-0.7
1993													0.7

National disposable income (value)
Revenu national disponible (valeur)

	1982	1983	1984	1985	1986	1987	1988	1989	1990	1991	1992	1993	1994
1981	2.8	5.4	7.5	7.3	6.9	6.8	7.0	7.0	6.9	6.5	6.3	6.3	6.2
1982		8.1	9.9	8.8	7.9	7.6	7.7	7.6	7.4	7.0	6.7	6.6	6.5
1983			11.7	9.2	7.8	7.5	7.6	7.5	7.3	6.8	6.5	6.4	6.4
1984				6.6	5.9	6.1	6.6	6.7	6.6	6.1	5.9	5.9	5.9
1985					5.2	5.8	6.6	6.7	6.5	6.1	5.7	5.8	5.8
1986						6.5	7.4	7.3	6.9	6.2	5.8	5.9	5.9
1987							8.3	7.6	7.0	6.2	5.7	5.8	5.8
1988								7.0	6.4	5.5	5.1	5.3	5.4
1989									5.8	4.7	4.4	4.8	5.0
1990										3.6	3.8	4.5	4.8
1991											3.9	4.9	5.2
1992												6.0	5.9
1993													5.8

Compensation of employees (value)
Rémunération des salariés (valeur)

	1982	1983	1984	1985	1986	1987	1988	1989	1990	1991	1992	1993	1994
1981	5.6	5.7	7.0	7.0	6.8	6.8	7.0	6.9	6.8	6.5	6.4	6.3	6.3
1982		5.9	7.8	7.5	7.1	7.1	7.3	7.1	7.0	6.6	6.5	6.4	6.3
1983			9.6	8.3	7.5	7.4	7.5	7.3	7.2	6.7	6.5	6.4	6.4
1984				7.0	6.5	6.6	7.0	6.8	6.8	6.3	6.1	6.0	6.0
1985					5.9	6.4	7.0	6.8	6.7	6.1	6.0	5.9	5.9
1986						6.9	7.6	7.1	6.9	6.2	6.0	5.9	5.9
1987							8.2	7.2	6.9	6.0	5.9	5.8	5.8
1988								6.1	6.2	5.2	5.3	5.3	5.4
1989									6.4	4.8	5.0	5.1	5.2
1990										3.2	4.3	4.6	5.0
1991											5.4	5.3	5.5
1992												5.3	5.6
1993													5.9

National Accounts, Volume 1, OECD, 1996

94

JAPAN

JAPON

Average per cent changes at annual rate

Variations moyennes en pourcentage aux taux annuels

G.D.P. per head (volume)
P.I.B. par tête (volume)

	1982	1983	1984	1985	1986	1987	1988	1989	1990	1991	1992	1993	1994
1981	2.5	2.2	2.7	3.1	2.9	3.0	3.4	3.5	3.6	3.6	3.4	3.0	2.8
1982		2.0	2.8	3.3	3.0	3.1	3.5	3.6	3.7	3.8	3.5	3.1	2.9
1983			3.6	4.0	3.3	3.4	3.9	3.9	4.0	4.0	3.6	3.2	2.9
1984				4.3	3.2	3.3	3.9	4.0	4.1	4.0	3.6	3.2	2.9
1985					2.0	2.8	3.8	3.9	4.0	4.0	3.5	3.0	2.7
1986						3.6	4.7	4.5	4.5	4.4	3.8	3.2	2.8
1987							5.8	5.0	4.8	4.6	3.8	3.1	2.7
1988								4.3	4.4	4.2	3.4	2.6	2.2
1989									4.5	4.2	3.0	2.2	1.8
1990										3.9	2.3	1.4	1.1
1991											0.8	0.1	0.2
1992												−0.5	−0.1
1993													0.3

Private final consumption expenditure per head (volume)
Consommation finale privée par tête (volume)

	1982	1983	1984	1985	1986	1987	1988	1989	1990	1991	1992	1993	1994
1981	3.7	3.2	2.8	2.8	2.8	3.0	3.2	3.3	3.3	3.2	3.0	2.8	2.8
1982		2.7	2.4	2.5	2.6	2.8	3.1	3.2	3.3	3.1	2.9	2.7	2.7
1983			2.1	2.4	2.5	2.8	3.2	3.3	3.4	3.2	3.0	2.7	2.7
1984				2.8	2.8	3.1	3.5	3.6	3.6	3.3	3.1	2.8	2.7
1985					2.7	3.2	3.7	3.8	3.7	3.4	3.1	2.8	2.7
1986						3.7	4.3	4.1	4.0	3.6	3.2	2.8	2.7
1987							4.8	4.3	4.1	3.5	3.1	2.7	2.6
1988								3.9	3.7	3.1	2.7	2.3	2.2
1989									3.6	2.7	2.3	1.9	1.9
1990										1.9	1.6	1.3	1.5
1991											1.4	1.0	1.3
1992												0.7	1.3
1993													1.9

Gross domestic product (volume)
Produit intérieur brut (volume)

	1982	1983	1984	1985	1986	1987	1988	1989	1990	1991	1992	1993	1994
1981	3.2	2.9	3.4	3.8	3.5	3.6	4.0	4.1	4.2	4.2	3.9	3.5	3.3
1982		2.7	3.5	4.0	3.6	3.7	4.1	4.2	4.3	4.3	4.0	3.6	3.3
1983			4.3	4.6	4.0	4.0	4.4	4.5	4.5	4.5	4.1	3.7	3.4
1984				5.0	3.8	3.9	4.5	4.5	4.6	4.5	4.1	3.6	3.3
1985					2.6	3.4	4.3	4.4	4.5	4.4	4.0	3.4	3.1
1986						4.1	5.2	5.0	5.0	4.8	4.2	3.6	3.2
1987							6.2	5.5	5.2	5.0	4.2	3.5	3.0
1988								4.7	4.8	4.6	3.7	2.9	2.5
1989									4.8	4.5	3.4	2.5	2.1
1990										4.3	2.7	1.7	1.4
1991											1.1	0.4	0.5
1992												−0.2	0.2
1993													0.5

Gross domestic product (implicit price deflator)
Produit intérieur brut (prix implicite)

	1982	1983	1984	1985	1986	1987	1988	1989	1990	1991	1992	1993	1994
1981	1.7	1.5	1.8	1.7	1.7	1.4	1.3	1.4	1.5	1.5	1.5	1.5	1.4
1982		1.4	1.8	1.7	1.7	1.4	1.2	1.3	1.4	1.5	1.5	1.4	1.3
1983			2.3	1.9	1.9	1.4	1.2	1.3	1.4	1.5	1.5	1.4	1.3
1984				1.6	1.7	1.1	0.9	1.1	1.3	1.4	1.4	1.3	1.2
1985					1.8	0.9	0.7	1.0	1.2	1.4	1.4	1.3	1.2
1986						0.0	0.2	0.7	1.1	1.3	1.3	1.3	1.1
1987							0.4	1.1	1.5	1.6	1.6	1.5	1.3
1988								1.9	2.0	2.0	1.9	1.7	1.4
1989									2.2	2.1	1.9	1.6	1.3
1990										2.0	1.7	1.4	1.1
1991											1.5	1.2	0.8
1992												0.8	0.5
1993													0.2

Private final consumption expenditure (volume)
Consommation finale privée (volume)

	1982	1983	1984	1985	1986	1987	1988	1989	1990	1991	1992	1993	1994
1981	4.4	3.9	3.5	3.5	3.5	3.6	3.8	3.9	3.9	3.7	3.5	3.3	3.2
1982		3.4	3.1	3.2	3.2	3.4	3.7	3.8	3.8	3.6	3.4	3.2	3.1
1983			2.7	3.1	3.2	3.4	3.8	3.9	3.9	3.7	3.4	3.2	3.1
1984				3.4	3.4	3.7	4.1	4.1	4.1	3.8	3.5	3.3	3.1
1985					3.4	3.8	4.3	4.3	4.2	3.9	3.6	3.2	3.1
1986						4.2	4.7	4.6	4.4	4.0	3.6	3.2	3.1
1987							5.2	4.8	4.5	3.9	3.5	3.0	2.9
1988								4.3	4.1	3.5	3.0	2.6	2.5
1989									3.9	3.1	2.6	2.2	2.2
1990										2.2	1.9	1.6	1.8
1991											1.7	1.4	1.6
1992												1.0	1.6
1993													2.2

Private final consumption expenditure (implicit price deflator)
Consommation finale privée (prix implicite)

	1982	1983	1984	1985	1986	1987	1988	1989	1990	1991	1992	1993	1994
1981	2.7	2.3	2.4	2.3	2.0	1.7	1.4	1.5	1.6	1.7	1.7	1.7	1.6
1982		2.0	2.2	2.2	1.8	1.4	1.2	1.3	1.4	1.6	1.6	1.6	1.5
1983			2.5	2.3	1.7	1.3	1.0	1.2	1.4	1.5	1.6	1.5	1.4
1984				2.2	1.3	0.9	0.7	0.9	1.2	1.4	1.5	1.4	1.3
1985					0.4	0.3	0.2	0.6	1.0	1.2	1.3	1.3	1.2
1986						0.2	0.0	0.6	1.1	1.4	1.5	1.5	1.3
1987							−0.1	0.9	1.4	1.7	1.8	1.7	1.5
1988								1.8	2.2	2.3	2.2	2.0	1.8
1989									2.6	2.5	2.4	2.1	1.7
1990										2.5	2.3	1.9	1.5
1991											2.1	1.7	1.2
1992												1.3	0.8
1993													0.3

Government final consumption expenditure (volume)
Consommation des administrations publiques (volume)

	1982	1983	1984	1985	1986	1987	1988	1989	1990	1991	1992	1993	1994
1981	2.0	2.5	2.6	2.4	2.8	2.4	2.3	2.3	2.3	2.2	2.2	2.2	2.2
1982		3.0	2.8	2.5	3.0	2.4	2.4	2.3	2.3	2.2	2.3	2.2	2.3
1983			2.7	2.2	2.9	2.3	2.3	2.2	2.2	2.1	2.2	2.1	2.2
1984				1.7	3.1	2.2	2.2	2.1	2.1	2.0	2.1	2.1	2.1
1985					4.4	2.4	2.3	2.3	2.2	2.1	2.2	2.1	2.2
1986						0.4	1.3	1.5	1.6	1.6	1.8	1.8	1.9
1987							2.2	2.1	2.0	1.9	2.1	2.0	2.1
1988								2.0	2.0	1.8	2.1	2.0	2.1
1989									1.9	1.7	2.1	2.0	2.1
1990										1.6	2.2	2.0	2.2
1991											2.7	2.2	2.4
1992												1.7	2.3
1993													2.8

Government final consumption expenditure (implicit price deflator)
Consommation des administrations publiques (prix implicite)

	1982	1983	1984	1985	1986	1987	1988	1989	1990	1991	1992	1993	1994
1981	2.7	2.0	2.2	2.2	2.0	1.9	1.8	2.1	2.4	2.6	2.6	2.5	2.3
1982		1.4	1.9	2.1	1.8	1.7	1.7	2.0	2.4	2.6	2.6	2.5	2.3
1983			2.4	2.4	2.0	1.8	1.8	2.1	2.5	2.8	2.7	2.6	2.4
1984				2.4	1.7	1.6	1.6	2.1	2.5	2.8	2.7	2.6	2.4
1985					1.1	1.2	1.3	2.0	2.6	2.9	2.8	2.6	2.4
1986						1.4	1.4	2.3	3.0	3.3	3.1	2.9	2.5
1987							1.5	2.7	3.5	3.8	3.4	3.1	2.7
1988								4.0	4.5	4.5	3.9	3.4	2.9
1989									5.0	4.8	3.9	3.3	2.7
1990										4.6	3.3	2.7	2.1
1991											2.1	1.8	1.3
1992												1.5	1.0
1993													0.4

Gross fixed capital formation (volume)
Formation brute de capital fixe (volume)

	1982	1983	1984	1985	1986	1987	1988	1989	1990	1991	1992	1993	1994
1981	−0.1	−0.6	1.2	2.2	2.7	3.8	4.9	5.5	5.8	5.6	5.0	4.4	3.9
1982		−1.0	1.8	3.0	3.4	4.6	5.8	6.3	6.6	6.3	5.5	4.8	4.2
1983			4.7	5.0	4.9	6.1	7.2	7.5	7.7	7.2	6.3	5.4	4.7
1984				5.3	5.0	6.5	7.8	8.1	8.3	7.6	6.5	5.5	4.7
1985					4.8	7.1	8.7	8.8	8.8	8.0	6.6	5.5	4.6
1986						9.6	10.7	10.2	9.9	8.6	6.9	5.6	4.6
1987							11.9	10.6	10.0	8.4	6.4	5.0	3.9
1988								9.3	9.1	7.2	5.1	3.7	2.6
1989									8.8	6.2	3.7	2.3	1.4
1990										3.7	1.3	0.2	−0.4
1991											−1.1	−1.4	−1.8
1992												−1.8	−2.1
1993													−2.4

Gross fixed capital formation (implicit price deflator)
Formation brute de capital fixe (prix implicite)

	1982	1983	1984	1985	1986	1987	1988	1989	1990	1991	1992	1993	1994
1981	1.2	0.5	0.6	0.6	0.3	0.1	0.1	0.2	0.4	0.5	0.5	0.4	0.3
1982		−0.1	0.4	0.4	0.0	−0.1	−0.1	0.1	0.3	0.4	0.4	0.3	0.2
1983			0.8	0.6	0.1	−0.2	−0.1	0.1	0.4	0.5	0.5	0.4	0.2
1984				0.4	−0.3	−0.5	−0.3	−0.0	0.3	0.5	0.4	0.3	0.2
1985					−1.0	−0.9	−0.6	−0.2	0.3	0.5	0.4	0.3	0.2
1986						−0.9	−0.4	0.1	0.7	0.8	0.7	0.5	0.3
1987							0.1	0.6	1.2	1.2	1.0	0.7	0.5
1988								1.1	1.7	1.5	1.2	0.9	0.5
1989									2.3	1.7	1.3	0.8	0.4
1990										1.2	0.7	0.3	−0.1
1991											0.3	−0.2	−0.5
1992												−0.6	−0.8
1993													−1.0

National disposable income (value)
Revenu national disponible (valeur)

	1982	1983	1984	1985	1986	1987	1988	1989	1990	1991	1992	1993	1994
1981	5.1	4.5	5.3	5.7	5.4	5.2	5.4	5.5	5.7	5.7	5.3	4.9	4.5
1982		3.9	5.4	5.8	5.4	5.2	5.5	5.6	5.8	5.7	5.3	4.8	4.5
1983			6.8	6.8	5.9	5.6	5.8	5.9	6.0	6.0	5.5	4.9	4.5
1984				6.8	5.5	5.2	5.6	5.7	5.9	5.8	5.3	4.7	4.3
1985					4.2	4.4	5.2	5.4	5.7	5.7	5.1	4.5	4.0
1986						4.5	5.6	5.8	6.1	6.0	5.2	4.5	4.0
1987							6.8	6.5	6.6	6.3	5.4	4.5	3.9
1988								6.2	6.5	6.2	5.0	4.1	3.4
1989									6.9	6.2	4.6	3.5	2.9
1990										5.5	3.6	2.4	1.9
1991											1.7	0.9	0.8
1992												0.2	0.3
1993													0.5

Compensation of employees (value)
Rémunération des salariés (valeur)

	1982	1983	1984	1985	1986	1987	1988	1989	1990	1991	1992	1993	1994
1981	5.7	5.5	5.5	5.3	5.2	4.9	5.1	5.4	5.7	5.9	5.7	5.4	5.2
1982		5.2	5.4	5.2	5.0	4.8	5.0	5.3	5.7	6.0	5.7	5.4	5.2
1983			5.6	5.1	5.0	4.7	4.9	5.3	5.8	6.0	5.8	5.4	5.1
1984				4.7	4.7	4.4	4.8	5.3	5.8	6.1	5.8	5.4	5.1
1985					4.6	4.3	4.8	5.4	6.1	6.4	6.0	5.5	5.2
1986						3.9	4.9	5.7	6.4	6.7	6.2	5.6	5.2
1987							5.8	6.6	7.3	7.4	6.6	5.9	5.4
1988								7.4	8.0	7.9	6.8	5.9	5.3
1989									8.6	8.2	6.7	5.6	4.9
1990										7.8	5.7	4.6	4.0
1991											3.6	3.0	2.8
1992												2.4	2.4
1993													2.4

AUSTRALIA[1]

AUSTRALIE[1]

Average per cent changes at annual rate

Variations moyennes en pourcentage aux taux annuels

G.D.P. per head (volume)
P.I.B. par tête (volume)

	1982	1983	1984	1985	1986	1987	1988	1989	1990	1991	1992	1993	1994
1981	–2.3	–1.3	1.1	1.6	1.4	1.7	1.8	1.9	1.7	1.2	1.2	1.3	1.5
1982		–0.4	2.8	3.0	2.4	2.5	2.5	2.5	2.2	1.6	1.6	1.7	1.8
1983			6.1	4.7	3.3	3.3	3.1	3.0	2.5	1.8	1.8	1.9	2.1
1984				3.3	1.9	2.3	2.4	2.4	1.9	1.2	1.2	1.4	1.7
1985					0.6	1.9	2.1	2.2	1.7	0.9	0.9	1.2	1.5
1986						3.2	2.9	2.7	1.9	0.9	1.0	1.3	1.6
1987							2.5	2.5	1.5	0.4	0.6	0.9	1.4
1988								2.4	1.0	–0.3	0.1	0.6	1.2
1989									–0.4	–1.7	–0.7	0.2	0.9
1990										–2.9	–0.8	0.4	1.2
1991											1.3	2.1	2.7
1992												2.8	3.3
1993													3.9

Private final consumption expenditure per head (volume)
Consommation finale privée par tête (volume)

	1982	1983	1984	1985	1986	1987	1988	1989	1990	1991	1992	1993	1994
1981	0.9	0.5	0.9	1.5	1.1	1.1	1.3	1.6	1.5	1.3	1.4	1.4	1.5
1982		0.1	0.9	1.7	1.2	1.1	1.3	1.7	1.6	1.3	1.4	1.4	1.6
1983			1.8	2.5	1.6	1.4	1.6	1.9	1.8	1.5	1.6	1.5	1.7
1984				3.3	1.5	1.3	1.6	2.0	1.8	1.5	1.6	1.5	1.7
1985					–0.4	0.3	1.0	1.6	1.5	1.2	1.3	1.3	1.5
1986						1.0	1.7	2.3	2.0	1.5	1.6	1.5	1.7
1987							2.4	3.0	2.4	1.6	1.7	1.6	1.9
1988								3.6	2.3	1.4	1.6	1.5	1.8
1989									1.1	0.3	0.9	1.0	1.4
1990										–0.6	0.8	0.9	1.5
1991											2.3	1.7	2.2
1992												1.0	2.1
1993													3.2

Gross domestic product (volume)
Produit intérieur brut (volume)

	1982	1983	1984	1985	1986	1987	1988	1989	1990	1991	1992	1993	1994
1981	–0.5	0.2	2.6	3.1	2.9	3.2	3.3	3.4	3.2	2.7	2.7	2.8	2.9
1982		1.0	4.1	4.3	3.7	3.9	4.0	4.0	3.7	3.0	3.0	3.1	3.2
1983			7.4	6.0	4.7	4.7	4.6	4.5	4.0	3.3	3.2	3.3	3.4
1984				4.7	3.3	3.8	3.9	4.0	3.5	2.7	2.7	2.8	3.0
1985					2.0	3.4	3.7	3.8	3.3	2.4	2.4	2.6	2.9
1986						4.8	4.5	4.4	3.6	2.5	2.5	2.7	3.0
1987							4.2	4.2	3.2	1.9	2.1	2.3	2.7
1988								4.2	2.6	1.2	1.5	2.0	2.5
1989									1.1	–0.3	0.6	1.4	2.1
1990										–1.7	0.4	1.5	2.4
1991											2.5	3.1	3.8
1992												3.8	4.4
1993													5.0

Gross domestic product (implicit price deflator)
Produit intérieur brut (prix implicite)

	1982	1983	1984	1985	1986	1987	1988	1989	1990	1991	1992	1993	1994
1981	11.2	9.8	8.6	7.9	7.7	7.7	7.8	7.7	7.4	6.8	6.3	5.9	5.5
1982		8.3	7.4	6.9	6.9	7.0	7.2	7.2	6.9	6.4	5.8	5.4	5.1
1983			6.4	6.1	6.4	6.7	7.0	7.1	6.7	6.1	5.6	5.1	4.8
1984				5.8	6.4	6.7	7.1	7.2	6.7	6.1	5.5	5.0	4.6
1985					6.9	7.2	7.6	7.5	6.9	6.1	5.4	4.9	4.5
1986						7.5	7.9	7.7	6.9	6.0	5.2	4.6	4.2
1987							8.3	7.9	6.7	5.6	4.7	4.1	3.7
1988								7.4	5.9	4.7	3.8	3.3	3.0
1989									4.4	3.3	2.7	2.3	2.1
1990										2.3	1.8	1.6	1.6
1991											1.3	1.3	1.3
1992												1.2	1.3
1993													1.4

Private final consumption expenditure (volume)
Consommation finale privée (volume)

	1982	1983	1984	1985	1986	1987	1988	1989	1990	1991	1992	1993	1994
1981	2.7	2.1	2.4	2.9	2.6	2.6	2.8	3.1	3.0	2.8	2.9	2.8	2.9
1982		1.4	2.2	3.0	2.5	2.5	2.8	3.2	3.1	2.8	2.9	2.8	2.9
1983			3.0	3.8	2.9	2.8	3.1	3.4	3.3	3.0	3.0	2.9	3.1
1984				4.7	2.9	2.8	3.1	3.5	3.4	3.0	3.1	2.9	3.1
1985					1.1	1.8	2.5	3.2	3.1	2.7	2.8	2.7	2.9
1986						2.6	3.3	4.0	3.6	3.0	3.1	3.0	3.1
1987							4.1	4.7	4.0	3.2	3.2	3.0	3.2
1988								5.4	4.0	2.9	3.0	2.8	3.1
1989									2.6	1.6	2.3	2.2	2.6
1990										0.7	2.1	2.1	2.6
1991											3.5	2.7	3.3
1992												2.0	3.1
1993													4.3

Private final consumption expenditure (implicit price deflator)
Consommation finale privée (prix implicite)

	1982	1983	1984	1985	1986	1987	1988	1989	1990	1991	1992	1993	1994
1981	10.4	9.8	8.6	8.3	8.3	8.2	8.0	7.9	7.7	7.2	6.7	6.3	6.0
1982		9.2	7.8	7.6	7.8	7.8	7.7	7.5	7.3	6.9	6.4	6.0	5.6
1983			6.3	6.8	7.3	7.4	7.3	7.2	7.0	6.6	6.1	5.7	5.3
1984				7.3	7.8	7.8	7.6	7.4	7.2	6.7	6.0	5.6	5.2
1985					8.4	8.1	7.7	7.4	7.1	6.6	5.9	5.4	4.9
1986						7.8	7.3	7.1	6.8	6.2	5.4	5.0	4.5
1987							6.9	6.8	6.5	5.8	5.0	4.5	4.0
1988								6.6	6.3	5.4	4.5	4.0	3.6
1989									6.0	4.8	3.8	3.4	3.0
1990										3.7	2.7	2.5	2.2
1991											1.8	1.9	1.7
1992												2.0	1.7
1993													1.4

Government final consumption expenditure (volume)
Consommation des administrations publiques (volume)

	1982	1983	1984	1985	1986	1987	1988	1989	1990	1991	1992	1993	1994
1981	–0.3	2.4	3.1	3.7	3.8	3.5	3.5	3.4	3.5	3.4	3.2	3.0	3.1
1982		5.2	4.9	5.1	4.9	4.3	4.1	3.9	4.0	3.8	3.6	3.3	3.4
1983			4.5	5.0	4.8	4.1	3.9	3.7	3.8	3.7	3.4	3.1	3.3
1984				5.4	5.0	4.0	3.8	3.5	3.7	3.5	3.3	3.0	3.1
1985					4.5	3.2	3.2	3.0	3.3	3.2	3.0	2.7	2.9
1986						2.0	2.6	2.5	3.0	3.0	2.7	2.4	2.7
1987							3.1	2.8	3.4	3.2	2.9	2.5	2.8
1988								2.5	3.5	3.3	2.8	2.4	2.7
1989									4.5	3.6	2.9	2.3	2.8
1990										2.7	2.1	1.6	2.4
1991											1.4	1.1	2.2
1992												0.7	2.6
1993													4.6

Government final consumption expenditure (implicit price deflator)
Consommation des administrations publiques (prix implicite)

	1982	1983	1984	1985	1986	1987	1988	1989	1990	1991	1992	1993	1994
1981	14.2	10.2	9.1	8.3	7.9	7.3	7.0	6.8	6.6	6.4	6.1	5.8	5.3
1982		6.3	6.6	6.4	6.4	6.0	5.9	5.8	5.7	5.6	5.3	5.0	4.6
1983			6.9	6.4	6.5	5.9	5.8	5.7	5.7	5.5	5.2	4.9	4.4
1984				6.0	6.3	5.6	5.5	5.5	5.5	5.3	5.0	4.7	4.2
1985					6.5	5.4	5.4	5.4	5.4	5.2	4.8	4.6	4.0
1986						4.2	4.8	5.0	5.1	4.9	4.6	4.3	3.7
1987							5.4	5.4	5.4	5.1	4.6	4.3	3.6
1988								5.4	5.4	5.0	4.5	4.1	3.3
1989									5.4	4.8	4.2	3.8	2.9
1990										4.2	3.6	3.2	2.3
1991											3.0	2.8	1.7
1992												2.5	1.1
1993													–0.4

Gross fixed capital formation (volume)
Formation brute de capital fixe (volume)

	1982	1983	1984	1985	1986	1987	1988	1989	1990	1991	1992	1993	1994
1981	–2.8	–5.7	–0.8	1.8	1.0	1.4	2.3	3.1	1.8	0.6	0.7	0.9	1.7
1982		–8.4	0.3	3.4	1.9	2.3	3.2	4.0	2.4	1.0	1.1	1.2	2.1
1983			9.8	9.9	5.6	5.1	5.7	6.2	4.1	2.3	2.2	2.2	3.1
1984				9.9	3.6	3.6	4.7	5.6	3.1	1.2	1.3	1.4	2.5
1985					–2.3	0.6	3.0	4.5	1.8	–0.1	0.1	0.4	1.7
1986						3.6	5.7	6.9	2.9	0.3	0.5	0.8	2.2
1987							7.8	8.5	2.6	–0.5	–0.1	0.4	2.0
1988								9.2	0.2	–3.1	–2.0	–1.1	1.1
1989									–8.1	–8.8	–5.5	–3.5	–0.5
1990										–9.4	–4.1	–1.9	1.5
1991											1.4	2.1	5.4
1992												2.8	7.5
1993													12.4

Gross fixed capital formation (implicit price deflator)
Formation brute de capital fixe (prix implicite)

	1982	1983	1984	1985	1986	1987	1988	1989	1990	1991	1992	1993	1994
1981	11.9	9.7	7.8	8.0	8.6	8.3	8.0	7.8	7.3	6.6	6.0	5.7	5.3
1982		7.5	5.8	6.7	7.8	7.7	7.4	7.2	6.7	6.0	5.4	5.1	4.7
1983			4.0	6.3	7.9	7.7	7.3	7.2	6.6	5.8	5.2	4.9	4.5
1984				8.7	9.9	8.9	8.2	7.8	7.1	6.1	5.3	5.0	4.5
1985					11.0	9.0	8.0	7.6	6.7	5.7	4.9	4.6	4.1
1986						7.1	6.5	6.5	5.7	4.6	3.9	3.7	3.2
1987							5.9	6.2	5.2	4.0	3.2	3.1	2.7
1988								6.6	4.9	3.4	2.6	2.5	2.2
1989									3.2	1.8	1.3	1.6	1.3
1990										0.4	0.3	1.0	0.8
1991											0.2	1.3	1.0
1992												2.5	1.4
1993													0.3

National disposable income (value)
Revenu national disponible (valeur)

	1982	1983	1984	1985	1986	1987	1988	1989	1990	1991	1992	1993	1994
1981	9.4	9.0	11.1	10.9	10.3	10.7	11.1	11.1	10.4	9.4	8.9	8.6	8.5
1982		8.7	12.0	11.4	10.5	11.0	11.3	11.4	10.5	9.4	8.9	8.6	8.4
1983			15.5	12.8	11.1	11.6	11.9	11.8	10.8	9.5	8.9	8.5	8.4
1984				10.1	9.0	10.3	11.0	11.1	10.0	8.6	8.1	7.8	7.7
1985					7.9	10.5	11.3	11.4	10.0	8.4	7.8	7.5	7.4
1986						13.1	13.1	12.5	10.6	8.5	7.8	7.5	7.4
1987							13.1	12.3	9.7	7.4	6.8	6.5	6.6
1988								11.5	8.1	5.5	5.3	5.3	5.5
1989									4.9	2.7	3.3	3.8	4.4
1990										0.6	2.5	3.4	4.3
1991											4.4	4.9	5.5
1992												5.4	6.1
1993													6.8

Compensation of employees (value)
Rémunération des salariés (valeur)

	1982	1983	1984	1985	1986	1987	1988	1989	1990	1991	1992	1993	1994
1981	16.3	9.9	10.3	10.1	10.2	9.9	10.0	10.4	10.1	9.2	8.6	8.2	8.0
1982		3.9	7.4	8.1	8.7	8.7	9.0	9.5	9.4	8.4	7.9	7.5	7.3
1983			11.1	10.2	10.4	9.9	10.1	10.5	10.2	9.0	8.3	7.9	7.6
1984				9.3	10.1	9.5	9.9	10.4	10.1	8.7	8.0	7.5	7.3
1985					10.8	9.6	10.0	10.7	10.2	8.6	7.8	7.3	7.1
1986						8.5	9.7	10.6	10.0	8.2	7.3	6.8	6.6
1987							10.9	11.7	10.6	8.1	7.1	6.5	6.4
1988								12.6	10.4	7.2	6.2	5.7	5.6
1989									8.3	4.6	4.1	4.0	4.3
1990										0.9	2.1	2.6	3.3
1991											3.2	3.5	4.1
1992												3.7	4.6
1993													5.5

1. These growth triangles are derived from data referring to calendar year.

1. Ces triangles de croissance sont calculés à partir de données se référant aux années calendaires.

NEW ZEALAND

NOUVELLE-ZÉLANDE

Average per cent changes at annual rate

Variations moyennes en pourcentage aux taux annuels

	1982	1983	1984	1985	1986	1987	1988	1989	1990	1991	1992	1993	1994
1981	1.0	1.2	2.1	1.6	1.7	1.5	1.1	1.1	0.8	0.5	0.6	0.9	1.2
1982		1.3	2.6	1.8	1.9	1.6	1.1	1.2	0.8	0.4	0.6	0.9	1.2
1983			3.9	2.1	2.1	1.7	1.1	1.1	0.7	0.3	0.5	0.9	1.2
1984				0.3	1.1	0.9	0.4	0.6	0.2	-0.2	0.1	0.5	0.9
1985					2.0	1.2	0.4	0.7	0.2	-0.3	0.0	0.6	1.0
1986						0.5	-0.3	0.2	-0.2	-0.7	-0.3	0.4	0.9
1987							-1.1	0.1	-0.5	-1.0	-0.4	0.3	0.9
1988								1.3	-0.2	-1.0	-0.3	0.6	1.3
1989									-1.6	-2.1	-0.8	0.5	1.3
1990										-2.5	-0.4	1.1	2.0
1991											1.9	3.0	3.6
1992												4.2	4.5
1993													4.7

G.D.P. per head
(volume)
P.I.B. par tête
(volume)

	1982	1983	1984	1985	1986	1987	1988	1989	1990	1991	1992	1993	1994
1981	-2.2	-0.3	0.8	0.8	1.5	1.4	1.4	1.2	1.0	0.6	0.5	0.6	0.8
1982		1.7	2.3	1.8	2.4	2.1	2.0	1.7	1.4	0.9	0.7	0.9	1.1
1983			2.8	1.9	2.7	2.2	2.1	1.7	1.4	0.8	0.6	0.8	1.0
1984				0.9	2.6	2.0	1.9	1.5	1.1	0.5	0.3	0.6	0.9
1985					4.3	2.5	2.2	1.6	1.2	0.4	0.3	0.6	0.8
1986						0.8	1.1	0.7	0.4	-0.4	-0.4	0.0	0.4
1987							1.5	0.7	0.2	-0.6	-0.6	-0.1	0.4
1988								-0.0	-0.4	-1.3	-1.2	-0.4	0.2
1989									-0.7	-2.0	-1.5	-0.5	0.2
1990										-3.2	-1.9	-0.4	0.5
1991											-0.6	1.0	1.7
1992												2.6	2.9
1993													3.2

Private final consumption expenditure per head
(volume)
Consommation finale privée par tête
(volume)

	1982	1983	1984	1985	1986	1987	1988	1989	1990	1991	1992	1993	1994
1981	1.9	2.3	3.2	2.6	2.5	2.3	1.8	1.8	1.6	1.3	1.4	1.7	2.1
1982		2.7	3.8	2.8	2.6	2.4	1.8	1.8	1.5	1.2	1.4	1.7	2.1
1983			5.0	2.8	2.6	2.3	1.7	1.7	1.3	1.0	1.2	1.6	2.0
1984				0.7	1.4	1.4	0.9	1.0	0.8	0.5	0.8	1.3	1.7
1985					2.1	1.7	0.9	1.1	0.8	0.4	0.8	1.3	1.8
1986						1.3	0.3	0.8	0.4	0.1	0.5	1.2	1.8
1987							-0.7	0.5	0.1	-0.2	0.4	1.2	1.9
1988								1.7	0.5	-0.1	0.7	1.6	2.3
1989									-0.6	-0.9	0.3	1.6	2.5
1990										-1.3	0.8	2.3	3.2
1991											3.0	4.2	4.8
1992												5.4	5.7
1993													6.1

Gross domestic product
(volume)
Produit intérieur brut
(volume)

	1982	1983	1984	1985	1986	1987	1988	1989	1990	1991	1992	1993	1994
1981	10.6	9.4	8.8	10.2	11.7	11.8	11.3	10.4	9.5	8.7	7.9	7.3	6.8
1982		8.1	8.0	10.1	12.0	12.0	11.4	10.4	9.4	8.5	7.6	7.0	6.5
1983			7.8	11.1	13.3	13.0	12.0	10.7	9.6	8.5	7.5	6.9	6.4
1984				14.5	16.1	14.8	13.1	11.3	9.9	8.6	7.5	6.7	6.2
1985					17.7	14.9	12.6	10.5	8.9	7.7	6.5	5.8	5.4
1986						12.2	10.2	8.3	6.9	5.8	4.8	4.2	3.9
1987							8.3	6.4	5.2	4.2	3.4	3.0	2.8
1988								4.5	3.6	2.9	2.2	1.9	1.9
1989									2.8	2.1	1.4	1.3	1.4
1990										1.4	0.7	0.8	1.0
1991											0.0	0.5	0.9
1992												0.9	1.3
1993													1.7

Gross domestic product
(implicit price deflator)
Produit intérieur brut
(prix implicite)

	1982	1983	1984	1985	1986	1987	1988	1989	1990	1991	1992	1993	1994
1981	-1.4	0.8	1.8	1.7	2.3	2.2	2.1	1.9	1.7	1.3	1.3	1.5	1.7
1982		3.1	3.5	2.8	3.2	2.9	2.7	2.4	2.1	1.6	1.5	1.7	2.0
1983			3.9	2.6	3.2	2.8	2.6	2.3	2.0	1.5	1.4	1.6	1.9
1984				1.4	2.9	2.5	2.3	1.9	1.7	1.1	1.0	1.3	1.7
1985					4.5	3.0	2.7	2.1	1.7	1.1	1.0	1.3	1.7
1986						1.6	1.8	1.3	1.0	0.4	0.4	0.9	1.3
1987							1.9	1.1	0.8	0.1	0.2	0.8	1.3
1988								0.3	0.3	-0.5	-0.2	0.5	1.2
1989									0.3	-0.9	-0.4	0.6	1.4
1990										-2.0	-0.8	0.7	1.7
1991											0.5	2.1	2.9
1992												3.7	4.1
1993													4.6

Private final consumption expenditure
(volume)
Consommation finale privée
(volume)

	1982	1983	1984	1985	1986	1987	1988	1989	1990	1991	1992	1993	1994
1981	15.9	10.7	10.3	11.9	12.1	12.1	11.2	10.7	10.0	9.2	8.5	7.8	7.3
1982		5.7	7.6	10.5	11.2	11.3	10.4	9.9	9.3	8.5	7.8	7.1	6.6
1983			9.6	13.0	13.1	12.8	11.4	10.6	9.8	8.9	8.1	7.2	6.7
1984				16.6	14.9	13.8	11.9	10.9	9.9	8.8	7.9	7.0	6.4
1985					13.2	12.5	10.4	9.5	8.6	7.5	6.7	5.8	5.4
1986						11.8	9.0	8.3	7.4	6.4	5.6	4.8	4.4
1987							6.2	6.5	6.0	5.1	4.4	3.7	3.4
1988								6.9	5.9	4.8	4.0	3.2	2.9
1989									5.0	3.7	3.1	2.3	2.2
1990										2.4	2.1	1.4	1.5
1991											1.8	0.9	1.1
1992												0.1	0.8
1993													1.6

Private final consumption expenditure
(implicit price deflator)
Consommation finale privée
(prix implicite)

	1982	1983	1984	1985	1986	1987	1988	1989	1990	1991	1992	1993	1994
1981	0.6	1.6	1.7	1.7	1.6	1.5	1.3	1.1	1.1	1.1	1.1	0.8	0.6
1982		2.7	2.3	2.1	1.8	1.7	1.4	1.2	1.2	1.1	1.2	0.8	0.6
1983			1.8	1.8	1.6	1.4	1.1	0.9	1.0	0.9	1.0	0.6	0.4
1984				1.7	1.4	1.3	0.9	0.7	0.8	0.8	0.9	0.5	0.3
1985					1.1	1.1	0.7	0.5	0.7	0.7	0.8	0.3	0.1
1986						1.1	0.5	0.3	0.5	0.6	0.8	0.2	-0.0
1987							-0.1	-0.1	0.4	0.5	0.7	0.1	-0.2
1988								-0.1	0.6	0.6	0.9	0.1	-0.2
1989									1.3	1.0	1.2	0.2	-0.2
1990										0.7	1.2	-0.2	-0.5
1991											1.8	-0.7	-1.0
1992												-3.1	-2.3
1993													-1.5

Government final consumption expenditure
(volume)
Consommation des administrations publiques
(volume)

	1982	1983	1984	1985	1986	1987	1988	1989	1990	1991	1992	1993	1994
1981	10.9	6.6	6.5	8.3	10.6	10.9	10.6	10.1	9.3	8.2	7.6	7.3	6.8
1982		2.5	4.3	7.5	10.5	10.9	10.5	10.0	9.1	8.0	7.3	6.9	6.5
1983			6.2	10.0	13.3	13.1	12.2	11.2	10.1	8.7	7.8	7.4	6.8
1984				14.0	17.1	15.4	13.8	12.3	10.8	9.0	8.0	7.5	6.9
1985					20.2	16.1	13.7	11.9	10.1	8.2	7.2	6.7	6.1
1986						12.2	10.6	9.2	7.7	5.9	5.2	4.9	4.5
1987							8.9	7.7	6.3	4.4	3.8	3.8	3.4
1988								6.5	5.0	3.0	2.6	2.7	2.5
1989									3.5	1.3	1.3	1.8	1.8
1990										-0.9	0.2	1.3	1.3
1991											1.4	2.4	2.1
1992												3.4	2.5
1993													1.5

Government final consumption expenditure
(implicit price deflator)
Consommation des administrations publiques
(prix implicite)

	1982	1983	1984	1985	1986	1987	1988	1989	1990	1991	1992	1993	1994
1981	7.0	6.7	6.4	6.5	3.9	4.3	3.3	4.0	3.1	1.0	1.7	3.2	4.7
1982		6.5	6.1	6.3	3.2	3.8	2.7	3.6	2.6	0.4	1.2	2.8	4.5
1983			5.6	6.3	2.1	3.1	1.9	3.1	2.1	-0.4	0.6	2.5	4.3
1984				6.9	0.4	2.3	1.0	2.6	1.5	-1.2	0.0	2.1	4.2
1985					-5.7	0.0	-0.9	1.6	0.4	-2.5	-0.9	1.5	3.9
1986						6.1	1.6	4.1	2.0	-1.9	-0.1	2.6	5.2
1987							-2.6	3.2	0.7	-3.7	-1.3	2.0	5.1
1988								9.3	2.4	-4.1	-0.9	3.0	6.4
1989									-4.1	-10.2	-4.1	1.5	5.8
1990										-15.9	-4.1	3.4	8.4
1991											9.3	14.6	18.0
1992												20.3	22.7
1993													25.1

Gross fixed capital formation
(volume)
Formation brute de capital fixe
(volume)

	1982	1983	1984	1985	1986	1987	1988	1989	1990	1991	1992	1993	1994
1981	10.2	7.1	8.0	9.0	9.1	7.9	6.6	5.9	5.3	4.7	4.1	3.6	2.8
1982		4.0	6.9	8.6	8.8	7.4	6.0	5.3	4.7	4.1	3.5	3.1	2.3
1983			9.9	11.0	10.5	8.3	6.3	5.5	4.8	4.1	3.4	3.0	2.1
1984				12.1	10.8	7.8	5.5	4.7	4.0	3.3	2.7	2.2	1.4
1985					9.4	5.7	3.4	2.9	2.4	1.9	1.4	1.1	0.2
1986						2.1	0.5	0.8	0.8	0.5	0.1	-0.1	-0.9
1987							-1.1	0.2	0.3	0.1	-0.3	-0.4	-1.3
1988								1.5	1.0	0.5	-0.1	-0.3	-1.3
1989									0.5	0.0	-0.6	-0.8	-1.9
1990										-0.5	-1.2	-1.2	-2.5
1991											-1.9	-1.5	-3.1
1992												-1.1	-3.7
1993													-6.2

Gross fixed capital formation
(implicit price deflator)
Formation brute de capital fixe
(prix implicite)

	1982	1983	1984	1985	1986	1987	1988	1989	1990	1991	1992	1993	1994
1981	12.0	10.6	10.8	11.7	13.5	13.4	12.6	11.5	10.5	9.3	8.9	8.7	8.5
1982		9.3	10.2	11.6	13.9	13.7	12.7	11.4	10.3	9.0	8.6	8.4	8.3
1983			11.2	12.7	15.5	14.8	13.3	11.7	10.4	9.0	8.5	8.3	8.2
1984				14.3	17.7	16.1	13.9	11.9	10.3	8.6	8.2	7.9	7.9
1985					21.2	17.0	13.8	11.3	9.5	7.7	7.3	7.2	7.2
1986						13.0	10.2	8.1	6.8	5.2	5.2	5.3	5.6
1987							7.6	5.8	4.8	3.4	3.7	4.1	4.5
1988								4.0	3.4	2.0	2.7	3.4	4.1
1989									2.8	1.0	2.3	3.3	4.1
1990										-0.7	2.1	3.4	4.4
1991											5.0	5.6	6.1
1992												6.1	6.7
1993													7.3

National disposable income
(value)
Revenu national disponible
(valeur)

	1982	1983	1984	1985	1986	1987	1988	1989	1990	1991	1992	1993	1994
1981	9.5	5.7	6.9	9.5	11.5	11.6	10.6	9.7	8.7	7.7	7.1	6.8	6.9
1982		2.0	5.6	9.5	12.0	12.0	10.8	9.7	8.6	7.5	6.9	6.6	6.7
1983			9.4	13.5	15.5	14.7	12.6	11.0	9.6	8.2	7.5	7.0	7.1
1984				17.8	18.6	16.5	13.4	11.4	9.6	8.0	7.2	6.8	6.9
1985					19.5	15.9	12.0	9.8	8.0	6.5	5.8	5.5	5.7
1986						12.4	8.5	6.7	5.3	4.0	3.7	3.6	4.1
1987							4.6	4.0	3.1	2.0	2.0	2.2	3.0
1988								3.4	2.3	1.2	1.4	1.7	2.7
1989									1.2	0.1	0.7	1.3	2.6
1990										-1.1	0.4	1.3	2.9
1991											2.0	2.5	4.3
1992												3.1	5.4
1993													7.8

Compensation of employees
(value)
Rémunération des salariés
(valeur)

AUSTRIA

AUTRICHE

Average per cent changes at annual rate

Variations moyennes en pourcentage aux taux annuels

G.D.P. per head (volume) / P.I.B. par tête (volume)

	1982	1983	1984	1985	1986	1987	1988	1989	1990	1991	1992	1993	1994
1981	1.0	1.6	1.5	1.7	1.6	1.6	1.9	2.1	2.2	2.1	2.0	1.8	1.8
1982		2.2	1.8	2.0	1.8	1.7	2.1	2.3	2.3	2.2	2.1	1.9	1.9
1983			1.3	1.9	1.6	1.6	2.0	2.3	2.4	2.2	2.1	1.8	1.9
1984				2.4	1.7	1.7	2.2	2.4	2.5	2.4	2.2	1.9	1.9
1985					1.1	1.3	2.1	2.5	2.6	2.4	2.2	1.8	1.9
1986						1.5	2.7	2.9	2.9	2.6	2.4	1.9	2.0
1987							3.8	3.6	3.4	2.9	2.6	2.0	2.1
1988								3.4	3.2	2.6	2.3	1.6	1.8
1989									3.0	2.2	1.9	1.2	1.4
1990										1.5	1.4	0.6	1.1
1991											1.3	0.1	0.9
1992												−1.0	0.8
1993													2.6

Private final consumption expenditure per head (volume) / Consommation finale privée par tête (volume)

	1982	1983	1984	1985	1986	1987	1988	1989	1990	1991	1992	1993	1994
1981	1.1	3.2	2.1	2.1	2.0	2.2	2.4	2.4	2.4	2.3	2.3	2.0	2.0
1982		5.2	2.5	2.5	2.3	2.4	2.6	2.6	2.6	2.4	2.4	2.1	2.1
1983			−0.1	1.1	1.3	1.7	2.1	2.2	2.2	2.1	2.1	1.8	1.8
1984				2.3	2.0	2.3	2.6	2.7	2.6	2.4	2.4	2.0	2.0
1985					1.7	2.3	2.8	2.8	2.6	2.4	2.4	2.0	2.0
1986						3.0	3.3	3.1	2.9	2.6	2.5	2.0	2.0
1987							3.6	3.2	2.8	2.5	2.4	1.9	1.9
1988								2.7	2.4	2.1	2.1	1.5	1.6
1989									2.1	1.8	1.9	1.2	1.4
1990										1.6	1.8	0.9	1.2
1991											2.0	0.6	1.1
1992												−0.7	0.7
1993													2.1

Gross domestic product (volume) / Produit intérieur brut (volume)

	1982	1983	1984	1985	1986	1987	1988	1989	1990	1991	1992	1993	1994
1981	1.1	1.5	1.5	1.7	1.6	1.6	2.0	2.2	2.4	2.5	2.4	2.3	2.3
1982		2.0	1.7	1.9	1.7	1.7	2.1	2.4	2.6	2.6	2.6	2.4	2.4
1983			1.4	1.9	1.7	1.7	2.1	2.4	2.7	2.7	2.6	2.4	2.5
1984				2.5	1.8	1.8	2.3	2.6	2.9	2.9	2.8	2.5	2.6
1985					1.2	1.4	2.3	2.7	3.0	3.0	2.8	2.5	2.6
1986						1.7	2.8	3.2	3.4	3.3	3.1	2.7	2.8
1987							4.1	3.9	4.0	3.7	3.4	2.9	2.9
1988								3.8	4.0	3.6	3.0	2.7	2.7
1989									4.2	3.5	3.0	2.4	2.5
1990										2.8	2.4	1.7	2.1
1991											2.0	1.2	1.8
1992												0.4	1.7
1993													3.0

Gross domestic product (implicit price deflator) / Produit intérieur brut (prix implicite)

	1982	1983	1984	1985	1986	1987	1988	1989	1990	1991	1992	1993	1994
1981	6.2	5.0	5.0	4.5	4.5	4.1	3.8	3.6	3.6	3.6	3.7	3.7	3.6
1982		3.9	4.4	3.9	4.0	3.7	3.4	3.3	3.3	3.4	3.4	3.4	3.4
1983			4.9	4.0	4.1	3.7	3.2	3.2	3.2	3.3	3.4	3.4	3.4
1984				3.1	3.7	3.3	2.8	2.8	2.9	3.1	3.2	3.2	3.2
1985					4.3	3.3	2.8	2.8	2.9	3.1	3.2	3.2	3.3
1986						2.4	2.0	2.3	2.5	2.8	3.1	3.1	3.1
1987							1.6	2.2	2.6	2.9	3.2	3.2	3.2
1988								2.9	3.1	3.4	3.6	3.5	3.5
1989									3.3	3.6	3.8	3.7	3.6
1990										4.0	4.1	3.8	3.7
1991											4.1	3.8	3.6
1992												3.4	3.4
1993													3.4

Private final consumption expenditure (volume) / Consommation finale privée (volume)

	1982	1983	1984	1985	1986	1987	1988	1989	1990	1991	1992	1993	1994
1981	1.2	3.1	2.0	2.1	2.0	2.2	2.5	2.5	2.6	2.7	2.7	2.5	2.5
1982		5.0	2.4	2.4	2.2	2.4	2.7	2.7	2.8	2.8	2.8	2.6	2.6
1983			−0.1	1.1	1.4	1.8	2.2	2.4	2.5	2.6	2.6	2.4	2.4
1984				2.4	2.1	2.4	2.8	2.9	2.9	2.9	2.9	2.7	2.7
1985					1.8	2.5	2.9	3.0	3.0	3.0	3.0	2.7	2.7
1986						3.1	3.5	3.4	3.4	3.3	3.2	2.8	2.8
1987							3.9	3.5	3.4	3.3	3.2	2.8	2.7
1988								3.1	3.2	3.1	3.0	2.6	2.6
1989									3.3	3.1	3.0	2.4	2.4
1990										2.9	2.8	2.1	2.2
1991											2.8	1.7	2.0
1992												0.7	1.6
1993													2.5

Private final consumption expenditure (implicit price deflator) / Consommation finale privée (prix implicite)

	1982	1983	1984	1985	1986	1987	1988	1989	1990	1991	1992	1993	1994
1981	6.0	4.7	5.0	4.6	4.0	3.5	3.2	3.2	3.2	3.2	3.3	3.3	3.3
1982		3.4	4.5	4.1	3.5	3.0	2.8	2.8	2.8	2.9	3.0	3.0	3.0
1983			5.6	4.4	3.6	2.9	2.6	2.7	2.7	2.8	2.9	3.0	3.0
1984				3.3	2.6	2.1	1.9	2.1	2.3	2.4	2.6	2.7	2.7
1985					1.9	1.4	1.4	1.8	2.1	2.3	2.5	2.6	2.7
1986						1.0	1.2	1.7	2.1	2.4	2.6	2.7	2.8
1987							1.4	2.1	2.5	2.7	2.9	3.0	3.0
1988								2.8	3.0	3.1	3.3	3.3	3.3
1989									3.3	3.3	3.5	3.5	3.4
1990										3.4	3.6	3.6	3.4
1991											3.9	3.7	3.4
1992												3.4	3.2
1993													3.0

Government final consumption expenditure (volume) / Consommation des administrations publiques (volume)

	1982	1983	1984	1985	1986	1987	1988	1989	1990	1991	1992	1993	1994
1981	2.3	2.3	1.6	1.7	1.7	1.5	1.3	1.2	1.2	1.4	1.4	1.6	1.6
1982		2.2	1.2	1.5	1.5	1.3	1.1	1.1	1.1	1.3	1.3	1.5	1.6
1983			0.2	1.1	1.3	1.1	0.9	0.9	0.9	1.1	1.3	1.4	1.5
1984				1.9	1.8	1.3	1.1	1.0	1.1	1.3	1.4	1.6	1.6
1985					1.7	1.0	0.8	0.8	0.9	1.2	1.3	1.5	1.6
1986						0.4	0.4	0.5	0.7	1.1	1.2	1.5	1.6
1987							0.3	0.6	0.8	1.2	1.4	1.7	1.8
1988								0.8	1.0	1.5	1.7	2.0	2.0
1989									1.2	1.9	2.0	2.3	2.3
1990										2.6	2.4	2.6	2.5
1991											2.2	2.6	2.5
1992												3.1	2.7
1993													2.2

Government final consumption expenditure (implicit price deflator) / Consommation des administrations publiques (prix implicite)

	1982	1983	1984	1985	1986	1987	1988	1989	1990	1991	1992	1993	1994
1981	7.3	5.4	5.1	5.2	5.0	4.7	4.4	4.4	4.4	4.5	4.6	4.6	4.5
1982		3.6	4.1	4.4	4.4	4.2	3.9	3.9	4.0	4.2	4.3	4.4	4.3
1983			4.6	4.9	4.7	4.3	4.0	4.0	4.1	4.3	4.4	4.5	4.3
1984				5.2	4.8	4.3	3.8	3.9	4.0	4.3	4.4	4.4	4.3
1985					4.4	3.8	3.4	3.6	3.7	4.1	4.3	4.4	4.2
1986						3.2	2.8	3.3	3.6	4.1	4.3	4.3	4.2
1987							2.5	3.3	3.7	4.3	4.5	4.5	4.3
1988								4.2	4.3	4.9	5.0	4.9	4.6
1989									4.4	5.2	5.3	5.1	4.7
1990										6.1	5.7	5.4	4.8
1991											5.3	5.0	4.4
1992												4.7	3.9
1993													3.1

Gross fixed capital formation (volume) / Formation brute de capital fixe (volume)

	1982	1983	1984	1985	1986	1987	1988	1989	1990	1991	1992	1993	1994
1981	−8.2	−4.4	−2.3	−0.5	0.3	0.8	1.5	2.1	2.5	2.9	2.7	2.4	2.7
1982		−0.6	0.8	2.2	2.5	2.7	3.2	3.6	3.9	4.2	3.9	3.4	3.7
1983			2.1	3.5	3.6	3.5	4.0	4.3	4.5	4.8	4.4	3.8	4.1
1984				5.0	4.3	3.9	4.5	4.8	5.0	5.1	4.7	4.0	4.3
1985					3.7	3.4	4.3	4.7	4.9	5.2	4.7	3.9	4.2
1986						3.1	4.6	5.1	5.3	5.5	4.8	3.9	4.2
1987							6.0	6.1	6.0	6.1	5.2	4.0	4.4
1988								6.2	6.0	6.1	5.0	3.6	4.1
1989									5.7	6.0	4.6	3.0	3.7
1990										6.3	4.0	2.1	3.2
1991											1.7	0.0	2.2
1992												−1.6	2.5
1993													6.8

Gross fixed capital formation (implicit price deflator) / Formation brute de capital fixe (prix implicite)

	1982	1983	1984	1985	1986	1987	1988	1989	1990	1991	1992	1993	1994
1981	6.8	5.0	4.2	3.8	3.6	3.4	3.2	3.2	3.2	3.2	3.3	3.1	3.1
1982		3.1	3.0	2.8	2.8	2.7	2.6	2.7	2.7	2.9	2.9	2.8	2.8
1983			2.8	2.6	2.6	2.6	2.5	2.6	2.7	2.9	2.9	2.8	2.7
1984				2.5	2.6	2.5	2.5	2.6	2.7	2.8	2.9	2.8	2.7
1985					2.7	2.5	2.5	2.6	2.7	2.9	2.9	2.8	2.7
1986						2.4	2.4	2.6	2.7	2.9	3.0	2.9	2.7
1987							2.3	2.6	2.8	3.1	3.1	2.9	2.8
1988								3.0	3.0	3.3	3.3	3.1	2.9
1989									3.1	3.5	3.4	3.1	2.9
1990										3.8	3.6	3.1	2.8
1991											3.3	2.7	2.5
1992												2.0	2.0
1993													2.0

National disposable income (value) / Revenu national disponible (valeur)

	1982	1983	1984	1985	1986	1987	1988	1989	1990	1991	1992	1993	1994
1981	7.2	6.6	6.5	6.3	6.1	5.8	5.8	5.9	6.1	6.2	6.1	5.9	6.0
1982		5.9	6.2	6.0	5.8	5.5	5.5	5.7	6.0	6.1	6.0	5.8	5.9
1983			6.5	6.1	5.8	5.4	5.4	5.7	6.1	6.1	6.1	5.8	5.9
1984				5.7	5.4	5.0	5.2	5.5	5.9	6.0	6.0	5.7	5.8
1985					5.2	4.6	5.0	5.5	6.0	6.1	6.0	5.7	5.8
1986						4.1	4.9	5.5	6.2	6.3	6.2	5.8	5.9
1987							5.7	6.3	6.9	6.8	6.6	6.1	6.2
1988								6.8	7.5	7.2	6.8	6.1	6.2
1989									8.2	7.3	6.8	5.9	6.1
1990										6.5	6.2	5.2	5.6
1991											5.8	4.6	5.3
1992												3.3	5.1
1993													6.9

Compensation of employees (value) / Rémunération des salariés (valeur)

	1982	1983	1984	1985	1986	1987	1988	1989	1990	1991	1992	1993	1994
1981	4.7	4.4	4.7	5.0	5.3	5.1	4.9	5.1	5.3	5.7	5.7	5.6	5.5
1982		4.1	4.7	5.1	5.4	5.1	4.9	5.1	5.4	5.8	5.8	5.7	5.5
1983			5.3	5.7	5.8	5.4	5.1	5.3	5.6	6.0	6.0	5.9	5.6
1984				6.0	6.1	5.4	5.0	5.3	5.6	6.1	6.1	5.9	5.7
1985					6.2	5.1	4.7	5.1	5.6	6.1	6.1	5.9	5.6
1986						4.1	3.9	4.7	5.4	6.0	6.1	5.9	5.6
1987							3.7	5.0	5.8	6.5	6.6	6.2	5.8
1988								6.4	6.9	7.5	7.3	6.7	6.1
1989									7.5	8.0	7.6	6.8	6.1
1990										8.6	7.6	6.5	5.8
1991											6.7	5.5	4.8
1992												4.3	3.9
1993													3.5

BELGIUM

BELGIQUE

Average per cent changes at annual rate

Variations moyennes en pourcentage aux taux annuels

G.D.P. per head (volume)
P.I.B. par tête (volume)

	1982	1983	1984	1985	1986	1987	1988	1989	1990	1991	1992	1993	1994
1981	1.5	1.0	1.4	1.2	1.3	1.4	1.8	2.0	2.1	2.1	2.0	1.7	1.7
1982		0.5	1.3	1.2	1.2	1.3	1.8	2.0	2.2	2.1	2.0	1.7	1.7
1983			2.2	1.5	1.4	1.6	2.1	2.3	2.4	2.3	2.2	1.8	1.8
1984				0.8	1.1	1.3	2.1	2.3	2.4	2.3	2.2	1.8	1.8
1985					1.3	1.6	2.5	2.7	2.8	2.6	2.4	1.9	1.9
1986						1.9	3.1	3.1	3.1	2.9	2.6	1.9	1.9
1987							4.4	3.8	3.5	3.1	2.8	2.0	1.9
1988								3.2	3.1	2.7	2.4	1.5	1.5
1989									3.1	2.4	2.1	1.1	1.2
1990										1.8	1.6	0.4	0.8
1991											1.4	-0.3	0.4
1992												-2.0	-0.1
1993													1.8

Private final consumption expenditure per head (volume)
Consommation finale privée par tête (volume)

	1982	1983	1984	1985	1986	1987	1988	1989	1990	1991	1992	1993	1994
1981	1.3	-0.2	0.3	0.7	1.0	1.3	1.5	1.7	1.8	1.9	1.9	1.7	1.6
1982		-1.6	-0.2	0.5	0.9	1.3	1.5	1.8	1.9	1.9	2.0	1.7	1.6
1983			1.2	1.6	1.8	2.1	2.1	2.4	2.4	2.4	2.4	2.1	1.9
1984				1.9	2.1	2.4	2.3	2.6	2.6	2.6	2.6	2.1	2.0
1985					2.3	2.6	2.5	2.8	2.7	2.7	2.6	2.2	2.0
1986						2.9	2.6	3.0	2.8	2.8	2.7	2.2	2.0
1987							2.3	3.0	2.7	2.7	2.7	2.0	1.9
1988								3.7	3.0	2.9	2.8	2.0	1.8
1989									2.3	2.5	2.5	1.6	1.4
1990										2.7	2.6	1.3	1.2
1991											2.4	0.7	0.7
1992												-1.1	-0.1
1993													0.9

Gross domestic product (volume)
Produit intérieur brut (volume)

	1982	1983	1984	1985	1986	1987	1988	1989	1990	1991	1992	1993	1994
1981	1.5	1.0	1.4	1.2	1.3	1.4	1.9	2.1	2.2	2.2	2.2	1.9	1.9
1982		0.5	1.3	1.2	1.2	1.4	1.9	2.1	2.3	2.3	2.2	1.9	1.9
1983			2.2	1.5	1.5	1.6	2.2	2.4	2.6	2.5	2.4	2.0	2.0
1984				0.8	1.1	1.4	2.3	2.5	2.6	2.6	2.5	2.0	2.0
1985					1.4	1.7	2.7	2.9	3.0	2.9	2.7	2.2	2.2
1986						2.0	3.4	3.4	3.4	3.2	2.9	2.3	2.3
1987							4.9	4.1	3.9	3.5	3.1	2.3	2.3
1988								3.4	3.4	3.0	2.7	1.8	1.9
1989									3.4	2.8	2.5	1.4	1.6
1990										2.2	2.0	0.8	1.1
1991											1.8	0.1	0.8
1992												-1.6	0.3
1993													2.2

Gross domestic product (implicit price deflator)
Produit intérieur brut (prix implicite)

	1982	1983	1984	1985	1986	1987	1988	1989	1990	1991	1992	1993	1994
1981	7.1	6.3	5.9	6.0	5.5	5.0	4.5	4.6	4.4	4.2	4.2	4.1	4.0
1982		5.6	5.4	5.6	5.2	4.6	4.1	4.2	4.1	3.9	3.9	3.9	3.8
1983			5.2	5.6	5.0	4.3	3.8	4.0	3.8	3.7	3.7	3.7	3.6
1984				6.1	4.9	4.1	3.5	3.7	3.6	3.5	3.5	3.6	3.5
1985					3.8	3.1	2.6	3.2	3.1	3.1	3.1	3.2	3.2
1986						2.3	2.0	3.0	3.0	2.9	3.0	3.2	3.1
1987							1.8	3.3	3.2	3.1	3.1	3.3	3.2
1988								4.8	3.9	3.5	3.5	3.6	3.5
1989									3.0	2.8	3.1	3.3	3.2
1990										2.7	3.1	3.4	3.2
1991											3.5	3.8	3.4
1992												4.1	3.4
1993													2.6

Private final consumption expenditure (volume)
Consommation finale privée (volume)

	1982	1983	1984	1985	1986	1987	1988	1989	1990	1991	1992	1993	1994
1981	1.3	-0.1	0.3	0.7	1.0	1.4	1.6	1.8	1.9	2.0	2.1	1.9	1.8
1982		-1.6	-0.2	0.5	1.0	1.4	1.6	1.9	2.0	2.1	2.2	1.9	1.9
1983			1.2	1.6	1.8	2.1	2.3	2.5	2.5	2.6	2.6	2.3	2.2
1984				1.9	2.1	2.4	2.5	2.8	2.7	2.8	2.8	2.4	2.3
1985					2.3	2.7	2.7	3.0	2.9	2.9	2.9	2.5	2.3
1986						3.0	2.9	3.2	3.1	3.1	3.0	2.5	2.3
1987							2.8	3.3	3.1	3.1	3.0	2.4	2.2
1988								3.8	3.2	3.2	3.1	2.3	2.1
1989									2.6	2.8	2.8	1.9	1.8
1990										3.1	3.0	1.7	1.6
1991											2.9	1.1	1.1
1992												-0.7	0.3
1993													1.3

Private final consumption expenditure (implicit price deflator)
Consommation finale privée (prix implicite)

	1982	1983	1984	1985	1986	1987	1988	1989	1990	1991	1992	1993	1994
1981	7.8	7.5	6.9	6.6	5.4	4.8	4.4	4.3	4.2	4.0	3.8	3.8	3.7
1982		7.1	6.4	6.3	4.8	4.2	3.8	3.8	3.7	3.6	3.4	3.4	3.4
1983			5.7	5.8	4.1	3.5	3.1	3.2	3.3	3.2	3.0	3.0	3.0
1984				5.9	3.3	2.8	2.5	2.7	2.9	2.8	2.7	2.7	2.8
1985					0.7	1.3	1.4	1.9	2.3	2.3	2.2	2.4	2.4
1986						1.9	1.7	2.4	2.7	2.6	2.5	2.6	2.6
1987							1.5	2.6	2.9	2.8	2.6	2.7	2.7
1988								3.7	3.6	3.2	2.9	2.9	3.0
1989									3.5	3.0	2.7	2.8	2.8
1990										2.5	2.2	2.5	2.6
1991											2.0	2.5	2.7
1992												3.1	3.0
1993													3.0

Government final consumption expenditure (volume)
Consommation des administrations publiques (volume)

	1982	1983	1984	1985	1986	1987	1988	1989	1990	1991	1992	1993	1994
1981	-1.3	-0.6	-0.3	0.4	0.7	0.6	0.4	0.3	0.3	0.5	0.5	0.5	0.6
1982		0.2	0.3	1.0	1.2	1.0	0.7	0.6	0.5	0.7	0.6	0.7	0.7
1983			0.3	1.4	1.5	1.2	0.8	0.7	0.5	0.7	0.7	0.7	0.8
1984				2.5	2.2	1.5	0.9	0.7	0.5	0.8	0.7	0.7	0.8
1985					1.8	1.1	0.4	0.3	0.1	0.5	0.5	0.5	0.6
1986						0.3	-0.3	-0.2	-0.3	0.3	0.3	0.3	0.5
1987							-0.9	-0.5	-0.5	0.2	0.3	0.3	0.5
1988								-0.1	-0.3	0.6	0.5	0.6	0.7
1989									-0.4	1.0	0.8	0.8	0.9
1990										2.4	1.4	1.2	1.3
1991											0.3	0.6	0.9
1992												0.8	1.1
1993													1.5

Government final consumption expenditure (implicit price deflator)
Consommation des administrations publiques (prix implicite)

	1982	1983	1984	1985	1986	1987	1988	1989	1990	1991	1992	1993	1994
1981	7.0	4.9	4.8	4.7	4.2	3.5	3.2	3.3	3.4	3.6	3.6	3.7	3.6
1982		2.9	3.7	4.0	3.5	2.8	2.5	2.8	3.0	3.2	3.3	3.4	3.4
1983			4.4	4.5	3.7	2.8	2.5	2.7	3.0	3.3	3.3	3.4	3.4
1984				4.6	3.3	2.3	2.0	2.4	2.7	3.1	3.2	3.3	3.3
1985					2.0	1.2	1.1	1.9	2.4	2.8	3.0	3.2	3.1
1986						0.3	0.7	1.8	2.5	3.0	3.1	3.3	3.3
1987							1.0	2.6	3.2	3.7	3.7	3.9	3.7
1988								4.2	4.3	4.6	4.4	4.4	4.2
1989									4.4	4.8	4.5	4.5	4.2
1990										5.2	4.5	4.5	4.1
1991											3.8	4.2	3.8
1992												4.5	3.8
1993													3.0

Gross fixed capital formation (volume)
Formation brute de capital fixe (volume)

	1982	1983	1984	1985	1986	1987	1988	1989	1990	1991	1992	1993	1994
1981	-1.7	-3.1	-1.5	-0.9	0.1	1.0	2.9	4.1	4.7	4.1	3.7	2.8	2.6
1982		-4.4	-1.4	-0.7	0.6	1.6	3.7	4.9	5.6	4.7	4.3	3.2	3.0
1983			1.7	1.2	2.3	3.1	5.4	6.6	7.1	5.9	5.3	4.0	3.7
1984				0.7	2.6	3.6	6.4	7.6	8.0	6.6	5.7	4.3	3.9
1985					4.4	5.0	8.4	9.3	9.5	7.6	6.5	4.7	4.3
1986						5.6	10.4	11.0	10.8	8.2	6.8	4.8	4.2
1987							15.4	13.8	12.6	8.9	7.1	4.6	4.0
1988								12.3	11.2	6.8	5.1	2.6	2.3
1989									10.1	4.1	2.8	0.3	0.4
1990										-1.5	-0.7	-2.7	-1.9
1991											0.2	-3.3	-2.1
1992												-6.7	-3.2
1993													0.5

Gross fixed capital formation (implicit price deflator)
Formation brute de capital fixe (prix implicite)

	1982	1983	1984	1985	1986	1987	1988	1989	1990	1991	1992	1993	1994
1981	6.4	5.2	4.9	4.6	3.9	3.4	3.2	3.4	3.3	3.2	3.2	3.1	3.0
1982		4.1	4.1	4.0	3.3	2.8	2.7	2.9	2.9	2.8	2.9	2.8	2.8
1983			4.2	4.0	3.0	2.5	2.4	2.8	2.7	2.7	2.7	2.7	2.6
1984				3.8	2.5	1.9	2.0	2.5	2.5	2.5	2.5	2.5	2.5
1985					1.1	1.0	1.4	2.1	2.3	2.2	2.4	2.4	2.3
1986						0.9	1.5	2.5	2.5	2.4	2.6	2.5	2.5
1987							2.1	3.3	3.1	2.8	2.9	2.8	2.7
1988								4.5	3.6	3.1	3.1	2.9	2.8
1989									2.7	2.4	2.7	2.6	2.5
1990										2.1	2.6	2.5	2.5
1991											3.2	2.8	2.6
1992												2.4	2.3
1993													2.2

National disposable income (value)
Revenu national disponible (valeur)

	1982	1983	1984	1985	1986	1987	1988	1989	1990	1991	1992	1993	1994
1981	7.9	6.8	7.3	7.1	6.9	6.5	6.4	6.8	6.6	6.6	6.4	6.2	6.1
1982		5.7	6.9	6.9	6.6	6.2	6.2	6.6	6.4	6.4	6.3	6.0	5.9
1983			8.1	7.4	6.9	6.3	6.3	6.7	6.5	6.5	6.3	6.0	6.0
1984				6.8	6.3	5.7	5.8	6.4	6.3	6.3	6.1	5.8	5.7
1985					5.9	5.2	5.5	6.4	6.2	6.2	6.0	5.7	5.6
1986						4.5	5.3	6.5	6.2	6.2	6.0	5.7	5.6
1987							6.1	7.6	6.8	6.7	6.3	5.9	5.8
1988								9.1	7.2	6.9	6.4	5.8	5.7
1989									5.3	5.8	5.5	5.0	5.0
1990										6.3	5.6	4.9	5.0
1991											4.9	4.2	4.5
1992												3.6	4.3
1993													5.1

Compensation of employees (value)
Rémunération des salariés (valeur)

	1982	1983	1984	1985	1986	1987	1988	1989	1990	1991	1992	1993	1994
1981	6.0	5.3	5.6	5.5	5.4	4.9	4.7	4.8	5.2	5.4	5.4	5.1	5.0
1982		4.7	5.4	5.3	5.2	4.7	4.5	4.6	5.1	5.4	5.4	5.0	4.9
1983			6.2	5.6	5.4	4.7	4.5	4.6	5.1	5.5	5.5	5.1	5.0
1984				5.1	5.0	4.2	4.1	4.3	4.9	5.4	5.4	4.9	4.8
1985					4.9	3.7	3.8	4.1	4.9	5.4	5.4	4.9	4.8
1986						2.5	3.2	3.8	4.9	5.5	5.5	4.9	4.8
1987							3.9	4.4	5.8	6.3	6.1	5.3	5.1
1988								5.0	6.7	7.1	6.7	5.6	5.3
1989									8.4	8.1	7.2	5.8	5.4
1990										7.8	6.6	4.9	4.7
1991											5.4	3.5	3.6
1992												1.6	2.8
1993													3.9

DENMARK

DANEMARK

Average per cent changes at annual rate

Variations moyennes en pourcentage aux taux annuels

G.D.P. per head (volume) / P.I.B. par tête (volume)

	1982	1983	1984	1985	1986	1987	1988	1989	1990	1991	1992	1993	1994
1981	3.1	2.8	3.4	3.6	3.6	3.0	2.7	2.4	2.3	2.2	2.0	2.0	2.1
1982		2.6	3.5	3.8	3.7	3.0	2.7	2.4	2.2	2.1	1.9	1.9	2.0
1983			4.4	4.3	4.1	3.1	2.7	2.3	2.2	2.0	1.9	1.8	2.0
1984				4.2	3.9	2.6	2.2	1.9	1.8	1.7	1.5	1.5	1.8
1985					3.5	1.8	1.6	1.3	1.3	1.3	1.2	1.2	1.5
1986						0.2	0.6	0.6	0.8	0.8	0.8	0.8	1.2
1987							1.1	0.8	1.0	1.0	0.9	0.9	1.4
1988								0.5	0.9	1.0	0.8	0.9	1.4
1989									1.3	1.2	0.9	1.0	1.6
1990										1.1	0.8	0.9	1.7
1991											0.5	0.8	1.9
1992												1.1	2.6
1993													4.1

Private final consumption expenditure per head (volume) / Consommation finale privée par tête (volume)

	1982	1983	1984	1985	1986	1987	1988	1989	1990	1991	1992	1993	1994
1981	1.5	2.1	2.5	3.1	3.6	2.7	2.2	1.8	1.6	1.6	1.5	1.5	2.0
1982		2.7	3.1	3.7	4.1	3.0	2.3	1.9	1.6	1.6	1.5	1.5	2.0
1983			3.4	4.2	4.6	3.0	2.2	1.8	1.5	1.4	1.3	1.4	1.9
1984				4.9	5.3	2.9	1.9	1.4	1.2	1.1	1.1	1.2	1.8
1985					5.6	1.9	0.9	0.6	0.4	0.5	0.6	0.7	1.4
1986						−1.6	−1.3	−1.1	−0.8	−0.5	−0.3	0.1	0.9
1987							−1.1	−0.8	−0.5	−0.2	0.0	0.3	1.3
1988								−0.5	−0.3	0.1	0.3	0.6	1.7
1989									−0.1	0.4	0.5	0.9	2.1
1990										0.9	0.8	1.2	2.7
1991											0.8	1.4	3.3
1992												2.0	4.6
1993													7.2

Gross domestic product (volume) / Produit intérieur brut (volume)

	1982	1983	1984	1985	1986	1987	1988	1989	1990	1991	1992	1993	1994
1981	3.0	2.8	3.3	3.6	3.6	3.0	2.7	2.5	2.4	2.3	2.1	2.1	2.3
1982		2.5	3.4	3.7	3.7	3.0	2.7	2.4	2.3	2.2	2.0	2.0	2.2
1983			4.4	4.3	4.1	3.1	2.7	2.4	2.2	2.1	2.0	1.9	2.2
1984				4.3	4.0	2.7	2.3	2.0	1.9	1.8	1.7	1.7	1.9
1985					3.6	2.0	1.7	1.4	1.4	1.4	1.3	1.3	1.7
1986						0.3	0.7	0.7	0.9	1.0	0.9	1.0	1.4
1987							1.2	0.9	1.1	1.1	1.1	1.1	1.6
1988								0.6	1.0	1.1	1.0	1.1	1.7
1989									1.4	1.4	1.2	1.3	1.9
1990										1.3	1.1	1.2	2.0
1991											0.8	1.2	2.2
1992												1.5	3.0
1993													4.4

Gross domestic product (implicit price deflator) / Produit intérieur brut (prix implicite)

	1982	1983	1984	1985	1986	1987	1988	1989	1990	1991	1992	1993	1994
1981	10.6	9.1	7.9	7.0	6.5	6.2	5.8	5.6	5.3	5.0	4.7	4.4	4.2
1982		7.6	6.6	5.9	5.5	5.4	5.0	4.9	4.6	4.4	4.1	3.8	3.7
1983			5.7	5.0	4.8	4.8	4.5	4.5	4.2	4.0	3.7	3.5	3.4
1984				4.3	4.4	4.5	4.2	4.2	4.0	3.7	3.5	3.2	3.1
1985					4.6	4.6	4.2	4.2	3.9	3.6	3.4	3.1	3.0
1986						4.7	4.0	4.1	3.7	3.4	3.2	2.9	2.8
1987							3.4	3.8	3.4	3.1	2.9	2.6	2.6
1988								4.2	3.5	3.0	2.8	2.4	2.4
1989									2.7	2.5	2.3	2.0	2.1
1990										2.2	2.1	1.8	1.9
1991											2.0	1.5	1.8
1992												1.1	1.7
1993													2.3

Private final consumption expenditure (volume) / Consommation finale privée (volume)

	1982	1983	1984	1985	1986	1987	1988	1989	1990	1991	1992	1993	1994
1981	1.4	2.0	2.5	3.1	3.6	2.7	2.2	1.9	1.7	1.6	1.6	1.6	2.1
1982		2.6	3.0	3.6	4.2	3.0	2.3	1.9	1.7	1.6	1.6	1.7	2.1
1983			3.4	4.2	4.7	3.1	2.3	1.8	1.6	1.5	1.5	1.6	2.1
1984				5.0	5.4	3.0	2.0	1.5	1.3	1.3	1.2	1.4	2.0
1985					5.7	2.1	1.0	0.7	0.5	0.6	0.7	0.9	1.6
1986						−1.5	−1.3	−1.0	−0.7	−0.3	−0.1	0.2	1.1
1987							−1.0	−0.7	−0.5	−0.1	0.2	0.5	1.5
1988								−0.4	−0.2	0.3	0.5	0.9	1.9
1989									0.0	0.6	0.8	1.2	2.4
1990										1.2	1.1	1.5	3.0
1991											1.1	1.7	3.6
1992												2.4	4.9
1993													7.6

Private final consumption expenditure (implicit price deflator) / Consommation finale privée (prix implicite)

	1982	1983	1984	1985	1986	1987	1988	1989	1990	1991	1992	1993	1994
1981	10.2	8.5	7.8	6.9	6.1	5.8	5.6	5.4	5.1	4.8	4.6	4.3	4.0
1982		6.8	6.6	5.8	5.1	5.0	4.8	4.7	4.5	4.3	4.0	3.7	3.5
1983			6.4	5.4	4.5	4.5	4.4	4.4	4.2	3.9	3.7	3.4	3.2
1984				4.3	3.6	3.9	3.9	4.0	3.8	3.6	3.4	3.1	2.9
1985					2.9	3.7	3.8	3.9	3.7	3.5	3.2	3.0	2.7
1986						4.6	4.3	4.3	3.9	3.6	3.3	3.0	2.7
1987							4.0	4.1	3.7	3.3	3.0	2.7	2.5
1988								4.3	3.5	3.1	2.8	2.5	2.2
1989									2.7	2.6	2.3	2.0	1.8
1990										2.4	2.1	1.8	1.6
1991											1.8	1.4	1.3
1992												1.0	1.0
1993													1.0

Government final consumption expenditure (volume) / Consommation des administrations publiques (volume)

	1982	1983	1984	1985	1986	1987	1988	1989	1990	1991	1992	1993	1994
1981	3.1	1.5	0.9	1.3	1.1	1.3	1.3	1.0	0.9	0.8	0.8	1.0	1.0
1982		−0.0	−0.2	0.7	0.6	1.0	1.0	0.8	0.6	0.5	0.6	0.8	0.8
1983			−0.4	1.0	0.9	1.3	1.2	0.9	0.7	0.6	0.7	0.9	0.9
1984				2.5	1.5	1.8	1.6	1.2	0.9	0.7	0.8	1.0	1.0
1985					0.5	1.5	1.3	0.8	0.6	0.4	0.6	0.8	0.9
1986						2.5	1.7	0.9	0.6	0.4	0.6	0.9	0.9
1987							0.9	0.2	−0.0	−0.1	0.2	0.6	0.7
1988								−0.6	−0.5	−0.4	0.0	0.6	0.7
1989									−0.4	−0.3	0.3	0.9	0.9
1990										−0.1	0.6	1.3	1.3
1991											1.4	2.1	1.7
1992												2.8	1.9
1993													1.1

Government final consumption expenditure (implicit price deflator) / Consommation des administrations publiques (prix implicite)

	1982	1983	1984	1985	1986	1987	1988	1989	1990	1991	1992	1993	1994
1981	12.3	9.8	8.0	6.9	5.9	6.2	6.2	6.0	5.7	5.6	5.3	5.0	4.8
1982		7.2	5.8	5.1	4.3	5.0	5.2	5.2	4.9	4.9	4.6	4.4	4.2
1983			4.4	4.1	3.4	4.5	4.8	4.8	4.6	4.6	4.3	4.1	3.9
1984				3.7	2.9	4.5	4.9	4.9	4.7	4.6	4.3	4.1	3.8
1985					2.0	4.9	5.3	5.2	4.8	4.8	4.4	4.1	3.8
1986						7.9	6.9	6.3	5.6	5.3	4.8	4.4	4.1
1987							6.0	5.4	4.8	4.7	4.2	3.9	3.5
1988								4.9	4.2	4.3	3.8	3.4	3.1
1989									3.5	4.0	3.4	3.1	2.8
1990										4.4	3.4	2.9	2.6
1991											2.4	2.2	2.0
1992												2.0	1.8
1993													1.6

Gross fixed capital formation (volume) / Formation brute de capital fixe (volume)

	1982	1983	1984	1985	1986	1987	1988	1989	1990	1991	1992	1993	1994
1981	7.1	4.4	7.2	8.5	10.2	7.7	5.5	5.0	4.2	3.2	2.2	1.8	1.9
1982		1.9	7.2	9.0	11.0	7.8	5.3	4.7	3.8	2.7	1.7	1.3	1.5
1983			12.9	12.7	14.2	9.4	6.0	5.1	4.1	2.8	1.7	1.3	1.4
1984				12.6	14.8	8.2	4.3	3.6	2.7	1.5	0.3	0.1	0.4
1985					17.1	6.2	1.7	1.5	0.9	−0.3	−1.3	−1.4	−0.9
1986						−3.8	−5.2	−3.2	−2.8	−3.4	−4.1	−3.8	−3.0
1987							−6.6	−2.9	−2.5	−3.3	−4.1	−3.8	−2.9
1988								1.0	−0.4	−2.2	−3.5	−3.2	−2.2
1989									−1.7	−3.7	−4.9	−4.3	−2.8
1990										−5.7	−6.5	−5.1	−3.1
1991											−7.2	−4.8	−2.2
1992												−2.3	0.4
1993													3.1

Gross fixed capital formation (implicit price deflator) / Formation brute de capital fixe (prix implicite)

	1982	1983	1984	1985	1986	1987	1988	1989	1990	1991	1992	1993	1994
1981	9.2	8.6	7.4	6.8	6.0	5.6	5.1	5.0	4.7	4.6	4.5	4.4	4.1
1982		8.0	6.5	6.1	5.2	4.9	4.5	4.4	4.1	4.1	4.0	3.9	3.7
1983			5.0	5.1	4.3	4.1	3.8	3.8	3.6	3.6	3.6	3.5	3.3
1984				5.2	3.9	3.8	3.5	3.6	3.4	3.5	3.4	3.4	3.2
1985					2.6	3.1	2.9	3.2	3.0	3.2	3.1	3.1	3.0
1986						3.7	3.1	3.4	3.1	3.3	3.2	3.2	3.0
1987							2.6	3.3	2.9	3.2	3.1	3.1	2.9
1988								4.0	3.1	3.4	3.3	3.3	3.0
1989									2.1	3.0	3.0	3.1	2.7
1990										4.0	3.5	3.4	2.9
1991											2.9	3.1	2.6
1992												3.2	2.4
1993													1.5

National disposable income (value) / Revenu national disponible (valeur)

	1982	1983	1984	1985	1986	1987	1988	1989	1990	1991	1992	1993	1994
1981	13.1	11.8	11.4	10.6	10.2	9.3	8.6	8.0	7.6	7.2	6.8	6.5	6.6
1982		10.5	10.6	9.9	9.5	8.5	7.9	7.3	6.9	6.5	6.2	5.9	6.0
1983			10.6	9.5	9.2	8.0	7.4	6.8	6.4	6.0	5.7	5.5	5.6
1984				8.4	8.5	7.2	6.6	6.1	5.8	5.4	5.2	4.9	5.1
1985					8.6	6.6	6.0	5.5	5.2	4.9	4.7	4.5	4.8
1986						4.6	4.8	4.5	4.4	4.2	4.1	3.9	4.3
1987							5.0	4.4	4.4	4.1	3.9	3.8	4.3
1988								3.8	4.1	3.8	3.7	3.5	4.2
1989									4.3	3.8	3.7	3.5	4.2
1990										3.2	3.3	3.2	4.2
1991											3.4	3.2	4.5
1992												2.9	5.1
1993													7.3

Compensation of employees (value) / Rémunération des salariés (valeur)

	1982	1983	1984	1985	1986	1987	1988	1989	1990	1991	1992	1993	1994
1981	13.0	11.0	10.0	9.5	9.1	9.1	8.5	7.9	7.5	7.0	6.7	6.2	6.0
1982		9.0	8.5	8.4	8.2	8.4	7.8	7.2	6.8	6.4	6.1	5.6	5.4
1983			8.0	8.1	7.9	8.2	7.5	6.9	6.5	6.0	5.7	5.3	5.1
1984				8.1	7.9	8.3	7.4	6.6	6.2	5.8	5.5	5.0	4.8
1985					7.7	8.4	7.2	6.3	5.8	5.4	5.1	4.6	4.4
1986						9.2	6.9	5.8	5.4	4.9	4.7	4.2	4.0
1987							4.7	4.2	4.1	3.9	3.8	3.3	3.3
1988								3.7	3.9	3.6	3.6	3.1	3.1
1989									4.1	3.6	3.5	2.9	3.0
1990										3.1	3.3	2.6	2.7
1991											3.4	2.3	2.6
1992												1.2	2.1
1993													3.1

National Accounts, Volume 1, OECD, 1996

100

FINLAND

FINLANDE

Average per cent changes at annual rate

Variations moyennes en pourcentage aux taux annuels

G.D.P. per head (volume)
P.I.B. par tête (volume)

	1982	1983	1984	1985	1986	1987	1988	1989	1990	1991	1992	1993	1994
1981	2.7	2.4	2.4	2.5	2.4	2.7	2.9	3.2	2.8	1.7	1.2	0.9	1.1
1982		2.1	2.3	2.5	2.4	2.7	3.0	3.3	2.8	1.6	1.0	0.8	1.0
1983			2.5	2.7	2.5	2.8	3.2	3.5	2.9	1.5	0.9	0.7	0.9
1984				2.9	2.5	2.9	3.3	3.7	3.0	1.4	0.7	0.5	0.8
1985					2.0	2.9	3.5	3.9	3.0	1.1	0.4	0.2	0.5
1986						3.8	4.2	4.6	3.3	1.0	0.2	-0.1	0.3
1987							4.6	4.9	3.1	0.3	-0.6	-0.7	-0.1
1988								5.3	2.4	-1.1	-1.8	-1.8	-0.9
1989									-0.4	-4.2	-4.1	-3.5	-2.1
1990										-7.9	-5.9	-4.5	-2.5
1991											-3.8	-2.7	-0.7
1992												-1.6	0.9
1993													3.6

Private final consumption expenditure per head (volume)
Consommation finale privée par tête (volume)

	1982	1983	1984	1985	1986	1987	1988	1989	1990	1991	1992	1993	1994
1981	4.3	3.4	3.1	3.2	3.3	3.5	3.7	3.7	3.3	2.5	1.8	1.3	1.3
1982		2.5	2.5	2.8	3.0	3.4	3.6	3.7	3.1	2.3	1.5	1.1	1.1
1983			2.6	3.0	3.2	3.6	3.9	3.9	3.2	2.2	1.4	0.9	1.0
1984				3.3	3.5	4.0	4.2	4.1	3.3	2.2	1.2	0.7	0.8
1985					3.7	4.3	4.5	4.3	3.3	2.0	1.0	0.4	0.5
1986						4.9	4.9	4.5	3.3	1.7	0.5	-0.1	0.1
1987							4.8	4.4	2.7	0.9	-0.3	-0.9	-0.5
1988								3.9	1.7	-0.4	-1.6	-2.0	-1.4
1989									-0.5	-2.5	-3.4	-3.4	-2.4
1990										-4.4	-4.8	-4.3	-2.9
1991											-5.1	-4.2	-2.4
1992												-3.4	-1.0
1993													1.4

Gross domestic product (volume)
Produit intérieur brut (volume)

	1982	1983	1984	1985	1986	1987	1988	1989	1990	1991	1992	1993	1994
1981	3.2	3.0	3.0	3.1	2.9	3.1	3.4	3.7	3.3	2.2	1.6	1.4	1.6
1982		2.7	2.9	3.0	2.9	3.1	3.4	3.7	3.3	2.1	1.5	1.2	1.5
1983			3.0	3.2	2.9	3.2	3.5	3.9	3.3	2.0	1.3	1.1	1.4
1984				3.4	2.9	3.3	3.7	4.1	3.4	1.8	1.1	0.9	1.2
1985					2.4	3.2	3.8	4.3	3.4	1.6	0.8	0.6	1.0
1986						4.1	4.5	4.9	3.6	1.4	0.6	0.3	0.8
1987							4.9	5.3	3.5	0.7	-0.1	-0.3	0.3
1988								5.7	2.8	-0.6	-1.3	-1.3	-0.4
1989									0.0	-3.6	-3.6	-3.0	-1.6
1990										-7.1	-5.3	-4.0	-2.0
1991											-3.6	-2.4	-0.3
1992												-1.2	1.4
1993													4.0

Gross domestic product (implicit price deflator)
Produit intérieur brut (prix implicite)

	1982	1983	1984	1985	1986	1987	1988	1989	1990	1991	1992	1993	1994
1981	8.9	8.7	8.8	7.9	7.2	6.8	6.8	6.7	6.6	6.2	5.7	5.4	5.1
1982		8.6	8.7	7.6	6.8	6.4	6.5	6.4	6.4	5.9	5.4	5.1	4.8
1983			8.9	7.1	6.2	5.8	6.1	6.1	6.0	5.6	5.0	4.8	4.4
1984				5.3	4.9	4.9	5.4	5.5	5.6	5.1	4.6	4.3	4.0
1985					4.6	4.6	5.4	5.6	5.6	5.1	4.5	4.2	3.9
1986						4.7	5.8	5.9	5.9	5.2	4.4	4.1	3.8
1987							7.0	6.6	6.3	5.3	4.4	4.1	3.6
1988								6.1	6.0	4.8	3.8	3.5	3.1
1989									5.8	4.1	3.0	2.8	2.5
1990										2.5	1.6	1.9	1.7
1991											0.7	1.5	1.4
1992												2.4	1.8
1993													1.2

Private final consumption expenditure (volume)
Consommation finale privée (volume)

	1982	1983	1984	1985	1986	1987	1988	1989	1990	1991	1992	1993	1994
1981	4.9	4.0	3.7	3.7	3.8	4.0	4.2	4.2	3.7	2.9	2.2	1.8	1.8
1982		3.1	3.1	3.3	3.5	3.8	4.0	4.1	3.6	2.7	1.9	1.5	1.5
1983			3.1	3.4	3.6	4.0	4.2	4.2	3.6	2.7	1.8	1.3	1.4
1984				3.7	3.9	4.3	4.5	4.5	3.7	2.6	1.7	1.1	1.2
1985					4.0	4.6	4.8	4.7	3.7	2.4	1.4	0.8	0.9
1986						5.2	5.2	4.9	3.6	2.1	0.9	0.4	0.5
1987							5.1	4.7	3.1	1.4	0.1	-0.4	-0.1
1988								4.3	2.1	0.2	-1.1	-1.5	-0.9
1989									-0.0	-1.8	-2.9	-2.9	-2.0
1990										-3.6	-4.2	-3.8	-2.4
1991											-4.9	-3.9	-2.0
1992												-2.9	-0.6
1993													1.8

Private final consumption expenditure (implicit price deflator)
Consommation finale privée (prix implicite)

	1982	1983	1984	1985	1986	1987	1988	1989	1990	1991	1992	1993	1994
1981	9.1	8.6	8.1	7.5	6.6	6.1	5.9	5.8	5.8	5.8	5.6	5.5	5.2
1982		8.1	7.6	6.9	6.0	5.5	5.3	5.3	5.4	5.4	5.3	5.2	4.8
1983			7.0	6.3	5.2	4.8	4.8	4.8	5.0	5.1	5.0	4.9	4.6
1984				5.6	4.4	4.1	4.2	4.4	4.6	4.8	4.7	4.6	4.3
1985					3.1	3.4	3.8	4.1	4.5	4.7	4.6	4.5	4.2
1986						3.6	4.1	4.4	4.8	5.0	4.8	4.7	4.3
1987							4.6	4.8	5.2	5.3	5.1	4.9	4.4
1988								5.0	5.5	5.5	5.2	5.0	4.4
1989									6.0	5.8	5.3	5.0	4.2
1990										5.6	4.9	4.6	3.8
1991											4.1	4.2	3.2
1992												4.2	2.7
1993													1.3

Government final consumption expenditure (volume)
Consommation des administrations publiques (volume)

	1982	1983	1984	1985	1986	1987	1988	1989	1990	1991	1992	1993	1994
1981	3.3	3.5	3.3	3.6	3.5	3.6	3.4	3.3	3.3	3.3	2.8	2.1	1.8
1982		3.7	3.2	3.7	3.5	3.7	3.4	3.3	3.3	3.3	2.7	1.9	1.7
1983			2.7	3.6	3.5	3.7	3.4	3.2	3.3	3.2	2.6	1.8	1.5
1984				4.5	3.8	4.0	3.5	3.3	3.4	3.3	2.6	1.7	1.4
1985					3.1	3.7	3.2	3.0	3.2	3.1	2.3	1.3	1.1
1986						4.3	3.3	3.0	3.2	3.0	2.1	1.0	0.8
1987							2.3	2.3	2.8	2.7	1.7	0.5	0.4
1988								2.3	3.1	2.9	1.6	0.2	0.0
1989									3.8	3.2	1.3	-0.4	-0.4
1990										2.5	0.1	-1.7	-1.4
1991											-2.2	-3.8	-2.7
1992												-5.3	-3.0
1993													-0.6

Government final consumption expenditure (implicit price deflator)
Consommation des administrations publiques (prix implicite)

	1982	1983	1984	1985	1986	1987	1988	1989	1990	1991	1992	1993	1994
1981	10.4	10.4	10.0	9.7	8.8	8.3	8.0	8.0	8.1	7.9	7.4	6.7	6.4
1982		10.3	9.8	9.5	8.5	7.8	7.6	7.6	7.8	7.7	7.1	6.4	6.0
1983			9.2	9.0	7.8	7.2	7.1	7.2	7.4	7.3	6.7	6.0	5.7
1984				8.9	7.2	6.6	6.6	6.8	7.1	7.1	6.4	5.7	5.3
1985					5.5	5.4	5.8	6.2	6.8	6.8	6.1	5.3	4.9
1986						5.4	6.0	6.5	7.1	7.0	6.2	5.3	4.8
1987							6.5	7.1	7.7	7.4	6.3	5.2	4.8
1988								7.6	8.2	7.7	6.3	5.0	4.5
1989									8.9	7.8	5.8	4.3	3.9
1990										6.7	4.3	2.9	2.7
1991											2.0	1.0	1.3
1992												0.0	1.0
1993													2.0

Gross fixed capital formation (volume)
Formation brute de capital fixe (volume)

	1982	1983	1984	1985	1986	1987	1988	1989	1990	1991	1992	1993	1994
1981	5.1	4.4	2.2	2.2	1.7	2.2	3.3	4.6	3.6	1.0	-0.8	-2.5	-2.5
1982		3.7	0.8	1.3	0.8	1.6	3.0	4.6	3.4	0.5	-1.4	-3.2	-3.1
1983			-2.1	0.1	-0.1	1.1	2.8	4.7	3.4	0.1	-1.9	-3.8	-3.7
1984				2.2	0.9	2.2	4.1	6.1	4.4	0.4	-1.9	-4.0	-3.8
1985					-0.4	2.2	4.7	7.1	4.8	0.1	-2.5	-4.8	-4.5
1986						4.9	7.3	9.8	6.1	0.2	-2.8	-5.4	-5.0
1987							9.8	12.3	6.5	-0.9	-4.3	-7.0	-6.3
1988								14.8	4.9	-4.2	-7.6	-10.0	-8.8
1989									-4.1	-12.5	-14.0	-15.3	-12.9
1990										-20.3	-18.6	-18.8	-14.9
1991											-16.9	-18.0	-13.1
1992												-19.2	-11.1
1993													-2.2

Gross fixed capital formation (implicit price deflator)
Formation brute de capital fixe (prix implicite)

	1982	1983	1984	1985	1986	1987	1988	1989	1990	1991	1992	1993	1994
1981	7.0	7.9	7.7	7.4	6.8	6.8	6.9	7.1	7.0	6.2	5.3	4.8	4.8
1982		8.8	8.0	7.5	6.8	6.7	6.8	7.1	7.0	6.1	5.1	4.6	4.6
1983			7.2	6.8	6.1	6.2	6.5	6.8	6.8	5.8	4.7	4.2	4.2
1984				6.4	5.6	5.9	6.3	6.7	6.7	5.6	4.4	3.9	4.0
1985					4.8	5.6	6.2	6.8	6.8	5.5	4.1	3.6	3.7
1986						6.4	7.0	7.5	7.3	5.6	4.0	3.4	3.5
1987							7.5	8.0	7.5	5.4	3.5	2.9	3.1
1988								8.6	7.5	4.7	2.5	2.0	2.4
1989									6.5	2.8	0.5	0.4	1.2
1990										-0.8	-2.3	-1.5	-0.0
1991											-3.9	-1.9	0.2
1992												0.2	2.3
1993													4.5

National disposable income (value)
Revenu national disponible (valeur)

	1982	1983	1984	1985	1986	1987	1988	1989	1990	1991	1992	1993	1994
1981	12.2	11.7	12.0	11.3	10.4	10.1	10.5	10.5	9.8	8.0	6.7	6.1	6.3
1982		11.2	11.9	11.0	9.9	9.7	10.2	10.3	9.6	7.5	6.2	5.6	5.8
1983			12.7	10.9	9.5	9.4	10.1	10.2	9.3	7.0	5.7	5.1	5.3
1984				9.2	7.9	8.3	9.4	9.7	8.8	6.3	4.8	4.2	4.6
1985					6.7	7.9	9.5	9.8	8.7	5.8	4.2	3.6	4.1
1986						9.0	10.9	10.8	9.2	5.6	3.8	3.2	3.8
1987							12.8	11.8	9.2	4.7	2.8	2.3	3.1
1988								10.8	7.5	2.2	0.4	0.3	1.6
1989									4.4	-1.8	-2.8	-2.2	-0.2
1990										-7.7	-6.3	-4.2	-1.3
1991											-4.8	-2.5	0.9
1992												-0.1	3.9
1993													8.0

Compensation of employees (value)
Rémunération des salariés (valeur)

	1982	1983	1984	1985	1986	1987	1988	1989	1990	1991	1992	1993	1994
1981	10.8	10.8	11.0	11.1	10.3	10.0	10.1	10.3	10.2	9.2	7.7	6.6	6.2
1982		10.8	11.1	11.2	10.2	9.9	10.0	10.3	10.1	9.0	7.4	6.2	5.8
1983			11.3	11.3	9.9	9.7	9.8	10.2	10.0	8.8	7.1	5.7	5.4
1984				11.3	9.3	9.1	9.5	10.0	9.8	8.4	6.6	5.1	4.8
1985					7.2	8.0	8.9	9.6	9.5	7.9	5.9	4.4	4.1
1986						8.8	9.7	10.4	10.1	8.1	5.7	4.0	3.7
1987							10.6	11.2	10.5	7.9	5.1	3.2	3.0
1988								11.9	10.5	7.0	3.7	1.8	1.8
1989									9.1	4.7	1.1	-0.6	-0.1
1990										0.3	-2.7	-3.7	-2.2
1991											-5.6	-5.6	-3.1
1992												-5.7	-1.8
1993													2.2

Average per cent changes at annual rate

	1982	1983	1984	1985	1986	1987	1988	1989	1990	1991	1992	1993	1994
1981	1.7	1.0	1.0	1.1	1.3	1.3	1.7	1.8	1.8	1.7	1.6	1.3	1.4
1982		0.3	0.6	0.9	1.1	1.2	1.6	1.9	1.9	1.7	1.6	1.3	1.3
1983			1.0	1.2	1.4	1.5	1.9	2.1	2.1	1.9	1.7	1.4	1.4
1984				1.3	1.6	1.6	2.2	2.4	2.3	2.0	1.8	1.4	1.5
1985					1.9	1.8	2.4	2.6	2.5	2.1	1.9	1.4	1.5
1986						1.7	2.7	2.9	2.6	2.1	1.9	1.3	1.4
1987							3.7	3.5	2.9	2.2	1.9	1.3	1.4
1988								3.2	2.5	1.7	1.5	0.8	1.0
1989									1.8	1.0	0.9	0.2	0.6
1990										0.2	0.5	-0.3	0.3
1991											0.8	-0.6	0.3
1992												-1.9	0.1
1993													2.2

G.D.P. per head
(volume)
P.I.B. par tête
(volume)

	1982	1983	1984	1985	1986	1987	1988	1989	1990	1991	1992	1993	1994
1981	2.3	1.5	1.5	1.6	1.8	1.8	2.2	2.4	2.4	2.2	2.1	1.8	1.9
1982		0.8	1.1	1.4	1.6	1.7	2.1	2.4	2.4	2.2	2.1	1.8	1.9
1983			1.5	1.6	1.9	2.0	2.4	2.6	2.6	2.4	2.3	1.9	2.0
1984				1.8	2.1	2.1	2.7	2.9	2.8	2.5	2.4	1.9	2.0
1985					2.4	2.3	2.9	3.1	3.0	2.6	2.4	1.9	2.0
1986						2.2	3.2	3.4	3.1	2.7	2.4	1.9	2.0
1987							4.3	4.0	3.5	2.8	2.5	1.8	1.9
1988								3.8	3.1	2.3	2.1	1.3	1.6
1989									2.4	1.6	1.5	0.8	1.1
1990										0.8	1.1	0.2	0.8
1991											1.3	-0.1	0.8
1992												-1.5	0.6
1993													2.7

Gross domestic product
(volume)
Produit intérieur brut
(volume)

	1982	1983	1984	1985	1986	1987	1988	1989	1990	1991	1992	1993	1994
1981	3.2	2.0	1.7	1.8	2.2	2.3	2.4	2.4	2.4	2.3	2.2	2.1	2.0
1982		0.9	0.9	1.3	1.9	2.1	2.2	2.3	2.3	2.2	2.1	2.0	1.9
1983			0.9	1.6	2.3	2.4	2.5	2.6	2.6	2.4	2.3	2.1	2.0
1984				2.2	3.0	2.9	2.9	2.9	2.8	2.6	2.5	2.2	2.1
1985					3.7	3.2	3.1	3.1	3.0	2.7	2.5	2.2	2.1
1986						2.7	2.8	2.8	2.8	2.5	2.3	2.0	1.9
1987							3.0	2.9	2.8	2.4	2.2	1.9	1.8
1988								2.9	2.7	2.2	2.0	1.7	1.6
1989									2.5	1.9	1.8	1.4	1.4
1990										1.4	1.4	1.0	1.1
1991											1.4	0.8	1.0
1992												0.2	0.8
1993													1.5

Private final consumption expenditure
(volume)
Consommation finale privée
(volume)

	1982	1983	1984	1985	1986	1987	1988	1989	1990	1991	1992	1993	1994
1981	3.7	2.9	2.3	2.3	2.2	2.3	2.4	2.2	2.2	2.2	2.3	2.4	2.3
1982		2.0	1.6	1.8	1.8	2.0	2.2	2.0	2.0	2.1	2.2	2.3	2.2
1983			1.2	1.7	1.7	2.0	2.3	2.0	2.0	2.1	2.2	2.3	2.2
1984				2.2	2.0	2.2	2.5	2.1	2.1	2.2	2.4	2.5	2.3
1985					1.7	2.2	2.6	2.1	2.1	2.2	2.4	2.5	2.4
1986						2.8	3.1	2.2	2.2	2.3	2.5	2.6	2.4
1987							3.4	1.9	2.0	2.2	2.4	2.6	2.4
1988								0.5	1.3	1.8	2.2	2.4	2.2
1989									2.0	2.4	2.8	2.9	2.6
1990										2.8	3.1	3.2	2.7
1991											3.5	3.4	2.7
1992												3.4	2.3
1993													1.2

Government final consumption expenditure
(volume)
Consommation des administrations publiques
(volume)

	1982	1983	1984	1985	1986	1987	1988	1989	1990	1991	1992	1993	1994
1981	-1.2	-2.3	-2.4	-1.0	0.1	0.9	2.1	2.8	2.8	2.5	2.0	1.3	1.3
1982		-3.3	-2.9	-0.9	0.5	1.3	2.7	3.4	3.3	2.9	2.3	1.6	1.5
1983			-2.6	0.4	1.8	2.5	3.9	4.5	4.3	3.8	3.0	2.1	2.0
1984				3.4	4.0	4.3	5.6	6.0	5.5	4.7	3.7	2.6	2.4
1985					4.6	4.8	6.4	6.6	5.9	4.9	3.7	2.5	2.3
1986						5.0	7.3	7.3	6.2	5.0	3.6	2.2	2.0
1987							9.6	8.5	6.7	5.0	3.3	1.7	1.6
1988								7.5	5.2	3.5	1.8	0.2	0.4
1989									3.0	1.5	-0.0	-1.5	-1.0
1990										0.0	-1.5	-3.0	-2.0
1991											-3.1	-4.4	-2.6
1992												-5.8	-2.4
1993													1.1

Gross fixed capital formation
(volume)
Formation brute de capital fixe
(volume)

	1982	1983	1984	1985	1986	1987	1988	1989	1990	1991	1992	1993	1994
1981	14.0	11.9	10.9	10.2	9.7	9.0	8.8	8.5	8.2	7.7	7.3	6.8	6.6
1982		9.8	9.4	8.9	8.7	8.0	7.9	7.8	7.5	7.0	6.6	6.1	6.0
1983			8.9	8.4	8.3	7.6	7.5	7.4	7.1	6.7	6.3	5.8	5.6
1984				7.9	8.0	7.1	7.2	7.2	6.8	6.4	6.0	5.4	5.3
1985					8.0	6.7	6.9	7.0	6.6	6.1	5.7	5.1	5.0
1986						5.4	6.4	6.6	6.3	5.8	5.3	4.7	4.7
1987							7.4	7.2	6.5	5.9	5.3	4.6	4.5
1988								7.1	6.1	5.4	4.8	4.0	4.1
1989									5.2	4.5	4.0	3.3	3.5
1990										3.8	3.5	2.6	3.1
1991											3.1	2.0	2.8
1992												0.9	2.7
1993													4.4

National disposable income
(value)
Revenu national disponible
(valeur)

FRANCE

Variations moyennes en pourcentage aux taux annuels

	1982	1983	1984	1985	1986	1987	1988	1989	1990	1991	1992	1993	1994
1981	2.6	1.5	1.1	1.3	1.7	1.8	1.9	1.9	1.9	1.8	1.7	1.5	1.5
1982		0.3	0.4	0.8	1.4	1.6	1.7	1.8	1.8	1.7	1.6	1.4	1.4
1983			0.5	1.1	1.8	1.9	2.0	2.1	2.0	1.9	1.8	1.6	1.5
1984				1.7	2.5	2.4	2.4	2.4	2.3	2.1	1.9	1.7	1.6
1985					3.2	2.7	2.6	2.5	2.4	2.2	2.0	1.7	1.6
1986						2.2	2.3	2.3	2.2	1.9	1.7	1.5	1.4
1987							2.5	2.4	2.2	1.9	1.7	1.3	1.3
1988								2.3	2.1	1.7	1.5	1.1	1.1
1989									2.0	1.4	1.2	0.8	0.9
1990										0.8	0.8	0.4	0.6
1991											0.8	0.2	0.5
1992												-0.3	0.4
1993													1.0

Private final consumption expenditure per head
(volume)
Consommation finale privée par tête
(volume)

	1982	1983	1984	1985	1986	1987	1988	1989	1990	1991	1992	1993	1994
1981	12.0	10.8	9.6	8.7	8.0	7.1	6.6	6.2	5.8	5.6	5.3	5.0	4.7
1982		9.6	8.4	7.6	7.0	6.2	5.7	5.4	5.1	4.9	4.6	4.4	4.2
1983			7.3	6.6	6.1	5.4	4.9	4.7	4.5	4.3	4.1	3.9	3.7
1984				5.8	5.6	4.7	4.3	4.1	4.0	3.9	3.7	3.5	3.3
1985					5.3	4.2	3.8	3.7	3.6	3.6	3.4	3.3	3.0
1986						3.0	3.1	3.2	3.2	3.2	3.0	3.0	2.8
1987							3.1	3.3	3.3	3.3	3.0	2.9	2.7
1988								3.5	3.4	3.3	3.0	2.9	2.7
1989									3.2	3.2	2.9	2.8	2.5
1990										3.3	2.7	2.6	2.3
1991											2.1	2.3	2.0
1992												2.5	2.0
1993													1.4

Gross domestic product
(implicit price deflator)
Produit intérieur brut
(prix implicite)

	1982	1983	1984	1985	1986	1987	1988	1989	1990	1991	1992	1993	1994
1981	11.8	10.8	9.8	8.8	7.6	6.9	6.3	6.0	5.6	5.4	5.1	4.9	4.6
1982		9.7	8.8	7.8	6.6	5.9	5.4	5.2	4.9	4.7	4.5	4.3	4.0
1983			7.9	6.9	5.5	5.0	4.6	4.4	4.2	4.1	3.9	3.7	3.5
1984				6.0	4.4	4.0	3.8	3.7	3.6	3.5	3.4	3.3	3.1
1985					2.9	3.1	3.0	3.2	3.1	3.2	3.0	2.9	2.8
1986						3.3	3.1	3.3	3.2	3.2	3.1	2.9	2.8
1987							2.9	3.3	3.2	3.2	3.0	2.9	2.7
1988								3.6	3.3	3.3	3.0	2.9	2.7
1989									3.0	3.1	2.9	2.7	2.5
1990										3.2	2.8	2.6	2.4
1991											2.4	2.3	2.1
1992												2.2	2.0
1993													1.8

Private final consumption expenditure
(implicit price deflator)
Consommation finale privée
(prix implicite)

	1982	1983	1984	1985	1986	1987	1988	1989	1990	1991	1992	1993	1994
1981	13.6	11.5	10.3	8.7	7.7	6.7	6.0	5.7	5.5	5.3	5.1	4.9	4.6
1982		9.3	8.6	7.1	6.3	5.4	4.8	4.7	4.5	4.4	4.2	4.1	3.9
1983			7.9	6.1	5.3	4.4	3.9	3.9	3.9	3.8	3.7	3.6	3.4
1984				4.2	3.9	3.2	2.9	3.1	3.2	3.2	3.2	3.1	3.0
1985					3.7	2.8	2.5	2.9	3.0	3.0	3.0	3.0	2.8
1986						1.9	1.9	2.6	2.9	2.9	2.9	2.9	2.7
1987							1.9	2.9	3.2	3.1	3.1	3.1	2.9
1988								4.0	3.8	3.6	3.4	3.3	3.0
1989									3.7	3.3	3.2	3.2	2.8
1990										3.0	3.0	3.0	2.6
1991											3.0	3.0	2.5
1992												2.9	2.3
1993													1.6

Government final consumption expenditure
(implicit price deflator)
Consommation des administrations publiques
(prix implicite)

	1982	1983	1984	1985	1986	1987	1988	1989	1990	1991	1992	1993	1994
1981	11.9	10.0	8.8	7.7	6.8	6.1	5.6	5.3	5.0	4.8	4.4	4.0	3.8
1982		8.1	7.3	6.3	5.5	5.0	4.6	4.4	4.2	4.0	3.7	3.4	3.1
1983			6.5	5.4	4.7	4.2	3.9	3.7	3.6	3.5	3.2	2.9	2.7
1984				4.2	3.7	3.4	3.2	3.2	3.1	3.1	2.8	2.5	2.3
1985					3.2	3.0	2.9	2.9	2.9	2.9	2.6	2.3	2.1
1986						2.8	2.8	2.8	2.8	2.9	2.5	2.1	1.9
1987							2.8	2.8	2.8	2.9	2.5	2.0	1.8
1988								2.9	2.8	3.0	2.4	1.9	1.6
1989									2.7	3.0	2.2	1.6	1.4
1990										3.2	1.9	1.2	1.0
1991											0.7	0.3	0.3
1992												-0.1	0.1
1993													0.4

Gross fixed capital formation
(implicit price deflator)
Formation brute de capital fixe
(prix implicite)

	1982	1983	1984	1985	1986	1987	1988	1989	1990	1991	1992	1993	1994
1981	14.6	12.3	10.6	9.6	8.6	7.9	7.5	7.4	7.3	7.0	6.7	6.3	6.0
1982		10.0	8.7	7.9	7.1	6.5	6.4	6.4	6.4	6.2	6.0	5.6	5.3
1983			7.4	6.9	6.2	5.7	5.7	5.8	5.9	5.7	5.5	5.1	4.9
1984				6.5	5.7	5.2	5.2	5.4	5.6	5.5	5.3	4.9	4.6
1985					4.9	4.5	4.8	5.2	5.5	5.4	5.1	4.7	4.4
1986						4.2	4.8	5.3	5.6	5.5	5.2	4.7	4.4
1987							5.5	5.9	6.1	5.8	5.4	4.7	4.4
1988								6.2	6.4	5.9	5.4	4.6	4.2
1989									6.6	5.7	5.1	4.2	3.8
1990										4.7	4.3	3.4	3.2
1991											3.9	2.7	2.6
1992												1.5	2.0
1993													2.5

Compensation of employees
(value)
Rémunération des salariés
(valeur)

GERMANY[1] / ALLEMAGNE[1]

Average per cent changes at annual rate — **Variations moyennes en pourcentage aux taux annuels**

G.D.P. per head (volume) / P.I.B. par tête (volume)

	1982	1983	1984	1985	1986	1987	1988	1989	1990	1991	1992	1993	1994
1981	-0.4	0.9	1.8	2.0	2.1	2.0	2.2	2.2	2.2	2.2	2.1	1.8	1.9
1982		2.3	2.9	2.8	2.7	2.5	2.6	2.6	2.6	2.5	2.4	2.0	2.1
1983			3.4	3.0	2.8	2.5	2.6	2.7	2.6	2.5	2.4	2.0	2.0
1984				2.6	2.5	2.2	2.4	2.5	2.5	2.4	2.3	1.8	1.9
1985					2.5	2.0	2.4	2.5	2.5	2.4	2.2	1.7	1.8
1986						1.6	2.3	2.5	2.4	2.4	2.2	1.6	1.7
1987							3.1	2.9	2.7	2.6	2.3	1.6	1.8
1988								2.7	2.5	2.4	2.1	1.3	1.5
1989									2.3	2.2	1.9	1.0	1.3
1990										2.0	1.7	0.5	1.0
1991											1.4	-0.2	0.7
1992												-1.9	0.3
1993													2.6

Private final consumption expenditure per head (volume) / Consommation finale privée par tête (volume)

	1982	1983	1984	1985	1986	1987	1988	1989	1990	1991	1992	1993	1994
1981	-0.9	0.4	1.1	1.4	1.8	2.1	2.1	2.1	2.3	2.5	2.5	2.3	2.1
1982		1.7	2.1	2.1	2.5	2.7	2.6	2.5	2.7	2.9	2.8	2.6	2.4
1983			2.4	2.3	2.7	2.9	2.8	2.7	2.9	3.1	3.0	2.6	2.5
1984				2.3	2.9	3.1	2.9	2.7	2.9	3.2	3.0	2.7	2.5
1985					3.6	3.5	3.1	2.8	3.1	3.3	3.2	2.7	2.5
1986						3.4	2.8	2.6	2.9	3.3	3.1	2.6	2.3
1987							2.3	2.2	2.8	3.3	3.0	2.5	2.2
1988								2.1	3.1	3.6	3.2	2.5	2.2
1989									4.0	4.4	3.6	2.6	2.2
1990										4.7	3.4	2.1	1.8
1991											2.1	0.9	0.8
1992												-0.2	0.2
1993													0.6

Gross domestic product (volume) / Produit intérieur brut (volume)

	1982	1983	1984	1985	1986	1987	1988	1989	1990	1991	1992	1993	1994
1981	-0.6	0.7	1.5	1.7	1.9	1.8	2.1	2.3	2.4	2.4	2.4	2.1	2.2
1982		2.1	2.5	2.5	2.5	2.3	2.5	2.7	2.7	2.8	2.7	2.3	2.4
1983			3.0	2.7	2.6	2.4	2.6	2.8	2.8	2.8	2.8	2.4	2.4
1984				2.4	2.4	2.2	2.6	2.7	2.8	2.8	2.7	2.3	2.4
1985					2.5	2.1	2.6	2.8	2.9	2.9	2.8	2.3	2.4
1986						1.7	2.7	2.9	3.0	3.0	2.8	2.3	2.3
1987							3.7	3.6	3.5	3.3	3.1	2.4	2.4
1988								3.5	3.4	3.2	2.9	2.1	2.2
1989									3.2	3.0	2.8	1.8	2.0
1990										2.8	2.5	1.3	1.7
1991											2.2	0.5	1.3
1992												-1.2	0.8
1993													2.9

Gross domestic product (implicit price deflator) / Produit intérieur brut (prix implicite)

	1982	1983	1984	1985	1986	1987	1988	1989	1990	1991	1992	1993	1994
1981	4.1	3.5	3.0	2.7	2.7	2.6	2.4	2.4	2.5	2.7	3.0	3.0	3.0
1982		2.9	2.4	2.3	2.4	2.3	2.1	2.1	2.3	2.6	2.8	2.9	2.9
1983			2.0	2.0	2.2	2.1	2.0	2.0	2.2	2.5	2.8	2.9	2.9
1984				2.0	2.4	2.1	2.0	2.0	2.2	2.6	2.9	3.0	3.0
1985					2.7	2.2	2.0	2.0	2.3	2.7	3.1	3.2	3.1
1986						1.7	1.6	1.8	2.2	2.7	3.1	3.2	3.1
1987							1.5	1.8	2.3	2.9	3.4	3.5	3.3
1988								2.1	2.8	3.4	3.9	3.9	3.6
1989									3.4	4.1	4.5	4.3	3.9
1990										4.7	5.1	4.6	4.1
1991											5.5	4.6	3.8
1992												3.8	3.0
1993													2.3

Private final consumption expenditure (volume) / Consommation finale privée (volume)

	1982	1983	1984	1985	1986	1987	1988	1989	1990	1991	1992	1993	1994
1981	-1.0	0.2	0.8	1.1	1.6	1.9	2.0	2.1	2.5	2.8	2.8	2.6	2.4
1982		1.4	1.7	1.8	2.3	2.5	2.6	2.6	2.9	3.2	3.1	2.9	2.7
1983			2.1	2.0	2.6	2.8	2.8	2.8	3.1	3.4	3.3	3.1	2.8
1984				2.0	2.8	3.0	3.0	3.0	3.3	3.6	3.5	3.2	2.9
1985					3.6	3.5	3.3	3.2	3.5	3.9	3.7	3.3	3.0
1986						3.5	3.2	3.1	3.5	3.9	3.7	3.3	3.0
1987							2.8	2.8	3.5	4.0	3.8	3.2	2.9
1988								2.8	3.9	4.4	4.0	3.3	2.9
1989									4.9	5.2	4.4	3.4	2.9
1990										5.5	4.2	2.9	2.4
1991											2.8	1.7	1.4
1992												0.5	0.7
1993													0.9

Private final consumption expenditure (implicit price deflator) / Consommation finale privée (prix implicite)

	1982	1983	1984	1985	1986	1987	1988	1989	1990	1991	1992	1993	1994
1981	5.1	4.1	3.6	3.1	2.4	2.1	2.0	2.1	2.4	2.6	2.7	2.7	2.7
1982		3.2	2.9	2.5	1.7	1.5	1.4	1.7	1.7	2.1	2.3	2.5	2.5
1983			2.5	2.1	1.2	1.0	1.1	1.4	1.5	1.9	2.2	2.4	2.5
1984				1.8	0.6	0.5	0.7	1.2	1.4	1.9	2.2	2.4	2.5
1985					-0.6	-0.1	0.4	1.0	1.3	1.9	2.3	2.5	2.5
1986						0.5	0.9	1.6	1.8	2.4	2.8	2.9	2.9
1987							1.3	2.1	2.2	2.9	3.2	3.4	3.3
1988								2.9	2.7	3.4	3.7	3.8	3.6
1989									2.4	3.6	4.0	4.0	3.8
1990										4.7	4.7	4.5	4.1
1991											4.7	4.4	3.9
1992												4.0	3.4
1993													2.8

Government final consumption expenditure (volume) / Consommation des administrations publiques (volume)

	1982	1983	1984	1985	1986	1987	1988	1989	1990	1991	1992	1993	1994
1981	-0.7	-0.1	0.7	1.1	1.3	1.4	1.6	1.2	1.3	1.3	1.6	1.4	1.4
1982		0.5	1.3	1.7	1.8	1.9	1.9	1.5	1.6	1.5	1.8	1.6	1.6
1983			2.2	2.3	2.3	2.2	2.2	1.6	1.7	1.6	2.0	1.7	1.7
1984				2.4	2.3	2.2	2.2	1.5	1.6	1.5	2.0	1.7	1.6
1985					2.3	2.2	2.2	1.3	1.5	1.4	1.9	1.6	1.5
1986						2.1	2.1	1.0	1.3	1.2	1.8	1.5	1.5
1987							2.2	0.4	1.1	1.0	1.8	1.4	1.4
1988								-1.3	0.5	0.6	1.7	1.2	1.2
1989									2.3	1.6	2.7	1.9	1.7
1990										0.9	2.9	1.7	1.6
1991											5.0	2.2	1.9
1992												-0.5	0.3
1993													1.2

Government final consumption expenditure (implicit price deflator) / Consommation des administrations publiques (prix implicite)

	1982	1983	1984	1985	1986	1987	1988	1989	1990	1991	1992	1993	1994
1981	3.4	3.1	2.6	2.5	2.4	2.4	2.3	2.4	2.5	3.0	3.2	3.2	3.1
1982		2.8	2.2	2.2	2.2	2.2	2.1	2.3	2.4	3.0	3.2	3.2	3.1
1983			1.7	1.9	2.0	2.0	2.0	2.2	2.4	3.0	3.3	3.2	3.1
1984				2.0	2.1	2.2	2.0	2.3	2.5	3.2	3.5	3.4	3.2
1985					2.0	2.1	2.0	2.3	2.6	3.3	3.7	3.6	3.4
1986						2.2	1.9	2.3	2.7	3.6	3.9	3.8	3.5
1987							1.6	2.4	2.8	3.9	4.3	4.0	3.7
1988								3.2	3.4	4.7	4.9	4.5	4.1
1989									3.7	5.5	5.5	4.9	4.2
1990										7.3	6.5	5.3	4.4
1991											5.6	4.2	3.4
1992												2.9	2.3
1993													1.7

Gross fixed capital formation (volume) / Formation brute de capital fixe (volume)

	1982	1983	1984	1985	1986	1987	1988	1989	1990	1991	1992	1993	1994
1981	-5.3	-1.4	-1.0	-0.8	0.1	0.5	1.1	1.6	2.4	3.1	3.2	2.4	2.5
1982		2.7	1.2	0.8	1.5	1.7	2.2	2.6	3.4	4.1	4.1	3.1	3.2
1983			-0.3	-0.2	1.1	1.4	2.0	2.6	3.5	4.3	4.2	3.2	3.3
1984				-0.0	1.8	2.0	2.6	3.2	4.2	5.0	4.8	3.6	3.6
1985					3.6	3.0	3.5	4.1	5.0	5.8	5.5	4.0	4.1
1986						2.5	3.5	4.2	5.4	6.3	5.8	4.1	4.1
1987							4.6	5.1	6.4	7.2	6.5	4.4	4.3
1988								5.6	7.3	8.1	7.0	4.3	4.3
1989									9.0	9.4	7.4	4.0	4.0
1990										9.8	6.6	2.4	2.8
1991											3.5	-1.2	0.6
1992												-5.6	-0.8
1993													4.3

Gross fixed capital formation (implicit price deflator) / Formation brute de capital fixe (prix implicite)

	1982	1983	1984	1985	1986	1987	1988	1989	1990	1991	1992	1993	1994
1981	3.2	2.7	2.7	2.5	2.3	2.2	2.1	2.2	2.5	2.7	2.9	2.9	2.8
1982		2.2	2.5	2.3	2.1	2.0	1.9	2.1	2.4	2.6	2.8	2.8	2.7
1983			2.8	2.4	2.1	1.9	1.9	2.1	2.5	2.7	2.9	2.9	2.8
1984				2.0	1.8	1.7	1.7	1.9	2.4	2.7	2.9	2.9	2.8
1985					1.6	1.5	1.6	1.9	2.5	2.8	3.0	3.0	2.9
1986						1.4	1.6	2.1	2.7	3.1	3.3	3.2	3.0
1987							1.8	2.4	3.2	3.5	3.7	3.6	3.3
1988								3.0	3.9	4.1	4.1	3.9	3.5
1989									4.8	4.6	4.5	4.1	3.6
1990										4.4	4.4	3.9	3.3
1991											4.4	3.7	3.0
1992												3.0	2.3
1993													1.5

National disposable income (value) / Revenu national disponible (valeur)

	1982	1983	1984	1985	1986	1987	1988	1989	1990	1991	1992	1993	1994
1981	3.1	4.2	4.5	4.5	4.7	4.6	4.7	4.9	5.1	5.3	5.5	5.2	5.1
1982		5.4	5.2	4.9	5.2	4.8	4.9	5.1	5.3	5.5	5.8	5.4	5.3
1983			5.0	4.7	5.1	4.7	4.8	5.1	5.3	5.6	5.8	5.3	5.3
1984				4.4	5.1	4.6	4.8	5.1	5.4	5.6	5.9	5.4	5.3
1985					5.9	4.7	4.9	5.3	5.6	5.9	6.1	5.5	5.4
1986						3.6	4.4	5.1	5.5	5.8	6.1	5.5	5.4
1987							5.3	5.9	6.1	6.4	6.7	5.9	5.7
1988								6.5	6.5	6.8	7.0	5.9	5.7
1989									6.6	7.0	7.2	5.7	5.6
1990										7.3	7.5	5.4	5.3
1991											7.6	4.5	4.6
1992												1.5	3.2
1993													4.9

Compensation of employees (value) / Rémunération des salariés (valeur)

	1982	1983	1984	1985	1986	1987	1988	1989	1990	1991	1992	1993	1994
1981	3.0	2.5	2.9	3.1	3.5	3.7	3.7	3.8	4.3	4.7	5.0	4.8	4.6
1982		2.1	2.9	3.2	3.7	3.8	3.8	3.9	4.4	4.9	5.2	4.9	4.7
1983			3.7	3.7	4.2	4.2	4.2	4.2	4.8	5.3	5.6	5.2	4.9
1984				3.8	4.5	4.4	4.3	4.3	5.0	5.5	5.8	5.3	5.1
1985					5.2	4.7	4.4	4.5	5.2	5.8	6.1	5.6	5.2
1986						4.2	4.1	4.2	5.2	5.9	6.3	5.6	5.2
1987							4.0	4.2	5.5	6.3	6.7	5.9	5.4
1988								4.5	6.3	7.1	7.4	6.3	5.6
1989									8.2	8.4	8.3	6.7	5.8
1990										8.7	8.4	6.3	5.3
1991											8.1	5.0	4.1
1992												2.1	2.2
1993													2.2

1. Data refer to Germany after unification.

1. Les données se réfèrent à l'Allemagne après l'unification.

GREECE

GRÈCE

Average per cent changes at annual rate

Variations moyennes en pourcentage aux taux annuels

G.D.P. per head (volume) / P.I.B. par tête (volume)

	1982	1983	1984	1985	1986	1987	1988	1989	1990	1991	1992	1993	1994
1981	-0.2	-0.2	0.6	1.1	1.2	0.9	1.3	1.6	1.3	1.4	1.2	1.0	1.0
1982		-0.2	1.0	1.6	1.5	1.1	1.6	1.9	1.5	1.6	1.4	1.1	1.1
1983			2.2	2.5	2.1	1.4	2.0	2.2	1.7	1.8	1.5	1.2	1.2
1984				2.8	2.0	1.1	1.9	2.3	1.6	1.7	1.4	1.1	1.1
1985					1.3	0.3	1.6	2.1	1.4	1.6	1.2	0.9	0.9
1986						-0.7	1.8	2.4	1.5	1.6	1.2	0.9	0.9
1987							4.2	4.0	2.2	2.2	1.6	1.1	1.1
1988								3.7	1.1	1.6	1.0	0.5	0.6
1989									-1.3	0.5	0.1	-0.3	-0.1
1990										2.4	0.8	0.1	0.3
1991											-0.7	-1.1	-0.4
1992												-1.4	-0.3
1993													0.9

Gross domestic product (volume) / Produit intérieur brut (volume)

	1982	1983	1984	1985	1986	1987	1988	1989	1990	1991	1992	1993	1994
1981	0.4	0.4	1.2	1.7	1.7	1.3	1.7	2.0	1.7	1.9	1.7	1.5	1.5
1982		0.4	1.6	2.1	2.0	1.5	2.0	2.3	1.9	2.0	1.9	1.6	1.6
1983			2.8	2.9	2.5	1.7	2.3	2.6	2.1	2.3	2.0	1.7	1.7
1984				3.1	2.4	1.4	2.2	2.5	2.0	2.2	2.0	1.6	1.6
1985					1.6	0.6	1.9	2.4	1.7	2.0	1.8	1.5	1.5
1986						-0.5	2.0	2.6	1.8	2.1	1.8	1.4	1.4
1987							4.5	4.2	2.5	2.8	2.3	1.7	1.7
1988								4.0	1.6	2.2	1.8	1.2	1.3
1989									-0.8	1.3	1.0	0.5	0.7
1990										3.5	1.9	1.0	1.1
1991											0.4	-0.3	0.3
1992												-0.9	0.3
1993													1.5

Private final consumption expenditure (volume) / Consommation finale privée (volume)

	1982	1983	1984	1985	1986	1987	1988	1989	1990	1991	1992	1993	1994
1981	3.9	2.1	1.9	2.4	2.1	1.9	2.2	2.6	2.6	2.5	2.5	2.3	2.2
1982		0.3	1.0	1.9	1.6	1.5	1.9	2.4	2.4	2.4	2.3	2.1	2.1
1983			1.7	2.8	2.1	1.9	2.2	2.8	2.7	2.7	2.6	2.3	2.2
1984				3.9	2.3	1.9	2.3	3.0	2.9	2.8	2.7	2.4	2.3
1985					0.7	0.9	1.8	2.8	2.7	2.6	2.5	2.2	2.1
1986						1.2	2.4	3.6	3.2	3.0	2.8	2.4	2.3
1987							3.6	4.7	3.9	3.5	3.1	2.6	2.5
1988								5.9	4.0	3.4	3.0	2.4	2.3
1989									2.1	2.2	2.1	1.6	1.6
1990										2.3	2.1	1.4	1.4
1991											1.8	1.0	1.2
1992												0.1	0.8
1993													1.5

Government final consumption expenditure (volume) / Consommation des administrations publiques (volume)

	1982	1983	1984	1985	1986	1987	1988	1989	1990	1991	1992	1993	1994
1981	2.3	2.5	2.7	2.8	2.1	1.9	2.4	2.8	2.7	2.6	2.5	2.3	2.1
1982		2.7	2.9	3.0	2.0	1.8	2.4	2.8	2.8	2.7	2.5	2.3	2.1
1983			3.0	3.1	1.8	1.6	2.4	2.9	2.8	2.7	2.5	2.3	2.0
1984				3.2	1.2	1.1	2.2	2.8	2.7	2.6	2.4	2.2	1.9
1985					-0.8	0.0	1.9	2.7	2.6	2.5	2.3	2.1	1.8
1986						0.9	3.3	3.9	3.5	3.2	2.8	2.5	2.1
1987							5.7	5.5	4.4	3.8	3.2	2.8	2.3
1988								5.2	3.7	3.1	2.6	2.2	1.7
1989									2.2	2.1	1.7	1.5	1.0
1990										2.0	1.4	1.3	0.7
1991											0.9	0.9	0.3
1992												0.9	0.1
1993													-0.8

Gross fixed capital formation (volume) / Formation brute de capital fixe (volume)

	1982	1983	1984	1985	1986	1987	1988	1989	1990	1991	1992	1993	1994
1981	-1.9	-1.6	-3.0	-1.0	-2.1	-2.6	-1.0	-0.0	1.0	0.2	0.1	-0.2	-0.1
1982		-1.3	-3.5	-0.7	-2.1	-2.7	-0.9	0.2	1.3	0.4	0.3	-0.0	0.0
1983			-5.7	-0.4	-2.4	-3.1	-0.8	0.5	1.7	0.6	0.4	0.1	0.1
1984				5.2	-0.7	-2.2	0.5	1.8	3.0	1.5	1.2	0.8	0.7
1985					-6.2	-5.7	-1.0	0.9	2.6	0.9	0.7	0.3	0.3
1986						-5.1	1.7	3.4	4.9	2.4	1.9	1.2	1.1
1987							8.9	8.0	8.4	4.4	3.3	2.3	2.0
1988								7.1	8.2	3.0	2.0	1.0	0.9
1989									9.4	1.0	0.3	-0.4	-0.3
1990										-6.8	-3.9	-3.5	-2.5
1991											-1.0	-1.8	-1.1
1992												-2.5	-1.1
1993													0.3

National disposable income (value) / Revenu national disponible (valeur)

	1982	1983	1984	1985	1986	1987	1988	1989	1990	1991	1992	1993	1994
1981	14.2	16.4	17.4	17.9	18.9	18.5	19.3	19.2	19.4	19.9	19.4	19.1	18.6
1982		18.6	19.0	19.2	20.1	19.3	20.2	19.9	20.0	20.5	20.0	19.5	19.0
1983			19.5	19.5	20.6	19.5	20.5	20.1	20.2	20.8	20.1	19.6	19.0
1984				19.5	21.1	19.5	20.8	20.3	20.4	20.9	20.2	19.6	18.9
1985					22.8	19.5	21.2	20.5	20.5	21.2	20.3	19.6	18.9
1986						16.4	20.5	19.7	20.0	20.9	19.9	19.2	18.4
1987							24.7	21.4	21.2	22.0	20.6	19.7	18.7
1988								18.2	19.5	21.1	19.6	18.7	17.7
1989									20.9	22.6	20.0	18.8	17.6
1990										24.4	19.6	18.1	16.8
1991											15.0	15.1	14.4
1992												15.2	14.1
1993													12.9

Private final consumption expenditure per head (volume) / Consommation finale privée par tête (volume)

	1982	1983	1984	1985	1986	1987	1988	1989	1990	1991	1992	1993	1994
1981	3.2	1.5	1.4	1.9	1.6	1.5	1.8	2.2	2.2	2.1	1.9	1.7	1.7
1982		-0.3	0.4	1.5	1.2	1.1	1.5	2.1	2.0	1.9	1.8	1.6	1.5
1983			1.2	2.3	1.7	1.5	1.9	2.5	2.4	2.2	2.0	1.8	1.7
1984				3.5	1.9	1.6	2.1	2.8	2.6	2.4	2.2	1.9	1.8
1985					0.4	0.7	1.6	2.6	2.4	2.2	2.0	1.7	1.6
1986						1.0	2.2	3.3	2.9	2.5	2.2	1.8	1.7
1987							3.3	4.5	3.5	2.9	2.5	2.0	1.8
1988								5.6	3.6	2.8	2.2	1.7	1.6
1989									1.6	1.4	1.2	0.8	0.8
1990										1.2	0.9	0.5	0.6
1991											0.7	0.2	0.4
1992												-0.4	0.3
1993													0.9

Gross domestic product (implicit price deflator) / Produit intérieur brut (prix implicite)

	1982	1983	1984	1985	1986	1987	1988	1989	1990	1991	1992	1993	1994
1981	25.1	22.1	21.5	20.5	19.9	18.9	18.5	18.0	18.3	18.2	17.9	17.6	17.1
1982		19.1	19.7	19.0	18.6	17.8	17.4	17.0	17.4	17.5	17.2	16.9	16.4
1983			20.3	19.0	18.5	17.4	17.0	16.6	17.2	17.3	17.0	16.7	16.2
1984				17.7	17.6	16.5	16.2	15.9	16.7	16.9	16.6	16.3	15.8
1985					17.5	15.9	15.8	15.5	16.5	16.8	16.5	16.2	15.6
1986						14.3	14.9	14.8	16.3	16.6	16.3	16.0	15.3
1987							15.6	15.0	16.9	17.2	16.7	16.2	15.5
1988								14.5	17.6	17.8	17.0	16.4	15.5
1989									20.8	19.4	17.8	16.9	15.6
1990										18.0	16.3	15.6	14.4
1991											14.6	14.3	13.2
1992												14.0	12.5
1993													10.9

Private final consumption expenditure (implicit price deflator) / Consommation finale privée (prix implicite)

	1982	1983	1984	1985	1986	1987	1988	1989	1990	1991	1992	1993	1994
1981	20.7	19.4	18.9	18.7	19.4	18.8	18.1	17.6	17.8	17.9	17.6	17.3	16.8
1982		18.1	18.0	18.1	19.1	18.4	17.7	17.2	17.4	17.6	17.3	17.0	16.5
1983			17.9	18.1	19.4	18.5	17.6	17.0	17.3	17.5	17.2	16.9	16.3
1984				18.3	20.2	18.7	17.5	16.9	17.3	17.5	17.2	16.8	16.2
1985					22.1	18.9	17.3	16.5	17.0	17.3	17.0	16.6	15.9
1986						15.7	15.0	14.7	15.8	16.4	16.2	15.8	15.2
1987							14.2	14.2	15.8	16.6	16.3	15.8	15.1
1988								14.1	16.7	17.4	16.8	16.2	15.2
1989									19.3	19.0	17.7	16.7	15.5
1990										18.8	16.9	15.8	14.5
1991											15.0	14.3	13.2
1992												13.7	12.2
1993													10.8

Government final consumption expenditure (implicit price deflator) / Consommation des administrations publiques (prix implicite)

	1982	1983	1984	1985	1986	1987	1988	1989	1990	1991	1992	1993	1994
1981	25.0	22.3	23.0	23.0	21.2	19.9	19.6	19.5	19.6	18.9	17.9	17.6	17.1
1982		19.7	22.0	22.3	20.2	18.9	18.8	18.8	18.9	18.2	17.2	16.9	16.5
1983			24.4	23.7	20.4	18.7	18.6	18.6	18.8	18.0	16.9	16.6	16.2
1984				22.9	18.5	16.9	17.2	17.5	17.9	17.2	16.0	15.8	15.4
1985					14.2	14.0	15.3	16.2	16.9	16.2	15.1	14.9	14.6
1986						13.8	15.9	16.9	17.6	16.6	15.2	15.0	14.6
1987							18.1	18.5	18.9	17.4	15.5	15.3	14.8
1988								18.9	19.2	17.1	14.9	14.7	14.2
1989									19.6	16.3	13.6	13.7	13.3
1990										13.0	10.8	11.8	11.8
1991											8.5	11.1	11.4
1992												13.8	12.8
1993													11.9

Gross fixed capital formation (implicit price deflator) / Formation brute de capital fixe (prix implicite)

	1982	1983	1984	1985	1986	1987	1988	1989	1990	1991	1992	1993	1994
1981	14.7	18.9	19.0	19.0	19.9	18.4	17.6	17.4	16.9	17.1	16.6	16.1	15.5
1982		23.1	21.3	20.5	21.2	19.1	18.0	17.8	17.2	17.4	16.8	16.2	15.5
1983			19.4	19.2	20.6	18.2	17.0	16.9	16.4	16.7	16.1	15.6	14.9
1984				19.1	21.2	17.8	16.5	16.4	15.9	16.3	15.7	15.2	14.4
1985					23.3	17.1	15.6	15.8	15.2	15.8	15.2	14.7	13.9
1986						11.2	11.9	13.3	13.3	14.4	13.9	13.5	12.8
1987							12.7	14.4	14.0	15.2	14.5	13.9	13.0
1988								16.2	14.7	16.1	15.0	14.1	13.1
1989									13.1	16.0	14.6	13.6	12.5
1990										19.0	15.3	13.8	12.3
1991											11.7	11.3	10.2
1992												10.8	9.5
1993													8.1

Compensation of employees (value) / Rémunération des salariés (valeur)

	1982	1983	1984	1985	1986	1987	1988	1989	1990	1991	1992	1993	1994
1981	29.2	25.0	24.2	24.4	22.0	20.4	20.7	21.3	21.4	20.5	19.5	18.8	18.4
1982		21.0	21.8	22.9	20.3	18.7	19.3	20.3	20.4	19.6	18.6	17.9	17.6
1983			22.7	23.8	20.1	18.2	19.0	20.1	20.3	19.4	18.4	17.6	17.3
1984				25.0	18.9	16.7	18.1	19.6	20.0	18.9	17.8	17.0	16.7
1985					13.0	12.8	15.8	18.3	19.0	17.9	16.8	16.0	15.8
1986						12.5	17.3	20.2	20.5	18.9	17.5	16.5	16.2
1987							22.3	24.2	23.3	20.6	18.5	17.2	16.7
1988								26.2	23.8	20.0	17.6	16.2	15.8
1989									21.5	17.1	14.9	13.8	13.9
1990										12.8	11.7	11.3	12.1
1991											10.5	10.6	11.8
1992												10.6	12.5
1993													14.3

National Accounts, Volume 1, OECD, 1996

104

ICELAND

ISLANDE

Average per cent changes at annual rate

Variations moyennes en pourcentage aux taux annuels

G.D.P. per head (volume) / **P.I.B. par tête** (volume)

	1982	1983	1984	1985	1986	1987	1988	1989	1990	1991	1992	1993	1994
1981	0.8	-1.3	0.1	0.8	1.7	2.6	2.0	1.6	1.4	1.3	0.7	0.7	0.8
1982		-3.4	-0.3	0.7	1.9	2.9	2.1	1.7	1.5	1.4	0.7	0.7	0.8
1983			2.8	2.8	3.7	4.6	3.3	2.6	2.2	2.0	1.2	1.1	1.2
1984				2.9	4.1	5.1	3.4	2.5	2.1	1.9	1.0	0.9	1.0
1985					5.3	6.3	3.6	2.4	2.0	1.7	0.7	0.6	0.8
1986						7.3	2.7	1.5	1.2	1.0	-0.0	-0.0	0.2
1987							-1.7	-1.3	-0.8	-0.5	-1.4	-1.2	-0.7
1988								-0.9	-0.3	-0.2	-1.3	-1.1	-0.6
1989									0.3	0.2	-1.5	-1.1	-0.5
1990										0.1	-2.3	-1.6	-0.7
1991											-4.8	-2.4	-1.0
1992												-0.1	1.0
1993													2.0

Private final consumption expenditure per head (volume) / **Consommation finale privée par tête** (volume)

	1982	1983	1984	1985	1986	1987	1988	1989	1990	1991	1992	1993	1994
1981	3.6	-1.7	-0.4	0.6	1.7	3.8	2.4	1.4	1.2	1.4	0.7	0.2	0.2
1982		-6.8	-2.3	-0.3	1.2	3.8	2.2	1.1	0.9	1.2	0.4	-0.1	-0.0
1983			2.4	3.1	4.1	6.6	4.1	2.5	2.1	2.2	1.3	0.6	0.6
1984				3.8	4.9	8.1	4.6	2.5	2.0	2.2	1.1	0.4	0.4
1985					6.0	10.3	4.8	2.2	1.7	1.9	0.7	-0.1	0.0
1986						14.8	4.2	0.9	0.6	1.1	-0.1	-0.9	-0.7
1987							-5.3	-5.3	-3.7	-2.1	-2.8	-3.3	-2.7
1988								-5.3	-2.8	-1.0	-2.2	-2.9	-2.3
1989									-0.3	1.3	-1.2	-2.3	-1.6
1990										2.9	-1.6	-2.9	-2.0
1991											-5.9	-5.7	-3.6
1992												-5.6	-2.4
1993													0.9

Gross domestic product (volume) / **Produit intérieur brut** (volume)

	1982	1983	1984	1985	1986	1987	1988	1989	1990	1991	1992	1993	1994
1981	2.2	-0.0	1.3	1.8	2.7	3.6	3.1	2.8	2.6	2.4	1.9	1.8	1.9
1982		-2.2	0.9	1.7	2.8	4.0	3.3	2.8	2.6	2.5	1.9	1.8	1.9
1983			4.1	3.7	4.5	5.5	4.4	3.7	3.3	3.1	2.3	2.2	2.3
1984				3.3	4.7	6.0	4.5	3.6	3.2	2.9	2.1	2.0	2.1
1985					6.2	7.4	4.8	3.7	3.2	2.8	1.9	1.8	1.9
1986						8.6	4.2	2.9	2.4	2.2	1.3	1.2	1.4
1987							-0.1	0.1	0.4	0.7	-0.1	0.1	0.4
1988								0.3	0.7	0.9	-0.2	0.1	0.5
1989									1.1	1.2	-0.3	0.0	0.6
1990										1.3	-1.0	-0.3	0.4
1991											-3.3	-1.1	0.2
1992												1.1	1.9
1993													2.8

Gross domestic product (implicit price deflator) / **Produit intérieur brut** (prix implicite)

	1982	1983	1984	1985	1986	1987	1988	1989	1990	1991	1992	1993	1994
1981	53.3	64.3	50.2	45.2	41.0	37.2	35.1	33.0	31.1	28.6	26.1	23.9	22.1
1982		76.2	48.7	42.6	38.1	34.2	32.2	30.4	28.6	26.1	23.6	21.5	19.8
1983			25.4	28.3	27.4	25.4	24.8	24.0	22.9	20.9	18.9	17.1	15.7
1984				31.3	28.3	25.3	24.7	23.7	22.5	20.3	18.1	16.2	14.7
1985					25.5	22.5	22.6	21.9	20.8	18.5	16.3	14.4	13.0
1986						19.5	21.2	20.7	19.7	17.2	14.8	12.9	11.6
1987							22.8	21.3	19.8	16.6	13.9	11.9	10.5
1988								19.8	18.3	14.6	11.8	9.8	8.6
1989									16.8	12.1	9.2	7.4	6.4
1990										7.6	5.6	4.5	4.0
1991											3.7	2.9	2.8
1992												2.2	2.4
1993													2.6

Private final consumption expenditure (volume) / **Consommation finale privée** (volume)

	1982	1983	1984	1985	1986	1987	1988	1989	1990	1991	1992	1993	1994
1981	4.9	-0.5	0.9	1.7	2.7	4.9	3.6	2.6	2.3	2.5	1.9	1.3	1.4
1982		-5.6	-1.1	0.7	2.2	4.8	3.4	2.2	2.0	2.3	1.6	1.0	1.1
1983			3.7	4.0	4.9	7.6	5.2	3.6	3.2	3.3	2.4	1.7	1.7
1984				4.2	5.6	9.0	5.6	3.6	3.1	3.2	2.2	1.5	1.5
1985					6.9	11.4	6.1	3.4	2.8	3.1	2.0	1.1	1.2
1986						16.2	5.7	2.3	1.9	2.3	1.2	0.3	0.5
1987							-3.8	-4.0	-2.5	-0.9	-1.6	-2.1	-1.6
1988								-4.2	-1.9	0.1	-1.1	-1.7	-1.2
1989									0.5	2.3	0.0	-1.1	-0.6
1990										4.1	-0.2	-1.7	-0.8
1991											-4.4	-4.5	-2.4
1992												-4.5	-1.4
1993													1.7

Private final consumption expenditure (implicit price deflator) / **Consommation finale privée** (prix implicite)

	1982	1983	1984	1985	1986	1987	1988	1989	1990	1991	1992	1993	1994
1981	52.0	66.4	53.8	48.2	42.1	37.4	35.6	34.0	32.0	29.2	26.8	24.8	22.8
1982		82.1	54.7	46.9	39.7	34.6	33.0	31.6	29.7	26.9	24.5	22.5	20.6
1983			31.4	32.0	27.9	24.8	24.9	24.6	23.5	21.3	19.3	17.8	16.2
1984				32.6	26.2	22.7	23.4	23.3	22.3	19.9	17.9	16.4	14.8
1985					20.1	18.0	20.4	21.1	20.3	17.9	15.9	14.5	13.0
1986						15.9	20.5	21.4	20.3	17.5	15.3	13.7	12.1
1987							25.4	24.3	21.8	17.9	15.1	13.3	11.6
1988								23.3	20.1	15.5	12.7	11.0	9.4
1989									17.0	11.8	9.4	8.2	6.9
1990										6.9	5.8	5.4	4.4
1991											4.7	4.6	3.7
1992												4.6	3.2
1993													1.7

Government final consumption expenditure (volume) / **Consommation des administrations publiques** (volume)

	1982	1983	1984	1985	1986	1987	1988	1989	1990	1991	1992	1993	1994
1981	5.9	5.3	3.7	4.4	5.0	5.2	5.1	4.9	4.8	4.7	4.1	4.0	3.9
1982		4.7	2.6	3.9	4.7	5.1	5.0	4.7	4.7	4.5	4.0	3.8	3.8
1983			0.6	3.5	4.7	5.2	5.1	4.7	4.7	4.5	3.9	3.7	3.7
1984				6.5	6.9	6.8	6.2	5.6	5.4	5.1	4.3	4.1	4.0
1985					7.3	6.9	6.1	5.4	5.2	4.8	4.0	3.8	3.7
1986						6.5	5.6	4.7	4.6	4.3	3.5	3.3	3.3
1987							4.7	3.8	4.0	3.8	2.8	2.8	2.8
1988								3.0	3.7	3.5	2.4	2.4	2.5
1989									4.4	3.8	2.2	2.2	2.4
1990										3.2	1.1	1.5	2.0
1991											-0.8	0.7	1.6
1992												2.3	2.8
1993													3.3

Government final consumption expenditure (implicit price deflator) / **Consommation des administrations publiques** (prix implicite)

	1982	1983	1984	1985	1986	1987	1988	1989	1990	1991	1992	1993	1994
1981	55.0	60.3	46.1	43.2	39.8	37.6	35.6	32.9	30.3	27.9	25.5	23.5	21.6
1982		65.8	41.8	39.5	36.2	34.4	32.6	30.1	27.5	25.2	22.9	20.9	19.2
1983			21.3	27.9	27.6	27.5	26.8	24.9	22.8	20.9	18.9	17.2	15.7
1984				35.0	30.9	29.6	28.2	25.6	23.1	20.9	18.6	16.7	15.1
1985					27.0	27.1	26.0	23.4	20.8	18.6	16.4	14.6	13.1
1986						27.2	25.5	22.2	19.4	17.0	14.7	13.0	11.5
1987							23.9	19.8	16.9	14.6	12.4	10.8	9.4
1988								15.9	13.5	11.7	9.7	8.3	7.2
1989									11.1	9.7	7.7	6.5	5.5
1990										8.3	6.0	5.0	4.2
1991											3.7	3.4	2.8
1992												3.2	2.4
1993													1.7

Gross fixed capital formation (volume) / **Formation brute de capital fixe** (volume)

	1982	1983	1984	1985	1986	1987	1988	1989	1990	1991	1992	1993	1994
1981	0.1	-6.5	-1.5	-0.9	-1.1	2.0	1.7	0.5	0.7	0.8	-0.3	-1.3	-1.3
1982		-12.7	-2.3	-1.2	-1.4	2.4	2.0	0.5	0.8	0.9	-0.3	-1.4	-1.4
1983			9.3	5.1	2.7	6.6	5.2	2.9	2.9	2.8	1.1	-0.2	-0.3
1984				1.0	-0.4	5.7	4.2	1.7	1.8	1.9	0.2	-1.2	-1.2
1985					-1.9	8.1	5.3	1.9	2.0	2.0	0.0	-1.5	-1.4
1986						19.1	9.1	3.1	3.0	2.8	0.3	-1.4	-1.4
1987							-0.1	-4.0	-1.9	-0.9	-3.0	-4.5	-4.0
1988								-7.8	-2.7	-1.2	-3.7	-5.3	-4.6
1989									2.6	2.3	-2.4	-4.7	-4.0
1990										2.0	-4.8	-7.0	-5.6
1991											-11.1	-11.3	-8.0
1992												-11.5	-6.4
1993													-1.1

Gross fixed capital formation (implicit price deflator) / **Formation brute de capital fixe** (prix implicite)

	1982	1983	1984	1985	1986	1987	1988	1989	1990	1991	1992	1993	1994
1981	56.4	65.3	48.2	43.6	39.2	35.1	32.6	31.8	30.0	27.4	24.9	23.1	21.5
1982		74.8	44.3	39.6	35.2	31.2	29.0	28.6	27.0	24.5	22.2	20.4	18.9
1983			19.2	24.8	24.2	22.1	21.4	22.2	21.3	19.4	17.4	16.0	14.8
1984				30.7	26.7	23.1	22.0	22.8	21.7	19.4	17.2	15.7	14.4
1985					22.9	19.5	19.2	20.9	20.0	17.6	15.4	13.9	12.7
1986						16.2	17.4	20.3	19.2	16.6	14.2	12.7	11.5
1987							18.7	22.3	20.3	16.7	13.8	12.1	10.9
1988								26.1	21.0	16.0	12.6	10.8	9.6
1989									16.2	11.2	8.4	7.3	6.6
1990										6.5	4.7	4.5	4.3
1991											2.9	3.5	3.6
1992												4.2	3.9
1993													3.7

National disposable income (value) / **Revenu national disponible** (valeur)

	1982	1983	1984	1985	1986	1987	1988	1989	1990	1991	1992	1993	1994
1981	54.4	61.6	50.7	47.0	44.6	42.6	39.5	36.5	34.4	31.6	28.3	26.0	24.3
1982		69.2	48.9	44.7	42.3	40.3	37.1	34.1	32.1	29.3	26.0	23.7	22.1
1983			31.1	33.7	34.3	33.9	31.5	29.0	27.5	25.0	21.9	19.8	18.5
1984				36.5	35.9	34.9	31.6	28.6	26.9	24.2	20.8	18.7	17.3
1985					35.3	34.1	30.0	26.8	25.0	22.2	18.7	16.6	15.3
1986						32.9	27.5	24.0	22.6	19.8	16.2	14.2	13.1
1987							22.3	19.8	19.4	16.7	13.1	11.3	10.5
1988								17.4	17.9	14.9	10.9	9.2	8.6
1989									18.4	13.6	8.8	7.3	6.9
1990										9.1	4.4	3.8	4.3
1991											-0.1	1.3	2.7
1992												2.7	4.1
1993													5.6

Compensation of employees (value) / **Rémunération des salariés** (valeur)

	1982	1983	1984	1985	1986	1987	1988	1989	1990	1991	1992	1993	1994
1981	56.6	56.9	47.3	47.2	44.1	44.7	41.5	37.5	34.6	32.5	29.3	26.6	24.6
1982		57.2	42.9	44.1	41.1	42.4	39.1	35.0	32.1	30.1	26.8	24.2	22.2
1983			29.9	38.0	36.1	38.9	35.8	31.6	28.8	27.1	23.9	21.3	19.5
1984				46.6	39.3	42.0	37.3	31.9	28.6	26.7	23.1	20.4	18.5
1985					32.4	39.8	34.3	28.5	25.3	23.6	20.1	17.5	15.7
1986						47.7	35.3	27.3	23.6	22.0	18.2	15.5	13.8
1987							23.9	18.1	16.5	16.3	13.0	10.8	9.6
1988								12.7	13.0	13.8	10.4	8.4	7.4
1989									13.3	14.4	9.7	7.4	6.4
1990										15.5	7.9	5.5	4.7
1991											0.8	0.8	1.4
1992												0.7	1.6
1993													2.6

IRELAND

IRLANDE

Average per cent changes at annual rate

Variations moyennes en pourcentage aux taux annuels

G.D.P. per head (volume) / **P.I.B. par tête** (volume)

	1982	1983	1984	1985	1986	1987	1988	1989	1990	1991	1992	1993	1994
1981	1.2	0.1	1.3	1.6	1.2	1.8	2.2	2.7	3.3	3.1	3.1	3.1	3.4
1982		−1.0	1.3	1.8	1.2	1.9	2.3	2.9	3.6	3.4	3.3	3.3	3.6
1983			3.6	3.2	2.0	2.6	3.0	3.6	4.2	3.9	3.8	3.7	4.0
1984				2.8	1.1	2.3	2.8	3.6	4.3	4.0	3.9	3.7	4.0
1985					−0.5	2.1	2.8	3.8	4.7	4.2	4.0	3.8	4.1
1986						4.6	4.5	5.3	6.0	5.1	4.8	4.5	4.7
1987							4.4	5.6	6.4	5.2	4.8	4.5	4.7
1988								6.8	7.5	5.5	4.9	4.5	4.8
1989									8.2	4.8	4.3	3.9	4.4
1990										1.6	2.4	2.5	3.5
1991											3.2	2.9	4.1
1992												2.7	4.6
1993													6.5

Private final consumption expenditure per head (volume) / **Consommation finale privée par tête** (volume)

	1982	1983	1984	1985	1986	1987	1988	1989	1990	1991	1992	1993	1994
1981	−8.0	−4.0	−2.3	−0.7	−0.2	0.4	1.0	1.7	1.7	1.7	1.7	1.6	1.8
1982		0.1	0.7	1.9	1.9	2.2	2.6	3.2	3.0	2.8	2.7	2.6	2.7
1983			1.3	2.8	2.5	2.7	3.1	3.7	3.4	3.1	3.0	2.8	2.9
1984				4.3	3.1	3.2	3.5	4.2	3.7	3.4	3.2	3.0	3.1
1985					2.0	2.6	3.3	4.2	3.6	3.3	3.1	2.8	3.0
1986						3.3	3.9	4.9	4.0	3.5	3.3	3.0	3.1
1987							4.6	5.7	4.3	3.6	3.3	2.9	3.1
1988								6.9	4.2	3.2	3.0	2.6	2.8
1989									1.5	1.4	1.7	1.5	2.0
1990										1.4	1.8	1.5	2.2
1991											2.2	1.6	2.4
1992												1.0	2.5
1993													4.1

Gross domestic product (volume) / **Produit intérieur brut** (volume)

	1982	1983	1984	1985	1986	1987	1988	1989	1990	1991	1992	1993	1994
1981	2.3	1.0	2.1	2.4	1.8	2.3	2.5	3.0	3.5	3.4	3.4	3.4	3.7
1982		−0.2	2.0	2.4	1.7	2.3	2.6	3.1	3.7	3.5	3.6	3.5	3.8
1983			4.4	3.7	2.3	2.9	3.2	3.7	4.2	4.0	4.0	3.9	4.1
1984				3.1	1.3	2.4	2.9	3.5	4.2	3.9	3.9	3.8	4.1
1985					−0.4	2.1	2.8	3.6	4.4	4.1	4.1	3.9	4.2
1986						4.7	4.5	5.0	5.7	5.0	4.8	4.6	4.8
1987							4.3	5.2	6.1	5.1	4.9	4.6	4.9
1988								6.1	7.0	5.4	5.0	4.6	5.0
1989									7.8	5.0	4.6	4.2	4.7
1990										2.2	3.1	3.1	4.0
1991											3.9	3.5	4.6
1992												3.1	4.9
1993													6.7

Gross domestic product (implicit price deflator) / **Produit intérieur brut** (prix implicite)

	1982	1983	1984	1985	1986	1987	1988	1989	1990	1991	1992	1993	1994
1981	15.2	12.9	10.7	9.3	8.6	7.5	6.9	6.7	5.8	5.4	5.1	5.0	4.7
1982		10.7	8.5	7.4	7.0	6.0	5.6	5.5	4.7	4.4	4.2	4.2	3.9
1983			6.4	5.8	5.8	4.9	4.6	4.7	3.9	3.6	3.4	3.5	3.3
1984				5.2	5.5	4.4	4.1	4.4	3.5	3.2	3.1	3.2	3.0
1985					5.8	4.0	3.8	4.2	3.2	2.9	2.8	3.0	2.8
1986						2.2	2.8	3.7	2.5	2.4	2.3	2.6	2.4
1987							3.4	4.4	2.6	2.4	2.3	2.6	2.4
1988								5.4	2.3	2.1	2.1	2.5	2.3
1989									−0.8	0.4	1.0	1.8	1.6
1990										1.7	1.9	2.6	2.2
1991											2.0	3.1	2.4
1992												4.1	2.6
1993													1.2

Private final consumption expenditure (volume) / **Consommation finale privée** (volume)

	1982	1983	1984	1985	1986	1987	1988	1989	1990	1991	1992	1993	1994
1981	−7.1	−3.2	−1.5	0.0	0.4	0.9	1.4	2.0	1.9	1.9	2.0	1.9	2.1
1982		0.9	1.4	2.5	2.4	2.6	2.9	3.3	3.1	2.9	2.9	2.8	2.9
1983			2.0	3.3	2.9	3.0	3.3	3.8	3.4	3.2	3.2	3.0	3.1
1984				4.6	3.3	3.3	3.6	4.1	3.6	3.4	3.3	3.1	3.2
1985					2.0	2.7	3.3	4.0	3.4	3.2	3.1	2.9	3.1
1986						3.3	3.9	4.7	3.8	3.4	3.3	3.0	3.2
1987							4.4	5.3	3.9	3.4	3.3	3.0	3.2
1988								6.2	3.6	3.1	3.0	2.7	3.0
1989									1.1	1.6	2.0	1.9	2.3
1990										2.0	2.5	2.1	2.6
1991											2.9	2.1	2.9
1992												1.4	2.8
1993													4.3

Private final consumption expenditure (implicit price deflator) / **Consommation finale privée** (prix implicite)

	1982	1983	1984	1985	1986	1987	1988	1989	1990	1991	1992	1993	1994
1981	14.9	12.0	10.5	9.1	8.0	7.0	6.6	6.2	5.8	5.5	5.2	4.9	4.7
1982		9.2	8.3	7.2	6.3	5.5	5.2	5.1	4.7	4.5	4.3	4.0	3.9
1983			7.3	6.2	5.3	4.6	4.5	4.4	4.0	3.9	3.7	3.5	3.5
1984				5.0	4.3	3.7	3.7	3.8	3.5	3.4	3.3	3.1	3.1
1985					3.7	3.0	3.3	3.5	3.2	3.1	3.0	2.9	2.9
1986						2.4	3.2	3.5	3.1	3.0	2.9	2.8	2.8
1987							4.0	4.0	3.3	3.2	3.1	2.8	2.8
1988								4.0	3.0	2.9	2.8	2.6	2.6
1989									2.0	2.4	2.4	2.3	2.4
1990										2.8	2.7	2.4	2.4
1991											2.5	2.1	2.3
1992												1.7	2.2
1993													2.7

Government final consumption expenditure (volume) / **Consommation des administrations publiques** (volume)

	1982	1983	1984	1985	1986	1987	1988	1989	1990	1991	1992	1993	1994
1981	3.2	1.4	0.7	1.0	1.3	0.3	−0.5	−0.6	0.1	0.3	0.5	0.6	0.8
1982		−0.4	−0.5	0.2	0.8	−0.3	−1.1	−1.1	−0.3	−0.0	0.2	0.3	0.6
1983			−0.7	0.6	1.2	−0.3	−1.3	−1.2	−0.3	0.0	0.3	0.4	0.7
1984				1.8	2.2	−0.2	−1.4	−1.3	−0.2	0.2	0.4	0.5	0.9
1985					2.6	−1.2	−2.5	−2.1	−0.6	−0.1	0.2	0.4	0.8
1986						−4.8	−4.9	−3.6	−1.4	−0.7	−0.1	0.1	0.5
1987							−5.0	−3.0	−0.3	0.4	0.8	0.9	1.3
1988								−1.0	2.2	2.3	2.3	2.1	2.4
1989									5.4	3.9	3.4	2.9	3.1
1990										2.5	2.5	2.1	2.5
1991											2.5	1.9	2.6
1992												1.3	2.6
1993													3.9

Government final consumption expenditure (implicit price deflator) / **Consommation des administrations publiques** (prix implicite)

	1982	1983	1984	1985	1986	1987	1988	1989	1990	1991	1992	1993	1994
1981	13.4	10.9	9.9	8.9	8.0	7.7	7.2	6.9	6.7	6.7	6.6	6.6	6.3
1982		8.4	8.2	7.4	6.7	6.5	6.2	6.0	5.9	6.0	6.0	6.0	5.7
1983			8.1	6.9	6.1	6.1	5.7	5.6	5.5	5.7	5.7	5.7	5.5
1984				5.7	5.1	5.4	5.1	5.1	5.1	5.4	5.4	5.5	5.2
1985					4.6	5.3	4.9	5.0	5.0	5.3	5.3	5.4	5.2
1986						6.1	5.1	5.1	5.1	5.5	5.5	5.6	5.3
1987							4.2	4.6	4.8	5.3	5.4	5.5	5.2
1988								5.0	5.1	5.7	5.7	5.7	5.3
1989									5.1	6.1	5.9	5.9	5.4
1990										7.0	6.2	6.2	5.4
1991											5.5	5.8	4.9
1992												6.1	4.7
1993													3.3

Gross fixed capital formation (volume) / **Formation brute de capital fixe** (volume)

	1982	1983	1984	1985	1986	1987	1988	1989	1990	1991	1992	1993	1994
1981	−3.4	−6.4	−5.1	−5.8	−5.2	−4.5	−3.8	−1.9	−0.6	−1.3	−1.3	−1.4	−0.8
1982		−9.3	−6.0	−6.5	−5.6	−4.7	−3.9	−1.6	−0.2	−1.1	−1.1	−1.2	−0.6
1983			−2.5	−5.2	−4.4	−3.6	−2.8	−0.3	1.2	0.0	−0.1	−0.4	0.3
1984				−7.7	−5.3	−3.9	−2.9	0.1	1.8	0.4	0.2	−0.2	0.5
1985					−2.8	−2.0	−1.2	2.2	3.8	1.8	1.4	0.8	1.5
1986						−1.1	−0.4	3.9	5.5	2.7	2.1	1.3	2.1
1987							0.4	6.5	7.8	3.7	2.7	1.8	2.5
1988								13.0	11.8	4.8	3.3	2.0	2.9
1989									10.5	1.0	0.2	−0.5	1.0
1990										−7.8	−4.5	−4.0	−1.3
1991											−1.2	−2.0	1.0
1992												−2.8	2.1
1993													7.2

Gross fixed capital formation (implicit price deflator) / **Formation brute de capital fixe** (prix implicite)

	1982	1983	1984	1985	1986	1987	1988	1989	1990	1991	1992	1993	1994
1981	9.0	7.6	6.9	6.3	5.5	4.9	5.0	5.1	4.8	4.6	4.4	4.3	4.2
1982		6.2	5.9	5.4	4.6	4.1	4.3	4.5	4.2	4.1	4.0	3.9	3.8
1983			5.5	4.9	4.1	3.6	4.0	4.2	3.9	3.8	3.7	3.7	3.5
1984				4.4	3.4	3.0	3.6	4.0	3.7	3.6	3.5	3.5	3.4
1985					2.4	2.3	3.3	3.9	3.6	3.5	3.4	3.4	3.2
1986						2.3	3.8	4.4	3.8	3.7	3.6	3.5	3.4
1987							5.3	5.5	4.4	4.1	3.8	3.7	3.5
1988								5.6	3.9	3.6	3.4	3.4	3.2
1989									2.2	2.7	2.7	2.9	2.7
1990										3.1	3.0	3.1	2.9
1991											2.8	3.1	2.8
1992												3.4	2.7
1993													2.1

National disposable income (value) / **Revenu national disponible** (valeur)

	1982	1983	1984	1985	1986	1987	1988	1989	1990	1991	1992	1993	1994
1981	13.4	11.3	10.8	10.2	9.3	8.8	8.4	8.7	8.7	8.5	8.0	7.8	7.8
1982		9.3	9.6	9.1	8.3	7.9	7.6	8.0	8.2	8.0	7.5	7.3	7.4
1983			9.8	9.0	8.0	7.6	7.2	7.8	8.0	7.8	7.3	7.1	7.2
1984				8.3	7.1	6.8	6.6	7.4	7.7	7.5	7.0	6.8	6.9
1985					5.9	6.1	6.1	7.2	7.6	7.4	6.8	6.7	6.8
1986						6.4	6.1	7.6	8.1	7.7	7.0	6.8	6.9
1987							5.9	8.2	8.6	8.0	7.1	6.8	7.0
1988								10.6	10.0	8.8	7.4	7.0	7.1
1989									9.4	7.8	6.3	6.1	6.5
1990										6.3	4.8	5.1	5.7
1991											3.4	4.5	5.6
1992												5.6	6.7
1993													7.8

Compensation of employees (value) / **Rémunération des salariés** (valeur)

	1982	1983	1984	1985	1986	1987	1988	1989	1990	1991	1992	1993	1994
1981	14.1	11.7	10.6	9.7	9.2	8.5	8.1	8.0	8.0	7.8	7.7	7.6	7.5
1982		9.3	8.9	8.3	8.0	7.4	7.2	7.2	7.3	7.2	7.1	7.1	7.0
1983			8.5	7.9	7.5	6.9	6.7	6.8	7.0	6.9	6.9	6.9	6.8
1984				7.2	7.0	6.4	6.3	6.5	6.8	6.7	6.7	6.7	6.6
1985					6.8	6.0	6.0	6.3	6.7	6.6	6.6	6.6	6.5
1986						5.2	5.6	6.1	6.6	6.6	6.5	6.6	6.5
1987							6.0	6.6	7.1	6.9	6.8	6.8	6.7
1988								7.3	7.7	7.2	7.0	7.0	6.8
1989									8.1	7.2	6.9	6.9	6.7
1990										6.2	6.3	6.5	6.3
1991											6.4	6.6	6.4
1992												6.9	6.3
1993													5.8

ITALY

ITALIE

Average per cent changes at annual rate

Variations moyennes en pourcentage aux taux annuels

G.D.P. per head (volume)
P.I.B. par tête (volume)

	1982	1983	1984	1985	1986	1987	1988	1989	1990	1991	1992	1993	1994
1981	0.1	0.5	1.2	1.5	1.8	2.0	2.3	2.4	2.4	2.2	2.1	1.8	1.8
1982		0.9	1.8	2.0	2.2	2.4	2.7	2.7	2.6	2.5	2.3	1.9	1.9
1983			2.6	2.6	2.7	2.8	3.1	3.0	2.9	2.7	2.4	2.0	2.0
1984				2.6	2.7	2.9	3.2	3.1	2.9	2.7	2.4	2.0	2.0
1985					2.9	3.0	3.4	3.3	3.0	2.7	2.4	1.9	1.9
1986						3.1	3.6	3.4	3.0	2.7	2.3	1.7	1.8
1987							4.0	3.5	3.0	2.5	2.1	1.5	1.6
1988								2.9	2.5	2.0	1.7	1.0	1.2
1989									2.1	1.6	1.3	0.6	0.8
1990										1.2	0.9	0.1	0.5
1991											0.6	-0.5	0.3
1992												-1.5	0.2
1993													2.0

Private final consumption expenditure per head (volume)
Consommation finale privée par tête (volume)

	1982	1983	1984	1985	1986	1987	1988	1989	1990	1991	1992	1993	1994
1981	0.8	0.6	1.1	1.6	2.1	2.5	2.8	2.9	2.9	2.9	2.7	2.2	2.1
1982		0.5	1.3	1.9	2.5	2.9	3.2	3.2	3.2	3.1	2.9	2.3	2.2
1983			2.1	2.6	3.2	3.5	3.7	3.7	3.6	3.4	3.2	2.5	2.3
1984				3.0	3.7	3.9	4.1	4.0	3.8	3.6	3.3	2.5	2.3
1985					4.4	4.4	4.5	4.2	4.0	3.7	3.4	2.5	2.3
1986						4.5	4.5	4.2	3.9	3.6	3.2	2.2	2.0
1987							4.6	4.1	3.7	3.4	3.0	1.8	1.6
1988								3.6	3.2	3.0	2.6	1.3	1.2
1989									2.8	2.7	2.2	0.7	0.7
1990										2.6	1.9	-0.0	0.2
1991											1.3	-1.3	-0.6
1992												-3.8	-1.6
1993													0.7

Gross domestic product (volume)
Produit intérieur brut (volume)

	1982	1983	1984	1985	1986	1987	1988	1989	1990	1991	1992	1993	1994
1981	0.2	0.6	1.3	1.6	1.9	2.1	2.4	2.4	2.4	2.3	2.1	1.9	1.9
1982		1.0	1.8	2.1	2.3	2.5	2.7	2.8	2.7	2.5	2.3	2.0	2.0
1983			2.7	2.6	2.7	2.8	3.1	3.1	2.9	2.7	2.5	2.1	2.1
1984				2.6	2.8	2.9	3.2	3.1	3.0	2.7	2.5	2.1	2.1
1985					2.9	3.0	3.4	3.3	3.0	2.7	2.4	2.0	2.0
1986						3.1	3.6	3.4	3.1	2.7	2.4	1.8	1.9
1987							4.1	3.5	3.0	2.6	2.2	1.6	1.7
1988								2.9	2.5	2.1	1.7	1.2	1.3
1989									2.1	1.7	1.4	0.7	1.0
1990										1.2	1.0	0.2	0.7
1991											0.7	-0.2	0.6
1992												-1.2	0.5
1993													2.2

Gross domestic product (implicit price deflator)
Produit intérieur brut (prix implicite)

	1982	1983	1984	1985	1986	1987	1988	1989	1990	1991	1992	1993	1994
1981	17.2	16.2	14.6	13.1	12.1	11.0	10.4	9.9	9.6	9.4	9.0	8.6	8.2
1982		15.1	13.3	11.8	10.8	9.8	9.3	8.8	8.7	8.6	8.2	7.8	7.4
1983			11.6	10.2	9.4	8.6	8.2	7.8	7.8	7.8	7.4	7.1	6.8
1984				8.9	8.4	7.6	7.3	7.1	7.2	7.3	6.9	6.6	6.3
1985					7.9	6.9	6.8	6.7	6.9	7.0	6.6	6.3	6.0
1986						6.0	6.3	6.3	6.6	6.8	6.4	6.1	5.8
1987							6.6	6.4	6.8	7.0	6.5	6.1	5.8
1988								6.2	6.9	7.2	6.5	6.0	5.6
1989									7.6	7.6	6.6	6.0	5.5
1990										7.7	6.0	5.5	5.0
1991											4.5	4.4	4.1
1992												4.3	4.0
1993													3.6

Private final consumption expenditure (volume)
Consommation finale privée (volume)

	1982	1983	1984	1985	1986	1987	1988	1989	1990	1991	1992	1993	1994
1981	0.9	0.7	1.2	1.7	2.2	2.6	2.9	3.0	2.9	2.9	2.8	2.2	2.1
1982		0.6	1.4	1.9	2.5	2.9	3.2	3.3	3.2	3.1	3.0	2.4	2.3
1983			2.2	2.6	3.2	3.5	3.7	3.7	3.6	3.5	3.2	2.6	2.4
1984				3.1	3.7	4.0	4.1	4.0	3.8	3.7	3.4	2.6	2.4
1985					4.4	4.4	4.5	4.3	4.0	3.8	3.4	2.5	2.4
1986						4.5	4.5	4.2	3.9	3.6	3.3	2.3	2.1
1987							4.6	4.1	3.7	3.4	3.0	1.9	1.8
1988								3.6	3.3	3.0	2.6	1.4	1.3
1989									2.9	2.8	2.3	0.9	0.9
1990										2.6	2.0	0.2	0.4
1991											1.5	-1.0	-0.4
1992												-3.4	-1.3
1993													0.9

Private final consumption expenditure (implicit price deflator)
Consommation finale privée (prix implicite)

	1982	1983	1984	1985	1986	1987	1988	1989	1990	1991	1992	1993	1994
1981	17.1	15.9	14.6	13.2	11.7	10.6	9.9	9.5	9.1	8.9	8.5	8.3	8.0
1982		14.8	13.4	11.9	10.5	9.4	8.8	8.4	8.1	8.0	7.7	7.5	7.3
1983			12.1	10.5	9.1	8.1	7.6	7.4	7.2	7.2	7.0	6.8	6.6
1984				9.0	7.6	6.8	6.5	6.5	6.4	6.5	6.3	6.2	6.1
1985					6.2	5.7	5.7	5.9	5.9	6.1	6.0	5.9	5.7
1986						5.3	5.5	5.8	5.8	6.0	5.9	5.8	5.7
1987							5.7	6.1	6.0	6.2	6.1	5.9	5.7
1988								6.5	6.2	6.4	6.2	6.0	5.8
1989									5.9	6.4	6.1	5.8	5.6
1990										6.9	6.1	5.8	5.5
1991											5.4	5.3	5.1
1992												5.1	5.0
1993													4.8

Government final consumption expenditure (volume)
Consommation des administrations publiques (volume)

	1982	1983	1984	1985	1986	1987	1988	1989	1990	1991	1992	1993	1994
1981	2.6	3.0	2.8	2.9	2.9	3.0	2.9	2.7	2.5	2.4	2.3	2.1	2.0
1982		3.5	2.8	3.0	2.9	3.0	3.0	2.7	2.5	2.4	2.2	2.1	1.9
1983			2.2	2.8	2.7	2.9	2.9	2.6	2.3	2.2	2.1	2.0	1.8
1984				3.4	3.0	3.1	3.1	2.6	2.4	2.2	2.1	1.9	1.7
1985					2.6	3.0	3.0	2.4	2.2	2.1	1.9	1.7	1.6
1986						3.5	3.2	2.4	2.1	2.0	1.8	1.6	1.4
1987							2.8	1.8	1.6	1.6	1.5	1.3	1.1
1988								0.8	1.0	1.2	1.1	1.0	0.9
1989									1.1	1.3	1.2	1.1	0.9
1990										1.5	1.3	1.1	0.8
1991											1.0	0.8	0.6
1992												0.7	0.4
1993													0.0

Government final consumption expenditure (implicit price deflator)
Consommation des administrations publiques (prix implicite)

	1982	1983	1984	1985	1986	1987	1988	1989	1990	1991	1992	1993	1994
1981	14.8	14.7	13.6	12.5	11.3	10.9	10.6	10.2	10.5	10.3	9.7	9.1	8.6
1982		14.6	13.0	11.7	10.5	10.1	9.9	9.5	10.0	9.8	9.2	8.6	8.1
1983			11.5	10.3	9.1	9.0	9.0	8.7	9.4	9.2	8.7	8.1	7.6
1984				9.2	8.0	8.2	8.5	8.1	9.0	8.8	8.3	7.7	7.2
1985					6.8	7.6	8.2	7.9	9.0	8.8	8.2	7.5	6.9
1986						8.5	8.9	8.2	9.6	9.2	8.4	7.6	7.0
1987							9.3	8.1	9.9	9.4	8.4	7.5	6.8
1988								6.9	10.2	9.4	8.2	7.1	6.3
1989									13.7	10.7	8.7	7.1	6.2
1990										7.6	6.2	5.0	4.4
1991											4.8	3.7	3.4
1992												2.7	2.7
1993													2.6

Gross fixed capital formation (volume)
Formation brute de capital fixe (volume)

	1982	1983	1984	1985	1986	1987	1988	1989	1990	1991	1992	1993	1994
1981	-4.7	-2.7	-0.6	-0.3	0.2	1.0	1.8	2.1	2.3	2.1	1.8	0.4	0.4
1982		-0.6	1.5	1.2	1.5	2.2	2.9	3.1	3.2	2.9	2.4	0.9	0.8
1983			3.6	2.1	2.1	2.9	3.7	3.8	3.8	3.4	2.8	1.1	1.0
1984				0.6	1.4	2.6	3.7	3.8	3.8	3.3	2.7	0.8	0.7
1985					2.2	3.6	4.7	4.6	4.4	3.8	3.0	0.8	0.7
1986						5.0	6.0	5.4	5.0	4.1	3.1	0.6	0.5
1987							6.9	5.6	5.0	3.9	2.7	-0.1	-0.1
1988								4.3	4.0	2.9	1.7	-1.4	-1.2
1989									3.8	2.2	0.9	-2.8	-2.3
1990										0.6	-0.6	-4.9	-3.7
1991											-1.7	-7.6	-5.2
1992												-13.1	-6.8
1993													-0.1

Gross fixed capital formation (implicit price deflator)
Formation brute de capital fixe (prix implicite)

	1982	1983	1984	1985	1986	1987	1988	1989	1990	1991	1992	1993	1994
1981	15.4	13.4	12.0	11.3	9.7	8.7	8.3	7.9	7.7	7.5	7.2	7.0	6.7
1982		11.4	10.3	9.9	8.3	7.5	7.2	6.9	6.8	6.7	6.4	6.2	6.0
1983			9.2	9.2	7.3	6.5	6.3	6.2	6.2	6.1	5.8	5.7	5.5
1984				9.1	6.4	5.6	5.6	5.6	5.7	5.6	5.4	5.3	5.1
1985					3.7	3.9	4.5	4.7	5.0	5.1	4.9	4.9	4.7
1986						4.1	4.8	5.0	5.3	5.3	5.1	5.0	4.8
1987							5.6	5.5	5.8	5.7	5.3	5.2	4.9
1988								5.4	5.9	5.7	5.2	5.1	4.8
1989									6.3	5.8	5.1	5.1	4.7
1990										5.3	4.5	4.7	4.2
1991											3.7	4.3	3.9
1992												4.9	3.9
1993													3.0

National disposable income (value)
Revenu national disponible (valeur)

	1982	1983	1984	1985	1986	1987	1988	1989	1990	1991	1992	1993	1994
1981	17.0	16.7	16.0	14.8	14.0	13.3	13.0	12.4	12.1	11.7	11.1	10.3	10.0
1982		16.4	15.6	14.1	13.3	12.6	12.3	11.8	11.5	11.2	10.5	9.7	9.4
1983			14.7	13.0	12.3	11.6	11.5	11.1	10.9	10.5	9.9	9.1	8.8
1984				11.3	11.0	10.6	10.7	10.3	10.2	9.9	9.3	8.5	8.2
1985					10.8	10.2	10.5	10.1	10.0	9.7	9.0	8.1	7.9
1986						9.7	10.4	9.9	9.8	9.5	8.7	7.8	7.6
1987							11.1	9.9	9.9	9.4	8.5	7.4	7.3
1988								8.8	9.2	8.9	7.8	6.7	6.6
1989									9.7	9.0	7.5	6.2	6.2
1990										8.2	6.4	5.1	5.4
1991											4.6	3.5	4.4
1992												2.5	4.3
1993													6.2

Compensation of employees (value)
Rémunération des salariés (valeur)

	1982	1983	1984	1985	1986	1987	1988	1989	1990	1991	1992	1993	1994
1981	16.4	15.7	14.4	13.7	12.5	11.9	11.6	11.3	11.4	11.2	10.6	9.8	9.2
1982		15.1	13.3	12.8	11.6	11.0	10.8	10.6	10.8	10.6	10.1	9.2	8.6
1983			11.6	11.6	10.4	10.0	10.0	9.9	10.2	10.1	9.5	8.6	8.0
1984				11.7	9.8	9.4	9.6	9.5	10.0	9.9	9.3	8.3	7.6
1985					8.0	8.3	8.9	9.0	9.6	9.6	8.9	7.9	7.2
1986						8.6	9.3	9.4	10.0	9.9	9.1	7.9	7.1
1987							10.0	9.7	10.5	10.2	9.2	7.8	6.9
1988								9.5	10.8	10.3	9.0	7.3	6.4
1989									12.1	10.6	8.8	6.8	5.8
1990										9.2	7.2	5.1	4.2
1991											5.2	3.1	2.6
1992												1.0	1.4
1993													1.7

LUXEMBOURG

Average per cent changes at annual rate

Variations moyennes en pourcentage aux taux annuels

G.D.P. per head (volume)
P.I.B. par tête (volume)

	1982	1983	1984	1985	1986	1987	1988	1989	1990	1991	1992	1993	1994
1981	0.9	1.9	3.3	3.1	3.4	3.2	3.5	3.7	3.6	3.4	3.2	2.8	2.8
1982		3.0	4.6	3.9	4.1	3.7	3.9	4.1	3.9	3.7	3.4	3.0	2.9
1983			6.2	4.4	4.4	3.8	4.1	4.3	4.1	3.8	3.5	3.0	2.9
1984				2.6	3.6	3.1	3.6	4.0	3.7	3.5	3.1	2.6	2.6
1985					4.5	3.3	3.9	4.3	3.9	3.6	3.2	2.6	2.6
1986						2.1	3.6	4.2	3.8	3.4	3.0	2.4	2.3
1987							5.1	5.3	4.3	3.7	3.2	2.4	2.4
1988								5.5	3.9	3.3	2.7	1.9	1.9
1989									2.4	2.2	1.7	1.0	1.2
1990										2.0	1.4	0.5	0.9
1991											0.8	-0.2	0.6
1992												-1.3	0.5
1993													2.2

Private final consumption expenditure per head (volume)
Consommation finale privée par tête (volume)

	1982	1983	1984	1985	1986	1987	1988	1989	1990	1991	1992	1993	1994
1981	0.1	0.3	0.7	1.1	1.5	1.9	2.1	2.2	2.3	2.6	2.4	2.1	2.0
1982		0.5	1.0	1.4	1.8	2.3	2.5	2.5	2.6	2.9	2.7	2.2	2.2
1983			1.4	1.9	2.3	2.8	2.9	2.9	2.9	3.2	2.9	2.4	2.3
1984				2.4	2.7	3.2	3.2	3.1	3.1	3.5	3.1	2.5	2.4
1985					3.1	3.6	3.5	3.3	3.3	3.6	3.2	2.5	2.4
1986						4.2	3.7	3.4	3.3	3.8	3.2	2.4	2.3
1987							3.3	3.0	3.1	3.7	3.1	2.2	2.1
1988								2.8	3.0	3.8	3.0	1.9	1.9
1989									3.2	4.3	3.1	1.7	1.7
1990										5.4	3.0	1.3	1.3
1991											0.7	-0.8	-0.0
1992												-2.2	-0.4
1993													1.5

Gross domestic product (volume)
Produit intérieur brut (volume)

	1982	1983	1984	1985	1986	1987	1988	1989	1990	1991	1992	1993	1994
1981	1.1	2.1	3.4	3.3	3.6	3.5	3.8	4.1	4.0	3.9	3.8	3.4	3.4
1982		3.0	4.6	4.0	4.2	4.0	4.2	4.6	4.4	4.3	4.0	3.6	3.6
1983			6.2	4.5	4.6	4.2	4.5	4.9	4.6	4.4	4.1	3.7	3.7
1984				2.9	3.8	3.5	4.1	4.6	4.4	4.2	3.9	3.4	3.4
1985					4.8	3.9	4.5	5.0	4.6	4.4	4.0	3.5	3.5
1986						2.9	4.3	5.1	4.6	4.3	3.9	3.3	3.3
1987							5.7	6.2	5.2	4.6	4.1	3.4	3.4
1988								6.7	4.9	4.3	3.7	2.9	3.0
1989									3.2	3.1	2.7	2.0	2.3
1990										3.1	2.5	1.6	2.0
1991											1.9	0.9	1.7
1992												0.0	1.6
1993													3.3

Gross domestic product (implicit price deflator)
Produit intérieur brut (prix implicite)

	1982	1983	1984	1985	1986	1987	1988	1989	1990	1991	1992	1993	1994
1981	10.8	8.8	7.3	6.2	6.1	5.2	5.1	5.3	5.0	4.9	4.9	5.3	5.2
1982		6.8	5.6	4.7	5.0	4.1	4.2	4.5	4.3	4.3	4.4	4.9	4.7
1983			4.4	3.7	4.4	3.4	3.7	4.1	3.9	4.0	4.1	4.7	4.6
1984				3.0	4.4	3.1	3.5	4.1	3.8	3.9	4.0	4.7	4.6
1985					5.9	3.1	3.7	4.4	4.0	4.1	4.2	4.9	4.8
1986						0.4	2.6	3.9	3.5	3.7	3.9	4.8	4.6
1987							4.8	5.7	4.6	4.5	4.6	5.5	5.2
1988								6.6	4.5	4.5	4.6	5.7	5.3
1989									2.4	3.5	4.0	5.4	5.1
1990										4.5	4.7	6.5	5.7
1991											5.0	7.5	6.1
1992												10.0	6.7
1993													3.6

Private final consumption expenditure (volume)
Consommation finale privée (volume)

	1982	1983	1984	1985	1986	1987	1988	1989	1990	1991	1992	1993	1994
1981	0.4	0.4	0.8	1.2	1.7	2.2	2.4	2.6	2.8	3.1	3.0	2.7	2.7
1982		0.5	1.0	1.5	2.0	2.6	2.8	2.9	3.1	3.5	3.3	2.9	2.9
1983			1.4	2.1	2.5	3.1	3.3	3.4	3.5	3.8	3.6	3.1	3.1
1984				2.7	3.0	3.7	3.7	3.7	3.8	4.2	3.9	3.3	3.2
1985					3.4	4.2	4.1	4.0	4.0	4.4	4.0	3.4	3.3
1986						5.0	4.4	4.2	4.2	4.6	4.2	3.4	3.3
1987							3.9	3.9	3.9	4.6	4.0	3.2	3.1
1988								3.9	3.9	4.8	4.0	3.0	2.9
1989									4.0	5.2	4.1	2.8	2.7
1990										6.5	4.1	2.4	2.4
1991											1.7	0.4	1.1
1992												-0.9	0.8
1993													2.5

Private final consumption expenditure (implicit price deflator)
Consommation finale privée (prix implicite)

	1982	1983	1984	1985	1986	1987	1988	1989	1990	1991	1992	1993	1994
1981	10.6	9.4	8.5	7.4	6.4	5.5	5.2	5.2	5.2	5.0	4.6	4.8	4.6
1982		8.3	7.4	6.3	5.4	4.5	4.4	4.4	4.6	4.3	4.1	4.3	4.2
1983			6.5	5.4	4.5	3.6	3.6	3.8	4.0	3.9	3.6	3.9	3.8
1984				4.3	3.5	2.7	2.9	3.3	3.6	3.5	3.3	3.7	3.5
1985					2.8	1.9	2.4	3.0	3.5	3.4	3.1	3.6	3.4
1986						1.1	2.3	3.1	3.7	3.5	3.2	3.7	3.5
1987							3.5	4.1	4.6	4.1	3.6	4.2	3.9
1988								4.8	5.1	4.3	3.6	4.3	4.0
1989									5.5	4.0	3.2	4.2	3.8
1990										2.6	2.1	3.7	3.4
1991											1.6	4.3	3.6
1992												7.0	4.7
1993													2.4

Government final consumption expenditure (volume)
Consommation des administrations publiques (volume)

	1982	1983	1984	1985	1986	1987	1988	1989	1990	1991	1992	1993	1994
1981	1.5	1.7	1.8	1.9	2.1	2.2	2.4	2.4	2.5	2.6	2.7	2.6	2.6
1982		1.9	2.0	2.0	2.3	2.4	2.6	2.5	2.6	2.7	2.8	2.7	2.7
1983			2.2	2.1	2.4	2.5	2.8	2.6	2.7	2.8	2.9	2.8	2.7
1984				2.0	2.5	2.6	2.9	2.7	2.8	2.9	3.0	2.9	2.8
1985					3.1	2.9	3.2	2.9	2.9	3.1	3.1	3.0	2.9
1986						2.7	3.3	2.8	2.9	3.1	3.1	3.0	2.8
1987							3.8	2.8	2.9	3.2	3.2	3.0	2.9
1988								1.9	2.5	3.0	3.1	2.8	2.7
1989									3.2	3.5	3.5	3.1	2.9
1990										3.8	3.7	3.0	2.8
1991											3.5	2.6	2.5
1992												1.8	1.9
1993													2.1

Government final consumption expenditure (implicit price deflator)
Consommation des administrations publiques (prix implicite)

	1982	1983	1984	1985	1986	1987	1988	1989	1990	1991	1992	1993	1994
1981	4.2	3.9	4.5	5.0	4.7	5.2	4.6	4.9	5.5	5.2	5.1	5.1	4.9
1982		3.6	4.7	5.3	4.8	5.4	4.7	5.0	5.6	5.3	5.2	5.2	5.0
1983			5.7	6.1	5.2	5.8	4.9	5.3	5.9	5.5	5.4	5.3	5.1
1984				6.5	4.9	5.9	4.7	5.2	5.9	5.5	5.3	5.3	5.1
1985					3.4	5.6	4.1	4.9	5.8	5.3	5.1	5.1	4.9
1986						7.8	4.5	5.3	6.5	5.7	5.4	5.4	5.1
1987							1.3	4.1	6.0	5.2	5.0	5.0	4.7
1988								7.1	8.5	6.6	5.9	5.7	5.3
1989									9.9	6.3	5.5	5.4	5.0
1990										2.8	3.4	3.9	3.8
1991											4.0	4.5	4.1
1992												5.0	4.1
1993													3.3

Gross fixed capital formation (volume)
Formation brute de capital fixe (volume)

	1982	1983	1984	1985	1986	1987	1988	1989	1990	1991	1992	1993	1994
1981	-0.5	-6.3	-4.2	-5.6	0.9	3.1	4.6	5.1	4.8	5.3	4.6	4.5	4.4
1982		-11.8	-6.0	-7.2	1.2	3.8	5.4	5.9	5.5	5.9	5.1	5.0	4.8
1983			0.1	-4.8	5.9	8.1	9.2	9.2	8.2	8.4	7.2	6.8	6.4
1984				-9.5	9.0	10.9	11.7	11.1	9.6	9.6	8.1	7.6	7.1
1985					31.2	22.7	19.8	16.9	13.9	13.2	10.9	10.0	9.1
1986						14.7	14.4	12.5	9.9	9.9	7.8	7.2	6.6
1987							14.1	11.4	8.4	8.7	6.5	6.0	5.5
1988								8.9	5.6	7.0	4.6	4.5	4.1
1989									2.5	6.1	3.3	3.4	3.2
1990										9.8	3.7	3.7	3.4
1991											-2.1	0.8	1.4
1992												3.9	3.1
1993													2.4

Gross fixed capital formation (implicit price deflator)
Formation brute de capital fixe (prix implicite)

	1982	1983	1984	1985	1986	1987	1988	1989	1990	1991	1992	1993	1994
1981	10.7	8.3	7.0	6.1	5.5	5.0	5.1	4.4	4.7	4.8	4.2	4.6	3.6
1982		6.0	5.2	4.6	4.3	4.0	4.2	3.5	4.0	4.2	3.6	4.1	3.0
1983			4.5	3.9	3.7	3.5	3.9	3.1	3.7	4.0	3.4	3.9	2.8
1984				3.2	3.3	3.1	3.7	2.8	3.6	3.9	3.2	3.8	2.6
1985					3.3	3.0	3.9	2.7	3.6	4.0	3.2	3.9	2.5
1986						2.8	4.1	2.5	3.7	4.1	3.2	3.9	2.4
1987							5.5	2.4	4.0	4.4	3.3	4.1	2.4
1988								-0.6	3.3	4.1	2.7	3.9	1.9
1989									7.4	6.5	3.9	5.0	2.4
1990										5.7	2.1	4.2	1.1
1991											-1.2	3.5	-0.3
1992												8.5	0.2
1993													-7.5

National disposable income (value)
Revenu national disponible (valeur)

	1982	1983	1984	1985	1986	1987	1988	1989	1990	1991	1992	1993	1994
1981	20.9	16.2	13.7	12.0	11.3	9.4	9.4	9.9	9.8	9.7	8.9	8.1	7.8
1982		11.7	10.3	9.2	9.0	7.3	7.6	8.4	8.5	8.5	7.8	7.0	6.8
1983			8.9	8.0	8.1	6.2	6.8	7.9	8.1	8.1	7.3	6.5	6.3
1984				7.0	7.7	5.3	6.3	7.7	7.9	8.0	7.1	6.2	6.1
1985					8.4	4.4	6.0	7.8	8.1	8.2	7.2	6.1	6.0
1986						0.6	4.8	7.6	8.0	8.1	7.0	5.8	5.7
1987							9.2	11.3	10.6	10.1	8.3	6.7	6.4
1988								13.4	11.3	10.3	8.0	6.2	5.9
1989									9.3	8.9	6.3	4.5	4.5
1990										8.4	4.8	2.9	3.3
1991											1.4	0.3	1.7
1992												-0.8	1.9
1993													4.6

Compensation of employees (value)
Rémunération des salariés (valeur)

	1982	1983	1984	1985	1986	1987	1988	1989	1990	1991	1992	1993	1994
1981	6.9	6.8	7.2	6.9	7.3	7.4	7.3	7.9	8.2	8.5	8.5	8.4	8.2
1982		6.7	7.3	6.9	7.4	7.4	7.4	8.0	8.4	8.7	8.7	8.5	8.3
1983			8.0	7.1	7.7	7.6	7.5	8.3	8.6	8.9	8.9	8.7	8.5
1984				6.2	7.5	7.5	7.4	8.3	8.7	9.1	9.0	8.8	8.5
1985					8.9	8.2	7.8	8.9	9.2	9.6	9.4	9.1	8.8
1986						7.4	7.2	8.8	9.3	9.7	9.5	9.2	8.8
1987							7.1	9.6	9.9	10.3	9.9	9.4	9.0
1988								12.2	11.3	11.3	10.6	9.9	9.3
1989									10.5	10.9	10.1	9.4	8.8
1990										11.4	9.9	9.0	8.3
1991											8.5	7.9	7.4
1992												7.3	6.8
1993													6.3

National Accounts, Volume 1, OECD, 1996

108

NETHERLANDS

PAYS-BAS

Average per cent changes at annual rate

Variations moyennes en pourcentage aux taux annuels

	1982	1983	1984	1985	1986	1987	1988	1989	1990	1991	1992	1993	1994
1981	-1.6	-0.2	0.8	1.3	1.5	1.3	1.4	1.8	1.9	1.9	1.8	1.6	1.7
1982		1.3	2.1	2.3	2.2	1.9	2.0	2.2	2.4	2.3	2.2	1.9	2.0
1983			2.9	2.7	2.6	2.1	2.1	2.4	2.5	2.4	2.3	2.0	2.0
1984				2.6	2.4	1.8	1.9	2.3	2.5	2.3	2.2	1.9	1.9
1985					2.2	1.5	1.6	2.2	2.5	2.3	2.1	1.8	1.8
1986						0.8	1.4	2.3	2.5	2.3	2.1	1.8	1.8
1987							2.0	3.0	3.1	2.7	2.4	1.9	2.0
1988								4.1	3.7	3.0	2.5	1.9	2.0
1989									3.4	2.4	2.0	1.4	1.5
1990										1.5	1.4	0.8	1.1
1991											1.3	0.4	0.9
1992												-0.5	0.8
1993													2.1

G.D.P. per head (volume)
P.I.B. par tête (volume)

	1982	1983	1984	1985	1986	1987	1988	1989	1990	1991	1992	1993	1994
1981	-0.9	-0.2	0.1	0.7	1.0	1.1	1.0	1.2	1.5	1.6	1.6	1.5	1.5
1982		0.6	0.7	1.2	1.4	1.6	1.3	1.5	1.8	1.8	1.8	1.7	1.7
1983			0.8	1.6	1.7	1.8	1.5	1.7	2.0	2.0	2.0	1.8	1.8
1984				2.3	2.2	2.2	1.7	1.9	2.2	2.2	2.1	1.9	1.9
1985					2.0	2.1	1.4	1.8	2.1	2.2	2.1	1.9	1.8
1986						2.1	1.1	1.7	2.2	2.2	2.1	1.8	1.8
1987							0.2	1.5	2.2	2.2	2.1	1.8	1.8
1988								2.9	3.2	2.9	2.6	2.1	2.0
1989									3.5	2.9	2.5	1.9	1.9
1990										2.3	2.0	1.4	1.4
1991											1.8	1.0	1.2
1992												0.2	0.9
1993													1.5

Private final consumption expenditure per head (volume)
Consommation finale privée par tête (volume)

	1982	1983	1984	1985	1986	1987	1988	1989	1990	1991	1992	1993	1994
1981	-1.2	0.3	1.3	1.7	1.9	1.8	1.9	2.3	2.5	2.5	2.4	2.2	2.3
1982		1.7	2.5	2.7	2.7	2.4	2.5	2.8	3.0	2.9	2.8	2.6	2.6
1983			3.3	3.2	3.0	2.6	2.6	3.0	3.1	3.0	2.9	2.6	2.6
1984				3.1	2.9	2.4	2.5	2.9	3.1	3.0	2.9	2.6	2.6
1985					2.8	2.1	2.3	2.9	3.1	3.0	2.8	2.5	2.5
1986						1.4	2.0	2.9	3.2	3.0	2.8	2.5	2.5
1987							2.6	3.6	3.8	3.4	3.1	2.6	2.6
1988								4.7	4.4	3.7	3.3	2.7	2.7
1989									4.1	3.2	2.8	2.2	2.3
1990										2.3	2.1	1.5	1.8
1991											2.0	1.1	1.6
1992												0.2	1.4
1993													2.7

Gross domestic product (volume)
Produit intérieur brut (volume)

	1982	1983	1984	1985	1986	1987	1988	1989	1990	1991	1992	1993	1994
1981	5.4	3.7	2.9	2.6	2.1	1.7	1.6	1.5	1.6	1.7	1.8	1.8	1.8
1982		2.1	1.7	1.7	1.3	0.9	1.0	1.0	1.2	1.3	1.4	1.5	1.6
1983			1.4	1.6	1.1	0.6	0.7	0.8	1.0	1.2	1.4	1.4	1.5
1984				1.8	0.9	0.4	0.6	0.7	1.0	1.2	1.4	1.4	1.5
1985					0.1	-0.3	0.2	0.4	0.8	1.1	1.3	1.4	1.5
1986						-0.7	0.2	0.6	1.0	1.3	1.5	1.6	1.7
1987							1.2	1.2	1.6	1.9	1.9	2.0	2.0
1988								1.2	1.8	2.1	2.1	2.1	2.1
1989									2.3	2.5	2.4	2.3	2.3
1990										2.7	2.5	2.3	2.3
1991											2.3	2.2	2.2
1992												2.0	2.2
1993													2.3

Gross domestic product (implicit price deflator)
Produit intérieur brut (prix implicite)

	1982	1983	1984	1985	1986	1987	1988	1989	1990	1991	1992	1993	1994
1981	-0.5	0.2	0.6	1.1	1.4	1.6	1.5	1.8	2.0	2.1	2.2	2.1	2.1
1982		0.9	1.1	1.6	1.9	2.1	1.9	2.1	2.3	2.4	2.4	2.3	2.3
1983			1.2	2.0	2.2	2.3	2.0	2.3	2.6	2.6	2.6	2.4	2.4
1984				2.8	2.7	2.7	2.2	2.5	2.8	2.8	2.8	2.6	2.6
1985					2.6	2.7	2.1	2.4	2.8	2.8	2.8	2.5	2.5
1986						2.7	1.8	2.3	2.8	2.9	2.8	2.5	2.5
1987							0.8	2.2	2.8	2.9	2.8	2.5	2.5
1988								3.5	3.9	3.6	3.3	2.8	2.7
1989									4.2	3.7	3.3	2.7	2.6
1990										3.1	2.8	2.2	2.2
1991											2.5	1.7	1.9
1992												0.9	1.5
1993													2.1

Private final consumption expenditure (volume)
Consommation finale privée (volume)

	1982	1983	1984	1985	1986	1987	1988	1989	1990	1991	1992	1993	1994
1981	5.0	4.0	3.3	3.0	2.5	2.1	1.9	1.8	1.8	2.0	2.1	2.1	2.1
1982		2.9	2.4	2.4	1.9	1.5	1.4	1.3	1.4	1.6	1.8	1.8	1.9
1983			1.9	2.1	1.5	1.2	1.1	1.1	1.2	1.5	1.7	1.7	1.8
1984				2.4	1.3	0.9	0.8	0.9	1.1	1.4	1.6	1.7	1.8
1985					0.3	0.3	0.3	0.6	0.9	1.3	1.5	1.6	1.7
1986						0.2	0.4	0.7	1.0	1.5	1.7	1.8	1.9
1987							0.5	0.9	1.3	1.8	2.0	2.1	2.1
1988								1.2	1.7	2.2	2.4	2.4	2.4
1989									2.2	2.7	2.8	2.7	2.6
1990										3.2	3.2	2.9	2.8
1991											3.1	2.7	2.6
1992												2.3	2.3
1993													2.4

Private final consumption expenditure (implicit price deflator)
Consommation finale privée (prix implicite)

	1982	1983	1984	1985	1986	1987	1988	1989	1990	1991	1992	1993	1994
1981	2.3	2.3	1.5	1.7	2.1	2.2	2.1	2.0	2.0	1.9	1.9	1.8	1.7
1982		2.3	1.1	1.5	2.1	2.2	2.0	2.0	1.9	1.9	1.9	1.7	1.6
1983			0.0	1.2	2.0	2.1	2.0	1.9	1.9	1.8	1.8	1.7	1.6
1984				2.4	3.0	2.9	2.5	2.3	2.2	2.1	2.0	1.8	1.7
1985					3.6	3.1	2.5	2.3	2.2	2.1	2.0	1.8	1.7
1986						2.6	2.0	1.9	1.8	1.8	1.7	1.5	1.4
1987							1.4	1.5	1.5	1.5	1.6	1.3	1.3
1988								1.5	1.6	1.6	1.6	1.3	1.2
1989									1.6	1.6	1.6	1.2	1.2
1990										1.5	1.6	1.1	1.1
1991											1.7	0.9	0.9
1992												0.2	0.5
1993													0.9

Government final consumption expenditure (volume)
Consommation des administrations publiques (volume)

	1982	1983	1984	1985	1986	1987	1988	1989	1990	1991	1992	1993	1994
1981	2.1	1.2	0.6	0.3	-0.2	-0.1	-0.2	-0.1	0.2	0.5	0.8	0.9	0.9
1982		0.3	-0.2	-0.3	-0.8	-0.5	-0.6	-0.4	-0.0	0.3	0.7	0.8	0.8
1983			-0.6	-0.6	-1.1	-0.7	-0.7	-0.5	-0.1	0.3	0.7	0.8	0.9
1984				-0.5	-1.4	-0.8	-0.8	-0.5	0.0	0.4	0.9	1.0	1.0
1985					-2.2	-0.9	-0.9	-0.5	0.1	0.6	1.1	1.2	1.2
1986						0.4	-0.2	0.1	0.7	1.2	1.6	1.7	1.6
1987							-0.8	-0.1	0.8	1.4	1.9	1.9	1.8
1988								0.7	1.6	2.1	2.5	2.4	2.2
1989									2.5	2.8	3.2	2.8	2.5
1990										3.1	3.5	2.9	2.5
1991											3.9	2.8	2.3
1992												1.8	1.6
1993													1.3

Government final consumption expenditure (implicit price deflator)
Consommation des administrations publiques (prix implicite)

	1982	1983	1984	1985	1986	1987	1988	1989	1990	1991	1992	1993	1994
1981	-4.2	-0.9	1.3	2.7	3.5	3.1	3.3	3.5	3.3	3.0	2.7	2.2	2.3
1982		2.5	4.1	5.1	5.5	4.6	4.6	4.6	4.3	3.8	3.5	2.9	2.9
1983			5.8	6.4	6.6	5.1	5.0	5.0	4.5	4.0	3.6	2.9	2.9
1984				7.0	7.0	4.9	4.8	4.8	4.3	3.7	3.3	2.6	2.6
1985					6.9	3.8	4.1	4.3	3.7	3.1	2.8	2.0	2.1
1986						0.9	2.7	3.4	3.0	2.4	2.1	1.3	1.5
1987							4.5	4.7	3.7	2.8	2.4	1.4	1.6
1988								4.9	3.3	2.2	1.8	0.8	1.2
1989									1.6	0.9	0.8	-0.2	0.4
1990										0.2	0.4	-0.8	0.1
1991											0.6	-1.3	0.1
1992												-3.1	-0.1
1993													3.0

Gross fixed capital formation (volume)
Formation brute de capital fixe (volume)

	1982	1983	1984	1985	1986	1987	1988	1989	1990	1991	1992	1993	1994
1981	3.6	2.4	2.0	1.8	1.4	1.4	1.5	1.5	1.6	1.6	1.7	1.7	1.7
1982		1.3	1.3	1.2	0.9	1.0	1.1	1.2	1.3	1.4	1.5	1.5	1.6
1983			1.2	1.2	0.7	1.0	1.1	1.2	1.4	1.4	1.5	1.5	1.6
1984				1.2	0.5	0.9	1.1	1.2	1.4	1.5	1.5	1.6	1.6
1985					-0.1	0.7	1.1	1.3	1.4	1.5	1.6	1.6	1.7
1986						1.6	1.7	1.7	1.8	1.9	1.9	1.9	1.9
1987							1.7	1.8	1.9	1.9	1.9	1.9	1.9
1988								1.8	2.0	2.0	2.0	2.0	2.0
1989									2.1	2.1	2.1	2.0	2.0
1990										2.1	2.0	2.0	2.0
1991											2.0	1.9	1.9
1992												1.8	1.9
1993													2.0

Gross fixed capital formation (implicit price deflator)
Formation brute de capital fixe (prix implicite)

	1982	1983	1984	1985	1986	1987	1988	1989	1990	1991	1992	1993	1994
1981	4.0	4.2	4.3	4.6	4.2	3.6	3.5	3.9	4.2	4.2	4.2	4.0	4.1
1982		4.3	4.4	4.8	4.3	3.5	3.4	3.9	4.2	4.2	4.2	4.0	4.2
1983			4.4	5.0	4.2	3.3	3.3	3.8	4.2	4.2	4.2	4.0	4.1
1984				5.5	4.1	2.9	3.0	3.7	4.1	4.2	4.2	3.9	4.1
1985					2.8	1.6	2.1	3.3	3.8	3.9	4.0	3.7	4.0
1986						0.4	1.8	3.4	4.1	4.2	4.2	3.9	4.1
1987							3.2	5.0	5.4	5.2	4.9	4.5	4.6
1988								6.8	6.5	5.8	5.4	4.7	4.9
1989									6.2	5.3	4.9	4.2	4.5
1990										4.4	4.3	3.6	4.1
1991											4.1	3.1	4.0
1992												2.1	3.9
1993													5.7

National disposable income (value)
Revenu national disponible (valeur)

	1982	1983	1984	1985	1986	1987	1988	1989	1990	1991	1992	1993	1994
1981	3.0	2.0	1.5	2.0	2.5	2.6	2.6	2.7	3.0	3.3	3.5	3.5	3.3
1982		1.0	0.7	1.6	2.3	2.5	2.6	2.6	3.0	3.3	3.6	3.5	3.4
1983			0.4	1.9	2.8	2.9	2.9	2.9	3.3	3.6	3.9	3.7	3.6
1984				3.5	4.0	3.8	3.5	3.4	3.8	4.1	4.3	4.1	3.9
1985					4.4	3.9	3.5	3.3	3.8	4.2	4.4	4.2	4.0
1986						3.4	3.0	3.0	3.7	4.2	4.4	4.2	3.9
1987							2.7	2.8	3.8	4.4	4.6	4.3	4.0
1988								2.9	4.4	4.9	5.1	4.6	4.2
1989									5.9	6.0	5.9	5.1	4.5
1990										6.0	5.9	4.8	4.1
1991											5.8	4.2	3.5
1992												2.7	2.4
1993													2.1

Compensation of employees (value)
Rémunération des salariés (valeur)

NORWAY

NORVÈGE

Average per cent changes at annual rate

Variations moyennes en pourcentage aux taux annuels

G.D.P. per head (volume) / **P.I.B. par tête** (volume)

	1982	1983	1984	1985	1986	1987	1988	1989	1990	1991	1992	1993	1994
1981	-0.1	2.1	3.2	3.6	3.7	3.3	2.7	2.3	2.2	2.2	2.3	2.2	2.4
1982		4.3	4.9	4.9	4.6	4.0	3.1	2.7	2.5	2.5	2.5	2.4	2.6
1983			5.4	5.2	4.7	3.9	2.9	2.4	2.2	2.3	2.3	2.2	2.5
1984				5.0	4.4	3.4	2.3	1.8	1.7	1.8	1.9	1.9	2.2
1985					3.8	2.7	1.4	1.0	1.1	1.3	1.5	1.5	1.9
1986						1.6	0.3	0.1	0.4	0.8	1.1	1.2	1.7
1987							-1.0	-0.6	0.0	0.6	1.0	1.1	1.7
1988								-0.1	0.6	1.2	1.6	1.5	2.1
1989									1.2	1.8	2.1	2.0	2.6
1990										2.4	2.6	2.2	2.9
1991											2.7	2.1	3.1
1992												1.5	3.3
1993													5.1

Private final consumption expenditure per head (volume) / **Consommation finale privée par tête** (volume)

	1982	1983	1984	1985	1986	1987	1988	1989	1990	1991	1992	1993	1994
1981	1.4	1.3	1.7	3.6	3.9	3.0	2.1	1.7	1.5	1.5	1.5	1.5	1.7
1982		1.2	1.8	4.3	4.5	3.3	2.2	1.7	1.6	1.5	1.5	1.5	1.7
1983			2.4	5.9	5.7	3.9	2.4	1.8	1.6	1.5	1.5	1.5	1.8
1984				9.6	7.4	4.4	2.4	1.7	1.5	1.4	1.4	1.4	1.7
1985					5.2	1.8	0.1	-0.2	-0.1	0.1	0.3	0.5	0.9
1986						-1.4	-2.4	-1.9	-1.4	-0.9	-0.5	-0.2	0.3
1987							-3.3	-2.2	-1.3	-0.8	-0.3	0.0	0.6
1988								-1.0	-0.3	0.1	0.5	0.7	1.2
1989									0.4	0.7	1.0	1.1	1.7
1990										0.9	1.3	1.4	2.0
1991											1.6	1.6	2.4
1992												1.5	2.8
1993													4.0

Gross domestic product (volume) / **Produit intérieur brut** (volume)

	1982	1983	1984	1985	1986	1987	1988	1989	1990	1991	1992	1993	1994
1981	0.3	2.5	3.5	4.0	4.0	3.7	3.1	2.7	2.6	2.6	2.7	2.6	2.9
1982		4.6	5.2	5.2	5.0	4.4	3.5	3.1	2.9	2.9	2.9	2.8	3.1
1983			5.7	5.5	5.1	4.3	3.3	2.8	2.6	2.7	2.7	2.7	2.9
1984				5.3	4.7	3.8	2.7	2.2	2.1	2.2	2.4	2.3	2.7
1985					4.2	3.1	1.9	1.5	1.5	1.7	2.0	2.0	2.4
1986						2.0	0.7	0.6	0.8	1.3	1.6	1.7	2.2
1987							-0.5	-0.1	0.5	1.1	1.5	1.6	2.2
1988								0.3	0.9	1.6	2.0	2.0	2.6
1989									1.6	2.2	2.6	2.5	3.1
1990										2.9	3.1	2.8	3.5
1991											3.3	2.7	3.7
1992												2.1	3.9
1993													5.7

Gross domestic product (implicit price deflator) / **Produit intérieur brut** (prix implicite)

	1982	1983	1984	1985	1986	1987	1988	1989	1990	1991	1992	1993	1994
1981	10.2	8.1	7.5	6.9	5.2	5.5	5.4	5.5	5.3	5.1	4.5	4.4	4.1
1982		6.1	6.3	5.8	4.0	4.6	4.6	4.8	4.7	4.5	4.0	3.9	3.6
1983			6.4	5.7	3.3	4.2	4.3	4.6	4.5	4.3	3.8	3.6	3.3
1984				5.0	1.7	3.5	3.7	4.2	4.2	4.0	3.4	3.3	3.0
1985					-1.4	2.8	3.3	4.1	4.1	3.8	3.2	3.1	2.8
1986						7.2	5.8	6.0	5.5	4.9	4.0	3.8	3.4
1987							4.4	5.4	5.0	4.4	3.4	3.3	2.8
1988								6.3	5.3	4.4	3.1	3.0	2.6
1989									4.2	3.4	2.1	2.2	1.8
1990										2.6	1.1	1.6	1.2
1991											-0.5	1.1	0.8
1992												2.6	1.4
1993													0.3

Private final consumption expenditure (volume) / **Consommation finale privée** (volume)

	1982	1983	1984	1985	1986	1987	1988	1989	1990	1991	1992	1993	1994
1981	1.8	1.6	2.0	3.9	4.3	3.4	2.5	2.1	1.9	1.9	1.9	1.9	2.1
1982		1.5	2.1	4.6	4.9	3.7	2.6	2.1	1.9	1.9	1.9	1.9	2.2
1983			2.7	6.3	6.0	4.2	2.8	2.2	2.0	1.9	2.0	2.0	2.2
1984				9.9	7.7	4.7	2.8	2.1	1.9	1.8	1.9	1.9	2.2
1985					5.6	2.3	0.5	0.2	0.3	0.5	0.8	0.9	1.3
1986						-1.0	-1.9	-1.5	-0.9	-0.5	-0.0	0.3	0.8
1987							-2.8	-1.7	-0.9	-0.3	0.2	0.5	1.1
1988								-0.6	0.0	0.5	0.9	1.2	1.7
1989									0.7	1.1	1.5	1.6	2.2
1990										1.4	1.8	1.9	2.6
1991											2.2	2.2	3.0
1992												2.1	3.4
1993													4.6

Private final consumption expenditure (implicit price deflator) / **Consommation finale privée** (prix implicite)

	1982	1983	1984	1985	1986	1987	1988	1989	1990	1991	1992	1993	1994
1981	11.0	9.7	8.6	7.9	7.9	7.9	7.6	7.3	7.0	6.7	6.3	5.9	5.6
1982		8.4	7.4	6.9	7.1	7.2	7.1	6.7	6.5	6.2	5.8	5.5	5.1
1983			6.4	6.1	6.6	7.0	6.8	6.5	6.2	5.9	5.5	5.2	4.8
1984				5.9	6.7	7.1	6.9	6.5	6.2	5.8	5.4	5.1	4.7
1985					7.6	7.8	7.2	6.6	6.2	5.8	5.4	5.0	4.6
1986						7.9	7.0	6.3	5.9	5.5	5.0	4.6	4.2
1987							6.2	5.5	5.2	4.9	4.4	4.1	3.7
1988								4.8	4.8	4.5	4.0	3.6	3.3
1989									4.7	4.3	3.7	3.3	2.9
1990										3.9	3.3	2.9	2.5
1991											2.7	2.4	2.1
1992												2.2	1.8
1993													1.3

Government final consumption expenditure (volume) / **Consommation des administrations publiques** (volume)

	1982	1983	1984	1985	1986	1987	1988	1989	1990	1991	1992	1993	1994
1981	3.9	4.3	3.7	3.6	3.3	3.4	3.0	2.9	3.0	3.1	3.3	3.1	3.0
1982		4.6	3.5	3.4	3.1	3.3	2.8	2.7	2.9	3.0	3.3	3.1	2.9
1983			2.4	2.9	2.6	3.0	2.5	2.4	2.7	2.8	3.1	2.9	2.7
1984				3.3	2.7	3.2	2.5	2.4	2.7	2.9	3.2	2.9	2.8
1985					2.2	3.1	2.2	2.2	2.6	2.8	3.2	2.9	2.7
1986						4.0	2.2	2.2	2.7	2.9	3.3	3.0	2.8
1987							0.5	1.3	2.2	2.7	3.2	2.8	2.6
1988								2.2	3.1	3.4	3.9	3.3	3.0
1989									4.1	4.0	4.5	3.6	3.1
1990										3.9	4.7	3.5	2.9
1991											5.5	3.2	2.5
1992												1.0	1.1
1993													1.1

Government final consumption expenditure (implicit price deflator) / **Consommation des administrations publiques** (prix implicite)

	1982	1983	1984	1985	1986	1987	1988	1989	1990	1991	1992	1993	1994
1981	8.2	7.2	6.4	6.5	6.6	7.2	6.8	6.5	6.1	5.9	5.5	5.3	5.0
1982		6.2	5.6	5.9	6.3	7.0	6.6	6.2	5.9	5.6	5.2	5.0	4.8
1983			5.0	5.8	6.3	7.2	6.7	6.3	5.8	5.6	5.1	4.9	4.6
1984				6.7	7.0	7.9	7.1	6.5	6.0	5.7	5.2	4.9	4.6
1985					7.2	8.6	7.3	6.5	5.8	5.5	4.9	4.7	4.4
1986						9.9	7.3	6.2	5.5	5.2	4.6	4.3	4.0
1987							4.8	4.4	4.1	4.0	3.5	3.4	3.2
1988								4.0	3.7	3.7	3.2	3.1	3.0
1989									3.3	3.6	2.9	2.9	2.7
1990										3.9	2.7	2.7	2.6
1991											1.6	2.2	2.2
1992												2.7	2.5
1993													2.2

Gross fixed capital formation (volume) / **Formation brute de capital fixe** (volume)

	1982	1983	1984	1985	1986	1987	1988	1989	1990	1991	1992	1993	1994
1981	-11.0	-3.0	1.5	-2.6	2.2	1.5	1.5	0.1	-1.3	-1.3	-1.5	-1.2	-0.7
1982		5.8	8.4	0.3	5.8	4.2	3.7	1.8	0.0	-0.1	-0.5	-0.3	0.2
1983			10.9	-2.3	5.8	3.7	3.3	1.2	-0.8	-0.9	-1.1	-0.9	-0.3
1984				-13.9	3.3	1.5	1.5	-0.7	-2.6	-2.4	-2.6	-2.1	-1.4
1985					23.9	10.2	7.2	3.0	-0.2	-0.4	-0.8	-0.5	0.1
1986						-2.1	-0.3	-3.2	-5.5	-4.6	-4.4	-3.6	-2.5
1987							1.6	-3.7	-6.6	-5.3	-4.9	-3.9	-2.6
1988								-8.8	-10.4	-7.4	-6.4	-4.9	-3.2
1989									-11.9	-6.8	-5.6	-3.9	-2.1
1990										-1.3	-2.3	-1.1	0.5
1991											-3.3	-1.0	1.2
1992												1.5	3.5
1993													5.5

Gross fixed capital formation (implicit price deflator) / **Formation brute de capital fixe** (prix implicite)

	1982	1983	1984	1985	1986	1987	1988	1989	1990	1991	1992	1993	1994
1981	12.9	9.4	7.0	7.5	7.3	7.8	7.6	7.4	6.7	6.2	5.9	5.7	5.4
1982		6.0	4.2	5.7	5.9	6.8	6.8	6.6	6.0	5.5	5.2	5.0	4.8
1983			2.4	5.6	5.9	7.0	6.9	6.8	6.0	5.5	5.2	4.9	4.7
1984				8.8	7.7	8.6	8.1	7.6	6.6	5.9	5.5	5.2	4.9
1985					6.7	8.6	7.9	7.4	6.1	5.4	5.0	4.8	4.5
1986						10.4	8.5	7.6	6.0	5.2	4.8	4.5	4.2
1987							6.6	6.2	4.5	3.9	3.7	3.5	3.3
1988								5.8	3.5	3.1	3.0	2.9	2.8
1989									1.3	1.7	2.0	2.2	2.2
1990										2.1	2.4	2.5	2.5
1991											2.7	2.8	2.6
1992												2.8	2.5
1993													2.2

National disposable income (value) / **Revenu national disponible** (valeur)

	1982	1983	1984	1985	1986	1987	1988	1989	1990	1991	1992	1993	1994
1981	8.2	10.2	12.2	12.1	9.2	9.1	8.0	7.8	7.6	7.4	7.1	6.9	6.8
1982		12.3	14.3	13.5	9.5	9.3	7.9	7.7	7.5	7.3	7.0	6.7	6.6
1983			16.3	14.1	8.6	8.5	7.1	6.9	6.9	6.7	6.4	6.2	6.1
1984				11.9	4.9	6.1	4.9	5.2	5.4	5.4	5.2	5.1	5.2
1985					-1.6	3.2	2.6	3.5	4.1	4.3	4.3	4.3	4.5
1986						8.3	4.8	5.3	5.6	5.5	5.3	5.2	5.2
1987							1.4	3.9	4.7	4.8	4.7	4.7	4.8
1988								6.4	6.4	6.0	5.6	5.3	5.4
1989									6.3	5.8	5.3	5.1	5.2
1990										5.3	4.9	4.7	4.9
1991											4.4	4.4	4.8
1992												4.3	5.0
1993													5.6

Compensation of employees (value) / **Rémunération des salariés** (valeur)

	1982	1983	1984	1985	1986	1987	1988	1989	1990	1991	1992	1993	1994
1981	11.7	9.9	9.6	9.9	10.6	11.0	10.2	9.1	8.5	8.1	7.7	7.2	7.0
1982		8.1	8.6	9.3	10.3	10.8	10.0	8.7	8.1	7.7	7.3	6.8	6.7
1983			9.1	10.0	11.0	11.5	10.3	8.8	8.1	7.6	7.2	6.7	6.5
1984				10.8	12.0	12.3	10.6	8.7	7.9	7.4	7.0	6.4	6.3
1985					13.2	13.1	10.6	8.2	7.3	6.9	6.4	5.9	5.8
1986						12.9	9.3	6.6	5.9	5.6	5.3	4.8	4.9
1987							5.9	3.6	3.6	3.9	3.9	3.6	3.8
1988								1.3	2.5	3.3	3.4	3.1	3.5
1989									3.8	4.2	4.1	3.6	3.9
1990										4.7	4.3	3.5	3.9
1991											3.8	2.9	3.7
1992												1.9	3.6
1993													5.3

National Accounts, Volume 1, OECD, 1996

110

PORTUGAL

Average per cent changes at annual rate

Variations moyennes en pourcentage aux taux annuels

G.D.P. per head (volume) / P.I.B. par tête (volume)

	1982	1983	1984	1985	1986	1987	1988	1989	1990	1991	1992	1993	1994
1981	1.5	0.4	-0.4	0.3	1.1	1.8	2.4	2.9	3.1	3.0	2.8	2.5	2.3
1982		-0.6	-1.4	-0.1	0.9	1.9	2.6	3.1	3.3	3.2	3.0	2.6	2.4
1983			-2.2	0.2	1.5	2.5	3.2	3.7	3.9	3.7	3.4	2.9	2.7
1984				2.6	3.4	4.1	4.6	4.9	4.9	4.5	4.1	3.5	3.2
1985					4.1	4.9	5.3	5.5	5.4	4.9	4.3	3.6	3.3
1986						5.7	5.9	6.0	5.7	5.0	4.3	3.5	3.1
1987							6.1	6.1	5.7	4.8	4.1	3.2	2.8
1988								6.1	5.6	4.4	3.6	2.6	2.2
1989									5.1	3.6	2.8	1.7	1.5
1990										2.1	1.6	0.6	0.6
1991											1.1	-0.1	0.1
1992												-1.3	-0.4
1993													0.6

Private final consumption expenditure per head (volume) / Consommation finale privée par tête (volume)

	1982	1983	1984	1985	1986	1987	1988	1989	1990	1991	1992	1993	1994
1981	1.7	-0.1	-1.2	-0.8	0.5	1.4	2.1	2.3	2.9	3.1	3.1	2.9	2.7
1982		-1.9	-2.6	-1.6	0.2	1.4	2.1	2.4	3.0	3.2	3.3	3.0	2.7
1983			-3.3	-1.4	0.9	2.2	2.9	3.1	3.7	3.9	3.9	3.5	3.2
1984				0.5	3.0	4.1	4.5	4.4	5.0	4.9	4.8	4.3	3.8
1985					5.6	5.9	5.9	5.4	5.9	5.7	5.4	4.8	4.2
1986						6.2	6.1	5.4	6.0	5.7	5.4	4.6	4.1
1987							6.0	5.0	5.9	5.6	5.2	4.4	3.7
1988								3.9	5.8	5.5	5.0	4.1	3.4
1989									7.8	6.3	5.4	4.1	3.3
1990										4.8	4.3	2.9	2.2
1991											3.8	2.0	1.3
1992												0.2	0.1
1993													0.0

Gross domestic product (volume) / Produit intérieur brut (volume)

	1982	1983	1984	1985	1986	1987	1988	1989	1990	1991	1992	1993	1994
1981	2.1	1.0	0.0	0.7	1.4	2.1	2.6	3.0	3.1	3.0	2.8	2.5	2.4
1982		-0.2	-1.0	0.2	1.2	2.1	2.7	3.1	3.2	3.1	2.9	2.5	2.4
1983			-1.9	0.4	1.7	2.6	3.2	3.7	3.7	3.5	3.3	2.8	2.6
1984				2.8	3.5	4.2	4.6	4.8	4.7	4.3	3.9	3.4	3.1
1985					4.1	4.8	5.2	5.3	5.1	4.6	4.1	3.4	3.1
1986						5.5	5.7	5.7	5.3	4.7	4.1	3.3	3.0
1987							5.8	5.8	5.3	4.5	3.8	3.0	2.6
1988								5.7	5.0	4.0	3.3	2.4	2.1
1989									4.3	3.2	2.5	1.6	1.4
1990										2.1	1.6	0.7	0.7
1991											1.1	-0.0	0.2
1992												-1.2	-0.2
1993													0.8

Gross domestic product (implicit price deflator) / Produit intérieur brut (prix implicite)

	1982	1983	1984	1985	1986	1987	1988	1989	1990	1991	1992	1993	1994
1981	20.7	22.6	23.3	22.9	22.4	20.4	19.0	18.0	17.5	17.1	16.8	16.0	15.1
1982		24.6	24.6	23.7	22.9	20.4	18.8	17.7	17.1	16.8	16.4	15.6	14.7
1983			24.7	23.2	22.3	19.4	17.6	16.6	16.0	15.8	15.5	14.7	13.8
1984				21.7	21.1	17.7	15.9	15.0	14.7	14.6	14.5	13.7	12.8
1985					20.5	15.7	14.0	13.4	13.3	13.4	13.4	12.7	11.8
1986						11.1	11.0	11.1	11.6	12.1	12.3	11.6	10.8
1987							10.9	11.1	11.7	12.3	12.6	11.7	10.7
1988								11.4	12.2	12.8	13.0	11.9	10.7
1989									12.9	13.6	13.5	12.0	10.6
1990										14.2	13.8	11.7	10.0
1991											13.5	10.4	8.6
1992												7.4	6.3
1993													5.2

Private final consumption expenditure (volume) / Consommation finale privée (volume)

	1982	1983	1984	1985	1986	1987	1988	1989	1990	1991	1992	1993	1994
1981	2.4	0.4	-0.7	-0.4	0.8	1.7	2.2	2.4	2.9	3.1	3.1	2.9	2.7
1982		-1.4	-2.2	-1.2	0.4	1.5	2.2	2.4	3.0	3.2	3.2	3.0	2.7
1983			-2.9	-1.2	1.0	2.3	2.9	3.1	3.6	3.8	3.8	3.4	3.1
1984				0.7	3.1	4.1	4.5	4.3	4.7	4.8	4.6	4.1	3.7
1985					5.6	5.8	5.8	5.2	5.6	5.4	5.2	4.6	4.1
1986						6.0	5.9	5.1	5.6	5.4	5.1	4.4	3.9
1987							5.7	4.7	5.4	5.3	5.0	4.2	3.6
1988								3.6	5.3	5.1	4.8	3.9	3.3
1989									6.9	5.9	5.2	3.9	3.2
1990										4.8	4.3	3.0	2.3
1991											3.7	2.0	1.4
1992												0.4	0.3
1993													0.2

Private final consumption expenditure (implicit price deflator) / Consommation finale privée (prix implicite)

	1982	1983	1984	1985	1986	1987	1988	1989	1990	1991	1992	1993	1994
1981	20.3	23.0	24.8	23.4	21.5	19.4	18.2	17.4	16.7	16.3	15.8	15.1	14.3
1982		25.8	27.1	24.5	21.8	19.2	17.9	17.0	16.3	15.9	15.4	14.6	13.8
1983			28.5	23.9	20.4	17.6	16.4	15.6	15.0	14.7	14.3	13.6	12.7
1984				19.4	16.6	14.2	13.5	13.2	12.9	12.9	12.6	12.0	11.3
1985					13.8	11.7	11.6	11.7	11.7	11.8	11.7	11.1	10.4
1986						9.6	10.5	10.9	11.1	11.4	11.4	10.7	10.0
1987							11.4	11.6	11.6	11.9	11.7	10.9	10.0
1988								11.8	11.7	12.0	11.8	10.8	9.8
1989									11.6	12.1	11.8	10.6	9.4
1990										12.6	11.8	10.2	8.8
1991											11.1	9.1	7.6
1992												7.1	5.9
1993													4.8

Government final consumption expenditure (volume) / Consommation des administrations publiques (volume)

	1982	1983	1984	1985	1986	1987	1988	1989	1990	1991	1992	1993	1994
1981	3.7	3.8	2.6	3.5	4.2	4.2	4.7	4.7	4.8	4.6	4.3	3.9	3.8
1982		3.8	2.0	3.4	4.4	4.3	4.9	4.8	4.9	4.7	4.4	4.0	3.8
1983			0.2	3.3	4.6	4.4	5.1	5.0	5.1	4.8	4.4	4.0	3.7
1984				6.4	6.8	5.8	6.3	6.0	5.9	5.5	5.0	4.4	4.1
1985					7.2	5.5	6.3	5.8	5.8	5.3	4.8	4.2	3.9
1986						3.8	5.9	5.4	5.5	5.0	4.4	3.7	3.4
1987							8.0	6.2	6.1	5.3	4.5	3.7	3.4
1988								4.4	5.1	4.4	3.6	2.9	2.6
1989									5.7	4.4	3.4	2.5	2.3
1990										3.0	2.2	1.5	1.4
1991											1.4	0.7	0.9
1992												0.0	0.7
1993													1.4

Government final consumption expenditure (implicit price deflator) / Consommation des administrations publiques (prix implicite)

	1982	1983	1984	1985	1986	1987	1988	1989	1990	1991	1992	1993	1994
1981	17.9	19.7	20.2	20.5	19.6	18.2	17.5	17.2	17.0	17.0	17.0	16.3	15.4
1982		21.5	21.4	21.4	20.0	18.2	17.5	17.1	16.9	17.0	16.9	16.2	15.2
1983			21.2	21.3	19.5	17.4	16.7	16.4	16.2	16.4	16.4	15.7	14.7
1984				21.5	18.6	16.2	15.6	15.5	15.4	15.7	15.8	15.1	14.0
1985					15.8	13.6	13.6	14.0	14.3	14.8	15.1	14.3	13.2
1986						11.4	12.6	13.4	13.9	14.6	14.9	14.1	12.9
1987							13.7	14.4	14.7	15.4	15.7	14.5	13.1
1988								15.1	15.2	16.0	16.1	14.7	13.0
1989									15.3	16.4	16.5	14.6	12.6
1990										17.5	17.1	14.4	12.0
1991											16.6	12.9	10.2
1992												9.2	7.1
1993													5.0

Gross fixed capital formation (volume) / Formation brute de capital fixe (volume)

	1982	1983	1984	1985	1986	1987	1988	1989	1990	1991	1992	1993	1994
1981	2.3	-2.6	-7.8	-6.7	-3.5	-0.3	1.2	1.6	2.2	2.2	2.5	1.9	2.0
1982		-7.1	-12.4	-9.5	-4.8	-0.9	1.1	1.5	2.2	2.2	2.5	1.8	2.0
1983			-17.4	-10.7	-4.0	0.8	2.8	3.0	3.6	3.4	3.6	2.8	2.9
1984				-3.5	3.4	7.7	8.5	7.7	7.5	6.8	6.6	5.3	5.1
1985					10.9	13.8	12.9	10.7	9.9	8.6	8.2	6.4	6.2
1986						16.8	13.9	10.6	9.6	8.2	7.7	5.8	5.6
1987							11.2	7.7	7.4	6.1	6.0	4.1	4.1
1988								4.3	5.5	4.5	4.7	2.7	2.9
1989									6.8	4.6	4.9	2.4	2.7
1990										2.4	3.9	0.9	1.7
1991											5.4	0.2	1.4
1992												-4.8	-0.5
1993													3.9

Gross fixed capital formation (implicit price deflator) / Formation brute de capital fixe (prix implicite)

	1982	1983	1984	1985	1986	1987	1988	1989	1990	1991	1992	1993	1994
1981	21.4	23.6	22.3	21.7	20.3	18.7	17.4	16.5	15.7	15.3	14.7	13.8	13.1
1982		25.8	22.7	21.8	20.0	18.2	16.8	15.8	15.0	14.6	14.0	13.1	12.4
1983			19.6	19.8	18.1	16.3	15.1	14.2	13.5	13.3	12.8	11.9	11.2
1984				20.0	17.3	15.2	14.0	13.2	12.5	12.4	11.9	11.1	10.4
1985					14.7	12.9	12.0	11.5	11.1	11.2	10.8	10.0	9.4
1986						11.2	10.7	10.5	10.2	10.5	10.2	9.4	8.8
1987							10.3	10.1	9.9	10.3	10.0	9.1	8.4
1988								10.0	9.7	10.3	9.9	8.9	8.1
1989									9.4	10.5	9.9	8.6	7.8
1990										11.6	10.2	8.3	7.4
1991											8.8	6.7	6.0
1992												4.7	4.6
1993													4.5

National disposable income (value) / Revenu national disponible (valeur)

	1982	1983	1984	1985	1986	1987	1988	1989	1990	1991	1992	1993	1994
1981	20.4	22.0	22.1	22.9	23.6	22.8	22.0	21.5	21.1	20.7	20.2	18.9	17.8
1982		23.6	22.9	23.7	24.4	23.3	22.2	21.6	21.1	20.7	20.2	18.7	17.6
1983			22.2	23.7	24.7	23.2	21.9	21.3	20.8	20.3	19.8	18.3	17.1
1984				25.2	26.0	23.5	21.9	21.1	20.5	20.0	19.5	17.8	16.6
1985					26.7	22.7	20.8	20.1	19.6	19.2	18.7	16.9	15.7
1986						18.8	17.9	17.9	17.9	17.7	17.4	15.6	14.3
1987							17.0	17.5	17.6	17.5	17.1	15.1	13.7
1988								18.0	17.9	17.6	17.1	14.7	13.2
1989									17.8	17.5	16.8	13.9	12.2
1990										17.1	16.3	12.6	10.9
1991											15.6	10.4	8.9
1992												5.4	5.7
1993													6.0

Compensation of employees (value) / Rémunération des salariés (valeur)

	1982	1983	1984	1985	1986	1987	1988	1989	1990	1991	1992	1993	1994
1981	22.2	22.0	20.7	20.6	20.6	19.8	19.4	19.2	19.4	19.0	18.7	17.6	16.6
1982		21.9	19.9	20.1	20.2	19.4	18.9	18.8	19.0	18.7	18.3	17.1	16.2
1983			18.0	19.3	19.6	18.8	18.3	18.2	18.6	18.3	17.9	16.7	15.7
1984				20.5	20.4	19.0	18.4	18.3	18.7	18.3	17.9	16.5	15.4
1985					20.3	18.3	17.7	17.8	18.4	18.0	17.5	16.1	14.9
1986						16.3	16.4	16.9	17.9	17.5	17.1	15.5	14.2
1987							16.5	17.2	18.4	17.8	17.2	15.3	13.9
1988								17.9	19.4	18.2	17.4	15.1	13.5
1989									20.9	18.4	17.3	14.4	12.6
1990										16.0	15.5	12.3	10.7
1991											15.0	10.5	9.0
1992												6.1	6.1
1993													6.0

SPAIN

ESPAGNE

Average per cent changes at annual rate

Variations moyennes en pourcentage aux taux annuels

G.D.P. per head (volume)
P.I.B. par tête (volume)

	1982	1983	1984	1985	1986	1987	1988	1989	1990	1991	1992	1993	1994
1981	1.0	1.4	1.3	1.5	1.8	2.4	2.7	3.0	3.0	2.9	2.7	2.4	2.3
1982		1.7	1.4	1.7	2.0	2.6	3.0	3.2	3.3	3.1	2.9	2.5	2.4
1983			1.1	1.6	2.1	2.9	3.3	3.5	3.5	3.3	3.0	2.6	2.5
1984				2.2	2.6	3.5	3.9	4.0	3.9	3.7	3.2	2.7	2.6
1985					2.9	4.1	4.4	4.4	4.3	3.9	3.4	2.8	2.7
1986						5.4	5.2	4.9	4.6	4.1	3.5	2.8	2.7
1987							4.9	4.7	4.3	3.8	3.1	2.3	2.3
1988								4.5	4.1	3.4	2.7	1.8	1.9
1989									3.6	2.8	2.0	1.2	1.3
1990										2.1	1.3	0.4	0.8
1991											0.4	–0.5	0.3
1992												–1.4	0.3
1993													1.9

Private final consumption expenditure per head (volume)
Consommation finale privée par tête (volume)

	1982	1983	1984	1985	1986	1987	1988	1989	1990	1991	1992	1993	1994
1981	–0.6	–0.4	–0.5	0.4	0.9	1.7	2.1	2.5	2.6	2.6	2.6	2.1	2.0
1982		–0.2	–0.4	0.8	1.3	2.2	2.6	3.0	3.0	3.0	2.9	2.4	2.3
1983			–0.6	1.3	1.8	2.7	3.1	3.5	3.5	3.4	3.2	2.7	2.5
1984				3.2	3.1	3.9	4.1	4.4	4.2	4.0	3.7	3.0	2.8
1985					3.0	4.3	4.4	4.7	4.4	4.1	3.8	3.0	2.8
1986						5.5	5.1	5.2	4.8	4.4	4.0	3.0	2.7
1987							4.7	5.1	4.5	4.1	3.6	2.6	2.3
1988								5.4	4.5	3.9	3.4	2.2	1.9
1989									3.5	3.1	2.7	1.4	1.3
1990										2.7	2.3	0.7	0.7
1991											1.9	–0.2	0.1
1992												–2.4	–0.9
1993													0.7

Gross domestic product (volume)
Produit intérieur brut (volume)

	1982	1983	1984	1985	1986	1987	1988	1989	1990	1991	1992	1993	1994
1981	1.6	1.9	1.8	2.0	2.2	2.8	3.1	3.3	3.4	3.3	3.0	2.7	2.6
1982		2.2	1.8	2.1	2.4	3.0	3.4	3.6	3.6	3.4	3.2	2.8	2.7
1983			1.5	2.0	2.4	3.2	3.6	3.8	3.8	3.6	3.3	2.8	2.7
1984				2.6	2.9	3.8	4.1	4.3	4.2	3.9	3.5	3.0	2.9
1985					3.2	4.4	4.7	4.7	4.5	4.1	3.6	3.0	2.9
1986						5.6	5.4	5.2	4.8	4.3	3.7	3.0	2.9
1987							5.2	4.9	4.5	4.0	3.3	2.5	2.5
1988								4.7	4.2	3.6	2.8	2.0	2.0
1989									3.7	3.0	2.2	1.4	1.5
1990										2.3	1.5	0.6	1.0
1991											0.7	–0.3	0.5
1992												–1.2	0.5
1993													2.1

Gross domestic product (implicit price deflator)
Produit intérieur brut (prix implicite)

	1982	1983	1984	1985	1986	1987	1988	1989	1990	1991	1992	1993	1994
1981	13.9	12.8	12.4	11.2	11.2	10.3	9.6	9.3	9.1	8.9	8.7	8.3	8.0
1982		11.8	11.7	10.3	10.5	9.6	8.9	8.6	8.5	8.3	8.2	7.8	7.5
1983			11.6	9.6	10.1	9.0	8.3	8.1	8.0	7.9	7.8	7.4	7.1
1984				7.7	9.4	8.2	7.5	7.5	7.4	7.4	7.3	7.0	6.7
1985					11.1	8.4	7.5	7.4	7.4	7.3	7.3	6.9	6.6
1986						5.8	5.8	6.2	6.5	6.6	6.6	6.3	6.0
1987							5.7	6.4	6.7	6.8	6.8	6.4	6.0
1988								7.1	7.2	7.2	7.1	6.5	6.1
1989									7.3	7.2	7.1	6.4	5.9
1990										7.1	7.0	6.1	5.5
1991											6.8	5.6	5.0
1992												4.3	4.1
1993													3.9

Private final consumption expenditure (volume)
Consommation finale privée (volume)

	1982	1983	1984	1985	1986	1987	1988	1989	1990	1991	1992	1993	1994
1981	–0.1	0.1	–0.0	0.9	1.3	2.1	2.5	2.9	3.0	2.9	2.9	2.4	2.3
1982		0.3	0.0	1.2	1.7	2.5	2.9	3.3	3.3	3.3	3.2	2.7	2.5
1983			–0.2	1.6	2.2	3.1	3.4	3.8	3.8	3.7	3.5	2.9	2.7
1984				3.5	3.4	4.2	4.4	4.6	4.5	4.2	4.0	3.3	3.0
1985					3.3	4.5	4.7	4.9	4.7	4.4	4.0	3.2	3.0
1986						5.8	5.4	5.5	5.0	4.6	4.2	3.2	2.9
1987							4.9	5.3	4.7	4.3	3.8	2.8	2.5
1988								5.7	4.6	4.1	3.6	2.4	2.1
1989									3.6	3.3	2.9	1.6	1.4
1990										2.9	2.5	0.9	0.9
1991											2.1	–0.0	0.2
1992												–2.2	–0.7
1993													0.8

Private final consumption expenditure (implicit price deflator)
Consommation finale privée (prix implicite)

	1982	1983	1984	1985	1986	1987	1988	1989	1990	1991	1992	1993	1994
1981	14.6	13.6	13.0	11.5	11.1	10.2	9.4	9.1	8.8	8.5	8.3	8.1	7.8
1982		12.5	12.2	10.5	10.2	9.3	8.6	8.3	8.1	7.9	7.7	7.5	7.3
1983			11.9	9.5	9.4	8.5	7.8	7.6	7.4	7.3	7.2	7.0	6.8
1984				7.1	8.3	7.4	6.8	6.8	6.7	6.7	6.6	6.5	6.3
1985					9.4	7.5	6.7	6.7	6.6	6.6	6.6	6.4	6.3
1986						5.7	5.4	5.8	6.0	6.0	6.1	6.0	5.9
1987							5.0	5.8	6.0	6.1	6.2	6.1	5.9
1988								6.6	6.6	6.5	6.5	6.3	6.1
1989									6.5	6.4	6.4	6.2	5.9
1990										6.4	6.4	6.1	5.8
1991											6.4	6.0	5.6
1992												5.5	5.2
1993													4.9

Government final consumption expenditure (volume)
Consommation des administrations publiques (volume)

	1982	1983	1984	1985	1986	1987	1988	1989	1990	1991	1992	1993	1994
1981	5.3	4.6	3.9	4.3	4.5	5.2	5.0	5.4	5.6	5.6	5.4	5.2	4.7
1982		3.9	3.2	3.9	4.3	5.2	5.0	5.5	5.6	5.6	5.4	5.2	4.7
1983			2.4	4.0	4.4	5.5	5.2	5.7	5.9	5.8	5.6	5.3	4.8
1984				5.5	5.4	6.6	5.9	6.4	6.4	6.3	6.0	5.6	5.0
1985					5.4	7.1	6.1	6.6	6.6	6.4	6.1	5.6	4.9
1986						8.9	6.4	7.0	6.9	6.7	6.2	5.6	4.9
1987							4.0	6.1	6.3	6.1	5.7	5.1	4.3
1988								8.3	7.5	6.8	6.1	5.3	4.4
1989									6.6	6.1	5.4	4.6	3.6
1990										5.6	4.8	4.0	2.9
1991											4.0	3.2	2.0
1992												2.3	1.0
1993													–0.3

Government final consumption expenditure (implicit price deflator)
Consommation des administrations publiques (prix implicite)

	1982	1983	1984	1985	1986	1987	1988	1989	1990	1991	1992	1993	1994
1981	11.6	12.5	11.2	10.3	9.9	9.2	8.5	8.3	8.2	8.1	8.2	7.8	7.4
1982		13.4	11.0	9.9	9.5	8.7	8.0	7.8	7.7	7.7	7.9	7.5	7.0
1983			8.5	8.2	8.3	7.6	7.0	6.9	6.9	7.0	7.3	6.9	6.5
1984				7.9	8.1	7.3	6.6	6.6	6.7	6.8	7.1	6.7	6.3
1985					8.3	7.0	6.1	6.2	6.4	6.6	7.0	6.6	6.1
1986						5.7	5.1	5.5	6.0	6.3	6.8	6.3	5.8
1987							4.5	5.5	6.1	6.5	7.0	6.4	5.8
1988								6.5	6.9	7.1	7.7	6.8	6.0
1989									7.3	7.5	8.1	6.9	6.0
1990										7.6	8.4	6.8	5.6
1991											9.2	6.4	5.0
1992												3.6	2.9
1993													2.2

Gross fixed capital formation (volume)
Formation brute de capital fixe (volume)

	1982	1983	1984	1985	1986	1987	1988	1989	1990	1991	1992	1993	1994
1981	2.1	–0.2	–2.5	–0.4	1.6	3.6	5.0	6.0	6.1	5.6	4.7	3.3	3.2
1982		–2.4	–4.7	–1.2	1.5	3.9	5.5	6.6	6.6	6.0	5.0	3.4	3.3
1983			–6.9	–0.6	2.8	5.5	7.1	8.2	7.9	7.1	5.8	4.0	3.8
1984				6.1	8.0	10.0	10.9	11.5	10.6	9.3	7.5	5.3	4.9
1985					9.9	12.0	12.6	12.8	11.6	9.8	7.7	5.2	4.8
1986						14.0	14.0	13.8	12.0	9.8	7.4	4.6	4.2
1987							13.9	13.7	11.3	8.8	6.1	3.1	2.9
1988								13.6	10.1	7.2	4.2	1.1	1.1
1989									6.6	4.1	1.3	–1.8	–1.2
1990										1.6	–1.3	–4.5	–3.1
1991											–4.2	–7.4	–4.6
1992												–10.6	–4.8
1993													1.4

Gross fixed capital formation (implicit price deflator)
Formation brute de capital fixe (prix implicite)

	1982	1983	1984	1985	1986	1987	1988	1989	1990	1991	1992	1993	1994
1981	12.0	12.3	11.4	10.2	9.3	8.5	8.2	7.8	7.6	7.3	6.9	6.8	6.6
1982		12.6	11.1	9.6	8.7	7.9	7.6	7.2	7.1	6.8	6.4	6.3	6.1
1983			9.6	8.1	7.4	6.7	6.6	6.4	6.3	6.1	5.8	5.7	5.6
1984				6.7	6.3	5.8	5.9	5.7	5.8	5.6	5.3	5.3	5.2
1985					5.9	5.3	5.6	5.5	5.6	5.5	5.1	5.1	5.0
1986						4.7	5.4	5.4	5.5	5.4	5.0	5.0	4.9
1987							6.1	5.7	5.7	5.5	5.0	5.0	4.9
1988								5.3	5.6	5.3	4.8	4.8	4.7
1989									5.8	5.3	4.6	4.7	4.6
1990										4.9	4.0	4.3	4.3
1991											3.2	4.0	4.1
1992												4.8	4.5
1993													4.2

National disposable income (value)
Revenu national disponible (valeur)

	1982	1983	1984	1985	1986	1987	1988	1989	1990	1991	1992	1993	1994
1981	15.5	14.5	14.0	13.2	13.7	13.6	13.3	13.2	12.9	12.6	12.1	11.3	10.8
1982		13.6	13.3	12.5	13.3	13.2	12.9	12.8	12.6	12.3	11.7	10.9	10.4
1983			13.1	12.0	13.2	13.1	12.8	12.7	12.5	12.1	11.5	10.7	10.1
1984				10.9	13.3	13.1	12.7	12.7	12.4	12.0	11.3	10.4	9.8
1985					15.7	14.3	13.3	13.1	12.7	12.1	11.3	10.3	9.7
1986						12.8	12.1	12.2	11.9	11.4	10.7	9.6	9.0
1987							11.4	11.9	11.6	11.1	10.3	9.0	8.4
1988								12.5	11.8	11.0	10.0	8.6	7.9
1989									11.0	10.3	9.2	7.6	7.0
1990										9.5	8.3	6.5	6.1
1991											7.1	5.1	4.9
1992												3.0	3.9
1993													4.7

Compensation of employees (value)
Rémunération des salariés (valeur)

	1982	1983	1984	1985	1986	1987	1988	1989	1990	1991	1992	1993	1994
1981	13.1	13.0	10.9	10.3	10.9	11.0	11.1	11.2	11.5	11.5	11.1	10.3	9.7
1982		13.0	9.8	9.4	10.3	10.6	10.8	11.0	11.3	11.3	10.9	10.1	9.4
1983			6.7	7.7	9.4	10.0	10.3	10.7	11.1	11.1	10.6	9.8	9.1
1984				8.7	10.8	11.1	11.3	11.5	11.9	11.7	11.2	10.1	9.3
1985					13.1	12.4	12.1	12.2	12.5	12.2	11.5	10.3	9.4
1986						11.8	11.7	11.9	12.4	12.1	11.3	9.9	9.0
1987							11.6	12.0	12.6	12.1	11.2	9.6	8.6
1988								12.3	13.1	12.3	11.0	9.2	8.1
1989									13.9	12.3	10.6	8.5	7.2
1990										10.8	9.0	6.7	5.6
1991											7.3	4.8	4.0
1992												2.3	2.3
1993													2.4

National Accounts, Volume 1, OECD, 1996

112

SWEDEN

SUÈDE

Average per cent changes at annual rate

Variations moyennes en pourcentage aux taux annuels

G.D.P. per head (volume) / **P.I.B. par tête** (volume)

	1982	1983	1984	1985	1986	1987	1988	1989	1990	1991	1992	1993	1994
1981	1.0	1.3	2.2	2.1	2.1	2.2	2.1	2.1	1.9	1.5	1.2	0.8	0.9
1982		1.7	2.8	2.5	2.4	2.5	2.3	2.3	2.0	1.6	1.2	0.8	0.9
1983			3.9	2.9	2.6	2.6	2.5	2.3	2.1	1.6	1.2	0.7	0.8
1984				1.8	1.9	2.2	2.1	2.0	1.8	1.3	0.8	0.4	0.5
1985					2.0	2.4	2.2	2.1	1.8	1.2	0.7	0.2	0.4
1986						2.8	2.3	2.1	1.7	1.0	0.5	-0.0	0.2
1987							1.8	1.7	1.3	0.6	0.0	-0.5	-0.2
1988								1.7	1.1	0.2	-0.4	-0.9	-0.6
1989									0.5	-0.6	-1.1	-1.6	-1.0
1990										-1.7	-1.9	-2.3	-1.4
1991											-2.0	-2.6	-1.2
1992												-3.1	-0.9
1993													1.4

Gross domestic product (volume) / **Produit intérieur brut** (volume)

	1982	1983	1984	1985	1986	1987	1988	1989	1990	1991	1992	1993	1994
1981	1.0	1.4	2.3	2.2	2.2	2.4	2.3	2.3	2.2	1.9	1.6	1.2	1.3
1982		1.8	2.9	2.6	2.5	2.6	2.6	2.5	2.4	2.0	1.6	1.3	1.3
1983			4.0	3.0	2.8	2.9	2.7	2.7	2.5	2.0	1.6	1.2	1.3
1984				1.9	2.1	2.5	2.4	2.4	2.2	1.7	1.3	0.9	1.0
1985					2.3	2.7	2.6	2.5	2.3	1.7	1.3	0.8	0.9
1986						3.1	2.7	2.6	2.3	1.6	1.1	0.6	0.8
1987							2.3	2.3	2.0	1.2	0.7	0.1	0.4
1988								2.4	1.9	0.9	0.3	-0.3	0.1
1989									1.4	0.1	-0.4	-0.9	-0.3
1990										-1.1	-1.3	-1.7	-0.7
1991											-1.4	-2.0	-0.6
1992												-2.6	-0.2
1993													2.2

Private final consumption expenditure (volume) / **Consommation finale privée** (volume)

	1982	1983	1984	1985	1986	1987	1988	1989	1990	1991	1992	1993	1994
1981	0.6	-0.9	-0.1	0.6	1.3	1.9	1.9	1.8	1.6	1.5	1.3	0.8	0.8
1982		-2.4	-0.5	0.6	1.5	2.1	2.2	2.0	1.7	1.6	1.3	0.9	0.8
1983			1.4	2.1	2.8	3.3	3.1	2.8	2.3	2.1	1.7	1.2	1.1
1984				2.7	3.6	3.9	3.5	3.0	2.5	2.2	1.8	1.2	1.1
1985					4.4	4.5	3.8	3.1	2.4	2.2	1.7	1.0	0.9
1986						4.6	3.5	2.7	1.9	1.7	1.2	0.5	0.5
1987							2.4	1.8	1.1	1.0	0.5	-0.2	-0.1
1988								1.2	0.4	0.6	0.1	-0.7	-0.5
1989									-0.4	0.3	-0.3	-1.2	-0.8
1990										0.9	-0.2	-1.4	-0.9
1991											-1.4	-2.5	-1.5
1992												-3.7	-1.6
1993													0.5

Government final consumption expenditure (volume) / **Consommation des administrations publiques** (volume)

	1982	1983	1984	1985	1986	1987	1988	1989	1990	1991	1992	1993	1994
1981	1.0	0.9	1.4	1.6	1.6	1.5	1.3	1.4	1.6	1.7	1.5	1.3	1.2
1982		0.8	1.5	1.8	1.7	1.5	1.4	1.5	1.6	1.8	1.6	1.4	1.2
1983			2.3	2.4	2.0	1.7	1.5	1.6	1.7	1.9	1.7	1.4	1.2
1984				2.4	1.8	1.5	1.3	1.5	1.7	1.8	1.6	1.3	1.1
1985					1.3	1.1	0.9	1.2	1.5	1.7	1.5	1.2	1.0
1986						1.0	0.8	1.2	1.6	1.8	1.5	1.2	0.9
1987							0.6	1.4	1.8	2.0	1.6	1.2	0.9
1988								2.1	2.4	2.5	1.9	1.4	1.0
1989									2.6	2.7	1.8	1.2	0.7
1990										2.8	1.4	0.7	0.3
1991											-0.0	-0.3	-0.5
1992												-0.6	-0.8
1993													-1.0

Gross fixed capital formation (volume) / **Formation brute de capital fixe** (volume)

	1982	1983	1984	1985	1986	1987	1988	1989	1990	1991	1992	1993	1994
1981	-0.5	0.7	2.7	3.6	2.9	3.8	4.2	5.1	4.6	3.2	1.8	0.1	0.0
1982		1.9	4.4	5.0	3.8	4.7	5.0	5.9	5.3	3.6	2.1	0.1	0.1
1983			6.9	6.6	4.5	5.4	5.6	6.6	5.8	3.8	2.1	-0.1	-0.1
1984				6.3	3.3	4.9	5.3	6.5	5.6	3.4	1.5	-0.8	-0.8
1985					0.3	4.2	5.0	6.5	5.5	2.9	0.8	-1.7	-1.5
1986						8.2	7.4	8.7	6.8	3.5	0.9	-2.0	-1.8
1987							6.6	9.0	6.3	2.3	-0.5	-3.6	-3.1
1988								11.3	6.2	0.9	-2.2	-5.5	-4.6
1989									1.3	-3.9	-6.3	-9.3	-7.6
1990										-8.9	-9.9	-12.5	-9.6
1991											-10.8	-14.3	-9.9
1992												-17.6	-9.4
1993													-0.4

National disposable income (value) / **Revenu national disponible** (valeur)

	1982	1983	1984	1985	1986	1987	1988	1989	1990	1991	1992	1993	1994
1981	8.3	9.8	10.5	10.0	10.0	9.8	9.6	9.6	9.5	9.3	8.2	7.4	7.3
1982		11.2	11.6	10.6	10.5	10.1	9.8	9.8	9.7	9.4	8.2	7.3	7.2
1983			12.0	10.3	10.2	9.8	9.5	9.5	9.5	9.1	7.8	6.9	6.8
1984				8.6	9.3	9.1	8.9	9.0	9.0	8.7	7.3	6.4	6.3
1985					10.1	9.4	9.0	9.1	9.1	8.7	7.2	6.1	6.1
1986						8.6	8.4	8.8	8.9	8.5	6.7	5.6	5.6
1987							8.2	8.9	9.0	8.4	6.3	5.1	5.1
1988								9.6	9.4	8.5	5.8	4.4	4.6
1989									9.2	8.0	4.6	3.2	3.7
1990										6.8	2.4	1.3	2.3
1991											-1.9	-1.4	0.9
1992												-0.8	2.3
1993													5.6

Private final consumption expenditure per head (volume) / **Consommation finale privée par tête** (volume)

	1982	1983	1984	1985	1986	1987	1988	1989	1990	1991	1992	1993	1994
1981	0.5	-1.0	-0.2	0.5	1.2	1.7	1.7	1.6	1.3	1.2	0.9	0.4	0.4
1982		-2.4	-0.6	0.5	1.4	1.9	1.9	1.7	1.4	1.2	0.9	0.4	0.4
1983			1.4	1.9	2.7	3.1	2.8	2.4	1.9	1.7	1.3	0.7	0.6
1984				2.5	3.3	3.6	3.2	2.7	2.0	1.8	1.3	0.7	0.6
1985					4.2	4.2	3.4	2.7	1.9	1.6	1.1	0.4	0.4
1986						4.2	3.1	2.2	1.3	1.1	0.6	-0.1	-0.1
1987							2.0	1.2	0.4	0.4	-0.1	-0.8	-0.7
1988								0.5	-0.4	-0.1	-0.6	-1.3	-1.2
1989									-1.3	-0.5	-1.0	-1.8	-1.5
1990										0.3	-0.8	-2.0	-1.5
1991											-2.0	-3.1	-2.2
1992												-4.2	-2.2
1993													-0.2

Gross domestic product (implicit price deflator) / **Produit intérieur brut** (prix implicite)

	1982	1983	1984	1985	1986	1987	1988	1989	1990	1991	1992	1993	1994
1981	8.3	9.2	8.6	8.1	7.9	7.3	7.2	7.3	7.5	7.5	6.9	6.5	6.3
1982		10.1	8.8	8.1	7.8	7.2	7.1	7.2	7.4	7.4	6.8	6.4	6.1
1983			7.6	7.1	7.0	6.5	6.5	6.7	7.0	7.1	6.4	6.0	5.7
1984				6.6	6.7	6.1	6.2	6.5	6.9	7.0	6.3	5.9	5.6
1985					6.9	5.8	6.0	6.5	7.0	7.1	6.2	5.8	5.4
1986						4.8	5.6	6.4	7.0	7.1	6.1	5.6	5.3
1987							6.5	7.3	7.8	7.7	6.4	5.7	5.3
1988								8.0	8.4	8.2	6.3	5.6	5.2
1989									8.8	8.2	5.8	5.0	4.6
1990										7.6	4.3	3.7	3.5
1991											1.0	1.9	2.2
1992												2.7	2.8
1993													3.0

Private final consumption expenditure (implicit price deflator) / **Consommation finale privée** (prix implicite)

	1982	1983	1984	1985	1986	1987	1988	1989	1990	1991	1992	1993	1994
1981	10.7	11.0	9.9	9.2	8.4	7.9	7.6	7.5	7.8	8.1	7.5	7.4	7.0
1982		11.3	9.5	8.7	7.8	7.3	7.1	7.1	7.5	7.8	7.2	7.1	6.7
1983			7.7	7.4	6.6	6.4	6.3	6.4	6.9	7.3	6.8	6.7	6.3
1984				7.0	6.1	5.9	6.0	6.2	6.8	7.3	6.6	6.5	6.2
1985					5.2	5.4	5.6	6.0	6.7	7.3	6.6	6.5	6.1
1986						5.6	5.8	6.2	7.1	7.8	6.8	6.7	6.2
1987							6.1	6.5	7.7	8.3	7.1	6.9	6.3
1988								7.0	8.5	9.1	7.3	7.0	6.3
1989									9.9	10.1	7.4	7.0	6.2
1990										10.3	6.2	6.1	5.3
1991											2.2	4.0	3.7
1992												5.8	4.4
1993													3.0

Government final consumption expenditure (implicit price deflator) / **Consommation des administrations publiques** (prix implicite)

	1982	1983	1984	1985	1986	1987	1988	1989	1990	1991	1992	1993	1994
1981	8.0	8.4	7.6	7.1	7.0	6.5	6.3	6.7	7.3	6.9	6.4	5.9	5.8
1982		8.8	7.5	6.9	6.7	6.2	6.1	6.5	7.2	6.7	6.3	5.8	5.6
1983			6.2	5.9	6.0	5.5	5.5	6.1	7.0	6.5	6.0	5.5	5.3
1984				5.7	6.0	5.3	5.4	6.1	7.1	6.5	6.0	5.4	5.2
1985					6.3	5.2	5.3	6.2	7.4	6.7	6.0	5.3	5.1
1986						4.1	4.8	6.1	7.7	6.7	6.0	5.2	5.0
1987							5.5	7.2	8.9	7.4	6.3	5.4	5.1
1988								8.8	10.6	8.1	6.5	5.4	5.1
1989									12.4	7.7	5.8	4.5	4.3
1990										3.1	2.6	2.0	2.4
1991											2.1	1.4	2.1
1992												0.8	2.2
1993													3.5

Gross fixed capital formation (implicit price deflator) / **Formation brute de capital fixe** (prix implicite)

	1982	1983	1984	1985	1986	1987	1988	1989	1990	1991	1992	1993	1994
1981	8.5	9.2	7.8	7.3	6.8	6.3	6.4	6.6	6.6	6.5	5.6	5.3	5.1
1982		9.9	7.5	6.9	6.3	5.9	6.0	6.3	6.4	6.2	5.4	5.1	4.8
1983			5.2	5.4	5.2	4.9	5.3	5.8	5.9	5.8	4.9	4.6	4.3
1984				5.6	5.2	4.8	5.3	5.9	6.0	5.9	4.8	4.5	4.2
1985					4.8	4.5	5.2	5.9	6.1	5.9	4.7	4.4	4.1
1986						4.2	5.4	6.3	6.4	6.1	4.7	4.3	4.0
1987							6.7	7.4	7.1	6.6	4.8	4.3	4.0
1988								8.1	7.4	6.6	4.4	3.9	3.5
1989									6.6	5.9	3.1	2.9	2.6
1990										5.2	1.4	1.6	1.7
1991											-2.2	-0.1	0.5
1992												2.0	1.9
1993													1.7

Compensation of employees (value) / **Rémunération des salariés** (valeur)

	1982	1983	1984	1985	1986	1987	1988	1989	1990	1991	1992	1993	1994
1981	5.7	7.1	7.8	8.1	8.4	8.4	8.5	9.0	9.4	9.0	8.0	7.1	6.9
1982		8.4	8.9	8.9	9.1	8.9	9.0	9.5	9.9	9.3	8.2	7.2	7.0
1983			9.4	9.2	9.3	9.1	9.1	9.7	10.1	9.5	8.2	7.1	6.8
1984				9.0	9.3	8.9	9.0	9.8	10.2	9.5	8.1	6.8	6.6
1985					9.6	8.9	9.0	9.9	10.5	9.6	7.9	6.5	6.3
1986						8.2	8.7	10.1	10.7	9.5	7.7	6.1	5.9
1987							9.2	11.0	11.5	9.9	7.5	5.7	5.6
1988								12.8	12.7	10.1	7.1	5.0	5.0
1989									12.5	8.8	5.3	3.2	3.5
1990										5.2	1.9	0.3	1.3
1991											-1.3	-2.1	0.1
1992												-2.9	0.8
1993													4.6

SWITZERLAND

SUISSE

Average per cent changes at annual rate

Variations moyennes en pourcentage aux taux annuels

G.D.P. per head (volume)
P.I.B. par tête (volume)

	1982	1983	1984	1985	1986	1987	1988	1989	1990	1991	1992	1993	1994
1981	–1.5	–0.4	0.2	1.0	1.2	1.2	1.4	1.7	1.7	1.4	1.1	0.9	0.8
1982		0.8	1.1	1.8	1.9	1.8	1.8	2.2	2.1	1.7	1.4	1.1	1.0
1983			1.4	2.3	2.3	2.1	2.1	2.4	2.3	1.8	1.4	1.1	1.1
1984				3.3	2.8	2.3	2.2	2.6	2.4	1.9	1.5	1.1	1.0
1985					2.2	1.8	1.9	2.5	2.2	1.6	1.2	0.8	0.8
1986						1.3	1.7	2.5	2.2	1.5	1.0	0.6	0.6
1987							2.1	3.2	2.5	1.6	1.0	0.5	0.5
1988								4.3	2.8	1.4	0.7	0.2	0.2
1989									1.3	–0.0	–0.5	–0.8	–0.5
1990										–1.3	–1.4	–1.5	–1.0
1991											–1.4	–1.5	–0.9
1992												–1.7	–0.6
1993													0.4

Gross domestic product (volume)
Produit intérieur brut (volume)

	1982	1983	1984	1985	1986	1987	1988	1989	1990	1991	1992	1993	1994
1981	–0.9	0.0	0.6	1.4	1.7	1.7	1.9	2.1	2.2	1.9	1.7	1.5	1.5
1982		1.0	1.4	2.2	2.3	2.3	2.4	2.6	2.6	2.3	2.0	1.7	1.7
1983			1.8	2.7	2.8	2.6	2.7	2.9	2.8	2.4	2.1	1.8	1.8
1984				3.7	3.3	2.9	2.9	3.1	2.9	2.5	2.2	1.8	1.8
1985					2.9	2.4	2.6	2.9	2.8	2.3	1.9	1.6	1.5
1986						2.0	2.5	2.9	2.8	2.2	1.8	1.4	1.4
1987							2.9	3.4	3.0	2.2	1.7	1.3	1.3
1988								3.9	3.1	2.0	1.4	1.0	1.0
1989									2.3	1.1	0.6	0.3	0.5
1990										–0.0	–0.2	–0.4	0.0
1991											–0.3	–0.5	0.0
1992												–0.8	0.2
1993													1.2

Private final consumption expenditure (volume)
Consommation finale privée (volume)

	1982	1983	1984	1985	1986	1987	1988	1989	1990	1991	1992	1993	1994
1981	–0.0	0.8	1.1	1.2	1.5	1.6	1.7	1.7	1.7	1.7	1.5	1.3	1.3
1982		1.7	1.6	1.6	1.9	1.9	2.0	2.0	1.9	1.9	1.7	1.5	1.4
1983			1.6	1.5	1.9	2.0	2.0	2.0	2.0	1.9	1.7	1.4	1.4
1984				1.4	2.1	2.1	2.1	2.1	2.0	2.0	1.7	1.4	1.4
1985					2.8	2.4	2.3	2.3	2.2	2.0	1.7	1.4	1.4
1986						2.1	2.1	2.2	2.0	1.9	1.5	1.2	1.2
1987							2.2	2.2	2.0	1.8	1.4	1.1	1.1
1988								2.2	1.9	1.7	1.3	0.9	0.9
1989									1.5	1.5	0.9	0.6	0.6
1990										1.5	0.6	0.2	0.4
1991											–0.2	–0.4	0.1
1992												–0.6	0.2
1993													1.0

Government final consumption expenditure (volume)
Consommation des administrations publiques (volume)

	1982	1983	1984	1985	1986	1987	1988	1989	1990	1991	1992	1993	1994
1981	1.0	2.4	2.0	2.3	2.6	2.5	2.7	2.9	3.1	2.9	2.7	2.3	2.2
1982		3.8	2.5	2.8	3.0	2.8	3.0	3.2	3.4	3.2	2.8	2.4	2.3
1983			1.2	2.2	2.7	2.5	2.8	3.1	3.3	3.1	2.7	2.3	2.2
1984				3.2	3.5	2.9	3.2	3.4	3.6	3.3	2.9	2.4	2.3
1985					3.7	2.7	3.3	3.5	3.7	3.4	2.8	2.3	2.2
1986						1.8	3.0	3.4	3.7	3.3	2.7	2.1	2.0
1987							4.3	4.2	4.4	3.7	2.9	2.2	2.0
1988								4.2	4.4	3.5	2.5	1.8	1.6
1989									4.7	3.1	2.0	1.2	1.1
1990										1.5	0.7	0.0	0.2
1991											–0.2	–0.7	–0.2
1992												–1.2	–0.2
1993													0.8

Gross fixed capital formation (volume)
Formation brute de capital fixe (volume)

	1982	1983	1984	1985	1986	1987	1988	1989	1990	1991	1992	1993	1994
1981	–2.6	0.7	1.8	2.7	3.7	4.3	4.7	4.8	4.6	3.9	3.0	2.5	2.8
1982		4.1	4.1	4.5	5.3	5.8	6.0	5.9	5.5	4.6	3.6	3.0	3.3
1983			4.1	4.7	5.8	6.2	6.3	6.2	5.7	4.6	3.5	2.9	3.2
1984				5.3	6.6	6.9	6.9	6.7	6.0	4.7	3.5	2.8	3.1
1985					7.9	7.7	7.4	7.0	6.1	4.6	3.2	2.5	2.8
1986						7.4	7.2	6.7	5.7	4.0	2.4	1.7	2.2
1987							6.9	6.4	5.1	3.1	1.5	0.8	1.5
1988								5.8	4.2	1.9	0.1	–0.4	0.6
1989									2.6	0.0	–1.7	–1.9	–0.4
1990										–2.5	–3.7	–3.3	–1.1
1991											–5.0	–3.8	–0.6
1992												–2.5	1.6
1993													5.9

National disposable income (value)
Revenu national disponible (valeur)

	1982	1983	1984	1985	1986	1987	1988	1989	1990	1991	1992	1993	1994
1981	5.9	5.3	5.5	5.8	5.8	5.5	5.6	5.9	6.0	5.9	5.6	5.2	5.0
1982		4.6	5.3	5.7	5.8	5.4	5.6	5.8	6.0	5.9	5.5	5.2	4.9
1983			5.9	6.3	6.1	5.7	5.7	6.1	6.2	6.1	5.6	5.2	4.9
1984				6.7	6.3	5.6	5.7	6.1	6.3	6.1	5.6	5.1	4.8
1985					5.8	5.0	5.4	5.9	6.2	6.1	5.4	5.0	4.6
1986						4.2	5.1	6.0	6.3	6.1	5.3	4.8	4.5
1987							6.1	6.8	7.0	6.6	5.6	4.9	4.5
1988								7.6	7.4	6.7	5.5	4.7	4.2
1989									7.2	6.3	4.7	4.0	3.6
1990										5.4	3.5	2.9	2.7
1991											1.7	1.7	1.8
1992												1.7	1.8
1993													1.9

Private final consumption expenditure per head (volume)
Consommation finale privée par tête (volume)

	1982	1983	1984	1985	1986	1987	1988	1989	1990	1991	1992	1993	1994
1981	–0.6	0.4	0.7	0.8	1.0	1.1	1.1	1.3	1.2	1.1	0.9	0.7	0.7
1982		1.4	1.3	1.2	1.5	1.4	1.4	1.6	1.5	1.3	1.1	0.8	0.8
1983			1.2	1.1	1.5	1.4	1.4	1.6	1.5	1.3	1.0	0.8	0.7
1984				1.0	1.6	1.5	1.5	1.7	1.5	1.3	1.0	0.7	0.7
1985					2.2	1.8	1.6	1.9	1.6	1.4	1.0	0.7	0.6
1986						1.4	1.4	1.8	1.5	1.2	0.8	0.5	0.4
1987							1.3	2.0	1.5	1.2	0.7	0.3	0.3
1988								2.6	1.6	1.1	0.5	0.1	0.1
1989									0.5	0.3	–0.2	–0.5	–0.4
1990										0.2	–0.6	–0.9	–0.6
1991											–1.3	–1.4	–0.9
1992												–1.5	–0.7
1993													0.1

Gross domestic product (implicit price deflator)
Produit intérieur brut (prix implicite)

	1982	1983	1984	1985	1986	1987	1988	1989	1990	1991	1992	1993	1994
1981	7.1	5.0	4.3	4.0	3.9	3.7	3.5	3.6	3.8	4.0	3.9	3.7	3.5
1982		3.0	2.9	2.9	3.2	3.0	2.9	3.1	3.4	3.7	3.6	3.4	3.2
1983			2.8	2.9	3.2	3.1	2.9	3.1	3.5	3.7	3.6	3.5	3.3
1984				3.1	3.4	3.1	3.0	3.2	3.6	3.9	3.7	3.5	3.3
1985					3.8	3.2	2.9	3.2	3.7	4.0	3.8	3.6	3.3
1986						2.6	2.5	3.0	3.7	4.1	3.8	3.6	3.3
1987							2.4	3.3	4.1	4.4	4.1	3.7	3.4
1988								4.2	4.9	5.1	4.5	4.0	3.6
1989									5.7	5.6	4.6	3.9	3.4
1990										5.5	4.0	3.4	2.9
1991											2.6	2.3	2.0
1992												2.0	1.7
1993													1.4

Private final consumption expenditure (implicit price deflator)
Consommation finale privée (prix implicite)

	1982	1983	1984	1985	1986	1987	1988	1989	1990	1991	1992	1993	1994
1981	5.6	4.1	3.8	3.8	3.1	2.8	2.7	2.8	3.1	3.4	3.4	3.4	3.2
1982		2.6	3.0	3.2	2.5	2.3	2.3	2.5	2.8	3.1	3.2	3.2	3.0
1983			3.3	3.5	2.4	2.2	2.2	2.4	2.9	3.2	3.3	3.3	3.1
1984				3.7	2.0	1.8	2.0	2.3	2.8	3.2	3.3	3.3	3.1
1985					0.3	0.9	1.4	1.9	2.6	3.1	3.3	3.2	3.0
1986						1.5	1.9	2.5	3.2	3.7	3.8	3.7	3.3
1987							2.3	2.9	3.7	4.2	4.2	4.0	3.6
1988								3.5	4.4	4.9	4.7	4.4	3.8
1989									5.3	5.5	5.1	4.6	3.8
1990										5.7	4.9	4.3	3.5
1991											4.2	3.6	2.7
1992												3.1	2.0
1993													1.0

Government final consumption expenditure (implicit price deflator)
Consommation des administrations publiques (prix implicite)

	1982	1983	1984	1985	1986	1987	1988	1989	1990	1991	1992	1993	1994
1981	7.4	5.2	4.5	4.2	3.5	3.0	3.0	3.1	3.5	3.9	4.0	3.9	3.6
1982		3.1	3.0	3.1	2.6	2.1	2.2	2.5	3.0	3.5	3.7	3.5	3.3
1983			2.9	3.2	2.4	1.9	2.1	2.4	3.0	3.5	3.8	3.6	3.3
1984				3.4	2.2	1.6	1.9	2.4	3.0	3.6	3.9	3.7	3.4
1985					0.9	0.6	1.4	2.1	2.9	3.6	4.0	3.7	3.4
1986						0.3	1.6	2.5	3.4	4.2	4.5	4.1	3.7
1987							2.8	3.6	4.5	5.2	5.3	4.7	4.1
1988								4.4	5.4	6.0	5.9	5.1	4.4
1989									6.4	6.8	6.5	5.3	4.4
1990										7.2	6.5	5.0	3.9
1991											5.9	3.9	2.8
1992												2.0	1.3
1993													0.6

Gross fixed capital formation (implicit price deflator)
Formation brute de capital fixe (prix implicite)

	1982	1983	1984	1985	1986	1987	1988	1989	1990	1991	1992	1993	1994
1981	4.3	2.5	1.9	2.3	2.0	1.9	2.2	2.6	2.7	2.7	2.4	2.1	1.8
1982		0.7	0.7	1.6	1.4	1.4	1.8	2.4	2.5	2.5	2.2	1.9	1.6
1983			0.7	2.0	1.6	1.6	2.1	2.6	2.7	2.7	2.4	2.0	1.7
1984				3.4	2.1	1.9	2.4	3.0	3.1	3.0	2.6	2.1	1.8
1985					0.9	1.2	2.1	3.0	3.0	3.0	2.5	2.0	1.6
1986						1.6	2.7	3.7	3.5	3.4	2.8	2.1	1.7
1987							3.8	4.7	4.2	3.9	3.0	2.2	1.7
1988								5.6	4.4	3.9	2.8	1.9	1.3
1989									3.2	3.0	1.9	1.0	0.5
1990										2.8	1.3	0.3	–0.2
1991											–0.2	–1.0	–1.1
1992												–1.7	–1.6
1993													–1.5

Compensation of employees (value)
Rémunération des salariés (valeur)

	1982	1983	1984	1985	1986	1987	1988	1989	1990	1991	1992	1993	1994
1981	7.5	6.0	5.3	5.5	5.7	5.6	5.7	5.9	6.2	6.4	6.1	5.6	5.3
1982		4.4	4.3	4.9	5.2	5.2	5.4	5.6	6.1	6.2	5.9	5.5	5.1
1983			4.1	5.1	5.5	5.4	5.6	5.8	6.3	6.4	6.1	5.6	5.1
1984				6.1	6.2	5.8	5.9	6.2	6.7	6.8	6.3	5.7	5.2
1985					6.3	5.7	5.9	6.2	6.8	6.9	6.4	5.7	5.1
1986						5.1	5.7	6.2	6.9	7.0	6.4	5.6	5.0
1987							6.2	6.8	7.5	7.5	6.6	5.7	5.0
1988								7.3	8.2	7.9	6.7	5.5	4.8
1989									9.1	8.3	6.6	5.1	4.3
1990										7.4	5.3	3.8	3.1
1991											3.2	2.0	1.7
1992												0.9	0.9
1993													1.0

National Accounts, Volume 1, OECD, 1996

114

TURKEY

TURQUIE

Average per cent changes at annual rate

Variations moyennes en pourcentage aux taux annuels

G.D.P. per head (volume)
P.I.B. par tête (volume)

	1982	1983	1984	1985	1986	1987	1988	1989	1990	1991	1992	1993	1994
1981	1.0	1.7	2.5	2.3	2.8	3.5	3.0	2.3	2.8	2.5	2.6	2.9	2.1
1982		2.4	3.2	2.7	3.3	4.0	3.3	2.5	3.1	2.7	2.8	3.1	2.2
1983			4.1	2.9	3.6	4.5	3.5	2.6	3.1	2.7	2.8	3.2	2.2
1984				1.7	3.3	4.6	3.4	2.3	3.0	2.5	2.7	3.1	2.0
1985					5.0	6.1	3.9	2.4	3.3	2.6	2.8	3.2	2.0
1986						7.2	3.4	1.6	2.8	2.2	2.5	3.0	1.7
1987							−0.2	−1.1	1.4	1.0	1.6	2.3	0.9
1988								−2.1	2.2	1.4	2.0	2.8	1.1
1989									6.7	3.1	3.4	4.1	1.7
1990										−0.4	1.8	3.2	0.5
1991											4.0	5.0	0.8
1992												6.1	−0.8
1993													−7.1

Private final consumption expenditure per head (volume)
Consommation finale privée par tête (volume)

	1982	1983	1984	1985	1986	1987	1988	1989	1990	1991	1992	1993	1994
1981	4.2	4.2	4.6	2.6	2.9	2.0	1.5	0.9	1.9	1.8	1.8	2.1	1.4
1982		4.1	4.8	2.1	2.5	1.5	1.1	0.4	1.6	1.5	1.5	2.0	1.2
1983			5.4	1.1	2.0	0.9	0.5	−0.2	1.3	1.2	1.2	1.7	0.9
1984				−3.0	0.3	−0.6	−0.7	−1.2	0.6	0.6	0.7	1.3	0.5
1985					3.9	0.7	0.1	−0.8	1.4	1.2	1.3	1.9	0.9
1986						−2.4	−1.8	−2.3	0.8	0.7	0.8	1.6	0.5
1987							−1.1	−2.2	1.8	1.5	1.5	2.3	0.9
1988								−3.3	3.3	2.4	2.2	3.0	1.3
1989									10.5	5.4	4.1	4.7	2.2
1990										0.6	1.0	2.8	0.2
1991											1.4	3.9	0.1
1992												6.5	−0.5
1993													−7.0

Gross domestic product (volume)
Produit intérieur brut (volume)

	1982	1983	1984	1985	1986	1987	1988	1989	1990	1991	1992	1993	1994
1981	3.6	4.3	5.1	4.9	5.3	6.0	5.4	4.8	5.2	4.8	4.9	5.2	4.3
1982		5.0	5.8	5.3	5.7	6.5	5.7	4.9	5.5	4.9	5.1	5.3	4.4
1983			6.7	5.5	6.0	6.8	5.9	4.9	5.5	4.9	5.1	5.4	4.3
1984				4.2	5.6	6.9	5.7	4.6	5.3	4.7	4.9	5.2	4.1
1985					7.0	8.2	6.2	4.7	5.6	4.8	4.9	5.3	4.1
1986						9.5	5.7	3.9	5.2	4.3	4.6	5.1	3.7
1987							2.1	1.2	3.8	3.1	3.7	4.4	2.9
1988								0.3	4.7	3.4	4.0	4.8	3.0
1989									9.3	5.0	5.3	6.0	3.6
1990										0.9	3.4	4.9	2.2
1991											6.0	7.0	2.7
1992												8.0	1.1
1993													−5.5

Gross domestic product (implicit price deflator)
Produit intérieur brut (prix implicite)

	1982	1983	1984	1985	1986	1987	1988	1989	1990	1991	1992	1993	1994
1981	28.2	27.2	33.9	38.4	37.9	37.2	41.4	45.3	46.7	47.8	49.2	50.7	54.4
1982		26.3	36.8	42.0	40.5	39.1	43.7	47.9	49.1	50.2	51.5	52.9	56.8
1983			48.2	50.6	45.6	42.5	47.5	51.8	52.7	53.5	54.6	55.9	59.9
1984				53.1	44.3	40.6	47.3	52.6	53.5	54.2	55.4	56.7	61.1
1985					36.0	34.8	45.5	52.4	53.6	54.4	55.7	57.2	62.0
1986						33.6	50.4	58.3	58.3	58.4	59.3	60.5	65.6
1987							69.4	72.4	67.5	65.3	65.0	65.5	70.8
1988								75.5	66.6	64.0	63.9	64.7	71.0
1989									58.3	58.5	60.3	62.1	70.1
1990										58.8	61.3	63.4	73.2
1991											63.7	65.7	78.3
1992												67.8	86.1
1993													106.5

Private final consumption expenditure (volume)
Consommation finale privée (volume)

	1982	1983	1984	1985	1986	1987	1988	1989	1990	1991	1992	1993	1994
1981	6.9	6.8	7.2	5.2	5.3	4.4	3.9	3.3	4.3	4.1	4.0	4.4	3.6
1982		6.7	7.4	4.7	5.0	3.9	3.4	2.8	4.0	3.8	3.7	4.2	3.3
1983			8.1	3.7	4.4	3.2	2.8	2.1	3.6	3.4	3.4	3.9	3.0
1984				−0.6	2.6	1.6	1.5	1.0	2.9	2.8	2.8	3.4	2.5
1985					5.8	2.7	2.2	1.4	3.6	3.3	3.3	4.0	2.9
1986						−0.3	0.4	−0.0	3.1	2.9	2.9	3.7	2.5
1987							1.2	0.1	4.2	3.7	3.6	4.4	2.9
1988								−1.0	5.8	4.5	4.2	5.0	3.2
1989									13.1	7.4	6.0	6.6	4.1
1990										1.9	2.6	4.5	2.0
1991											3.3	5.8	2.0
1992												8.4	1.3
1993													−5.3

Private final consumption expenditure (implicit price deflator)
Consommation finale privée (prix implicite)

	1982	1983	1984	1985	1986	1987	1988	1989	1990	1991	1992	1993	1994
1981	27.5	26.6	33.7	37.8	36.3	38.3	41.1	45.8	47.3	48.3	49.7	51.1	54.6
1982		25.8	36.9	41.4	38.5	40.5	43.4	48.6	50.0	50.8	52.1	53.4	57.0
1983			49.0	49.9	43.1	44.5	47.3	52.8	53.8	54.3	55.3	56.5	60.2
1984				50.9	40.2	43.0	46.8	53.6	54.6	55.1	56.1	57.4	61.4
1985					30.4	39.3	45.5	54.2	55.3	55.8	56.9	58.2	62.6
1986						48.8	53.8	63.1	62.3	61.5	61.8	62.6	67.2
1987							58.9	70.8	67.1	64.8	64.6	65.0	70.0
1988								83.7	71.3	66.8	66.0	66.3	71.9
1989									59.8	58.9	60.5	62.2	69.7
1990										58.1	60.8	63.0	72.2
1991											63.6	65.5	77.2
1992												67.5	84.5
1993													103.2

Government final consumption expenditure (volume)
Consommation des administrations publiques (volume)

	1982	1983	1984	1985	1986	1987	1988	1989	1990	1991	1992	1993	1994
1981	−10.6	2.1	2.0	4.9	5.8	6.4	5.3	4.7	5.1	5.0	4.9	4.9	4.3
1982		16.6	9.0	10.7	10.3	10.1	8.2	7.1	7.2	6.9	6.6	6.5	5.6
1983			1.9	7.8	8.3	8.6	6.6	5.6	5.9	5.8	5.5	5.5	4.7
1984				14.1	11.7	10.9	7.8	6.4	6.6	6.3	6.0	5.9	5.0
1985					9.2	9.3	5.8	4.5	5.2	5.1	4.9	5.0	4.0
1986						9.4	4.1	3.0	4.2	4.3	4.2	4.4	3.3
1987							−1.1	−0.1	2.5	3.0	3.2	3.5	2.5
1988								0.8	4.3	4.4	4.2	4.5	3.1
1989									8.0	6.2	5.4	5.4	3.6
1990										4.5	4.1	4.6	2.5
1991											3.8	4.6	1.8
1992												5.4	0.9
1993													−3.5

Government final consumption expenditure (implicit price deflator)
Consommation des administrations publiques (prix implicite)

	1982	1983	1984	1985	1986	1987	1988	1989	1990	1991	1992	1993	1994
1981	29.1	27.3	29.0	31.7	32.1	29.4	34.5	42.6	47.0	49.5	51.6	53.1	55.2
1982		25.5	29.0	32.6	32.9	29.4	35.4	44.6	49.4	51.9	54.0	55.5	57.6
1983			32.6	36.2	35.5	30.4	37.5	48.1	53.2	55.6	57.6	58.9	60.9
1984				40.0	36.9	29.7	38.8	51.4	56.9	59.2	61.0	62.1	64.1
1985					33.9	24.8	38.4	54.3	60.5	62.7	64.2	65.1	67.0
1986						16.3	40.7	61.8	68.0	69.1	69.9	70.1	71.7
1987							70.1	90.9	89.8	85.7	83.3	81.3	81.5
1988								114.2	100.6	91.2	86.8	83.6	83.5
1989									87.8	80.7	78.4	76.7	77.9
1990										73.9	73.9	73.1	75.5
1991											74.0	72.7	76.1
1992												71.5	77.1
1993													82.9

Gross fixed capital formation (volume)
Formation brute de capital fixe (volume)

	1982	1983	1984	1985	1986	1987	1988	1989	1990	1991	1992	1993	1994
1981	−5.7	−1.6	−0.8	2.1	3.4	9.4	7.8	7.1	8.0	7.3	7.1	8.4	6.3
1982		2.6	1.8	4.9	5.8	12.7	10.3	9.1	9.9	8.9	8.4	9.8	7.4
1983			0.9	6.1	6.8	15.3	11.9	10.2	11.0	9.7	9.1	10.6	7.9
1984				11.5	9.9	20.6	14.8	12.1	12.8	11.0	10.2	11.7	8.6
1985					8.4	25.4	15.9	12.3	13.0	11.0	10.0	11.7	8.3
1986						45.1	19.8	13.6	14.2	11.5	10.2	12.2	8.3
1987							−1.0	0.6	5.4	4.4	4.4	7.5	3.8
1988								2.2	8.8	6.2	5.7	9.3	4.6
1989									15.9	8.3	7.0	11.2	5.1
1990										1.2	2.8	9.7	2.6
1991											4.3	14.1	3.1
1992												24.9	2.5
1993													−15.9

Gross fixed capital formation (implicit price deflator)
Formation brute de capital fixe (prix implicite)

	1982	1983	1984	1985	1986	1987	1988	1989	1990	1991	1992	1993	1994
1981	40.5	33.4	40.9	46.5	47.9	38.6	44.3	45.1	45.6	47.3	48.6	49.6	54.2
1982		26.7	41.1	48.6	49.8	38.2	45.0	45.7	46.2	48.1	49.4	50.4	55.4
1983			57.1	60.9	58.4	41.2	48.9	49.2	49.2	51.0	52.1	53.0	58.3
1984				64.7	59.1	36.3	47.0	47.6	48.0	50.2	51.5	52.6	58.4
1985					53.7	24.0	41.5	43.7	44.8	47.9	49.7	51.1	57.8
1986						−0.0	35.8	40.5	42.7	46.7	49.1	50.8	58.3
1987							84.4	66.5	60.7	61.5	61.5	61.4	69.0
1988								50.3	50.0	54.5	56.2	57.2	66.6
1989									49.7	56.7	58.3	59.0	70.0
1990										64.1	62.8	62.2	75.5
1991											61.5	61.3	79.5
1992												61.1	89.3
1993													122.4

National disposable income (value)
Revenu national disponible (valeur)

	1982	1983	1984	1985	1986	1987	1988	1989	1990	1991	1992	1993	1994
1981	32.3	31.8	40.3	44.9	44.9	45.1	48.7	52.1	54.3	54.8	56.5	58.4	60.9
1982		31.3	44.5	49.3	48.2	47.9	51.7	55.2	57.3	57.5	59.1	61.0	63.6
1983			59.1	59.3	54.3	52.3	56.1	59.6	61.4	61.2	62.5	64.3	66.9
1984				59.5	52.0	50.1	55.4	59.7	61.8	61.5	63.0	64.9	67.6
1985					44.8	45.7	54.0	59.8	62.2	61.8	63.5	65.6	68.6
1986						46.6	58.9	65.1	66.9	65.4	66.8	68.8	71.8
1987							72.2	75.2	74.3	70.5	71.2	72.8	75.8
1988								78.3	75.3	70.0	71.0	72.9	76.4
1989									72.4	65.9	68.6	71.6	76.0
1990										59.7	66.7	71.3	76.9
1991											74.0	77.4	83.0
1992												81.0	87.7
1993													94.7

Compensation of employees (value)
Rémunération des salariés (valeur)

	1982	1983	1984	1985	1986	1987	1988	1989	1990	1991	1992	1993	1994
1981	25.0	28.9	35.7	40.4	40.9	42.2	45.2	56.7	60.6	65.7	67.9	68.5	69.2
1982		32.9	41.3	46.0	45.2	45.9	48.8	61.8	65.7	71.0	72.9	73.1	73.5
1983			50.4	53.0	49.5	49.4	52.3	67.2	71.0	76.4	78.0	77.8	77.8
1984				55.7	49.1	49.1	52.7	70.8	74.8	80.5	81.8	81.1	80.8
1985					42.8	45.9	51.8	74.8	78.8	85.0	85.9	84.6	83.8
1986						49.0	56.5	87.0	89.2	94.8	94.2	91.5	89.7
1987							64.2	109.5	104.9	108.3	104.8	99.6	96.4
1988								167.3	128.8	125.5	116.4	107.6	102.3
1989									95.8	107.2	101.7	94.8	91.4
1990										119.2	104.7	94.5	90.3
1991											91.2	83.3	81.5
1992												75.7	76.8
1993													78.0

UNITED KINGDOM

ROYAUME-UNI

Average per cent changes at annual rate

Variations moyennes en pourcentage aux taux annuels

G.D.P. per head (volume)
P.I.B. par tête (volume)

	1982	1983	1984	1985	1986	1987	1988	1989	1990	1991	1992	1993	1994
1981	1.6	2.5	2.4	2.6	2.9	3.2	3.4	3.2	2.9	2.3	2.0	2.0	2.1
1982		3.5	2.8	3.0	3.2	3.5	3.7	3.4	3.0	2.4	2.0	2.0	2.2
1983			2.2	2.7	3.2	3.5	3.7	3.4	2.9	2.2	1.9	1.9	2.0
1984				3.2	3.6	3.9	4.1	3.7	3.1	2.2	1.9	1.9	2.0
1985					4.1	4.3	4.4	3.8	3.0	2.1	1.7	1.7	1.9
1986						4.5	4.6	3.7	2.8	1.7	1.3	1.4	1.6
1987							4.7	3.3	2.2	1.0	0.6	0.8	1.2
1988								1.8	1.0	–0.2	–0.4	0.1	0.6
1989									0.2	–1.2	–1.1	–0.3	0.4
1990										–2.6	–1.7	–0.5	0.5
1991											–0.9	0.5	1.5
1992												1.9	2.7
1993													3.5

Private final consumption expenditure per head (volume)
Consommation finale privée par tête (volume)

	1982	1983	1984	1985	1986	1987	1988	1989	1990	1991	1992	1993	1994
1981	1.0	2.7	2.4	2.7	3.4	3.7	4.2	4.0	3.6	3.0	2.6	2.6	2.6
1982		4.5	3.1	3.2	4.0	4.2	4.7	4.5	3.9	3.2	2.8	2.8	2.8
1983			1.7	2.6	3.9	4.2	4.8	4.5	3.9	3.0	2.6	2.6	2.6
1984				3.5	5.0	5.0	5.6	5.0	4.2	3.2	2.7	2.7	2.7
1985					6.5	5.8	6.3	5.4	4.4	3.1	2.6	2.6	2.6
1986						5.0	6.1	5.0	3.9	2.5	2.0	2.0	2.1
1987							7.2	5.0	3.5	1.9	1.4	1.5	1.7
1988								2.9	1.6	0.1	–0.0	0.4	0.8
1989									0.4	–1.2	–0.9	–0.1	0.4
1990										–2.8	–1.6	–0.3	0.4
1991											–0.4	0.9	1.5
1992												2.3	2.5
1993													2.7

Gross domestic product (volume)
Produit intérieur brut (volume)

	1982	1983	1984	1985	1986	1987	1988	1989	1990	1991	1992	1993	1994
1981	1.5	2.5	2.5	2.8	3.1	3.4	3.6	3.4	3.1	2.6	2.3	2.3	2.4
1982		3.6	3.0	3.2	3.5	3.7	3.9	3.7	3.3	2.7	2.4	2.3	2.5
1983			2.5	3.0	3.5	3.8	4.0	3.7	3.2	2.6	2.2	2.2	2.4
1984				3.5	4.0	4.2	4.4	4.0	3.4	2.6	2.2	2.2	2.4
1985					4.4	4.6	4.7	4.1	3.3	2.4	2.0	2.0	2.2
1986						4.8	4.9	4.0	3.1	2.0	1.6	1.7	2.0
1987							5.0	3.6	2.5	1.4	1.0	1.2	1.6
1988								2.2	1.3	0.2	0.0	0.4	1.0
1989									0.4	–0.8	–0.7	0.0	0.8
1990										–2.0	–1.3	–0.1	0.9
1991											–0.5	0.8	1.8
1992												2.2	3.0
1993													3.8

Gross domestic product (implicit price deflator)
Produit intérieur brut (prix implicite)

	1982	1983	1984	1985	1986	1987	1988	1989	1990	1991	1992	1993	1994
1981	7.8	6.5	5.8	5.8	5.3	5.3	5.4	5.6	5.7	5.8	5.6	5.4	5.2
1982		5.3	4.9	5.2	4.7	4.8	5.0	5.3	5.4	5.5	5.4	5.2	5.0
1983			4.4	5.2	4.5	4.6	4.9	5.3	5.4	5.6	5.4	5.2	4.9
1984				5.9	4.5	4.7	5.0	5.4	5.6	5.7	5.6	5.3	5.0
1985					3.2	4.1	4.7	5.3	5.5	5.7	5.5	5.2	4.9
1986						5.0	5.5	6.1	6.1	6.2	5.9	5.5	5.1
1987							6.1	6.6	6.5	6.5	6.1	5.6	5.1
1988								7.1	6.8	6.7	6.1	5.5	4.9
1989									6.4	6.5	5.8	5.1	4.5
1990										6.5	5.4	4.7	4.0
1991											4.4	3.8	3.2
1992												3.2	2.7
1993													2.1

Private final consumption expenditure (volume)
Consommation finale privée (volume)

	1982	1983	1984	1985	1986	1987	1988	1989	1990	1991	1992	1993	1994
1981	1.0	2.7	2.5	2.8	3.6	3.9	4.4	4.3	3.8	3.2	2.9	2.9	2.9
1982		4.5	3.3	3.5	4.3	4.5	5.0	4.7	4.2	3.5	3.1	3.1	3.1
1983			2.0	2.9	4.2	4.5	5.1	4.8	4.2	3.3	3.0	2.9	2.9
1984				3.8	5.3	5.3	5.9	5.3	4.5	3.5	3.1	3.0	3.0
1985					6.8	6.1	6.6	5.7	4.7	3.5	3.0	2.9	2.9
1986						5.3	6.4	5.3	4.1	2.8	2.3	2.4	2.5
1987							7.5	5.3	3.7	2.2	1.8	1.9	2.1
1988								3.2	1.9	0.5	0.4	0.8	1.2
1989									0.6	–0.8	–0.6	0.2	0.8
1990										–2.2	–1.2	0.1	0.8
1991											–0.1	1.3	1.8
1992												2.6	2.8
1993													3.0

Private final consumption expenditure (implicit price deflator)
Consommation finale privée (prix implicite)

	1982	1983	1984	1985	1986	1987	1988	1989	1990	1991	1992	1993	1994
1981	8.7	6.7	6.1	5.9	5.5	5.3	5.3	5.4	5.4	5.6	5.5	5.3	5.1
1982		4.8	4.9	5.0	4.8	4.7	4.7	4.9	5.0	5.3	5.2	5.0	4.8
1983			5.0	5.1	4.8	4.7	4.7	4.9	5.0	5.3	5.2	5.1	4.8
1984				5.3	4.6	4.5	4.7	4.9	5.0	5.4	5.3	5.1	4.8
1985					4.0	4.2	4.5	4.8	5.0	5.4	5.3	5.0	4.8
1986						4.3	4.7	5.1	5.2	5.6	5.5	5.2	4.9
1987							5.0	5.5	5.5	6.0	5.7	5.3	4.9
1988								5.9	5.7	6.3	5.9	5.4	4.9
1989									5.5	6.5	5.9	5.3	4.7
1990										7.4	6.0	5.2	4.5
1991											4.7	4.1	3.5
1992												3.5	3.0
1993													2.5

Government final consumption expenditure (volume)
Consommation des administrations publiques (volume)

	1982	1983	1984	1985	1986	1987	1988	1989	1990	1991	1992	1993	1994
1981	0.9	1.5	1.3	0.9	1.1	1.1	1.0	1.1	1.2	1.4	1.2	1.1	1.2
1982		2.1	1.5	1.0	1.1	1.1	1.0	1.1	1.3	1.4	1.3	1.2	1.2
1983			0.8	0.4	0.8	0.8	0.8	0.9	1.1	1.3	1.2	1.1	1.2
1984				–0.1	0.8	0.8	0.8	0.9	1.2	1.4	1.2	1.1	1.2
1985					1.6	1.3	1.1	1.2	1.4	1.6	1.4	1.2	1.3
1986						1.0	0.8	1.0	1.4	1.6	1.3	1.2	1.3
1987							0.7	1.1	1.5	1.8	1.4	1.2	1.3
1988								1.4	2.0	2.2	1.6	1.3	1.4
1989									2.5	2.6	1.7	1.3	1.4
1990										2.6	1.2	0.9	1.2
1991											–0.1	0.1	0.7
1992												0.3	1.1
1993													2.0

Government final consumption expenditure (implicit price deflator)
Consommation des administrations publiques (prix implicite)

	1982	1983	1984	1985	1986	1987	1988	1989	1990	1991	1992	1993	1994
1981	8.1	7.5	6.6	6.4	6.3	6.3	6.4	6.5	6.7	6.7	6.7	6.5	6.2
1982		6.8	5.9	5.9	5.8	6.0	6.1	6.3	6.5	6.6	6.6	6.4	6.0
1983			5.1	5.4	5.5	5.8	6.0	6.2	6.5	6.6	6.5	6.3	6.0
1984				5.8	5.8	6.0	6.2	6.4	6.7	6.8	6.7	6.5	6.0
1985					5.8	6.2	6.4	6.6	6.9	6.9	6.9	6.5	6.1
1986						6.5	6.7	6.9	7.2	7.2	7.0	6.7	6.1
1987							6.8	7.0	7.4	7.3	7.1	6.7	6.0
1988								7.2	7.7	7.5	7.2	6.6	5.9
1989									8.2	7.7	7.2	6.5	5.7
1990										7.1	6.7	5.9	5.0
1991											6.4	5.3	4.3
1992												4.3	3.4
1993													2.4

Gross fixed capital formation (volume)
Formation brute de capital fixe (volume)

	1982	1983	1984	1985	1986	1987	1988	1989	1990	1991	1992	1993	1994
1981	5.4	5.2	6.4	5.9	5.2	6.1	7.1	7.0	5.8	4.1	3.6	3.4	3.4
1982		5.0	7.0	6.0	5.2	6.2	7.4	7.2	5.8	4.0	3.4	3.2	3.2
1983			8.9	6.6	5.2	6.5	7.9	7.6	5.9	3.9	3.3	3.0	3.1
1984				4.2	3.4	5.7	7.7	7.3	5.4	3.2	2.6	2.4	2.5
1985					2.6	6.4	8.8	8.1	5.7	3.0	2.3	2.1	2.3
1986						10.3	12.1	10.0	6.5	3.1	2.3	2.1	2.3
1987							13.9	9.9	5.2	1.3	0.8	0.7	1.2
1988								6.0	1.1	–2.5	–2.3	–1.7	–0.8
1989									–3.5	–6.5	–4.9	–3.5	–2.1
1990										–9.5	–5.5	–3.5	–1.8
1991											–1.5	–0.4	0.9
1992												0.6	2.1
1993													3.7

Gross fixed capital formation (implicit price deflator)
Formation brute de capital fixe (prix implicite)

	1982	1983	1984	1985	1986	1987	1988	1989	1990	1991	1992	1993	1994
1981	2.9	3.1	3.5	4.0	4.1	4.2	4.6	5.1	5.1	4.7	4.0	3.7	3.5
1982		3.3	3.7	4.3	4.4	4.4	4.8	5.4	5.4	4.8	4.1	3.7	3.6
1983			4.2	4.9	4.7	4.7	5.2	5.7	5.7	5.0	4.2	3.8	3.6
1984				5.6	5.0	4.9	5.4	6.1	6.0	5.2	4.1	3.7	3.6
1985					4.4	4.6	5.4	6.2	6.1	5.1	3.9	3.5	3.3
1986						4.7	5.8	6.8	6.5	5.2	3.9	3.4	3.2
1987							6.9	7.8	7.1	5.4	3.7	3.1	3.0
1988								8.7	7.2	4.9	2.9	2.4	2.3
1989									5.7	3.0	1.0	0.9	1.1
1990										0.4	–1.2	–0.7	–0.0
1991											–2.8	–1.2	–0.1
1992												0.5	1.2
1993													2.0

National disposable income (value)
Revenu national disponible (valeur)

	1982	1983	1984	1985	1986	1987	1988	1989	1990	1991	1992	1993	1994
1981	9.8	9.8	8.8	8.9	8.8	8.9	9.2	9.2	8.9	8.5	8.2	8.0	7.8
1982		9.8	8.3	8.6	8.5	8.7	9.1	9.2	8.7	8.3	8.0	7.8	7.7
1983			6.9	8.0	8.1	8.5	9.0	9.1	8.6	8.2	7.8	7.6	7.5
1984				9.2	8.6	9.0	9.5	9.5	8.9	8.3	7.9	7.7	7.5
1985					8.1	8.9	9.7	9.6	8.8	8.2	7.7	7.5	7.4
1986						9.6	10.4	10.1	9.0	8.2	7.7	7.4	7.3
1987							11.2	10.3	8.8	7.9	7.3	7.0	6.9
1988								9.3	7.6	6.8	6.3	6.2	6.2
1989									5.8	5.5	5.3	5.4	5.6
1990										5.3	5.1	5.3	5.6
1991											4.9	5.3	5.7
1992												5.7	6.1
1993													6.4

Compensation of employees (value)
Rémunération des salariés (valeur)

	1982	1983	1984	1985	1986	1987	1988	1989	1990	1991	1992	1993	1994
1981	6.1	6.5	6.6	7.1	7.2	7.4	8.0	8.3	8.5	8.2	7.8	7.4	7.0
1982		6.9	6.9	7.4	7.5	7.7	8.3	8.7	8.8	8.5	8.0	7.5	7.1
1983			6.8	7.7	7.7	7.9	8.6	9.0	9.1	8.7	8.1	7.6	7.1
1984				8.5	8.2	8.3	9.0	9.4	9.5	8.9	8.3	7.6	7.2
1985					7.9	8.1	9.2	9.6	9.7	9.0	8.2	7.5	7.0
1986						8.4	9.8	10.2	10.2	9.2	8.3	7.5	6.9
1987							11.3	11.1	10.8	9.4	8.3	7.3	6.7
1988								10.9	10.5	8.8	7.5	6.5	6.0
1989									10.2	7.8	6.4	5.5	5.0
1990										5.5	4.6	4.0	3.7
1991											3.6	3.2	3.1
1992												2.8	2.9
1993													3.0

National Accounts, Volume 1, OECD, 1996

116

PART SIX

SIXIÈME PARTIE

Comparative tables based on exchange rates
Tableaux comparatifs basés sur les taux de change

The statistics for Germany in this publication refer to Germany after unification. Official data for Germany after unification are available only from 1991 onwards. In this publication, the secretariat has estimated some national accounts aggregates for the whole of Germany back to 1960 in order to calculate the various zones totals. These estimates are based on statistics published by Deutsches Institut für Wirtschaftsforschung for period 1989-90 and by the East German Statistical Office in 1990 for period 1980-89. They are also based on the ratios of the aggregates of West Germany and the whole of Germany.

Les statistiques concernant l'Allemagne dans cette publication se réfèrent à l'Allemagne après l'unification. Des données officielles pour l'Allemagne après l'unification ne sont disponibles qu'à partir de 1991. Dans cette publication, le secrétariat a estimé certains agrégats des comptes nationaux pour l'Allemagne dans son ensemble depuis 1960 afin de calculer les différentes zones. Ces estimations sont basées sur des statistiques publiées par Deutsches Institut für Wirtschaftsforschung pour la période 1989-90 et par l'Office Statistique de l'Allemagne de l'Est en 1990 pour la période 1980-89. Elles sont aussi basées sur les rapports des agrégats de l'Allemagne occidentale et de l'Allemagne dans son ensemble.

CALCULATION PROCEDURES

The following points should be borne in mind in using the tables in Part VI of this volume.

a) The various aggregates shown in tables 1 to 18 have been calculated by three different methods: *at current prices and 1990 exchange rates* (Tables 1-6); *at 1990 prices and 1990 exchange rates* (Tables 7-12); and *at current prices and current exchange rates* (Tables 13-18). By using 1990 exchange rates throughout, the year to year movements in the data for a given country or group of countries shown in Tables 1-6 are determined entirely by movements in the national data at current prices. Year to year movements in the data in Tables 13 to 18, however, are liable to be strongly influenced by fluctuations in exchange rates as well as by movements in the national data at current prices. The data in Tables 13 to 18 are, therefore, only suitable for comparisons between countries within a single year, and not for comparisons between years for the same country, or group of countries.

b) In the tables giving *volume and price indices* all series are shown with 1990 = 100. In practice many countries use a year before 1990 as their base year for calculating volume and price indices, and the indices shown for these countries (and for groups of countries) are therefore based on the relative prices or quantities of years prior to 1990. The base years used by Member countries are indicated in the country tables where they differ from 1990.

c) the volume indices for *groups of countries* are arithmetic; weighted averages of the component indices using as weights the 1990 value of the aggregate concerned (GDP, private final consumption expenditure, etc.) expressed in US dollars at 1990 exchange rates. The price indices for *groups of countries* are harmonic weighted averages of the component indices using as weights the current value of the aggregate concerned, expressed in US dollars at 1990 exchange rates. It should be noted that the product of these two weighted volume and price indices for groups of countries does not correspond with the aggregates shown at current prices and exchange rates, but correspond with the aggregates shown at current prices and 1990 exchange rates.

Data for Mexico have been included in area total. Data for Australia are based on calendar year.

MÉTHODES DE CALCUL

Il est nécessaire de souligner les points suivants pour l'utilisation des tableaux de cette sixième partie.

a) les différents agrégats montrés dans les tableaux 1 à 18 ont été calculés de trois façons differentes: *aux prix courants et taux de change de 1990* (tableaux 1-6), *aux prix de 1990 et taux de change de 1990* (tableaux 7-12) et *aux prix courants et taux de change courants* (tableaux 13-18). En utilisant les taux de change de 1990 sur toute la période, les variations d'une année sur l'autre, pour un pays ou groupe de pays, des series montrées dans les tableaux 1-6 sont déterminées exclusivement par les mouvements des données nationales à prix courants. Par contre les variations calculées à partir des données des tableaux 13-18 sont susceptibles d'être aussi largement influencées par les fluctuations des taux de change que par les mouvements des données nationales à prix courants. Ainsi les données des tableaux 13-18 doivent être utilisées uniquement pour des comparaisons entre pays pour une année particulière, et non pour des comparaisons dans le temps pour le même pays ou groupe de pays.

b) Les tableaux d'*indices de volume et de prix* sont montrés avec 1990 = 100. En réalité beaucoup de pays utilisent une année antérieure à 1990 comme année de base pour calculer leurs indices de volume et de prix ; et donc les indices montrés pour ces pays (et groupe de pays) sont basés sur des quantités et prix relatifs différents de 1990. Les années de base utilisées par les pays membres sont précisées dans les tableaux quand elles diffèrent de 1990.

c) Les indices de volume concernant les *groupes de pays* sont obtenus comme moyennes arithmétiques des indices par pays pondérés par la valeur en 1990 de l'agrégat concerné (PIB, Consommation finale privée, etc.), exprimée en dollars É-U aux taux de change de 1990. Les indices de prix concernant les *groupes de pays* sont obtenus comme moyennes harmoniques des indices par pays pondérés par la valeur courante de l'agrégat concerné exprimée en dollars É-U aux taux de change de 1990. Il faut noter que le produit de ces deux indices pondérés de volume et de prix ne correspond pas aux agrégats montrés aux prix courants et taux de change courants, mais correspond aux agrégats montrés aux prix courants et taux de change de 1990.

Les données du Mexique ont été intégrées aux totaux par zones. Les données de l'Australie sont établies sur une base calendaire.

Comptes nationaux, Volume 1, OCDE, 1996

COMPARATIVE TABLES BASED ON EXCHANGE RATES
TABLEAUX COMPARATIFS BASÉS SUR LES TAUX DE CHANGE

	Page	
Gross domestic product		**Produit intérieur brut**
1. At current prices and 1990 exchange rates	120	1. Aux prix courants et taux de change de 1990
7. At the price levels and exchange rates of 1990	124	7. Aux niveaux de prix et taux de change de 1990
13. At current prices and current exchange rates	128	13. Aux prix et taux de change courants
25. Volume indices (1990 = 100)	136	25. Indices de volume (1990 = 100)
31. Price indices (1990 = 100)	140	31. Indices de prix (1990 = 100)
Gross domestic product per head		**Produit intérieur brut par tête**
19. At current prices and 1990 exchange rates	132	19. Aux prix courants et taux de change de 1990
20. At the price levels and exchange rates of 1990	132	20. Aux niveaux de prix et taux de change de 1990
21. At current prices and current exchange rates	132	21. Aux prix et taux de change courants
Private final consumption expenditure		**Consommation finale privée**
2. At current prices and 1990 exchange rates	120	2. Aux prix courants et taux de change de 1990
8. At the price levels and exchange rates of 1990	124	8. Aux niveaux de prix et taux de change de 1990
14. At current prices and current exchange rates	128	14. Aux prix et taux de change courants
26. Volume indices (1990 = 100)	136	26. Indices de volume (1990 = 100)
32. Price indices (1990 = 100)	140	32. Indices de prix (1990 = 100)
Private final consumption expenditure per head		**Consommation finale privée par tête**
22. At current prices and 1990 exchange rates	134	22. Aux prix courants et taux de change de 1990
23. At the price levels and exchange rates of 1990	134	23. Aux niveaux de prix et taux de change de 1990
24. At current prices and current exchange rates	134	24. Aux prix et taux de change courants
Government final consumption expenditure		**Consommation finale des administrations publiques**
3. At current prices and 1990 exchange rates	120	3. Aux prix courants et taux de change de 1990
9. At the price levels and exchange rates of 1990	124	9. Aux niveaux de prix et taux de change de 1990
15. At current prices and current exchange rates	128	15. Aux prix et taux de change courants
27. Volume indices (1990 = 100)	136	27. Indices de volume (1990 = 100)
33. Price indices (1990 = 100)	140	33. Indices de prix (1990 = 100)
Gross fixed capital formation		**Formation brute de capital fixe**
4. At current prices and 1990 exchange rates	122	4. Aux prix courants et taux de change de 1990
10. At the price levels and exchange rates of 1990	126	10. Aux niveaux de prix et taux de change de 1990
16. At current prices and current exchange rates	130	16. Aux prix et taux de change courants
28. Volume indices (1990 = 100)	138	28. Indices de volume (1990 = 100)
34. Price indices (1990 = 100)	142	34. Indices de prix (1990 = 100)
Exports of goods and services		**Exportations de biens et services**
5. At current prices and 1990 exchange rates	122	5. Aux prix courants et taux de change de 1990
11. At the price levels and exchange rates of 1990	126	11. Aux niveaux de prix et taux de change de 1990
17. At current prices and current exchange rates	130	17. Aux prix et taux de change courants
29. Volume indices (1990 = 100)	138	29. Indices de volume (1990 = 100)
35. Price indices (1990 = 100)	142	35. Indices de prix (1990 = 100)
Imports of goods and services		**Importations de biens et services**
6. At current prices and 1990 exchange rates	122	6. Aux prix courants et taux de change de 1990
12. At the price levels and exchange rates of 1990	126	12. Aux niveaux de prix et taux de change de 1990
18. At current prices and current exchange rates	130	18. Aux prix et taux de change courants
30. Volume indices (1990 = 100)	138	30. Indices de volume (1990 = 100)
36. Price indices (1990 = 100)	142	36. Indices de prix (1990 = 100)

1. **Gross domestic product** - at current prices and 1990 exchange rates (billions of US dollars)

	1960	1961	1962	1963	1964	1965	1966	1967	1968	1969	1970	1971	1972	1973	1974	1975	1976	1977
Canada	33.59	34.81	37.82	40.60	44.44	48.98	54.83	58.80	64.14	70.64	75.82	82.75	92.38	108.35	129.38	145.79	168.23	185.20
Mexico	0.06	0.06	0.07	0.07	0.09	0.09	0.10	0.11	0.13	0.14	0.17	0.18	0.21	0.26	0.33	0.41	0.51	0.69
United States	514.69	533.00	573.25	604.81	649.54	704.09	771.19	815.09	889.99	961.09	1011.56	1098.11	1207.92	1350.50	1460.63	1587.56	1770.35	1975.36
Japan	110.58	133.55	151.55	173.45	204.03	226.99	263.62	308.93	365.88	429.78	506.56	557.37	638.13	776.97	927.16	1024.44	1150.45	1282.01
Australia	11.69	11.83	12.71	13.93	15.30	16.56	17.60	19.33	21.18	23.54	25.98	29.21	32.64	38.50	46.19	55.06	64.70	71.26
New Zealand	1.70	1.74	1.88	2.04	2.23	2.42	2.51	2.60	2.75	3.06	3.42	4.02	4.60	5.38	5.87	6.63	8.06	8.93
Austria	14.33	15.90	16.90	18.21	19.94	21.68	23.62	25.12	26.99	29.46	33.06	36.91	42.18	47.80	54.40	57.71	63.74	70.03
Belgium	16.67	17.73	18.96	20.39	22.82	24.84	26.70	28.59	30.59	33.94	37.77	41.36	46.24	52.52	61.55	67.96	77.17	83.35
Denmark	6.65	7.38	8.31	8.85	10.12	11.36	12.47	13.70	15.25	17.34	19.17	21.19	24.36	27.93	31.29	34.94	40.59	45.13
Finland	4.24	4.80	5.14	5.58	6.30	6.97	7.47	8.19	9.39	10.72	11.96	13.14	15.33	18.66	23.55	26.98	30.51	33.62
France	55.21	60.23	67.25	75.40	83.64	90.03	97.47	105.28	114.43	130.48	145.73	162.38	181.43	207.49	239.28	269.57	312.30	352.19
Germany	210.08	230.19	250.38	265.36	291.61	318.66	338.84	343.08	370.11	414.28	468.65	520.32	571.25	636.57	682.84	712.48	777.63	829.54
Greece	0.80	0.90	0.95	1.07	1.20	1.36	1.51	1.64	1.78	2.02	2.26	2.50	2.86	3.67	4.27	5.09	6.25	7.30
Iceland	0.00	0.00	0.00	0.00	0.00	0.00	0.00	0.00	0.01	0.01	0.01	0.01	0.01	0.02	0.03	0.04	0.05	0.08
Ireland	1.10	1.18	1.28	1.38	1.57	1.67	1.76	1.92	2.17	2.50	2.82	3.22	3.89	4.70	5.20	6.60	8.10	9.92
Italy	20.69	23.01	25.86	29.62	32.42	34.89	37.80	41.64	45.13	49.82	56.07	60.92	66.61	80.74	101.99	115.71	145.96	178.95
Luxembourg	0.86	0.86	0.91	0.97	1.11	1.16	1.22	1.23	1.34	1.55	1.82	1.80	2.09	2.54	3.10	2.87	3.30	3.39
Netherlands	24.74	26.12	28.12	30.51	35.90	40.10	43.66	47.90	53.11	60.15	67.50	76.05	85.93	98.06	111.28	122.53	140.33	153.15
Norway	5.79	6.32	6.80	7.30	8.03	8.86	9.56	10.46	11.17	12.16	13.99	15.61	17.24	19.59	22.73	26.05	29.90	33.55
Portugal	0.57	0.61	0.65	0.71	0.77	0.86	0.94	1.05	1.16	1.27	1.42	1.59	1.85	2.25	2.71	3.01	3.74	4.99
Spain	6.71	7.69	8.97	10.60	11.86	13.75	15.96	18.07	20.40	23.36	25.80	29.12	34.17	41.20	50.45	59.24	71.29	90.45
Sweden	12.32	13.41	14.54	15.74	17.55	19.31	21.01	22.80	24.20	26.28	29.43	31.82	34.82	38.74	43.76	51.40	58.13	63.22
Switzerland	26.90	30.26	33.56	36.90	40.90	43.81	47.05	50.64	54.07	58.59	65.26	74.14	84.01	93.62	101.57	100.89	102.19	104.95
Turkey	0.03	0.03	0.03	0.04	0.04	0.04	0.05	0.05	0.06	0.07	0.08	0.10	0.12	0.15	0.20	0.26	0.33	0.42
United Kingdom	45.91	48.69	51.17	54.24	59.28	63.86	67.98	71.56	77.54	83.45	91.64	102.25	114.49	131.53	148.64	187.51	221.94	258.63
OECD - Total	1125.91	1210.30	1317.07	1417.76	1560.68	1702.35	1864.91	1997.81	2202.97	2445.72	2697.94	2966.11	3304.76	3787.74	4258.40	4670.70	5255.74	5846.30
OECD - Europe	453.60	495.31	539.80	582.86	645.05	703.21	755.06	792.94	858.90	957.47	1074.43	1194.47	1328.88	1507.79	1688.84	1850.81	2093.44	2322.86
EU15	420.88	458.70	499.40	538.61	596.08	650.50	698.40	731.78	793.59	886.64	995.09	1104.62	1227.50	1394.41	1564.32	1723.58	1960.97	2183.86

2. **Private final consumption expenditure** - at current prices and 1990 exchange rates (billions of US dollars)

	1960	1961	1962	1963	1964	1965	1966	1967	1968	1969	1970	1971	1972	1973	1974	1975	1976	1977
Canada	21.89	22.28	23.76	25.34	27.20	29.46	32.20	34.83	37.96	41.60	43.93	47.65	53.36	61.02	71.31	82.49	94.27	104.49
Mexico	0.04	0.05	0.05	0.06	0.07	0.07	0.08	0.09	0.10	0.11	0.12	0.14	0.16	0.19	0.25	0.29	0.36	0.48
United States	328.09	338.82	359.88	379.42	407.15	438.53	474.72	501.02	549.96	594.54	635.63	688.05	754.36	833.39	910.51	1004.18	1120.83	1247.02
Japan	64.89	76.19	87.39	102.02	117.60	132.88	152.92	175.46	200.11	229.99	264.75	298.57	344.64	416.52	503.57	585.42	661.54	739.53
Australia	7.41	7.55	8.06	8.67	9.37	10.06	10.74	11.71	12.76	14.03	15.48	17.21	19.05	22.04	26.46	32.17	37.74	42.14
New Zealand	1.15	1.18	1.24	1.34	1.44	1.56	1.67	1.73	1.83	1.99	2.23	2.52	2.84	3.27	3.72	4.25	4.89	5.46
Austria	8.54	9.34	10.07	10.91	11.70	12.83	13.69	14.72	15.69	16.68	18.06	20.23	22.85	25.66	29.08	32.39	36.08	40.18
Belgium	11.53	12.03	12.64	13.69	14.63	15.96	17.06	17.99	19.50	21.13	22.60	24.93	27.83	31.82	36.82	41.61	47.03	51.60
Denmark	4.12	4.58	5.15	5.44	6.10	6.69	7.43	8.21	8.96	9.97	11.00	11.82	13.00	15.22	17.00	19.38	22.97	25.68
Finland	2.58	2.85	3.15	3.45	3.93	4.32	4.60	5.01	5.48	6.19	6.77	7.35	8.64	10.27	12.50	15.04	17.19	19.00
France	32.98	36.12	40.35	45.58	49.79	53.12	57.45	62.20	67.88	77.06	84.40	93.87	104.73	118.45	137.66	158.35	182.46	205.15
Germany	117.87	129.18	140.48	148.71	160.17	176.71	188.68	193.87	206.29	226.97	253.01	280.54	310.01	339.95	366.05	400.21	433.42	467.90
Greece	0.67	0.72	0.76	0.83	0.92	1.04	1.15	1.24	1.34	1.46	1.64	1.78	1.97	2.43	3.03	3.60	4.30	5.03
Iceland	0.00	0.00	0.00	0.00	0.00	0.00	0.00	0.00	0.00	0.00	0.00	0.01	0.01	0.01	0.02	0.02	0.03	0.04
Ireland	0.87	0.91	0.98	1.05	1.17	1.23	1.30	1.39	1.58	1.80	2.00	2.26	2.60	3.11	3.66	4.36	5.38	6.55
Italy	12.35	13.50	15.23	17.82	19.32	20.66	22.78	25.24	26.93	29.54	33.38	36.44	40.02	48.81	61.46	71.76	88.79	107.84
Luxembourg	0.52	0.55	0.58	0.62	0.70	0.75	0.79	0.81	0.86	0.92	1.02	1.13	1.25	1.38	1.59	1.85	2.08	2.25
Netherlands	14.51	15.63	17.02	18.90	21.38	23.89	25.99	28.21	30.84	35.29	39.56	44.10	49.41	55.77	63.34	72.03	82.67	91.79
Norway	3.30	3.60	3.87	4.12	4.48	4.78	5.12	5.56	5.94	6.63	7.27	8.09	8.88	9.85	11.17	13.11	15.12	17.55
Portugal	0.41	0.45	0.45	0.49	0.52	0.58	0.63	0.68	0.79	0.87	0.93	1.07	1.18	1.45	1.95	2.30	2.78	3.56
Spain	4.68	5.29	6.06	7.27	8.09	9.49	10.89	12.21	13.60	15.03	16.69	18.89	22.03	26.43	32.70	38.45	47.26	59.36
Sweden	7.31	7.87	8.45	9.09	9.79	10.77	11.69	12.61	13.36	14.42	15.67	16.88	18.58	20.50	23.38	26.66	30.83	33.80
Switzerland	16.79	18.44	20.58	22.35	24.40	26.26	28.31	30.41	32.41	35.12	38.48	43.11	48.92	54.81	59.99	62.10	64.17	66.87
Turkey	0.02	0.02	0.03	0.03	0.03	0.03	0.04	0.04	0.05	0.05	0.06	0.07	0.09	0.11	0.15	0.19	0.23	0.30
United Kingdom	30.29	31.85	33.76	35.85	38.26	40.70	43.03	45.22	48.63	51.61	56.23	63.06	71.33	81.56	94.07	115.76	134.54	153.81
OECD - Total	692.82	738.99	799.98	863.04	938.20	1022.37	1112.96	1190.46	1302.83	1433.01	1570.91	1729.77	1927.75	2184.03	2471.42	2787.97	3136.94	3497.38
OECD - Europe	269.33	292.92	319.61	346.19	375.37	409.80	440.62	465.61	500.12	550.75	608.76	675.63	753.33	847.60	955.61	1079.15	1217.31	1358.27
EU15	249.21	270.86	295.12	319.68	346.46	378.73	407.15	429.60	461.72	508.95	562.95	624.35	695.44	782.82	884.28	1003.73	1137.76	1273.50

3. **Government final consumption expenditure** - at current prices and 1990 exchange rates (billions of US dollars)

	1960	1961	1962	1963	1964	1965	1966	1967	1968	1969	1970	1971	1972	1973	1974	1975	1976	1977
Canada	4.51	5.27	5.61	5.91	6.43	7.06	8.24	9.48	10.84	12.12	14.05	15.56	17.18	19.52	23.44	28.41	32.70	37.08
Mexico	0.00	0.00	0.00	0.00	0.01	0.01	0.01	0.01	0.01	0.01	0.01	0.01	0.02	0.02	0.03	0.04	0.05	0.07
United States	86.66	94.28	102.02	106.00	111.44	117.45	136.28	153.88	166.42	176.52	189.49	198.51	217.47	234.94	263.34	294.62	319.29	346.60
Japan	8.85	10.25	12.07	14.30	16.24	18.58	21.09	23.55	27.17	31.48	37.68	44.35	52.05	64.48	84.54	102.84	113.38	126.00
Australia	1.30	1.42	1.52	1.61	1.83	2.10	2.33	2.68	2.98	3.21	3.56	4.10	4.59	5.56	7.20	9.46	11.33	12.68
New Zealand	0.18	0.19	0.21	0.22	0.25	0.30	0.35	0.33	0.36	0.38	0.46	0.53	0.61	0.70	0.86	1.03	1.16	1.41
Austria	1.86	2.00	2.17	2.42	2.65	2.90	3.23	3.66	3.98	4.44	4.86	5.45	6.17	7.20	8.57	9.94	11.24	12.20
Belgium	2.07	2.12	2.33	2.65	2.86	3.18	3.50	3.85	4.16	4.62	5.07	5.83	6.71	7.64	9.05	11.18	12.67	13.98
Denmark	0.88	1.07	1.26	1.37	1.57	1.85	2.13	2.44	2.84	3.27	3.83	4.50	5.18	5.95	7.31	8.59	9.78	10.79
Finland	0.51	0.56	0.64	0.75	0.85	0.95	1.07	1.22	1.43	1.55	1.73	1.99	2.34	2.80	3.58	4.60	5.50	6.21
France	7.85	8.66	9.77	11.08	12.15	12.93	13.85	14.93	16.92	19.05	21.42	24.23	26.96	30.79	36.77	44.71	52.85	60.52
Germany	28.83	32.62	37.65	42.32	44.25	49.64	53.77	57.05	58.96	66.36	75.87	90.34	100.51	116.23	135.48	149.71	158.11	167.57
Greece	0.07	0.07	0.08	0.09	0.10	0.12	0.13	0.15	0.16	0.18	0.21	0.23	0.25	0.30	0.43	0.56	0.68	0.84
Iceland	0.00	0.00	0.00	0.00	0.00	0.00	0.00	0.00	0.00	0.00	0.00	0.00	0.00	0.00	0.00	0.01	0.01	0.01
Ireland	0.13	0.14	0.15	0.17	0.20	0.22	0.23	0.24	0.28	0.32	0.39	0.47	0.57	0.70	0.85	1.17	1.39	1.61
Italy	2.48	2.75	3.18	3.87	4.37	4.96	5.29	5.64	6.15	6.67	7.27	8.88	10.08	11.63	14.03	16.33	19.56	24.65
Luxembourg	0.07	0.07	0.08	0.10	0.10	0.11	0.12	0.13	0.14	0.14	0.16	0.18	0.21	0.24	0.30	0.36	0.41	0.46
Netherlands	3.02	3.32	3.72	4.26	5.07	5.64	6.29	7.07	7.66	8.74	10.05	11.77	13.16	14.77	17.48	20.60	23.41	25.77
Norway	0.73	0.79	0.93	1.02	1.13	1.30	1.44	1.64	1.80	1.99	2.31	2.73	3.05	3.48	4.06	4.90	5.82	6.60
Portugal	0.06	0.07	0.08	0.08	0.09	0.10	0.11	0.13	0.14	0.15	0.18	0.20	0.23	0.27	0.36	0.42	0.48	0.65
Spain	0.56	0.63	0.73	0.89	0.97	1.16	1.39	1.70	1.86	2.14	2.44	2.80	3.25	3.91	4.99	6.19	8.04	10.39
Sweden	1.98	2.16	2.47	2.75	3.05	3.47	4.02	4.50	5.03	5.52	6.41	7.26	8.03	8.92	10.30	12.41	14.67	17.63
Switzerland	2.38	2.92	3.39	3.89	4.27	4.60	4.90	5.21	5.61	6.16	6.84	8.09	9.15	10.52	11.82	12.73	13.45	13.60
Turkey	0.00	0.00	0.00	0.00	0.00	0.00	0.00	0.00	0.01	0.01	0.01	0.01	0.01	0.02	0.02	0.03	0.04	0.06
United Kingdom	7.53	8.12	8.70	9.29	9.90	10.87	11.85	13.10	13.93	14.55	16.42	18.75	21.43	24.47	30.46	42.01	49.20	53.61
OECD - Total	162.52	179.49	198.76	215.03	229.79	249.48	281.61	312.60	338.85	369.60	410.71	456.76	509.22	575.07	675.26	782.84	865.23	950.98
OECD - Europe	61.01	68.08	77.33	86.99	93.60	103.98	113.32	122.67	131.07	145.88	165.47	193.70	217.29	249.85	295.86	346.44	387.31	427.14
EU15	57.91	64.36	73.01	82.08	88.19	98.08	106.97	115.81	123.64	137.72	156.31	182.86	205.08	235.82	279.96	328.77	367.98	406.87

National Accounts, Volume 1, OECD, 1996

120

Produit intérieur brut - aux prix courants et taux de change de 1990 (milliards de dollars É-U) 1.

1978	1979	1980	1981	1982	1983	1984	1985	1986	1987	1988	1989	1990	1991	1992	1993	1994	
205.33	234.91	263.74	302.93	318.67	344.73	378.23	406.54	429.75	468.62	514.96	552.93	568.07	573.47	585.45	605.07	636.67	Canada
0.87	1.14	1.59	2.18	3.48	6.36	10.48	16.85	28.16	68.73	138.82	180.48	244.05	307.60	362.35	400.90	445.47	Mexique
2229.54	2485.97	2708.15	3035.80	3152.50	3394.30	3763.47	4016.65	4230.78	4496.57	4853.96	5204.50	5489.60	5656.40	5937.30	6259.90	6649.80	États-Unis
1411.73	1530.12	1658.80	1781.64	1868.93	1946.04	2075.72	2212.99	2311.00	2406.42	2565.29	2736.36	2932.09	3116.91	3198.74	3218.26	3240.20	Japon
78.99	91.04	103.35	117.30	129.76	141.92	162.27	179.75	196.05	220.88	249.26	278.99	294.53	296.25	307.71	323.21	344.21	Australie
10.12	11.81	13.76	16.71	18.83	20.91	23.67	27.31	32.83	37.31	40.11	42.60	43.53	43.57	44.88	47.73	51.49	Nouvelle-Zélande
74.09	80.79	87.49	92.88	99.70	105.65	112.30	118.60	125.11	130.29	137.77	147.14	158.43	169.44	180.06	186.82	199.03	Autriche
89.40	95.42	103.27	107.12	116.43	123.50	132.76	142.01	149.44	155.96	166.48	180.34	192.00	201.50	212.41	217.51	228.20	Belgique
50.31	56.05	60.40	65.89	75.05	82.82	91.34	99.39	107.70	113.10	118.29	123.98	129.13	133.77	137.55	141.10	150.79	Danemark
37.21	43.30	50.05	56.67	63.71	71.04	79.66	86.73	92.85	101.18	113.60	127.37	134.81	128.38	124.70	126.17	132.80	Finlande
400.82	455.64	515.73	581.20	665.90	735.77	801.04	863.16	930.95	980.05	1053.22	1131.19	1195.43	1244.42	1287.45	1300.72	1354.57	France
890.78	963.58	1021.59	1064.31	1102.02	1157.53	1216.05	1269.15	1336.93	1382.20	1453.50	1536.27	1640.06	1766.14	1903.54	1952.62	2054.98	Allemagne
8.80	10.82	12.96	15.52	19.50	23.32	28.82	34.97	41.76	47.50	57.34	68.30	81.84	99.98	115.06	130.01	146.34	Grèce
0.12	0.17	0.28	0.43	0.68	1.17	1.53	2.07	2.76	3.59	4.40	5.29	6.24	6.81	6.83	7.05	7.43	Islande
11.75	13.77	16.28	19.76	23.28	25.71	28.54	30.95	32.59	34.86	37.58	42.04	44.97	46.75	49.57	53.21	57.46	Irlande
211.62	258.60	323.57	387.30	454.99	528.70	605.76	676.55	751.11	821.14	911.31	996.13	1095.12	1193.10	1255.32	1293.84	1369.76	Italie
3.71	4.04	4.39	4.68	5.25	5.77	6.40	6.79	7.53	7.78	8.62	9.79	10.35	11.14	11.92	13.11	14.02	Luxembourg
165.07	175.70	187.64	196.71	204.87	212.72	222.80	233.69	240.46	242.09	251.34	266.32	283.67	297.96	310.88	317.99	334.12	Pays-Bas
37.33	41.81	49.93	57.40	63.46	70.46	79.27	87.62	89.99	98.36	102.18	109.01	115.35	121.85	125.29	131.21	139.04	Norvège
6.28	7.92	10.02	11.97	14.76	18.36	22.46	28.11	35.26	41.33	48.47	57.10	67.24	78.46	89.99	95.58	101.29	Portugal
110.71	129.51	148.80	167.21	193.48	221.04	250.35	276.66	317.11	354.58	393.97	441.89	491.94	538.85	579.60	597.50	633.91	Espagne
70.48	78.99	89.72	98.28	107.46	120.35	134.71	146.42	160.04	172.94	188.30	208.25	229.76	244.53	243.58	243.66	256.29	Suède
109.18	114.13	122.61	132.99	141.07	146.75	153.49	164.09	175.17	183.33	193.21	209.01	226.02	238.32	243.86	246.80	253.33	Suisse
0.63	1.09	2.01	3.03	4.02	5.33	8.43	13.45	19.58	28.64	49.54	87.14	150.68	241.55	419.13	759.73	1482.93	Turquie
298.56	351.27	410.59	451.50	494.06	538.94	576.80	632.43	681.19	749.13	834.12	913.11	975.51	1018.43	1057.11	1115.78	1182.90	Royaume-Uni
6513.41	7237.60	7966.72	8771.42	9341.85	10049.18	10966.36	11772.93	12526.08	13346.57	14485.63	15655.53	16800.42	17775.58	18790.27	19785.48	21467.04	OCDE - Total
2576.83	2882.60	3217.33	3514.87	3849.69	4194.92	4552.52	4912.84	5297.52	5648.04	6123.23	6659.67	7228.55	7781.38	8353.85	8930.41	10099.19	OCDE - Europe
2429.58	2725.40	3042.51	3321.01	3640.46	3971.21	4309.80	4645.60	5010.01	5334.12	5773.91	6249.22	6730.26	7172.85	7558.74	7785.62	8216.47	UE15

Consommation finale privée - aux prix courants et taux de change de 1990 (milliards de dollars É-U) 2.

1978	1979	1980	1981	1982	1983	1984	1985	1986	1987	1988	1989	1990	1991	1992	1993	1994	
116.21	129.86	146.05	166.13	178.35	195.60	212.92	232.35	251.54	272.73	295.84	320.26	336.87	347.09	356.39	368.56	382.28	Canada
0.60	0.77	1.03	1.40	2.15	3.87	6.61	10.87	19.27	45.25	96.35	126.89	172.92	220.87	261.63	286.46	316.86	Mexique
1389.20	1547.12	1708.28	1887.33	2016.95	2201.91	2401.88	2598.44	2764.72	2960.58	3198.14	3420.50	3647.60	3776.50	3996.90	4235.90	4478.00	États-Unis
814.44	898.39	976.06	1035.96	1110.81	1171.95	1233.72	1303.68	1353.47	1412.98	1485.75	1578.03	1682.63	1761.75	1829.02	1871.12	1917.79	Japon
47.24	53.17	60.78	69.24	78.48	86.95	95.21	106.95	117.19	129.50	144.10	161.88	176.10	183.82	193.67	201.58	213.18	Australie
6.16	7.19	8.45	9.92	11.35	12.36	14.07	16.63	19.66	22.33	24.18	25.92	27.30	27.41	28.02	29.08	30.90	Nouvelle-Zélande
41.24	45.01	48.60	52.46	56.31	61.11	64.49	68.21	70.75	73.68	77.64	82.27	87.80	93.41	99.71	103.85	109.70	Autriche
55.03	59.92	64.99	69.84	76.28	80.42	86.04	92.92	95.72	100.50	104.91	112.92	119.93	126.66	132.85	136.03	141.86	Belgique
28.26	31.64	33.74	36.93	41.31	45.24	49.75	54.49	59.26	61.06	62.83	65.26	67.06	69.52	71.58	73.99	80.39	Danemark
21.02	23.88	27.08	30.67	35.11	39.13	43.19	47.31	50.74	55.32	60.83	66.58	70.55	71.85	71.17	71.99	74.26	Finlande
232.13	264.82	303.62	350.25	404.17	447.28	486.90	527.26	562.47	596.76	632.55	674.30	712.28	744.80	772.85	791.53	817.58	France
497.95	535.93	574.14	607.97	632.33	661.78	692.34	718.81	740.29	769.49	801.98	848.84	912.44	1008.37	1085.90	1135.34	1177.41	Allemagne
6.00	7.17	8.75	10.96	13.74	16.28	19.51	23.98	29.48	34.53	40.84	49.39	60.13	73.07	85.56	97.42	109.57	Grèce
0.07	0.10	0.16	0.26	0.41	0.70	0.96	1.33	1.70	2.29	2.76	3.26	3.84	4.27	4.27	4.27	4.42	Islande
7.72	9.26	11.03	13.42	14.33	15.79	17.29	18.99	20.08	21.25	23.07	25.48	26.29	27.58	29.08	30.00	32.15	Irlande
125.91	154.45	197.48	237.07	279.98	323.15	369.98	415.70	460.62	506.54	559.96	617.87	673.23	738.46	789.37	801.68	847.63	Italie
2.39	2.60	2.88	3.18	3.53	3.84	4.15	4.44	4.71	5.00	5.38	5.85	6.42	7.02	7.25	7.69	8.07	Luxembourg
100.03	107.31	114.17	117.83	123.21	127.95	131.98	138.89	142.91	147.14	149.18	156.23	166.45	177.08	187.22	193.30	202.12	Pays-Bas
18.70	20.29	22.85	26.22	29.62	32.60	35.63	41.46	47.12	50.35	51.95	54.12	57.05	60.11	63.09	65.86	69.82	Norvège
4.23	5.30	6.68	8.27	10.18	12.62	15.74	18.92	22.74	26.43	31.13	36.06	43.05	50.82	58.55	62.94	66.08	Portugal
71.34	84.19	98.02	110.87	126.94	143.27	159.95	177.37	200.50	224.22	247.02	278.29	307.09	336.19	365.36	377.28	398.88	Espagne
37.46	41.41	46.18	51.62	57.45	62.42	68.22	74.96	82.34	90.87	98.73	106.90	117.03	130.32	131.33	133.82	138.58	Suède
68.77	72.70	77.98	83.52	88.14	91.96	96.48	101.51	104.67	108.49	113.39	120.02	128.35	137.64	143.13	146.70	149.61	Suisse
0.46	0.81	1.62	2.16	2.95	3.96	6.37	9.56	13.18	19.56	31.45	57.17	103.33	166.51	281.49	511.24	983.47	Turquie
177.42	210.58	244.72	272.41	298.89	327.43	350.69	383.49	426.08	468.14	528.65	578.03	613.75	644.64	674.23	715.79	755.52	Royaume-Uni
3869.96	4313.89	4785.36	5255.89	5692.95	6169.57	6664.08	7188.50	7661.19	8205.01	8868.56	9572.34	10319.50	10985.76	11719.63	12453.41	13506.15	OCDE - Total
1496.12	1677.39	1884.71	2085.90	2294.86	2496.92	2699.66	2919.59	3135.34	3361.64	3624.21	3938.85	4276.08	4668.32	5054.01	5460.73	6167.13	OCDE - Europe
1408.12	1583.48	1782.09	1973.75	2173.76	2367.70	2560.22	2765.74	2968.67	3180.95	3424.66	3704.27	3983.51	4299.79	4562.02	4732.66	4959.81	UE15

Consommation finale des administrations publiques - aux prix courants et taux de change de 1990 (milliards de dollars É-U) 3.

1978	1979	1980	1981	1982	1983	1984	1985	1986	1987	1988	1989	1990	1991	1992	1993	1994	
40.45	44.70	50.65	58.80	67.23	72.26	76.18	81.66	85.60	90.48	97.85	106.08	115.50	123.84	128.60	130.11	128.89	Canada
0.09	0.12	0.16	0.23	0.36	0.56	0.97	1.56	2.56	6.04	12.00	15.26	20.55	27.72	36.53	43.36	52.38	Mexique
378.09	420.83	476.34	529.39	579.27	620.82	669.75	727.87	781.95	830.97	876.42	915.80	978.90	1025.50	1050.40	1070.40	1093.80	États-Unis
136.42	148.39	162.77	176.70	185.07	193.36	203.39	211.93	223.69	227.74	236.09	250.54	268.02	284.77	298.76	308.49	318.45	Japon
14.28	15.62	18.15	20.91	23.80	26.60	29.72	33.20	36.98	39.30	42.70	46.12	50.79	54.36	56.77	58.63	61.08	Australie
1.72	1.98	2.47	2.98	3.32	3.49	3.78	4.38	5.33	6.04	6.58	7.00	7.33	7.32	7.55	7.57	7.57	Nouvelle-Zélande
13.56	14.60	15.72	17.17	18.85	19.96	20.91	22.43	23.80	24.66	25.36	26.64	28.13	30.64	32.96	35.58	37.50	Autriche
15.56	16.79	18.37	19.93	21.05	21.71	22.75	24.39	25.34	25.49	25.52	26.56	27.61	29.76	30.99	32.65	34.13	Belgique
12.32	14.03	16.12	18.29	21.18	22.71	23.62	25.12	25.75	28.47	30.46	31.76	32.72	34.13	35.41	37.13	38.13	Danemark
6.78	7.69	8.99	10.51	11.99	13.72	15.39	17.51	19.05	20.94	22.81	25.11	28.39	31.05	30.98	29.34	29.74	Finlande
70.46	80.19	93.53	109.27	128.79	143.63	156.89	167.17	176.21	184.50	194.37	203.12	214.94	227.54	242.51	258.09	265.26	France
180.36	194.93	212.38	225.79	231.99	239.67	248.93	260.45	271.85	283.56	294.59	299.97	318.27	344.70	382.00	390.96	402.53	Allemagne
1.01	1.27	1.53	2.01	2.57	3.16	4.05	5.14	5.82	6.68	8.35	10.44	12.76	14.71	16.10	18.49	20.52	Grèce
0.02	0.03	0.05	0.07	0.12	0.21	0.25	0.36	0.49	0.67	0.87	1.04	1.20	1.34	1.38	1.46	1.53	Islande
1.91	2.37	3.08	3.74	4.38	4.73	5.07	5.46	5.86	5.91	5.85	6.09	6.75	7.40	8.00	8.59	9.22	Irlande
29.92	37.53	47.59	61.89	72.94	86.44	98.52	111.23	121.83	136.78	153.82	165.69	190.61	208.32	220.41	227.93	233.97	Italie
0.49	0.55	0.62	0.69	0.73	0.77	0.83	0.90	0.96	1.07	1.12	1.22	1.39	1.48	1.59	1.70	1.80	Luxembourg
28.34	30.92	32.62	33.98	35.50	36.39	36.17	36.83	37.31	38.46	38.70	39.56	41.23	43.16	45.59	46.49	47.51	Pays-Bas
7.44	7.96	9.14	10.70	12.03	13.37	14.37	15.83	17.36	19.83	20.89	22.21	23.88	25.77	27.63	28.67	29.63	Norvège
0.81	1.02	1.36	1.68	2.05	2.59	3.14	4.06	5.04	5.83	7.16	8.61	10.49	12.70	15.03	16.40	17.46	Portugal
13.19	16.08	19.70	23.25	27.31	32.18	35.77	40.73	46.50	53.48	58.12	67.02	76.66	87.13	99.02	104.97	106.93	Espagne
19.96	22.67	26.26	29.06	31.70	34.76	37.74	40.85	43.96	46.19	49.04	54.51	62.87	66.63	68.01	68.17	69.86	Suède
14.04	14.77	15.61	16.95	18.40	19.69	20.52	21.90	22.92	23.41	25.09	27.28	30.38	33.06	34.95	35.21	35.71	Suisse
0.08	0.13	0.17	0.33	0.38	0.56	0.75	1.20	1.76	2.24	3.77	8.14	16.52	30.00	54.17	97.96	172.87	Turquie
60.62	70.36	88.79	100.38	109.49	119.38	126.48	133.70	143.73	154.62	166.33	180.82	200.60	220.44	234.23	245.05	255.92	Royaume-Uni
1047.95	1165.52	1322.14	1474.72	1610.50	1732.71	1855.95	1995.87	2131.66	2263.38	2403.85	2546.58	2766.50	2973.48	3159.57	3303.42	3472.38	OCDE - Total
476.90	533.88	611.60	685.71	751.45	815.61	872.16	935.28	995.55	1062.80	1132.22	1205.79	1325.41	1449.97	1580.95	1684.86	1810.23	OCDE - Europe
455.32	511.00	586.63	657.66	720.52	781.79	836.27	895.98	953.01	1016.65	1081.60	1147.13	1253.44	1359.80	1462.82	1521.56	1570.49	UE15

4. Gross fixed capital formation - at current prices and 1990 exchange rates (billions of US dollars)

	1960	1961	1962	1963	1964	1965	1966	1967	1968	1969	1970	1971	1972	1973	1974	1975	1976	1977
Canada	7.58	7.51	7.93	8.53	10.00	11.71	13.65	13.93	14.13	15.55	16.29	18.49	20.46	24.73	30.67	35.86	40.03	43.0
Mexico	0.01	0.01	0.01	0.01	0.02	0.02	0.02	0.02	0.03	0.03	0.03	0.03	0.04	0.05	0.07	0.09	0.11	0.1
United States	92.52	93.27	101.15	109.34	119.93	134.12	145.12	147.61	163.46	178.69	181.75	203.35	231.79	263.12	276.61	278.78	316.75	381.4
Japan	32.03	42.59	48.79	54.76	64.66	67.56	79.85	98.67	121.33	148.08	179.87	190.88	217.72	282.74	322.50	332.45	358.76	386.6
Australia	2.90	2.89	3.09	3.41	3.93	4.46	4.68	4.98	5.54	6.13	6.73	7.68	8.09	9.33	10.83	13.04	15.51	16.9
New Zealand	0.36	0.40	0.39	0.43	0.50	0.55	0.59	0.56	0.54	0.64	0.78	0.90	1.12	1.31	1.61	1.94	2.11	2.1
Austria	3.58	4.16	4.36	4.74	5.27	5.93	6.58	6.69	6.94	7.38	8.55	10.28	12.75	13.63	15.45	15.38	16.60	18.7
Belgium	3.22	3.66	4.03	4.21	5.10	5.55	6.11	6.55	6.57	7.22	8.56	9.12	9.87	11.24	13.99	15.30	17.02	18.0
Denmark	1.44	1.71	1.92	1.95	2.48	2.74	3.01	3.32	3.57	4.26	4.73	5.13	5.98	6.92	7.51	7.37	9.32	9.9
Finland	1.20	1.34	1.42	1.43	1.59	1.83	1.98	2.06	2.17	2.55	3.14	3.61	4.28	5.38	7.02	8.50	8.56	9.1
France	11.52	13.27	14.93	17.33	19.91	21.81	24.01	26.08	27.77	31.80	35.43	40.08	44.89	52.37	61.73	65.07	74.79	80.6
Germany	50.39	57.16	63.61	66.92	76.50	82.11	85.04	78.19	81.76	95.13	117.83	134.30	143.25	150.16	145.67	143.42	154.54	166.0
Greece	0.19	0.20	0.24	0.25	0.31	0.36	0.41	0.41	0.51	0.62	0.66	0.78	0.99	1.28	1.18	1.32	1.65	2.0
Iceland	0.00	0.00	0.00	0.00	0.00	0.00	0.00	0.00	0.00	0.00	0.00	0.00	0.00	0.01	0.01	0.01	0.01	0.0
Ireland	0.15	0.19	0.22	0.26	0.31	0.35	0.34	0.37	0.44	0.56	0.62	0.74	0.89	1.15	1.24	1.45	1.96	2.3
Italy	5.38	6.16	7.05	8.19	8.29	7.74	8.18	9.35	10.55	12.07	13.80	14.59	15.41	20.08	26.43	28.85	34.87	42.0
Luxembourg	0.16	0.19	0.21	0.26	0.34	0.29	0.29	0.27	0.27	0.31	0.38	0.48	0.53	0.63	0.69	0.72	0.74	0.7
Netherlands	6.11	6.64	7.05	7.43	9.38	10.33	11.73	12.93	14.61	15.13	17.88	19.75	20.75	23.18	25.00	26.41	27.92	33.0
Norway	1.63	1.84	1.93	2.09	2.17	2.43	2.66	3.01	2.91	2.87	3.61	4.50	4.65	5.57	6.74	8.64	10.55	12.0
Portugal	0.15	0.16	0.16	0.19	0.19	0.22	0.26	0.31	0.28	0.32	0.36	0.43	0.55	0.67	0.78	0.86	1.03	1.4
Spain	1.38	1.65	1.95	2.33	2.80	3.42	4.00	4.56	5.23	6.06	6.71	6.93	8.51	10.87	14.09	15.62	17.73	21.6
Sweden	2.77	3.10	3.44	3.79	4.28	4.74	5.17	5.62	5.75	6.06	6.58	6.94	7.67	8.42	9.33	10.67	12.22	13.2
Switzerland	6.67	8.29	9.67	11.07	12.56	12.57	12.89	13.19	13.82	15.11	17.96	21.69	24.94	27.51	27.99	24.23	21.04	21.7
Turkey	0.00	0.00	0.00	0.01	0.01	0.01	0.01	0.01	0.01	0.01	0.01	0.02	0.02	0.03	0.04	0.05	0.08	0.0
United Kingdom	7.51	8.43	8.71	9.13	10.87	11.77	12.54	13.69	15.10	15.68	17.29	19.34	21.20	26.15	31.07	37.35	43.51	48.0
OECD - Total	238.88	264.83	292.27	318.07	361.42	392.63	429.12	452.37	503.30	572.28	649.56	720.04	806.36	946.51	1 038.23	1 073.38	1 187.41	1 331.4
OECD - Europe	103.47	118.15	130.90	141.59	162.38	174.21	185.21	186.60	198.27	223.16	264.11	298.71	327.13	365.23	395.95	411.21	454.14	501.1
EU15	95.16	108.02	119.30	128.41	147.64	159.20	169.66	170.38	181.53	205.16	242.53	272.51	297.53	332.12	361.17	378.28	422.46	467.1

5. Exports of goods and services - at current prices and 1990 exchange rates (billions of US dollars)

	1960	1961	1962	1963	1964	1965	1966	1967	1968	1969	1970	1971	1972	1973	1974	1975	1976	1977
Canada	5.77	6.25	6.80	7.50	8.63	9.19	10.77	12.14	13.86	15.29	17.21	18.15	20.34	25.51	32.40	33.39	37.93	43.8
Mexico	0.00	0.01	0.01	0.01	0.01	0.01	0.01	0.01	0.01	0.01	0.01	0.01	0.01	0.02	0.02	0.02	0.04	0.0
United States	26.77	27.31	28.75	30.77	34.66	36.74	40.51	43.05	47.45	51.38	59.09	62.34	70.13	93.74	124.93	136.99	147.82	157.4
Japan	11.84	12.37	14.27	15.65	19.34	23.83	27.84	29.77	36.94	45.29	54.74	65.28	67.54	77.98	126.10	131.10	155.96	167.8
Australia	1.60	1.87	1.90	2.22	2.42	2.42	2.52	2.80	2.87	3.36	3.86	4.17	4.86	5.89	6.97	8.25	9.73	10.8
New Zealand	0.37	0.39	0.41	0.51	0.51	0.51	0.55	0.51	0.64	0.75	0.77	0.93	1.16	1.34	1.26	1.59	2.25	2.4
Austria	3.47	3.81	4.20	4.56	4.94	5.44	5.92	6.29	6.93	8.36	10.27	11.31	12.88	14.59	17.96	18.38	20.78	22.6
Belgium	6.40	7.03	7.82	8.64	9.85	10.59	11.83	12.39	13.93	16.81	19.59	20.91	23.61	29.20	37.71	36.51	43.60	46.1
Denmark	2.14	2.20	2.37	2.68	3.01	3.31	3.54	3.73	4.20	4.76	5.35	5.85	6.60	7.97	9.93	10.51	11.71	13.0
Finland	0.95	1.02	1.09	1.13	1.27	1.41	1.49	1.62	2.13	2.59	3.07	3.20	3.91	4.75	6.49	6.48	7.73	9.6
France	8.00	8.44	8.69	9.56	10.64	11.99	13.04	13.93	15.18	18.41	23.03	26.67	30.33	36.47	49.52	51.38	61.15	72.1
Germany	37.23	38.76	40.58	44.20	49.14	53.68	60.59	65.43	73.77	83.85	92.62	100.84	109.97	129.80	168.38	164.19	186.42	197.2
Greece	0.06	0.06	0.07	0.08	0.08	0.09	0.13	0.13	0.13	0.15	0.17	0.20	0.26	0.40	0.52	0.65	0.84	0.9
Iceland	0.00	0.00	0.00	0.00	0.00	0.00	0.00	0.00	0.00	0.00	0.00	0.00	0.00	0.01	0.01	0.01	0.02	0.0
Ireland	0.33	0.39	0.39	0.44	0.50	0.55	0.62	0.69	0.80	0.89	0.99	1.11	1.28	1.70	2.11	2.68	3.57	4.6
Italy	2.69	3.06	3.41	3.75	4.32	5.18	5.78	6.26	7.15	8.21	9.22	10.31	11.78	14.05	20.56	23.76	32.19	41.6
Luxembourg	0.74	0.74	0.72	0.74	0.86	0.92	0.93	0.95	1.07	1.29	1.59	1.61	1.71	2.24	3.13	2.62	2.87	2.9
Netherlands	11.45	11.52	12.23	13.29	15.16	16.68	17.67	18.84	21.13	24.82	29.36	33.53	37.52	45.09	58.27	59.32	69.46	70.6
Norway	2.18	2.30	2.39	2.62	3.01	3.29	3.56	4.00	4.40	4.70	5.34	5.73	6.40	7.79	9.60	9.94	11.22	12.1
Portugal	0.09	0.09	0.11	0.12	0.17	0.20	0.22	0.25	0.26	0.27	0.30	0.35	0.44	0.53	0.64	0.54	0.57	0.8
Spain	0.60	0.65	0.79	0.87	1.11	1.20	1.51	1.65	2.30	2.82	3.42	4.14	4.98	5.99	7.26	8.00	9.78	13.0
Sweden	2.79	2.95	3.14	3.40	3.86	4.16	4.43	4.74	5.14	5.91	7.01	7.65	8.32	10.49	13.93	14.30	15.89	17.1
Switzerland	7.89	8.68	9.52	10.37	11.47	12.59	13.83	14.75	16.68	19.17	21.39	23.08	25.75	28.96	33.04	31.69	34.34	38.4
Turkey	0.00	0.00	0.00	0.00	0.00	0.00	0.00	0.00	0.00	0.00	0.00	0.00	0.01	0.01	0.01	0.01	0.02	0.0
United Kingdom	9.61	10.04	10.30	10.86	11.50	12.25	13.21	13.70	16.63	18.57	21.16	23.72	24.90	31.17	41.62	48.62	63.35	77.8
OECD - Total	142.98	149.95	159.94	173.98	196.47	216.25	240.49	257.64	293.57	337.66	389.57	431.09	474.69	575.68	772.39	800.95	929.20	1 023.8
OECD - Europe	96.63	101.74	107.80	117.32	130.91	143.55	158.30	169.35	191.81	221.57	253.89	280.20	310.64	371.20	480.70	489.61	575.48	641.2
EU15	86.56	90.76	95.89	104.34	116.42	127.67	140.91	150.60	170.73	197.70	227.15	251.39	278.48	334.44	438.04	447.95	529.89	590.5

6. Imports of goods and services - at current prices and 1990 exchange rates (billions of US dollars)

	1960	1961	1962	1963	1964	1965	1966	1967	1968	1969	1970	1971	1972	1973	1974	1975	1976	1977
Canada	6.19	6.39	6.84	7.20	8.20	9.28	10.79	11.54	13.02	15.17	15.28	16.74	19.52	24.02	32.02	35.45	38.81	43.9
Mexico	0.01	0.01	0.01	0.01	0.01	0.01	0.01	0.01	0.01	0.01	0.02	0.02	0.02	0.02	0.03	0.04	0.05	0.0
United States	22.84	22.69	24.96	26.14	28.10	31.53	37.06	39.91	46.56	50.49	55.76	62.34	74.22	91.16	127.46	122.73	151.15	182.4
Japan	11.33	14.50	14.03	17.07	19.70	20.66	23.72	29.08	32.85	38.45	48.24	50.10	52.80	77.77	133.00	130.67	146.74	146.8
Australia	1.97	1.79	1.91	2.07	2.48	2.87	2.69	3.03	3.35	3.48	3.83	4.16	3.96	4.93	7.76	7.82	9.58	11.5
New Zealand	0.41	0.42	0.40	0.46	0.49	0.57	0.60	0.52	0.59	0.68	0.88	0.90	1.02	1.33	1.99	2.05	2.42	2.6
Austria	3.58	3.77	3.97	4.38	4.94	5.57	6.25	6.49	7.00	8.00	9.94	11.05	12.64	14.41	18.14	18.01	21.75	24.4
Belgium	6.55	7.20	7.85	8.88	9.97	10.64	12.07	12.33	13.85	16.49	18.66	20.00	22.00	28.04	37.35	36.24	43.27	46.7
Denmark	2.22	2.32	2.63	2.65	3.21	3.49	3.74	4.00	4.41	5.13	5.92	6.24	6.45	8.50	10.85	10.84	13.60	14.6
Finland	0.98	1.07	1.15	1.13	1.39	1.53	1.61	1.69	1.98	2.49	3.22	3.44	3.87	4.87	7.35	8.09	8.32	9.0
France	6.86	7.35	8.06	9.29	10.79	11.19	12.77	13.64	15.23	19.09	22.27	24.90	28.44	34.66	51.92	48.16	63.44	71.7
Germany	32.44	34.10	37.80	40.59	45.15	53.09	55.50	54.03	61.54	73.36	84.13	92.58	99.65	112.89	140.70	145.42	170.75	179.5
Greece	0.12	0.13	0.14	0.17	0.20	0.25	0.25	0.26	0.29	0.34	0.37	0.41	0.51	0.82	0.98	1.22	1.44	1.6
Iceland	0.00	0.00	0.00	0.00	0.00	0.00	0.00	0.00	0.00	0.00	0.00	0.00	0.00	0.01	0.01	0.02	0.02	0.0
Ireland	0.39	0.45	0.48	0.54	0.61	0.70	0.73	0.75	0.94	1.11	1.21	1.34	1.49	2.02	2.84	3.08	4.20	5.5
Italy	2.80	3.11	3.59	4.47	4.33	4.45	5.17	5.91	6.30	7.62	9.16	9.89	11.28	15.68	24.80	23.83	33.88	39.6
Luxembourg	0.62	0.68	0.70	0.73	0.85	0.90	0.89	0.85	0.92	1.06	1.34	1.53	1.56	1.90	2.46	2.47	2.65	2.7
Netherlands	11.04	11.52	12.15	13.53	15.91	16.97	18.30	19.29	21.18	24.98	30.54	33.80	35.28	42.10	55.40	55.41	64.94	68.9
Norway	2.27	2.46	2.54	2.75	3.00	3.35	3.68	4.16	4.17	4.44	5.48	6.17	6.26	7.85	10.15	11.49	13.76	15.4
Portugal	0.12	0.15	0.13	0.15	0.20	0.24	0.26	0.27	0.30	0.32	0.38	0.45	0.52	0.66	1.00	0.86	1.01	1.4
Spain	0.49	0.70	0.97	1.22	1.44	1.92	2.30	2.28	2.74	3.26	3.67	3.89	4.91	6.32	9.69	10.27	12.95	14.9
Sweden	2.87	2.89	3.09	3.36	3.82	4.32	4.58	4.75	5.19	6.01	7.18	7.29	7.81	9.44	14.27	14.41	16.86	18.1
Switzerland	7.96	9.59	10.71	11.55	12.81	12.96	13.79	14.49	15.82	18.43	22.49	24.22	26.50	29.99	35.02	28.82	30.96	35.7
Turkey	0.00	0.00	0.00	0.00	0.00	0.00	0.00	0.00	0.00	0.00	0.00	0.01	0.01	0.01	0.02	0.03	0.04	0.0
United Kingdom	10.25	10.19	10.38	11.06	12.52	12.80	13.28	14.43	17.23	18.18	20.30	22.23	24.97	34.34	48.99	51.82	65.75	75.8
OECD - Total	134.32	143.46	154.48	169.39	190.13	209.30	230.02	243.72	275.47	318.60	370.30	403.69	445.70	553.76	774.21	769.22	918.32	1 013.9
OECD - Europe	91.57	97.68	106.34	116.45	131.16	144.38	155.16	159.63	179.09	210.32	246.30	269.44	294.16	354.52	471.94	470.47	569.58	626.4
EU15	81.33	85.62	93.08	102.14	115.34	128.07	137.69	140.97	159.09	187.44	218.31	239.04	261.39	316.67	426.73	430.13	524.81	575.2

National Accounts, Volume 1, OECD, 1996

122

Formation brute de capital fixe - aux prix courants et taux de change de 1990 (milliards de dollars É-U) 4.

1978	1979	1980	1981	1982	1983	1984	1985	1986	1987	1988	1989	1990	1991	1992	1993	1994	
46.78	54.37	61.96	73.81	69.70	69.62	72.59	80.73	87.04	100.03	113.81	125.19	121.17	113.13	110.44	110.46	119.30	Canada
0.19	0.27	0.39	0.57	0.80	1.12	1.88	3.22	5.48	12.68	26.74	32.79	45.41	59.90	75.35	81.61	92.03	Mexique
460.58	529.41	546.43	603.83	590.66	626.36	727.81	782.99	807.87	829.87	886.86	920.60	930.10	881.20	923.50	1011.50	1144.50	États-Unis
429.22	484.64	523.66	544.98	550.69	544.80	574.98	608.05	630.64	684.85	767.14	847.89	944.35	990.60	982.16	958.73	925.92	Japon
18.92	21.33	24.95	30.19	32.83	32.33	36.92	44.12	47.86	53.12	60.66	70.59	66.91	60.86	61.86	65.18	73.45	Australie
2.31	2.43	2.84	3.94	4.64	5.14	5.96	7.15	7.38	7.98	7.69	8.53	8.23	6.89	7.38	8.78	10.30	Nouvelle-Zélande
18.96	20.40	22.47	23.57	23.12	23.71	24.88	26.77	28.50	30.09	32.65	35.69	38.91	42.95	45.13	45.30	49.34	Autriche
19.38	19.78	21.79	19.24	20.11	20.02	21.22	22.18	23.43	24.96	29.42	34.50	39.01	39.22	40.55	38.72	39.78	Belgique
10.91	11.71	11.36	10.31	12.06	13.26	15.71	18.61	22.36	22.30	21.37	22.45	22.52	22.09	21.09	21.28	22.26	Danemark
8.95	10.08	12.74	14.33	16.12	18.19	19.10	20.77	21.68	24.20	28.58	35.61	36.39	28.79	23.00	18.62	19.04	Finlande
89.70	101.94	118.59	128.65	142.19	148.68	154.33	166.25	179.52	193.70	218.23	241.41	255.52	263.88	257.46	242.27	245.72	France
181.42	206.34	227.43	228.54	223.43	234.54	240.15	244.84	257.64	267.82	285.03	310.05	354.25	406.01	439.03	426.57	451.60	Allemagne
2.62	3.47	3.89	4.29	4.83	5.87	6.61	8.28	9.58	10.11	12.41	15.44	19.10	21.18	23.42	25.31	27.44	Grèce
0.03	0.04	0.07	0.11	0.17	0.25	0.33	0.44	0.53	0.73	0.87	1.01	1.20	1.30	1.19	1.10	1.13	Islande
3.15	4.06	4.51	5.67	5.97	5.76	5.92	5.70	5.68	5.74	6.07	7.24	8.18	7.79	7.91	7.95	8.70	Irlande
48.12	59.07	78.51	92.38	101.61	112.55	127.37	139.88	148.28	162.01	183.00	201.17	221.97	235.29	239.90	218.63	224.97	Italie
0.81	0.89	1.08	1.08	1.19	1.11	1.16	1.09	1.47	1.74	2.09	2.26	2.49	2.89	2.79	3.15	2.98	Luxembourg
35.99	37.66	40.12	38.46	38.17	39.66	42.45	45.96	49.07	50.29	53.48	57.16	59.28	60.66	62.23	61.36	64.42	Pays-Bas
11.52	11.26	12.05	15.62	15.70	17.60	20.00	18.72	24.76	26.77	28.98	27.97	24.95	25.15	24.98	26.06	28.11	Norvège
1.93	2.32	3.16	4.07	5.06	5.91	5.84	6.76	8.60	11.16	13.68	15.69	18.33	20.96	24.04	23.95	26.01	Portugal
25.03	27.88	33.04	36.58	41.83	45.97	46.88	53.06	61.77	73.75	89.11	106.61	120.29	128.19	126.71	118.80	125.46	Espagne
13.59	15.53	17.98	18.48	19.95	22.35	25.14	28.21	29.65	33.44	38.03	45.79	49.42	47.37	41.33	34.74	35.18	Suède
23.39	24.90	29.15	32.08	32.61	34.19	35.85	39.02	42.47	46.34	51.45	57.49	60.86	61.05	57.86	55.44	57.87	Suisse
0.12	0.21	0.32	0.58	0.77	1.01	1.60	2.93	4.89	7.09	12.93	19.87	34.46	57.22	96.39	193.92	362.71	Turquie
55.15	65.57	73.80	73.34	79.59	86.32	97.98	107.81	115.47	133.45	162.52	187.23	191.02	173.56	166.27	168.05	177.70	Royaume-Uni
1508.75	1715.56	1872.28	2004.71	2033.80	2116.30	2312.66	2483.56	2621.60	2814.26	3132.78	3430.23	3674.34	3758.14	3861.97	3967.49	4335.92	OCDE - Total
550.75	623.11	712.05	747.39	784.48	836.94	892.52	957.30	1035.34	1125.71	1269.89	1424.63	1558.16	1645.55	1701.28	1731.23	1970.43	OCDE - Europe
515.70	586.71	670.46	699.00	735.23	783.89	834.74	896.20	962.70	1044.78	1175.65	1318.30	1436.69	1500.83	1520.86	1454.71	1520.61	UE15

Exportations de biens et services - aux prix courants et taux de change de 1990 (milliards de dollars É-U) 5.

1978	1979	1980	1981	1982	1983	1984	1985	1986	1987	1988	1989	1990	1991	1992	1993	1994	
52.41	64.34	75.06	83.03	82.84	88.66	108.02	115.63	118.38	124.63	136.54	140.47	144.77	141.29	155.29	179.44	213.73	Canada
0.08	0.11	0.17	0.23	0.53	1.21	1.82	2.60	4.88	13.40	23.31	28.85	38.50	42.50	45.63	49.76	57.46	Mexique
184.57	227.24	277.53	301.37	280.23	272.74	297.79	296.38	313.05	356.55	436.39	500.40	548.90	592.30	628.20	647.80	706.40	États-Unis
156.98	176.99	227.14	262.29	272.06	271.25	311.25	319.82	263.07	250.09	258.88	292.51	317.15	323.30	327.43	305.57	306.99	Japon
11.60	15.41	17.60	17.60	19.91	20.66	24.55	30.25	31.94	37.10	41.73	45.51	49.85	53.42	57.25	62.36	65.22	Australie
2.80	3.58	4.18	4.92	5.53	6.27	7.89	8.32	9.02	9.94	10.78	11.43	11.89	12.84	14.14	14.97	16.06	Nouvelle-Zélande
24.69	28.82	32.21	35.58	37.93	39.55	43.77	48.30	46.00	46.36	51.95	58.89	64.06	68.14	69.62	69.18	73.47	Autriche
47.80	55.78	64.94	72.98	83.62	92.13	104.89	109.07	105.42	107.99	120.56	138.54	141.80	145.00	148.96	149.55	162.51	Belgique
13.98	16.39	19.76	24.08	27.30	30.11	33.53	36.45	34.51	35.56	38.61	42.81	45.82	49.45	50.20	48.45	52.68	Danemark
11.26	13.74	16.60	18.92	19.82	21.64	24.63	25.64	25.01	26.17	28.44	30.52	31.08	28.58	33.55	41.70	47.40	Finlande
81.81	96.77	111.00	131.17	145.14	165.40	193.44	206.40	197.25	202.26	224.29	259.14	269.59	282.46	291.62	286.25	309.23	France
206.15	225.53	252.05	285.93	308.46	313.87	349.68	387.09	379.40	377.72	404.26	454.36	457.21	448.14	451.05	430.69	465.85	Allemagne
1.18	1.44	2.06	2.43	2.73	3.51	4.75	5.64	7.11	8.86	10.38	12.13	13.58	17.20	20.36	22.04	25.86	Grèce
0.04	0.06	0.10	0.15	0.21	0.46	0.58	0.84	1.06	1.23	1.40	1.82	2.13	2.14	2.08	2.32	2.69	Islande
5.59	6.53	7.69	9.12	10.66	12.85	16.20	17.80	17.16	19.61	22.55	26.69	26.66	27.94	31.13	36.15	41.39	Irlande
49.57	62.73	70.91	90.43	104.44	116.87	137.88	154.43	151.87	160.48	175.32	202.86	227.75	233.68	250.99	302.06	347.52	Italie
3.06	3.62	3.84	4.00	4.61	5.14	6.38	7.27	7.40	7.48	8.54	9.77	10.13	10.79	11.38	11.96	12.93	Luxembourg
72.40	84.15	95.88	111.31	114.44	117.90	133.28	142.09	121.89	120.41	131.94	147.00	153.62	160.96	161.94	160.74	171.39	Pays-Bas
13.95	16.85	21.55	24.99	26.39	29.41	34.23	37.66	31.12	32.01	34.16	41.96	46.93	49.21	47.94	50.41	53.48	Norvège
1.11	1.89	2.41	2.73	3.43	5.06	7.36	9.23	10.29	12.58	14.93	18.81	21.97	22.58	22.91	24.71	28.91	Portugal
16.78	19.38	23.41	29.84	35.62	45.78	57.53	62.86	62.95	68.63	74.31	79.96	83.93	92.31	102.12	115.95	140.87	Espagne
19.66	23.74	26.44	29.42	34.59	42.79	48.97	51.68	52.57	56.17	60.77	66.65	68.74	68.29	67.85	79.93	94.06	Suède
38.31	40.32	45.05	49.74	50.06	51.66	57.98	64.08	64.15	65.16	70.54	79.55	82.82	84.02	87.94	90.20	91.64	Suisse
0.03	0.04	0.11	0.26	0.49	0.70	1.37	2.21	2.70	4.46	9.24	14.12	20.02	33.43	60.32	103.88	316.79	Turquie
85.14	98.48	112.04	120.45	129.95	142.62	163.64	182.04	174.66	189.90	191.53	216.93	237.71	239.68	253.17	284.55	310.52	Royaume-Uni
1100.96	1283.94	1509.72	1712.99	1800.97	1898.23	2171.43	2323.76	2232.87	2334.76	2581.34	2921.67	3116.59	3229.63	3393.08	3570.62	4115.05	OCDE - Total
692.52	796.26	908.04	1043.54	1139.88	1237.44	1420.10	1550.76	1492.52	1543.04	1673.71	1902.50	2005.53	2063.99	2165.15	2310.72	2749.19	OCDE - Europe
640.19	738.98	841.24	968.41	1062.73	1155.22	1325.94	1445.97	1393.48	1440.17	1558.37	1765.05	1853.63	1895.18	1966.86	2063.92	2284.61	UE15

Importations de biens et services - aux prix courants et taux de change de 1990 (milliards de dollars É-U) 6.

1978	1979	1980	1981	1982	1983	1984	1985	1986	1987	1988	1989	1990	1991	1992	1993	1994	
51.47	62.80	70.22	79.71	70.79	76.99	94.82	105.75	114.31	120.42	134.03	142.34	146.75	148.10	160.49	182.15	208.91	Canada
0.09	0.14	0.21	0.28	0.36	0.60	1.00	1.74	3.78	9.20	21.17	29.17	41.36	52.39	65.77	66.78	80.33	Mexique
212.25	252.71	293.90	317.69	303.19	328.13	405.11	417.62	451.74	507.05	552.21	587.70	628.50	620.90	668.40	724.30	816.90	États-Unis
132.43	190.82	241.98	248.13	257.90	236.60	254.61	245.40	171.22	174.01	200.74	253.94	296.10	266.10	249.91	230.22	237.75	Japon
12.90	15.02	18.23	20.87	23.56	22.61	27.84	34.54	36.74	38.92	43.83	52.13	52.18	51.51	57.45	63.39	69.14	Australie
2.77	3.73	4.34	5.47	6.16	6.60	8.67	9.13	9.09	9.33	9.32	11.32	11.65	11.46	13.01	13.55	15.04	Nouvelle-Zélande
24.66	29.16	33.92	36.81	36.28	38.16	43.60	48.09	44.84	45.72	51.24	57.47	62.00	66.62	67.90	67.95	74.03	Autriche
48.50	57.56	67.56	74.72	84.79	89.90	102.61	105.51	99.56	103.31	114.49	132.76	136.40	138.93	140.83	139.17	150.58	Belgique
15.07	17.98	20.39	23.60	26.97	28.46	32.38	36.11	34.99	33.49	34.72	38.61	38.85	41.30	40.58	38.58	42.98	Danemark
9.78	13.06	17.00	18.11	19.29	21.28	22.53	24.75	23.51	25.57	28.73	32.95	33.11	29.40	31.88	34.87	39.19	Finlande
76.47	94.05	117.31	136.77	157.85	166.64	188.23	200.65	187.65	200.97	223.61	257.66	269.92	278.12	274.25	257.86	279.68	France
186.06	220.54	257.70	280.03	284.81	292.82	322.96	348.08	319.21	318.28	340.11	384.38	402.51	449.99	452.69	423.08	455.05	Allemagne
1.93	2.44	3.03	3.75	4.98	6.25	7.69	10.22	11.50	13.45	15.46	19.60	23.93	28.77	31.91	35.11	39.54	Grèce
0.04	0.06	0.10	0.15	0.25	0.43	0.58	0.83	0.96	1.27	1.44	1.70	2.05	2.24	2.09	2.10	2.31	Islande
6.73	8.71	9.82	11.84	12.34	13.58	16.33	17.30	16.42	17.67	19.72	23.75	24.01	24.93	26.16	29.17	33.55	Irlande
44.84	59.87	79.64	97.93	109.36	113.10	139.59	157.18	140.44	155.03	173.64	202.96	226.31	231.18	249.59	255.20	292.29	Italie
2.98	3.42	3.82	4.09	4.64	5.07	6.21	6.84	6.96	7.31	8.29	9.32	9.97	10.99	11.01	11.32	11.79	Luxembourg
72.39	85.02	96.74	104.31	105.47	109.61	121.61	130.87	112.82	113.99	122.12	136.61	140.49	146.84	147.82	142.60	153.66	Pays-Bas
14.19	15.79	18.69	20.77	23.01	24.21	27.52	30.98	33.92	33.66	34.70	37.93	39.36	39.36	39.27	41.89	45.12	Norvège
1.79	2.63	3.69	4.74	5.81	7.08	8.88	10.18	11.09	14.96	19.49	22.88	27.42	29.31	31.36	33.08	37.51	Portugal
15.91	18.99	26.90	33.32	39.34	47.68	52.28	57.49	56.21	68.04	78.70	94.38	100.56	109.26	118.24	119.59	139.98	Espagne
18.96	24.54	28.14	29.62	35.18	40.23	44.05	49.20	47.48	52.93	57.67	65.51	67.89	64.50	63.80	71.04	83.18	Suède
35.65	40.91	49.37	51.05	49.42	51.72	58.42	63.39	62.18	63.65	69.67	79.96	81.64	80.72	79.32	77.75	79.90	Suisse
0.05	0.08	0.24	0.38	0.59	0.87	1.63	2.50	3.11	5.09	8.69	15.49	26.47	40.18	72.70	146.96	302.28	Turquie
81.03	97.14	102.81	107.62	120.80	138.12	165.16	176.06	179.95	199.17	222.60	254.65	264.37	251.15	267.37	298.25	322.85	Royaume-Uni
1068.92	1317.17	1565.76	1711.77	1783.15	1866.75	2154.30	2290.44	2179.67	2332.48	2586.42	2945.19	3153.77	3214.25	3363.80	3505.96	4013.55	OCDE - Total
657.01	791.94	936.88	1039.63	1121.19	1195.22	1362.25	1476.25	1392.79	1473.55	1625.12	1868.59	1977.24	2063.78	2148.77	2225.58	2585.47	OCDE - Europe
607.08	735.10	868.49	967.27	1047.92	1117.99	1274.10	1378.54	1292.63	1369.88	1510.61	1733.50	1827.72	1901.29	1955.39	1956.89	2155.86	UE15

7. Gross domestic product - at the price levels and exchange rates of 1990 (billions of US dollars)

	1960	1961	1962	1963	1964	1965	1966	1967	1968	1969	1970	1971	1972	1973	1974	1975	1976	1977
Canada	165.19	170.39	182.49	191.97	204.79	218.31	233.15	239.96	252.82	266.37	273.46	289.20	305.65	329.21	343.59	352.52	374.18	387.5
Mexico	58.31	60.65	63.42	68.16	75.40	80.30	85.25	90.31	96.86	102.48	109.21	113.77	123.42	133.80	141.98	149.94	156.30	161.6
United States	2214.89	2273.88	2392.23	2489.55	2627.79	2775.15	2942.14	3026.02	3148.08	3232.97	3224.14	3314.91	3471.43	3647.86	3622.26	3586.54	3759.35	3929.4
Japan	466.77	522.99	569.58	617.85	689.99	730.15	807.82	897.34	1012.94	1139.33	1261.34	1315.12	1423.26	1531.80	1522.34	1565.88	1631.83	1708.7
Australia	92.74	92.40	98.29	104.77	111.35	117.55	120.86	129.24	136.81	145.10	153.84	162.95	169.25	178.21	181.01	186.06	192.99	194.9
New Zealand	20.73	21.90	22.37	23.77	24.95	26.54	28.20	26.91	26.89	29.64	29.22	30.73	32.05	34.33	36.37	35.95	36.83	35.0
Austria	56.54	59.54	60.97	63.46	67.29	69.21	73.12	75.32	78.69	83.62	89.58	94.16	100.01	104.89	109.03	108.64	113.61	118.7
Belgium	71.55	75.11	79.02	82.46	88.20	91.34	94.23	97.88	101.99	108.76	115.68	119.93	126.26	133.72	139.19	137.12	144.77	145.4
Denmark	54.67	58.15	61.45	61.84	67.57	70.65	72.59	75.07	78.05	82.99	84.67	86.93	91.51	94.84	93.95	93.33	99.38	100.9
Finland	44.24	47.60	49.02	50.63	53.28	56.11	57.44	58.68	60.03	65.79	70.71	72.19	77.70	82.91	85.42	86.40	86.04	86.2
France	404.62	426.90	455.39	479.74	511.01	535.43	563.34	589.75	614.87	657.85	695.56	728.65	758.36	799.46	821.17	818.49	854.51	884.7
Germany	654.66	684.96	716.91	737.08	786.18	828.27	851.38	848.76	895.04	961.82	1010.26	1041.15	1085.41	1137.14	1139.35	1125.10	1184.99	1218.7
Greece	21.28	23.65	24.01	26.45	28.63	31.32	33.23	35.05	37.39	41.09	44.36	47.51	51.73	55.52	53.50	56.74	60.35	62.4
Iceland	1.64	1.64	1.78	1.96	2.15	2.31	2.51	2.48	2.35	2.40	2.58	2.92	3.10	3.31	3.50	3.52	3.73	4.0
Ireland	13.32	13.98	14.43	15.12	15.69	16.00	16.14	17.07	18.48	19.56	20.08	20.78	22.13	23.17	24.16	25.53	25.88	28.0
Italy	348.79	377.41	400.83	423.31	435.15	449.37	476.27	510.45	543.86	577.03	607.67	617.43	634.09	679.17	716.04	697.05	742.91	767.9
Luxembourg	3.99	4.15	4.20	4.35	4.69	4.78	4.83	4.84	5.04	5.55	5.64	5.79	6.17	6.69	6.97	6.51	6.68	6.7
Netherlands	104.61	104.92	112.10	116.17	125.78	132.38	136.01	143.19	152.38	162.18	171.41	178.65	184.56	193.21	200.88	200.69	210.97	215.8
Norway	37.93	40.31	41.44	43.01	45.17	47.55	49.35	52.44	53.63	56.04	57.16	59.78	62.87	65.45	68.85	71.72	76.61	79.3
Portugal	17.04	17.97	19.17	20.30	21.64	23.25	24.20	26.03	28.34	28.94	31.58	33.67	36.37	40.44	40.91	39.13	41.83	44.1
Spain	126.64	141.63	155.72	170.67	179.73	190.97	204.80	213.69	227.79	248.08	258.61	270.64	292.69	315.49	333.22	335.02	346.09	355.9
Sweden	98.59	104.19	108.62	114.41	122.22	126.89	129.54	133.90	138.77	145.72	155.15	156.62	160.20	166.56	171.89	176.28	178.14	175.3
Switzerland	102.41	110.72	116.02	121.68	128.08	132.15	135.40	139.54	144.55	152.69	162.43	169.05	174.46	179.78	182.39	169.11	166.74	170.7
Turkey	35.06	35.66	37.83	41.40	43.11	44.24	49.42	51.64	55.10	58.03	60.87	64.26	69.03	71.28	75.27	80.67	89.11	92.1
United Kingdom	467.58	479.61	485.98	505.21	530.66	545.46	556.64	569.50	592.20	604.35	618.61	631.72	654.07	698.05	688.57	687.77	703.21	718.4
OECD - Total	5683.78	5950.31	6273.28	6575.30	6990.50	7345.68	7747.86	8055.08	8502.95	8978.39	9313.83	9628.49	10115.78	10706.30	10801.81	10795.71	11286.98	11693.4
OECD - Europe	2665.14	2808.11	2944.90	3079.23	3256.22	3397.67	3530.44	3645.30	3828.55	4062.51	4262.63	4401.82	4590.73	4851.10	4954.25	4918.82	5135.51	5276.1
EU15	2488.10	2619.78	2747.83	2871.18	3037.71	3171.42	3293.75	3399.19	3572.93	3793.34	3979.58	4105.81	4281.27	4531.27	4624.24	4593.79	4799.33	4929.7

8. Private final consumption expenditure - at the price levels and exchange rates of 1990 (billions of US dollars)

	1960	1961	1962	1963	1964	1965	1966	1967	1968	1969	1970	1971	1972	1973	1974	1975	1976	1977
Canada	101.16	102.37	107.69	112.47	118.85	126.05	132.70	138.02	144.21	151.63	154.86	164.07	176.33	189.47	200.45	209.87	223.50	230.4
Mexico	43.74	45.50	47.20	50.07	55.76	59.60	62.68	66.81	71.43	76.23	81.09	85.32	91.08	97.12	102.13	107.97	112.87	115.1
United States	1349.02	1380.36	1442.44	1496.35	1580.83	1671.29	1758.66	1811.77	1906.75	1976.79	2021.07	2088.53	2208.03	2309.19	2289.45	2334.86	2458.55	2557.2
Japan	310.72	343.04	368.93	401.37	444.64	470.26	517.43	571.20	619.95	684.08	734.77	775.92	846.32	923.11	922.36	964.08	993.99	1034.8
Australia	57.58	57.37	60.94	64.63	68.06	70.68	73.27	77.27	81.49	86.36	90.72	94.23	98.31	104.66	108.48	112.86	116.08	117.5
New Zealand	14.43	14.65	15.21	16.27	16.86	17.83	18.58	17.82	18.25	19.26	20.16	20.25	21.68	23.51	24.46	24.28	23.48	22.7
Austria	31.68	33.30	34.41	36.32	37.56	39.42	41.12	42.56	44.27	45.56	47.46	50.64	53.72	56.61	58.30	60.20	62.93	66.3
Belgium	48.83	49.63	51.58	53.88	55.28	57.64	59.17	60.85	64.10	67.53	70.48	73.82	78.22	84.28	86.47	87.02	91.23	93.4
Denmark	33.93	36.42	38.57	38.58	41.61	43.04	44.88	46.18	47.07	50.04	51.79	51.40	52.25	54.78	53.21	55.17	59.51	60.1
Finland	22.53	24.25	25.71	26.84	28.33	29.91	30.67	31.32	31.34	34.70	37.33	37.95	41.14	43.58	44.36	45.76	46.15	45.6
France	240.72	255.04	273.05	291.88	308.32	320.68	336.18	353.30	367.35	389.52	406.13	425.41	446.16	469.11	473.49	485.97	508.92	522.2
Germany	321.72	341.32	360.68	370.77	390.60	417.39	430.41	435.34	455.79	492.14	529.99	559.11	585.15	602.40	605.37	624.44	648.97	678.4
Greece	15.83	16.91	17.63	18.52	20.15	21.69	23.16	24.61	26.29	27.92	30.38	32.06	34.30	36.92	37.17	39.20	41.28	43.1
Iceland	0.93	0.93	1.03	1.15	1.25	1.35	1.53	1.55	1.47	1.39	1.61	1.89	2.03	2.14	2.36	2.13	2.24	2.5
Ireland	10.43	10.76	11.13	11.60	12.10	12.19	12.38	12.84	13.99	14.74	14.59	15.06	15.84	16.98	17.26	17.40	17.89	19.1
Italy	180.80	194.32	208.20	227.50	235.04	242.71	260.09	279.29	293.73	313.10	336.92	348.56	360.03	385.39	399.66	400.41	420.55	434.3
Luxembourg	2.15	2.26	2.36	2.46	2.69	2.80	2.84	2.84	2.97	3.12	3.31	3.50	3.67	3.88	4.05	4.27	4.40	4.5
Netherlands	56.10	56.03	62.64	67.06	71.01	76.32	78.75	83.03	88.50	95.49	102.55	105.94	109.65	114.03	118.25	122.15	128.63	134.5
Norway	23.18	24.53	25.28	26.14	27.12	27.78	28.78	29.89	30.98	33.36	33.36	34.88	35.92	36.96	38.38	40.35	42.80	45.7
Portugal	12.43	13.26	13.55	14.46	14.25	14.90	15.04	15.78	19.98	20.87	21.42	24.13	25.11	28.12	30.86	30.59	31.66	31.8
Spain	81.80	90.79	98.77	109.93	114.64	122.43	131.27	139.17	147.49	158.04	165.41	173.85	188.28	202.97	213.32	217.16	229.32	232.7
Sweden	60.17	63.37	65.47	68.36	71.11	74.13	75.56	77.29	80.47	84.04	86.97	87.05	90.04	92.36	95.48	98.15	102.23	101.1
Switzerland	57.21	61.10	65.01	68.15	71.36	73.84	76.04	78.27	81.30	85.74	90.34	94.64	99.79	102.54	102.05	99.06	100.12	103.1
Turkey	28.85	29.13	31.41	34.52	34.86	35.75	39.01	40.21	43.14	45.43	46.44	50.62	53.89	54.67	50.42	54.62	59.81	71.5
United Kingdom	276.57	282.68	289.26	301.52	310.71	315.35	320.84	328.58	337.74	339.80	349.65	360.71	383.01	403.97	398.12	396.76	398.67	397.3
OECD - Total	3382.50	3529.33	3718.15	3910.82	4132.97	4345.03	4571.03	4765.79	5020.06	5296.88	5528.81	5759.58	6099.94	6438.76	6475.91	6634.71	6925.80	7166.1
OECD - Europe	1505.87	1586.04	1675.73	1769.65	1847.98	1929.32	2007.71	2082.91	2177.97	2302.53	2426.13	2531.25	2658.18	2791.70	2828.58	2880.80	2997.32	3088.1
EU15	1395.70	1470.35	1553.00	1639.69	1713.39	1790.60	1862.36	1932.99	2021.08	2136.62	2254.38	2349.21	2466.56	2595.39	2635.38	2684.64	2792.35	2865.1

9. Government final consumption expenditure - at the price levels and exchange rates of 1990 (billions of US dollars)

	1960	1961	1962	1963	1964	1965	1966	1967	1968	1969	1970	1971	1972	1973	1974	1975	1976	1977
Canada	33.18	37.50	39.01	40.02	42.21	44.28	48.02	51.75	55.73	57.51	62.87	65.61	67.34	71.29	75.23	80.18	81.77	85.4
Mexico	2.99	3.22	3.70	4.17	4.67	4.83	5.24	5.58	6.17	6.44	6.98	7.72	8.75	9.63	10.24	11.69	12.43	12.2
United States	485.56	513.89	534.51	541.85	554.49	570.69	631.69	679.31	692.80	692.54	685.74	662.34	671.22	665.44	683.92	690.99	698.35	706.7
Japan	73.71	78.04	84.80	91.84	94.85	98.48	104.09	108.21	115.14	121.95	130.62	137.50	144.93	152.65	157.53	169.84	177.44	184.6
Australia	12.44	13.19	13.71	14.25	15.39	17.05	18.16	19.94	21.33	21.81	22.57	23.33	24.19	26.01	27.66	30.04	31.84	32.5
New Zealand	3.38	3.43	3.61	3.73	3.87	4.20	4.62	4.40	4.50	4.53	4.72	4.83	5.13	5.33	5.77	6.05	6.01	6.2
Austria	12.70	12.93	13.23	13.76	14.44	14.54	15.22	15.83	16.32	16.69	17.24	17.81	18.54	19.09	20.18	20.98	21.88	22.5
Belgium	10.57	10.77	11.70	13.05	13.60	14.35	15.03	15.89	16.44	17.47	18.01	19.01	20.13	21.20	21.92	22.91	23.76	24.3
Denmark	10.68	11.24	12.36	12.72	13.64	14.10	14.92	16.05	16.81	17.95	19.19	20.24	21.40	22.25	23.03	23.50	24.55	25.1
Finland	7.42	7.86	8.48	9.07	9.26	9.69	10.14	10.60	11.22	11.60	12.23	12.94	13.94	14.72	15.38	16.45	17.39	18.1
France	82.60	86.56	90.65	93.71	97.61	100.75	103.48	107.88	113.93	118.63	123.59	128.46	132.99	137.47	139.15	145.25	151.29	154.8
Germany	128.85	136.77	149.72	158.96	161.85	169.76	175.23	181.61	182.62	190.57	198.76	208.85	217.60	228.44	237.62	246.79	250.47	253.7
Greece	2.79	2.92	3.11	3.24	3.54	3.86	4.10	4.45	4.51	4.86	5.14	5.40	5.70	6.09	6.83	7.64	8.03	8.5
Iceland	0.20	0.20	0.22	0.23	0.25	0.27	0.29	0.31	0.33	0.34	0.37	0.40	0.46	0.50	0.54	0.59	0.62	0.6
Ireland	2.33	2.37	2.45	2.55	2.62	2.72	2.75	2.87	3.04	3.25	3.62	3.93	4.22	4.51	4.85	5.27	5.41	5.5
Italy	74.22	77.47	80.48	83.93	87.48	90.94	94.54	98.69	103.80	106.71	109.45	115.12	120.95	124.23	127.18	130.23	132.98	137.0
Luxembourg	0.58	0.59	0.60	0.64	0.63	0.65	0.69	0.72	0.76	0.78	0.81	0.84	0.87	0.90	0.94	0.97	1.00	1.0
Netherlands	18.77	19.30	19.94	20.88	21.24	21.57	21.94	22.47	22.96	23.99	25.44	26.55	26.76	26.98	27.57	28.70	29.88	30.9
Norway	5.67	6.03	6.33	6.74	7.18	7.85	8.09	8.85	9.22	9.66	10.27	10.89	11.38	12.00	12.48	13.29	14.27	14.9
Portugal	1.28	1.63	1.76	1.82	1.94	2.08	2.19	2.43	2.64	2.73	2.92	3.10	3.37	3.63	4.26	4.55	4.86	5.4
Spain	17.53	18.49	19.74	21.65	21.92	22.70	23.15	23.70	24.15	25.21	26.66	27.80	29.25	31.12	34.01	35.78	38.25	39.7
Sweden	22.47	23.25	24.71	27.05	27.86	29.19	30.81	32.24	34.43	36.24	39.16	40.02	41.00	42.05	43.34	45.37	46.97	48.3
Switzerland	10.49	12.29	13.31	14.47	14.86	15.53	15.84	16.09	16.71	17.53	18.37	19.45	20.01	20.49	20.84	20.97	21.55	21.6
Turkey	2.48	2.67	2.78	3.01	3.24	3.40	3.65	3.96	4.23	4.51	4.67	4.95	5.32	5.77	6.25	7.64	8.86	9.2
United Kingdom	112.01	115.96	119.51	123.31	125.47	129.10	132.81	140.28	140.98	138.54	140.99	145.28	151.69	158.44	161.30	170.08	172.30	169.3
OECD - Total	1134.90	1198.58	1260.43	1306.64	1344.12	1392.60	1486.70	1574.13	1620.78	1652.03	1690.40	1712.37	1767.15	1810.25	1868.05	1935.76	1982.15	2019.1
OECD - Europe	523.64	549.29	581.08	610.80	628.64	653.07	674.88	704.92	725.10	747.25	776.90	811.03	845.59	879.90	907.70	946.96	974.30	991.1
EU15	504.80	528.09	558.45	586.34	603.11	626.02	647.01	675.70	694.61	715.20	743.22	775.34	808.42	841.14	867.58	904.47	929.00	944.7

Produit intérieur brut - aux niveaux de prix et taux de change de 1990 (milliards de dollars É-U) 7.

1978	1979	1980	1981	1982	1983	1984	1985	1986	1987	1988	1989	1990	1991	1992	1993	1994	
405.28	421.09	427.33	443.10	428.85	442.56	470.77	493.05	509.15	530.23	556.55	569.73	568.07	557.73	562.27	575.01	601.39	Canada
175.02	191.04	206.94	225.14	223.55	213.95	221.65	227.79	219.24	223.31	226.09	233.66	244.05	252.90	259.99	261.55	270.73	Mexique
4119.51	4222.17	4205.37	4297.86	4205.09	4356.68	4646.95	4793.23	4926.50	5078.46	5278.54	5422.42	5489.60	5464.66	5600.10	5790.80	6027.08	États-Unis
1791.94	1891.13	1959.83	2029.97	2094.14	2150.71	2242.46	2354.22	2416.08	2515.28	2671.42	2797.38	2932.09	3056.97	3090.66	3084.36	3100.21	Japon
200.69	209.76	214.41	222.22	221.02	223.18	239.74	250.97	256.05	268.25	279.61	291.26	294.53	289.59	296.95	308.11	323.48	Australie
35.17	35.89	36.14	37.89	38.60	39.64	41.61	41.92	42.81	43.38	43.07	43.79	43.53	42.97	44.24	46.61	49.44	Nouvelle-Zélande
118.84	124.47	128.10	127.73	129.10	131.67	133.46	136.75	138.37	140.66	146.37	151.97	158.43	162.93	166.25	166.86	171.94	Autriche
149.43	152.62	159.20	157.69	160.08	160.83	164.35	165.72	167.98	171.33	179.72	185.77	192.00	196.26	199.85	196.60	200.96	Belgique
102.48	106.11	105.64	104.70	107.86	110.58	115.43	120.38	124.77	125.14	126.59	127.31	129.13	130.86	131.94	133.91	139.85	Danemark
88.05	94.18	99.20	101.05	104.33	107.15	110.38	114.10	116.81	121.59	127.56	134.79	134.81	125.28	120.83	119.41	124.25	Finlande
914.63	943.65	956.75	968.17	990.43	998.26	1013.07	1031.45	1056.30	1079.23	1125.11	1167.44	1195.43	1204.76	1221.02	1203.11	1235.42	France
1255.23	1308.26	1321.09	1327.59	1320.16	1347.25	1388.14	1420.83	1456.66	1481.22	1535.30	1588.71	1640.06	1686.65	1723.77	1703.79	1752.55	Allemagne
66.59	69.05	70.26	70.30	70.58	70.86	72.81	75.08	76.30	75.95	79.33	82.53	81.84	84.70	85.04	84.26	85.49	Grèce
4.30	4.51	4.77	4.97	5.08	4.97	5.17	5.34	5.67	6.16	6.16	6.18	6.24	6.32	6.12	6.18	6.35	Islande
30.02	30.94	31.90	32.96	33.71	33.63	35.09	36.17	36.02	37.70	39.31	41.71	44.97	45.97	47.78	49.26	52.57	Irlande
796.26	843.93	879.69	884.54	886.43	895.01	919.05	942.95	970.50	1000.93	1041.62	1072.24	1095.12	1108.27	1116.37	1103.22	1127.23	Italie
7.06	7.22	7.28	7.24	7.33	7.54	8.01	8.24	8.64	8.89	9.40	10.03	10.35	10.66	10.86	10.86	11.22	Luxembourg
220.95	225.87	228.59	227.43	224.79	228.63	236.15	243.42	250.12	253.66	260.29	272.47	283.67	290.11	295.99	296.69	304.61	Pays-Bas
82.95	87.15	90.82	91.62	91.92	96.18	101.71	107.07	111.55	113.77	113.19	113.59	115.35	118.71	122.64	125.18	132.31	Norvège
45.41	47.98	50.18	50.99	52.08	51.99	51.01	52.44	54.61	57.64	60.98	64.48	67.24	68.68	69.43	68.63	69.15	Portugal
361.12	361.27	365.97	365.33	371.05	379.28	384.85	394.90	407.54	430.53	452.75	474.20	491.94	503.10	506.46	500.56	511.10	Espagne
178.37	185.22	188.31	188.28	190.17	193.50	201.34	205.22	209.93	216.53	221.41	226.67	229.76	227.19	223.96	218.21	222.95	Suède
171.49	175.77	183.86	186.50	184.77	186.63	189.93	196.98	202.62	206.73	212.73	220.94	226.02	225.96	225.27	223.49	226.21	Suisse
93.53	92.95	90.68	95.08	98.47	103.36	110.30	114.97	123.04	134.71	137.56	137.91	150.68	152.07	161.17	174.13	164.63	Turquie
744.07	764.59	752.05	742.25	753.74	780.50	800.01	828.24	864.67	905.84	950.97	971.69	975.51	956.23	951.14	972.44	1009.53	Royaume-Uni
12158.40	12596.83	12764.36	12990.62	12993.32	13314.55	13903.44	14361.46	14751.93	15227.13	15881.63	16408.86	16800.42	16969.52	17240.10	17423.25	17920.66	OCDE - Total
5430.79	5625.74	5714.33	5734.42	5782.06	5887.83	6040.26	6200.27	6382.10	6568.21	6826.34	7050.62	7228.55	7304.71	7385.89	7356.81	7548.32	OCDE - Europe
5078.51	5265.37	5344.21	5356.26	5401.83	5496.69	5633.16	5775.91	5939.22	6106.84	6356.70	6572.00	6730.26	6801.64	6870.70	6827.83	7018.82	UE15

Consommation finale privée - aux niveaux de prix et taux de change de 1990 (milliards de dollars É-U) 8.

1978	1979	1980	1981	1982	1983	1984	1985	1986	1987	1988	1989	1990	1991	1992	1993	1994	
238.29	245.16	250.55	256.35	249.60	258.28	270.36	284.30	296.60	309.41	323.13	333.68	336.87	331.40	335.85	341.29	351.50	Canada
124.56	135.57	145.80	156.54	152.67	144.49	149.20	154.51	150.13	149.93	152.65	163.01	172.92	181.37	188.46	188.83	195.84	Mexique
2661.56	2721.37	2714.70	2749.19	2775.09	2898.78	3042.39	3175.76	3295.40	3389.56	3518.94	3591.99	3647.60	3638.80	3747.45	3878.96	4014.50	États-Unis
1091.08	1162.23	1174.66	1193.16	1245.85	1288.81	1324.12	1368.91	1415.17	1475.07	1552.30	1618.98	1682.63	1719.48	1748.47	1766.32	1804.75	Japon
121.51	124.70	128.97	134.46	138.07	140.06	144.23	151.04	152.63	156.53	162.88	171.62	176.10	177.31	183.50	187.17	195.24	Australie
23.12	23.02	22.96	23.43	23.11	23.82	24.74	25.08	26.21	26.62	27.13	27.23	27.30	26.75	26.89	27.88	29.16	Nouvelle-Zélande
65.38	68.26	69.29	69.52	70.36	73.86	73.80	75.56	76.90	79.31	82.39	84.97	87.80	90.37	92.87	93.51	95.88	Autriche
95.56	100.17	102.15	101.00	102.35	100.71	101.93	103.89	106.29	109.52	112.58	116.91	119.93	123.59	127.12	126.26	127.86	Belgique
60.61	61.44	59.18	57.81	58.65	60.16	62.20	65.28	69.03	67.99	67.30	67.03	67.06	67.85	68.60	70.22	75.54	Danemark
46.78	49.13	50.20	50.87	53.36	55.00	56.73	58.85	61.20	64.38	67.69	70.58	70.55	68.01	64.70	62.82	63.94	Finlande
542.38	557.77	563.50	573.45	591.80	596.85	602.41	615.63	638.51	655.70	675.37	694.64	712.28	721.96	731.76	733.11	743.92	France
703.45	726.73	735.77	733.81	726.47	736.72	751.86	767.14	794.60	822.12	845.52	869.59	912.44	962.73	990.06	994.92	1003.39	Allemagne
45.63	46.83	46.90	47.86	49.72	49.85	50.70	52.68	53.03	53.68	55.59	58.90	60.13	61.51	62.64	62.72	63.66	Grèce
2.76	2.84	2.94	3.12	3.27	3.09	3.20	3.34	3.57	4.14	3.99	3.82	3.84	4.00	3.82	3.65	3.71	Islande
20.84	21.77	21.86	22.23	20.66	20.84	21.26	22.23	22.68	23.43	24.48	25.99	26.29	26.82	27.60	27.98	29.19	Irlande
447.94	479.81	509.40	518.28	522.90	525.88	537.28	553.76	577.93	603.67	631.34	654.24	673.23	690.75	700.79	676.86	683.07	Italie
4.63	4.80	4.93	5.02	5.04	5.06	5.14	5.27	5.45	5.72	5.94	6.17	6.42	6.84	6.96	6.89	7.07	Luxembourg
140.42	143.66	143.12	138.88	138.24	139.55	141.21	145.19	148.96	153.04	154.33	159.71	166.45	171.61	175.94	177.53	181.33	Pays-Bas
45.02	46.47	47.56	48.10	48.95	49.69	51.04	56.10	59.24	58.65	57.00	56.65	57.05	57.87	59.17	60.44	63.24	Norvège
31.20	31.20	32.36	33.30	34.09	33.60	32.61	32.83	34.66	36.76	38.85	40.26	43.05	45.13	46.80	46.98	47.07	Portugal
234.85	237.91	239.33	236.31	236.05	236.72	236.22	244.57	252.68	267.32	280.45	296.31	307.09	315.97	322.71	315.75	318.33	Espagne
100.45	102.88	102.06	101.55	102.13	99.69	101.13	103.85	108.44	113.39	116.15	117.50	117.03	118.11	116.45	112.18	112.74	Suède
105.44	106.79	109.59	110.14	110.12	111.97	113.71	115.36	118.61	121.07	123.68	126.44	128.35	130.23	130.01	129.27	130.51	Suisse
72.96	72.09	76.34	70.54	75.38	80.46	86.98	86.45	91.49	91.20	92.31	91.36	103.33	105.32	108.81	117.99	111.72	Turquie
418.53	436.79	436.60	437.05	441.24	461.22	470.53	488.60	522.06	549.70	591.04	610.06	613.75	600.14	599.59	615.30	633.75	Royaume-Uni
7444.96	7709.36	7790.72	7871.96	7975.15	8195.15	8454.98	8756.18	9081.48	9387.93	9763.04	10057.63	10319.50	10443.92	10667.01	10824.82	11086.90	OCDE - Total
3184.84	3297.32	3353.09	3358.82	3390.76	3440.91	3499.94	3596.57	3745.34	3880.81	4026.00	4151.13	4276.08	4368.81	4436.39	4434.37	4495.92	OCDE - Europe
2958.65	3069.14	3116.66	3126.92	3153.04	3195.71	3245.00	3335.33	3472.43	3605.74	3749.02	3872.87	3983.51	4071.39	4134.58	4123.02	4186.74	UE15

Consommation finale des administrations publiques - aux niveaux de prix et taux de change de 1990 (milliards de dollars É-U) 9.

1978	1979	1980	1981	1982	1983	1984	1985	1986	1987	1988	1989	1990	1991	1992	1993	1994	
86.87	87.46	89.93	92.19	94.37	95.77	96.99	100.01	101.58	103.34	107.57	111.91	115.50	118.64	119.86	120.39	118.30	Canada
13.51	14.81	16.22	17.89	18.25	18.75	19.98	20.16	20.46	20.21	20.11	20.08	20.55	21.36	21.85	22.29	22.84	Mexique
716.20	734.10	753.09	766.09	784.15	801.34	830.31	870.83	913.74	949.82	963.54	961.67	978.90	993.50	983.21	975.19	966.34	États-Unis
194.08	202.52	209.21	219.23	223.66	230.35	236.54	240.60	251.30	252.39	257.81	263.06	268.02	272.24	279.72	284.42	292.49	Japon
34.28	34.69	36.06	37.32	37.19	39.12	40.90	43.12	45.07	45.96	47.40	48.59	50.79	52.18	52.93	53.31	55.76	Australie
6.54	6.46	6.52	6.64	6.67	6.85	6.98	7.10	7.18	7.25	7.25	7.24	7.33	7.39	7.52	7.29	7.17	Nouvelle-Zélande
23.33	24.03	24.67	25.22	25.80	26.37	26.43	26.94	27.39	27.50	27.59	27.80	28.13	28.87	29.49	30.40	31.08	Autriche
25.76	26.40	26.80	26.97	26.61	26.67	26.76	27.43	27.93	28.01	27.77	27.73	27.61	28.28	28.38	28.60	29.03	Belgique
26.69	28.26	29.47	30.24	31.17	31.16	31.03	31.82	31.97	32.76	33.07	32.86	32.72	32.67	33.12	34.04	34.41	Danemark
18.78	19.47	20.28	21.11	21.81	22.63	23.25	24.30	25.05	26.12	26.71	27.34	28.39	29.10	28.46	26.95	26.78	Finlande
162.80	167.73	171.87	177.19	183.80	187.51	189.74	193.99	197.26	202.73	209.58	210.63	214.94	220.95	228.63	236.40	239.18	France
263.55	272.42	279.51	283.03	281.15	282.50	288.59	295.41	302.17	308.38	315.25	311.10	318.27	321.11	337.05	335.20	339.27	Allemagne
8.86	9.38	9.39	10.03	10.27	10.55	10.87	11.21	11.12	11.22	11.87	12.49	12.76	13.01	13.13	13.25	13.14	Grèce
0.68	0.72	0.73	0.79	0.83	0.87	0.88	0.93	1.00	1.07	1.12	1.15	1.20	1.24	1.23	1.26	1.30	Islande
5.96	6.23	6.67	6.70	6.91	6.89	6.84	6.97	7.15	6.80	6.46	6.40	6.75	6.91	7.08	7.18	7.46	Irlande
141.87	146.10	149.19	152.61	156.61	162.02	165.64	171.29	175.67	181.78	186.95	188.47	190.61	193.52	195.42	196.74	196.82	Italie
1.04	1.07	1.10	1.11	1.13	1.15	1.18	1.20	1.24	1.27	1.32	1.34	1.39	1.44	1.49	1.52	1.55	Luxembourg
32.08	33.20	33.66	34.60	35.39	36.19	36.19	37.05	38.38	39.39	39.95	40.57	41.23	41.86	42.57	42.63	43.01	Pays-Bas
15.77	16.33	17.22	18.27	18.99	19.87	20.36	21.02	21.49	22.34	22.45	22.94	23.88	24.81	26.17	26.44	26.74	Norvège
5.68	6.04	6.53	6.89	7.14	7.41	7.43	7.91	8.47	8.79	9.50	9.92	10.49	10.81	10.96	10.96	11.11	Portugal
41.89	43.65	45.48	47.08	49.56	51.49	52.74	55.64	58.63	63.83	66.40	71.91	76.66	80.94	84.21	86.14	85.91	Espagne
49.96	52.33	53.49	54.71	55.27	55.69	56.97	58.35	59.08	59.65	60.00	61.27	62.87	64.61	64.59	64.23	63.57	Suède
22.08	22.31	22.52	23.08	23.32	24.21	24.51	25.30	26.24	26.71	27.85	29.02	30.38	30.84	30.79	30.41	30.66	Suisse
8.94	8.72	7.11	10.58	9.46	11.03	11.24	12.82	14.01	15.33	15.17	15.29	16.52	17.26	17.91	18.88	18.22	Turquie
173.09	176.35	179.41	179.87	181.44	185.26	186.82	186.68	189.75	191.59	192.93	195.64	200.60	205.77	205.56	206.13	210.24	Royaume-Uni
2080.29	2140.76	2196.13	2249.43	2290.95	2341.64	2399.16	2478.07	2563.34	2634.23	2685.62	2706.44	2766.50	2819.29	2851.31	2860.24	2872.38	OCDE - Total
1028.80	1060.73	1085.12	1110.08	1126.67	1149.46	1167.46	1196.26	1224.01	1255.26	1281.93	1293.88	1325.41	1353.99	1386.24	1397.35	1409.47	OCDE - Europe
981.34	1012.65	1037.54	1057.36	1074.07	1093.48	1110.47	1136.18	1161.26	1189.81	1215.34	1225.48	1253.44	1279.85	1310.13	1320.36	1332.55	UE15

10. Gross fixed capital formation - at the price levels and exchange rates of 1990 (billions of US dollars)

	1960	1961	1962	1963	1964	1965	1966	1967	1968	1969	1970	1971	1972	1973	1974	1975	1976	1977
Canada	28.02	27.92	29.14	30.44	34.46	38.36	42.48	42.34	42.55	44.85	44.90	48.54	50.64	55.66	59.36	62.81	65.71	67.0
Mexico	9.95	10.04	10.27	11.62	14.14	14.70	16.14	18.00	19.77	21.13	22.85	22.46	25.20	28.92	31.20	34.10	34.25	31.9
United States	378.48	383.25	410.49	440.70	476.46	517.28	538.80	530.09	561.10	576.11	556.66	587.00	638.98	683.79	642.78	572.85	615.42	690.1
Japan	91.77	113.22	129.21	144.64	167.36	175.09	199.68	235.86	284.10	337.71	394.68	412.04	452.03	504.63	462.61	458.20	470.62	483.6
Australia	23.40	22.98	24.26	26.43	29.78	32.71	33.41	34.44	37.07	39.59	41.65	44.31	43.68	46.08	44.74	44.57	46.56	46.1
New Zealand	3.44	3.74	3.64	4.02	4.54	4.84	5.17	4.68	3.99	4.59	4.99	5.29	6.20	6.95	7.42	7.02	6.45	5.7
Austria	12.60	14.18	14.57	15.08	16.52	17.37	18.91	18.93	19.47	20.42	22.43	25.52	28.62	28.72	29.86	28.38	29.46	30.9
Belgium	14.05	15.78	16.71	16.74	19.19	19.98	21.35	21.97	21.69	22.85	24.77	24.30	25.13	26.89	28.76	28.22	29.35	29.3
Denmark	10.63	12.11	12.92	12.60	15.56	16.29	16.99	17.90	18.23	20.38	20.83	21.23	23.20	24.00	21.88	19.17	22.45	21.9
Finland	13.73	14.99	15.07	14.62	15.51	17.13	17.80	17.58	16.67	18.78	21.12	21.92	23.35	25.34	26.22	27.78	25.35	24.6
France	76.53	84.85	92.06	100.15	110.64	118.37	126.96	134.62	142.06	155.08	162.25	174.08	183.77	197.03	198.68	185.20	190.29	187.3
Germany	175.38	186.72	193.84	196.18	218.23	228.45	231.10	214.91	221.97	243.20	264.96	280.57	288.09	287.29	259.28	245.37	254.16	263.1
Greece	5.95	6.43	6.97	7.36	8.88	10.01	10.33	10.17	12.34	14.64	14.44	16.46	19.00	20.45	15.22	15.26	16.30	17.5
Iceland	0.43	0.33	0.38	0.50	0.60	0.59	0.68	0.76	0.69	0.53	0.56	0.80	0.81	0.99	1.07	0.97	0.95	1.0
Ireland	1.77	2.07	2.38	2.66	2.95	3.26	3.16	3.37	3.82	4.60	4.45	4.85	5.23	6.07	5.36	5.17	5.87	6.1
Italy	92.75	103.47	113.57	122.75	115.61	105.89	110.47	123.43	136.76	147.36	151.83	152.09	154.08	167.57	170.99	158.45	158.53	161.4
Luxembourg	0.97	1.06	1.15	1.31	1.60	1.38	1.31	1.20	1.15	1.27	1.37	1.51	1.62	1.81	1.69	1.56	1.49	1.4
Netherlands	25.21	26.73	27.64	27.95	33.30	35.07	37.89	41.10	45.68	44.66	48.02	48.75	47.64	49.63	47.64	45.57	44.57	48.9
Norway	10.22	11.48	11.93	12.38	12.79	13.66	14.47	16.17	15.68	14.33	16.47	19.55	18.75	21.31	22.40	25.07	27.60	28.6
Portugal	5.10	5.40	5.46	6.26	6.55	7.23	8.49	8.98	8.14	8.87	9.90	10.87	12.34	13.51	12.57	11.15	11.24	12.5
Spain	21.20	25.01	27.84	31.03	35.68	41.54	46.98	49.82	54.53	59.98	62.03	60.17	68.72	77.65	82.47	78.75	78.12	77.4
Sweden	20.16	21.77	23.15	24.72	26.59	27.66	28.92	30.47	30.67	31.98	33.02	32.83	34.20	35.11	34.05	35.10	35.75	34.7
Switzerland	21.22	24.56	27.07	29.05	31.42	30.64	30.39	30.43	31.37	33.23	36.20	39.77	41.75	42.96	41.13	35.54	31.81	32.3
Turkey	4.86	5.03	5.37	5.62	5.78	5.92	7.24	7.70	8.74	9.29	10.55	9.70	11.54	12.49	18.79	19.61	23.46	18.4
United Kingdom	74.14	81.38	81.94	83.08	96.83	101.84	104.44	113.57	120.68	119.98	123.01	125.28	125.01	133.16	129.93	127.35	129.48	127.1
OECD - Total	1121.96	1204.53	1287.02	1367.87	1500.96	1585.27	1673.54	1728.48	1858.92	1995.42	2093.95	2189.89	2329.58	2498.02	2396.08	2273.22	2355.26	2449.8
OECD - Europe	586.90	643.37	680.01	710.03	774.21	802.29	837.86	863.07	910.33	971.44	1028.21	1070.26	1112.83	1171.98	1147.98	1093.68	1116.25	1125.2
EU15	550.17	601.97	635.27	662.48	723.63	751.47	785.09	808.01	853.86	914.06	964.43	1000.44	1039.98	1094.23	1064.60	1012.48	1032.42	1044.8

11. Exports of goods and services - at the price levels and exchange rates of 1990 (billions of US dollars)

	1960	1961	1962	1963	1964	1965	1966	1967	1968	1969	1970	1971	1972	1973	1974	1975	1976	1977
Canada	21.25	22.69	23.74	25.93	29.20	30.54	34.81	38.42	43.27	46.75	50.80	53.45	57.63	63.72	62.45	58.23	64.40	70.1
Mexico	4.07	4.40	4.74	5.07	5.47	5.93	6.45	6.28	6.98	7.85	8.55	8.89	10.35	11.76	11.79	10.74	12.52	14.3
United States	97.71	98.34	103.56	110.74	124.18	127.74	136.63	140.73	152.52	161.87	176.45	179.10	193.65	230.38	250.85	248.05	255.71	259.0
Japan	17.23	18.14	21.25	22.73	27.67	34.22	40.04	42.73	52.95	63.96	75.16	87.17	90.78	95.52	117.65	116.51	135.85	151.7
Australia	8.70	10.76	10.84	11.66	12.24	12.76	12.78	14.70	15.10	16.56	19.00	20.89	22.20	22.18	21.28	23.05	25.09	25.1
New Zealand	3.32	3.62	3.64	4.06	3.92	4.06	4.40	4.35	4.94	5.59	5.63	6.04	6.17	6.05	5.88	6.63	7.37	7.3
Austria	8.51	8.99	9.88	10.58	11.17	11.96	12.77	13.51	14.65	17.23	20.07	21.36	23.53	24.81	27.46	26.81	29.77	31.0
Belgium	22.25	24.29	26.75	28.95	31.68	33.60	36.18	37.73	42.33	48.82	53.81	56.25	62.48	71.32	74.00	67.92	77.51	80.0
Denmark	10.11	10.54	11.06	12.16	13.20	14.24	14.80	15.38	16.80	17.84	18.84	19.89	21.00	22.64	23.43	23.01	23.95	24.9
Finland	7.12	7.49	8.02	8.19	8.67	9.15	9.74	10.32	11.35	13.25	14.41	14.23	16.29	17.47	17.36	14.94	16.73	19.3
France	39.56	41.58	42.32	45.30	48.32	53.88	57.44	61.63	67.43	78.04	90.62	99.53	111.61	123.93	135.18	133.71	145.09	156.7
Germany	87.77	92.19	94.69	102.16	110.62	117.67	129.52	139.55	157.27	171.87	183.72	191.73	204.84	226.51	253.73	237.66	260.60	270.8
Greece	0.98	1.12	1.23	1.31	1.33	1.50	2.02	2.12	2.10	2.41	2.71	3.03	3.72	4.59	4.59	5.08	5.91	6.0
Iceland	0.54	0.54	0.65	0.70	0.73	0.79	0.84	0.73	0.69	0.81	0.94	0.86	0.99	1.07	1.04	1.07	1.21	1.3
Ireland	2.35	2.75	2.73	2.99	3.23	3.52	3.90	4.30	4.68	4.90	5.82	6.06	6.28	6.96	7.01	7.54	8.15	9.3
Italy	29.04	33.33	36.78	39.17	43.40	52.07	57.89	62.04	70.65	78.95	83.55	89.40	97.87	101.73	107.71	109.68	120.84	134.8
Luxembourg	2.52	2.60	2.56	2.66	3.01	3.19	3.18	3.24	3.59	4.09	4.46	4.63	4.87	5.55	6.14	5.18	5.23	5.4
Netherlands	27.01	27.65	29.37	31.13	34.65	37.27	39.21	41.81	47.15	54.20	60.63	67.09	73.76	82.69	84.83	82.17	90.29	88.6
Norway	9.21	9.87	10.49	11.35	12.27	12.95	13.68	14.83	15.97	16.82	16.84	17.03	19.43	21.04	21.18	21.83	24.29	25.1
Portugal	2.76	2.69	3.20	3.23	5.13	5.70	6.63	6.87	6.64	6.83	6.72	7.38	8.75	9.12	7.69	6.49	6.49	6.8
Spain	8.15	8.80	9.92	10.31	12.88	13.75	15.88	15.15	17.94	20.77	24.50	27.98	31.73	34.91	34.56	34.42	36.14	40.5
Sweden	15.31	16.10	17.41	18.68	20.93	22.09	23.16	24.44	26.30	29.32	31.85	33.37	35.33	40.17	42.30	38.37	40.03	40.6
Switzerland	19.84	21.43	22.76	23.94	25.48	27.40	28.82	29.81	32.79	37.17	39.71	41.25	43.88	47.33	47.82	44.68	48.83	53.5
Turkey	1.69	1.72	1.82	1.99	2.08	2.13	2.38	2.58	2.58	2.76	3.16	3.64	4.17	4.90	4.44	4.74	5.86	3.9
United Kingdom	67.58	69.76	70.88	74.32	77.12	80.51	84.71	85.56	96.44	105.36	111.08	118.61	119.61	133.90	143.17	138.55	150.68	160.5
OECD - Total	514.60	541.40	570.27	609.30	668.59	718.62	777.87	818.84	913.14	1014.01	1109.01	1178.88	1270.91	1410.26	1513.55	1467.06	1598.56	1687.7
OECD - Europe	362.31	383.44	402.51	429.12	465.89	503.39	542.77	571.62	637.37	711.43	773.42	823.34	890.13	980.64	1043.65	1003.85	1097.62	1159.8
EU15	331.03	349.88	366.79	391.14	425.33	460.12	497.05	523.66	585.34	653.87	712.78	760.55	821.66	906.30	969.17	931.53	1017.42	1075.7

12. Imports of goods and services - at the price levels and exchange rates of 1990 (billions of US dollars)

	1960	1961	1962	1963	1964	1965	1966	1967	1968	1969	1970	1971	1972	1973	1974	1975	1976	1977
Canada	19.80	19.85	20.31	20.85	23.59	26.57	30.22	31.80	34.93	39.49	38.81	41.59	47.33	54.27	60.29	58.31	63.35	64.4
Mexico	7.30	6.81	6.79	7.24	9.05	9.37	9.37	10.16	8.12	11.08	12.06	11.51	12.69	14.80	17.81	17.88	18.06	16.2
United States	102.50	102.01	113.33	116.10	122.44	135.25	154.09	163.30	189.18	201.45	210.00	224.33	251.21	275.25	269.01	239.91	286.29	318.8
Japan	26.02	32.90	32.52	38.87	44.20	46.67	52.36	64.24	72.06	81.93	100.66	107.74	119.09	148.04	154.20	138.35	147.60	153.6
Australia	12.13	10.91	11.74	12.75	15.27	17.30	15.99	17.85	19.79	20.23	21.07	21.16	19.24	23.28	28.72	24.18	27.03	27.1
New Zealand	3.66	3.69	3.61	4.14	4.35	5.07	5.37	4.37	4.37	4.84	5.80	5.69	6.22	7.55	8.55	6.70	6.60	6.6
Austria	9.03	9.28	9.71	10.64	11.79	13.04	14.39	14.72	15.78	17.20	20.12	21.38	23.98	26.27	28.09	26.78	31.45	33.3
Belgium	23.66	25.36	27.44	29.82	32.46	34.59	38.02	38.62	43.14	49.83	53.64	55.58	60.92	72.20	75.40	68.59	77.84	82.3
Denmark	11.60	12.12	13.74	13.59	16.25	17.37	18.31	19.13	20.06	22.70	24.81	24.64	25.00	28.19	27.12	25.82	29.84	29.8
Finland	7.04	7.61	8.04	7.81	9.42	10.20	10.56	10.53	10.12	12.37	14.88	14.79	15.41	17.42	18.59	18.69	18.39	18.1
France	39.70	42.45	45.30	51.68	59.50	60.83	67.26	72.83	82.22	98.28	104.44	111.42	126.71	144.10	145.24	131.38	154.50	155.7
Germany	68.71	73.99	82.20	86.22	94.22	107.63	110.54	109.13	123.49	144.49	177.29	193.19	204.39	214.36	215.11	217.85	240.78	248.9
Greece	2.20	2.48	2.73	3.15	3.63	4.40	4.37	4.69	5.17	5.97	6.34	6.82	7.88	10.42	8.72	9.27	9.84	10.6
Iceland	0.46	0.42	0.50	0.59	0.67	0.72	0.83	0.88	0.80	0.69	0.88	1.10	1.11	1.33	1.50	1.31	1.26	1.5
Ireland	3.07	3.49	3.68	4.07	4.60	5.10	5.28	5.48	6.34	7.19	7.81	8.17	8.58	10.22	9.98	8.96	10.28	11.6
Italy	31.33	35.63	40.95	50.18	47.09	48.03	54.77	62.16	65.81	78.51	91.08	93.72	102.29	111.84	113.41	99.22	112.52	114.6
Luxembourg	2.37	2.54	2.62	2.70	3.07	3.21	3.13	2.98	3.25	3.61	4.30	4.64	4.76	5.30	5.61	5.10	5.16	5.1
Netherlands	26.13	27.80	29.60	32.50	37.33	39.62	42.41	45.10	50.97	58.17	66.71	70.79	74.18	82.35	81.65	78.33	86.26	88.7
Norway	10.81	11.91	12.55	13.30	14.24	15.53	16.74	18.70	19.12	19.47	22.11	23.53	23.29	26.65	27.91	29.85	33.53	34.6
Portugal	3.49	4.35	3.97	4.37	5.54	6.07	6.59	6.19	8.23	8.86	8.94	10.24	11.47	12.92	13.53	10.12	10.46	11.7
Spain	4.74	6.65	8.94	11.04	12.48	16.58	19.80	19.15	20.71	24.02	25.81	25.99	32.31	37.70	40.72	40.35	44.31	41.8
Sweden	18.78	18.82	19.88	21.30	23.37	26.00	27.11	27.78	30.08	33.96	37.48	36.23	37.67	40.28	44.29	42.75	46.60	44.8
Switzerland	15.50	18.59	20.53	21.53	23.39	23.40	24.22	25.21	27.30	30.83	35.11	37.29	40.01	42.61	42.19	35.72	40.38	44.1
Turkey	2.36	2.51	3.05	3.52	2.77	2.75	3.44	3.17	3.73	3.80	4.64	5.08	6.05	7.25	7.57	8.50	9.69	9.3
United Kingdom	72.22	71.71	73.21	76.27	84.54	85.49	87.59	93.93	101.39	104.35	109.71	115.41	126.25	140.82	141.96	132.12	138.39	140.3
OECD - Total	524.62	553.87	596.92	644.24	705.25	760.78	822.75	872.10	966.15	1083.30	1204.50	1272.05	1388.05	1555.42	1587.16	1476.05	1650.40	1714.6
OECD - Europe	353.20	377.70	408.63	444.29	486.35	520.56	555.35	580.36	637.72	724.29	816.10	860.04	932.27	1032.22	1048.59	990.71	1101.46	1127.72
EU15	324.06	344.27	372.00	405.34	445.28	478.16	510.12	532.41	586.77	669.51	753.36	793.03	861.81	954.38	969.41	915.34	1016.61	1038.02

Formation brute de capital fixe - aux niveaux de prix et taux de change de 1990 (milliards de dollars É-U) 10.

1978	1979	1980	1981	1982	1983	1984	1985	1986	1987	1988	1989	1990	1991	1992	1993	1994	
69.16	75.06	82.64	92.37	82.22	81.63	83.37	91.26	96.92	107.41	118.44	125.62	121.17	117.61	115.88	116.52	124.96	Canada
36.80	44.25	50.86	59.11	49.19	35.28	37.54	40.49	35.71	35.67	37.73	40.14	45.41	49.19	54.52	53.85	58.22	Mexique
754.37	785.86	733.35	737.54	684.72	724.64	830.92	876.57	881.49	889.97	922.81	935.92	930.10	881.07	932.45	1043.51	1172.14	États-Unis
521.33	553.73	553.80	567.04	566.23	560.78	586.90	618.04	647.45	709.37	793.94	867.59	944.35	979.16	968.20	951.07	927.91	Japon
47.64	49.42	51.97	56.88	55.30	50.63	55.59	61.10	59.69	61.87	66.70	72.83	66.91	60.60	61.48	63.22	71.06	Australie
5.47	5.27	5.19	6.26	6.70	7.14	7.54	8.06	7.60	8.06	7.85	8.58	8.23	6.92	7.56	9.10	11.38	Nouvelle-Zélande
29.70	30.75	31.66	31.23	28.68	28.51	29.12	30.57	31.70	32.69	34.66	36.80	38.91	41.37	42.06	41.38	44.17	Autriche
30.17	29.35	30.70	25.76	25.32	24.20	24.63	24.80	25.90	27.35	31.56	35.43	39.01	38.42	38.50	35.92	36.10	Belgique
22.14	22.05	19.27	15.56	16.67	16.97	19.16	21.57	25.26	24.31	22.69	22.92	22.52	21.24	19.70	19.25	19.85	Danemark
22.88	23.48	26.06	26.39	27.75	28.77	28.18	28.81	28.69	30.09	33.05	37.94	36.39	29.02	24.12	19.49	19.06	Finlande
191.57	197.72	203.14	199.33	196.87	190.35	185.45	191.72	200.53	210.48	230.75	248.01	255.52	255.64	247.77	233.41	235.86	France
273.93	292.18	298.60	285.79	270.68	278.07	277.10	277.06	286.97	294.07	307.56	324.88	354.25	388.88	402.67	379.93	396.10	Allemagne
18.61	20.25	18.94	17.52	17.18	16.96	16.00	16.83	15.78	14.98	16.31	17.47	19.10	17.80	17.63	17.18	17.23	Grèce
1.00	0.98	1.11	1.13	1.13	0.98	1.08	1.09	1.07	1.27	1.27	1.17	1.20	1.23	1.09	0.96	0.95	Islande
7.26	8.25	7.86	8.61	8.32	7.55	7.36	6.79	6.60	6.52	6.55	7.41	8.18	7.55	7.46	7.25	7.77	Irlande
162.47	171.75	186.69	180.86	172.38	171.35	177.51	178.66	182.61	191.75	205.06	213.91	221.97	223.36	219.51	190.72	190.51	Italie
1.51	1.57	1.76	1.63	1.63	1.43	1.44	1.30	1.71	1.96	2.23	2.43	2.49	2.74	2.68	2.78	2.85	Luxembourg
50.09	49.33	49.23	44.35	42.49	43.57	46.08	49.32	52.71	53.19	55.59	58.34	59.28	59.40	59.76	57.89	59.60	Pays-Bas
25.40	24.14	23.78	28.04	24.95	26.41	29.30	25.21	31.24	30.59	31.08	28.34	24.95	24.64	23.82	24.17	25.50	Norvège
13.38	13.20	14.32	15.11	15.45	14.35	11.85	11.43	12.68	14.80	16.46	17.16	18.33	18.77	19.79	18.84	19.58	Portugal
75.33	72.02	72.52	70.69	72.19	70.47	65.59	69.58	76.47	87.20	99.32	112.81	120.29	122.24	117.13	104.74	106.17	Espagne
32.33	33.77	34.94	32.85	32.68	33.32	35.62	37.87	37.99	41.11	43.83	48.80	49.42	45.03	40.16	33.08	32.94	Suède
34.30	36.04	39.62	40.69	39.65	41.27	42.98	45.26	48.83	52.46	56.09	59.33	60.86	59.37	56.39	54.99	58.25	Suisse
15.26	15.68	13.05	17.18	16.20	16.62	16.77	18.69	20.26	29.40	29.10	29.74	34.46	34.88	36.39	45.44	38.21	Turquie
131.00	134.66	127.43	115.22	121.46	127.57	138.98	144.85	148.59	163.96	186.73	197.93	191.02	172.95	170.41	171.42	177.71	Royaume-Uni
2573.09	2690.74	2678.49	2677.15	2576.02	2598.84	2756.03	2876.92	2964.46	3120.52	3357.38	3551.51	3674.34	3659.07	3687.11	3696.10	3854.09	OCDE - Total
1138.33	1177.15	1200.69	1157.94	1131.66	1138.74	1154.18	1181.40	1235.58	1308.19	1409.89	1500.81	1558.16	1564.52	1547.02	1458.83	1488.42	OCDE - Europe
1062.38	1100.31	1123.12	1070.90	1049.74	1053.46	1064.05	1091.15	1134.18	1194.47	1292.35	1382.23	1436.69	1444.41	1429.33	1333.28	1365.51	UE15

Exportations de biens et services - aux niveaux de prix et taux de change de 1990 (milliards de dollars É-U) 11.

1978	1979	1980	1981	1982	1983	1984	1985	1986	1987	1988	1989	1990	1991	1992	1993	1994	
79.67	83.68	85.96	89.74	87.79	93.41	109.95	116.49	121.69	125.94	137.91	139.03	144.77	146.86	158.09	174.54	199.36	Canada
16.02	17.96	19.06	21.26	25.90	29.41	31.09	29.71	31.37	34.45	36.33	37.15	38.50	40.27	40.95	42.48	45.60	Mexique
284.11	309.09	338.50	345.16	314.34	301.33	322.95	326.28	347.86	386.45	450.37	505.63	548.90	587.65	633.78	665.04	725.15	États-Unis
151.37	157.92	184.72	207.88	209.81	219.81	252.34	266.05	253.02	253.24	271.03	295.56	317.15	333.54	350.80	355.43	373.48	Japon
26.17	29.03	28.67	27.72	30.08	28.63	33.20	36.93	38.77	43.15	44.56	46.00	49.85	56.35	59.16	63.57	69.21	Australie
7.54	7.88	8.13	8.31	8.44	8.95	9.80	9.96	10.43	11.14	11.29	11.05	11.89	12.65	12.78	13.93	14.91	Nouvelle-Zélande
33.30	37.19	39.12	41.03	42.14	43.48	46.13	49.31	47.97	49.11	53.73	59.46	64.06	67.75	68.58	67.51	71.01	Autriche
82.67	88.84	91.40	93.70	94.91	97.53	102.87	104.02	109.74	116.91	126.88	136.20	141.80	145.45	151.09	153.49	165.85	Belgique
25.23	27.34	28.75	31.11	31.89	33.44	34.60	36.31	36.33	38.17	41.14	42.85	45.82	49.34	50.69	49.69	53.49	Danemark
21.21	22.95	24.90	26.20	25.93	26.45	27.78	28.08	28.42	29.20	30.28	30.66	31.08	29.02	31.92	37.26	41.92	Finlande
167.14	179.96	184.36	190.95	187.54	194.42	207.50	211.65	208.84	214.77	232.40	256.37	269.59	280.62	294.26	293.34	310.31	France
278.60	290.51	305.54	327.77	341.59	341.28	367.67	394.62	392.48	394.41	414.62	455.15	457.21	442.12	440.77	420.06	451.71	Allemagne
7.00	7.47	7.99	7.52	6.97	7.53	8.81	8.92	10.17	11.80	12.86	13.46	13.58	15.67	16.97	16.16	17.22	Grèce
1.52	1.61	1.66	1.71	1.56	1.73	1.77	1.96	2.08	2.15	2.07	2.13	2.13	2.01	1.97	2.10	2.30	Islande
10.44	11.12	11.82	12.06	12.72	14.05	16.38	17.46	17.97	20.43	22.24	24.53	26.66	28.02	31.89	34.81	39.64	Irlande
147.53	160.43	146.72	155.95	154.04	158.01	170.11	175.32	177.29	185.38	194.30	209.55	227.75	227.32	239.51	263.27	292.49	Italie
5.60	6.14	6.06	5.76	5.74	6.05	7.14	7.82	8.07	8.59	9.24	9.87	10.13	10.49	10.63	10.38	10.90	Luxembourg
91.64	98.45	100.59	102.46	101.57	104.79	112.70	118.44	120.61	125.48	136.75	145.84	153.62	160.85	165.47	168.11	177.90	Pays-Bas
27.29	27.99	28.58	28.97	28.93	31.12	33.68	35.98	36.54	36.97	39.02	43.21	46.93	49.78	52.37	53.43	57.98	Norvège
7.50	9.97	10.19	9.73	10.19	11.58	12.92	13.78	14.71	16.27	17.55	19.89	21.97	22.09	23.44	22.25	24.63	Portugal
44.85	47.36	48.45	52.43	55.03	60.51	67.58	69.38	70.66	75.14	78.95	81.31	83.93	90.53	97.12	105.42	122.46	Espagne
43.78	46.47	46.17	47.11	49.79	54.72	58.48	59.18	61.39	64.00	65.60	67.64	68.74	67.14	68.72	73.94	84.16	Suède
55.57	56.94	59.83	62.70	60.91	61.56	65.47	70.91	71.17	72.36	76.56	80.39	82.82	82.22	84.98	86.36	89.25	Suisse
5.08	4.73	4.52	7.39	9.90	11.20	14.05	13.78	13.08	16.52	19.57	19.52	20.02	20.76	23.05	24.82	28.58	Turquie
163.10	169.29	169.03	167.63	169.21	172.56	183.94	194.69	203.39	215.19	216.32	226.46	237.71	236.06	245.42	253.58	274.49	Royaume-Uni
1783.94	1900.32	1980.70	2072.26	2066.93	2113.56	2298.90	2397.05	2434.06	2547.13	2741.56	2958.90	3116.59	3204.56	3354.41	3450.95	3744.00	OCDE - Total
1219.05	1294.76	1315.66	1372.19	1390.57	1432.01	1539.56	1611.63	1630.91	1692.85	1790.07	1924.47	2005.53	2027.24	2098.85	2135.97	2316.29	OCDE - Europe
1129.60	1203.49	1221.08	1271.41	1289.27	1326.40	1424.60	1489.00	1508.04	1564.84	1652.85	1779.23	1853.63	1872.47	1936.48	1969.26	2138.17	UE15

Importations de biens et services - aux niveaux de prix et taux de change de 1990 (milliards de dollars É-U) 12.

1978	1979	1980	1981	1982	1983	1984	1985	1986	1987	1988	1989	1990	1991	1992	1993	1994	
69.23	77.12	80.93	87.83	74.51	81.23	95.12	103.36	111.23	118.99	135.43	143.93	146.75	151.64	160.13	174.18	192.55	Canada
19.76	25.67	33.85	39.85	24.77	16.40	19.32	21.44	19.81	20.83	28.48	34.54	41.36	48.29	58.37	57.64	65.10	Mexique
341.27	345.71	322.65	334.35	328.68	366.77	453.66	478.10	517.70	548.84	574.92	602.28	628.50	632.28	701.54	789.35	895.13	États-Unis
164.28	185.44	171.03	171.76	167.51	162.47	179.43	176.92	181.19	195.37	231.88	272.66	296.10	284.06	282.82	290.42	314.90	Japon
28.31	28.95	30.35	33.29	35.08	31.42	37.87	39.93	37.97	38.69	45.12	54.21	52.18	50.91	54.81	57.69	66.49	Australie
6.79	7.64	7.11	7.90	8.01	7.95	8.86	9.00	9.18	10.06	9.98	11.46	11.65	11.25	12.20	13.66	16.23	Nouvelle-Zélande
33.42	37.32	39.63	39.33	38.02	40.13	44.10	46.83	46.28	48.44	53.30	57.74	62.00	65.99	67.17	66.68	72.14	Autriche
85.29	93.24	93.26	90.49	90.62	89.48	94.64	95.34	102.57	111.61	120.49	131.12	136.40	139.54	145.44	147.40	157.95	Belgique
29.88	31.37	29.24	28.75	29.84	30.36	32.02	34.61	36.95	36.21	36.75	38.40	38.85	40.46	40.38	38.73	42.84	Danemark
17.60	20.74	22.47	21.55	22.03	22.70	23.07	24.55	25.18	27.51	30.57	33.30	33.11	29.23	29.55	29.75	33.50	Finlande
161.17	178.00	182.01	177.85	181.97	177.10	181.76	189.38	202.04	217.44	235.92	254.57	269.92	278.15	281.03	271.67	289.52	France
262.63	286.78	296.98	288.78	285.72	290.57	303.45	316.70	324.57	338.30	354.88	382.64	402.51	439.87	449.43	426.27	456.34	Allemagne
11.38	12.20	11.23	11.64	12.45	13.27	13.30	15.00	15.57	18.15	19.61	21.43	23.93	27.00	28.76	28.22	29.37	Grèce
1.57	1.61	1.66	1.78	1.77	1.60	1.74	1.91	1.92	2.37	2.26	2.03	2.05	2.17	2.00	1.80	1.90	Islande
13.47	15.34	14.65	14.90	14.44	15.11	16.60	17.14	18.10	19.22	20.16	22.88	24.01	24.35	25.87	27.64	30.93	Irlande
120.31	134.18	138.38	136.39	136.10	134.32	150.97	157.06	162.17	177.91	190.89	204.55	226.31	231.44	244.87	224.77	244.51	Italie
5.50	5.86	6.08	5.91	5.89	5.97	6.79	7.27	7.71	8.31	9.01	9.56	9.97	10.78	10.79	10.52	10.93	Luxembourg
94.34	99.88	100.19	94.24	93.82	97.52	102.36	108.84	112.70	117.39	126.31	134.83	140.49	146.28	149.30	147.65	158.68	Pays-Bas
29.99	29.78	30.75	31.20	32.34	32.34	35.41	37.50	41.23	38.23	37.58	38.39	39.36	39.43	39.71	41.30	44.04	Norvège
11.74	13.22	14.13	14.46	15.02	14.10	13.47	13.66	15.97	19.19	22.35	24.12	27.42	28.90	32.11	31.09	33.74	Portugal
41.45	46.18	47.70	45.71	47.88	47.74	46.88	50.58	57.88	69.52	79.55	93.29	100.56	109.62	117.14	111.17	122.77	Espagne
42.39	47.32	47.53	44.76	46.29	46.65	49.15	52.97	55.35	59.61	62.79	67.43	67.89	64.55	65.29	63.49	71.88	Suède
48.93	52.29	56.05	55.33	53.88	56.26	60.27	63.33	67.80	71.53	75.30	79.33	81.64	80.28	77.26	76.61	83.48	Suisse
6.58	6.10	10.32	11.61	12.57	14.70	17.59	16.43	15.85	19.49	18.62	19.90	26.47	25.09	27.82	37.78	29.52	Turquie
145.67	159.76	154.21	149.82	157.21	167.12	183.77	188.34	201.25	217.54	245.10	263.21	264.37	250.48	266.82	274.53	291.55	Royaume-Uni
1792.96	1941.67	1942.39	1939.48	1916.43	1963.27	2171.60	2266.17	2388.15	2550.76	2767.26	2997.79	3153.77	3212.03	3370.61	3440.03	3755.98	OCDE - Total
1163.32	1271.14	1296.47	1264.50	1277.87	1297.04	1377.35	1437.43	1511.07	1617.97	1741.45	1878.71	1977.24	2033.59	2100.74	2057.09	2205.60	OCDE - Europe
1076.25	1181.36	1197.69	1164.58	1177.31	1192.15	1262.33	1318.26	1384.27	1486.34	1607.70	1739.06	1827.72	1886.63	1953.95	1899.59	2046.66	UE15

13. **Gross domestic product** - at current prices and current exchange rates (billions of US dollars)

	1960	1961	1962	1963	1964	1965	1966	1967	1968	1969	1970	1971	1972	1973	1974	1975	1976	1977
Canada	40.41	40.09	41.23	43.81	47.96	52.87	59.18	63.47	69.23	76.24	84.44	95.61	108.88	126.41	154.35	167.24	199.08	203.2
Mexico	12.59	13.65	14.72	16.39	19.35	21.08	23.42	25.62	28.36	31.35	37.15	40.98	47.22	57.77	75.24	91.99	93.05	85.5
United States	514.69	533.00	573.25	604.81	649.54	704.09	771.19	815.09	889.99	961.09	1011.56	1098.11	1207.92	1350.50	1460.63	1587.56	1770.35	1975.3
Japan	44.47	53.71	60.95	69.76	82.06	91.29	106.03	124.25	147.16	172.86	203.74	231.02	304.76	414.05	459.61	499.77	561.70	691.3
Australia	16.77	16.97	18.23	19.99	21.95	23.76	25.26	27.74	30.39	33.77	37.28	42.39	49.86	70.04	84.93	92.34	101.28	101.2
New Zealand	4.00	4.07	4.38	4.76	5.19	5.64	5.84	5.94	5.16	5.74	6.42	7.65	9.21	12.25	13.76	13.34	13.45	14.5
Austria	6.27	6.95	7.39	7.96	8.72	9.48	10.33	10.98	11.80	12.88	14.46	16.81	20.75	27.76	33.09	37.67	40.40	48.1
Belgium	11.14	11.85	12.67	13.63	15.25	16.60	17.84	19.11	20.45	22.68	25.24	28.28	35.11	45.03	52.80	61.75	66.80	77.7
Denmark	5.96	6.61	7.45	7.93	9.06	10.18	11.17	12.19	12.58	14.31	15.82	17.68	21.69	28.57	31.77	37.63	41.56	46.5
Finland	5.06	5.74	6.14	6.67	7.53	8.32	8.92	9.08	8.55	9.76	10.89	12.01	14.14	18.68	23.86	28.05	30.18	31.9
France	60.90	66.43	74.18	83.16	92.25	99.30	107.50	116.12	126.21	136.79	142.87	159.53	195.85	253.45	270.66	342.47	355.84	390.3
Germany	80.82	92.21	101.14	107.19	117.79	128.72	136.87	138.58	149.50	169.75	206.89	240.83	289.46	384.84	426.35	467.90	498.98	577.1
Greece	4.21	4.75	5.04	5.63	6.32	7.19	8.00	8.65	9.38	10.66	11.96	13.22	15.11	19.62	22.58	25.17	27.12	31.4
Iceland	0.26	0.26	0.29	0.34	0.44	0.53	0.64	0.63	0.48	0.42	0.53	0.67	0.84	1.15	1.51	1.40	1.67	2.2
Ireland	1.86	2.00	2.17	2.33	2.65	2.82	2.98	3.21	3.14	3.63	4.09	4.74	5.88	6.96	7.35	8.82	8.79	10.4
Italy	39.73	44.12	49.57	56.77	62.15	66.88	72.46	79.81	86.51	95.51	107.48	117.75	136.84	165.93	187.89	212.35	210.09	242.9
Luxembourg	0.58	0.58	0.61	0.65	0.74	0.78	0.81	0.82	0.90	1.04	1.22	1.27	1.59	2.18	2.66	2.61	2.86	3.1
Netherlands	11.86	13.03	14.15	15.35	18.06	20.17	21.96	24.10	26.72	30.26	33.95	39.54	48.75	63.87	75.38	88.22	96.65	113.6
Norway	5.07	5.54	5.96	6.40	7.04	7.76	8.38	9.16	9.79	10.66	12.26	13.88	16.38	21.27	25.68	31.20	34.31	39.4
Portugal	2.83	3.04	3.24	3.51	3.81	4.25	4.66	5.21	5.76	6.32	7.03	8.00	9.74	13.09	15.18	16.78	17.63	18.5
Spain	11.39	13.06	15.23	18.01	20.15	23.37	27.11	29.87	29.71	34.02	37.57	42.72	54.20	72.08	89.15	105.18	108.61	121.3
Sweden	14.10	15.34	16.64	18.01	20.08	22.10	24.04	26.09	27.69	30.07	33.67	36.81	43.27	52.51	58.35	73.26	78.99	83.5
Switzerland	8.55	9.61	10.66	11.72	12.99	13.92	14.95	16.09	17.18	18.61	20.73	24.91	30.56	41.10	47.36	54.30	56.79	60.6
Turkey	13.67	7.84	9.11	10.53	11.24	12.03	14.28	15.92	17.65	19.58	17.91	17.09	21.55	27.07	37.34	46.67	53.39	60.8
United Kingdom	72.40	76.77	80.68	85.53	93.48	100.70	107.20	111.30	104.81	112.79	123.86	140.13	161.04	181.49	195.70	233.60	224.60	254.0
OECD - Total	989.58	1047.23	1135.07	1220.82	1335.82	1453.81	1591.01	1699.02	1839.09	2020.79	2209.01	2451.62	2850.61	3457.66	3853.16	4327.29	4694.17	5285.3
OECD - Europe	356.65	385.73	422.31	461.31	509.76	555.09	600.09	636.92	668.81	739.74	828.43	935.86	1122.75	1426.64	1604.65	1875.04	1955.26	2214.1
EU15	329.09	362.48	396.29	432.32	478.04	520.86	561.86	595.12	623.71	690.47	777.00	879.31	1053.42	1336.05	1492.76	1741.48	1809.11	2050.9

14. **Private final consumption expenditure** - at current prices and current exchange rates (billions of US dollars)

	1960	1961	1962	1963	1964	1965	1966	1967	1968	1969	1970	1971	1972	1973	1974	1975	1976	1977
Canada	26.34	25.66	25.91	27.35	29.35	31.80	34.76	37.60	40.97	44.90	48.93	55.06	62.90	71.19	85.07	94.63	111.55	114.6
Mexico	10.07	10.89	11.73	12.67	15.01	15.98	17.81	19.46	21.75	23.70	28.04	31.49	35.59	42.74	55.14	66.34	66.49	59.5
United States	328.09	338.82	359.88	379.42	407.15	438.53	474.72	501.02	549.96	594.54	635.63	688.05	754.36	833.39	910.51	1004.18	1120.83	1247.0
Japan	26.10	30.64	35.15	41.03	47.30	53.44	61.51	70.57	80.48	92.50	106.48	123.75	164.60	221.97	249.63	285.60	322.99	398.7
Australia	10.64	10.84	11.56	12.43	13.45	14.44	15.42	16.80	18.31	20.13	22.20	24.98	29.10	40.10	48.66	53.96	59.08	59.8
New Zealand	2.70	2.76	2.89	3.13	3.35	3.64	3.89	3.96	3.43	3.75	4.19	4.80	5.70	7.44	8.71	8.56	8.16	8.8
Austria	3.74	4.08	4.40	4.77	5.12	5.61	5.99	6.44	6.86	7.30	7.90	9.21	11.24	14.90	17.69	21.14	22.86	27.6
Belgium	7.71	8.04	8.45	9.15	9.78	10.67	11.40	12.02	13.03	14.12	15.10	17.05	21.13	27.28	31.59	37.81	40.71	48.1
Denmark	3.69	4.10	4.61	4.87	5.46	5.99	6.66	7.31	7.40	8.22	9.08	9.86	11.57	15.57	17.26	20.87	23.51	26.4
Finland	3.08	3.41	3.76	4.12	4.69	5.17	5.49	5.55	4.98	5.64	6.17	6.72	7.97	10.28	12.67	15.63	17.00	18.0
France	36.38	39.83	44.50	50.27	54.92	58.59	63.36	68.60	74.86	80.78	82.74	92.22	113.06	144.69	155.71	201.17	207.90	227.3
Germany	45.35	51.75	56.74	60.07	64.70	71.38	76.21	78.31	83.33	93.00	111.69	129.85	157.09	205.52	228.55	262.83	278.11	325.5
Greece	3.54	3.82	4.03	4.38	4.87	5.48	6.05	6.55	7.06	7.72	8.66	9.40	10.39	13.02	16.00	17.80	18.66	21.6
Iceland	0.17	0.16	0.18	0.22	0.27	0.31	0.39	0.40	0.31	0.25	0.32	0.41	0.50	0.65	0.89	0.81	0.94	1.2
Ireland	1.47	1.55	1.67	1.78	1.98	2.09	2.20	2.31	2.30	2.61	2.90	3.32	3.93	4.61	5.18	5.83	5.84	6.9
Italy	23.70	25.87	29.20	34.16	37.03	39.60	43.68	48.38	51.62	56.62	63.99	70.43	82.22	100.32	113.23	131.69	127.81	146.4
Luxembourg	0.35	0.37	0.39	0.42	0.47	0.50	0.53	0.54	0.58	0.62	0.68	0.77	0.95	1.19	1.36	1.68	1.80	2.1
Netherlands	6.95	7.80	8.56	9.51	10.75	12.02	13.07	14.19	15.51	17.75	19.90	22.93	28.03	36.33	42.90	51.87	56.94	68.1
Norway	2.90	3.15	3.39	3.61	3.92	4.19	4.49	4.87	5.21	5.81	6.37	7.19	8.44	10.69	12.62	15.70	17.34	20.6
Portugal	2.05	2.22	2.24	2.42	2.57	2.86	3.14	3.38	3.91	4.33	4.59	5.41	6.20	8.41	10.94	12.83	13.11	13.2
Spain	7.95	8.98	10.29	12.35	13.74	16.12	18.49	20.18	19.80	21.89	24.30	27.72	34.93	46.25	57.78	68.28	72.00	79.6
Sweden	8.36	9.00	9.67	10.40	11.20	12.32	13.38	14.42	15.28	16.50	17.93	19.53	23.09	27.78	31.17	38.00	41.89	44.6
Switzerland	5.34	5.86	6.54	7.10	7.75	8.34	8.99	9.66	10.29	11.16	12.22	14.49	17.79	24.06	27.97	33.42	35.66	38.6
Turkey	10.78	6.10	7.34	8.53	8.71	9.28	10.70	11.78	13.11	14.61	13.04	12.87	16.11	19.65	27.43	33.79	36.94	43.1
United Kingdom	47.76	50.23	53.24	56.53	60.33	64.19	67.86	70.33	65.73	69.76	76.00	86.42	100.33	112.53	123.85	144.22	136.15	151.1
OECD - Total	625.17	655.93	706.30	760.67	823.88	892.52	970.17	1034.63	1116.07	1218.19	1329.07	1473.93	1707.24	2040.55	2292.50	2628.63	2844.33	3199.3
OECD - Europe	221.23	236.32	259.19	284.63	308.26	334.69	362.08	385.23	401.18	438.67	483.60	545.80	654.99	823.73	934.78	1115.36	1155.19	1310.6
EU15	202.05	221.05	241.74	265.18	287.61	312.57	337.50	358.51	372.25	406.85	451.64	510.84	612.14	768.68	865.86	1031.63	1064.31	1207.0

15. **Government final consumption expenditure** - at current prices and current exchange rates (billions of US dollars)

	1960	1961	1962	1963	1964	1965	1966	1967	1968	1969	1970	1971	1972	1973	1974	1975	1976	1977
Canada	5.42	6.07	6.12	6.37	6.93	7.62	8.89	10.23	11.70	13.08	15.64	17.98	20.25	22.77	27.97	32.59	38.69	40.6
Mexico	0.74	0.81	0.95	1.10	1.28	1.37	1.58	1.75	2.01	2.23	2.50	2.90	3.78	4.92	6.38	8.80	9.50	8.5
United States	86.66	94.28	102.02	106.00	111.44	117.45	136.28	153.88	166.42	176.52	189.49	198.51	217.47	234.94	263.34	294.62	319.29	346.6
Japan	3.56	4.12	4.85	5.75	6.53	7.47	8.48	9.47	10.93	12.66	15.15	18.38	24.86	34.36	41.91	50.17	55.36	67.9
Australia	1.87	2.04	2.18	2.31	2.63	3.02	3.35	3.85	4.28	4.60	5.11	5.95	7.02	10.12	13.24	15.86	17.74	18.0
New Zealand	0.42	0.45	0.49	0.51	0.57	0.70	0.81	0.76	0.67	0.72	0.86	1.01	1.22	1.60	2.02	2.08	1.93	2.2
Austria	0.81	0.88	0.95	1.06	1.16	1.27	1.41	1.60	1.74	1.94	2.12	2.48	3.03	4.18	5.21	6.49	7.12	8.3
Belgium	1.39	1.41	1.56	1.77	1.91	2.12	2.34	2.58	2.78	3.09	3.39	3.98	5.10	6.55	7.76	10.16	10.97	13.0
Denmark	0.79	0.95	1.13	1.22	1.41	1.66	1.91	2.17	2.34	2.70	3.16	3.76	4.62	6.08	7.42	9.26	10.01	11.1
Finland	0.60	0.67	0.77	0.89	1.02	1.14	1.28	1.35	1.31	1.41	1.57	1.82	2.16	2.80	3.63	4.78	5.44	5.8
France	8.66	9.55	10.78	12.22	13.40	14.26	15.28	16.46	18.67	19.97	21.00	23.80	29.10	37.62	41.59	56.80	60.21	67.0
Germany	11.09	13.07	15.21	17.09	17.88	20.05	21.72	23.04	23.81	27.19	33.49	41.81	50.93	70.26	84.59	98.32	101.45	116.5
Greece	0.35	0.39	0.42	0.46	0.53	0.61	0.68	0.81	0.87	0.98	1.09	1.19	1.32	1.62	2.25	2.75	2.95	3.6
Iceland	0.03	0.03	0.03	0.04	0.05	0.06	0.07	0.08	0.06	0.05	0.07	0.09	0.12	0.16	0.24	0.23	0.26	0.3
Ireland	0.22	0.24	0.26	0.28	0.34	0.37	0.38	0.41	0.40	0.47	0.57	0.69	0.86	1.04	1.20	1.56	1.51	1.7
Italy	4.77	5.26	6.09	7.42	8.38	9.51	10.13	10.82	11.79	12.78	13.93	17.15	20.72	23.90	25.84	29.97	28.16	33.4
Luxembourg	0.05	0.05	0.06	0.07	0.07	0.07	0.08	0.08	0.09	0.10	0.11	0.13	0.16	0.21	0.26	0.33	0.36	0.4
Netherlands	1.45	1.65	1.87	2.14	2.55	2.84	3.17	3.56	3.85	4.39	5.06	6.12	7.47	9.62	11.84	14.83	16.13	19.1
Norway	0.64	0.69	0.81	0.90	0.99	1.14	1.26	1.44	1.58	1.75	2.03	2.43	2.90	3.78	4.59	5.87	6.68	7.7
Portugal	0.28	0.35	0.39	0.40	0.43	0.47	0.53	0.63	0.70	0.76	0.90	1.01	1.21	1.56	1.99	2.34	2.25	2.4
Spain	0.96	1.07	1.23	1.51	1.65	1.97	2.37	2.82	2.71	3.11	3.55	4.11	5.16	6.85	8.82	10.99	12.26	13.9
Sweden	2.27	2.47	2.82	3.15	3.49	3.97	4.59	5.15	5.76	6.32	7.33	8.40	9.97	12.08	13.74	17.69	19.93	23.2
Switzerland	0.76	0.93	1.08	1.23	1.36	1.46	1.56	1.65	1.78	1.96	2.17	2.72	3.33	4.62	5.51	6.85	7.48	7.8
Turkey	1.03	0.68	0.73	0.83	0.97	1.07	1.24	1.41	1.59	1.74	1.65	1.68	2.26	3.04	3.81	5.33	6.67	8.4
United Kingdom	11.87	12.81	13.73	14.65	15.60	17.14	18.68	20.37	18.83	19.67	22.20	25.69	30.14	33.76	40.11	52.34	49.79	52.6
OECD - Total	146.68	160.93	176.51	189.39	202.58	218.80	248.07	276.37	296.67	320.20	354.16	393.78	455.16	538.45	625.25	741.00	792.14	881.2
OECD - Europe	48.01	53.16	59.90	67.34	73.19	81.17	88.68	96.43	100.66	110.38	125.40	149.05	180.55	229.74	270.40	336.88	349.62	397.1
EU15	45.56	50.83	57.25	64.34	69.82	77.45	84.55	91.85	95.65	104.88	119.48	142.14	171.94	218.14	256.26	318.60	328.53	372.7

Produit intérieur brut - aux prix et taux de change courants (milliards de dollars É-U) 13.

1978	1979	1980	1981	1982	1983	1984	1985	1986	1987	1988	1989	1990	1991	1992	1993	1994	
210.03	233.98	263.19	294.81	301.38	326.37	340.76	347.38	360.87	412.35	488.21	544.89	568.07	584.01	565.13	547.25	543.96	Canada
107.16	140.63	194.35	250.11	173.72	148.87	175.64	184.48	129.44	140.26	171.77	206.22	244.05	286.63	329.30	361.92	371.22	Mexique
2229.54	2485.97	2708.15	3035.80	3152.50	3394.30	3763.47	4016.65	4230.78	4496.57	4853.96	5204.50	5489.60	5656.40	5937.30	6259.90	6649.80	États-Unis
971.32	1010.98	1059.26	1169.69	1086.41	1186.34	1265.34	1343.25	1985.57	2408.91	2898.38	2871.83	2932.09	3350.14	3656.89	4190.40	4590.05	Japon
115.83	130.37	150.75	172.68	168.61	163.79	182.43	160.82	167.89	198.13	249.49	282.62	294.53	295.63	289.50	281.56	322.40	Australie
17.58	20.23	22.47	24.30	23.68	23.42	22.49	22.62	28.76	36.90	44.04	42.70	43.53	42.13	40.40	43.23	51.17	Nouvelle-Zélande
58.01	68.71	76.88	66.30	66.45	66.87	63.81	65.17	93.17	117.18	126.86	126.44	158.43	165.00	186.29	182.60	198.12	Autriche
94.86	108.76	118.02	96.41	85.16	80.71	76.78	79.93	111.79	139.60	151.31	152.95	192.00	197.19	220.79	210.10	227.94	Belgique
56.46	65.94	66.32	57.25	55.74	56.05	54.58	58.05	82.37	102.32	108.75	104.96	129.13	129.43	141.03	134.68	146.71	Danemark
34.56	42.50	51.31	50.21	50.53	48.76	50.68	53.51	70.03	88.01	103.84	113.49	134.81	121.38	106.44	84.45	97.21	Finlande
483.61	583.18	664.59	582.34	551.73	525.70	499.13	523.10	731.91	887.86	962.76	965.45	1195.43	1201.01	1324.29	1250.67	1328.54	France
716.54	849.42	908.10	760.90	733.77	732.49	690.39	696.54	994.77	1242.50	1337.22	1320.29	1640.06	1719.51	1969.46	1908.22	2046.04	Allemagne
37.94	46.31	48.19	44.41	46.26	41.97	40.53	40.13	47.29	55.59	64.08	66.66	81.84	86.95	95.68	89.90	95.61	Grèce
2.51	2.85	3.37	3.50	3.20	2.75	2.81	2.91	3.92	5.41	5.97	5.40	6.24	6.72	6.91	6.08	6.19	Islande
13.63	17.04	20.23	19.23	19.98	19.32	18.70	19.79	26.51	31.32	34.61	36.03	44.97	45.49	51.00	47.51	51.96	Irlande
298.75	372.91	452.65	408.20	403.05	417.05	413.08	424.51	603.63	759.07	838.83	869.81	1095.12	1152.22	1220.38	985.05	1017.78	Italie
3.94	4.60	5.02	4.22	3.84	3.77	3.70	3.82	5.63	6.96	7.83	8.30	10.35	10.91	12.39	12.66	14.01	Luxembourg
138.93	159.49	171.86	143.56	139.71	135.72	126.44	128.12	178.72	217.62	231.55	228.67	283.67	290.20	321.93	311.76	334.30	Pays-Bas
44.57	51.68	63.28	62.60	61.55	60.45	60.80	63.80	76.18	91.38	98.14	98.83	115.35	117.66	126.20	115.78	123.32	Norvège
20.37	23.08	28.53	27.73	26.47	23.62	21.87	23.51	33.60	41.82	48.00	51.70	67.24	77.41	95.03	84.74	86.99	Portugal
147.19	196.66	211.54	184.62	179.53	157.09	158.74	165.84	230.81	292.72	344.75	380.51	491.94	528.59	577.08	478.59	482.37	Espagne
92.32	109.06	125.56	114.88	101.23	92.90	96.39	100.72	132.98	161.44	181.90	191.19	229.76	239.33	247.56	185.29	196.60	Suède
84.83	95.35	101.65	94.06	96.53	97.12	90.75	92.77	135.28	170.79	183.43	177.49	226.02	230.88	240.91	232.03	257.31	Suisse
67.21	91.74	68.79	71.04	64.55	61.68	59.99	67.23	75.73	87.17	90.85	107.14	150.68	151.04	159.10	180.42	130.65	Turquie
322.42	418.96	537.38	510.96	486.06	460.07	432.08	457.07	562.35	689.45	835.62	841.40	975.51	1011.54	1044.87	942.45	1019.52	Royaume-Uni
6370.10	7330.41	8121.45	8249.81	8081.63	8327.17	8711.38	9141.73	11099.97	12881.34	14462.14	14999.47	16800.42	17697.38	18965.84	19127.22	20389.77	OCDE - Total
2718.64	3308.25	3723.28	3302.43	3175.34	3084.10	2961.25	3066.54	4196.66	5188.20	5756.29	5846.71	7228.55	7482.45	8147.32	7442.97	7861.16	OCDE - Europe
2519.52	3066.64	3486.18	3071.23	2949.51	2862.10	2746.91	2839.82	3905.56	4833.45	5377.90	5457.85	6730.26	6976.15	7614.20	6908.66	7343.69	UE15

Consommation finale privée - aux prix et taux de change courants (milliards de dollars É-U) 14.

1978	1979	1980	1981	1982	1983	1984	1985	1986	1987	1988	1989	1990	1991	1992	1993	1994	
118.87	129.35	145.75	161.68	168.67	185.18	191.83	198.54	211.22	239.98	280.47	315.60	336.87	353.47	344.02	333.33	326.62	Canada
74.28	95.07	126.47	161.02	107.02	90.61	110.79	119.01	88.61	92.34	119.22	144.99	172.97	205.81	237.77	258.60	264.05	Mexique
1389.20	1547.12	1708.28	1887.33	2016.95	2201.91	2401.88	2598.44	2764.72	2960.58	3198.14	3420.50	3647.60	3776.50	3996.90	4235.90	4478.00	États-Unis
560.36	593.58	623.29	680.14	645.71	714.44	752.07	791.31	1162.88	1414.44	1678.67	1656.15	1682.63	1893.58	2090.99	2436.32	2716.73	Japon
69.27	76.14	88.65	101.93	101.99	100.35	107.03	95.68	100.35	116.16	144.23	163.99	176.10	183.44	182.20	175.60	199.67	Australie
10.70	12.32	13.80	14.43	14.27	13.84	13.37	13.77	17.23	22.09	26.55	25.99	27.30	26.50	25.23	26.34	30.71	Nouvelle-Zélande
32.29	38.28	42.71	37.45	37.53	38.68	36.64	37.48	52.69	66.27	71.49	70.70	87.80	90.96	103.16	101.51	109.20	Autriche
58.39	68.30	74.27	62.86	55.79	52.56	49.76	52.29	71.61	89.96	95.35	95.76	119.93	123.96	138.09	131.40	141.70	Belgique
31.71	37.22	37.05	32.09	30.68	30.61	29.73	31.82	45.33	55.24	57.76	55.25	67.06	67.26	73.39	70.62	78.22	Danemark
19.52	23.44	27.76	27.18	27.85	26.86	27.48	29.19	38.27	48.12	55.60	59.33	70.55	67.93	60.75	48.19	54.36	Finlande
280.07	338.95	391.26	350.94	334.87	319.57	303.38	319.54	442.21	540.62	578.22	575.50	712.28	718.82	794.97	761.08	801.87	France
400.55	472.44	510.36	434.65	421.04	418.78	393.07	394.50	550.83	691.72	737.82	729.51	912.44	981.75	1123.50	1109.53	1172.28	Allemagne
25.88	30.70	32.56	31.36	32.61	29.30	27.44	27.52	33.38	40.41	45.64	48.20	60.13	63.55	71.15	67.36	71.59	Grèce
1.42	1.64	1.94	2.07	1.93	1.65	1.76	1.86	2.41	3.45	3.74	3.34	3.84	4.22	4.33	3.68	3.68	Islande
8.95	11.46	13.70	13.06	12.30	11.86	11.33	12.14	16.33	19.09	21.24	21.83	26.29	26.84	29.92	26.78	29.07	Irlande
177.75	222.72	276.26	249.86	248.02	254.91	252.29	260.83	370.18	468.25	515.42	539.52	673.23	713.16	767.40	610.35	629.82	Italie
2.54	2.97	3.29	2.86	2.58	2.51	2.40	2.50	3.53	4.48	4.89	4.96	6.42	6.87	7.54	7.43	8.06	Luxembourg
84.18	97.41	104.57	85.99	84.02	81.63	74.90	76.15	106.22	132.27	137.43	134.15	166.45	172.47	193.87	189.51	202.23	Pays-Bas
22.32	25.08	28.95	28.60	28.72	27.97	27.33	30.19	39.88	46.78	49.90	49.07	57.05	58.04	63.55	58.11	61.93	Norvège
13.73	15.44	19.03	19.14	18.25	16.24	15.32	15.83	21.67	26.74	30.83	32.65	43.05	50.14	61.83	55.80	56.75	Portugal
94.86	127.84	139.35	122.41	117.78	101.82	101.42	106.33	145.93	185.10	216.16	239.63	307.09	329.79	363.77	302.20	303.52	Espagne
49.06	57.17	64.62	60.34	54.12	48.19	48.81	51.57	68.41	84.83	95.37	98.15	117.03	127.54	133.47	101.76	106.30	Suède
53.43	60.74	64.65	59.07	60.31	60.86	57.04	57.39	80.83	101.07	107.64	101.92	128.35	133.34	141.40	137.93	151.96	Suisse
49.63	68.41	55.63	50.74	47.31	45.79	45.34	47.76	50.99	59.52	57.69	70.29	103.33	104.12	106.85	121.41	86.65	Turquie
191.60	251.16	320.29	308.28	294.05	279.51	262.70	277.16	351.74	430.85	529.59	532.63	613.75	640.28	666.43	604.60	651.17	Royaume-Uni
3820.57	4404.95	4914.50	4985.46	4964.38	5155.64	5345.12	5648.80	6837.44	7940.38	8859.05	9189.61	10319.50	10920.32	11782.47	11975.33	12736.15	OCDE - Total
1597.89	1951.38	2208.27	1978.94	1909.77	1849.31	1768.16	1832.04	2492.44	3094.78	3411.77	3462.38	4276.08	4481.02	4905.36	4509.24	4720.36	OCDE - Europe
1471.09	1795.50	2057.09	1838.47	1771.49	1713.03	1636.68	1694.84	2318.32	2883.96	3192.80	3237.76	3983.51	4181.31	4589.23	4188.11	4416.15	UE15

Consommation finale des administrations publiques - aux prix et taux de change courants (milliards de dollars É-U) 15.

1978	1979	1980	1981	1982	1983	1984	1985	1986	1987	1988	1989	1990	1991	1992	1993	1994	
41.38	44.52	50.54	57.22	63.58	68.41	68.63	69.77	71.88	79.62	92.76	104.54	115.50	126.12	124.14	117.67	110.12	Canada
10.85	14.22	19.51	26.94	18.19	13.10	16.22	17.03	11.78	12.33	14.84	17.43	20.55	25.83	33.20	39.14	43.65	Mexique
378.09	420.83	476.34	529.39	579.27	620.82	669.75	727.87	781.95	830.97	876.42	915.80	978.90	1025.50	1050.40	1070.40	1093.80	États-Unis
93.86	98.05	103.94	116.01	107.58	117.87	123.99	128.64	192.19	227.98	266.75	262.94	268.02	306.08	341.56	401.67	451.11	Japon
20.93	22.36	26.48	30.78	30.92	30.70	33.41	29.71	31.67	35.25	42.74	46.72	50.79	54.24	53.41	51.08	57.20	Australie
2.99	3.39	4.03	4.33	4.18	3.91	3.59	3.63	4.67	5.98	7.22	7.02	7.33	7.08	6.80	6.86	7.52	Nouvelle-Zélande
10.61	12.41	13.81	12.26	12.56	12.63	11.88	12.33	17.73	22.18	23.35	22.89	28.13	29.84	34.11	34.78	37.33	Autriche
16.52	19.14	20.99	17.94	15.40	14.19	13.16	13.73	18.95	22.82	23.20	22.52	27.61	29.12	32.21	31.53	34.09	Belgique
13.83	16.51	17.70	15.89	15.73	15.37	14.11	14.67	19.70	25.76	28.00	26.89	32.72	33.02	36.30	35.44	37.10	Danemark
6.30	7.55	9.22	9.31	9.51	9.42	9.79	10.80	14.37	18.21	20.85	22.38	28.39	29.36	26.44	19.64	21.77	Finlande
85.02	102.64	120.52	109.49	106.71	102.62	97.76	101.31	138.54	167.14	177.68	173.36	214.94	219.60	249.45	248.16	260.16	France
145.08	171.84	188.79	161.42	154.47	151.66	141.32	142.94	202.28	254.90	271.02	257.80	318.27	335.61	395.23	382.07	400.78	Allemagne
4.36	5.45	5.68	5.75	6.10	5.69	5.70	5.90	6.60	7.82	9.33	10.19	12.76	12.79	13.39	12.79	13.41	Grèce
0.41	0.49	0.56	0.59	0.56	0.49	0.46	0.51	0.70	1.01	1.17	1.06	1.20	1.32	1.40	1.25	1.27	Islande
2.22	2.93	3.82	3.64	3.76	3.55	3.32	3.49	4.77	5.31	5.39	5.22	6.75	7.20	8.23	7.67	8.34	Irlande
42.24	54.12	66.57	65.23	64.61	68.19	67.18	69.79	97.91	126.44	141.59	144.68	190.61	201.18	214.27	173.54	173.85	Italie
0.52	0.62	0.71	0.62	0.53	0.50	0.48	0.51	0.72	0.95	1.02	1.04	1.39	1.45	1.66	1.65	1.79	Luxembourg
23.85	28.07	29.87	24.80	24.21	23.22	20.53	20.19	27.73	34.58	35.65	33.97	41.23	42.04	47.21	45.58	47.54	Pays-Bas
8.88	9.84	11.58	11.67	11.67	11.47	11.02	11.53	14.69	18.42	20.06	20.13	23.88	24.88	27.83	25.30	26.28	Norvège
2.64	2.98	3.86	3.88	3.68	3.33	3.06	3.40	4.80	5.90	7.09	7.79	10.49	12.53	15.87	14.54	15.00	Portugal
17.54	24.42	28.00	25.67	25.34	22.87	22.68	24.42	33.85	44.15	50.86	57.71	76.66	85.48	98.59	84.08	81.37	Espagne
26.15	31.30	36.75	33.97	29.87	26.83	27.01	28.10	36.52	43.12	47.37	50.04	62.87	65.22	69.11	51.84	53.59	Suède
10.91	12.34	12.94	11.99	12.59	13.03	12.13	12.38	17.70	21.81	23.82	23.17	30.38	32.03	34.53	33.10	36.27	Suisse
8.20	10.55	5.79	7.74	6.11	6.45	5.36	6.01	6.81	6.82	6.92	10.01	16.52	18.76	20.56	23.26	15.23	Turquie
65.47	83.91	116.21	113.60	107.72	101.91	94.74	96.63	118.65	142.30	166.63	166.62	200.60	218.95	231.52	206.98	220.57	Royaume-Uni
1038.85	1200.47	1374.22	1400.14	1414.84	1448.24	1477.29	1555.28	1877.14	2161.78	2361.74	2411.92	2766.50	2945.22	3167.40	3120.04	3249.14	OCDE - Total
490.75	597.10	693.37	635.47	611.13	593.42	561.70	578.64	783.01	969.65	1061.00	1057.47	1325.41	1400.37	1557.90	1433.21	1485.74	OCDE - Europe
462.35	563.88	662.51	603.49	580.20	561.98	532.73	548.21	743.10	921.59	1009.02	1003.10	1253.44	1323.37	1473.58	1350.29	1406.68	UE15

16. **Gross fixed capital formation** - at current prices and current exchange rates (billions of US dollars)

	1960	1961	1962	1963	1964	1965	1966	1967	1968	1969	1970	1971	1972	1973	1974	1975	1976	1977
Canada	9.12	8.65	8.65	9.20	10.79	12.64	14.73	15.03	15.26	16.78	18.15	21.36	24.12	28.86	36.58	41.14	47.37	47.2
Mexico	2.19	2.20	2.35	2.79	3.40	3.80	4.31	5.07	5.63	6.23	7.60	7.55	9.18	11.43	15.33	20.20	20.07	17.2
United States	92.52	93.27	101.15	109.34	119.93	134.12	145.12	147.61	163.46	178.69	181.75	203.35	231.79	263.12	276.61	278.78	316.75	381.4
Japan	12.88	17.13	19.63	22.03	26.01	27.17	32.12	39.69	48.80	59.56	72.34	79.11	103.98	150.67	159.87	162.19	175.16	208.4
Australia	4.17	4.15	4.43	4.89	5.64	6.40	6.71	7.15	7.95	8.79	9.66	11.15	12.35	16.97	19.92	21.87	24.29	24.1
New Zealand	0.85	0.94	0.91	1.01	1.17	1.28	1.38	1.29	1.01	1.20	1.46	1.72	2.25	2.97	3.77	3.90	3.52	3.4
Austria	1.56	1.82	1.91	2.07	2.30	2.59	2.88	2.92	3.03	3.23	3.74	4.68	6.27	7.91	9.40	10.04	10.52	12.8
Belgium	2.15	2.45	2.70	2.82	3.41	3.71	4.09	4.38	4.39	4.83	5.72	6.24	7.49	9.64	12.00	13.90	14.73	16.8
Denmark	1.29	1.54	1.72	1.75	2.22	2.46	2.69	2.95	2.94	3.51	3.90	4.28	5.33	7.08	7.62	7.93	9.54	10.2
Finland	1.43	1.60	1.69	1.71	1.90	2.19	2.36	2.28	1.97	2.33	2.86	3.30	3.95	5.38	7.12	8.83	8.47	8.6
France	12.70	14.63	16.47	19.11	21.96	24.05	26.48	28.76	30.63	33.34	34.74	39.38	48.46	63.98	69.82	82.66	85.21	89.4
Germany	19.39	22.90	25.69	27.03	30.90	33.17	34.35	31.58	33.03	38.98	52.02	62.16	72.59	90.78	90.96	94.18	99.16	115.5
Greece	0.99	1.08	1.26	1.35	1.65	1.93	2.15	2.18	2.70	3.26	3.51	4.14	5.21	6.83	6.24	6.51	7.15	8.9
Iceland	0.08	0.06	0.07	0.10	0.13	0.14	0.18	0.20	0.15	0.11	0.13	0.20	0.24	0.36	0.50	0.45	0.47	0.6
Ireland	0.26	0.32	0.37	0.44	0.53	0.59	0.57	0.62	0.64	0.82	0.90	1.09	1.35	1.70	1.75	1.94	2.13	2.5
Italy	10.33	11.81	13.51	15.70	15.90	14.85	15.69	17.92	20.23	23.14	26.45	28.19	31.66	41.27	48.69	52.95	50.19	57.0
Luxembourg	0.11	0.13	0.14	0.18	0.23	0.20	0.20	0.18	0.18	0.21	0.25	0.33	0.40	0.54	0.59	0.66	0.64	0.7
Netherlands	2.93	3.31	3.54	3.74	4.72	5.19	5.90	6.50	7.35	7.61	8.99	10.27	11.77	15.10	16.93	19.01	19.23	24.4
Norway	1.43	1.61	1.69	1.83	1.91	2.13	2.33	2.64	2.55	2.51	3.16	4.00	4.41	6.05	7.61	10.35	12.10	14.2
Portugal	0.72	0.78	0.80	0.92	0.96	1.07	1.29	1.53	1.41	1.57	1.80	2.18	2.91	3.87	4.35	4.80	4.87	5.4
Spain	2.35	2.80	3.31	3.95	4.77	5.82	6.80	7.53	7.62	8.83	9.77	10.16	13.50	19.02	24.89	27.74	27.02	28.9
Sweden	3.17	3.54	3.93	4.34	4.90	5.42	5.92	6.43	6.57	6.93	7.52	8.02	9.54	11.41	12.44	15.22	16.60	17.4
Switzerland	2.12	2.63	3.07	3.52	3.99	3.99	4.09	4.19	4.39	4.80	5.71	7.29	9.07	12.07	13.05	13.04	11.69	12.5
Turkey	2.17	1.23	1.37	1.51	1.63	1.74	2.26	2.59	3.04	3.39	3.30	2.88	3.75	4.88	6.96	9.21	12.33	13.6
United Kingdom	11.85	13.30	13.73	14.40	17.14	18.56	19.78	21.29	20.41	21.20	23.37	26.51	29.82	36.08	40.90	46.53	44.03	47.1
OECD - Total	198.78	213.87	234.10	255.72	288.09	315.22	344.37	362.52	395.36	441.86	488.81	549.54	651.39	817.97	893.92	954.04	1 023.26	1 169.4
OECD - Europe	77.05	87.53	96.98	106.46	121.14	129.80	140.01	146.69	153.25	170.59	197.86	225.30	267.71	343.94	381.84	425.96	436.11	487.4
EU15	71.25	82.00	90.78	99.50	113.49	121.79	131.14	137.07	143.11	159.78	185.56	210.94	250.24	320.58	353.71	392.91	399.51	446.3

17. **Exports of goods and services** - at current prices and current exchange rates (billions of US dollars)

	1960	1961	1962	1963	1964	1965	1966	1967	1968	1969	1970	1971	1972	1973	1974	1975	1976	1977
Canada	6.94	7.20	7.42	8.09	9.31	9.92	11.62	13.10	14.95	16.51	19.16	20.97	23.98	29.76	38.65	38.30	44.88	48.1
Mexico	1.11	1.19	1.30	1.41	1.53	1.67	1.82	1.82	2.07	2.45	2.45	2.67	3.24	4.14	5.39	5.40	6.73	7.5
United States	26.77	27.31	28.75	30.77	34.66	36.74	40.51	43.05	47.45	51.38	59.09	62.34	70.13	93.74	124.93	136.99	147.82	157.4
Japan	4.76	4.98	5.74	6.29	7.78	9.59	11.20	11.97	14.86	18.22	22.02	27.06	32.26	41.56	62.51	63.96	76.15	90.5
Australia	2.29	2.68	2.72	3.19	3.48	3.47	3.62	4.02	4.12	4.82	5.54	6.06	7.42	10.72	12.82	13.83	15.23	15.4
New Zealand	0.88	0.92	0.96	1.18	1.19	1.20	1.28	1.17	1.19	1.41	1.45	1.77	2.33	3.04	2.96	3.20	3.75	4.0
Austria	1.52	1.66	1.84	2.00	2.16	2.38	2.59	2.75	3.03	3.65	4.49	5.15	6.34	8.47	10.92	12.00	13.17	15.5
Belgium	4.28	4.70	5.22	5.77	6.58	7.08	7.91	8.28	9.31	11.23	13.09	14.30	17.93	25.04	32.35	33.17	37.74	43.0
Denmark	1.92	1.97	2.12	2.40	2.69	2.97	3.18	3.32	3.46	3.92	4.41	4.88	5.88	8.15	10.09	11.32	11.99	13.4
Finland	1.14	1.22	1.30	1.35	1.52	1.68	1.78	1.79	1.94	2.36	2.80	2.92	3.60	4.75	6.57	6.73	7.64	9.1
France	8.83	9.31	9.58	10.55	11.74	13.23	14.38	15.37	16.74	19.30	22.58	26.20	32.74	44.55	56.01	65.28	69.67	79.9
Germany	14.32	15.53	16.39	17.85	19.85	21.68	24.47	26.43	29.80	34.36	40.89	46.67	55.72	78.47	105.13	107.83	119.62	137.2
Greece	0.29	0.34	0.37	0.43	0.44	0.49	0.69	0.70	0.69	0.79	0.91	1.04	1.35	2.13	2.76	3.23	3.63	4.0
Iceland	0.11	0.10	0.13	0.14	0.16	0.19	0.21	0.17	0.15	0.18	0.23	0.25	0.29	0.40	0.47	0.46	0.57	0.7
Ireland	0.56	0.66	0.67	0.75	0.84	0.94	1.06	1.16	1.16	1.29	1.44	1.63	1.94	2.52	2.98	3.59	3.88	4.9
Italy	5.16	5.87	6.53	7.18	8.28	9.94	11.08	12.00	13.71	15.74	17.67	19.93	24.19	28.87	37.88	43.60	46.33	56.4
Luxembourg	0.49	0.49	0.48	0.50	0.57	0.62	0.62	0.64	0.71	0.86	1.07	1.10	1.30	1.92	2.69	2.38	2.48	2.7
Netherlands	5.49	5.75	6.15	6.69	7.63	8.39	8.89	9.47	10.63	12.48	14.77	17.43	21.29	29.37	39.47	42.71	47.84	52.4
Norway	1.91	2.01	2.09	2.29	2.64	2.88	3.12	3.51	3.85	4.12	4.68	5.09	6.09	8.46	10.84	11.91	12.87	14.3
Portugal	0.44	0.44	0.53	0.59	0.86	1.00	1.11	1.25	1.27	1.36	1.51	1.76	2.34	3.08	3.59	3.01	2.71	3.0
Spain	1.02	1.11	1.35	1.48	1.89	2.04	2.57	2.72	3.34	4.10	4.98	6.07	7.89	10.48	12.83	14.21	14.90	17.5
Sweden	3.20	3.38	3.59	3.89	4.41	4.76	5.07	5.42	5.88	6.76	8.02	8.85	10.34	14.22	18.58	20.39	21.59	22.6
Switzerland	2.51	2.76	3.02	3.29	3.65	4.00	4.39	4.69	5.30	6.09	6.79	7.75	9.37	12.71	15.41	17.06	19.08	22.2
Turkey	0.62	0.36	0.41	0.48	0.51	0.55	0.65	0.69	0.69	0.74	0.78	0.87	1.20	1.77	2.15	2.35	2.87	2.3
United Kingdom	15.16	15.83	16.24	17.12	18.14	19.31	20.83	21.31	22.48	25.11	28.60	32.50	35.02	43.00	54.80	60.57	64.11	76.4
OECD - Total	111.70	117.76	124.91	135.69	152.51	166.70	184.61	196.80	218.79	249.23	289.42	325.28	384.15	511.33	672.80	723.49	797.24	901.3
OECD - Europe	68.95	73.48	78.02	84.75	94.57	104.12	114.57	121.66	134.15	154.45	179.71	204.41	244.80	328.36	425.53	461.80	502.68	578.2
EU15	63.81	68.25	72.37	78.55	87.62	96.51	106.20	112.61	124.15	143.32	167.22	190.45	227.86	305.02	396.66	430.03	467.29	538.6

18. **Imports of goods and services** - at current prices and current exchange rates (billions of US dollars)

	1960	1961	1962	1963	1964	1965	1966	1967	1968	1969	1970	1971	1972	1973	1974	1975	1976	1977
Canada	7.45	7.35	7.45	7.77	8.85	10.02	11.64	12.45	14.05	16.38	17.02	19.34	23.01	28.02	38.21	40.66	45.92	48.1
Mexico	1.52	1.50	1.54	1.69	1.98	2.08	2.19	2.40	2.75	3.01	3.44	3.43	4.01	5.25	7.64	8.50	8.82	8.3
United States	22.84	22.69	24.96	26.14	28.10	31.53	37.06	39.91	46.56	50.49	55.76	62.34	74.22	91.16	127.46	122.73	151.15	182.4
Japan	4.56	5.83	5.64	6.86	7.92	8.31	9.54	11.70	13.21	15.46	19.40	20.77	25.22	41.45	65.93	63.75	71.65	79.2
Australia	2.83	2.56	2.75	2.97	3.56	4.12	3.86	4.35	4.81	4.99	5.49	6.03	6.05	8.96	14.27	13.12	14.99	16.4
New Zealand	0.97	0.97	0.92	1.07	1.13	1.32	1.41	1.19	1.11	1.28	1.65	1.71	2.04	3.03	4.67	4.12	4.04	4.2
Austria	1.57	1.65	1.73	1.92	2.16	2.44	2.73	2.84	3.06	3.50	4.35	5.03	6.22	8.37	11.04	11.76	13.79	16.8
Belgium	4.38	4.81	5.25	5.93	6.66	7.11	8.07	8.24	9.25	11.02	12.47	13.68	16.71	24.05	32.04	32.93	37.46	43.5
Denmark	1.99	2.08	2.36	2.38	2.88	3.13	3.35	3.56	3.64	4.23	4.89	5.20	5.75	8.70	11.02	11.67	13.92	15.1
Finland	1.17	1.28	1.37	1.35	1.66	1.83	1.92	1.87	1.80	2.27	2.93	3.14	3.57	4.87	7.44	8.41	8.23	8.6
France	7.57	8.10	8.88	10.25	11.90	12.34	14.08	15.04	16.80	20.02	21.83	24.47	30.70	42.34	58.72	61.19	72.28	79.4
Germany	12.48	13.66	15.27	16.40	18.24	21.44	22.42	21.82	24.86	30.06	37.14	42.85	50.49	68.25	87.85	95.50	109.57	124.9
Greece	0.63	0.69	0.76	0.90	1.07	1.30	1.34	1.39	1.54	1.78	1.96	2.17	2.70	4.41	5.16	6.03	6.24	7.0
Iceland	0.12	0.10	0.12	0.14	0.17	0.18	0.21	0.22	0.19	0.17	0.22	0.29	0.30	0.43	0.61	0.57	0.56	0.7
Ireland	0.66	0.76	0.81	0.91	1.04	1.18	1.23	1.25	1.36	1.61	1.76	1.97	2.24	2.98	4.02	4.11	4.56	5.8
Italy	5.37	5.96	6.88	8.56	8.31	8.52	9.91	11.32	12.07	14.60	17.57	19.12	23.18	32.23	45.69	43.74	48.77	53.8
Luxembourg	0.42	0.45	0.47	0.49	0.57	0.60	0.60	0.57	0.62	0.71	0.90	1.04	1.19	1.63	2.11	2.24	2.29	2.5
Netherlands	5.29	5.75	6.11	6.81	8.00	8.54	9.20	9.70	10.65	12.57	15.36	17.57	20.01	27.42	37.52	39.90	44.72	51.1
Norway	1.99	2.16	2.22	2.41	2.63	2.93	3.22	3.64	3.66	3.89	4.80	5.48	5.94	8.52	11.47	13.76	15.78	18.1
Portugal	0.58	0.74	0.66	0.75	1.00	1.17	1.27	1.34	1.50	1.58	1.90	2.25	2.72	3.86	5.60	4.81	4.76	5.4
Spain	0.84	1.20	1.64	2.07	2.44	3.27	3.91	3.78	3.98	4.75	5.34	5.71	7.78	11.06	17.12	18.24	19.73	20.0
Sweden	3.28	3.30	3.53	3.85	4.37	4.95	5.24	5.44	5.93	6.88	8.21	8.44	9.70	12.80	19.03	20.54	22.91	23.9
Switzerland	2.53	3.05	3.40	3.67	4.07	4.12	4.38	4.60	5.03	5.86	7.15	8.14	9.64	13.17	16.33	15.51	17.21	20.6
Turkey	0.79	0.47	0.61	0.75	0.60	0.62	0.78	0.73	0.87	0.90	1.04	1.34	1.84	2.40	4.16	5.26	5.73	6.2
United Kingdom	16.16	16.06	16.36	17.44	19.74	20.19	20.94	22.45	23.29	24.57	27.44	30.46	35.13	47.38	64.50	64.56	66.54	74.5
OECD - Total	107.97	113.19	121.71	133.45	149.05	163.24	180.49	191.82	212.59	242.56	280.04	311.98	370.37	502.73	699.63	713.60	811.62	917.7
OECD - Europe	67.81	72.27	78.45	86.95	97.51	105.87	114.79	119.82	130.10	150.95	177.27	198.36	235.83	324.85	441.44	460.72	515.06	578.8
EU15	62.38	66.50	72.10	79.98	90.03	98.01	106.20	110.62	120.36	140.14	164.06	183.11	218.11	300.34	408.86	425.62	475.78	533.0

National Accounts, Volume 1, OECD, 1996

130

Formation brute de capital fixe - aux prix et taux de change courants (milliards de dollars É-U) 16.

1978	1979	1980	1981	1982	1983	1984	1985	1986	1987	1988	1989	1990	1991	1992	1993	1994	
47.85	54.15	61.83	71.83	65.92	65.91	65.40	68.99	73.09	88.02	107.90	123.38	121.17	115.21	106.61	99.90	101.92	Canada
23.14	33.76	48.12	65.99	39.87	26.12	31.51	35.22	25.20	25.88	33.08	37.46	45.41	55.82	68.48	73.67	76.69	Mexique
460.58	529.41	546.43	603.83	590.66	626.36	727.81	782.99	807.87	829.87	886.86	920.60	930.10	881.20	923.50	1011.50	1144.50	États-Unis
295.32	320.21	334.40	357.79	320.12	332.12	350.50	369.08	541.83	685.56	866.75	889.87	944.35	1064.72	1122.83	1248.34	1311.65	Japon
27.74	30.54	36.40	44.44	42.67	37.31	41.51	39.48	40.98	47.65	60.71	71.50	66.91	60.74	58.20	56.78	68.79	Australie
4.02	4.16	4.63	5.72	5.83	5.75	5.67	5.92	6.46	7.90	8.45	8.55	8.23	6.66	6.64	7.95	10.23	Nouvelle-Zélande
14.84	17.35	19.74	16.82	15.41	15.01	14.14	14.71	21.22	27.06	30.06	30.67	38.91	41.83	46.69	44.28	49.11	Autriche
20.56	22.55	24.91	17.31	14.71	13.08	12.27	12.48	17.53	22.34	26.74	29.26	39.01	38.38	42.14	37.40	39.74	Belgique
12.24	13.78	12.48	8.96	8.95	8.97	9.39	10.87	17.10	20.18	19.64	19.01	22.52	21.37	21.62	20.31	21.66	Danemark
8.31	9.89	13.06	12.69	12.79	12.49	12.15	12.81	16.35	21.05	26.12	31.73	36.39	27.22	19.63	12.46	13.93	Finlande
108.23	130.47	152.82	128.90	117.81	106.23	96.16	100.75	141.14	175.48	199.49	206.04	255.52	254.68	264.82	232.95	241.00	France
145.93	181.89	202.16	163.39	148.77	148.42	136.34	134.38	191.70	240.75	262.23	266.46	354.25	395.30	454.24	416.87	449.63	Allemagne
11.29	14.87	14.48	12.29	11.47	10.57	9.30	9.51	10.85	11.84	13.86	15.07	19.10	18.42	19.48	17.50	17.93	Grèce
0.61	0.67	0.86	0.86	0.79	0.60	0.61	0.62	0.75	1.10	1.17	1.03	1.20	1.29	1.21	0.95	0.94	Islande
3.65	5.03	5.60	5.52	5.13	4.33	3.88	3.65	4.62	5.16	5.59	6.21	8.18	7.58	8.14	7.10	7.87	Irlande
67.94	85.17	109.83	97.37	90.01	88.78	86.86	87.77	119.17	149.76	168.45	175.66	221.97	227.22	233.22	166.46	167.16	Italie
0.86	1.02	1.23	0.97	0.87	0.73	0.67	0.61	1.10	1.56	1.90	1.92	2.49	2.83	2.90	3.04	2.98	Luxembourg
30.29	34.18	36.74	28.07	26.03	25.30	24.09	25.20	36.47	45.21	49.27	49.08	59.28	59.08	64.44	60.16	64.46	Pays-Bas
13.76	13.92	15.27	17.03	15.23	15.10	15.34	13.63	20.96	24.88	27.84	25.35	24.95	24.28	25.16	22.99	24.93	Norvège
6.27	6.77	8.99	9.44	9.07	7.60	5.69	5.65	8.19	11.29	13.54	14.21	18.33	20.68	25.38	21.23	22.34	Portugal
33.28	42.34	46.97	40.39	38.81	32.67	29.73	31.81	44.96	60.89	77.98	91.80	120.29	125.75	126.16	95.16	95.47	Espagne
17.80	21.45	25.16	21.61	18.80	17.26	17.99	19.41	24.64	31.22	36.74	42.04	49.42	46.36	42.00	26.42	26.99	Suède
18.17	20.80	24.17	22.69	22.31	22.63	21.19	22.06	32.80	43.17	48.85	48.82	60.86	59.14	57.16	52.13	58.78	Suisse
12.44	17.67	10.93	13.72	12.43	11.66	11.37	14.66	18.90	21.57	23.72	24.43	34.46	35.78	36.59	46.05	31.96	Turquie
59.56	78.20	96.59	83.00	78.30	73.69	73.40	77.92	95.33	122.82	162.82	172.53	191.02	172.39	164.35	141.95	153.15	Royaume-Uni
1444.67	1690.25	1853.79	1850.64	1712.75	1708.67	1802.95	1900.16	2319.20	2722.21	3159.75	3302.66	3674.34	3763.92	3941.60	3923.55	4203.82	OCDE - Total
586.02	718.02	821.98	701.03	647.68	615.10	580.56	598.49	823.77	1037.32	1196.00	1251.30	1558.16	1579.57	1655.34	1425.40	1490.03	OCDE - Europe
541.05	664.96	770.76	646.73	596.92	565.11	532.05	547.53	750.37	946.60	1094.42	1151.67	1436.69	1459.07	1535.23	1303.28	1373.42	UE15

Exportations de biens et services - aux prix et taux de change courants (milliards de dollars É-U) 17.

1978	1979	1980	1981	1982	1983	1984	1985	1986	1987	1988	1989	1990	1991	1992	1993	1994	
53.61	64.09	74.90	80.81	78.34	83.94	97.32	98.81	99.40	109.67	129.44	138.43	144.77	143.88	149.90	162.29	182.60	Canada
9.56	13.41	20.81	26.03	26.63	28.29	30.53	28.44	22.45	27.35	28.85	32.97	38.50	39.60	41.46	44.92	47.89	Mexique
184.57	227.24	277.53	301.37	280.23	272.74	297.79	296.38	313.05	356.55	436.39	500.40	548.90	592.30	628.20	647.80	706.40	États-Unis
108.01	116.94	145.04	172.20	158.15	165.36	189.74	194.13	226.03	250.35	292.49	306.99	317.15	347.49	374.33	397.88	434.88	Japon
17.01	22.07	25.68	25.91	25.87	23.85	27.59	27.06	27.35	33.28	41.77	46.10	49.85	53.31	53.86	54.32	61.09	Australie
4.86	6.13	6.82	7.16	6.95	7.02	7.50	6.89	7.90	9.83	11.83	11.45	11.89	12.41	12.73	13.56	15.96	Nouvelle-Zélande
19.33	24.51	28.31	25.40	25.28	25.03	24.87	26.54	34.25	41.69	47.84	50.61	64.06	66.35	72.04	67.61	73.14	Autriche
50.72	63.57	74.22	65.69	61.16	60.22	60.66	61.38	78.86	96.66	109.57	117.50	141.80	141.90	154.84	144.46	162.32	Belgique
15.69	19.28	21.69	20.92	20.27	20.37	20.04	21.29	26.39	32.17	35.49	36.24	45.82	47.84	51.47	46.25	51.26	Danemark
10.45	13.49	17.02	16.77	15.72	14.85	15.67	15.82	18.86	22.76	26.00	27.20	31.08	27.03	28.64	27.91	34.69	Finlande
98.70	123.86	143.04	131.43	120.26	118.18	120.53	125.09	155.08	183.24	205.02	221.17	269.59	272.60	299.96	275.24	303.29	France
165.83	198.81	224.05	204.42	205.39	198.62	198.52	212.45	282.30	339.54	371.92	390.48	457.21	436.31	466.67	420.90	463.82	Allemagne
5.08	6.16	7.67	6.97	6.47	6.32	6.69	6.47	8.05	10.37	11.60	11.84	13.58	14.96	16.93	15.24	16.89	Grèce
0.90	1.06	1.18	1.19	1.01	1.07	1.07	1.18	1.51	1.85	1.90	1.86	2.13	2.12	2.11	2.00	2.24	Islande
6.48	8.07	9.55	8.88	9.15	9.65	10.61	11.38	13.96	17.62	20.77	22.87	26.66	27.19	32.03	32.27	37.43	Irlande
69.98	90.45	99.19	95.31	92.51	92.19	94.02	96.90	122.06	148.35	161.37	177.14	227.75	225.67	244.00	229.97	258.22	Italie
3.25	4.13	4.38	3.60	3.37	3.36	3.69	4.09	5.53	6.69	7.77	8.29	10.13	10.55	11.83	11.56	12.91	Luxembourg
60.94	76.39	87.82	81.23	78.04	75.22	75.64	77.90	90.59	108.24	121.55	126.22	153.62	156.76	167.69	157.59	171.48	Pays-Bas
16.65	20.83	27.31	27.25	25.59	25.23	26.25	27.42	26.35	29.74	32.82	38.04	46.93	47.52	48.29	44.48	47.43	Norvège
3.61	5.50	6.87	6.33	6.15	6.51	7.17	7.72	9.81	12.73	14.78	17.03	21.97	22.28	24.19	21.90	24.83	Portugal
22.31	29.43	33.28	32.95	33.05	32.54	36.48	37.68	45.82	56.66	65.03	68.85	83.93	90.55	101.68	92.88	107.19	Espagne
25.75	32.78	36.99	34.39	32.59	33.03	35.04	35.55	43.68	52.43	58.70	61.19	68.74	66.84	68.96	60.78	72.15	Suède
29.77	33.69	37.35	35.18	34.26	34.19	34.28	36.23	49.54	60.71	66.97	67.55	82.82	81.39	86.88	84.80	93.08	Suisse
2.97	3.48	3.73	5.99	7.84	8.05	9.75	11.04	10.44	13.58	16.95	17.36	20.02	20.91	22.90	24.67	27.91	Turquie
91.94	117.46	146.64	136.32	127.84	121.75	122.59	131.56	144.18	174.77	191.87	199.89	237.71	238.06	250.24	240.35	267.64	Royaume-Uni
1077.99	1322.83	1561.07	1553.67	1482.12	1467.58	1554.03	1599.39	1863.45	2196.84	2508.69	2697.66	3116.59	3185.82	3411.82	3321.62	3676.75	OCDE - Total
700.36	872.95	1010.30	940.20	905.95	886.38	903.56	947.68	1167.27	1409.81	1567.91	1661.32	2005.53	1996.82	2151.34	2000.85	2227.93	OCDE - Europe
650.08	813.89	940.73	870.59	837.26	817.85	832.22	871.81	1079.43	1303.92	1449.28	1536.50	1853.63	1844.89	1991.16	1844.91	2057.28	UE15

Importations de biens et services - aux prix et taux de change courants (milliards de dollars É-U) 18.

1978	1979	1980	1981	1982	1983	1984	1985	1986	1987	1988	1989	1990	1991	1992	1993	1994	
52.65	62.56	70.07	77.57	66.95	72.89	85.43	90.36	95.98	105.96	127.07	140.27	146.75	150.83	154.92	164.75	178.49	Canada
11.36	16.82	25.22	32.35	17.92	14.02	16.78	19.06	17.39	18.78	26.20	33.33	41.36	48.82	59.77	60.29	66.94	Mexique
212.25	252.71	293.90	317.69	303.19	328.13	405.11	417.62	451.74	507.05	552.21	587.70	628.50	620.90	668.40	724.30	816.90	États-Unis
91.11	126.08	154.52	162.90	149.92	144.24	155.21	148.96	147.11	174.19	226.80	266.51	296.10	286.01	285.70	299.76	336.80	Japon
18.92	21.51	26.59	30.72	30.62	26.10	31.29	30.90	31.46	34.91	43.87	52.81	52.18	51.41	54.05	55.22	64.76	Australie
4.82	6.39	7.08	7.95	7.74	7.39	8.24	7.57	7.97	9.23	10.23	11.35	11.65	11.08	11.72	12.27	14.95	Nouvelle-Zélande
19.31	24.81	29.81	26.27	24.18	24.16	24.77	26.43	33.39	41.12	47.18	49.38	62.00	64.88	70.25	66.42	73.69	Autriche
51.47	65.61	77.21	67.25	62.01	58.76	59.34	59.38	74.48	92.47	104.06	112.59	136.40	135.95	146.39	134.43	150.41	Belgique
16.91	21.15	22.39	20.50	20.03	19.26	19.35	21.09	26.76	30.29	31.92	32.69	38.85	39.95	41.61	36.82	41.82	Danemark
9.08	12.82	17.43	16.05	15.30	14.61	14.33	15.27	17.73	22.24	26.27	29.36	33.11	27.80	27.21	23.34	28.68	Finlande
92.27	120.37	151.17	137.04	130.79	119.06	117.29	121.60	147.53	182.07	204.41	219.91	269.92	268.42	282.10	247.94	274.30	France
149.66	194.42	229.07	200.20	189.64	185.30	183.36	191.04	237.51	286.11	312.90	330.34	402.51	438.11	468.37	413.46	453.07	Allemagne
8.33	10.42	11.27	10.74	11.82	11.24	10.81	11.72	13.02	15.75	17.28	19.13	23.93	25.02	26.54	24.28	25.84	Grèce
0.83	1.03	1.18	1.24	1.16	1.02	1.07	1.17	1.36	1.91	1.96	1.74	2.05	2.21	2.12	1.81	1.92	Islande
7.80	10.78	12.20	11.52	10.59	10.21	10.70	11.06	13.36	15.87	18.16	20.35	24.01	24.26	26.91	26.04	30.34	Irlande
63.30	86.33	111.42	103.22	96.87	89.22	95.19	98.62	112.87	143.31	159.83	177.23	226.31	223.26	242.64	194.30	217.18	Italie
3.16	3.90	4.37	3.68	3.39	3.32	3.59	3.85	5.21	6.55	7.53	7.90	9.97	10.76	11.45	10.94	11.78	Luxembourg
60.92	77.18	88.61	76.13	71.93	69.93	69.02	71.75	83.85	102.46	112.51	117.30	140.49	143.01	153.07	139.80	153.74	Pays-Bas
16.94	19.51	23.68	22.66	22.32	20.77	21.11	22.56	28.71	31.28	33.33	34.39	39.36	38.00	39.55	36.96	40.02	Norvège
5.80	7.65	10.50	10.97	10.42	9.11	8.65	8.52	10.57	15.14	19.30	20.72	27.42	28.91	33.11	29.33	32.21	Portugal
21.15	28.84	38.25	36.79	36.50	33.89	33.15	34.46	40.91	56.16	68.87	81.27	100.56	107.18	117.73	95.79	106.51	Espagne
24.83	33.87	39.38	34.62	33.14	31.06	31.52	33.84	39.45	49.41	55.71	60.15	67.89	63.13	64.84	54.02	63.80	Suède
27.70	34.18	40.93	36.11	33.82	34.23	34.54	35.84	48.02	59.29	66.15	67.90	81.64	78.19	78.36	73.09	81.16	Suisse
5.02	6.34	8.09	8.93	9.44	10.02	11.59	12.49	12.01	15.48	15.95	19.05	26.47	25.13	27.60	34.90	26.63	Turquie
87.50	115.86	134.56	121.79	118.84	117.90	123.72	127.24	148.55	183.30	223.00	234.65	264.37	249.45	264.27	251.92	278.26	Royaume-Uni
1063.10	1361.14	1628.89	1574.89	1478.56	1455.81	1575.14	1622.43	1846.95	2200.34	2512.69	2728.02	3153.77	3162.67	3358.67	3212.18	3570.22	OCDE - Total
671.99	875.07	1051.51	945.71	902.21	863.04	873.08	907.95	1095.31	1350.23	1526.31	1636.05	1977.24	1993.63	2124.11	1895.60	2091.38	OCDE - Europe
621.50	814.01	977.63	876.78	835.47	797.01	804.78	835.88	1005.20	1242.27	1408.93	1512.97	1827.72	1850.10	1976.48	1748.83	1941.64	UE15

19. Gross domestic product per head - at current prices and 1990 exchange rates (US dollars)

	1960	1961	1962	1963	1964	1965	1966	1967	1968	1969	1970	1971	1972	1973	1974	1975	1976	1977
Canada	1880	1909	2035	2144	2304	2494	2740	2886	3098	3364	3560	3757	4145	4803	5656	6282	7153	778
Mexico	2	2	2	2	2	2	2	2	3	3	3	3	4	5	6	7	8	1
United States	2849	2902	3073	3196	3385	3624	3923	4102	4434	4742	4933	5288	5755	6373	6830	7351	8120	896
Japan	1186	1419	1596	1809	2106	2317	2667	3092	3620	4200	4884	5321	6010	7150	8417	9186	10202	1125
Australia	1108	1098	1157	1244	1340	1422	1484	1601	1722	1875	2027	2235	2454	2851	3366	3963	4610	502
New Zealand	717	716	756	804	861	918	935	953	999	1100	1212	1404	1579	1812	1938	2146	2587	285
Austria	2033	2243	2370	2538	2760	2982	3226	3405	3639	3960	4427	4920	5591	6301	7159	7614	8425	925
Belgium	1821	1930	2057	2195	2433	2624	2802	2984	3180	3518	3913	4275	4763	5392	6301	6938	7866	848
Denmark	1451	1600	1789	1889	2143	2389	2600	2832	3133	3544	3889	4269	4879	5562	6202	6906	8002	887
Finland	956	1077	1145	1235	1385	1526	1630	1778	2030	2318	2597	2850	3304	4000	5021	5727	6455	709
France	1209	1305	1431	1576	1731	1846	1982	2124	2293	2593	2870	3168	3509	3981	4561	5115	5903	662
Germany	2891	3140	3386	3560	3890	4212	4446	4493	4833	5370	6031	6642	7255	8061	8644	9053	9921	1061
Greece	96	107	113	126	141	159	176	188	203	230	257	283	322	411	477	563	681	78
Iceland	9	10	12	14	17	20	24	24	25	31	39	49	61	84	121	170	237	33
Ireland	387	419	452	483	547	580	609	662	744	855	955	1082	1287	1529	1664	2076	2508	303
Italy	412	455	508	578	627	669	720	787	848	931	1042	1127	1225	1475	1851	2087	2620	319
Luxembourg	2748	2723	2832	2994	3376	3494	3650	3663	3995	4599	5352	5418	6021	7234	8720	7987	9139	939
Netherlands	2154	2244	2382	2550	2961	3261	3506	3803	4172	4671	5177	5764	6447	7297	8216	8966	10188	1105
Norway	1615	1747	1870	1991	2174	2379	2547	2763	2924	3158	3607	3999	4383	4947	5703	6501	7428	829
Portugal	66	70	75	81	87	97	107	120	132	145	163	184	214	261	309	331	400	52
Spain	219	249	288	337	374	429	492	550	614	696	762	852	991	1184	1435	1668	1984	248
Sweden	1648	1783	1923	2070	2291	2497	2691	2898	3058	3298	3659	3929	4287	4761	5363	6274	7070	766
Switzerland	5017	5490	5923	6375	6948	7372	7846	8352	8818	9432	10414	11688	13125	14535	15723	15754	16136	1661
Turkey	1	1	1	1	1	1	2	2	2	2	2	3	3	4	5	6	8	1
United Kingdom	877	922	960	1011	1098	1175	1244	1302	1404	1505	1647	1828	2041	2340	2643	3335	3948	460
OECD - Total	1621	1720	1847	1962	2134	2299	2489	2637	2877	3159	3445	3741	4121	4667	5193	5640	6291	693
OECD - Europe	1286	1391	1499	1602	1756	1896	2017	2102	2259	2498	2781	3066	3384	3812	4243	4624	5208	575
EU15	1333	1440	1554	1661	1824	1973	2103	2189	2361	2621	2924	3224	3562	4025	4496	4935	5596	621

20. Gross domestic product per head - at the price levels and exchange rates of 1990 (US dollars)

	1960	1961	1962	1963	1964	1965	1966	1967	1968	1969	1970	1971	1972	1973	1974	1975	1976	1977
Canada	9244	9342	9820	10141	10616	11113	11649	11776	12213	12684	12840	13130	13715	14592	15021	15189	15911	1628
Mexico	1573	1585	1605	1671	1790	1846	1897	1946	2020	2069	2134	2151	2258	2369	2434	2493	2522	253
United States	12259	12379	12824	13155	13694	14283	14968	15228	15685	15951	15724	15963	16539	17214	16938	16606	17242	1784
Japan	5005	5558	5997	6443	7121	7454	8171	8981	10022	11135	12161	12555	13404	14097	13819	14041	14470	1500
Australia	8793	8576	8946	9358	9752	10092	10186	10704	11123	11559	12002	12470	12721	13196	13191	13392	13753	1373
New Zealand	8720	9025	9002	9370	9639	10073	10511	9864	9766	10661	10361	10730	11002	11553	11995	11646	11819	1120
Austria	8022	8402	8551	8844	9315	9519	9986	10210	10612	11238	11997	12553	13256	13827	14348	14334	15016	1569
Belgium	7817	8178	8570	8876	9405	9651	9890	10216	10603	11276	11987	12399	13005	13731	14250	13999	14755	1480
Denmark	11933	12609	13223	13202	14316	14852	15132	15514	16037	16961	17178	17515	18332	18885	18623	18445	19589	1984
Finland	9985	10670	10915	11194	11713	12293	12538	12741	12978	14229	15352	15652	16745	17768	18209	18337	18205	1819
France	8857	9248	9690	10029	10573	10977	11454	11898	12318	13074	13700	14217	14668	15339	15653	15531	16150	1664
Germany	9008	9345	9696	9888	10488	10949	11171	11114	11687	12468	13001	13290	13785	14400	14423	14297	15119	1558
Greece	2555	2816	2842	3119	3364	3663	3857	4021	4277	4683	5044	5380	5820	6218	5970	6272	6583	670
Iceland	9330	9166	9764	10593	11397	12037	12822	12468	11669	11828	12586	14161	14820	15604	16265	16144	16951	1826
Ireland	4699	4961	5100	5305	5479	5562	5596	5887	6344	6686	6808	6978	7318	7541	7734	8035	8018	856
Italy	6948	7468	7878	8259	8421	8623	9068	9649	10216	10778	11290	11418	11660	12405	12993	12573	13333	1372
Luxembourg	12714	13076	13088	13413	14292	14392	14464	14452	15012	16411	16593	16936	17793	19052	19631	18137	18493	1878
Netherlands	9108	9015	9495	9708	10372	10767	10920	11367	11970	12593	13146	13540	13847	14377	14830	14685	15316	1557
Norway	10580	11150	11388	11729	12227	12773	13150	13855	14042	14552	14736	15316	15985	16524	17278	17899	19028	1962
Portugal	1975	2063	2203	2318	2459	2639	2753	2964	3224	3296	3621	3895	4214	4684	4672	4303	4471	467
Spain	4141	4583	4998	5430	5662	5952	6311	6505	6853	7391	7634	7916	8484	9063	9481	9433	9630	978
Sweden	13180	13855	14364	15046	15951	16406	16593	17016	17539	18288	19291	19341	19725	20470	21065	21518	21666	2124
Switzerland	19100	20086	20476	21019	21756	22237	22582	23015	23573	24580	25918	26651	27255	27912	28235	26407	26328	2704
Turkey	1263	1254	1297	1385	1408	1409	1535	1564	1627	1671	1710	1758	1841	1854	1911	1999	2177	220
United Kingdom	8928	9082	9119	9421	9829	10036	10187	10362	10725	10897	11120	11295	11660	12416	12244	12232	12509	1278
OECD - Total	8184	8456	8797	9101	9557	9919	10342	10633	11106	11598	11892	12144	12614	13192	13173	13037	13511	1387
OECD - Europe	7557	7883	8179	8463	8866	9161	9433	9661	10071	10599	11034	11298	11691	12265	12447	12290	12777	1306
EU15	7879	8226	8549	8852	9294	9621	9917	10170	10629	11213	11693	11984	12422	13079	13290	13153	13695	1402

21. Gross domestic product per head - at current prices and current exchange rates (US dollars)

	1960	1961	1962	1963	1964	1965	1966	1967	1968	1969	1970	1971	1972	1973	1974	1975	1976	1977
Canada	2262	2198	2219	2314	2487	2691	2957	3114	3344	3630	3965	4341	4886	5603	6747	7206	8465	853
Mexico	340	357	373	402	459	484	521	552	591	633	726	775	864	1023	1290	1529	1501	134
United States	2849	2902	3073	3196	3385	3624	3923	4102	4434	4742	4933	5288	5755	6373	6830	7351	8120	896
Japan	477	571	642	728	847	932	1073	1243	1456	1689	1964	2205	2870	3810	4172	4481	4981	607
Australia	1590	1575	1660	1785	1923	2040	2129	2297	2471	2690	2909	3244	3748	5186	6189	6646	7218	713
New Zealand	1682	1676	1763	1874	2006	2139	2178	2178	1875	2066	2275	2672	3162	4123	4540	4323	4315	464
Austria	889	981	1036	1110	1207	1304	1411	1489	1592	1732	1936	2241	2750	3659	4355	4970	5340	636
Belgium	1217	1290	1375	1467	1626	1754	1873	1994	2126	2352	2616	2924	3616	4623	5406	6304	6809	791
Denmark	1300	1433	1603	1693	1920	2140	2329	2520	2585	2924	3209	3562	4345	5690	6297	7438	8192	914
Finland	1143	1286	1368	1475	1654	1824	1948	1971	1848	2110	2365	2604	3047	4003	5087	5952	6387	673
France	1333	1439	1578	1738	1909	2036	2186	2343	2529	2718	2814	3113	3788	4863	5159	6499	6725	734
Germany	1112	1258	1368	1438	1571	1702	1796	1815	1952	2200	2662	3074	3676	4873	5397	5946	6366	738
Greece	505	565	597	664	743	841	929	992	1074	1215	1360	1497	1700	2197	2519	2783	2958	337
Iceland	1499	1436	1580	1857	2322	2761	3249	3161	2389	2068	2563	3246	4007	5432	7030	6437	7570	992
Ireland	656	710	766	818	926	982	1032	1105	1079	1241	1386	1593	1944	2265	2351	2777	2725	319
Italy	791	873	974	1108	1203	1283	1380	1509	1625	1784	1997	2178	2516	3031	3409	3830	3771	434
Luxembourg	1837	1820	1893	2001	2256	2336	2440	2448	2670	3074	3577	3705	4572	6203	7481	7257	7911	875
Netherlands	1032	1120	1198	1283	1489	1641	1763	1913	2099	2350	2604	2997	3658	4753	5565	6456	7017	820
Norway	1416	1531	1639	1745	1905	2085	2232	2421	2563	2767	3161	3555	4164	5370	6444	7785	8521	975
Portugal	327	349	372	401	433	482	530	593	656	720	806	925	1129	1516	1734	1846	1885	196
Spain	373	423	489	573	635	728	835	909	894	1013	1109	1250	1571	2071	2536	2962	3022	333
Sweden	1885	2040	2200	2368	2621	2857	3079	3316	3499	3773	4186	4545	5327	6453	7150	8943	9607	1012
Switzerland	1594	1744	1882	2025	2207	2342	2493	2653	2801	2996	3308	3928	4774	6380	7331	8478	8968	960
Turkey	492	276	312	352	367	383	444	482	521	564	503	468	575	704	948	1157	1304	145
United Kingdom	1382	1454	1514	1595	1731	1853	1962	2025	1898	2034	2226	2506	2871	3228	3480	4155	3995	452
OECD - Total	1425	1488	1592	1690	1826	1963	2124	2243	2402	2610	2821	3092	3555	4260	4699	5226	5619	626
OECD - Europe	1011	1083	1173	1268	1388	1497	1603	1688	1759	1930	2144	2402	2859	3607	4032	4685	4864	548
EU15	1042	1138	1233	1333	1463	1580	1692	1780	1856	2041	2283	2566	3057	3856	4290	4986	5162	583

National Accounts, Volume 1, OECD, 1996 132

Produit intérieur brut par tête - aux prix courants et taux de change de 1990 (dollars É-U) 19.

1978	1979	1980	1981	1982	1983	1984	1985	1986	1987	1988	1989	1990	1991	1992	1993	1994	
8543	9676	10724	12166	12645	13542	14716	15671	16400	17651	19147	20195	20441	20394	20512	20907	21768	Canada
13	17	23	31	48	85	137	216	354	846	1676	2136	2833	3502	4047	4395	4789	Mexique
10017	11046	11892	13201	13577	14487	15923	16844	17581	18519	19810	21042	21966	22389	23246	24252	25512	États-Unis
12284	13204	14202	15144	15778	16318	17295	18327	19022	19710	20922	22225	23734	25153	25730	25814	25930	Japon
5501	6272	7033	7860	8546	9220	10416	11385	12239	13581	15078	16593	17260	17140	17595	18305	19295	Australie
3233	3763	4377	5294	5915	6482	7266	8347	10017	11292	12091	12793	12943	12791	13034	13714	14602	Nouvelle-Zélande
9797	10702	11589	12277	13168	13990	14868	15692	16536	17200	18140	19299	20527	21660	22839	23373	24783	Autriche
9094	9700	10488	10872	11814	12532	13472	14406	15153	15801	16780	18147	19264	20140	21146	21569	22541	Belgique
9858	10954	11785	12865	14661	16195	17868	19434	21031	22059	23059	24153	25117	25955	26601	27193	28965	Danemark
7830	9087	10471	11805	13198	14629	16318	17694	18879	20515	22968	25659	27037	25528	24732	24904	26101	Finlande
7509	8500	9572	10727	12220	13433	14558	15613	16760	17556	18768	20048	21070	21811	22440	22560	23394	France
11405	12334	13051	13576	14076	14825	15631	16351	17221	17785	18607	19526	20665	22081	23619	24050	25242	Allemagne
933	1133	1344	1596	1992	2368	2911	3520	4191	4757	5732	6804	8112	9802	11155	12540	14030	Grèce
523	762	1218	1877	2902	4940	6373	8607	11374	14581	17613	20902	24479	26376	26056	26601	27840	Islande
3547	4089	4788	5739	6690	7335	8088	8742	9203	9841	10621	11961	12837	13266	13968	14935	16091	Irlande
3768	4592	5734	6854	8042	9337	10693	11938	13253	14489	16076	17567	19302	21020	22078	22671	23951	Italie
10247	11123	12072	12833	14341	15777	17492	18488	20450	20969	23098	25974	27226	29022	30716	33357	35321	Luxembourg
11840	12516	13261	13807	14314	14806	15446	16127	16501	16508	17029	17935	18973	19772	20474	20797	21722	Pays-Bas
9194	10265	12217	14000	15418	17068	19142	21099	21586	23491	24275	25788	27199	28591	29226	30429	32058	Norvège
657	820	1026	1215	1489	1844	2248	2807	3522	4135	4863	5747	6817	7951	9125	9678	10237	Portugal
3010	3490	3980	4431	5099	5798	6540	7201	8229	9178	10176	11391	12662	13845	14859	15287	16192	Espagne
8517	9524	10796	11807	12905	14449	16158	17535	19121	20593	22321	24520	26822	28378	28102	27949	29187	Suède
17240	17970	19203	20687	21814	22640	23596	25117	26650	27698	28959	31445	33674	35047	35470	35572	36220	Suisse
15	25	45	66	86	111	171	266	379	543	918	1577	2664	4215	7177	12771	24482	Turquie
5315	6246	7289	8012	8774	9565	10208	11157	11982	13141	14593	15919	16977	17617	18224	19175	20267	Royaume-Uni
7656	8428	9186	10024	10589	11304	12243	13044	13775	14565	15681	16804	17874	18750	19644	20507	22078	OCDE - Total
6345	7059	7834	8508	9276	10066	10878	11686	12549	13317	14355	15516	16729	17895	19082	20262	22792	OCDE - Europe
6888	7700	8565	9316	10192	11102	12032	12947	13935	14804	15973	17224	18474	19587	20543	21057	22151	UE15

Produit intérieur brut par tête - aux niveaux de prix et taux de change de 1990 (dollars É-U) 20.

1978	1979	1980	1981	1982	1983	1984	1985	1986	1987	1988	1989	1990	1991	1992	1993	1994	
16862	17345	17376	17795	17017	17385	18316	19006	19430	19971	20694	20809	20441	19834	19700	19868	20562	Canada
2666	2830	2971	3157	3064	2867	2905	2923	2755	2750	2729	2766	2833	2879	2904	2868	2911	Mexique
18508	18761	18467	18689	18111	18594	19661	20100	20472	20916	21543	21923	21966	21630	21926	22435	23123	États-Unis
15593	16320	16779	17254	17680	18034	18684	19497	19887	20602	21788	22721	23734	24669	24860	24740	24810	Japon
13976	14450	14591	14891	14556	14499	15388	15896	15985	16494	16914	17323	17260	16755	16979	17450	18132	Australie
11242	11438	11495	12003	12128	12289	12773	12812	13065	13131	12984	13149	12943	12615	12849	13393	14021	Nouvelle-Zélande
15715	16488	16969	16885	17052	17435	17670	18093	18288	18569	19271	19933	20527	20827	21087	20876	21410	Autriche
15202	15515	16168	16004	16242	16319	16677	16811	17033	17358	18115	18693	19264	19616	19895	19496	19850	Belgique
20078	20737	20613	20442	21071	21623	22581	23540	24364	24407	24677	24802	25117	25390	25515	25807	26862	Danemark
18526	19765	20753	21052	21614	22066	22610	23276	23751	24654	25790	27153	27037	24912	23965	23571	24420	Finlande
17136	17603	17757	17869	18176	18226	18411	18657	19016	19333	20049	20691	21070	21116	21282	20867	21336	France
16071	16746	16878	16934	16862	17254	17843	18305	18763	19059	19654	20193	20665	21087	21388	20985	21528	Allemagne
7062	7232	7287	7225	7209	7196	7355	7558	7658	7607	7929	8222	8112	8304	8245	8127	8197	Grèce
19275	19943	20904	21513	21695	20959	21552	22170	23349	25048	24633	24407	24479	24512	23343	23329	23793	Islande
9059	9188	9379	9572	9687	9594	9944	10219	10172	10644	11110	11867	12837	13044	13464	13824	14723	Irlande
14180	14985	15588	15653	15667	15806	16223	16638	17124	17661	18375	18909	19302	19525	19634	19331	19710	Italie
19495	19897	20010	19845	20015	20613	21888	22465	23476	23970	25204	26597	27226	27768	27994	27641	28262	Luxembourg
15848	16090	16155	15964	15705	15913	16372	16798	17165	17297	17635	18350	18973	19251	19494	19404	19803	Pays-Bas
20431	21398	22221	22345	22333	23300	24561	25781	26756	27172	26893	26872	27199	27854	28606	29031	30508	Norvège
4751	4965	5137	5176	5254	5222	5107	5238	5455	5767	6117	6489	6817	6961	7040	6949	6989	Portugal
9819	9736	9789	9680	9779	9949	10054	10279	10575	11144	11694	12224	12662	12926	12984	12807	13055	Espagne
21555	22332	22658	22619	22838	23233	24150	24577	25081	25784	26245	26689	26822	26365	25838	25030	25390	Suède
27079	27675	28795	29009	28572	28792	29198	30151	30826	31233	31884	33240	33674	33229	32767	32212	32343	Suisse
2187	2125	2027	2073	2094	2144	2232	2269	2383	2554	2549	2496	2664	2654	2760	2927	2718	Turquie
13245	13595	13351	13172	13386	13852	14158	14611	15209	15889	16637	16941	16977	16541	16397	16711	17297	Royaume-Uni
14291	14669	14718	14846	14729	14977	15522	15912	16222	16618	17192	17612	17874	17900	18024	18059	18431	OCDE - Total
13373	13777	13914	13881	13932	14128	14433	14749	15118	15487	16003	16427	16729	16799	16871	16692	17035	OCDE - Europe
14398	14876	15044	15025	15124	15367	15726	16098	16519	16949	17586	18114	18474	18574	18673	18467	18923	UE15

Produit intérieur brut par tête - aux prix et taux de change courants (dollars É-U) 21.

1978	1979	1980	1981	1982	1983	1984	1985	1986	1987	1988	1989	1990	1991	1992	1993	1994	
8738	9638	10702	11840	11959	12821	13258	13391	13771	15531	18152	19902	20441	20769	19800	18909	18598	Canada
1632	2083	2790	3508	2381	1995	2302	2367	1627	1727	2074	2441	2833	3263	3678	3968	3991	Mexique
10017	11046	11892	13201	13577	14487	15923	16844	17581	18519	19810	21042	21966	22389	23246	24252	25512	États-Unis
8452	8724	9069	9942	9172	9947	10543	11124	16344	19731	23639	23325	23734	27035	29415	33612	36732	Japon
8066	8981	10259	11571	11104	10640	11710	10186	10481	12182	15091	16809	17260	17104	16553	15946	18072	Australie
5620	6446	7146	7698	7441	7259	6904	6914	8777	11169	13278	12824	12943	12369	11735	12422	14513	Nouvelle-Zélande
7671	9102	10184	8764	8776	8855	8448	8623	12315	15469	16703	16585	20527	21092	23629	22845	24670	Autriche
9651	11057	11986	9785	8640	8190	7791	8108	11335	14144	15251	15390	19264	19709	21980	20835	22515	Belgique
11063	12886	12941	11177	10889	10959	10677	11350	16086	19957	21199	20447	25117	25112	27273	25954	28181	Danemark
7271	8919	10734	10460	10469	10042	10381	10915	14239	17845	20995	22862	27037	24136	21110	16670	19106	Finlande
9060	10879	12335	10748	10125	9598	9071	9462	13176	15905	17156	17111	21070	21050	23082	21692	22944	France
9174	10872	11601	9706	9372	9381	8874	8974	12814	15987	17118	16781	20665	21498	24436	23503	25133	Allemagne
4023	4850	4998	4565	4726	4262	4094	4040	4746	5568	6404	6641	8112	8525	9276	8671	9167	Grèce
11236	12594	14794	15146	13695	11591	11719	12086	16127	21973	23866	21358	24479	26058	26390	22934	23199	Islande
4112	5060	5948	5585	5741	5511	5300	5590	7488	8842	9781	10249	12837	12909	14369	13333	14550	Irlande
5320	6621	8021	7224	7124	7365	7291	7490	10651	13394	14797	15339	19302	20300	21463	17260	17796	Italie
10874	12678	13796	11550	10489	10311	10116	10405	15298	18770	20993	22028	27226	28402	31927	32221	35281	Luxembourg
9965	11361	12146	10076	9761	9446	8766	8841	12264	14840	15688	15400	18973	19257	21202	20390	21733	Pays-Bas
10978	12688	15484	15269	14954	14643	14682	15362	18272	21825	23317	23380	27199	27606	29439	26850	28434	Norvège
2131	2389	2921	2815	2671	2373	2189	2349	3356	4185	4815	5203	6817	7845	9636	8580	8792	Portugal
4002	5300	5658	4892	4731	4121	4147	4317	5989	7577	8904	9809	12662	13582	14794	12244	12321	Espagne
11156	13149	15107	13801	12157	11154	11562	12062	15887	19224	21562	22512	26822	27774	28560	21254	22389	Suède
13395	15014	15920	14631	14926	14983	13950	14201	20581	25803	27492	26703	33674	33952	35041	33444	36790	Suisse
1571	2097	1538	1549	1373	1280	1214	1327	1467	1653	1683	1939	2664	2636	2724	3033	2157	Turquie
5739	7450	9540	9067	8632	8165	7647	8063	9891	12094	14619	14669	16977	17498	18013	16196	17468	Royaume-Uni
7487	8537	9364	9428	9161	9367	9726	10129	12206	14058	15655	16099	17874	18667	19828	19825	20970	OCDE - Total
6694	8102	9066	7994	7651	7400	7076	7294	9941	12233	13494	13622	16729	17208	18611	16888	17742	OCDE - Europe
7143	8664	9814	8615	8258	8002	7668	7915	10863	13415	14878	15043	18474	19050	20694	18686	19798	UE15

22. **Private final consumption expenditure per head** - at current prices and 1990 exchange rates (US dollars)

	1960	1961	1962	1963	1964	1965	1966	1967	1968	1969	1970	1971	1972	1973	1974	1975	1976	1977
Canada	1225	1221	1279	1339	1410	1500	1609	1709	1834	1981	2063	2164	2395	2705	3117	3554	4008	4391
Mexico	1	1	1	1	2	2	2	2	2	2	2	3	3	3	4	5	6	7
United States	1816	1845	1929	2005	2122	2257	2415	2521	2740	2933	3100	3313	3594	3933	4258	4650	5141	5662
Japan	696	810	920	1064	1214	1357	1547	1756	1980	2248	2553	2850	3246	3833	4571	5249	5866	6494
Australia	703	701	734	774	821	864	906	970	1037	1118	1207	1317	1432	1632	1928	2316	2689	2969
New Zealand	484	485	499	529	556	593	623	635	663	718	792	880	976	1100	1226	1377	1569	1745
Austria	1212	1317	1412	1520	1620	1764	1870	1995	2116	2242	2418	2697	3029	3383	3827	4274	4768	5310
Belgium	1260	1310	1370	1473	1560	1686	1791	1878	2027	2190	2342	2577	2867	3267	3769	4248	4794	5254
Denmark	899	993	1108	1161	1292	1406	1549	1697	1842	2037	2232	2382	2604	3031	3370	3830	4527	5046
Finland	582	639	701	763	864	947	1004	1087	1184	1339	1471	1594	1862	2201	2666	3191	3637	4009
France	722	782	859	953	1030	1089	1168	1255	1360	1531	1662	1831	2026	2273	2624	3005	3449	3860
Germany	1622	1762	1900	1995	2137	2336	2476	2539	2694	2942	3256	3581	3937	4305	4634	5085	5530	5985
Greece	80	86	90	98	108	121	133	142	153	167	186	202	221	273	338	398	469	541
Iceland	6	6	7	9	11	12	15	15	16	19	24	30	36	48	71	99	134	191
Ireland	306	324	348	368	409	428	451	478	543	614	678	759	861	1013	1172	1371	1666	2003
Italy	246	267	299	348	374	396	434	477	506	552	620	674	736	892	1115	1294	1594	1927
Luxembourg	1653	1727	1795	1918	2132	2265	2365	2410	2569	2736	3011	3309	3594	3940	4479	5140	5763	6231
Netherlands	1263	1343	1442	1580	1763	1943	2086	2240	2423	2741	3034	3342	3707	4150	4676	5271	6002	6624
Norway	922	995	1064	1124	1212	1284	1365	1469	1556	1720	1875	2073	2258	2486	2802	3272	3755	4342
Portugal	48	51	52	56	59	65	72	78	90	99	106	124	136	168	223	253	297	377
Spain	153	171	194	231	255	296	335	372	409	448	493	553	639	759	930	1083	1315	1632
Sweden	977	1047	1118	1196	1278	1392	1498	1602	1688	1810	1948	2085	2288	2520	2865	3254	3749	4096
Switzerland	3132	3346	3633	3862	4145	4418	4721	5016	5285	5654	6140	6797	7642	8509	9287	9697	10133	10588
Turkey	1	1	1	1	1	1	1	1	1	1	2	2	2	3	4	5	6	7
United Kingdom	578	603	633	668	709	749	787	823	881	931	1011	1127	1272	1451	1673	2059	2393	2737
OECD - Total	998	1050	1122	1195	1283	1381	1486	1571	1702	1851	2006	2182	2404	2691	3014	3367	3755	4149
OECD - Europe	764	822	888	951	1022	1105	1177	1234	1316	1437	1576	1734	1918	2143	2401	2696	3029	3362
EU15	789	851	918	986	1060	1149	1226	1285	1374	1504	1654	1822	2018	2260	2541	2874	3247	3622

23. **Private final consumption expenditure per head** - at the price levels and exchange rates of 1990 (US dollars)

	1960	1961	1962	1963	1964	1965	1966	1967	1968	1969	1970	1971	1972	1973	1974	1975	1976	1977
Canada	5661	5613	5795	5941	6161	6417	6630	6773	6967	7220	7272	7449	7913	8399	8763	9043	9503	9684
Mexico	1180	1189	1195	1228	1324	1370	1395	1439	1490	1539	1584	1613	1666	1720	1751	1795	1821	1805
United States	7467	7515	7733	7907	8238	8601	8947	9118	9500	9753	9856	10057	10520	10897	10706	10811	11276	11611
Japan	3332	3646	3884	4186	4589	4801	5234	5717	6134	6686	7084	7407	7971	8495	8373	8645	8814	9087
Australia	5459	5325	5547	5773	5961	6068	6175	6400	6625	6880	7078	7212	7389	7749	7905	8123	8272	8283
New Zealand	6069	6037	6121	6413	6512	6767	6924	6531	6626	6927	7149	7071	7443	7914	8066	7864	7536	7263
Austria	4495	4699	4827	5062	5200	5421	5617	5769	5970	6123	6356	6752	7121	7462	7673	7943	8318	8769
Belgium	5335	5404	5594	5799	5895	6091	6210	6351	6664	7001	7303	7631	8056	8654	8853	8885	9298	9510
Denmark	7407	7897	8300	8237	8815	9047	9355	9544	9672	10226	10507	10357	10467	10908	10548	10903	11731	11823
Finland	5086	5436	5725	5935	6227	6553	6695	6799	6774	7505	8104	8230	8866	9341	9456	9710	9766	9641
France	5269	5525	5810	6102	6379	6574	6835	7128	7360	7741	7999	8301	8630	9001	9026	9222	9619	9828
Germany	4427	4657	4878	4974	5211	5518	5647	5701	5952	6380	6820	7137	7431	7629	7663	7935	8280	8677
Greece	1902	2014	2087	2184	2368	2537	2689	2823	3008	3182	3455	3631	3859	4135	4147	4333	4503	4638
Iceland	5293	5191	5664	6203	6617	7012	7783	7782	7292	6851	7872	9178	9703	10076	10954	9766	10202	11415
Ireland	3680	3816	3933	4071	4223	4240	4291	4428	4803	5039	4947	5059	5238	5525	5524	5476	5542	5838
Italy	3602	3845	4092	4439	4548	4657	4952	5280	5517	5848	6260	6446	6620	7039	7252	7222	7548	7763
Luxembourg	6847	7119	7341	7607	8205	8431	8517	8489	8828	9233	9741	10229	10569	11050	11418	11886	12191	12470
Netherlands	4885	4814	5306	5604	5856	6208	6323	6591	6952	7415	7865	8029	8226	8485	8730	8938	9339	9710
Norway	6465	6785	6948	7128	7340	7462	7669	7896	8113	8663	8599	8938	9132	9330	9631	10069	10631	11320
Portugal	1440	1523	1557	1651	1620	1692	1711	1797	2273	2376	2456	2792	2909	3257	3525	3364	3384	3368
Spain	2675	2938	3170	3498	3612	3816	4045	4237	4437	4708	4883	5085	5458	5831	6069	6115	6381	6400
Sweden	8044	8427	8658	8991	9280	9584	9679	9822	10170	10547	10814	10750	11086	11351	11701	11982	12434	12262
Switzerland	10669	11086	11473	11773	12122	12425	12683	12909	13258	13802	14416	14921	15590	15921	15797	15469	15809	16332
Turkey	1040	1024	1077	1155	1138	1139	1212	1218	1274	1308	1304	1385	1437	1422	1280	1354	1461	1710
United Kingdom	5281	5353	5428	5623	5755	5802	5872	5979	6117	6127	6285	6450	6828	7185	7079	7057	7092	7071
OECD - Total	4871	5015	5214	5413	5650	5867	6101	6291	6557	6842	7059	7264	7607	7933	7898	8012	8290	8501
OECD - Europe	4270	4453	4654	4863	5032	5202	5364	5520	5729	6007	6280	6497	6769	7058	7107	7198	7457	7644
EU15	4420	4617	4832	5055	5242	5432	5607	5783	6013	6316	6624	6857	7157	7491	7574	7687	7968	8150

24. **Private final consumption expenditure per head** - at current prices and current exchange rates (US dollars)

	1960	1961	1962	1963	1964	1965	1966	1967	1968	1969	1970	1971	1972	1973	1974	1975	1976	1977
Canada	1474	1407	1394	1445	1522	1619	1736	1845	1979	2138	2297	2500	2822	3156	3719	4077	4743	4818
Mexico	272	284	297	311	356	367	396	419	454	478	548	595	651	757	946	1103	1073	933
United States	1816	1845	1929	2005	2122	2257	2415	2521	2740	2933	3100	3313	3594	3933	4258	4650	5141	5662
Japan	280	326	370	428	488	546	622	706	796	904	1027	1181	1550	2043	2266	2561	2864	3502
Australia	1009	1006	1053	1111	1178	1240	1299	1392	1488	1604	1732	1912	2187	2969	3546	3884	4210	4218
New Zealand	1137	1137	1162	1232	1295	1382	1451	1450	1245	1347	1486	1675	1956	2503	2872	2774	2617	2839
Austria	530	576	618	665	708	771	818	873	925	981	1057	1228	1490	1964	2328	2790	3022	3653
Belgium	842	876	916	985	1043	1127	1197	1255	1355	1464	1565	1762	2177	2801	3234	3860	4149	4898
Denmark	806	889	992	1040	1157	1260	1388	1510	1520	1681	1842	1988	2319	3101	3422	4125	4635	5202
Finland	695	764	837	911	1032	1132	1199	1205	1078	1219	1339	1457	1717	2202	2701	3317	3598	3804
France	796	863	947	1051	1136	1201	1288	1384	1500	1605	1630	1799	2187	2776	2968	3817	3929	4278
Germany	624	706	767	806	863	944	1000	1025	1088	1206	1437	1657	1995	2603	2893	3340	3548	4164
Greece	425	455	477	516	572	641	703	752	807	880	985	1065	1169	1459	1785	1967	2036	2326
Iceland	961	889	986	1170	1427	1635	1995	2022	1528	1233	1574	1981	2396	3073	4146	3737	4277	5592
Ireland	517	549	589	624	692	725	763	798	788	891	983	1116	1301	1501	1657	1834	1810	2112
Italy	472	512	574	666	717	760	832	915	970	1058	1189	1302	1512	1832	2055	2375	2294	2617
Luxembourg	1105	1154	1200	1282	1425	1514	1580	1611	1717	1829	2012	2263	2728	3378	3843	4670	4989	5810
Netherlands	605	670	725	795	887	977	1050	1127	1219	1379	1526	1738	2103	2703	3168	3795	4134	4915
Norway	808	872	933	985	1062	1125	1196	1287	1364	1508	1643	1843	2145	2699	3167	3919	4308	5106
Portugal	237	255	257	276	293	325	357	384	445	493	527	626	718	974	1249	1411	1401	1402
Spain	260	291	330	393	433	502	570	614	596	652	717	811	1013	1329	1644	1922	2004	2190
Sweden	1118	1197	1279	1368	1462	1593	1714	1833	1931	2071	2229	2411	2843	3415	3820	4638	5095	5409
Switzerland	995	1063	1154	1227	1317	1403	1500	1594	1679	1796	1951	2284	2780	3735	4330	5219	5631	6120
Turkey	388	215	252	285	284	296	332	357	387	421	366	352	430	511	696	837	903	1030
United Kingdom	912	951	999	1054	1117	1181	1242	1280	1190	1258	1366	1545	1789	2002	2202	2565	2422	2689
OECD - Total	900	932	990	1053	1126	1205	1295	1366	1458	1574	1697	1859	2129	2514	2796	3174	3405	3795
OECD - Europe	627	663	720	782	839	902	967	1021	1055	1145	1252	1401	1668	2083	2349	2787	2874	3244
EU15	640	694	752	818	880	948	1016	1073	1107	1203	1327	1491	1776	2219	2488	2954	3037	3433

Consommation finale privée par tête - aux prix courants et taux de change de 1990 (dollars É-U) 22.

1978	1979	1980	1981	1982	1983	1984	1985	1986	1987	1988	1989	1990	1991	1992	1993	1994	
4835	5349	5939	6672	7077	7684	8284	8956	9599	10272	11000	11697	12122	12343	12486	12735	13070	Canada
9	11	15	20	29	52	87	139	242	557	1163	1502	2007	2514	2922	3141	3407	Mexique
6241	6874	7501	8207	8687	9398	10162	10896	11488	12193	13052	13829	14596	14948	15649	16411	17180	États-Unis
7087	7753	8357	8805	9378	9827	10279	10797	11141	11573	12118	12817	13620	14217	14712	15009	15347	Japon
3290	3663	4136	4640	5169	5649	6111	6774	7316	7962	8717	9628	10320	10635	11074	11416	11950	Australie
1968	2291	2689	3143	3565	3831	4318	5081	6001	6759	7288	7785	8118	8046	8139	8356	8764	Nouvelle-Zélande
5453	5962	6437	6935	7437	8092	8538	9025	9351	9727	10222	10791	11376	11941	12647	12993	13659	Autriche
5598	6091	6600	7088	7740	8160	8731	9426	9706	10183	10574	11362	12032	12660	13225	13490	14013	Belgique
5537	6184	6584	7211	8070	8846	9732	10655	11572	11910	12247	12715	13045	13488	13842	14259	15443	Danemark
4423	5012	5666	6390	7273	8059	8847	9651	10317	11217	12299	13414	14150	14287	14115	14210	14595	Finlande
4349	4940	5635	6464	7417	8166	8849	9537	10126	10690	11272	11951	12555	13054	13470	13729	14120	France
6375	6860	7335	7755	8076	8475	8899	9261	9536	9901	10267	10789	11497	12607	13474	13984	14463	Allemagne
636	751	908	1127	1404	1653	1971	2414	2958	3458	4082	4920	5960	7164	8296	9397	10505	Grèce
297	440	702	1111	1750	2969	3994	5499	7004	9315	11054	12902	15053	16559	16309	16118	16544	Islande
2329	2750	3244	3897	4119	4505	4900	5363	5670	5998	6520	7248	7506	7826	8194	8419	9003	Irlande
2242	2743	3499	4195	4949	5707	6531	7335	8127	8938	9878	10896	11866	13010	13883	14047	14821	Italie
6614	7166	7899	8701	9633	10481	11328	12092	12806	13484	14417	15521	16896	18271	18694	19571	20325	Luxembourg
7174	7644	8069	8271	8608	8906	9150	9585	9807	10034	10107	10521	11133	11751	12330	12642	13140	Pays-Bas
4605	4981	5590	6395	7195	7897	8604	9984	11302	12025	12342	12803	13451	14104	14717	15273	16099	Norvège
443	548	684	839	1027	1268	1575	1890	2271	2645	3123	3629	4365	5150	5937	6373	6679	Portugal
1940	2269	2622	2938	3345	3758	4179	4617	5203	5804	6380	7174	7904	8638	9366	9653	10189	Espagne
4526	4993	5556	6202	6899	7494	8183	8977	9837	10821	11703	12587	13662	15123	15151	15350	15782	Suède
10860	11448	12214	12990	13629	14187	14832	15538	15924	16391	16994	18057	19122	20241	20819	21145	21391	Suisse
11	19	36	47	63	82	129	189	255	371	583	1035	1827	2906	4820	8594	16236	Turquie
3158	3744	4344	4834	5308	5811	6206	6765	7494	8212	9249	10078	10681	11151	11623	12301	12945	Royaume-Uni
4549	5024	5518	6007	6453	6940	7440	7965	8425	8954	9600	10274	10979	11588	12252	12908	13891	OCDE - Total
3684	4108	4589	5049	5530	5991	6451	6945	7427	7926	8496	9177	9896	10736	11545	12390	13918	OCDE - Europe
3992	4474	5017	5537	6086	6619	7147	7708	8257	8828	9474	10210	10934	11742	12398	12800	13372	UE15

Consommation finale privée par tête - aux niveaux de prix et taux de change de 1990 (dollars É-U) 23.

1978	1979	1980	1981	1982	1983	1984	1985	1986	1987	1988	1989	1990	1991	1992	1993	1994	
9914	10098	10188	10295	9904	10146	10519	10959	11319	11654	12015	12187	12122	11785	11767	11793	12018	Canada
1897	2008	2093	2195	2092	1936	1956	1982	1887	1846	1843	1929	2007	2065	2105	2070	2106	Mexique
11957	12092	11921	11955	11952	12372	12872	13317	13694	13960	14362	14522	14596	14403	14672	15028	15402	États-Unis
9494	10030	10057	10142	10518	10807	11033	11337	11648	12082	12660	13150	13620	13876	14064	14168	14443	Japon
8462	8591	8776	9010	9093	9099	9258	9567	9529	9624	9853	10207	10320	10258	10492	10600	10944	Australie
7391	7335	7303	7422	7260	7384	7594	7665	7997	8058	8180	8177	8118	7855	7809	8012	8269	Nouvelle-Zélande
8646	9043	9179	9189	9293	9780	9771	9998	10164	10470	10848	11145	11376	11552	11779	11699	11939	Autriche
9721	10183	10374	10250	10384	10219	10343	10539	10778	11096	11348	11764	12032	12353	12655	12521	12629	Belgique
11874	12007	11547	11287	11457	11764	12167	12766	13480	13262	13119	13059	13045	13165	13266	13532	14510	Danemark
9843	10310	10502	10597	11054	11326	11620	12005	12444	13054	13686	14219	14150	13523	12831	12399	12568	Finlande
10161	10405	10459	10584	10860	10897	10948	11136	11495	11746	12035	12311	12555	12654	12754	12715	12848	France
9006	9302	9400	9360	9279	9435	9664	9883	10235	10578	10824	11053	11497	12037	12284	12254	12325	Allemagne
4838	4904	4864	4919	5078	5063	5121	5303	5322	5376	5556	5867	5960	6030	6073	6050	6104	Grèce
12382	12563	12874	13492	13978	13024	13337	13843	14678	16844	15944	15098	15053	15493	14580	13771	13900	Islande
6289	6463	6428	6457	5937	5945	6024	6281	6405	6616	6918	7395	7506	7611	7776	7852	8175	Irlande
7977	8520	9026	9171	9242	9287	9484	9771	10197	10652	11137	11538	11866	12170	12325	11860	11944	Italie
12802	13218	13552	13750	13766	13834	14034	14368	14810	15426	15936	16377	16896	17809	17929	17542	17799	Luxembourg
10071	10234	10114	9748	9658	9713	9790	10019	10222	10435	10456	10756	11133	11387	11587	11611	11788	Pays-Bas
11089	11409	11637	11732	11893	12038	12325	13508	14209	14009	13543	13401	13451	13579	13803	14016	14581	Norvège
3264	3229	3314	3381	3439	3375	3264	3279	3463	3678	3898	4051	4365	4573	4746	4757	4758	Portugal
6386	6411	6402	6261	6221	6209	6171	6366	6557	6920	7244	7638	7904	8118	8273	8078	8131	Espagne
12139	12404	12280	12200	12265	11968	12130	12437	12956	13502	13768	13835	13662	13706	13435	12868	12839	Suède
16650	16814	17164	17132	17028	17274	17481	17658	18045	18292	18537	19021	19122	19152	18911	18633	18660	Suisse
1706	1648	1706	1538	1603	1669	1760	1706	1772	1729	1710	1653	1827	1838	1863	1983	1844	Turquie
7450	7767	7751	7756	7837	8185	8327	8619	9183	9642	10340	10636	10681	10382	10337	10574	10858	Royaume-Uni
8751	8978	8983	8996	9040	9218	9439	9702	9987	10245	10569	10795	10979	11016	11152	11220	11402	OCDE - Total
7842	8075	8165	8131	8170	8257	8363	8555	8872	9150	9438	9672	9896	10047	10134	10061	10147	OCDE - Europe
8388	8671	8773	8772	8828	8934	9059	9296	9658	10007	10372	10674	10934	11118	11237	11151	11287	UE15

Consommation finale privée par tête - aux prix et taux de change courants (dollars É-U) 24.

1978	1979	1980	1981	1982	1983	1984	1985	1986	1987	1988	1989	1990	1991	1992	1993	1994	
4945	5328	5926	6493	6693	7275	7463	7653	8061	9039	10428	11527	12122	12570	12053	11518	11167	Canada
1131	1408	1816	2258	1467	1214	1452	1527	1114	1137	1439	1716	2007	2343	2655	2835	2839	Mexique
6241	6874	7501	8207	8687	9398	10162	10896	11488	12193	13052	13829	14596	14948	15649	16411	17180	États-Unis
4876	5122	5336	5781	5451	5991	6266	6553	9572	11585	13691	13452	13620	15281	16819	19542	21741	Japon
4824	5245	6033	6830	6717	6519	6870	6060	6265	7142	8724	9753	10320	10613	10418	9945	11192	Australie
3421	3925	4390	4570	4484	4291	4103	4210	5258	6686	8004	7804	8118	7780	7328	7569	8711	Nouvelle-Zélande
4270	5071	5657	4951	4957	5122	4851	4960	6964	8748	9412	9273	11376	11628	13085	12699	13597	Autriche
5940	6943	7543	6379	5661	5333	5049	5305	7261	9115	9611	9636	12032	12389	13747	13030	13996	Belgique
6214	7274	7229	6264	5993	5986	5815	6223	8851	10775	11259	10764	13045	13049	14192	13610	15025	Danemark
4107	4920	5808	5662	5769	5532	5629	5954	7781	9758	11242	11952	14150	13508	12048	9512	10683	Finlande
5247	6323	7262	6477	6145	5835	5513	5780	7961	9684	10304	10200	12555	12599	13856	13201	13849	France
5128	6047	6520	5544	5378	5363	5052	5083	7095	8900	9445	9272	11497	12274	13940	13666	14400	Allemagne
2744	3215	3377	3223	3331	2975	2771	2770	3350	4048	4561	4802	5960	6230	6898	6497	6864	Grèce
6376	7277	8526	8963	8257	6966	7345	7721	9931	14037	14978	13183	15053	16359	16518	13896	13786	Islande
2700	3403	4030	3792	3535	3385	3211	3429	4613	5389	6004	6211	7506	7615	8429	7516	8141	Irlande
3165	3955	4895	4422	4384	4502	4453	4602	6532	8262	9092	9514	11866	12564	13496	10695	11013	Italie
7018	8168	9027	7831	7046	6850	6551	6805	9580	12069	13103	13163	16896	17880	19432	18904	20302	Luxembourg
6038	6939	7390	6036	5870	5682	5193	5255	7289	9019	9311	9034	11133	11445	12768	12394	13147	Pays-Bas
5499	6158	7085	6974	6979	6775	6599	7269	9567	11173	11854	11608	13451	13618	14825	13477	14279	Norvège
1437	1598	1949	1943	1841	1631	1534	1581	2165	2676	3092	3285	4365	5082	6269	5650	5736	Portugal
2579	3445	3727	3243	3104	2671	2650	2767	3787	4791	5583	6177	7904	8473	9326	7732	7753	Espagne
5929	6893	7776	7249	6500	5785	5855	6176	8173	10101	11305	11556	13662	14801	15398	11673	12106	Suède
8437	9565	10125	9188	9325	9389	8769	8785	12297	15270	16134	15334	19122	19608	20567	19880	21727	Suisse
1160	1564	1243	1106	1006	950	917	943	988	1128	1069	1272	1827	1817	1829	2041	1430	Turquie
3411	4466	5686	5471	5222	4961	4649	4889	6187	7557	9265	9286	10681	11076	11489	10390	11157	Royaume-Uni
4491	5130	5666	5698	5627	5799	5967	6259	7519	8665	9590	9863	10979	11519	12318	12412	13099	OCDE - Total
3935	4779	5377	4790	4602	4437	4225	4358	5904	7297	7998	8067	9896	10305	11205	10231	10653	OCDE - Europe
4171	5073	5791	5157	4960	4789	4569	4724	6448	8004	8833	8924	10934	11418	12472	11327	11906	UE15

25. Gross domestic product - volume indices (1990 = 100)

	1960	1961	1962	1963	1964	1965	1966	1967	1968	1969	1970	1971	1972	1973	1974	1975	1976	1977
Canada	29.1	30.0	32.1	33.8	36.0	38.4	41.0	42.2	44.5	46.9	48.1	50.9	53.8	58.0	60.5	62.1	65.9	68.2
Mexico	23.9	24.9	26.0	27.9	30.9	32.9	34.9	37.0	39.7	42.0	44.7	46.6	50.6	54.8	58.2	61.4	64.0	66.2
United States	40.3	41.4	43.6	45.4	47.9	50.6	53.6	55.1	57.3	58.9	58.7	60.4	63.2	66.5	66.0	65.3	68.5	71.6
Japan	15.9	17.8	19.4	21.1	23.5	24.9	27.6	30.6	34.5	38.9	43.0	44.9	48.5	52.2	51.9	53.4	55.7	58.3
Australia	31.5	31.4	33.4	35.6	37.8	39.9	41.0	43.9	46.4	49.3	52.2	55.3	57.5	60.5	61.5	63.2	65.5	66.2
New Zealand	47.6	50.3	51.4	54.6	57.3	61.0	64.8	61.8	61.8	68.1	67.1	70.6	73.6	78.9	83.6	82.6	84.6	80.5
Austria	35.7	37.6	38.5	40.1	42.5	43.7	46.2	47.5	49.7	52.8	56.5	59.4	63.1	66.2	68.8	68.6	71.7	75.0
Belgium	37.3	39.1	41.2	42.9	45.9	47.6	49.1	51.0	53.1	56.6	60.3	62.5	65.8	69.6	72.5	71.4	75.4	75.8
Denmark	42.3	45.0	47.6	47.9	52.3	54.7	56.2	58.1	60.4	64.3	65.6	67.3	70.9	73.4	72.8	72.3	77.0	78.2
Finland	32.8	35.3	36.4	37.6	39.5	41.6	42.6	43.5	44.5	48.8	52.5	53.5	57.6	61.5	63.4	64.1	63.8	64.0
France	33.8	35.7	38.1	40.1	42.7	44.8	47.1	49.3	51.4	55.0	58.2	61.0	63.4	66.9	68.7	68.5	71.5	74.0
Germany	39.9	41.8	43.7	44.9	47.9	50.5	51.9	51.8	54.6	58.6	61.6	63.5	66.2	69.3	69.5	68.6	72.3	74.3
Greece	26.0	28.9	29.3	32.3	35.0	38.3	40.6	42.8	45.7	50.2	54.2	58.1	63.2	67.8	65.4	69.3	73.7	76.3
Iceland	26.3	26.3	28.5	31.4	34.5	37.0	40.3	39.7	37.6	38.5	41.3	46.7	49.6	53.0	56.0	56.4	59.7	64.9
Ireland	29.6	31.1	32.1	33.6	34.9	35.6	35.9	38.0	41.1	43.5	44.7	46.2	49.2	51.5	53.7	56.8	57.6	62.3
Italy	31.8	34.5	36.6	38.7	39.7	41.0	43.5	46.6	49.7	52.7	55.5	56.4	57.9	62.0	65.4	63.7	67.8	70.1
Luxembourg	38.6	40.1	40.6	42.0	45.3	46.2	46.7	46.8	48.8	53.6	54.5	56.0	59.7	64.6	67.4	62.9	64.5	65.5
Netherlands	36.9	37.0	39.5	41.0	44.3	46.7	47.9	50.5	53.7	57.2	60.4	63.0	65.1	68.1	70.8	70.7	74.4	76.1
Norway	32.9	34.9	35.9	37.3	39.2	41.2	42.8	45.5	46.5	48.6	49.6	51.8	54.5	56.7	59.7	62.2	66.4	68.8
Portugal	25.3	26.7	28.5	30.2	32.2	34.6	36.0	38.7	42.1	43.0	47.0	50.1	54.1	60.1	60.8	58.2	62.2	65.7
Spain	25.7	28.8	31.7	34.7	36.5	38.8	41.6	43.4	46.3	50.4	52.6	55.0	59.5	64.1	67.7	68.1	70.4	72.3
Sweden	42.9	45.3	47.3	49.8	53.2	55.2	56.4	58.3	60.4	63.4	67.5	68.2	69.7	72.5	74.8	76.7	77.5	76.3
Switzerland	45.3	49.0	51.3	53.8	56.7	58.5	59.9	61.7	64.0	67.6	71.9	74.8	77.2	79.5	80.7	74.8	73.8	75.6
Turkey	23.3	23.7	25.1	27.5	28.6	29.4	32.8	34.3	36.6	38.5	40.4	42.6	45.8	47.3	50.0	53.5	59.1	61.2
United Kingdom	47.9	49.2	49.8	51.8	54.4	55.9	57.1	58.4	60.7	62.0	63.4	64.8	67.0	71.6	70.6	70.5	72.1	73.6
OECD - Total	33.8	35.4	37.3	39.1	41.6	43.7	46.1	47.9	50.6	53.4	55.4	57.3	60.2	63.7	64.3	64.3	67.2	69.6
OECD - Europe	36.9	38.8	40.7	42.6	45.0	47.0	48.8	50.4	53.0	56.2	59.0	60.9	63.5	67.1	68.5	68.0	71.0	73.0
EU15	37.0	38.9	40.8	42.7	45.1	47.1	48.9	50.5	53.1	56.4	59.1	61.0	63.6	67.3	68.7	68.3	71.3	73.2

26. Private final consumption expenditure - volume indices (1990 = 100)

	1960	1961	1962	1963	1964	1965	1966	1967	1968	1969	1970	1971	1972	1973	1974	1975	1976	1977
Canada	30.0	30.4	32.0	33.4	35.3	37.4	39.4	41.0	42.8	45.0	46.0	48.7	52.3	56.2	59.5	62.3	66.3	68.4
Mexico	25.3	26.3	27.3	29.0	32.2	34.5	36.2	38.6	41.3	44.1	46.9	49.3	52.7	56.2	59.1	62.4	65.3	66.6
United States	37.0	37.8	39.5	41.0	43.3	45.8	48.2	49.7	52.3	54.2	55.4	57.3	60.5	63.3	62.8	64.0	67.4	70.1
Japan	18.5	20.4	21.9	23.9	26.4	27.9	30.8	33.9	36.8	40.7	43.7	46.1	50.3	54.9	54.8	57.3	59.1	61.5
Australia	32.7	32.6	34.6	36.7	38.6	40.1	41.6	43.9	46.3	49.0	51.5	53.5	55.8	59.4	61.6	64.1	65.9	66.7
New Zealand	52.8	53.7	55.7	59.6	61.8	65.3	68.1	65.3	66.8	70.5	73.8	74.2	79.4	86.1	89.6	88.9	86.0	83.2
Austria	36.1	37.9	39.2	41.4	42.8	44.9	46.8	48.5	50.4	51.9	54.1	57.7	61.2	64.5	66.4	68.6	71.7	75.6
Belgium	40.7	41.4	43.0	44.9	46.1	48.1	49.3	50.7	53.4	56.3	58.8	61.6	65.2	70.3	72.1	72.6	76.1	77.9
Denmark	50.6	54.3	57.5	57.5	62.0	64.2	66.9	68.9	70.2	74.6	77.2	76.6	77.9	81.7	79.3	82.3	88.7	89.7
Finland	31.9	34.4	36.4	38.0	40.1	42.4	43.5	44.4	44.4	49.2	52.9	53.8	58.3	61.8	62.9	64.9	65.4	64.8
France	33.8	35.8	38.3	41.0	43.3	45.0	47.2	49.6	51.6	54.7	57.0	59.7	62.6	65.9	66.5	68.2	71.4	73.3
Germany	35.3	37.4	39.5	40.6	42.8	45.7	47.2	47.7	50.0	53.9	58.1	61.3	64.1	66.0	66.3	68.4	71.1	74.4
Greece	26.3	28.1	29.3	30.8	33.5	36.1	38.5	40.9	43.7	46.4	50.5	53.3	57.0	61.4	61.8	65.2	68.7	71.8
Iceland	24.3	24.2	26.9	29.9	32.6	35.1	39.7	40.3	38.2	36.2	42.0	49.3	52.8	55.6	61.4	55.5	58.5	66.0
Ireland	39.7	40.9	42.3	44.1	46.0	46.4	47.1	48.8	53.2	56.1	55.5	57.3	60.2	64.6	65.6	66.2	68.0	72.7
Italy	26.9	28.9	30.9	33.8	34.9	36.1	38.6	41.5	43.6	46.5	50.0	51.8	53.5	57.2	59.4	59.5	62.5	64.5
Luxembourg	33.5	35.1	36.7	38.4	41.9	43.6	44.3	44.3	46.2	48.6	51.6	54.5	57.1	60.4	63.1	66.5	68.5	70.1
Netherlands	33.7	33.7	37.6	40.3	42.7	45.9	47.3	49.9	53.2	57.4	61.6	63.6	65.9	68.5	71.0	73.4	77.3	80.8
Norway	40.6	43.0	44.3	45.8	47.5	48.7	50.5	52.4	54.3	58.5	58.5	61.2	63.0	64.8	67.3	70.7	75.0	80.2
Portugal	28.9	30.8	31.5	33.6	33.1	34.6	34.9	36.6	46.4	48.5	49.7	56.1	58.3	65.3	71.7	71.1	73.5	74.0
Spain	26.6	29.6	32.2	35.8	37.3	39.9	42.7	45.3	48.0	51.5	53.9	56.6	61.3	66.1	69.5	70.7	74.7	75.8
Sweden	51.4	54.2	55.9	58.4	60.8	63.3	64.6	66.0	68.8	71.8	74.3	74.4	76.9	78.9	81.6	83.9	87.4	86.4
Switzerland	44.6	47.6	50.7	53.1	55.6	57.5	59.2	61.0	63.3	66.8	70.4	73.7	77.7	79.9	79.5	77.2	78.0	80.4
Turkey	27.9	28.2	30.4	33.4	33.7	34.6	37.7	38.9	41.7	44.0	44.9	49.0	52.1	52.9	48.8	52.9	57.9	69.2
United Kingdom	45.1	46.1	47.1	49.1	50.6	51.4	52.3	53.5	55.0	55.4	57.0	58.8	62.4	65.8	64.9	64.6	65.0	64.7
OECD - Total	32.8	34.2	36.0	37.9	40.1	42.1	44.3	46.2	48.6	51.3	53.6	55.8	59.1	62.4	62.8	64.3	67.1	69.4
OECD - Europe	35.2	37.1	39.2	41.4	43.2	45.1	47.0	48.7	50.9	53.8	56.7	59.2	62.2	65.3	66.1	67.4	70.1	72.2
EU15	35.0	36.9	39.0	41.2	43.0	45.0	46.8	48.5	50.7	53.6	56.6	59.0	61.9	65.2	66.2	67.4	70.1	71.9

27. Government final consumption expenditure - volume indices (1990 = 100)

	1960	1961	1962	1963	1964	1965	1966	1967	1968	1969	1970	1971	1972	1973	1974	1975	1976	1977
Canada	28.7	32.5	33.8	34.6	36.5	38.3	41.6	44.8	48.3	49.8	54.4	56.8	58.3	61.7	65.1	69.4	70.8	74.0
Mexico	14.6	15.7	18.0	20.3	22.7	23.5	25.5	27.2	30.0	31.4	34.0	37.6	42.6	46.9	49.8	56.9	60.5	59.8
United States	49.6	52.5	54.6	55.4	56.6	58.3	64.5	69.4	70.8	70.7	70.1	67.7	68.6	68.0	69.9	70.6	71.3	72.2
Japan	27.5	29.1	31.6	34.3	35.4	36.7	38.8	40.4	43.0	45.5	48.7	51.3	54.1	57.0	58.8	63.4	66.2	68.9
Australia	24.5	26.0	27.0	28.0	30.3	33.6	35.8	39.3	42.0	42.9	44.4	45.9	47.6	51.2	54.5	59.2	62.7	64.1
New Zealand	46.1	46.8	49.2	50.8	52.7	57.3	63.1	60.0	61.4	61.8	64.3	65.9	69.9	72.7	78.7	82.6	81.9	85.3
Austria	45.1	45.9	47.0	48.9	51.3	51.7	54.1	56.2	58.0	59.3	61.3	63.3	65.9	67.9	71.7	74.6	77.8	80.3
Belgium	38.3	39.0	42.4	47.3	49.3	52.0	54.4	57.5	59.5	63.3	65.2	68.8	72.9	76.8	79.4	83.0	86.0	88.0
Denmark	32.6	34.4	37.8	38.9	41.7	43.1	45.6	49.1	51.4	54.9	58.6	61.8	65.4	68.0	70.4	71.8	75.0	76.8
Finland	26.2	27.7	29.9	32.0	32.6	34.2	35.7	37.3	39.5	40.9	43.1	45.6	49.1	51.9	54.2	57.9	61.3	63.8
France	38.4	40.3	42.2	43.6	45.4	46.9	48.1	50.2	53.0	55.2	57.5	59.8	61.9	64.0	64.7	67.6	70.4	72.1
Germany	40.5	43.0	47.0	49.9	50.9	53.3	55.1	57.1	57.4	59.9	62.4	65.6	68.4	71.8	74.7	77.5	78.7	79.7
Greece	21.9	22.9	24.4	25.4	27.8	30.3	32.2	34.9	35.3	38.1	40.3	42.3	44.7	47.7	53.5	59.9	63.0	67.1
Iceland	16.6	17.0	18.1	19.3	21.1	22.5	24.3	26.2	27.6	28.5	31.0	33.4	38.2	41.5	45.0	49.2	51.7	52.8
Ireland	34.5	35.2	36.3	37.8	38.9	40.3	40.7	42.6	45.0	48.2	53.6	58.2	62.6	66.9	71.9	78.2	80.2	81.9
Italy	38.9	40.6	42.2	44.0	45.9	47.7	49.6	51.8	54.5	56.0	57.4	60.4	63.5	65.2	66.7	68.3	69.8	71.9
Luxembourg	42.0	42.6	43.6	46.1	45.8	46.9	49.6	51.7	54.6	56.4	58.7	60.5	63.0	65.1	67.6	69.8	71.8	73.9
Netherlands	45.5	46.8	48.4	50.6	51.5	52.3	53.2	54.5	55.7	58.2	61.7	64.4	64.9	65.4	66.9	69.6	72.5	74.9
Norway	23.7	25.3	26.5	28.2	30.1	32.9	33.9	37.1	38.6	40.5	43.0	45.6	47.7	50.3	52.3	55.6	59.7	62.7
Portugal	12.2	15.5	16.8	17.3	18.5	19.9	20.9	23.2	25.1	26.0	27.8	29.6	32.1	34.6	40.6	43.3	46.4	51.8
Spain	22.9	24.1	25.8	28.2	28.6	29.6	30.2	30.9	31.5	32.9	34.8	36.3	38.2	40.6	44.4	46.7	49.9	51.8
Sweden	35.7	37.0	39.3	43.0	44.3	46.4	49.0	51.3	54.8	57.6	62.3	63.6	65.2	66.9	68.9	72.2	74.7	76.9
Switzerland	34.5	40.5	43.8	47.6	48.9	51.1	52.1	53.0	55.0	57.7	60.5	64.0	65.9	67.5	68.6	69.0	71.0	71.2
Turkey	15.0	16.1	16.8	18.2	19.6	20.6	22.1	24.0	25.6	27.3	28.3	30.0	32.2	34.9	37.8	46.3	53.7	55.7
United Kingdom	55.8	57.8	59.6	61.5	62.5	64.4	66.2	69.9	70.3	69.1	70.3	72.4	75.6	79.0	80.4	84.8	85.9	84.4
OECD - Total	41.0	43.3	45.6	47.2	48.6	50.3	53.7	56.9	58.6	59.7	61.1	61.9	63.9	65.4	67.5	70.0	71.6	73.0
OECD - Europe	39.5	41.4	43.8	46.1	47.4	49.3	50.9	53.2	54.7	56.4	58.6	61.2	63.8	66.4	68.5	71.4	73.5	74.8
EU15	40.3	42.1	44.6	46.8	48.1	49.9	51.6	53.9	55.4	57.1	59.3	61.9	64.5	67.1	69.2	72.2	74.1	75.4

Produit intérieur brut - indices de volume (1990 = 100) 25.

1978	1979	1980	1981	1982	1983	1984	1985	1986	1987	1988	1989	1990	1991	1992	1993	1994	
71.3	74.1	75.2	78.0	75.5	77.9	82.9	86.8	89.6	93.3	98.0	100.3	100.0	98.2	99.0	101.2	105.9	Canada
71.7	78.3	84.8	92.3	91.6	87.7	90.8	93.3	89.8	91.5	92.6	95.7	100.0	103.6	106.5	107.2	110.9	Mexique
75.0	76.9	76.6	78.3	76.6	79.4	84.7	87.3	89.7	92.5	96.2	98.8	100.0	99.5	102.0	105.5	109.8	États-Unis
61.1	64.5	66.8	69.2	71.4	73.4	76.5	80.3	82.4	85.8	91.1	95.4	100.0	104.3	105.4	105.2	105.7	Japon
68.1	71.2	72.8	75.4	75.0	75.8	81.4	85.2	86.9	91.1	94.9	98.9	100.0	98.3	100.8	104.6	109.8	Australie
80.8	82.5	83.0	87.1	88.7	91.1	95.6	96.3	98.4	99.7	98.9	100.6	100.0	98.7	101.6	107.1	113.6	Nouvelle-Zélande
75.0	78.6	80.9	80.6	81.5	83.1	84.2	86.3	87.3	88.8	92.4	95.9	100.0	102.8	104.9	105.3	108.5	Autriche
77.8	79.5	82.9	82.1	83.4	83.8	85.6	86.3	87.5	89.2	93.6	96.8	100.0	102.2	104.1	102.4	104.7	Belgique
79.4	82.2	81.8	81.1	83.5	85.6	89.4	93.2	96.6	96.9	98.0	98.6	100.0	101.3	102.2	103.7	108.3	Danemark
65.3	69.9	73.6	75.0	77.4	79.5	81.9	84.6	86.6	90.2	94.6	100.0	100.0	92.9	89.6	88.6	92.2	Finlande
76.5	78.9	80.0	81.0	82.9	83.5	84.7	86.3	88.4	90.3	94.1	97.7	100.0	100.8	102.1	100.6	103.3	France
76.5	79.8	80.6	80.9	80.5	82.1	84.6	86.6	88.8	90.3	93.6	96.9	100.0	102.8	105.1	103.9	106.9	Allemagne
81.4	84.4	85.8	85.9	86.2	86.6	89.0	91.7	93.2	92.8	96.9	100.8	100.0	103.5	103.9	103.0	104.5	Grèce
68.9	72.2	76.4	79.6	81.3	79.6	82.9	85.6	90.9	98.7	98.7	98.9	100.0	101.3	98.0	99.0	101.8	Islande
66.8	68.8	70.9	73.3	75.0	74.8	78.0	80.4	80.1	83.8	87.4	92.8	100.0	102.2	106.3	109.5	116.9	Irlande
72.7	77.1	80.3	80.8	80.9	81.7	83.9	86.1	88.6	91.4	95.1	97.9	100.0	101.2	101.9	100.7	102.9	Italie
68.2	69.8	70.4	70.0	70.8	72.9	77.4	79.7	83.5	86.0	90.9	96.9	100.0	103.1	105.0	105.0	108.4	Luxembourg
77.9	79.6	80.6	80.2	79.2	80.6	83.2	85.8	88.2	89.4	91.8	96.1	100.0	102.3	104.3	104.6	107.4	Pays-Bas
71.9	75.6	78.7	79.4	79.7	83.4	88.2	92.8	96.7	98.6	98.1	98.5	100.0	102.9	106.3	108.5	114.7	Norvège
67.5	71.4	74.6	75.8	77.5	77.3	75.9	78.0	81.2	85.7	90.7	95.9	100.0	102.1	103.3	102.1	102.8	Portugal
73.4	73.4	74.4	74.3	75.4	77.1	78.2	80.3	82.8	87.5	92.0	96.4	100.0	102.3	103.0	101.8	103.9	Espagne
77.6	80.6	82.0	81.9	82.8	84.2	87.6	89.3	91.4	94.2	96.4	98.7	100.0	98.9	97.5	95.0	97.0	Suède
75.9	77.8	81.3	82.5	81.7	82.6	84.0	87.1	89.6	91.5	94.1	97.8	100.0	100.0	99.7	98.9	100.1	Suisse
62.1	61.7	60.2	63.1	65.3	68.6	73.2	76.3	81.7	89.4	91.3	91.5	100.0	100.9	107.0	115.6	109.3	Turquie
76.3	78.4	77.1	76.1	77.3	80.0	82.0	84.9	88.6	92.9	97.5	99.6	100.0	98.0	97.5	99.7	103.5	Royaume-Uni
72.4	75.0	76.0	77.3	77.3	79.3	82.8	85.5	87.8	90.6	94.5	97.7	100.0	101.0	102.6	103.7	106.7	OCDE - Total
75.1	77.8	79.1	79.3	80.0	81.5	83.6	85.8	88.3	90.9	94.4	97.5	100.0	101.1	102.2	101.8	104.4	OCDE - Europe
75.5	78.2	79.4	79.6	80.3	81.7	83.7	85.8	88.2	90.7	94.4	97.6	100.0	101.1	102.1	101.4	104.3	UE15

Consommation finale privée - indices de volume (1990 = 100) 26.

1978	1979	1980	1981	1982	1983	1984	1985	1986	1987	1988	1989	1990	1991	1992	1993	1994	
70.7	72.8	74.4	76.1	74.1	76.7	80.3	84.4	88.0	91.8	95.9	99.1	100.0	98.4	99.7	101.3	104.3	Canada
72.0	78.4	84.3	90.5	88.3	83.6	86.3	89.4	86.8	86.7	88.3	94.3	100.0	104.9	109.0	109.2	113.3	Mexique
73.0	74.6	74.4	75.4	76.1	79.5	83.4	87.1	90.3	92.9	96.5	98.5	100.0	99.8	102.7	106.3	110.1	États-Unis
64.8	69.1	69.8	70.9	74.0	76.6	78.7	81.4	84.1	87.7	92.3	96.2	100.0	102.2	103.9	105.0	107.3	Japon
69.0	70.8	73.2	76.4	78.4	79.5	81.9	85.8	86.7	88.9	92.5	97.5	100.0	100.7	104.2	106.3	110.9	Australie
84.7	84.3	84.1	85.8	84.6	87.3	90.6	91.9	96.0	97.5	99.4	99.7	100.0	98.0	98.5	102.1	106.8	Nouvelle-Zélande
74.5	77.8	78.9	79.2	80.1	84.1	84.1	86.1	87.6	90.3	93.8	96.8	100.0	102.9	105.8	106.5	109.2	Autriche
79.7	83.5	85.2	84.2	85.3	84.0	85.0	86.6	88.6	91.3	93.9	97.5	100.0	103.1	106.0	105.3	106.6	Belgique
90.4	91.6	88.2	86.2	87.5	89.7	92.7	97.3	102.9	101.4	100.4	100.0	100.0	101.2	102.3	104.7	112.6	Danemark
66.3	69.6	71.2	72.1	75.6	78.0	80.4	83.4	86.7	91.3	95.9	100.0	100.0	96.4	91.7	89.0	90.6	Finlande
76.1	78.3	79.1	80.5	83.1	83.8	84.6	86.4	89.6	92.1	94.8	97.5	100.0	101.4	102.7	102.9	104.4	France
77.1	79.6	80.6	80.4	79.6	80.7	82.4	84.1	87.1	90.1	92.7	95.3	100.0	105.5	108.5	109.0	110.0	Allemagne
75.9	77.9	78.0	79.6	82.7	82.9	84.3	87.6	88.2	89.3	92.5	98.0	100.0	102.3	104.2	104.3	105.9	Grèce
71.9	74.0	76.5	81.2	85.2	80.4	83.4	86.9	92.9	107.9	103.8	99.5	100.0	104.1	99.5	95.1	96.7	Islande
79.3	82.8	83.1	84.6	78.6	79.3	80.8	84.6	86.3	89.1	93.1	98.9	100.0	102.0	105.0	106.4	111.0	Irlande
66.5	71.3	75.7	77.0	77.7	78.1	79.8	82.3	85.8	89.7	93.8	97.2	100.0	102.6	104.1	100.5	101.5	Italie
72.2	74.7	76.8	78.2	78.5	78.9	80.0	82.1	84.9	89.1	92.6	96.2	100.0	106.5	108.3	107.4	110.1	Luxembourg
84.4	86.3	86.0	83.4	83.0	83.8	84.8	87.2	89.5	91.9	92.7	95.9	100.0	103.1	105.7	106.7	108.9	Pays-Bas
78.9	81.5	83.4	84.3	85.8	87.1	89.5	98.3	103.8	102.8	99.9	99.3	100.0	101.4	103.7	105.9	110.8	Norvège
72.5	72.5	75.2	77.4	79.2	78.0	75.7	76.3	80.5	85.4	90.2	93.5	100.0	104.8	108.7	109.1	109.3	Portugal
76.5	77.5	77.9	76.9	76.9	77.1	76.9	79.6	82.3	87.0	91.3	96.5	100.0	102.9	105.1	102.8	103.7	Espagne
85.8	87.9	87.2	86.8	87.3	85.2	86.4	88.7	92.7	96.9	99.2	100.4	100.0	100.9	99.5	95.9	96.3	Suède
82.2	83.2	85.4	85.8	85.8	87.2	88.6	89.9	92.4	94.3	96.4	98.5	100.0	101.5	101.3	100.7	101.7	Suisse
70.6	69.8	73.9	68.3	72.9	77.9	84.2	83.7	88.5	88.3	89.3	88.4	100.0	101.9	105.3	114.2	108.1	Turquie
68.2	71.2	71.1	71.2	71.9	75.1	76.7	79.6	85.1	89.6	96.3	99.4	100.0	97.8	97.7	100.3	103.3	Royaume-Uni
72.1	74.7	75.5	76.3	77.3	79.4	81.9	84.9	88.0	91.0	94.6	97.5	100.0	101.2	103.4	104.9	107.4	OCDE - Total
74.5	77.1	78.4	78.5	79.3	80.5	81.8	84.1	87.6	90.8	94.2	97.1	100.0	102.2	103.7	103.7	105.1	OCDE - Europe
74.3	77.0	78.2	78.5	79.2	80.2	81.5	83.7	87.2	90.5	94.1	97.2	100.0	102.2	103.8	103.5	105.1	UE15

Consommation finale des administrations publiques - indices de volume (1990 = 100) 27.

1978	1979	1980	1981	1982	1983	1984	1985	1986	1987	1988	1989	1990	1991	1992	1993	1994	
75.2	75.7	77.9	79.8	81.7	82.9	84.0	86.6	88.0	89.5	93.1	96.9	100.0	102.7	103.8	104.2	102.4	Canada
65.8	72.1	78.9	87.0	88.8	91.2	97.2	98.1	99.6	98.4	97.9	97.7	100.0	103.9	106.3	108.5	111.2	Mexique
73.2	75.0	76.9	78.3	80.1	81.9	84.8	89.0	93.3	97.0	98.4	98.2	100.0	101.5	100.4	99.6	98.7	États-Unis
72.4	75.6	78.1	81.8	83.4	85.9	88.3	89.8	93.8	94.2	96.2	98.1	100.0	101.6	104.4	106.1	109.1	Japon
67.5	68.3	71.0	73.5	73.2	77.0	80.5	84.9	88.7	90.5	93.3	95.7	100.0	102.7	104.2	105.0	109.8	Australie
89.2	88.1	88.9	90.5	91.0	93.5	95.2	96.8	97.9	98.9	98.8	98.8	100.0	100.7	102.5	99.4	97.8	Nouvelle-Zélande
82.9	85.4	87.7	89.6	91.7	93.7	93.9	95.8	97.3	97.7	98.1	98.8	100.0	102.6	104.8	108.1	110.5	Autriche
93.3	95.6	97.1	97.7	96.4	96.6	96.9	99.3	101.1	101.4	100.6	100.4	100.0	102.4	102.8	103.6	105.1	Belgique
81.6	86.4	90.1	92.4	95.3	95.2	94.8	97.2	97.7	100.1	101.1	100.4	100.0	99.9	101.2	104.0	105.2	Danemark
66.1	68.6	71.5	74.4	76.8	79.7	81.9	85.6	88.3	92.0	94.1	96.3	100.0	102.5	100.2	94.9	94.3	Finlande
75.7	78.0	80.0	82.4	85.5	87.2	88.3	90.3	91.8	94.3	97.5	98.0	100.0	102.8	106.4	110.0	111.3	France
82.8	85.6	87.8	88.9	88.3	88.8	90.7	92.8	94.9	96.9	99.1	97.7	100.0	100.9	105.9	105.3	106.6	Allemagne
69.4	73.5	73.6	78.6	80.4	82.6	85.2	87.9	87.2	87.9	93.0	97.8	100.0	102.0	102.9	103.8	103.0	Grèce
56.6	59.7	60.9	65.5	69.4	72.6	73.0	77.8	83.4	88.9	93.0	95.8	100.0	103.2	102.3	104.6	108.1	Islande
88.4	92.4	99.0	99.3	102.5	102.1	101.4	103.3	106.0	100.8	95.8	94.9	100.0	102.5	105.0	106.4	110.6	Irlande
74.4	76.6	78.3	80.1	82.2	85.0	86.9	89.9	92.2	95.4	98.1	98.9	100.0	101.5	102.5	103.2	103.3	Italie
75.2	76.9	79.2	80.3	81.5	83.1	84.9	86.6	89.2	91.7	95.2	96.9	100.0	103.8	107.4	109.4	111.7	Luxembourg
77.8	80.5	81.6	83.9	85.8	87.8	87.8	89.9	93.1	95.5	96.9	98.4	100.0	101.5	103.2	103.4	104.3	Pays-Bas
66.0	68.4	72.1	76.5	79.5	83.2	85.3	88.0	90.0	93.6	94.0	96.1	100.0	103.9	109.6	110.8	112.0	Norvège
54.1	57.6	62.2	65.6	68.1	70.7	70.8	75.4	80.8	83.8	90.6	94.6	100.0	103.0	104.4	104.4	105.9	Portugal
54.6	56.9	59.3	61.4	64.7	67.2	68.8	72.6	76.5	83.3	86.6	93.8	100.0	105.6	109.8	112.4	112.1	Espagne
79.5	83.2	85.1	87.0	87.9	88.6	90.6	92.8	94.0	94.9	95.4	97.5	100.0	102.8	102.7	102.2	101.1	Suède
72.7	73.4	74.1	76.0	76.8	79.7	80.7	83.3	86.4	87.9	91.7	95.5	100.0	101.5	101.4	100.1	100.9	Suisse
54.1	52.8	43.1	64.1	57.3	66.8	68.0	77.6	84.8	92.8	91.8	92.6	100.0	104.5	108.4	114.3	110.3	Turquie
86.3	87.9	89.4	89.7	90.4	92.4	93.1	93.1	94.6	95.5	96.2	97.5	100.0	102.6	102.5	102.8	104.8	Royaume-Uni
75.2	77.4	79.4	81.3	82.8	84.6	86.7	89.6	92.7	95.2	97.1	97.8	100.0	101.9	103.1	103.4	103.8	OCDE - Total
77.6	80.0	81.9	83.8	85.0	86.7	88.1	90.3	92.3	94.7	96.7	97.6	100.0	102.2	104.6	105.4	106.3	OCDE - Europe
78.3	80.8	82.8	84.4	85.7	87.2	88.6	90.6	92.6	94.9	97.0	97.8	100.0	102.1	104.5	105.3	106.3	UE15

28. **Gross fixed capital formation** - volume indices (1990 = 100)

	1960	1961	1962	1963	1964	1965	1966	1967	1968	1969	1970	1971	1972	1973	1974	1975	1976	1977
Canada	23.1	23.0	24.0	25.1	28.4	31.7	35.1	34.9	35.1	37.0	37.1	40.1	41.8	45.9	49.0	51.8	54.2	55.4
Mexico	21.9	22.1	22.6	25.6	31.1	32.4	35.5	39.6	43.5	46.5	50.3	49.4	55.5	63.7	68.7	75.1	75.4	70.4
United States	40.7	41.2	44.1	47.4	51.2	55.6	57.9	57.0	60.3	61.9	59.8	63.1	68.7	73.5	69.1	61.6	66.2	74.2
Japan	9.7	12.0	13.7	15.3	17.7	18.5	21.1	25.0	30.1	35.8	41.8	43.6	47.9	53.4	49.0	48.5	49.8	51.2
Australia	35.0	34.3	36.3	39.5	44.5	48.9	49.9	51.5	55.4	59.2	62.3	66.2	65.3	68.9	66.9	66.6	69.6	69.0
New Zealand	41.8	45.5	44.2	48.8	55.2	58.9	62.8	56.9	48.5	55.8	60.6	64.2	75.4	84.4	90.2	85.3	78.4	69.8
Austria	32.4	36.5	37.5	38.7	42.5	44.7	48.6	48.6	50.0	52.5	57.6	65.6	73.6	73.8	76.7	72.9	75.7	79.6
Belgium	36.0	40.5	42.8	42.9	49.2	51.2	54.7	56.3	55.6	58.6	63.5	62.3	64.4	68.9	73.7	72.3	75.2	75.3
Denmark	47.2	53.8	57.4	56.0	69.1	72.4	75.4	79.5	81.0	90.5	92.5	94.3	103.0	106.6	97.1	85.1	99.7	97.3
Finland	37.7	41.2	41.4	40.2	42.6	47.1	48.9	48.3	45.8	51.6	58.0	60.2	64.2	69.6	72.1	76.3	69.7	67.8
France	30.0	33.2	36.0	39.2	43.3	46.3	49.7	52.7	55.6	60.7	63.5	68.1	71.9	77.1	77.8	72.5	74.5	73.3
Germany	49.5	52.7	54.7	55.4	61.6	64.5	65.2	60.7	62.7	68.7	74.8	79.2	81.3	81.1	73.2	69.3	71.7	74.3
Greece	31.2	33.7	36.5	38.5	46.5	52.4	54.1	53.2	64.6	76.6	75.6	86.2	99.5	107.1	79.7	79.9	85.3	91.9
Iceland	36.0	27.8	31.9	41.7	49.5	48.9	56.4	62.9	57.4	43.8	46.9	66.8	67.4	82.5	89.0	81.2	79.0	87.7
Ireland	21.6	25.3	29.0	32.5	36.0	39.8	38.6	41.2	46.7	56.2	54.4	59.2	63.8	74.2	65.5	63.2	71.8	74.7
Italy	41.8	46.6	51.2	55.3	52.1	47.7	49.8	55.6	61.6	66.4	68.4	68.5	69.4	75.5	77.0	71.4	71.4	72.7
Luxembourg	39.1	42.7	46.0	52.5	64.1	55.2	52.4	48.3	46.2	51.1	54.9	60.8	65.0	72.7	67.7	62.6	60.0	59.5
Netherlands	42.5	45.1	46.6	47.2	56.2	59.2	63.9	69.3	77.1	75.3	81.0	82.2	80.4	83.7	80.4	76.9	75.2	82.5
Norway	40.9	46.0	47.8	49.6	51.3	54.7	58.0	64.8	62.8	57.4	66.0	78.4	75.1	85.4	89.8	100.5	110.6	114.6
Portugal	27.8	29.5	29.8	34.2	35.7	39.5	46.3	49.0	44.4	48.4	54.0	59.3	67.3	73.7	68.6	60.9	61.4	68.7
Spain	17.6	20.8	23.1	25.8	29.7	34.5	39.1	41.4	45.3	49.9	51.6	50.0	57.1	64.6	68.6	65.5	64.9	64.4
Sweden	40.8	44.1	46.8	50.0	53.8	56.0	58.5	61.6	62.0	64.7	66.8	66.4	69.2	71.0	68.9	71.0	72.3	70.2
Switzerland	34.9	40.4	44.5	47.7	51.6	50.3	49.9	50.0	51.5	54.6	59.5	65.3	68.6	70.6	67.6	58.4	52.3	53.1
Turkey	14.1	14.6	15.6	16.3	16.8	17.2	21.0	22.4	25.4	27.0	30.6	28.1	33.5	36.3	54.5	56.9	68.1	53.4
United Kingdom	38.8	42.6	42.9	43.5	50.7	53.3	54.7	59.5	63.2	62.8	64.4	65.6	65.4	69.7	68.0	66.7	67.8	66.6
OECD - Total	30.5	32.8	35.0	37.2	40.8	43.1	45.5	47.0	50.6	54.3	57.0	59.6	63.4	68.0	65.2	61.9	64.1	66.7
OECD - Europe	37.7	41.3	43.6	45.6	49.7	51.5	53.8	55.4	58.4	62.3	66.0	68.7	71.4	75.2	73.7	70.2	71.6	72.2
EU15	38.3	41.9	44.2	46.1	50.4	52.3	54.6	56.2	59.4	63.6	67.1	69.6	72.4	76.2	74.1	70.5	71.9	72.7

29. **Exports of goods and services** - volume indices (1990 = 100)

	1960	1961	1962	1963	1964	1965	1966	1967	1968	1969	1970	1971	1972	1973	1974	1975	1976	1977
Canada	14.7	15.7	16.4	17.9	20.2	21.1	24.0	26.5	29.9	32.3	35.1	36.9	39.8	44.0	43.1	40.2	44.5	48.4
Mexico	10.6	11.4	12.3	13.2	14.2	15.4	16.7	16.3	18.1	20.4	22.2	23.1	26.9	30.5	30.6	27.9	32.5	37.3
United States	17.8	17.9	18.9	20.2	22.6	23.3	24.9	25.6	27.8	29.5	32.1	32.6	35.3	42.0	45.7	45.2	46.6	47.2
Japan	5.4	5.7	6.7	7.2	8.7	10.8	12.6	13.5	16.7	20.2	23.7	27.5	28.6	30.1	37.1	36.7	42.8	47.9
Australia	17.5	21.6	21.7	23.4	24.6	25.6	25.6	29.5	30.3	33.2	38.1	41.9	44.5	44.5	42.7	46.2	50.3	50.5
New Zealand	28.0	30.4	30.6	34.1	33.0	34.1	37.0	36.6	41.5	47.0	47.4	50.8	51.9	50.9	49.5	55.8	62.0	61.9
Austria	13.3	14.0	15.4	16.5	17.4	18.7	19.9	21.1	22.9	26.9	31.3	33.3	36.7	38.7	42.9	41.8	46.5	48.4
Belgium	15.7	17.1	18.9	20.4	22.3	23.7	25.5	26.6	29.9	34.4	37.9	39.7	44.1	50.3	52.2	47.9	54.7	56.4
Denmark	22.1	23.0	24.1	26.5	28.8	31.1	32.3	33.6	36.7	38.9	41.1	43.4	45.8	49.4	51.1	50.2	52.3	54.4
Finland	22.9	24.1	25.8	26.4	27.9	29.5	31.3	33.2	36.5	42.6	46.4	45.8	52.4	56.2	55.9	48.1	53.8	62.2
France	14.7	15.4	15.7	16.8	17.9	20.0	21.3	22.9	25.0	28.9	33.6	36.9	41.4	46.0	50.1	49.6	53.8	58.1
Germany	19.2	20.2	20.7	22.3	24.2	25.7	28.3	30.5	34.4	37.6	40.2	41.9	44.8	49.5	55.5	52.0	57.0	59.2
Greece	7.2	8.2	9.1	9.7	9.8	11.1	14.9	15.6	15.5	17.7	19.9	22.3	27.4	33.8	33.8	37.4	43.5	44.3
Iceland	25.4	25.4	30.4	32.7	34.4	36.9	39.4	34.4	32.2	37.8	44.0	40.4	46.2	50.3	48.9	50.2	56.8	61.8
Ireland	8.8	10.3	10.2	11.2	12.1	13.2	14.6	16.1	17.6	18.4	21.8	22.7	23.5	26.1	26.3	28.3	30.6	34.9
Italy	12.8	14.6	16.1	17.2	19.1	22.9	25.4	27.2	31.0	34.7	36.7	39.3	43.0	44.7	47.3	48.2	53.1	59.2
Luxembourg	24.9	25.7	25.3	26.3	29.7	31.5	31.4	32.0	35.5	40.3	44.0	45.7	48.1	54.8	60.7	51.2	51.7	53.8
Netherlands	17.6	18.0	19.1	20.3	22.6	24.3	25.5	27.2	30.7	35.3	39.5	43.7	48.0	53.8	55.2	53.5	58.8	57.7
Norway	19.6	21.0	22.4	24.2	26.1	27.6	29.2	31.6	34.0	35.8	35.9	36.3	41.4	44.8	45.1	46.5	51.8	53.6
Portugal	12.6	12.2	14.6	14.7	23.4	26.0	30.2	31.3	30.2	31.1	30.6	33.6	39.8	41.5	35.0	29.5	29.5	31.3
Spain	9.7	10.5	11.8	12.3	15.3	16.4	18.9	18.1	21.4	24.7	29.2	33.3	37.8	41.6	41.2	41.0	43.1	48.3
Sweden	22.3	23.4	25.3	27.2	30.4	32.1	33.7	35.6	38.3	42.7	46.3	48.6	51.4	58.4	61.5	55.8	58.2	59.1
Switzerland	24.0	25.9	27.5	28.9	30.8	33.1	34.8	36.0	39.6	44.9	47.9	49.8	53.0	57.1	57.7	53.9	59.0	64.7
Turkey	8.4	8.6	9.1	10.0	10.4	10.6	11.9	12.9	12.9	13.8	15.8	18.2	20.9	24.5	22.2	23.7	29.3	19.9
United Kingdom	28.4	29.3	29.8	31.3	32.4	33.9	35.6	36.0	40.6	44.3	46.7	49.9	50.3	56.3	60.2	58.3	63.4	67.5
OECD - Total	16.5	17.4	18.3	19.6	21.5	23.1	25.0	26.3	29.3	32.5	35.6	37.8	40.8	45.2	48.6	47.1	51.3	54.2
OECD - Europe	18.1	19.1	20.1	21.4	23.2	25.1	27.1	28.5	31.8	35.5	38.6	41.1	44.4	48.9	52.0	50.1	54.7	57.8
EU15	17.9	18.9	19.8	21.1	22.9	24.8	26.8	28.3	31.6	35.3	38.5	41.0	44.3	48.9	52.3	50.3	54.9	58.0

30. **Imports of goods and services** - volume indices (1990 = 100)

	1960	1961	1962	1963	1964	1965	1966	1967	1968	1969	1970	1971	1972	1973	1974	1975	1976	1977
Canada	13.5	13.5	13.8	14.2	16.1	18.1	20.6	21.7	23.8	26.9	26.4	28.3	32.3	37.0	41.1	39.7	43.2	43.9
Mexico	17.7	16.5	16.4	17.5	21.9	22.7	22.7	24.6	19.6	26.8	29.2	27.8	30.7	35.8	43.1	43.2	43.7	39.2
United States	16.3	16.2	18.0	18.5	19.5	21.5	24.5	26.0	30.1	32.1	33.4	35.7	40.0	43.8	42.8	38.2	45.6	50.7
Japan	8.8	11.1	11.0	13.1	14.9	15.8	17.7	21.7	24.3	27.7	34.0	36.4	40.2	50.0	52.1	46.7	49.8	51.9
Australia	23.2	20.9	22.5	24.4	29.3	33.2	30.7	34.2	37.9	38.8	40.4	40.5	36.9	44.6	55.0	46.3	51.8	52.0
New Zealand	31.5	31.7	31.0	35.6	37.4	43.5	46.1	37.6	37.5	41.6	49.8	48.8	53.4	64.8	73.4	57.5	56.7	57.4
Austria	14.6	15.0	15.7	17.2	19.0	21.0	23.2	23.7	25.5	27.7	32.5	34.5	38.7	42.4	45.3	43.2	50.7	53.9
Belgium	17.3	18.6	20.1	21.9	23.8	25.4	27.9	28.3	31.6	36.5	39.3	40.7	44.7	52.9	55.3	50.3	57.1	60.4
Denmark	29.9	31.2	35.4	35.0	41.8	44.7	47.1	49.2	51.6	58.4	63.9	63.4	64.3	72.6	69.8	66.4	76.8	76.8
Finland	21.3	23.0	24.3	23.6	28.5	30.8	31.9	31.8	30.6	37.4	44.9	44.7	46.6	52.6	56.1	56.4	55.5	54.8
France	14.7	15.7	16.8	19.1	22.0	22.5	24.9	27.0	30.5	36.4	38.7	41.3	46.9	53.4	53.8	48.7	57.2	57.7
Germany	17.1	18.4	20.4	21.4	23.4	26.7	27.5	27.1	30.7	35.9	44.0	48.0	50.8	53.3	53.4	54.1	59.8	61.9
Greece	9.2	10.4	11.4	13.2	15.2	18.4	18.3	19.6	21.6	25.0	26.5	28.5	32.9	43.5	36.4	38.7	41.1	44.4
Iceland	22.2	20.2	24.3	28.9	32.8	35.1	40.2	42.8	39.0	33.7	43.0	53.6	53.9	64.9	73.0	63.7	61.3	74.0
Ireland	12.8	14.6	15.3	17.0	19.1	21.3	22.0	22.8	26.4	29.9	32.5	34.0	35.8	42.6	41.6	37.3	42.8	48.5
Italy	13.8	15.7	18.1	22.2	20.8	21.2	24.2	27.5	29.1	34.7	40.2	41.4	45.2	49.4	50.1	43.8	49.7	50.7
Luxembourg	23.7	25.5	26.3	27.1	30.8	32.2	31.4	29.9	32.6	36.2	43.1	46.5	47.8	53.2	56.3	51.2	51.8	51.6
Netherlands	18.6	19.8	21.1	23.1	26.6	28.2	30.2	32.1	36.3	41.4	47.5	50.4	52.8	58.6	58.1	55.8	61.4	63.2
Norway	27.5	30.3	31.9	33.8	36.2	39.5	42.5	47.5	48.6	49.5	56.2	59.8	59.2	67.7	70.9	75.9	85.2	88.1
Portugal	12.7	15.9	14.5	15.9	20.2	22.2	24.0	22.6	30.0	32.3	32.6	37.3	41.8	47.1	49.4	36.9	38.2	42.7
Spain	4.7	6.6	8.9	11.0	12.4	16.5	19.7	19.0	20.6	23.9	25.7	25.8	32.1	37.5	40.5	40.1	44.1	41.6
Sweden	27.7	27.7	29.3	31.4	34.4	38.3	39.9	40.9	44.3	50.0	55.2	53.4	55.5	59.3	65.2	63.0	68.6	66.1
Switzerland	19.0	22.8	25.1	26.4	28.7	28.7	29.7	30.9	33.4	37.8	43.0	45.7	49.0	52.2	51.7	43.7	49.5	54.0
Turkey	8.9	9.5	11.5	13.3	10.5	10.4	13.0	12.0	14.1	14.4	17.5	19.2	22.9	27.4	28.6	32.1	36.6	35.5
United Kingdom	27.3	27.1	27.7	28.9	32.0	32.3	33.1	35.5	38.4	39.5	41.5	43.7	47.8	53.3	53.7	50.0	52.3	53.1
OECD - Total	16.6	17.6	18.9	20.4	22.4	24.1	26.1	27.7	30.6	34.3	38.2	40.3	44.0	49.3	50.3	46.8	52.3	54.4
OECD - Europe	17.9	19.1	20.7	22.5	24.6	26.3	28.1	29.4	32.3	36.6	41.3	43.5	47.2	52.2	53.0	50.1	55.7	57.0
EU15	17.7	18.8	20.4	22.2	24.4	26.2	27.9	29.1	32.1	36.6	41.2	43.4	47.2	52.2	53.0	50.1	55.6	56.8

Formation brute de capital fixe - indices de volume (1990 = 100) 28.

1978	1979	1980	1981	1982	1983	1984	1985	1986	1987	1988	1989	1990	1991	1992	1993	1994	
57.1	62.0	68.2	76.2	67.9	67.4	68.8	75.3	80.0	88.6	97.7	103.7	100.0	97.1	95.6	96.2	103.1	Canada
81.0	97.4	112.0	130.2	108.3	77.7	82.7	89.2	78.6	78.5	83.1	88.4	100.0	108.3	120.1	118.6	128.2	Mexique
81.1	84.5	78.8	79.3	73.6	77.9	89.3	94.2	94.8	95.7	99.2	100.6	100.0	94.7	100.3	112.2	126.0	États-Unis
55.2	58.6	58.6	60.0	60.0	59.4	62.1	65.4	68.6	75.1	84.1	91.9	100.0	103.7	102.5	100.7	98.3	Japon
71.2	73.9	77.7	85.0	82.6	75.7	83.1	91.3	89.2	92.5	99.7	108.9	100.0	90.6	91.9	94.5	106.2	Australie
66.4	64.0	63.1	76.1	81.4	86.7	91.6	97.9	92.3	97.9	95.4	104.2	100.0	84.1	91.9	110.5	138.3	Nouvelle-Zélande
76.3	79.0	81.4	80.3	73.7	73.3	74.8	78.6	81.5	84.0	89.1	94.6	100.0	106.3	108.1	106.3	113.5	Autriche
77.3	75.2	78.7	66.0	64.9	62.0	63.1	63.6	66.4	70.1	80.9	90.8	100.0	98.5	98.7	92.1	92.5	Belgique
98.3	97.9	85.6	69.1	74.0	75.4	85.1	95.8	112.2	107.9	100.8	101.8	100.0	94.3	87.5	85.5	88.1	Danemark
62.9	64.5	71.6	72.5	76.3	79.1	77.4	79.2	78.8	82.7	90.8	104.2	100.0	79.7	66.3	53.6	52.4	Finlande
75.0	77.4	79.5	78.0	77.0	74.5	72.6	75.0	78.5	82.4	90.3	97.1	100.0	100.0	97.0	91.3	92.3	France
77.3	82.5	84.3	80.7	76.4	78.5	78.2	78.2	81.0	83.0	86.8	91.7	100.0	109.8	113.7	107.2	111.8	Allemagne
97.4	106.0	99.2	91.7	90.0	88.8	83.8	88.1	82.6	78.4	85.4	91.4	100.0	93.2	92.3	90.0	90.2	Grèce
82.9	81.4	92.8	93.8	93.9	82.0	89.6	90.6	88.8	105.8	105.7	97.5	100.0	102.0	90.7	80.3	79.4	Islande
88.8	100.8	96.1	105.2	101.6	92.2	89.9	83.0	80.6	79.7	80.1	90.5	100.0	92.2	91.1	88.6	94.9	Irlande
73.2	77.4	84.1	81.5	77.7	77.2	80.0	80.5	82.3	86.4	92.4	96.4	100.0	100.6	98.9	85.9	85.8	Italie
60.6	62.9	70.8	65.6	65.3	57.6	57.7	52.2	68.5	78.6	89.6	97.6	100.0	109.8	107.5	111.7	114.3	Luxembourg
84.5	83.2	83.0	74.8	71.7	73.5	77.7	83.2	88.9	89.7	93.8	98.4	100.0	100.2	100.8	97.7	100.5	Pays-Bas
101.8	96.7	95.3	112.4	100.0	105.8	117.4	101.0	125.2	122.6	124.5	113.6	100.0	98.7	95.5	96.8	102.2	Norvège
73.0	72.0	78.2	82.5	84.3	78.3	64.7	62.4	69.2	80.8	89.8	93.7	100.0	102.4	108.0	102.8	106.9	Portugal
62.6	59.9	60.3	58.8	60.0	58.6	54.5	57.8	63.6	72.5	82.6	93.8	100.0	101.6	97.4	87.1	88.3	Espagne
65.4	68.3	70.7	66.5	66.1	67.4	72.1	76.6	76.9	83.2	88.7	98.7	100.0	91.1	81.2	66.9	66.7	Suède
56.4	59.2	65.1	66.9	65.1	67.8	70.6	74.4	80.2	86.2	92.2	97.5	100.0	97.5	92.7	90.4	95.7	Suisse
44.3	45.5	37.9	49.9	47.0	48.2	48.7	54.3	58.8	85.3	84.4	86.3	100.0	101.2	105.6	131.9	110.9	Turquie
68.6	70.5	66.7	60.3	63.6	66.8	72.8	75.8	77.8	85.8	97.8	103.6	100.0	90.5	89.2	89.7	93.0	Royaume-Uni
70.0	73.2	72.9	72.9	70.1	70.7	75.0	78.3	80.7	84.9	91.4	96.7	100.0	99.6	100.3	100.6	104.9	OCDE - Total
73.1	75.5	77.1	74.3	72.6	73.1	74.1	75.8	79.3	84.0	90.5	96.3	100.0	100.4	99.3	93.6	95.5	OCDE - Europe
73.9	76.6	78.2	74.5	73.1	73.3	74.1	75.9	78.9	83.1	90.0	96.2	100.0	100.5	99.5	92.8	95.0	UE15

Exportations de biens et services - indices de volume (1990 = 100) 29.

1978	1979	1980	1981	1982	1983	1984	1985	1986	1987	1988	1989	1990	1991	1992	1993	1994	
55.0	57.8	59.4	62.0	60.6	64.5	75.9	80.5	84.1	87.0	95.3	96.0	100.0	101.4	109.2	120.6	137.7	Canada
41.6	46.6	49.5	55.2	67.3	76.4	80.7	77.2	81.5	89.2	94.3	96.5	100.0	104.6	106.3	110.3	118.4	Mexique
51.8	56.3	61.7	62.9	57.3	54.9	58.8	59.4	63.4	70.4	82.1	92.1	100.0	107.1	115.5	121.2	132.1	États-Unis
47.7	49.8	58.2	65.5	66.2	69.3	79.6	83.9	79.8	79.8	85.5	93.2	100.0	105.2	110.6	112.1	117.8	Japon
52.5	58.2	57.5	55.6	60.3	57.4	66.6	74.1	77.8	86.6	89.4	92.3	100.0	113.0	118.7	127.5	138.8	Australie
63.4	66.2	68.3	69.9	71.0	75.3	82.4	83.8	87.7	93.7	94.9	92.9	100.0	106.3	107.5	117.1	125.4	Nouvelle-Zélande
52.0	58.1	61.1	64.1	65.8	67.9	72.0	77.0	74.9	76.7	83.9	92.8	100.0	105.8	107.1	105.4	110.8	Autriche
58.3	62.7	64.5	66.1	66.9	68.8	72.5	73.4	77.4	82.4	89.5	96.0	100.0	102.6	106.6	108.2	117.0	Belgique
55.1	59.7	62.7	67.9	69.6	73.0	75.5	79.3	79.3	83.3	89.8	93.5	100.0	107.7	110.6	108.4	116.7	Danemark
68.2	73.8	80.1	84.3	83.4	85.1	89.4	90.4	91.5	93.9	97.4	98.7	100.0	93.4	102.7	119.9	134.9	Finlande
62.0	66.8	68.4	70.8	69.6	72.1	77.0	78.5	77.5	79.7	86.2	95.1	100.0	104.1	109.2	108.8	115.1	France
60.9	63.5	66.8	71.7	74.7	74.6	80.4	86.3	85.8	86.3	90.7	99.5	100.0	96.7	96.4	91.9	98.8	Allemagne
51.6	55.0	58.8	55.3	51.4	55.4	64.8	65.7	74.9	86.9	94.7	99.1	100.0	115.3	124.9	119.0	126.8	Grèce
71.2	75.6	77.7	80.2	73.0	81.0	83.0	92.1	97.6	100.8	97.2	100.0	100.0	94.2	92.6	98.5	107.9	Islande
39.2	41.7	44.4	45.2	47.7	52.7	61.5	65.5	67.4	76.6	83.4	92.0	100.0	105.1	119.6	130.6	148.7	Irlande
64.8	70.4	64.4	68.5	67.6	69.4	74.7	77.0	77.8	81.4	85.3	92.0	100.0	99.8	105.2	115.6	128.4	Italie
55.3	60.7	59.8	56.9	56.7	59.7	70.5	77.2	79.7	84.9	91.2	97.5	100.0	103.6	105.0	102.5	107.6	Luxembourg
59.7	64.1	65.5	66.7	66.1	68.2	73.4	77.1	78.5	81.7	89.0	94.9	100.0	104.7	107.7	109.4	115.8	Pays-Bas
58.1	59.6	60.9	61.7	61.6	66.3	71.8	76.7	77.9	78.8	83.2	92.1	100.0	106.1	111.6	113.9	123.6	Norvège
34.1	45.4	46.4	44.3	46.4	52.7	58.8	62.7	67.0	74.0	79.9	90.5	100.0	100.5	106.7	101.3	112.1	Portugal
53.4	56.4	57.7	62.5	65.6	72.1	80.5	82.7	84.2	89.5	94.1	96.9	100.0	107.9	115.7	125.6	145.9	Espagne
63.7	67.6	67.2	68.5	72.4	79.6	85.1	86.1	89.3	93.1	95.4	98.4	100.0	97.7	100.0	107.6	122.4	Suède
67.1	68.8	72.2	75.7	73.5	74.3	79.0	85.6	85.9	87.4	92.5	97.1	100.0	99.3	102.6	104.3	107.8	Suisse
25.4	23.6	22.6	36.9	49.5	56.0	70.2	68.8	65.3	82.6	97.8	97.5	100.0	103.7	115.1	124.0	142.8	Turquie
68.6	71.2	71.1	70.5	71.2	72.6	77.4	81.9	85.6	90.5	91.0	95.3	100.0	99.3	103.2	106.7	115.5	Royaume-Uni
57.2	61.0	63.6	66.5	66.3	67.8	73.8	76.9	78.1	81.7	88.0	94.9	100.0	102.8	107.6	110.7	120.1	OCDE - Total
60.8	64.6	65.6	68.4	69.3	71.4	76.8	80.4	81.3	84.4	89.3	96.0	100.0	101.1	104.7	106.5	115.5	OCDE - Europe
60.9	64.9	65.9	68.6	69.6	71.6	76.9	80.3	81.4	84.4	89.2	96.0	100.0	101.0	104.5	106.2	115.4	UE15

Importations de biens et services - indices de volume (1990 = 100) 30.

1978	1979	1980	1981	1982	1983	1984	1985	1986	1987	1988	1989	1990	1991	1992	1993	1994	
47.2	52.6	55.1	59.9	50.8	55.4	64.8	70.4	75.8	81.1	92.3	98.1	100.0	103.3	109.1	118.7	131.2	Canada
47.8	62.1	81.9	96.4	59.9	39.6	46.7	51.8	47.9	50.4	68.9	83.5	100.0	116.8	141.1	139.4	157.4	Mexique
54.3	55.0	51.3	53.2	52.3	58.4	72.2	76.1	82.4	87.3	91.5	95.8	100.0	100.6	111.6	125.6	142.4	États-Unis
55.5	62.6	57.8	58.0	56.6	54.9	60.6	59.7	61.2	66.0	78.3	92.1	100.0	95.9	95.5	98.1	106.3	Japon
54.2	55.5	58.2	63.8	67.2	60.2	72.6	76.5	72.8	74.2	86.5	103.9	100.0	97.6	105.0	110.6	127.4	Australie
58.3	65.6	61.1	67.8	68.8	68.2	76.1	77.2	78.8	86.4	85.7	98.3	100.0	96.6	104.7	117.2	139.3	Nouvelle-Zélande
53.9	60.2	63.9	63.4	61.3	64.7	71.1	75.5	74.6	78.1	86.0	93.1	100.0	106.4	108.3	107.6	116.4	Autriche
62.5	68.4	68.4	66.3	66.4	65.6	69.4	69.9	75.2	81.8	88.3	96.1	100.0	102.3	106.6	108.1	115.8	Belgique
76.9	80.7	75.3	74.0	76.8	78.2	82.4	89.1	95.1	93.2	94.6	98.8	100.0	104.1	103.9	99.7	110.3	Danemark
53.1	62.6	67.9	65.1	66.5	68.6	69.7	74.1	76.1	83.1	92.3	100.6	100.0	88.3	89.2	89.9	101.2	Finlande
59.7	65.9	67.4	65.9	67.4	65.6	67.3	70.2	74.8	80.6	87.4	94.3	100.0	103.0	104.1	100.6	107.3	France
65.2	71.2	73.8	71.7	71.0	72.2	75.4	78.7	80.6	84.0	88.2	95.1	100.0	109.3	111.7	105.9	113.4	Allemagne
47.6	51.0	46.9	48.6	52.0	55.5	55.6	62.7	65.1	75.8	81.9	89.5	100.0	112.8	120.2	117.9	122.7	Grèce
76.7	78.6	80.9	86.7	86.2	77.8	84.9	92.9	93.8	115.6	110.3	99.0	100.0	105.5	97.3	87.9	92.5	Islande
56.1	63.9	61.0	62.1	60.1	62.9	69.1	71.4	75.4	80.1	84.0	95.3	100.0	101.4	107.8	115.1	128.8	Irlande
53.2	59.3	61.1	60.3	60.1	59.4	66.7	69.4	71.7	78.6	84.4	90.4	100.0	102.3	108.2	99.3	108.0	Italie
55.2	58.7	61.0	59.3	59.1	59.8	68.1	72.9	77.3	83.3	90.4	95.9	100.0	108.1	108.3	105.6	109.7	Luxembourg
67.2	71.1	71.3	67.1	66.8	69.4	72.9	77.5	80.2	83.6	89.9	96.0	100.0	104.1	106.3	105.1	112.9	Pays-Bas
76.2	75.7	78.1	79.3	82.2	82.2	90.0	95.3	104.8	97.1	95.5	97.5	100.0	100.2	100.9	104.9	111.9	Norvège
42.8	48.2	51.5	52.7	54.8	51.4	49.1	49.8	58.2	70.0	81.5	88.0	100.0	105.4	117.1	113.4	123.0	Portugal
41.2	45.9	47.4	45.5	47.6	47.5	46.6	50.3	57.6	69.1	79.1	92.8	100.0	109.0	116.5	110.5	122.1	Espagne
62.5	69.7	70.0	65.9	68.2	68.7	72.4	78.0	81.5	87.8	92.5	99.3	100.0	95.1	96.2	93.5	105.9	Suède
59.9	64.0	68.7	67.8	66.0	68.9	73.8	77.6	83.0	87.6	92.2	97.2	100.0	98.3	94.6	93.8	102.3	Suisse
24.8	23.0	39.0	43.9	47.5	55.5	66.5	62.1	59.9	73.6	70.3	75.2	100.0	94.8	105.1	142.8	111.5	Turquie
55.1	60.4	58.3	56.7	59.5	63.2	69.5	71.2	76.1	82.3	92.7	99.6	100.0	94.7	100.9	103.8	110.3	Royaume-Uni
56.9	61.6	61.6	61.5	60.8	62.3	68.9	71.9	75.7	80.9	87.7	95.1	100.0	101.8	106.9	109.1	119.1	OCDE - Total
58.8	64.3	65.6	64.0	64.6	65.6	69.7	72.7	76.4	81.8	88.1	95.0	100.0	102.9	106.2	104.0	111.5	OCDE - Europe
58.9	64.6	65.5	63.7	64.4	65.2	69.1	72.1	75.7	81.3	88.0	95.1	100.0	103.2	106.9	103.9	112.0	UE15

31. Gross domestic product - price indices (1990 = 100)

	1960	1961	1962	1963	1964	1965	1966	1967	1968	1969	1970	1971	1972	1973	1974	1975	1976	1977
Canada	20.3	20.4	20.7	21.1	21.7	22.4	23.5	24.5	25.4	26.5	27.7	28.6	30.2	32.9	37.7	41.4	45.0	47
Mexico	0.1	0.1	0.1	0.1	0.1	0.1	0.1	0.1	0.1	0.1	0.2	0.2	0.2	0.2	0.2	0.3	0.3	0.
United States	23.2	23.4	24.0	24.3	24.7	25.4	26.2	26.9	28.3	29.7	31.4	33.1	34.8	37.0	40.3	44.3	47.1	50.
Japan	23.7	25.5	26.6	28.1	29.6	31.1	32.6	34.4	36.1	37.7	40.2	42.4	44.8	50.7	60.9	65.4	70.5	75.
Australia	12.6	12.8	12.9	13.3	13.7	14.1	14.6	15.0	15.5	16.2	16.9	17.9	19.3	21.6	25.5	29.6	33.5	36.
New Zealand	8.2	7.9	8.4	8.6	8.9	9.1	8.9	9.7	10.2	10.3	11.7	13.1	14.3	15.7	16.2	18.4	21.9	25.
Austria	25.3	26.7	27.7	28.7	29.6	31.3	32.3	33.3	34.3	35.2	36.9	39.2	42.2	45.6	49.9	53.1	56.1	59.
Belgium	23.3	23.6	24.0	24.7	25.9	27.2	28.3	29.2	30.0	31.2	32.6	34.5	36.6	39.3	44.2	49.6	53.3	57.
Denmark	12.2	12.7	13.5	14.3	15.0	16.1	17.2	18.3	19.5	20.9	22.6	24.4	26.6	29.5	33.3	37.4	40.8	44.
Finland	9.6	10.1	10.5	11.0	11.8	12.4	13.0	14.0	15.6	16.3	16.9	18.2	19.7	22.5	27.6	31.2	35.5	39
France	13.6	14.1	14.8	15.7	16.4	16.8	17.3	17.9	18.6	19.8	21.0	22.3	23.9	26.0	29.1	32.9	36.5	39
Germany	32.1	33.6	34.9	36.0	37.1	38.5	39.8	40.4	41.4	43.1	46.4	50.0	52.6	56.0	59.9	63.3	65.6	68.
Greece	3.7	3.8	4.0	4.0	4.2	4.3	4.6	4.7	4.8	4.9	5.1	5.3	5.5	6.6	8.0	9.0	10.4	11.
Iceland	0.1	0.1	0.1	0.1	0.2	0.2	0.2	0.2	0.2	0.3	0.3	0.3	0.4	0.5	0.7	1.1	1.4	1.
Ireland	8.2	8.5	8.9	9.1	10.0	10.4	10.9	11.2	11.7	12.8	14.0	15.5	17.6	20.3	21.5	25.8	31.3	35
Italy	5.9	6.1	6.5	7.0	7.5	7.8	7.9	8.2	8.3	8.6	9.2	9.9	10.5	11.9	14.2	16.6	19.6	23.
Luxembourg	21.6	20.8	21.6	22.3	23.6	24.3	25.2	25.3	26.6	28.0	32.3	32.0	33.8	38.0	44.4	44.0	49.4	50.
Netherlands	23.7	24.9	25.1	26.3	28.5	30.3	32.1	33.5	34.9	37.1	39.4	42.6	46.6	50.8	55.4	61.1	66.5	70.
Norway	15.3	15.7	16.4	17.0	17.8	18.6	19.4	19.9	20.8	21.7	24.5	26.1	27.4	29.9	33.0	36.3	39.0	42.
Portugal	3.3	3.4	3.4	3.5	3.5	3.7	3.9	4.0	4.1	4.4	4.5	4.7	5.1	5.6	6.6	7.7	8.9	11.
Spain	5.3	5.4	5.8	6.2	6.6	7.2	7.8	8.5	9.0	9.4	10.0	10.8	11.7	13.1	15.1	17.7	20.6	25
Sweden	12.5	12.9	13.4	13.8	14.4	15.2	16.2	17.0	17.4	18.0	19.0	20.3	21.7	23.3	25.5	29.2	32.6	36.
Switzerland	26.3	27.3	28.9	30.3	31.9	33.2	34.7	36.3	37.4	38.4	40.2	43.9	48.2	52.1	55.7	59.7	61.3	61.
Turkey	0.1	0.1	0.1	0.1	0.1	0.1	0.1	0.1	0.1	0.1	0.1	0.2	0.2	0.2	0.3	0.3	0.4	0.
United Kingdom	9.8	10.2	10.5	10.7	11.2	11.7	12.2	12.6	13.1	13.8	14.8	16.2	17.5	18.8	21.6	27.3	31.6	36.
OECD - Total	19.8	20.3	21.0	21.6	22.3	23.2	24.1	24.8	25.9	27.2	29.0	30.8	32.7	35.4	39.4	43.3	46.6	50.
OECD - Europe	17.0	17.6	18.3	18.9	19.8	20.7	21.4	21.8	22.4	23.6	25.2	27.1	28.9	31.1	34.1	37.6	40.8	44.
EU15	16.9	17.5	18.2	18.8	19.6	20.5	21.2	21.5	22.2	23.4	25.0	26.9	28.7	30.8	33.8	37.5	40.9	44.

32. Private final consumption expenditure - price indices (1990 = 100)

	1960	1961	1962	1963	1964	1965	1966	1967	1968	1969	1970	1971	1972	1973	1974	1975	1976	1977
Canada	21.6	21.8	22.1	22.5	22.9	23.4	24.3	25.2	26.3	27.4	28.4	29.0	30.3	32.2	35.6	39.3	42.2	45.
Mexico	0.1	0.1	0.1	0.1	0.1	0.1	0.1	0.1	0.1	0.1	0.2	0.2	0.2	0.2	0.2	0.3	0.3	0.
United States	24.3	24.5	24.9	25.4	25.8	26.2	27.0	27.7	28.8	30.1	31.5	32.9	34.2	36.1	39.8	43.0	45.6	48.
Japan	20.9	22.2	23.7	25.4	26.4	28.3	29.6	30.7	32.3	33.6	36.0	38.5	40.7	45.1	54.6	60.7	66.6	71.
Australia	12.9	13.2	13.2	13.4	13.8	14.2	14.7	15.2	15.7	16.2	17.1	18.3	19.4	21.1	24.4	28.5	32.5	35.
New Zealand	8.0	8.0	8.1	8.2	8.5	8.8	9.0	9.7	10.0	10.4	11.1	12.4	13.1	13.9	15.2	17.5	20.8	24.
Austria	27.0	28.0	29.3	30.0	31.2	32.5	33.3	34.6	35.4	36.6	38.0	39.9	42.5	45.3	49.9	53.8	57.3	60.
Belgium	23.6	24.2	24.5	25.4	26.5	27.7	28.8	29.6	30.4	31.3	32.1	33.8	35.6	37.8	42.6	47.8	51.6	55.
Denmark	12.1	12.6	13.3	14.1	14.7	15.5	16.6	17.8	19.0	19.9	21.2	23.0	24.9	27.8	32.0	35.1	38.6	42.
Finland	11.4	11.8	12.2	12.9	13.9	14.5	15.0	16.0	17.5	17.8	18.1	19.4	21.0	23.6	28.2	32.9	37.2	41.
France	13.7	14.2	14.8	15.6	16.2	16.6	17.1	17.6	18.5	19.8	20.8	22.1	23.5	25.3	29.1	32.6	35.9	39.
Germany	36.6	37.8	38.9	40.1	41.0	42.3	43.8	44.5	45.3	46.1	47.7	50.2	53.0	56.4	60.5	64.1	66.8	69.
Greece	4.2	4.3	4.3	4.5	4.6	4.8	4.9	5.0	5.1	5.2	5.4	5.6	5.7	6.6	8.1	9.2	10.4	11.
Iceland	0.1	0.1	0.1	0.1	0.2	0.2	0.2	0.2	0.2	0.3	0.3	0.3	0.4	0.5	0.6	1.0	1.3	1.
Ireland	8.3	8.5	8.8	9.1	9.7	10.1	10.5	10.8	11.3	12.2	13.7	15.0	16.4	18.3	21.2	25.0	30.1	34.
Italy	6.8	6.9	7.3	7.8	8.2	8.5	8.8	9.0	9.2	9.4	9.9	10.5	11.1	12.7	15.4	17.9	21.1	24.
Luxembourg	24.1	24.3	24.5	25.2	26.0	26.9	27.8	28.4	29.1	29.6	30.9	32.4	34.0	35.7	39.2	43.2	47.3	50.
Netherlands	25.9	27.9	27.2	28.2	30.1	31.3	33.0	34.0	34.8	37.0	38.6	41.6	45.1	48.9	53.6	59.0	64.3	68.
Norway	14.3	14.7	15.3	15.8	16.5	17.2	17.8	18.6	19.2	19.9	21.8	23.2	24.7	26.6	29.1	32.5	35.3	38.
Portugal	3.3	3.4	3.3	3.4	3.6	3.9	4.2	4.3	3.9	4.2	4.3	4.5	4.7	5.1	6.3	7.5	8.8	11.
Spain	5.7	5.8	6.1	6.6	7.1	7.7	8.3	8.8	9.2	9.5	10.1	10.9	11.7	13.0	15.3	17.7	20.6	25.
Sweden	12.1	12.4	12.9	13.3	13.8	14.5	15.5	16.3	16.6	17.2	18.0	19.4	20.6	22.2	24.5	27.2	30.2	33.
Switzerland	29.4	30.2	31.7	32.8	34.2	35.6	37.2	38.9	39.9	41.0	42.6	45.6	49.0	53.4	58.8	62.7	64.1	64.
Turkey	0.1	0.1	0.1	0.1	0.1	0.1	0.1	0.1	0.1	0.1	0.1	0.1	0.2	0.2	0.3	0.3	0.4	0.
United Kingdom	11.0	11.3	11.7	11.9	12.3	12.9	13.4	13.8	14.4	15.2	16.1	17.5	18.6	20.2	23.6	29.2	33.7	38.
OECD - Total	20.5	20.9	21.5	22.1	22.7	23.5	24.3	25.0	26.0	27.1	28.4	30.0	31.6	33.9	38.2	42.0	45.3	48.
OECD - Europe	17.9	18.5	19.1	19.6	20.3	21.2	21.9	22.4	23.0	23.9	25.1	26.7	28.3	30.4	33.8	37.5	40.6	44.
EU15	17.9	18.4	19.0	19.5	20.2	21.2	21.9	22.2	22.8	23.8	25.0	26.6	28.2	30.2	33.6	37.4	40.7	44.

33. Government final consumption expenditure - price indices (1990 = 100)

	1960	1961	1962	1963	1964	1965	1966	1967	1968	1969	1970	1971	1972	1973	1974	1975	1976	1977
Canada	13.6	14.0	14.4	14.8	15.2	15.9	17.2	18.3	19.5	21.1	22.3	23.7	25.5	27.4	31.2	35.4	40.0	43.
Mexico	0.1	0.1	0.1	0.1	0.1	0.1	0.1	0.1	0.1	0.2	0.2	0.2	0.2	0.2	0.3	0.3	0.4	0.
United States	17.8	18.3	19.1	19.6	20.1	20.6	21.6	22.7	24.0	25.5	27.6	30.0	32.4	35.3	38.5	42.6	45.7	49.
Japan	12.0	13.1	14.2	15.6	17.1	18.9	20.3	21.8	23.6	25.8	28.8	32.3	35.9	42.2	53.7	60.6	63.9	68.
Australia	10.5	10.8	11.1	11.3	11.9	12.3	12.8	13.4	14.0	14.7	15.8	17.6	19.0	21.4	26.0	31.5	35.6	39.
New Zealand	5.3	5.5	5.8	5.9	6.3	7.1	7.5	7.5	7.9	8.5	9.7	10.9	11.9	13.2	14.9	17.1	19.2	22.
Austria	14.6	15.5	16.4	17.6	18.4	19.9	21.2	23.1	24.4	26.6	28.2	30.6	33.3	37.7	42.5	47.4	51.4	54.
Belgium	19.6	19.6	19.9	20.3	21.0	22.1	23.3	24.3	25.3	26.5	28.1	30.6	33.3	36.0	41.3	48.8	53.3	57.
Denmark	8.3	9.5	10.2	10.7	11.5	13.1	14.3	15.2	16.9	18.2	19.9	22.3	24.2	26.7	31.7	36.6	39.8	42.
Finland	6.8	7.2	7.6	8.2	9.2	9.8	10.5	11.5	12.8	13.4	14.1	15.4	16.8	19.0	23.3	28.0	31.6	34.
France	9.5	10.0	10.8	11.8	12.4	12.8	13.4	13.8	14.9	16.1	17.3	18.9	20.3	22.4	26.4	30.8	34.9	39.
Germany	22.4	23.9	25.1	26.6	27.3	29.2	30.7	31.4	32.3	34.8	38.2	43.3	46.2	50.9	57.0	60.7	63.1	66.
Greece	2.4	2.5	2.6	2.7	2.8	3.0	3.1	3.4	3.7	3.8	4.0	4.2	4.4	5.0	6.2	7.3	8.4	9.
Iceland	0.1	0.1	0.1	0.1	0.1	0.2	0.2	0.2	0.2	0.2	0.3	0.3	0.4	0.5	0.8	1.0	1.3	1.
Ireland	5.6	5.9	6.2	6.5	7.6	7.9	8.3	8.5	9.1	9.9	10.9	11.9	13.4	15.5	17.5	22.1	25.7	29.
Italy	3.3	3.5	3.9	4.6	5.0	5.5	5.6	5.7	5.9	6.2	6.6	7.7	8.3	9.4	11.0	12.5	14.7	18.
Luxembourg	12.2	12.3	13.9	15.8	15.9	16.5	17.1	17.5	18.1	18.5	19.9	21.9	23.8	26.8	32.0	37.4	41.3	44.
Netherlands	16.1	17.2	18.6	20.4	23.9	26.2	28.7	31.5	33.4	36.4	39.5	44.3	49.2	54.7	63.4	71.8	78.4	83.
Norway	12.8	13.1	14.7	15.1	15.8	16.6	17.8	18.6	19.6	20.6	22.5	25.1	26.8	29.0	32.5	36.9	40.8	44.
Portugal	4.4	4.4	4.4	4.5	4.5	4.6	4.8	5.3	5.4	5.6	6.3	6.4	6.8	7.4	8.3	9.2	9.8	12.
Spain	3.2	3.4	3.7	4.1	4.4	5.1	6.0	7.2	7.7	8.5	9.2	10.1	11.1	12.6	14.7	17.3	21.0	26.
Sweden	8.8	9.3	10.0	10.2	11.0	11.9	13.0	14.0	14.6	15.2	16.4	18.1	19.6	21.2	23.8	27.4	31.2	36.
Switzerland	22.7	23.8	25.5	26.9	28.8	29.6	30.9	32.4	33.6	35.1	37.2	41.6	45.7	51.4	56.7	60.7	62.4	62.
Turkey	0.1	0.1	0.1	0.1	0.1	0.1	0.1	0.1	0.1	0.1	0.2	0.2	0.2	0.3	0.3	0.4	0.5	0.
United Kingdom	6.7	7.0	7.3	7.5	7.9	8.4	8.9	9.3	9.9	10.5	11.6	12.9	14.1	15.4	18.9	24.7	28.6	31.
OECD - Total	14.3	15.0	15.8	16.5	17.1	17.9	18.9	19.9	20.9	22.4	24.3	26.7	28.8	31.8	36.1	40.4	43.7	47.
OECD - Europe	11.7	12.4	13.3	14.2	14.9	15.9	16.8	17.4	18.1	19.5	21.3	23.9	25.7	28.4	32.6	36.6	39.8	43.
EU15	11.5	12.2	13.1	14.0	14.6	15.7	16.5	17.1	17.8	19.3	21.0	23.6	25.4	28.0	32.3	36.3	39.6	43.

Produit intérieur brut - indices de prix (1990 = 100)

1978	1979	1980	1981	1982	1983	1984	1985	1986	1987	1988	1989	1990	1991	1992	1993	1994	
50.7	55.8	61.7	68.4	74.3	77.9	80.3	82.5	84.4	88.4	92.5	97.1	100.0	102.8	104.1	105.2	105.9	Canada
0.5	0.6	0.8	1.0	1.6	3.0	4.7	7.4	12.8	30.8	61.4	77.2	100.0	121.6	139.4	153.3	164.5	Mexique
54.1	58.9	64.4	70.6	75.0	77.9	81.0	83.8	85.9	88.5	92.0	96.0	100.0	103.5	106.0	108.1	110.3	États-Unis
78.8	80.9	84.6	87.8	89.2	90.5	92.6	94.0	95.7	95.7	96.0	97.8	100.0	102.0	103.5	104.3	104.5	Japon
39.4	43.4	48.2	52.8	58.7	63.6	67.7	71.6	76.6	82.3	89.1	95.8	100.0	102.3	103.6	104.9	106.4	Australie
28.8	32.9	38.1	44.1	48.8	52.7	56.9	65.1	76.7	86.0	93.1	97.3	100.0	101.4	101.4	102.4	104.1	Nouvelle-Zélande
62.3	64.9	68.3	72.7	77.2	80.2	84.1	86.7	90.4	92.6	94.1	96.8	100.0	104.0	108.3	112.0	115.8	Autriche
59.8	62.5	64.9	67.9	72.7	76.8	80.8	85.7	89.0	91.0	92.6	97.1	100.0	102.7	106.3	110.6	113.6	Belgique
49.1	52.8	57.2	62.9	69.6	74.9	79.1	82.6	86.3	90.4	93.4	97.4	100.0	102.2	104.3	105.4	107.8	Danemark
42.3	46.0	50.5	56.1	61.1	66.3	72.2	76.0	79.5	83.2	89.1	94.5	100.0	102.5	103.2	105.7	106.9	Finlande
43.8	48.3	53.9	60.0	67.2	73.7	79.1	83.7	88.1	90.8	93.6	96.9	100.0	103.3	105.4	108.1	109.6	France
71.0	73.7	77.3	80.2	83.5	85.9	87.6	89.3	91.8	93.3	94.7	96.7	100.0	104.7	110.4	114.6	117.3	Allemagne
13.2	15.7	18.4	22.1	27.6	32.9	39.6	46.6	54.7	62.5	72.3	82.8	100.0	118.0	135.3	154.3	171.2	Grèce
2.7	3.8	5.8	8.7	13.4	23.6	29.6	38.8	48.7	58.2	71.5	85.6	100.0	107.6	111.6	114.0	117.0	Islande
39.2	44.5	51.1	60.0	69.1	76.5	81.3	85.6	90.5	92.5	95.6	100.8	100.0	101.7	103.7	108.0	109.3	Irlande
26.6	30.6	36.8	43.8	51.3	59.1	65.9	71.7	77.4	82.0	87.5	92.9	100.0	107.7	112.4	117.3	121.5	Italie
52.6	55.9	60.3	64.7	71.7	76.5	79.9	82.3	87.1	87.5	91.6	97.7	100.0	104.5	109.7	120.7	125.0	Luxembourg
74.7	77.8	82.1	86.5	91.1	93.0	94.3	96.0	96.1	95.4	96.6	97.7	100.0	102.7	105.0	107.2	109.7	Pays-Bas
45.0	48.0	55.0	62.7	69.0	73.3	77.9	81.8	80.7	86.5	90.3	96.0	100.0	102.6	102.2	104.8	105.1	Norvège
13.8	16.5	20.0	23.5	28.3	35.3	44.0	53.6	64.6	71.7	79.5	88.6	100.0	114.2	129.6	139.3	146.5	Portugal
30.7	35.8	40.7	45.8	52.1	58.3	65.1	70.1	77.8	82.4	87.0	93.2	100.0	107.1	114.4	119.4	124.0	Espagne
39.5	42.6	47.6	52.2	56.5	62.2	66.9	71.3	76.2	79.9	85.0	91.9	100.0	107.6	108.8	111.7	115.0	Suède
63.7	64.9	66.7	71.3	76.4	78.6	80.8	83.3	86.5	88.7	90.8	94.6	100.0	105.5	108.2	110.4	112.0	Suisse
0.7	1.2	2.2	3.2	4.1	5.2	7.6	11.7	15.9	21.3	36.0	63.2	100.0	158.8	260.1	436.3	900.8	Turquie
40.1	45.9	54.6	60.8	65.5	69.1	72.1	76.4	78.8	82.7	87.7	94.0	100.0	106.5	111.1	114.7	117.2	Royaume-Uni
53.6	57.5	62.4	67.5	71.9	75.5	78.9	82.0	84.9	87.6	91.2	95.4	100.0	104.8	109.0	113.6	119.8	OCDE - Total
47.4	51.2	56.3	61.3	66.6	71.2	75.4	79.2	83.0	86.0	89.7	94.5	100.0	106.5	113.1	121.4	133.8	OCDE - Europe
47.8	51.8	56.9	62.0	67.4	72.2	76.5	80.4	84.4	87.3	90.8	95.1	100.0	105.5	110.0	114.0	117.1	UE15

Consommation finale privée - indices de prix (1990 = 100)

1978	1979	1980	1981	1982	1983	1984	1985	1986	1987	1988	1989	1990	1991	1992	1993	1994	
48.8	53.0	58.3	64.8	71.5	75.7	78.8	81.7	84.8	88.1	91.6	96.0	100.0	104.7	106.1	108.0	108.8	Canada
0.5	0.6	0.7	0.9	1.4	2.7	4.4	7.0	12.8	30.2	63.1	77.8	100.0	121.8	138.8	151.7	161.8	Mexique
52.2	56.9	62.9	68.7	72.7	76.0	78.9	81.8	83.9	87.3	90.9	95.2	100.0	103.8	106.7	109.2	111.5	États-Unis
74.6	77.3	83.1	86.8	89.2	90.9	93.2	95.2	95.6	95.8	95.7	97.5	100.0	102.5	104.6	105.9	106.3	Japon
38.9	42.6	47.1	51.5	56.8	62.1	66.0	70.8	76.8	82.7	88.5	94.3	100.0	103.7	105.5	107.7	109.2	Australie
26.6	31.2	36.8	42.4	49.1	51.9	56.9	66.3	75.0	83.9	89.1	95.2	100.0	102.4	104.2	104.3	106.0	Nouvelle-Zélande
63.1	65.9	70.1	75.5	80.0	82.7	87.4	90.3	92.0	92.9	94.2	96.8	100.0	103.4	107.4	111.1	114.4	Autriche
57.6	59.8	63.6	69.1	74.5	79.9	84.4	89.4	90.1	91.8	93.2	96.6	100.0	102.5	104.5	107.7	111.0	Belgique
46.6	51.5	57.0	63.9	70.4	75.2	80.0	83.5	85.8	89.8	93.4	97.4	100.0	102.4	104.3	105.4	106.4	Danemark
44.9	48.6	54.0	60.3	65.8	71.2	76.1	80.4	82.9	85.9	89.9	94.3	100.0	105.6	110.0	114.6	116.1	Finlande
42.8	47.5	53.9	61.1	68.3	74.9	80.8	85.6	88.1	91.0	93.7	97.1	100.0	103.2	105.6	108.0	109.9	France
70.8	73.7	78.0	82.9	87.0	89.8	92.1	93.7	93.2	93.6	94.9	97.6	100.0	104.7	109.7	114.1	117.3	Allemagne
13.1	15.3	18.7	22.9	27.6	32.6	38.5	45.5	55.6	64.3	73.5	83.9	100.0	118.8	136.6	155.3	172.1	Grèce
2.4	3.5	5.5	8.2	12.5	22.8	29.9	39.7	47.7	55.3	69.3	85.5	100.0	106.9	111.9	117.0	119.0	Islande
37.0	42.6	50.5	60.4	69.4	75.8	81.3	85.4	88.5	90.7	94.2	98.0	100.0	102.8	105.4	107.2	110.1	Irlande
28.1	32.2	38.8	45.7	53.5	61.5	68.9	75.1	79.7	83.9	88.7	94.4	100.0	106.9	112.6	118.4	124.1	Italie
51.7	54.2	58.3	63.3	70.0	75.8	80.7	84.2	86.5	87.4	90.5	94.8	100.0	102.6	104.3	111.6	114.2	Luxembourg
71.2	74.7	79.8	84.8	89.1	91.7	93.5	95.7	95.9	96.1	96.7	97.8	100.0	103.2	106.4	108.9	111.5	Pays-Bas
41.5	43.7	48.0	54.5	60.5	65.6	69.8	73.9	79.5	85.8	91.1	95.5	100.0	103.9	106.6	109.0	110.4	Norvège
13.6	17.0	20.7	24.8	29.9	37.6	48.3	57.6	65.6	71.9	80.1	89.6	100.0	112.6	125.1	134.0	140.4	Portugal
30.4	35.4	41.0	46.9	53.8	60.5	67.7	72.5	79.3	83.9	88.1	93.9	100.0	106.4	113.2	119.5	125.3	Espagne
37.3	40.3	45.2	50.8	56.3	62.6	67.5	72.2	75.9	80.1	85.0	91.0	100.0	110.3	112.8	119.3	122.9	Suède
65.2	68.1	71.2	75.8	80.0	82.1	84.8	88.0	88.2	89.6	91.7	94.9	100.0	105.7	110.1	113.5	114.6	Suisse
0.6	1.1	2.1	3.1	3.9	4.9	7.3	11.1	14.4	21.4	34.1	62.6	100.0	158.1	258.7	433.3	880.3	Turquie
42.4	48.2	56.1	62.3	67.7	71.0	74.5	78.5	81.6	85.2	89.4	94.7	100.0	107.4	112.4	116.3	119.2	Royaume-Uni
52.0	56.0	61.4	66.8	71.4	75.3	78.8	82.1	84.4	87.4	90.8	95.2	100.0	105.2	109.9	115.0	121.8	OCDE - Total
47.0	50.9	56.2	62.1	67.7	72.6	77.1	81.2	83.7	86.6	90.0	94.9	100.0	106.9	113.9	123.1	137.2	OCDE - Europe
47.6	51.6	57.2	63.1	68.9	74.1	78.9	82.9	85.5	88.2	91.3	95.6	100.0	105.6	110.3	114.8	118.5	UE15

Consommation finale des administrations publiques - indices de prix (1990 = 100)

1978	1979	1980	1981	1982	1983	1984	1985	1986	1987	1988	1989	1990	1991	1992	1993	1994	
46.6	51.1	56.3	63.8	71.2	75.5	78.5	81.6	84.3	87.6	91.0	94.8	100.0	104.4	107.3	108.1	108.9	Canada
0.7	0.8	1.0	1.3	2.0	3.0	4.8	7.7	12.5	29.9	59.6	76.0	100.0	129.8	167.2	194.5	229.3	Mexique
52.8	57.3	63.3	69.1	73.9	77.5	80.7	83.6	85.6	87.5	91.0	95.2	100.0	103.2	106.8	109.8	113.2	États-Unis
70.3	73.3	77.8	80.6	82.7	83.9	86.0	88.1	89.0	90.2	91.6	95.2	100.0	104.6	106.8	108.5	108.9	Japon
41.6	45.0	50.3	56.0	64.0	68.0	72.7	77.0	82.0	85.5	90.1	94.9	100.0	104.2	107.3	110.0	109.5	Australie
26.3	30.6	37.9	44.9	49.8	51.0	54.2	61.7	74.2	83.3	90.8	96.7	100.0	99.1	100.5	103.9	105.5	Nouvelle-Zélande
58.1	60.7	63.7	68.1	73.1	75.7	79.1	83.3	86.9	89.7	91.9	95.8	100.0	106.1	111.8	117.0	120.6	Autriche
60.4	63.6	68.5	73.9	79.1	81.4	85.0	88.9	90.7	91.0	91.9	95.8	100.0	105.2	109.2	114.2	117.6	Belgique
46.2	49.7	54.7	60.5	68.0	72.9	76.1	79.0	80.5	86.9	92.1	96.6	100.0	104.4	106.9	109.1	110.8	Danemark
36.1	39.5	44.3	49.8	55.0	60.6	66.2	72.1	76.0	80.1	85.4	91.9	100.0	106.7	108.9	108.9	111.1	Finlande
43.3	47.8	54.4	61.7	70.1	76.6	82.7	86.2	89.3	91.0	92.7	96.4	100.0	103.0	106.1	109.2	110.9	France
68.4	71.6	76.0	79.8	82.5	84.8	86.3	88.2	90.0	92.0	93.4	96.4	100.0	107.3	113.3	116.6	118.6	Allemagne
11.4	13.6	16.3	20.0	25.1	30.0	37.3	45.8	52.4	59.6	70.3	83.6	100.0	113.0	122.7	139.6	156.2	Grèce
2.8	4.1	6.2	9.2	14.3	23.7	28.8	38.8	49.3	62.7	77.6	90.0	100.0	108.3	112.3	115.8	117.7	Islande
32.1	38.0	46.1	55.8	63.3	68.6	74.1	78.4	82.0	86.9	90.6	95.2	100.0	107.0	112.9	119.7	123.6	Irlande
21.1	25.7	31.9	40.6	46.6	53.4	59.5	64.9	69.3	75.2	82.3	87.9	100.0	107.6	112.8	115.9	118.9	Italie
47.1	51.2	56.5	61.9	64.6	66.9	70.7	75.3	77.9	83.9	85.0	91.0	100.0	102.8	107.0	112.3	116.0	Luxembourg
88.4	93.2	96.9	98.2	100.3	100.6	100.0	99.4	97.2	97.6	96.9	97.5	100.0	103.1	107.1	109.1	110.5	Pays-Bas
47.2	48.7	53.1	58.6	63.4	67.3	70.6	75.3	80.8	88.7	93.0	96.8	100.0	103.9	105.6	108.4	110.8	Norvège
14.3	16.9	20.8	24.4	28.7	34.9	42.3	51.3	59.5	66.3	75.4	86.7	100.0	117.5	137.1	149.7	157.2	Portugal
31.5	36.8	43.3	49.4	55.1	62.5	67.8	73.2	79.3	83.8	87.5	93.2	100.0	107.6	117.6	121.9	124.5	Espagne
40.0	43.3	49.1	53.1	57.4	62.4	66.3	70.0	74.4	77.4	81.7	89.0	100.0	103.1	105.3	106.1	109.9	Suède
63.6	66.2	69.3	73.4	78.9	81.3	83.7	86.5	87.3	87.6	90.1	94.0	100.0	107.2	113.5	115.8	116.5	Suisse
0.9	1.4	2.4	3.1	4.0	5.1	6.7	9.4	12.6	14.6	24.9	53.2	100.0	173.9	302.5	518.8	948.8	Turquie
35.0	39.9	49.5	55.8	60.3	64.4	67.7	71.6	75.7	80.7	86.2	92.4	100.0	107.1	114.0	118.9	121.7	Royaume-Uni
50.4	54.4	60.2	65.6	70.3	74.0	77.4	80.5	83.2	85.9	89.5	94.1	100.0	105.5	110.8	115.5	120.9	OCDE - Total
46.4	50.3	56.4	61.8	66.7	71.0	74.7	78.2	81.3	84.7	88.3	93.2	100.0	107.1	114.0	120.6	128.4	OCDE - Europe
46.4	50.5	56.5	62.2	67.1	71.5	75.3	78.9	82.1	85.4	89.0	93.6	100.0	106.2	111.7	115.2	117.9	UE15

34. **Gross fixed capital formation** - prices indices (1990 = 100)

	1960	1961	1962	1963	1964	1965	1966	1967	1968	1969	1970	1971	1972	1973	1974	1975	1976	1977
Canada	27.1	26.9	27.2	28.0	29.0	30.5	32.1	32.9	33.2	34.7	36.3	38.1	40.4	44.4	51.7	57.1	60.9	64.
Mexico	0.1	0.1	0.1	0.1	0.1	0.1	0.1	0.1	0.1	0.1	0.1	0.1	0.2	0.2	0.2	0.3	0.3	0.
United States	24.4	24.3	24.6	24.8	25.2	25.9	26.9	27.8	29.1	31.0	32.6	34.6	36.3	38.5	43.0	48.7	51.5	55.
Japan	34.9	37.6	37.8	37.9	38.6	38.6	40.0	41.8	42.7	43.8	45.6	46.3	48.2	56.0	69.7	72.6	76.2	79.
Australia	12.4	12.6	12.7	12.9	13.2	13.6	14.0	14.5	14.9	15.5	16.2	17.3	18.5	20.2	24.2	29.3	33.3	36
New Zealand	10.5	10.7	10.7	10.7	11.1	11.4	11.5	12.1	13.5	13.9	15.6	17.1	18.1	18.8	21.7	27.6	32.7	36
Austria	28.4	29.4	29.9	31.5	31.9	34.1	34.8	35.3	35.6	36.2	38.1	40.3	44.5	47.5	51.8	54.2	56.3	60
Belgium	23.0	23.2	24.1	25.2	26.6	27.8	28.6	29.8	30.3	31.6	34.6	37.5	39.3	41.8	48.6	54.2	58.0	61
Denmark	13.5	14.1	14.9	15.5	15.9	16.8	17.7	18.5	19.6	20.9	22.7	24.2	25.8	28.8	34.3	38.4	41.5	45
Finland	8.7	9.0	9.4	9.8	10.2	10.7	11.1	11.7	13.0	13.6	14.9	16.5	18.3	21.2	26.8	30.6	33.8	37
France	15.0	15.6	16.2	17.3	18.0	18.4	18.9	19.4	19.5	20.5	21.8	23.0	24.4	26.6	31.1	35.1	39.3	43
Germany	28.7	30.6	32.8	34.1	35.1	35.9	36.8	36.4	36.8	39.1	44.5	47.9	49.7	52.3	56.2	58.4	60.8	63.
Greece	3.2	3.2	3.4	3.5	3.5	3.6	3.9	4.1	4.1	4.2	4.6	4.8	5.2	6.2	7.8	8.6	10.1	11
Iceland	0.1	0.1	0.1	0.1	0.2	0.2	0.2	0.2	0.2	0.3	0.3	0.4	0.4	0.6	0.8	1.2	1.5	1.
Ireland	8.6	9.0	9.3	9.8	10.5	10.6	10.6	11.0	11.5	12.2	13.9	15.2	17.1	18.9	23.1	28.1	33.4	38.
Italy	5.8	6.0	6.2	6.7	7.2	7.3	7.4	7.6	7.7	8.2	9.1	9.6	10.0	12.0	15.5	18.2	22.0	26
Luxembourg	16.8	17.8	18.7	20.2	21.2	21.4	22.5	22.2	23.3	24.6	27.8	31.5	32.5	34.7	40.9	46.2	49.8	51
Netherlands	24.3	24.8	25.5	26.6	28.2	29.4	31.0	31.5	32.0	33.9	37.2	40.5	43.6	46.7	52.5	58.0	62.6	67.
Norway	15.9	16.0	16.2	16.9	17.0	17.8	18.4	18.6	18.6	20.0	21.9	23.0	24.8	26.1	30.1	34.5	38.2	42
Portugal	2.9	2.9	2.9	3.0	2.9	3.0	3.1	3.4	3.5	3.6	3.7	4.0	4.5	4.9	6.2	7.7	9.2	11
Spain	6.5	6.6	7.0	7.5	7.9	8.2	8.5	9.1	9.6	10.1	10.8	11.5	12.4	14.0	17.1	19.8	22.7	27
Sweden	13.8	14.2	14.8	15.3	16.1	17.1	17.9	18.5	18.7	18.9	19.9	21.1	22.4	24.0	27.4	30.4	34.2	38.
Switzerland	31.4	33.7	35.7	38.1	40.0	41.0	42.4	43.3	44.1	45.5	49.6	54.5	59.7	64.0	68.1	68.2	66.1	67.
Turkey	0.1	0.1	0.1	0.1	0.1	0.1	0.1	0.1	0.1	0.1	0.1	0.2	0.2	0.2	0.2	0.3	0.3	0.
United Kingdom	10.1	10.4	10.6	11.0	11.2	11.6	12.0	12.1	12.5	13.1	14.1	15.4	17.0	19.6	23.9	29.3	33.6	37.
OECD - Total	21.3	22.0	22.7	23.3	24.1	24.8	25.6	26.2	27.1	28.7	31.0	32.9	34.6	37.9	43.3	47.2	50.4	54.
OECD - Europe	17.6	18.4	19.3	19.9	21.0	21.7	22.1	21.6	21.8	23.0	25.7	27.9	29.4	31.2	34.5	37.6	40.7	44.
EU15	17.3	17.9	18.8	19.4	20.4	21.2	21.6	21.1	21.3	22.4	25.1	27.2	28.6	30.4	33.9	37.4	40.9	44.

35. **Exports of goods and services** - prices indices (1990 = 100)

	1960	1961	1962	1963	1964	1965	1966	1967	1968	1969	1970	1971	1972	1973	1974	1975	1976	1977
Canada	27.1	27.6	28.7	28.9	29.5	30.1	30.9	31.6	32.0	32.7	33.9	34.0	35.3	40.0	51.9	57.3	58.9	62
Mexico	0.1	0.1	0.1	0.1	0.1	0.1	0.1	0.1	0.1	0.1	0.1	0.1	0.1	0.2	0.2	0.2	0.3	0.
United States	27.4	27.8	27.8	27.8	27.9	28.8	29.6	30.6	31.1	31.7	33.5	34.8	36.2	40.7	49.8	55.2	57.8	60
Japan	68.7	68.2	67.1	68.9	69.9	69.7	69.5	69.7	69.8	70.8	72.8	74.9	74.4	81.6	107.2	112.5	114.8	110.
Australia	18.3	17.4	17.5	19.1	19.8	18.9	19.7	19.1	19.0	20.3	20.3	20.0	21.9	26.6	32.8	35.8	38.8	43
New Zealand	11.3	10.9	11.3	12.5	13.0	12.7	12.5	11.8	12.9	13.5	13.7	15.4	18.8	22.1	21.5	24.0	30.5	33
Austria	40.8	42.3	42.5	43.1	44.3	45.5	46.3	46.6	47.3	48.5	51.2	53.0	54.7	58.8	65.4	68.6	69.8	72.
Belgium	28.8	28.9	29.2	29.8	31.1	31.5	32.7	32.9	32.9	34.4	36.4	37.2	37.8	40.9	51.0	53.8	56.2	57.
Denmark	21.2	20.9	21.4	22.0	22.8	23.3	24.0	24.2	25.0	26.7	28.4	29.4	31.4	35.2	42.4	45.7	48.9	52.
Finland	13.4	13.7	13.6	13.8	14.7	15.4	15.3	15.7	18.8	19.6	21.3	22.5	24.0	27.2	37.4	43.4	46.2	50.
France	20.2	20.3	20.5	21.1	22.0	22.3	22.7	22.6	22.5	23.6	25.4	26.8	27.2	29.4	36.6	38.4	42.1	46.
Germany	42.4	42.0	42.9	43.3	44.4	45.6	46.8	46.9	46.9	48.8	50.4	52.6	53.7	57.3	66.4	69.1	71.5	72.
Greece	5.7	5.7	5.7	6.2	6.3	6.2	6.4	6.3	6.2	6.2	6.4	6.5	6.9	8.7	11.4	12.9	14.1	15.
Iceland	0.1	0.1	0.1	0.1	0.2	0.2	0.2	0.2	0.2	0.3	0.4	0.4	0.4	0.6	0.8	1.1	1.5	1.
Ireland	14.2	14.2	14.4	14.7	15.4	15.7	16.0	16.1	17.1	18.2	17.1	18.3	20.4	24.4	30.1	35.6	43.8	50.
Italy	9.3	9.2	9.3	9.6	10.0	10.0	10.0	10.1	10.1	10.4	11.0	11.5	12.0	13.8	19.1	21.7	26.6	30.
Luxembourg	29.3	28.4	27.9	27.9	28.6	29.0	29.2	29.3	29.7	31.6	35.8	34.8	35.1	40.3	51.0	50.5	54.8	53.
Netherlands	42.4	41.7	41.6	42.7	43.8	44.8	45.1	45.1	44.8	45.8	48.4	50.0	50.9	54.5	68.7	72.2	76.9	79.
Norway	23.7	23.3	22.8	23.1	24.5	25.4	26.0	27.0	27.5	27.9	31.7	33.6	33.0	37.0	45.3	45.5	46.2	48.
Portugal	3.2	3.3	3.4	3.7	3.4	3.5	3.4	3.7	3.9	4.0	4.5	4.7	5.1	5.8	8.3	8.3	8.8	11.
Spain	7.3	7.4	8.0	8.4	8.6	8.7	9.5	10.9	12.8	13.6	13.9	14.8	15.7	17.2	21.0	23.3	27.1	32.
Sweden	18.2	18.3	18.0	18.2	18.4	18.8	19.1	19.4	19.5	20.2	22.0	22.9	23.6	26.1	32.9	37.3	39.7	42.
Switzerland	39.7	40.5	41.8	43.3	45.0	45.9	48.0	49.5	50.9	51.6	53.9	55.9	58.7	61.2	69.1	70.9	70.3	71.
Turkey	0.1	0.1	0.1	0.1	0.1	0.1	0.1	0.1	0.1	0.1	0.1	0.1	0.2	0.2	0.3	0.3	0.3	0.
United Kingdom	14.2	14.4	14.5	14.6	14.9	15.2	15.6	16.0	17.2	17.6	19.0	20.0	20.8	23.3	29.1	35.1	42.0	48.
OECD - Total	27.8	27.7	28.0	28.6	29.4	30.1	30.9	31.5	32.1	33.3	35.1	36.6	37.4	40.8	51.0	54.6	58.1	60.
OECD - Europe	26.7	26.5	26.8	27.3	28.1	28.5	29.2	29.6	30.1	31.1	32.8	34.0	34.9	37.9	46.1	48.8	52.4	55.
EU15	26.1	25.9	26.1	26.7	27.4	27.7	28.3	28.8	29.2	30.2	31.9	33.1	33.9	36.9	45.2	48.1	52.1	54.

36. **Imports of goods and services** - prices indices (1990 = 100)

	1960	1961	1962	1963	1964	1965	1966	1967	1968	1969	1970	1971	1972	1973	1974	1975	1976	1977
Canada	31.3	32.2	33.7	34.5	34.8	34.9	35.7	36.3	37.3	38.4	39.4	40.3	41.2	44.3	53.1	60.8	61.3	68.
Mexico	0.1	0.1	0.1	0.1	0.1	0.1	0.1	0.1	0.2	0.1	0.1	0.1	0.1	0.2	0.2	0.2	0.3	0.
United States	22.3	22.2	22.0	22.5	23.0	23.3	24.1	24.4	24.6	25.1	26.6	27.8	29.5	33.1	47.4	51.2	52.8	57.
Japan	43.6	44.1	43.1	43.9	44.6	44.3	45.3	45.3	45.6	46.9	47.9	46.5	44.3	52.5	86.3	94.4	99.4	95.
Australia	16.3	16.4	16.3	16.3	16.2	16.6	16.8	17.0	17.0	17.2	18.2	19.7	20.6	21.2	27.0	32.4	35.4	42.
New Zealand	11.2	11.2	10.9	11.1	11.2	11.2	11.2	11.9	13.6	14.1	15.1	15.8	16.4	17.7	23.3	30.5	36.7	39.
Austria	39.7	40.6	40.9	41.2	41.9	42.7	43.5	44.1	44.4	46.5	49.4	51.7	52.7	54.9	64.6	67.3	69.2	73.
Belgium	27.7	28.4	28.6	29.8	30.7	30.8	31.8	31.9	32.1	33.1	34.8	36.0	36.1	38.8	49.5	52.8	55.6	56.
Denmark	19.1	19.2	19.1	19.5	19.8	20.1	20.4	20.9	22.0	22.6	23.9	25.3	25.8	30.1	40.0	42.0	45.6	49.
Finland	13.9	14.1	14.3	14.5	14.8	15.0	15.2	16.0	19.6	20.1	21.6	23.2	25.1	27.9	39.5	43.3	45.3	50.
France	17.3	17.3	17.8	18.0	18.1	18.4	19.0	18.7	18.5	19.4	21.3	22.4	22.4	24.1	35.7	36.7	41.1	46.
Germany	47.2	46.1	46.0	47.1	47.9	49.3	50.2	49.5	49.8	50.8	47.5	47.9	48.8	52.7	65.4	66.8	70.9	72.
Greece	5.4	5.3	5.3	5.4	5.6	5.6	5.8	5.6	5.6	5.6	5.9	6.0	6.5	7.9	11.2	13.1	14.6	15.
Iceland	0.2	0.2	0.2	0.2	0.2	0.2	0.2	0.2	0.2	0.4	0.4	0.4	0.4	0.5	0.7	1.2	1.4	1.
Ireland	12.7	12.9	12.9	13.2	13.4	13.7	13.7	13.7	14.8	15.4	15.5	16.4	17.3	19.7	28.5	34.3	40.8	47.
Italy	8.9	8.7	8.8	8.9	9.2	9.3	9.4	9.5	9.6	9.7	10.1	10.6	11.0	14.0	21.9	24.0	30.1	34.
Luxembourg	26.2	26.6	26.8	27.2	27.7	28.2	28.6	28.4	28.4	29.3	31.3	32.9	32.8	35.8	43.8	48.3	51.3	53.
Netherlands	42.2	41.4	41.1	41.6	42.6	42.8	43.2	42.8	41.6	42.9	45.8	47.7	47.6	51.1	67.8	70.7	75.3	77.
Norway	21.0	20.7	20.2	20.7	21.1	21.6	22.0	22.2	21.8	22.8	24.8	26.2	26.9	29.4	36.4	38.5	41.0	44.
Portugal	3.4	3.4	3.4	3.4	3.6	3.9	3.9	4.4	3.7	3.6	4.3	4.4	4.5	5.1	7.4	8.5	9.6	12.
Spain	10.4	10.6	10.8	11.0	11.5	11.6	11.6	11.9	13.2	13.6	14.2	15.0	15.2	16.8	23.8	25.5	29.2	35.
Sweden	15.3	15.4	15.5	15.8	16.3	16.6	16.9	17.1	17.2	17.7	19.2	20.1	20.7	23.4	32.2	33.7	36.2	40.
Switzerland	51.4	51.6	52.2	53.7	54.8	55.4	56.9	57.5	57.9	59.8	64.1	64.9	66.2	70.4	83.0	80.7	76.7	81.
Turkey	0.1	0.1	0.1	0.1	0.1	0.1	0.1	0.1	0.1	0.1	0.1	0.2	0.2	0.2	0.3	0.3	0.4	0.
United Kingdom	14.2	14.2	14.2	14.5	14.8	15.0	15.2	15.4	17.0	17.4	18.5	19.3	19.8	24.4	34.5	39.2	47.5	54.
OECD - Total	25.6	25.9	25.9	26.3	27.0	27.5	28.0	27.9	28.5	29.4	30.7	31.7	32.1	35.6	48.8	52.1	55.6	59.
OECD - Europe	25.9	25.9	26.0	26.2	27.0	27.7	27.9	27.5	28.1	29.0	30.2	31.3	31.6	34.3	45.0	47.5	51.7	55.
EU15	25.1	24.9	25.0	25.2	25.9	26.8	27.0	26.5	27.1	28.0	29.0	30.1	30.3	33.2	44.0	47.0	51.6	55.

Formation brute de capital fixe - indices de prix (1990 = 100) 34.

1978	1979	1980	1981	1982	1983	1984	1985	1986	1987	1988	1989	1990	1991	1992	1993	1994	
67.6	72.4	75.0	79.9	84.8	85.3	87.1	88.5	89.8	93.1	96.1	99.7	100.0	96.2	95.3	94.8	95.5	Canada
0.5	0.6	0.8	1.0	1.6	3.2	5.0	7.9	15.3	35.6	70.9	81.7	100.0	121.8	138.2	151.6	158.1	Mexique
61.1	67.4	74.5	81.9	86.3	86.4	87.6	89.3	91.6	93.2	96.1	98.4	100.0	100.0	99.0	96.9	97.6	États-Unis
82.3	87.5	94.6	96.1	97.3	97.1	98.0	98.4	97.4	96.5	96.6	97.7	100.0	101.2	101.4	100.8	99.8	Japon
39.7	43.2	48.0	53.1	59.4	63.8	66.4	72.2	80.2	85.9	90.9	96.9	100.0	100.4	100.6	103.1	103.4	Australie
42.4	46.0	54.6	62.8	69.2	72.0	79.1	88.7	97.0	99.1	98.0	99.5	100.0	99.5	97.5	96.5	90.5	Nouvelle-Zélande
63.8	66.3	71.0	75.5	80.6	83.1	85.5	87.6	89.9	92.1	94.2	97.0	100.0	103.8	107.3	109.5	111.7	Autriche
64.2	67.4	71.0	74.7	79.4	82.7	86.2	89.4	90.5	91.3	93.2	97.4	100.0	102.1	105.3	107.8	110.2	Belgique
49.3	53.1	59.0	66.3	72.3	78.1	82.0	86.3	88.5	91.8	94.2	98.0	100.0	104.0	107.0	110.5	112.2	Danemark
39.1	42.9	48.9	54.3	58.1	63.2	67.8	72.1	75.6	80.4	86.5	93.9	100.0	99.2	95.4	95.5	99.9	Finlande
46.8	51.6	58.4	64.5	72.2	78.1	83.2	86.7	89.5	92.0	94.6	97.3	100.0	103.2	103.9	103.8	104.2	France
66.2	70.6	76.2	80.0	82.5	84.3	86.7	88.4	89.8	91.1	92.7	95.4	100.0	104.4	109.0	112.3	114.0	Allemagne
14.1	17.2	20.6	24.5	28.1	34.6	41.3	49.2	60.7	67.5	76.1	88.4	100.0	119.0	132.9	147.3	159.3	Grèce
2.8	4.1	6.3	9.5	14.8	25.9	30.8	40.3	49.5	57.5	68.2	86.1	100.0	106.5	109.6	114.1	118.4	Islande
43.3	49.3	57.3	65.8	71.8	76.3	80.5	84.0	86.0	88.0	92.7	97.8	100.0	103.1	106.1	109.7	112.0	Irlande
29.6	34.4	42.1	51.1	58.9	65.7	71.8	78.3	81.2	84.5	89.2	94.0	100.0	105.3	109.3	114.6	118.1	Italie
53.6	57.0	61.2	66.1	73.1	77.5	81.0	83.6	86.4	88.8	93.7	93.1	100.0	105.7	104.3	113.2	104.7	Luxembourg
71.8	76.3	81.5	86.7	89.8	91.0	92.1	93.2	93.1	94.6	96.2	98.0	100.0	102.1	104.1	106.0	108.1	Pays-Bas
45.3	46.6	50.7	55.7	62.9	66.7	68.3	74.3	79.3	87.5	93.3	98.7	100.0	102.1	104.9	107.8	110.2	Norvège
14.5	17.6	22.0	27.0	32.7	41.2	49.3	59.1	67.8	75.4	83.1	91.4	100.0	111.6	121.4	127.1	132.8	Portugal
33.2	38.7	45.6	51.7	57.9	65.2	71.5	76.3	80.8	84.6	89.7	94.5	100.0	104.9	108.2	113.4	118.2	Espagne
42.0	46.0	51.5	56.3	61.0	67.1	70.6	74.5	78.1	81.4	86.8	93.8	100.0	105.2	102.9	105.0	106.8	Suède
68.2	69.1	73.6	78.8	82.3	82.8	83.4	86.2	87.0	88.3	91.7	96.9	100.0	102.8	102.6	100.8	99.3	Suisse
0.8	1.3	2.4	3.4	4.8	6.1	9.5	15.7	24.1	24.1	44.4	66.8	100.0	164.1	264.9	426.8	949.4	Turquie
42.1	48.7	57.9	63.7	65.5	67.7	70.5	74.4	77.7	81.4	87.0	94.6	100.0	100.4	97.6	98.0	100.0	Royaume-Uni
58.6	63.8	69.9	74.9	79.0	81.4	83.9	86.3	88.4	90.2	93.3	96.6	100.0	102.7	104.7	107.3	112.5	OCDE - Total
48.4	52.9	59.3	64.5	69.3	73.5	77.3	81.0	83.8	86.1	90.1	94.9	100.0	105.2	110.0	118.7	132.4	OCDE - Europe
48.5	53.3	59.7	65.3	70.0	74.4	78.4	82.1	84.9	87.5	91.0	95.4	100.0	103.9	106.4	109.1	111.4	UE15

Exportations de biens et services - indices de prix (1990 = 100) 35.

1978	1979	1980	1981	1982	1983	1984	1985	1986	1987	1988	1989	1990	1991	1992	1993	1994	
65.8	76.9	87.3	92.5	94.4	94.9	98.2	99.3	97.3	99.0	99.0	101.0	100.0	96.2	98.2	102.8	107.2	Canada
0.5	0.6	0.9	1.1	2.1	4.1	5.9	8.7	15.6	39.0	64.2	77.7	100.0	105.5	111.4	117.1	126.0	Mexique
65.0	73.5	82.0	87.3	89.1	90.5	92.2	90.8	90.0	92.3	96.9	99.0	100.0	100.8	99.1	97.4	97.4	États-Unis
103.7	112.1	123.0	126.2	129.7	123.4	123.3	120.2	104.0	98.8	95.5	99.0	100.0	96.9	93.3	86.0	82.2	Japon
44.3	53.1	61.4	63.5	66.2	72.2	73.9	81.9	82.4	86.0	93.7	98.9	100.0	94.8	96.8	98.1	94.2	Australie
37.1	45.4	51.4	59.2	65.5	70.0	80.5	83.5	86.5	89.2	95.5	103.4	100.0	101.5	110.6	107.5	107.7	Nouvelle-Zélande
74.1	77.5	82.3	86.7	90.0	91.0	94.9	98.0	95.9	94.4	96.7	99.1	100.0	100.6	101.5	102.5	103.5	Autriche
57.8	62.8	71.1	77.9	88.1	94.5	102.0	104.9	96.1	92.4	95.0	101.7	100.0	99.7	98.6	97.4	98.0	Belgique
55.4	59.9	68.7	77.4	85.6	90.0	96.9	100.4	95.0	93.2	93.8	99.9	100.0	100.2	99.0	97.5	98.5	Danemark
53.1	59.9	66.7	72.2	76.5	81.8	88.7	91.3	88.0	89.6	93.9	99.5	100.0	98.5	105.1	111.9	113.1	Finlande
48.9	53.8	60.2	68.7	77.4	85.1	93.2	97.5	94.4	94.2	96.5	101.1	100.0	100.7	99.1	97.6	99.7	France
74.0	77.6	82.5	87.2	90.3	92.0	95.1	98.1	96.7	95.8	97.5	99.8	100.0	101.4	102.3	102.5	103.1	Allemagne
16.8	19.3	25.8	32.4	39.1	46.7	54.0	63.2	69.9	75.1	80.7	90.1	100.0	109.8	120.0	136.4	150.1	Grèce
2.8	4.0	5.8	8.6	13.7	26.5	32.8	42.6	51.1	57.2	67.7	85.5	100.0	106.7	105.3	110.3	116.8	Islande
53.6	58.7	65.0	75.7	83.8	91.4	98.9	101.9	95.5	96.0	101.4	108.8	100.0	99.7	97.6	103.9	104.4	Irlande
33.6	39.1	48.3	58.0	67.8	74.0	81.1	88.1	85.7	86.6	90.2	96.8	100.0	102.8	104.8	114.7	118.8	Italie
54.7	58.9	63.4	69.5	80.2	85.0	89.4	92.9	91.7	87.0	92.5	99.0	100.0	102.8	107.1	115.3	118.6	Luxembourg
79.0	85.5	95.3	108.6	112.7	112.5	118.3	120.0	101.1	96.0	96.5	100.8	100.0	100.1	97.9	95.6	96.3	Pays-Bas
51.1	60.2	75.4	86.3	91.2	94.5	101.6	104.7	85.2	86.6	87.6	97.1	100.0	98.9	91.5	94.3	92.2	Norvège
14.8	18.9	23.7	28.1	33.6	43.7	57.0	67.0	70.0	77.3	85.1	94.6	100.0	102.2	97.8	111.0	117.4	Portugal
37.4	40.9	48.3	56.9	64.7	75.7	85.1	90.6	89.1	91.3	94.1	98.3	100.0	102.0	105.2	110.0	115.0	Espagne
44.9	51.1	57.3	62.4	69.5	78.2	83.7	87.3	85.6	87.8	92.6	98.5	100.0	101.7	98.7	108.1	111.8	Suède
68.9	70.8	75.3	79.3	82.2	83.9	88.6	90.4	90.1	90.0	92.1	99.0	100.0	102.2	103.5	104.4	102.7	Suisse
0.5	0.9	2.4	3.5	4.9	6.2	9.8	16.0	20.6	27.0	47.2	72.3	100.0	161.0	261.8	418.6	1108.3	Turquie
52.2	58.2	66.3	71.9	76.8	82.7	89.0	93.5	85.9	88.2	88.5	95.8	100.0	101.5	103.2	112.2	113.1	Royaume-Uni
61.7	67.6	76.2	82.7	87.1	89.8	94.5	96.9	91.7	91.7	94.2	98.7	100.0	100.8	101.2	103.5	109.9	OCDE - Total
56.8	61.5	69.0	76.0	82.0	86.4	92.2	96.2	91.5	91.2	93.5	98.9	100.0	101.8	103.2	108.2	118.7	OCDE - Europe
56.7	61.4	68.9	76.2	82.4	87.1	93.1	97.1	92.4	92.0	94.3	99.2	100.0	101.2	101.6	104.8	106.8	UE15

Importations de biens et services - indices de prix (1990 = 100) 36.

1978	1979	1980	1981	1982	1983	1984	1985	1986	1987	1988	1989	1990	1991	1992	1993	1994	
74.3	81.4	86.8	90.8	95.0	94.8	99.7	102.3	102.8	101.2	99.0	98.9	100.0	97.7	100.2	104.6	108.5	Canada
0.5	0.5	0.6	0.7	1.5	3.7	5.2	8.1	19.1	44.2	74.3	84.5	100.0	108.5	112.7	115.9	123.4	Mexique
62.2	73.1	91.1	95.0	92.2	89.5	89.3	87.4	87.3	92.4	96.1	97.6	100.0	98.2	95.3	91.8	91.3	États-Unis
80.6	102.9	141.5	144.5	154.0	145.6	141.9	138.7	94.5	89.1	86.6	93.1	100.0	93.7	88.4	79.3	75.5	Japon
45.6	51.9	60.1	62.7	67.2	72.0	73.5	86.5	96.8	100.6	97.1	96.2	100.0	101.2	104.8	109.9	104.0	Australie
40.8	48.8	61.0	69.3	76.8	83.1	97.9	101.5	99.0	92.7	93.4	98.8	100.0	101.8	106.6	99.2	92.7	Nouvelle-Zélande
73.8	78.1	85.6	93.6	95.4	95.1	98.9	102.7	96.9	94.4	96.1	99.5	100.0	101.0	101.1	101.9	102.6	Autriche
56.9	61.7	72.4	82.6	93.6	100.5	108.4	110.7	97.1	92.6	95.0	101.3	100.0	99.6	96.8	94.4	95.3	Belgique
50.4	57.3	69.7	82.1	90.4	93.7	101.1	104.3	94.7	92.5	94.5	100.5	100.0	102.1	100.5	99.6	100.3	Danemark
55.6	63.0	75.7	84.0	87.6	93.7	97.6	100.8	93.4	93.0	94.0	99.0	100.0	100.6	107.9	117.2	117.0	Finlande
47.4	52.8	64.5	76.9	86.7	94.1	103.6	106.0	92.9	92.4	94.8	101.2	100.0	100.0	97.6	94.9	96.6	France
70.8	76.9	86.8	97.0	99.7	100.8	106.4	109.9	98.3	94.1	95.8	100.5	100.0	102.3	100.7	99.3	99.7	Allemagne
17.0	20.0	27.0	32.3	40.0	47.1	57.8	68.1	73.8	74.1	78.9	91.5	100.0	106.5	111.0	124.4	134.7	Grèce
2.4	3.9	5.8	8.6	13.9	27.2	33.3	43.8	49.8	53.5	63.7	83.8	100.0	103.2	104.8	116.5	121.7	Islande
49.9	56.8	67.0	79.5	85.5	89.9	98.4	100.9	90.7	91.9	97.8	103.8	100.0	102.4	101.1	105.5	108.5	Irlande
37.3	44.6	57.6	71.8	80.4	84.2	92.5	100.1	86.6	87.1	91.0	99.2	100.0	99.9	101.9	113.5	119.5	Italie
54.2	58.4	62.9	69.2	78.8	85.0	91.4	94.2	90.3	88.1	92.0	97.4	100.0	102.0	102.0	107.6	107.8	Luxembourg
76.7	85.1	96.6	110.7	112.4	112.4	118.8	120.2	100.1	97.1	96.7	101.3	100.0	100.4	99.0	96.6	96.8	Pays-Bas
47.3	53.0	60.8	66.6	71.2	74.8	77.7	82.6	82.3	88.0	92.4	98.8	100.0	99.8	98.9	101.4	102.4	Norvège
15.2	19.9	26.1	32.8	38.7	50.2	65.9	74.5	69.5	77.9	87.2	94.9	100.0	101.4	97.7	106.4	111.2	Portugal
38.4	41.1	56.4	72.9	82.2	99.9	111.5	113.7	97.1	97.9	98.9	101.2	100.0	99.7	100.9	107.6	114.0	Espagne
44.7	51.8	59.2	66.2	76.0	86.2	89.6	92.9	85.8	88.8	91.8	97.1	100.0	99.9	97.7	111.9	115.7	Suède
72.9	78.2	88.1	92.3	91.7	91.9	96.9	100.1	91.7	89.0	92.5	100.8	100.0	100.5	102.7	101.5	95.7	Suisse
0.7	1.2	2.3	3.3	4.7	5.9	9.3	15.2	19.6	26.1	46.7	77.9	100.0	160.2	261.3	389.0	1024.1	Turquie
55.6	60.8	66.7	71.8	76.8	82.6	89.9	93.5	89.4	91.6	90.8	96.7	100.0	100.3	100.2	108.6	110.7	Royaume-Uni
59.6	67.8	80.6	88.3	93.0	95.1	99.2	101.1	91.3	91.4	93.5	98.2	100.0	100.1	99.8	101.9	106.9	OCDE - Total
56.5	62.3	72.3	82.2	87.7	92.1	98.9	102.7	92.2	91.1	93.3	99.5	100.0	101.5	102.3	108.2	117.2	OCDE - Europe
56.4	62.2	72.5	83.1	89.0	93.8	100.9	104.6	93.4	92.2	94.0	99.7	100.0	100.8	100.1	103.0	105.3	UE15

PART SEVEN

SEPTIÈME PARTIE

Comparative tables based on PPPs
Tableaux comparatifs basés sur les PPA

The statistics for Germany in this publication refer to Germany after unification. Official data for Germany after unification are available only from 1991 onwards. In this publication, the secretariat has estimated some national accounts aggregates for the whole of Germany back to 1960 in order to calculate the various zones' totals. These estimates are based on statistics published by Deutsches Institut für Wirtschaftsforschung for period 1989-90 and by the East German Statistical Office in 1990 for period 1980-89. They are also based on the ratios of the aggregates of West Germany and the whole of Germany.

Les statistiques concernant l'Allemagne dans cette publication se réfèrent à l'Allemagne après l'unification. Des données officielles pour l'Allemagne après l'unification ne sont disponibles qu'à partir de 1991. Dans cette publication, le secrétariat a estimé certains agrégats des comptes nationaux pour l'Allemagne dans son ensemble depuis 1960 afin de calculer les différentes zones. Ces estimations sont basées sur des statistiques publiées par Deutsches Institut für Wirtschaftsforschung pour la période 1989-90 et par l'Office Statistique de l'Allemagne de l'Est en 1990 pour la période 1980-89. Elles sont aussi basées sur les rapports des agrégats de l'Allemagne occidentale et de l'Allemagne dans son ensemble.

The data in this section have been converted to United States dollars using purchasing power parities (PPPs) rather than the exchange rates used in earlier parts of this volume. PPPs are the rates of currency conversion that equalise the purchasing power of different currencies. This means that a given sum of money, when converted into different currencies at the PPPs rates, will buy the same basket of goods and services in all countries. Thus PPPs are the rates of currency conversion which eliminate differences in price levels between countries.

When converted by means of PPPs, the expenditures on the GDP for different countries are in effect expressed at the same set of international prices so that comparisons between countries reflect only differences in the volume of goods and services purchased.

The PPP converted data and the exchange rate converted data in the tables are shown in US dollars, but the choice of currency unit in both cases is purely a matter of convention which has no effect on comparisons between countries.

PPPs calculated for OECD Member countries are triennial benchmark results calculated jointly by the OECD and the Statistical Office of the European Communities (Eurostat). As from 1991, Eurostat calculates annual PPPs for the countries it co-ordinates (Eurostat countries). These were the twelve Communities countries plus Austria, Sweden and Switzerland in 1991, Finland was associated to the Eurostat calculation in 1992, and in 1994 Eurostat calculated PPPs for the fifteen European Union Member countries plus Iceland, Norway and Switzerland.

The PPPs time series used here are based on the OECD benchmark results for 1990 and 1993 – with the exception of Mexico for which PPPs have been estimated for these two years – and on Eurostat annual results for 1991, 1992 and 1994. PPPs for Mexico was obtained by a regression procedure originally used by Kravis, Heston and Summers (*Real GDP per capita in More than One Hundred Countries, Economic Journal, June 1978*), in which the relationship between a country's PPP and its exchange rate is assumed to depend on its per capita GDP (converted into dollars using exchange rates) and its "openness" vis-à-vis the rest of the world, which is represented by the ratio of its foreign trade to GDP.

The 1990 GDP PPPs for the 25 OECD countries were backdated to 1970 using each country's rate of inflation relative to that of the United States. Specifically, country k's PPP for year t was obtained by multiplying its 1990 PPP by Ik_t divided by Ius_t where Ik is the GDP price index based on 1990 for country k and Ius is the GDP price index based on 1990 for the United States. As changes in PPPs depend directly on relative rates of inflation in different countries, this method produces robust estimates for years other than the base year provided they are not too remote from the base year.

For Eurostat countries, the annual PPPs calculated by Eurostat have been used for 1991, 1992 and 1994. For the remaining OECD countries, the procedure described above was used to obtain PPPs for 1991 on the basis of the 1990 GDP PPPs and PPPs for 1992 and 1994 on the basis of the 1993 GDP PPPs. The two calculated and extrapolated sets of PPPs for 1991, 1992 and 1994 were then linked using Total EU to obtain a complete set for OECD countries.

The time series of real values for private final consumption expenditure, government final consumption expenditure and gross fixed capital formation have been derived using the general GDP PPPs and not the PPPs specific to these aggregates.

Data for Mexico have been included in area total. Data for Australia are based on calendar year.

Les données de la présente section ont été converties en dollars des États-Unis au moyen des parités de pouvoir d'achat (PPA) et non des taux de change comme dans les précédentes parties du présent volume. Les PPA sont des taux de conversion monétaire qui permettent d'exprimer dans une unité commune les pouvoirs d'achat des différentes monnaies. En d'autres termes, une somme d'argent donnée, convertie en monnaies nationales au moyen des PPA, permettra d'acheter le même panier de biens et services dans tous les pays. Les PPA sont donc des taux de conversion monétaires qui éliminent les différences de niveaux de prix existant entre les pays.

Les dépenses imputées au PIB, pour les différents pays, converties en utilisant les PPA sont, de ce fait, exprimées en fonction d'une même structure de prix internationaux si bien que les écarts entre pays reflètent uniquement les différences de volume de biens et services achetés.

Les données converties au moyen des PPA et celles converties en utilisant les taux de change sont exprimées en dollars É-U mais, dans les deux cas, le choix de l'unité monétaire est une convention qui n'affecte en aucune façon les comparaisons entre pays.

Les PPA calculées pour les pays Membres de l'OCDE sont des résultats de référence triennale calculés conjointement par l'OCDE et L'Office Statistique des Communautés Européennes (Eurostat). Depuis 1991, Eurostat calcule des PPA annuelles pour les pays qu'il coordonne. Il s'agissait en 1991 des douze pays des Communautés plus l'Autriche, la Suède et la Suisse ; la Finlande a été associée à ces calculs en 1992 ; en 1994 Eurostat a calculé les PPA pour les quinze pays Membres de l'Union Européenne plus l'Islande, la Norvège et la Suisse.

Les séries chronologiques de PPA utilisées ici sont basées sur les résultats obtenus pour les pays de l'OCDE pour les années de référence 1990 et 1993 – à l'exception du Mexique pour lequel des PPA ont été estimées pour ces deux années – ainsi que les résultats des calculs annuels effectués par Eurostat pour 1991, 1992 et 1994. La PPA du Mexique a été obtenue par une méthode de régression, utilisée pour la première fois par Kravis, Heston et Summers (*"Real GDP per capita in More than One Hundred Countries, Economic Journal, June 1978*), qui repose sur l'hypothèse que la relation entre la PPA d'un pays et son taux de change dépend du PIB par habitant (converti en dollars au moyen des taux de change) et du degré d'« ouverture » sur le reste du monde, celui-ci étant donné par le rapport entre le volume des échanges extérieurs et le PIB.

Les PPA 1990 du PIB pour les 25 pays de l'OCDE ont été extrapolées jusqu'en 1970 en utilisant les taux d'inflation de chaque pays rapportés à celui des États-Unis. Plus précisément la PPA du pays k pour l'année t a été obtenue en multipliant sa PPA de 1990 par le rapport Ik_t/Ius_t où Ik est l'indice de prix du PIB du pays k sur la base 1990 et Ius l'indice de prix du PIB des États-Unis sur la base 1990. Les variations des PPA dépendant directement des taux d'inflation relatifs des différents pays, cette méthode permet d'obtenir des estimations fiables pour les années autres que l'année de base à condition qu'elles ne soient pas trop éloignées de cette année de base.

Les PPA annuelles calculées par Eurostat pour ses pays ont été utilisées pour 1991, 1992 et 1994. Pour les autres pays de l'OCDE, la méthode décrite ci-dessus a été utilisée pour estimer des PPA pour 1991 sur la base des PPA de 1990 et pour estimer des PPA pour 1992 et 1994 sur la base de celles de 1993. Ces deux ensembles de PPA calculées et extrapolées pour 1991, 1992 et 1994 ont ensuite été raccordés en utilisant le Total UE de façon à obtenir des PPA cohérentes pour tous les pays de l'OCDE.

Les séries chronologiques de valeurs réelles pour la consommation finale privée, la consommation finale des administrations publiques et la formation brute de capital fixe ont été calculées en utilisant la PPA du PIB et non leurs PPA respectives.

Les données du Mexique ont été intégrées aux totaux par zones. Les données de l'Australie sont établies sur une base calendaire.

COMPARATIVE TABLES BASED ON PPPs
TABLEAUX COMPARATIFS BASÉS SUR LES PPA

	Page	
Gross domestic product		**Produit intérieur brut**
1. At current prices and current PPPs	148	1. Aux prix et PPA courants
2. Per head, at current prices and current PPPs	148	2. Par tête, aux prix et PPA courants
3. Per head, indices using current PPPs (OECD = 100)	148	3. Par tête, indices en utilisant les PPA courantes (OCDE = 100)
Private final consumption expenditure		**Consommation finale privée**
4. At current prices and current PPPs	150	4. Aux prix et PPA courants
5. Per head, at current prices and current PPPs	150	5. Par tête, aux prix et PPA courants
6. Per head, indices using current PPPs (OECD = 100)	150	6. Par tête, indices en utilisant les PPA courantes (OCDE = 100)
Government final consumption expenditure		**Consommation finale des administrations publiques**
7. At current prices and current PPPs	152	7. Aux prix et PPA courants
8. Per head, at current prices and current PPPs	152	8. Par tête, aux prix et PPA courants
9. Per head, indices using current PPPs (OECD = 100)	152	9. Par tête, indices en utilisant les PPA courantes (OCDE = 100)
Gross fixed capital formation		**Formation brute de capital fixe**
10. At current prices and current PPPs	154	10. Aux prix et PPA courants
11. Per head, at current prices and current PPPs	154	11. Par tête, aux prix et PPA courants
12. Per head, indices using current PPPs (OECD = 100)	154	12. Par tête, indices en utilisant les PPA courantes (OCDE = 100)

1. Gross domestic product - at current prices and current PPPs (billions US dollars)

	1960	1961	1962	1963	1964	1965	1966	1967	1968	1969	1970	1971	1972	1973	1974	1975	1976	1977
Canada	..	..	..	..	..	..	..	..	..	..	76.8	85.8	95.2	109.1	124.1	139.7	157.8	174.5
Mexico	..	..	..	..	..	..	..	..	..	..	*62.7*	*68.9*	*78.5*	*90.6*	*104.7*	*121.4*	*134.6*	*148.6*
United States	..	..	..	..	..	..	..	..	..	..	1011.6	1098.1	1207.9	1350.5	1460.6	1587.6	1770.4	1975.4
Japan	..	..	..	..	..	..	..	..	..	..	293.4	323.0	367.2	420.4	455.1	513.9	569.7	636.8
Australia	..	..	..	..	..	..	..	..	..	..	44.6	49.9	54.4	60.9	67.4	76.1	83.9	90.5
New Zealand	..	..	..	..	..	..	..	..	..	..	9.5	10.6	11.6	13.2	15.3	16.6	18.1	18.3
Austria	..	..	..	..	..	..	..	..	..	..	22.8	25.3	28.2	31.4	35.6	38.9	43.3	48.3
Belgium	..	..	..	..	..	..	..	..	..	..	30.7	33.7	37.2	41.9	47.5	51.4	57.7	61.9
Denmark	..	..	..	..	..	..	..	..	..	..	17.5	19.0	21.0	23.1	25.0	27.2	30.8	33.4
Finland	..	..	..	..	..	..	..	..	..	..	13.3	14.3	16.2	18.4	20.6	22.9	24.3	26.0
France	..	..	..	..	..	..	..	..	..	..	179.7	198.7	217.3	243.7	272.6	298.3	331.3	366.2
Germany	..	..	..	..	..	..	..	..	..	..	245.3	266.9	292.3	325.8	355.5	385.4	431.8	474.1
Greece	..	..	..	..	..	..	..	..	..	..	15.7	17.7	20.3	23.1	24.3	28.3	32.0	35.3
Iceland	..	..	..	..	..	..	..	..	..	..	0.6	0.7	0.8	0.9	1.0	1.1	1.2	1.4
Ireland	..	..	..	..	..	..	..	..	..	..	5.5	6.0	6.7	7.5	8.5	9.9	10.7	12.3
Italy	..	..	..	..	..	..	..	..	..	..	160.7	172.4	186.0	212.0	243.4	260.1	295.0	325.5
Luxembourg	..	..	..	..	..	..	..	..	..	..	1.5	1.6	1.8	2.1	2.4	2.4	2.6	2.9
Netherlands	..	..	..	..	..	..	..	..	..	..	45.2	49.8	54.0	60.2	68.1	74.7	83.6	91.3
Norway	..	..	..	..	..	..	..	..	..	..	11.5	12.7	14.1	15.6	17.9	20.4	23.2	25.7
Portugal	..	..	..	..	..	..	..	..	..	..	13.6	15.3	17.4	20.6	22.7	23.8	27.1	30.5
Spain	..	..	..	..	..	..	..	..	..	..	75.5	83.5	94.8	108.7	125.1	138.0	151.7	166.6
Sweden	..	..	..	..	..	..	..	..	..	..	30.9	32.9	35.3	39.1	43.9	49.5	53.2	55.9
Switzerland	..	..	..	..	..	..	..	..	..	..	32.2	35.4	38.4	42.1	46.5	47.3	49.6	54.3
Turkey	..	..	..	..	..	..	..	..	..	..	33.4	37.2	42.0	46.2	53.1	62.5	73.4	81.0
United Kingdom	..	..	..	..	..	..	..	..	..	..	181.5	195.7	212.8	241.6	259.6	284.7	309.6	337.7
OECD - Total	..	..	..	..	..	..	..	..	..	..	2615.7	2855.1	3151.4	3548.8	3900.6	4282.1	4766.7	5274.5
OECD - Europe	..	..	..	..	..	..	..	..	..	..	1117.1	1218.8	1336.5	1504.0	1673.4	1826.9	2032.3	2230.3
EU15	..	..	..	..	..	..	..	..	..	..	1039.4	1132.8	1241.3	1399.3	1554.9	1695.6	1884.8	2067.9

2. Gross domestic product per head - at current prices and current PPPs (US dollars)

	1960	1961	1962	1963	1964	1965	1966	1967	1968	1969	1970	1971	1972	1973	1974	1975	1976	1977
Canada	..	..	..	..	..	..	..	..	..	..	3607	3895	4273	4838	5424	6020	6709	7331
Mexico	..	..	..	..	..	..	..	..	..	..	*1224*	*1303*	*1437*	*1604*	*1795*	*2018*	*2172*	*2329*
United States	..	..	..	..	..	..	..	..	..	..	4933	5288	5755	6373	6830	7351	8120	8969
Japan	..	..	..	..	..	..	..	..	..	..	2829	3083	3458	3869	4131	4608	5052	5592
Australia	..	..	..	..	..	..	..	..	..	..	3478	3815	4088	4512	4913	5475	5982	6377
New Zealand	..	..	..	..	..	..	..	..	..	..	3386	3703	3988	4456	5039	5370	5798	5865
Austria	..	..	..	..	..	..	..	..	..	..	3048	3368	3735	4146	4685	5138	5726	6389
Belgium	..	..	..	..	..	..	..	..	..	..	3186	3479	3833	4306	4867	5249	5886	6306
Denmark	..	..	..	..	..	..	..	..	..	..	3551	3823	4203	4606	4948	5379	6078	6574
Finland	..	..	..	..	..	..	..	..	..	..	2885	3105	3490	3940	4398	4861	5135	5479
France	..	..	..	..	..	..	..	..	..	..	3539	3877	4202	4675	5197	5660	6262	6890
Germany	..	..	..	..	..	..	..	..	..	..	3156	3407	3712	4125	4500	4897	5509	6064
Greece	..	..	..	..	..	..	..	..	..	..	1782	2007	2280	2592	2710	3126	3490	3795
Iceland	..	..	..	..	..	..	..	..	..	..	2785	3309	3637	4075	4626	5041	5631	6476
Ireland	..	..	..	..	..	..	..	..	..	..	1871	2025	2230	2445	2732	3116	3308	3769
Italy	..	..	..	..	..	..	..	..	..	..	2987	3189	3421	3872	4417	4692	5294	5817
Luxembourg	..	..	..	..	..	..	..	..	..	..	4384	4725	5214	5940	6667	6761	7335	7953
Netherlands	..	..	..	..	..	..	..	..	..	..	3469	3773	4052	4477	5030	5467	6067	6587
Norway	..	..	..	..	..	..	..	..	..	..	2974	3264	3578	3935	4482	5097	5764	6347
Portugal	..	..	..	..	..	..	..	..	..	..	1562	1774	2016	2384	2590	2618	2894	3228
Spain	..	..	..	..	..	..	..	..	..	..	2230	2441	2748	3123	3559	3887	4222	4580
Sweden	..	..	..	..	..	..	..	..	..	..	3837	4062	4351	4804	5385	6039	6469	6771
Switzerland	..	..	..	..	..	..	..	..	..	..	5139	5580	5994	6531	7196	7388	7836	8592
Turkey	..	..	..	..	..	..	..	..	..	..	938	1019	1121	1201	1348	1548	1794	1937
United Kingdom	..	..	..	..	..	..	..	..	..	..	3262	3499	3794	4298	4617	5063	5508	6010
OECD - Total	..	..	..	..	..	..	..	..	..	..	3340	3601	3930	4373	4757	5171	5706	6257
OECD - Europe	..	..	..	..	..	..	..	..	..	..	2892	3128	3403	3803	4204	4565	5056	5521
EU15	..	..	..	..	..	..	..	..	..	..	3054	3306	3602	4039	4469	4855	5378	5882

3. Gross domestic product per head - indices using current PPPs (OECD = 100)

	1960	1961	1962	1963	1964	1965	1966	1967	1968	1969	1970	1971	1972	1973	1974	1975	1976	1977
Canada	..	..	..	..	..	..	..	..	..	..	108	108	109	111	114	116	118	117
Mexico	..	..	..	..	..	..	..	..	..	..	*37*	*36*	*37*	*37*	*38*	*39*	*38*	*37*
United States	..	..	..	..	..	..	..	..	..	..	148	147	146	146	144	142	142	143
Japan	..	..	..	..	..	..	..	..	..	..	85	86	88	88	87	89	89	89
Australia	..	..	..	..	..	..	..	..	..	..	104	106	104	103	103	106	105	102
New Zealand	..	..	..	..	..	..	..	..	..	..	101	103	101	102	106	104	102	94
Austria	..	..	..	..	..	..	..	..	..	..	91	94	95	95	98	99	100	102
Belgium	..	..	..	..	..	..	..	..	..	..	95	97	98	98	102	102	103	101
Denmark	..	..	..	..	..	..	..	..	..	..	106	106	107	105	104	104	107	105
Finland	..	..	..	..	..	..	..	..	..	..	86	86	89	90	92	94	90	88
France	..	..	..	..	..	..	..	..	..	..	106	108	107	107	109	109	110	110
Germany	..	..	..	..	..	..	..	..	..	..	95	95	94	94	95	95	97	97
Greece	..	..	..	..	..	..	..	..	..	..	53	56	58	59	57	60	61	61
Iceland	..	..	..	..	..	..	..	..	..	..	83	92	93	93	97	97	99	104
Ireland	..	..	..	..	..	..	..	..	..	..	56	56	57	56	57	60	58	60
Italy	..	..	..	..	..	..	..	..	..	..	89	89	87	89	93	91	93	93
Luxembourg	..	..	..	..	..	..	..	..	..	..	131	131	133	136	140	131	129	127
Netherlands	..	..	..	..	..	..	..	..	..	..	104	105	103	102	106	106	106	105
Norway	..	..	..	..	..	..	..	..	..	..	89	91	91	90	94	99	101	101
Portugal	..	..	..	..	..	..	..	..	..	..	47	49	51	55	54	51	51	52
Spain	..	..	..	..	..	..	..	..	..	..	67	68	70	71	75	75	74	73
Sweden	..	..	..	..	..	..	..	..	..	..	115	113	111	110	113	117	113	108
Switzerland	..	..	..	..	..	..	..	..	..	..	154	155	153	149	151	143	137	137
Turkey	..	..	..	..	..	..	..	..	..	..	28	28	29	27	28	30	31	31
United Kingdom	..	..	..	..	..	..	..	..	..	..	98	97	97	98	97	98	97	96
OECD - Total	..	..	..	..	..	..	..	..	..	..	100	100	100	100	100	100	100	100
OECD - Europe	..	..	..	..	..	..	..	..	..	..	87	87	87	87	88	88	89	88
EU15	..	..	..	..	..	..	..	..	..	..	91	92	92	92	94	94	94	94

Produit intérieur brut - aux prix et PPA courants (milliards de dollars É-U) 1.

1978	1979	1980	1981	1982	1983	1984	1985	1986	1987	1988	1989	1990	1991	1992	1993	1994	
196.4	222.0	246.4	280.3	287.9	308.8	341.4	370.0	391.5	420.4	458.3	489.7	508.7	516.9	536.1	559.0	596.7	Canada
173.2	205.7	243.7	290.8	306.5	304.8	328.3	349.1	344.3	361.6	380.2	410.1	446.3	478.7	621.3	637.3	673.3	Mexique
2229.5	2486.0	2708.1	3035.8	3152.5	3394.3	3763.5	4016.6	4230.8	4496.6	4854.0	5204.5	5489.6	5656.4	5937.3	6259.9	6649.8	États-Unis
719.0	825.5	935.7	1063.0	1163.9	1242.3	1346.4	1462.6	1538.3	1651.1	1821.0	1990.6	2173.8	2345.9	2484.7	2528.2	2593.7	Japon
100.3	114.1	127.5	145.0	153.0	160.6	179.3	194.2	203.1	219.4	237.5	258.2	272.0	276.9	289.3	306.0	327.9	Australie
19.8	22.0	24.2	27.9	30.1	32.2	35.1	36.6	38.3	40.0	41.3	43.8	45.3	46.3	49.3	52.9	57.3	Nouvelle-Zélande
52.1	59.3	66.8	73.1	78.4	83.1	87.5	92.8	96.2	100.9	109.0	118.1	128.3	135.3	148.4	153.2	162.3	Autriche
68.5	76.1	86.8	94.4	101.7	106.1	112.8	117.6	122.2	128.5	140.0	151.0	162.6	171.1	190.4	194.9	204.2	Belgique
36.5	41.2	44.8	48.7	53.3	56.8	61.6	66.5	70.6	73.0	76.7	80.5	85.1	89.8	94.3	99.4	107.0	Danemark
28.5	33.2	38.3	42.7	46.8	50.0	53.5	57.3	60.1	64.5	70.3	77.5	80.7	77.7	76.0	79.3	82.5	Finlande
407.5	457.4	507.2	563.0	611.3	640.3	675.5	711.6	746.8	786.7	851.8	922.5	984.2	1035.9	1107.0	1077.6	1111.8	France
525.7	596.1	658.3	725.6	765.9	812.2	869.9	921.3	968.0	1014.9	1092.5	1180.0	1269.1	1356.7	1508.8	1500.3	1601.7	Allemagne
40.6	45.8	50.9	55.9	59.6	62.2	66.4	70.8	73.8	75.7	82.1	89.2	92.1	97.9	108.7	111.8	118.0	Grèce
1.6	1.9	2.2	2.5	2.7	2.7	3.0	3.2	3.4	3.8	4.0	4.2	4.4	4.6	4.8	5.0	5.1	Islande
14.2	16.0	18.0	20.4	22.1	22.9	24.9	26.6	27.1	29.2	31.7	35.1	39.4	42.2	47.6	49.1	54.3	Irlande
363.3	419.0	477.6	526.8	560.3	587.9	627.6	666.2	702.7	747.2	807.6	867.7	923.9	972.6	1044.9	1010.6	1068.4	Italie
3.2	3.6	4.0	4.3	4.6	5.0	5.5	5.8	6.2	6.6	7.3	8.1	8.7	9.4	10.4	11.1	11.7	Luxembourg
100.6	111.9	123.8	135.1	141.7	149.8	160.9	171.6	180.7	188.9	201.3	220.0	238.6	247.3	268.6	271.3	285.9	Pays-Bas
28.9	33.0	37.6	41.6	44.3	48.2	53.0	57.7	61.6	64.8	67.0	70.1	74.2	79.0	88.4	92.0	95.3	Norvège
33.8	38.8	44.4	49.5	53.7	55.7	56.8	60.4	64.5	70.2	77.1	85.1	92.4	101.2	112.5	116.5	122.0	Portugal
181.9	198.0	219.4	240.2	258.9	275.1	290.1	308.1	325.8	354.9	387.6	423.7	457.9	495.1	521.7	520.7	531.7	Espagne
61.2	69.1	76.9	84.3	90.4	95.6	103.4	109.0	114.3	121.5	129.1	137.9	145.1	144.8	149.1	146.7	153.0	Suède
58.7	65.4	74.8	83.3	87.5	91.9	97.2	104.3	110.0	115.7	123.6	134.0	142.9	147.7	158.7	160.8	167.4	Suisse
88.6	95.8	102.2	117.5	129.2	140.9	156.3	168.6	184.9	208.7	221.3	231.6	263.6	275.4	300.4	330.9	319.3	Turquie
376.5	420.9	452.8	490.2	528.4	568.6	605.8	649.0	694.3	749.9	817.4	872.1	912.1	898.9	979.7	985.9	1030.2	Royaume-Uni
5910.4	6657.7	7372.7	8242.0	8734.7	9297.9	10105.6	10797.5	11359.5	12094.7	13089.9	14105.2	15041.2	15703.8	16838.4	17260.3	18130.4	OCDE - Total
2472.1	2782.4	3086.9	3399.2	3640.8	3855.0	4111.6	4368.3	4613.3	4905.7	5297.5	5708.4	6105.5	6382.7	6920.5	6917.0	7231.7	OCDE - Europe
2294.3	2586.4	2870.2	3154.3	3377.1	3571.3	3802.2	4034.6	4253.4	4512.6	4881.6	5268.4	5620.4	5876.0	6368.3	6328.3	6644.6	UE15

Produit intérieur brut par tête - aux prix et PPA courants (dollars É-U) 2.

1978	1979	1980	1981	1982	1983	1984	1985	1986	1987	1988	1989	1990	1991	1992	1993	1994	
8172	9145	10020	11256	11423	12129	13283	14262	14942	15834	17040	17885	18304	18384	18782	19314	20401	Canada
2638	3047	3499	4078	4200	4084	4303	4479	4327	4453	4589	4854	5180	5450	6939	6987	7239	Mexique
10017	11046	11892	13201	13577	14487	15923	16844	17581	18519	19810	21042	21966	22389	23246	24252	25512	États-Unis
6257	7124	8011	9036	9826	10416	11218	12112	12662	13524	14854	16168	17596	18931	19986	20279	20756	Japon
6986	7858	8678	9715	10079	10433	11511	12303	12679	13488	14365	15357	15941	16018	16541	17332	18382	Australie
6338	7016	7711	8832	9472	9974	10776	11185	11689	12112	12438	13148	13484	13603	14307	15206	16248	Nouvelle-Zélande
6888	7862	8850	9658	10352	11000	11589	12278	12718	13314	14351	15494	16623	17295	18827	19167	20210	Autriche
6969	7738	8820	9576	10314	10770	11441	11933	12391	13019	14111	15198	16318	17104	18953	19323	20166	Belgique
7159	8044	8746	9513	10408	11099	12049	12997	13786	14238	14951	15684	16548	17418	18241	19154	20546	Danemark
6005	6970	8004	8906	9705	10296	10967	11682	12216	13074	14204	15609	16193	15444	15083	15546	16208	Finlande
7635	8533	9414	10391	11218	11691	12276	12872	13445	14093	15179	16350	17347	18156	19294	18690	19201	France
6731	7630	8410	9256	9782	10402	11182	11870	12469	13058	13985	14998	15991	16962	18721	18479	19675	Allemagne
4303	4794	5283	5746	6085	6312	6706	7131	7404	7583	8209	8884	9133	9594	10537	10783	11315	Grèce
7358	8283	9495	10718	11472	11518	12312	13104	14143	15643	15978	16524	17267	17896	18348	18696	19271	Islande
4295	4739	5291	5923	6361	6548	7054	7501	7652	8255	8949	9977	11245	11976	13416	13791	15212	Irlande
6470	7439	8464	9322	9903	10383	11078	11756	12399	13185	14246	15302	16274	17136	18377	17709	18681	Italie
8886	9867	10852	11805	12637	13525	14929	15855	16979	17874	19519	21499	22929	24448	26752	28135	29454	Luxembourg
7214	7968	8750	9484	9903	10428	11152	11839	12398	12881	13640	14813	15958	16408	17693	17743	18589	Pays-Bas
7113	8105	9205	10153	10770	11677	12796	13898	14781	15476	15908	16591	17497	18547	20612	21328	21968	Norvège
3535	4019	4548	5026	5415	5593	5685	6035	6440	7020	7733	8562	9371	10261	11407	11796	12335	Portugal
4947	5336	5868	6365	6824	7216	7580	8018	8454	9186	10010	10922	11787	12722	13374	13323	13581	Espagne
7396	8336	9250	10129	10855	11475	12400	13057	13655	14473	15301	16240	17004	16809	17205	16823	17422	Suède
9263	10299	11720	12951	13538	14178	14945	15969	16732	17479	18531	20164	21283	21719	23088	23183	23942	Suisse
2071	2189	2284	2562	2747	2923	3162	3327	3581	3956	4101	4191	4660	4806	5143	5562	5271	Turquie
6703	7485	8039	8699	9384	10091	10721	11449	12213	13155	14305	15204	15874	15550	16890	16943	17650	Royaume-Uni
6947	7753	8501	9419	9901	10459	11282	11963	12492	13199	14170	15140	16003	16564	17604	17890	18646	OCDE - Total
6087	6814	7517	8228	8773	9250	9824	10391	10928	11567	12419	13300	14130	14679	15808	15694	16321	OCDE - Europe
6505	7307	8079	8849	9455	9984	10614	11244	11830	12524	13505	14521	15427	16046	17307	17116	17914	UE15

Produit intérieur brut par tête - indices en utilisant les PPA courantes (OCDE = 100) 3.

1978	1979	1980	1981	1982	1983	1984	1985	1986	1987	1988	1989	1990	1991	1992	1993	1994	
118	118	118	119	115	116	118	119	120	120	120	118	114	111	107	108	109	Canada
38	39	41	43	42	39	38	37	35	34	32	32	32	33	39	39	39	Mexique
144	142	140	140	137	139	141	141	141	140	140	139	137	135	132	136	137	États-Unis
90	92	94	96	99	100	99	101	101	102	105	107	110	114	114	113	111	Japon
101	101	102	103	102	100	102	103	101	102	101	101	100	97	94	97	99	Australie
91	90	91	94	96	95	96	93	94	92	88	87	84	82	81	85	87	Nouvelle-Zélande
99	101	104	103	105	105	103	103	102	101	101	102	104	104	107	107	108	Autriche
100	100	104	102	104	103	101	100	99	99	100	100	102	103	108	108	108	Belgique
103	104	103	101	105	106	107	109	110	108	106	104	103	105	104	107	110	Danemark
86	90	94	95	98	98	97	98	98	99	100	103	101	93	86	87	87	Finlande
110	110	111	110	113	112	109	108	108	107	107	108	108	110	110	104	103	France
97	98	99	98	99	99	99	99	100	99	99	99	100	102	106	103	106	Allemagne
62	62	62	61	61	60	59	60	59	57	58	59	57	58	60	60	61	Grèce
106	107	112	114	116	110	109	110	113	119	113	109	108	108	104	105	103	Islande
62	61	62	63	64	63	63	63	61	63	63	66	70	72	76	77	82	Irlande
93	96	100	99	100	99	98	98	99	100	101	101	102	103	104	99	100	Italie
128	127	128	125	128	129	132	133	136	135	138	142	143	148	152	157	158	Luxembourg
104	103	103	101	100	100	99	99	99	98	96	98	100	99	101	99	100	Pays-Bas
102	105	108	108	109	112	113	116	118	117	112	110	109	112	117	119	118	Norvège
51	52	54	53	55	53	50	50	52	53	55	57	59	62	65	66	66	Portugal
71	69	69	68	69	69	67	67	68	70	71	72	74	77	76	74	73	Espagne
106	108	109	108	110	110	110	109	109	110	108	107	106	101	98	94	93	Suède
133	133	138	137	137	136	132	133	134	132	131	133	133	131	131	130	128	Suisse
30	28	27	27	28	28	28	28	29	30	29	28	29	29	29	31	28	Turquie
96	97	95	92	95	96	95	96	98	100	101	100	99	94	96	95	95	Royaume-Uni
100	100	100	100	100	100	100	100	100	100	100	100	100	100	100	100	100	OCDE - Total
88	88	88	87	89	88	87	87	87	88	88	88	88	89	90	88	88	OCDE - Europe
94	94	95	94	95	95	94	94	95	95	95	96	96	97	98	96	96	UE15

4. Private final consumption expenditure - at current prices and current PPPs (billions US dollars)

	1960	1961	1962	1963	1964	1965	1966	1967	1968	1969	1970	1971	1972	1973	1974	1975	1976	1977
Canada	..	..	..	..	..	..	..	..	..	..	44.5	49.4	55.0	61.5	68.4	79.1	88.4	98.4
Mexico	..	..	..	..	..	..	..	..	..	..	*47.3*	*53.0*	*59.2*	*67.0*	*76.7*	*87.5*	*96.2*	*103.4*
United States	..	..	..	..	..	..	..	..	..	..	635.6	688.0	754.4	833.4	910.5	1004.2	1120.8	1247.0
Japan	..	..	..	..	..	..	..	..	..	..	153.3	173.0	198.3	225.4	247.2	293.7	327.6	367.4
Australia	..	..	..	..	..	..	..	..	..	..	26.6	29.4	31.7	34.9	38.6	44.4	49.0	53.5
New Zealand	..	..	..	..	..	..	..	..	..	..	6.2	6.6	7.2	8.0	9.7	10.6	11.0	11.2
Austria	..	..	..	..	..	..	..	..	..	..	12.4	13.8	15.3	16.9	19.0	21.9	24.5	27.7
Belgium	..	..	..	..	..	..	..	..	..	..	18.4	20.3	22.4	25.4	28.4	31.5	35.2	38.4
Denmark	..	..	..	..	..	..	..	..	..	..	10.0	10.6	11.2	12.6	13.6	15.1	17.4	19.0
Finland	..	..	..	..	..	..	..	..	..	..	7.5	8.0	9.1	10.1	11.0	12.8	13.7	14.7
France	..	..	..	..	..	..	..	..	..	..	104.1	114.9	125.4	139.1	156.8	175.2	193.6	213.3
Germany	..	..	..	..	..	..	..	..	..	..	132.4	143.9	158.6	174.0	190.6	216.5	240.7	267.4
Greece	..	..	..	..	..	..	..	..	..	..	11.3	12.6	13.9	15.4	17.2	20.0	22.0	24.4
Iceland	..	..	..	..	..	..	..	..	..	..	0.4	0.4	0.5	0.5	0.6	0.6	0.7	0.8
Ireland	..	..	..	..	..	..	..	..	..	..	3.9	4.2	4.5	5.0	6.0	6.5	7.1	8.1
Italy	..	..	..	..	..	..	..	..	..	..	95.7	103.1	111.8	128.2	146.7	161.3	179.4	196.2
Luxembourg	..	..	..	..	..	..	..	..	..	..	0.8	1.0	1.1	1.1	1.2	1.6	1.7	1.9
Netherlands	..	..	..	..	..	..	..	..	..	..	26.5	28.9	31.1	34.2	38.8	43.9	49.2	54.7
Norway	..	..	..	..	..	..	..	..	..	..	6.0	6.6	7.2	7.8	8.8	10.3	11.7	13.4
Portugal	..	..	..	..	..	..	..	..	..	..	8.9	10.4	11.1	13.2	16.3	18.2	20.1	21.8
Spain	..	..	..	..	..	..	..	..	..	..	48.9	54.1	61.1	69.8	81.1	89.6	100.6	109.3
Sweden	..	..	..	..	..	..	..	..	..	..	16.4	17.5	18.9	20.7	23.5	25.7	28.2	29.9
Switzerland	..	..	..	..	..	..	..	..	..	..	19.0	20.6	22.3	24.6	27.5	29.1	31.2	34.6
Turkey	..	..	..	..	..	..	..	..	..	..	24.3	28.0	31.4	33.5	39.0	45.2	50.8	57.4
United Kingdom	..	..	..	..	..	..	..	..	..	..	111.4	120.7	132.6	149.8	164.3	175.7	187.7	200.8
OECD - Total	..	..	..	..	..	..	..	..	..	..	1572.0	1719.1	1895.2	2112.1	2341.4	2620.2	2908.5	3214.7
OECD - Europe	..	..	..	..	..	..	..	..	..	..	658.4	719.6	789.4	881.9	990.3	1100.7	1215.5	1333.7
EU15	..	..	..	..	..	..	..	..	..	..	608.7	664.0	728.0	815.5	914.5	1015.4	1121.1	1227.5

5. Private final consumption expenditure per head - at current prices and current PPPs (US dollars)

	1960	1961	1962	1963	1964	1965	1966	1967	1968	1969	1970	1971	1972	1973	1974	1975	1976	1977
Canada	..	..	..	..	..	..	..	..	..	..	2090	2243	2469	2724	2989	3407	3759	4136
Mexico	..	..	..	..	..	..	..	..	..	..	*924*	*1001*	*1083*	*1186*	*1316*	*1455*	*1552*	*1621*
United States	..	..	..	..	..	..	..	..	..	..	3100	3313	3594	3933	4258	4650	5141	5662
Japan	..	..	..	..	..	..	..	..	..	..	1478	1652	1868	2074	2244	2633	2905	3226
Australia	..	..	..	..	..	..	..	..	..	..	2071	2248	2386	2583	2815	3199	3489	3771
New Zealand	..	..	..	..	..	..	..	..	..	..	2212	2322	2467	2705	3187	3446	3517	3584
Austria	..	..	..	..	..	..	..	..	..	..	1665	1846	2024	2226	2504	2884	3241	3666
Belgium	..	..	..	..	..	..	..	..	..	..	1906	2097	2307	2609	2912	3214	3587	3905
Denmark	..	..	..	..	..	..	..	..	..	..	2038	2133	2243	2510	2689	2984	3439	3740
Finland	..	..	..	..	..	..	..	..	..	..	1633	1737	1967	2168	2335	2709	2893	3097
France	..	..	..	..	..	..	..	..	..	..	2049	2241	2426	2669	2990	3325	3658	4013
Germany	..	..	..	..	..	..	..	..	..	..	1704	1837	2014	2203	2412	2751	3071	3420
Greece	..	..	..	..	..	..	..	..	..	..	1290	1428	1567	1721	1920	2210	2402	2616
Iceland	..	..	..	..	..	..	..	..	..	..	1710	2020	2175	2305	2728	2926	3182	3649
Ireland	..	..	..	..	..	..	..	..	..	..	1327	1419	1492	1621	1925	2058	2197	2490
Italy	..	..	..	..	..	..	..	..	..	..	1778	1908	2055	2341	2662	2910	3221	3506
Luxembourg	..	..	..	..	..	..	..	..	..	..	2467	2886	3112	3235	3425	4351	4625	5276
Netherlands	..	..	..	..	..	..	..	..	..	..	2033	2187	2330	2546	2863	3214	3574	3948
Norway	..	..	..	..	..	..	..	..	..	..	1546	1692	1843	1978	2202	2565	2914	3321
Portugal	..	..	..	..	..	..	..	..	..	..	1021	1200	1282	1532	1866	2002	2152	2303
Spain	..	..	..	..	..	..	..	..	..	..	1442	1584	1771	2004	2306	2523	2799	3005
Sweden	..	..	..	..	..	..	..	..	..	..	2043	2155	2322	2542	2877	3132	3431	3619
Switzerland	..	..	..	..	..	..	..	..	..	..	3030	3245	3490	3823	4250	4547	4921	5475
Turkey	..	..	..	..	..	..	..	..	..	..	683	767	838	872	990	1121	1241	1372
United Kingdom	..	..	..	..	..	..	..	..	..	..	2002	2158	2364	2665	2922	3126	3339	3574
OECD - Total	..	..	..	..	..	..	..	..	..	..	2007	2168	2363	2602	2855	3164	3482	3813
OECD - Europe	..	..	..	..	..	..	..	..	..	..	1704	1847	2010	2230	2488	2750	3024	3302
EU15	..	..	..	..	..	..	..	..	..	..	1789	1938	2112	2354	2628	2907	3199	3492

6. Private final consumption expenditure per head - indices using current PPPs (OECD = 100)

	1960	1961	1962	1963	1964	1965	1966	1967	1968	1969	1970	1971	1972	1973	1974	1975	1976	1977
Canada	..	..	..	..	..	..	..	..	..	..	104	103	104	105	105	108	108	108
Mexico	..	..	..	..	..	..	..	..	..	..	*46*	*46*	*46*	*46*	*46*	*46*	*45*	*43*
United States	..	..	..	..	..	..	..	..	..	..	154	153	152	151	149	147	148	148
Japan	..	..	..	..	..	..	..	..	..	..	74	76	79	80	79	83	83	85
Australia	..	..	..	..	..	..	..	..	..	..	103	104	101	99	99	101	100	99
New Zealand	..	..	..	..	..	..	..	..	..	..	110	107	104	104	112	109	101	94
Austria	..	..	..	..	..	..	..	..	..	..	83	85	86	86	88	91	93	96
Belgium	..	..	..	..	..	..	..	..	..	..	95	97	98	100	102	102	103	102
Denmark	..	..	..	..	..	..	..	..	..	..	102	98	95	96	94	94	99	98
Finland	..	..	..	..	..	..	..	..	..	..	81	80	83	83	82	86	83	81
France	..	..	..	..	..	..	..	..	..	..	102	103	103	103	105	105	105	105
Germany	..	..	..	..	..	..	..	..	..	..	85	85	85	85	84	87	88	90
Greece	..	..	..	..	..	..	..	..	..	..	64	66	66	66	67	70	69	69
Iceland	..	..	..	..	..	..	..	..	..	..	85	93	92	89	96	92	91	96
Ireland	..	..	..	..	..	..	..	..	..	..	66	65	63	62	67	65	63	65
Italy	..	..	..	..	..	..	..	..	..	..	89	88	87	90	93	92	93	92
Luxembourg	..	..	..	..	..	..	..	..	..	..	123	133	132	124	120	138	133	138
Netherlands	..	..	..	..	..	..	..	..	..	..	101	101	99	98	100	102	103	104
Norway	..	..	..	..	..	..	..	..	..	..	77	78	78	76	77	81	84	87
Portugal	..	..	..	..	..	..	..	..	..	..	51	55	54	59	65	63	62	60
Spain	..	..	..	..	..	..	..	..	..	..	72	73	75	77	81	80	80	79
Sweden	..	..	..	..	..	..	..	..	..	..	102	99	98	98	101	99	99	95
Switzerland	..	..	..	..	..	..	..	..	..	..	151	150	148	147	149	144	141	144
Turkey	..	..	..	..	..	..	..	..	..	..	34	35	35	33	35	35	36	36
United Kingdom	..	..	..	..	..	..	..	..	..	..	100	100	100	102	102	99	96	94
OECD - Total	..	..	..	..	..	..	..	..	..	..	100	100	100	100	100	100	100	100
OECD - Europe	..	..	..	..	..	..	..	..	..	..	85	85	85	86	87	87	87	87
EU15	..	..	..	..	..	..	..	..	..	..	89	89	89	90	92	92	92	92

Consommation finale privée - aux prix et PPA courants (milliards de dollars É-U) 4.

1978	1979	1980	1981	1982	1983	1984	1985	1986	1987	1988	1989	1990	1991	1992	1993	1994	
111.2	122.7	136.5	153.7	161.1	175.2	192.2	211.5	229.2	244.7	263.3	283.6	301.7	312.9	326.3	340.5	358.3	Canada
120.1	139.1	158.6	187.2	188.8	185.5	207.1	225.2	235.7	238.0	263.9	288.3	316.2	343.7	448.6	455.3	478.9	Mexique
1389.2	1547.1	1708.3	1887.3	2016.9	2201.9	2401.9	2598.4	2764.7	2960.6	3198.1	3420.5	3647.6	3776.5	3996.9	4235.9	4478.0	États-Unis
414.8	484.7	550.6	618.1	691.8	748.1	800.3	861.6	900.9	969.5	1054.8	1147.9	1247.5	1325.9	1420.7	1469.9	1535.1	Japon
60.0	66.6	75.0	85.6	92.6	98.4	105.2	115.6	121.4	128.6	137.3	149.8	162.7	171.8	182.1	190.9	203.1	Australie
12.1	13.4	14.9	16.6	18.2	19.0	20.9	22.3	22.9	24.0	24.9	26.6	28.4	29.1	30.8	32.2	34.4	Nouvelle-Zélande
29.0	33.1	37.1	41.3	44.3	48.1	50.3	53.4	54.4	57.0	61.4	66.0	71.1	74.6	82.2	85.2	89.5	Autriche
42.2	47.8	54.7	61.5	66.6	69.1	73.1	77.0	78.3	82.8	88.2	94.6	101.6	107.6	119.1	121.9	126.9	Belgique
20.5	23.2	25.0	27.3	29.3	31.0	33.5	36.4	38.8	39.4	40.7	42.4	44.2	46.7	49.1	52.1	57.0	Danemark
16.1	18.3	20.7	23.1	25.8	27.5	29.0	31.2	32.8	35.3	37.6	40.5	42.3	43.5	43.4	45.2	46.1	Finlande
236.0	265.9	298.6	339.3	371.0	389.2	410.6	434.7	451.2	479.0	511.6	549.9	586.4	620.0	664.5	655.8	671.0	France
293.9	331.5	370.0	414.5	439.4	464.4	495.3	521.8	536.0	565.0	602.8	652.0	706.1	774.6	860.7	872.3	917.7	Allemagne
27.7	30.3	34.4	39.5	42.0	43.4	44.9	48.6	52.1	55.0	58.5	64.5	67.7	71.5	80.8	83.8	88.4	Grèce
0.9	1.1	1.2	1.5	1.6	1.6	1.9	2.0	2.1	2.5	2.5	2.6	2.7	2.9	3.0	3.0	3.1	Islande
9.3	10.7	12.2	13.8	13.6	14.1	15.1	16.3	16.7	17.8	19.4	21.3	23.0	24.9	27.9	27.7	30.4	Irlande
216.2	250.2	291.5	322.4	344.8	359.4	383.3	409.4	430.9	461.0	496.2	538.2	567.6	602.0	657.1	626.2	661.1	Italie
2.1	2.3	2.6	2.9	3.1	3.3	3.5	3.7	3.8	3.9	4.3	4.5	4.8	5.4	5.9	6.3	6.7	Luxembourg
60.9	68.3	75.3	80.9	85.2	90.1	95.3	102.0	107.4	114.8	119.5	129.0	140.0	147.0	161.8	164.9	173.0	Pays-Bas
14.5	16.0	17.2	19.0	20.7	22.3	23.8	27.3	32.3	33.2	34.0	34.8	36.7	39.0	44.5	46.2	47.8	Norvège
22.8	26.0	29.6	34.2	37.0	38.3	39.8	40.7	41.6	44.9	49.5	53.1	59.2	65.6	73.2	76.7	79.6	Portugal
117.2	128.7	144.5	159.3	169.9	178.3	185.4	197.5	206.0	224.4	243.0	266.8	285.9	308.9	328.9	328.8	334.6	Espagne
32.5	36.2	39.6	44.3	48.3	49.6	52.3	55.8	58.8	63.9	67.7	70.8	74.2	77.2	80.4	80.6	82.7	Suède
37.0	41.7	47.6	52.3	54.7	57.6	61.1	64.5	65.7	68.5	72.6	77.0	81.1	85.3	93.2	95.6	98.9	Suisse
65.4	71.4	82.6	83.9	94.7	104.6	118.1	119.7	124.5	142.5	140.5	151.9	180.8	189.5	201.7	222.7	211.7	Turquie
223.8	252.4	269.9	295.8	319.6	345.4	368.3	393.5	434.3	468.7	518.2	552.0	573.9	569.0	624.9	632.3	658.0	Royaume-Uni
3575.3	4028.8	4498.2	5005.4	5381.2	5765.4	6212.2	6670.2	7042.7	7525.1	8110.8	8729.8	9353.8	9815.8	10608.0	10952.3	11472.0	OCDE - Total
1468.0	1655.2	1854.5	2056.9	2211.8	2337.3	2484.7	2635.6	2767.8	2959.8	3168.6	3412.9	3649.8	3855.9	4202.6	4227.5	4384.2	OCDE - Europe
1350.2	1525.0	1705.8	1900.2	2040.1	2151.2	2279.8	2422.0	2543.3	2713.2	2918.9	3146.6	3348.5	3538.8	3860.3	3860.1	4022.7	UE15

Consommation finale privée par tête - aux prix et PPA courants (dollars É-U) 5.

1978	1979	1980	1981	1982	1983	1984	1985	1986	1987	1988	1989	1990	1991	1992	1993	1994	
4625	5056	5549	6173	6393	6882	7478	8151	8746	9215	9789	10359	10854	11127	11433	11765	12250	Canada
1829	2060	2277	2626	2587	2486	2714	2889	2962	2932	3185	3413	3670	3913	5010	4992	5149	Mexique
6241	6874	7501	8207	8687	9398	10162	10896	11488	12193	13052	13829	14596	14948	15649	16411	17180	États-Unis
3609	4183	4714	5254	5840	6273	6668	7135	7415	7941	8603	9324	10098	10700	11428	11791	12285	Japon
4178	4590	5103	5735	6096	6392	6754	7320	7579	7908	8305	8911	9531	9939	10410	10810	11384	Australie
3859	4272	4737	5244	5707	5896	6405	6809	7002	7250	7497	8001	8457	8557	8935	9265	9752	Nouvelle-Zélande
3834	4380	4916	5456	5847	6363	6655	7062	7192	7530	8087	8663	9212	9535	10426	10655	11139	Autriche
4290	4859	5550	6243	6758	7013	7415	7808	7937	8390	8892	9516	10193	10752	11853	12085	12536	Belgique
4021	4541	4886	5332	5728	6063	6563	7126	7586	7687	7941	8256	8595	9051	9492	10044	10954	Danemark
3392	3844	4331	4821	5348	5672	5946	6372	6676	7149	7606	8160	8475	8643	8608	8927	9063	Finlande
4422	4960	5543	6262	6809	7107	7462	7863	8123	8581	9116	9746	10336	10867	11582	11374	11589	France
3762	4243	4727	5287	5613	5947	6366	6723	6904	7270	7717	8287	8896	9684	10680	10744	11273	Allemagne
2935	3178	3570	4057	4289	4406	4539	4890	5225	5512	5846	6424	6710	7012	7836	8080	8472	Grèce
4176	4786	5472	6343	6917	6923	7716	8372	8710	9994	10027	10200	10618	11235	11485	11329	11452	Islande
2820	3187	3584	4022	3917	4021	4274	4602	4714	5032	5494	6046	6575	7065	7870	7774	8511	Irlande
3850	4443	5166	5706	6094	6346	6766	7223	7604	8133	8754	9491	10004	10606	11556	10973	11560	Italie
5735	6357	7101	8005	8488	8985	9669	10370	10632	11494	12183	12847	14229	15391	16282	16507	16949	Luxembourg
4371	4867	5324	5681	5956	6272	6606	7036	7368	7829	8095	8690	9364	9752	10655	10785	11245	Pays-Bas
3563	3933	4212	4638	5026	5403	5752	6576	7739	7922	8088	8237	8653	9149	10380	10705	11032	Norvège
2383	2688	3035	3470	3733	3845	3984	4062	4154	4489	4966	5407	6001	6646	7422	7767	8048	Portugal
3188	3469	3866	4220	4477	4677	4843	5141	5345	5809	6276	6878	7358	7937	8430	8413	8546	Espagne
3931	4370	4761	5321	5803	5952	6279	6685	7025	7605	8022	8337	8661	8958	9276	9240	9421	Suède
5835	6561	7454	8133	8458	8885	9395	9879	9997	10343	10875	11579	12086	12543	13551	13780	14139	Suisse
1529	1632	1847	1830	2013	2170	2390	2363	2411	2701	2604	2750	3196	3313	3454	3743	3496	Turquie
3983	4487	4791	5249	5677	6131	6519	6942	7639	8221	9066	9624	9987	9843	10773	10869	11273	Royaume-Uni
4202	4692	5187	5720	6100	6485	6935	7390	7745	8212	8780	9370	9952	10354	11090	11352	11799	OCDE - Total
3615	4054	4516	4979	5329	5608	5937	6269	6557	6979	7428	7952	8447	8868	9600	9592	9895	OCDE - Europe
3828	4309	4802	5330	5712	6014	6364	6750	7074	7530	8075	8673	9191	9664	10491	10440	10845	UE15

Consommation finale privée par tête - indices en utilisant les PPA courantes (OCDE = 100) 6.

1978	1979	1980	1981	1982	1983	1984	1985	1986	1987	1988	1989	1990	1991	1992	1993	1994	
110	108	107	108	105	106	108	110	113	112	111	111	109	107	103	104	104	Canada
44	44	44	46	42	38	39	39	38	36	36	36	37	38	45	44	44	Mexique
149	147	145	143	142	145	147	147	148	148	149	148	147	144	141	145	146	États-Unis
86	89	91	92	96	97	96	97	96	97	98	100	101	103	103	104	104	Japon
99	98	98	100	100	99	97	99	98	96	95	95	96	96	94	95	96	Australie
92	91	91	92	94	91	92	92	90	88	85	85	85	83	81	82	83	Nouvelle-Zélande
91	93	95	95	96	98	96	96	93	92	92	92	93	92	94	94	94	Autriche
102	104	107	109	111	108	107	106	102	102	101	102	102	104	107	106	106	Belgique
96	97	94	93	94	93	95	96	98	94	90	88	86	87	86	88	93	Danemark
81	82	84	84	88	87	86	86	86	87	87	87	85	83	78	79	77	Finlande
105	106	107	109	112	110	108	106	105	104	104	104	104	105	104	100	98	France
90	90	91	92	92	92	92	91	89	89	88	88	89	94	96	95	96	Allemagne
70	68	69	71	70	68	65	66	67	67	67	69	67	68	71	71	72	Grèce
99	102	106	111	113	107	111	113	112	122	114	109	107	109	104	100	97	Islande
67	68	69	70	64	62	62	62	61	61	63	65	66	68	71	68	72	Irlande
92	95	100	100	100	98	98	98	98	99	100	101	101	102	104	97	98	Italie
136	135	137	140	139	139	139	140	137	140	139	137	143	149	147	145	144	Luxembourg
104	104	103	99	98	97	95	95	95	95	92	93	94	94	96	95	95	Pays-Bas
85	84	81	81	82	83	83	89	100	96	92	88	87	88	94	94	94	Norvège
57	57	59	61	61	59	57	55	54	55	57	58	60	64	67	68	68	Portugal
76	74	75	74	73	72	70	70	69	71	71	73	74	77	76	74	72	Espagne
94	93	92	93	95	92	91	90	91	93	91	89	87	87	84	81	80	Suède
139	140	144	142	139	137	135	134	129	126	124	124	121	121	122	121	120	Suisse
36	35	36	32	33	33	34	32	31	33	30	29	32	32	31	33	30	Turquie
95	96	92	92	93	95	94	94	99	100	103	103	100	95	97	96	96	Royaume-Uni
100	100	100	100	100	100	100	100	100	100	100	100	100	100	100	100	100	OCDE - Total
86	86	87	87	87	86	86	85	85	85	85	85	85	86	87	84	84	OCDE - Europe
91	92	93	93	94	93	92	91	91	92	92	93	92	93	95	92	92	UE15

7. Government final consumption expenditure - at current prices and current PPPs (billions US dollars)

	1960	1961	1962	1963	1964	1965	1966	1967	1968	1969	1970	1971	1972	1973	1974	1975	1976	1977
Canada	..	..	..	..	..	..	..	..	..	..	14.2	16.1	17.7	19.7	22.5	27.2	30.7	34.9
Mexico	..	..	..	..	..	..	..	..	..	..	*4.2*	*4.9*	*6.3*	*7.7*	*8.9*	*11.6*	*13.7*	*14.8*
United States	..	..	..	..	..	..	..	..	..	..	189.5	198.5	217.5	234.9	263.3	294.6	319.3	346.6
Japan	..	..	..	..	..	..	..	..	..	..	21.8	25.7	30.0	34.9	41.5	51.6	56.1	62.6
Australia	..	..	..	..	..	..	..	..	..	..	6.1	7.0	7.7	8.8	10.5	13.1	14.7	16.1
New Zealand	..	..	..	..	..	..	..	..	..	..	1.3	1.4	1.5	1.7	2.2	2.6	2.6	2.9
Austria	..	..	..	..	..	..	..	..	..	..	3.3	3.7	4.1	4.7	5.6	6.7	7.6	8.4
Belgium	..	..	..	..	..	..	..	..	..	..	4.1	4.7	5.4	6.1	7.0	8.5	9.5	10.4
Denmark	..	..	..	..	..	..	..	..	..	..	3.5	4.0	4.5	4.9	5.8	6.7	7.4	8.0
Finland	..	..	..	..	..	..	..	..	..	..	1.9	2.2	2.5	2.8	3.1	3.9	4.4	4.8
France	..	..	..	..	..	..	..	..	..	..	26.4	29.7	32.3	36.2	41.9	49.5	56.1	62.9
Germany	..	..	..	..	..	..	..	..	..	..	39.7	46.3	51.4	59.5	70.5	81.0	87.8	95.8
Greece	..	..	..	..	..	..	..	..	..	..	1.4	1.6	1.8	1.9	2.4	3.1	3.5	4.1
Iceland	..	..	..	..	..	..	..	..	..	..	0.1	0.1	0.1	0.1	0.2	0.2	0.2	0.2
Ireland	..	..	..	..	..	..	..	..	..	..	0.8	0.9	1.0	1.1	1.4	1.8	1.8	2.0
Italy	..	..	..	..	..	..	..	..	..	..	20.8	25.1	28.2	30.5	33.5	36.7	39.5	44.8
Luxembourg	..	..	..	..	..	..	..	..	..	..	0.1	0.2	0.2	0.2	0.2	0.3	0.3	0.4
Netherlands	..	..	..	..	..	..	..	..	..	..	6.7	7.7	8.3	9.1	10.7	12.6	13.9	15.4
Norway	..	..	..	..	..	..	..	..	..	..	1.9	2.2	2.5	2.8	3.2	3.8	4.5	5.0
Portugal	..	..	..	..	..	..	..	..	..	..	1.8	1.9	2.2	2.5	3.0	3.3	3.5	4.0
Spain	..	..	..	..	..	..	..	..	..	..	7.1	8.0	9.0	10.3	12.4	14.4	17.1	19.1
Sweden	..	..	..	..	..	..	..	..	..	..	6.7	7.5	8.1	9.0	10.3	11.9	13.4	15.6
Switzerland	..	..	..	..	..	..	..	..	..	..	3.4	3.9	4.2	4.7	5.4	6.0	6.5	7.0
Turkey	..	..	..	..	..	..	..	..	..	..	3.1	3.7	4.4	5.2	5.4	7.1	9.2	11.2
United Kingdom	..	..	..	..	..	..	..	..	..	..	32.5	35.9	39.8	45.0	53.2	63.8	68.6	70.0
OECD - Total	..	..	..	..	..	..	..	..	..	..	402.6	442.9	490.5	544.3	624.2	721.9	792.1	867.1
OECD - Europe	..	..	..	..	..	..	..	..	..	..	165.5	189.3	209.9	236.5	275.3	321.2	355.0	389.2
EU15	..	..	..	..	..	..	..	..	..	..	157.0	179.5	198.7	223.7	261.1	304.1	334.5	365.6

8. Government final consumption expenditure per head - at current prices and current PPPs (US dollars)

	1960	1961	1962	1963	1964	1965	1966	1967	1968	1969	1970	1971	1972	1973	1974	1975	1976	1977
Canada	..	..	..	..	..	..	..	..	..	..	668	732	795	871	983	1173	1304	1468
Mexico	..	..	..	..	..	..	..	..	..	..	*82*	*92*	*115*	*137*	*152*	*193*	*222*	*232*
United States	..	..	..	..	..	..	..	..	..	..	924	956	1036	1109	1231	1364	1464	1574
Japan	..	..	..	..	..	..	..	..	..	..	210	245	282	321	377	463	498	550
Australia	..	..	..	..	..	..	..	..	..	..	477	535	575	652	766	940	1048	1135
New Zealand	..	..	..	..	..	..	..	..	..	..	455	487	529	581	738	837	831	926
Austria	..	..	..	..	..	..	..	..	..	..	448	497	546	625	738	885	1010	1113
Belgium	..	..	..	..	..	..	..	..	..	..	428	490	556	626	715	863	966	1058
Denmark	..	..	..	..	..	..	..	..	..	..	709	812	894	981	1156	1323	1464	1571
Finland	..	..	..	..	..	..	..	..	..	..	417	471	533	590	668	829	925	1012
France	..	..	..	..	..	..	..	..	..	..	520	579	624	694	799	939	1060	1184
Germany	..	..	..	..	..	..	..	..	..	..	511	591	653	753	893	1029	1120	1225
Greece	..	..	..	..	..	..	..	..	..	..	162	181	200	214	270	342	379	437
Iceland	..	..	..	..	..	..	..	..	..	..	358	440	536	581	734	819	871	1010
Ireland	..	..	..	..	..	..	..	..	..	..	261	293	325	364	446	551	567	611
Italy	..	..	..	..	..	..	..	..	..	..	387	465	518	558	608	662	710	801
Luxembourg	..	..	..	..	..	..	..	..	..	..	390	468	519	567	647	854	915	1069
Netherlands	..	..	..	..	..	..	..	..	..	..	517	584	621	674	790	919	1012	1108
Norway	..	..	..	..	..	..	..	..	..	..	492	571	634	700	801	960	1123	1249
Portugal	..	..	..	..	..	..	..	..	..	..	201	223	251	284	340	365	370	422
Spain	..	..	..	..	..	..	..	..	..	..	211	235	261	297	352	406	476	526
Sweden	..	..	..	..	..	..	..	..	..	..	835	927	1003	1106	1268	1458	1632	1888
Switzerland	..	..	..	..	..	..	..	..	..	..	539	609	652	734	837	932	1032	1114
Turkey	..	..	..	..	..	..	..	..	..	..	87	100	118	135	137	177	224	269
United Kingdom	..	..	..	..	..	..	..	..	..	..	585	641	710	800	946	1134	1221	1246
OECD - Total	..	..	..	..	..	..	..	..	..	..	514	559	612	671	761	872	948	1029
OECD - Europe	..	..	..	..	..	..	..	..	..	..	428	486	534	598	692	803	883	963
EU15	..	..	..	..	..	..	..	..	..	..	461	524	577	646	750	871	955	1040

9. Government final consumption expenditure per head - indices using current PPPs (OECD = 100)

	1960	1961	1962	1963	1964	1965	1966	1967	1968	1969	1970	1971	1972	1973	1974	1975	1976	1977
Canada	..	..	..	..	..	..	..	..	..	..	130	131	130	130	129	135	138	143
Mexico	..	..	..	..	..	..	..	..	..	..	*16*	*16*	*19*	*20*	*20*	*22*	*23*	*23*
United States	..	..	..	..	..	..	..	..	..	..	180	171	169	165	162	156	154	153
Japan	..	..	..	..	..	..	..	..	..	..	41	44	46	48	49	53	53	53
Australia	..	..	..	..	..	..	..	..	..	..	93	96	94	97	101	108	111	110
New Zealand	..	..	..	..	..	..	..	..	..	..	89	87	87	87	97	96	88	90
Austria	..	..	..	..	..	..	..	..	..	..	87	89	89	93	97	102	106	108
Belgium	..	..	..	..	..	..	..	..	..	..	83	88	91	93	94	99	102	103
Denmark	..	..	..	..	..	..	..	..	..	..	138	145	146	146	152	152	154	153
Finland	..	..	..	..	..	..	..	..	..	..	81	84	87	88	88	95	98	98
France	..	..	..	..	..	..	..	..	..	..	101	104	102	103	105	108	112	115
Germany	..	..	..	..	..	..	..	..	..	..	99	106	107	112	117	118	118	119
Greece	..	..	..	..	..	..	..	..	..	..	32	32	33	32	35	39	40	42
Iceland	..	..	..	..	..	..	..	..	..	..	70	79	88	87	96	94	92	98
Ireland	..	..	..	..	..	..	..	..	..	..	51	53	53	54	59	63	60	59
Italy	..	..	..	..	..	..	..	..	..	..	75	83	85	83	80	76	75	78
Luxembourg	..	..	..	..	..	..	..	..	..	..	76	84	85	85	85	98	96	104
Netherlands	..	..	..	..	..	..	..	..	..	..	100	105	101	101	104	105	107	108
Norway	..	..	..	..	..	..	..	..	..	..	96	102	104	104	105	110	118	121
Portugal	..	..	..	..	..	..	..	..	..	..	39	40	41	42	45	42	39	41
Spain	..	..	..	..	..	..	..	..	..	..	41	42	43	44	46	47	50	51
Sweden	..	..	..	..	..	..	..	..	..	..	162	166	164	165	167	167	172	184
Switzerland	..	..	..	..	..	..	..	..	..	..	105	109	107	109	110	107	109	108
Turkey	..	..	..	..	..	..	..	..	..	..	17	18	19	20	18	20	24	26
United Kingdom	..	..	..	..	..	..	..	..	..	..	114	115	116	119	124	130	129	121
OECD - Total	..	..	..	..	..	..	..	..	..	..	100	100	100	100	100	100	100	100
OECD - Europe	..	..	..	..	..	..	..	..	..	..	83	87	87	89	91	92	93	94
EU15	..	..	..	..	..	..	..	..	..	..	90	94	94	96	99	100	101	101

Consommation finale des administrations publiques - aux prix et PPA courants (milliards de dollars É-U)   7.

1978	1979	1980	1981	1982	1983	1984	1985	1986	1987	1988	1989	1990	1991	1992	1993	1994	
38.7	42.2	47.3	54.4	60.7	64.7	68.8	74.3	78.0	81.2	87.1	93.9	103.4	111.6	117.8	120.2	120.8	Canada
17.5	20.8	24.5	31.3	32.1	26.8	30.3	32.2	31.3	31.8	32.9	34.7	37.6	43.1	62.6	68.9	79.2	Mexique
378.1	420.8	476.3	529.4	579.3	620.8	669.7	727.9	782.0	831.0	876.4	915.8	978.9	1025.5	1050.4	1070.4	1093.8	États-Unis
69.5	80.1	91.8	105.4	115.3	123.4	131.9	140.1	148.9	156.3	167.6	182.3	198.7	214.3	232.1	242.3	254.9	Japon
18.1	19.6	22.4	25.8	28.1	30.1	32.8	35.9	38.3	39.0	40.7	42.7	46.9	50.8	53.4	55.5	58.2	Australie
3.4	3.7	4.3	5.0	5.3	5.4	5.6	5.9	6.2	6.5	6.8	7.2	7.6	7.8	8.3	8.4	8.4	Nouvelle-Zélande
9.5	10.7	12.0	13.5	14.8	15.7	16.3	17.5	18.3	19.1	20.1	21.4	22.8	24.5	27.2	29.2	30.6	Autriche
11.9	13.4	15.4	17.6	18.4	18.7	19.3	20.2	20.7	21.0	21.5	22.2	23.4	25.3	27.8	29.2	30.5	Belgique
8.9	10.3	12.0	13.5	15.0	15.6	15.9	16.8	16.9	18.4	19.7	20.6	21.6	22.9	24.3	26.2	27.0	Danemark
5.2	5.9	6.9	7.9	8.8	9.7	10.3	11.6	12.3	13.3	14.1	15.3	17.0	18.8	18.9	18.4	18.5	Finlande
71.6	80.5	92.0	105.9	118.2	125.0	132.3	137.8	141.4	148.1	157.2	165.7	177.0	189.4	208.5	213.8	217.7	France
106.4	120.6	136.9	153.9	161.2	168.2	178.1	189.1	196.8	208.2	221.4	230.4	246.3	264.8	302.8	300.4	313.7	Allemagne
4.7	5.4	6.0	7.2	7.9	8.4	9.3	10.4	10.3	10.7	12.0	13.6	14.4	14.4	15.2	15.9	16.6	Grèce
0.3	0.3	0.4	0.4	0.5	0.5	0.5	0.6	0.6	0.7	0.8	0.8	0.8	0.9	1.0	1.0	1.1	Islande
2.3	2.7	3.4	3.9	4.2	4.2	4.4	4.7	4.9	5.0	4.9	5.1	5.9	6.7	7.7	7.9	8.7	Irlande
51.4	60.8	70.2	84.2	89.8	96.1	102.1	109.5	114.0	124.5	136.3	144.3	160.7	169.8	183.5	178.0	182.5	Italie
0.4	0.5	0.6	0.6	0.6	0.7	0.7	0.8	0.8	0.9	0.9	1.0	1.2	1.2	1.4	1.4	1.5	Luxembourg
17.3	19.7	21.5	23.3	24.6	25.6	26.1	27.0	28.0	30.0	31.0	32.7	34.7	35.8	39.4	39.7	40.7	Pays-Bas
5.8	6.3	6.9	7.8	8.4	9.1	9.6	10.4	11.9	13.1	13.7	14.3	15.4	16.7	19.5	20.1	20.3	Norvège
4.4	5.0	6.0	6.9	7.5	7.8	7.9	8.7	9.2	9.9	11.4	12.8	14.4	16.4	18.8	20.0	21.0	Portugal
21.7	24.6	29.0	33.4	36.5	40.0	41.5	45.4	47.8	53.5	57.2	64.3	71.4	80.1	89.1	91.5	89.7	Espagne
17.3	19.8	22.5	24.9	26.7	27.6	29.0	30.4	31.4	32.5	33.6	36.1	39.9	39.5	41.6	41.0	41.7	Suède
7.5	8.5	9.5	10.6	11.4	12.3	13.0	13.9	14.4	14.8	16.1	17.5	19.2	20.5	22.8	22.9	23.6	Suisse
10.8	11.0	8.6	12.8	12.2	14.7	14.0	15.1	16.6	16.3	16.8	21.6	28.9	34.2	38.8	42.7	37.2	Turquie
76.5	84.3	97.9	109.0	117.1	125.9	132.8	137.2	146.5	154.8	163.1	172.7	187.6	194.6	217.1	216.5	222.9	Royaume-Uni
959.3	1077.5	1224.4	1388.8	1504.6	1597.2	1702.4	1823.3	1927.5	2040.4	2163.2	2289.0	2475.5	2629.6	2829.7	2881.8	2960.8	OCDE - Total
434.0	490.3	557.7	637.4	683.8	725.9	763.2	807.1	842.8	894.7	951.8	1012.4	1102.3	1176.4	1305.2	1316.0	1345.5	OCDE - Europe
409.6	464.3	532.3	605.8	651.3	689.3	726.1	767.1	799.3	849.8	904.4	958.2	1038.0	1104.1	1223.2	1229.3	1263.3	UE15

Consommation finale des administrations publiques par tête - aux prix et PPA courants (dollars É-U)   8.

1978	1979	1980	1981	1982	1983	1984	1985	1986	1987	1988	1989	1990	1991	1992	1993	1994	
1610	1740	1924	2185	2410	2542	2675	2865	2976	3057	3238	3431	3722	3970	4126	4153	4130	Canada
267	308	351	439	440	359	397	413	394	391	397	410	436	491	700	756	851	Mexique
1699	1870	2092	2302	2495	2650	2834	3052	3249	3422	3577	3703	3917	4059	4113	4147	4196	États-Unis
605	691	786	896	973	1035	1099	1160	1226	1280	1367	1480	1608	1730	1867	1944	2040	Japon
1263	1348	1524	1732	1848	1956	2108	2273	2392	2400	2461	2539	2749	2939	3052	3144	3262	Australie
1077	1175	1382	1573	1670	1667	1720	1795	1897	1962	2039	2160	2271	2285	2408	2413	2388	Nouvelle-Zélande
1260	1420	1590	1786	1957	2078	2158	2322	2420	2521	2642	2805	2952	3128	3447	3650	3807	Autriche
1213	1362	1569	1782	1865	1893	1960	2050	2101	2128	2163	2238	2347	2526	2765	2900	3016	Belgique
1753	2014	2334	2641	2938	3044	3116	3285	3296	3585	3850	4018	4194	4444	4696	5041	5195	Danemark
1095	1238	1438	1651	1826	1988	2119	2359	2507	2705	2852	3078	3410	3735	3747	3639	3630	Finlande
1342	1502	1707	1954	2170	2282	2404	2493	2545	2653	2801	2936	3119	3320	3634	3709	3760	France
1363	1543	1748	1964	2059	2154	2289	2436	2535	2679	2834	2928	3103	3311	3757	3700	3854	Allemagne
494	565	623	744	803	856	943	1048	1033	1067	1195	1358	1424	1411	1475	1534	1587	Grèce
1216	1414	1563	1792	2012	2034	2030	2290	2527	2917	3146	3235	3322	3527	3706	3860	3962	Islande
698	815	1000	1121	1196	1204	1254	1323	1376	1400	1394	1446	1687	1895	2164	2227	2441	Irlande
915	1080	1245	1490	1588	1698	1802	1933	2011	2196	2405	2545	2833	2992	3227	3120	3191	Italie
1177	1334	1533	1740	1758	1806	1942	2112	2174	2451	2541	2687	3074	3249	3578	3657	3774	Luxembourg
1239	1402	1521	1638	1716	1784	1811	1866	1924	2047	2100	2201	2320	2377	2594	2594	2643	Pays-Bas
1418	1543	1685	1893	2042	2215	2320	2511	2851	3120	3252	3380	3622	3923	4545	4661	4682	Norvège
458	518	615	704	752	788	795	872	921	990	1142	1290	1462	1661	1905	2025	2127	Portugal
589	662	777	885	963	1050	1083	1180	1240	1386	1477	1656	1837	2057	2285	2341	2291	Espagne
2095	2392	2708	2995	3203	3314	3474	3642	3751	3866	3985	4251	4653	4580	4803	4707	4749	Suède
1191	1333	1492	1650	1765	1902	1998	2131	2190	2232	2407	2632	2860	3013	3309	3307	3375	Suisse
252	252	192	279	260	306	282	298	322	309	312	392	511	597	665	717	614	Turquie
1361	1499	1738	1934	2080	2235	2351	2420	2577	2715	2853	3011	3264	3366	3743	3721	3819	Royaume-Uni
1127	1255	1412	1587	1706	1797	1901	2020	2120	2227	2342	2457	2634	2774	2958	2987	3045	OCDE - Total
1069	1201	1358	1543	1648	1742	1824	1920	1996	2110	2231	2359	2551	2705	2981	2986	3037	OCDE - Europe
1161	1312	1499	1700	1824	1927	2027	2138	2223	2358	2502	2641	2849	3015	3324	3325	3406	UE15

Consommation finale des administrations publiques par tête - indices en utilisant les PPA courantes (OCDE = 100)   9.

1978	1979	1980	1981	1982	1983	1984	1985	1986	1987	1988	1989	1990	1991	1992	1993	1994	
143	139	136	138	141	142	141	142	140	137	138	140	141	143	139	139	136	Canada
24	25	25	28	26	20	21	20	19	18	17	17	17	18	24	25	28	Mexique
151	149	148	145	146	147	149	151	153	154	153	151	149	146	139	139	138	États-Unis
54	55	56	56	57	58	58	57	58	57	58	60	61	62	63	65	67	Japon
112	107	108	109	108	109	111	112	113	108	105	103	104	106	103	105	107	Australie
96	94	98	99	98	93	91	89	89	88	87	88	86	82	81	81	78	Nouvelle-Zélande
112	113	113	113	115	116	114	115	114	113	113	114	112	113	117	122	125	Autriche
108	109	111	112	109	105	103	101	99	96	92	91	89	91	93	97	99	Belgique
155	160	165	166	172	169	164	163	156	161	164	164	159	160	159	169	171	Danemark
97	99	102	104	107	111	111	117	118	121	122	125	129	135	127	122	119	Finlande
119	120	121	123	127	127	127	123	120	119	120	120	118	120	123	124	123	France
121	123	124	124	121	120	120	121	120	120	121	119	118	119	127	124	127	Allemagne
44	45	44	47	47	48	50	52	49	48	51	55	54	51	50	51	52	Grèce
108	113	111	113	118	113	107	113	119	131	134	132	126	127	125	129	130	Islande
62	65	71	71	70	67	66	66	65	63	60	59	64	68	73	75	80	Irlande
81	86	88	94	93	94	95	96	95	99	103	104	108	108	109	104	105	Italie
104	106	109	110	103	101	102	105	103	110	109	109	117	117	121	122	124	Luxembourg
110	112	108	103	101	99	95	92	91	92	90	90	88	86	88	87	87	Pays-Bas
126	123	119	119	120	123	122	124	135	140	139	138	138	141	154	156	154	Norvège
41	41	44	44	44	44	42	43	43	44	49	53	56	60	64	68	70	Portugal
52	53	55	56	56	58	57	58	58	62	63	67	70	74	77	78	75	Espagne
186	191	192	189	188	184	183	180	177	174	170	173	177	165	162	158	156	Suède
106	106	106	104	104	106	105	105	103	100	103	107	109	109	112	111	111	Suisse
22	20	14	18	15	17	15	15	15	14	13	16	19	22	22	24	20	Turquie
121	119	123	122	122	124	124	120	122	122	122	123	124	121	127	125	125	Royaume-Uni
100	100	100	100	100	100	100	100	100	100	100	100	100	100	100	100	100	OCDE - Total
95	96	96	97	97	97	96	95	94	95	95	96	97	98	101	100	100	OCDE - Europe
103	105	106	107	107	107	107	106	105	106	107	107	108	109	112	111	112	UE15

10. Gross fixed capital formation - at current prices and current PPPs (billions US dollars)

	1960	1961	1962	1963	1964	1965	1966	1967	1968	1969	1970	1971	1972	1973	1974	1975	1976	1977
Canada	..	..	..	..	..	..	..	..	..	..	16.5	19.2	21.1	24.9	29.4	34.4	37.5	40.6
Mexico	..	..	..	..	..	..	..	..	..	..	*12.8*	*12.7*	*15.3*	*17.9*	*21.3*	*26.6*	*29.0*	*29.9*
United States	..	..	..	..	..	..	..	..	..	..	181.7	203.4	231.8	263.1	276.6	278.8	316.7	381.5
Japan	..	..	..	..	..	..	..	..	..	..	104.2	110.6	125.3	153.0	158.3	166.8	177.7	192.1
Australia	..	..	..	..	..	..	..	..	..	..	11.6	13.1	13.5	14.8	15.8	18.0	20.1	21.6
New Zealand	..	..	..	..	..	..	..	..	..	..	2.2	2.4	2.8	3.2	4.2	4.8	4.7	4.3
Austria	..	..	..	..	..	..	..	..	..	..	5.9	7.0	8.5	9.0	10.1	10.4	11.3	12.9
Belgium	..	..	..	..	..	..	..	..	..	..	7.0	7.4	7.9	9.0	10.8	11.6	12.7	13.4
Denmark	..	..	..	..	..	..	..	..	..	..	4.3	4.6	5.2	5.7	6.0	5.7	7.1	7.4
Finland	..	..	..	..	..	..	..	..	..	..	3.5	3.9	4.5	5.3	6.2	7.2	6.8	7.1
France	..	..	..	..	..	..	..	..	..	..	43.7	49.1	53.8	61.5	70.3	72.0	79.3	83.9
Germany	..	..	..	..	..	..	..	..	..	..	61.7	68.9	73.3	76.8	75.8	77.6	85.8	94.9
Greece	..	..	..	..	..	..	..	..	..	..	4.6	5.6	7.0	8.1	6.7	7.3	8.4	10.1
Iceland	..	..	..	..	..	..	..	..	..	..	0.1	0.2	0.2	0.3	0.3	0.4	0.3	0.4
Ireland	..	..	..	..	..	..	..	..	..	..	1.2	1.4	1.5	1.8	2.0	2.2	2.6	3.0
Italy	..	..	..	..	..	..	..	..	..	..	39.6	41.3	43.0	52.7	63.1	64.9	70.5	76.4
Luxembourg	..	..	..	..	..	..	..	..	..	..	0.3	0.4	0.5	0.5	0.5	0.6	0.6	0.7
Netherlands	..	..	..	..	..	..	..	..	..	..	12.0	12.9	13.0	14.2	15.3	16.1	16.6	19.7
Norway	..	..	..	..	..	..	..	..	..	..	3.0	3.7	3.8	4.4	5.3	6.8	8.2	9.2
Portugal	..	..	..	..	..	..	..	..	..	..	3.5	4.2	5.2	6.1	6.5	6.8	7.5	8.9
Spain	..	..	..	..	..	..	..	..	..	..	19.6	19.9	23.6	28.7	34.9	36.4	37.7	39.8
Sweden	..	..	..	..	..	..	..	..	..	..	6.9	7.2	7.8	8.5	9.4	10.3	11.2	11.7
Switzerland	..	..	..	..	..	..	..	..	..	..	8.9	10.4	11.4	12.4	12.8	11.4	10.2	11.3
Turkey	..	..	..	..	..	..	..	..	..	..	6.2	6.3	7.3	8.3	9.9	12.3	17.0	18.2
United Kingdom	..	..	..	..	..	..	..	..	..	..	34.2	37.0	39.4	48.0	54.3	56.7	60.7	62.7
OECD - Total	..	..	..	..	..	..	..	..	..	..	595.1	652.5	726.7	838.3	905.9	946.0	1040.4	1161.4
OECD - Europe	..	..	..	..	..	..	..	..	..	..	266.1	291.2	317.0	361.4	400.3	416.6	454.6	491.5
EU15	..	..	..	..	..	..	..	..	..	..	248.0	270.7	294.3	336.0	372.0	385.7	418.9	452.4

11. Gross fixed capital formation per head - at current prices and current PPPs (US dollars)

	1960	1961	1962	1963	1964	1965	1966	1967	1968	1969	1970	1971	1972	1973	1974	1975	1976	1977
Canada	..	..	..	..	..	..	..	..	..	..	775	870	947	1104	1286	1481	1596	1704
Mexico	..	..	..	..	..	..	..	..	..	..	*250*	*240*	*279*	*317*	*366*	*443*	*468*	*469*
United States	..	..	..	..	..	..	..	..	..	..	886	979	1104	1242	1293	1291	1453	1732
Japan	..	..	..	..	..	..	..	..	..	..	1004	1056	1180	1408	1437	1495	1575	1687
Australia	..	..	..	..	..	..	..	..	..	..	901	1003	1013	1094	1152	1297	1434	1519
New Zealand	..	..	..	..	..	..	..	..	..	..	770	832	973	1080	1379	1570	1518	1389
Austria	..	..	..	..	..	..	..	..	..	..	788	938	1129	1182	1331	1370	1491	1708
Belgium	..	..	..	..	..	..	..	..	..	..	722	767	818	922	1106	1181	1298	1365
Denmark	..	..	..	..	..	..	..	..	..	..	877	926	1032	1141	1187	1134	1395	1451
Finland	..	..	..	..	..	..	..	..	..	..	757	854	974	1135	1312	1530	1441	1493
France	..	..	..	..	..	..	..	..	..	..	860	957	1040	1180	1341	1366	1499	1578
Germany	..	..	..	..	..	..	..	..	..	..	794	879	931	973	960	986	1095	1214
Greece	..	..	..	..	..	..	..	..	..	..	523	629	786	903	749	809	920	1083
Iceland	..	..	..	..	..	..	..	..	..	..	684	980	1044	1277	1534	1627	1586	1766
Ireland	..	..	..	..	..	..	..	..	..	..	412	463	511	598	651	685	801	903
Italy	..	..	..	..	..	..	..	..	..	..	735	763	791	963	1145	1170	1265	1365
Luxembourg	..	..	..	..	..	..	..	..	..	..	917	1215	1314	1469	1484	1700	1656	1807
Netherlands	..	..	..	..	..	..	..	..	..	..	919	980	979	1058	1130	1178	1207	1420
Norway	..	..	..	..	..	..	..	..	..	..	767	941	964	1119	1329	1691	2033	2288
Portugal	..	..	..	..	..	..	..	..	..	..	400	484	602	705	743	748	800	943
Spain	..	..	..	..	..	..	..	..	..	..	580	581	685	824	994	1025	1050	1094
Sweden	..	..	..	..	..	..	..	..	..	..	858	885	959	1044	1148	1254	1360	1418
Switzerland	..	..	..	..	..	..	..	..	..	..	1415	1632	1779	1919	1983	1774	1614	1782
Turkey	..	..	..	..	..	..	..	..	..	..	173	172	195	216	251	306	414	435
United Kingdom	..	..	..	..	..	..	..	..	..	..	615	662	702	854	965	1009	1080	1116
OECD - Total	..	..	..	..	..	..	..	..	..	..	760	823	906	1033	1105	1142	1245	1378
OECD - Europe	..	..	..	..	..	..	..	..	..	..	689	747	807	914	1006	1041	1131	1217
EU15	..	..	..	..	..	..	..	..	..	..	729	790	854	970	1069	1104	1195	1287

12. Gross fixed capital formation per head - indices using current PPPs (OECD = 100)

	1960	1961	1962	1963	1964	1965	1966	1967	1968	1969	1970	1971	1972	1973	1974	1975	1976	1977
Canada	..	..	..	..	..	..	..	..	..	..	102	106	104	107	116	130	128	124
Mexico	..	..	..	..	..	..	..	..	..	..	*33*	*29*	*31*	*31*	*33*	*39*	*38*	*34*
United States	..	..	..	..	..	..	..	..	..	..	117	119	122	120	117	113	117	126
Japan	..	..	..	..	..	..	..	..	..	..	132	128	130	136	130	131	126	122
Australia	..	..	..	..	..	..	..	..	..	..	119	122	112	106	104	114	115	110
New Zealand	..	..	..	..	..	..	..	..	..	..	101	101	107	105	125	137	122	101
Austria	..	..	..	..	..	..	..	..	..	..	104	114	125	114	120	120	120	124
Belgium	..	..	..	..	..	..	..	..	..	..	95	93	90	89	100	103	104	99
Denmark	..	..	..	..	..	..	..	..	..	..	115	112	114	110	107	99	112	105
Finland	..	..	..	..	..	..	..	..	..	..	100	104	107	110	119	134	116	108
France	..	..	..	..	..	..	..	..	..	..	113	116	115	114	121	120	120	115
Germany	..	..	..	..	..	..	..	..	..	..	104	107	103	94	87	86	88	88
Greece	..	..	..	..	..	..	..	..	..	..	69	76	87	87	68	71	74	79
Iceland	..	..	..	..	..	..	..	..	..	..	90	119	115	124	139	142	127	128
Ireland	..	..	..	..	..	..	..	..	..	..	54	56	56	58	59	60	64	66
Italy	..	..	..	..	..	..	..	..	..	..	97	93	87	93	104	102	102	99
Luxembourg	..	..	..	..	..	..	..	..	..	..	121	148	145	142	134	149	133	131
Netherlands	..	..	..	..	..	..	..	..	..	..	121	119	108	102	102	103	97	103
Norway	..	..	..	..	..	..	..	..	..	..	101	114	106	108	120	148	163	166
Portugal	..	..	..	..	..	..	..	..	..	..	53	59	66	68	67	66	64	68
Spain	..	..	..	..	..	..	..	..	..	..	76	71	76	80	90	90	84	79
Sweden	..	..	..	..	..	..	..	..	..	..	113	108	106	101	104	110	109	103
Switzerland	..	..	..	..	..	..	..	..	..	..	186	198	196	186	179	155	130	129
Turkey	..	..	..	..	..	..	..	..	..	..	23	21	21	21	23	27	33	32
United Kingdom	..	..	..	..	..	..	..	..	..	..	81	80	78	83	87	88	87	81
OECD - Total	..	..	..	..	..	..	..	..	..	..	100	100	100	100	100	100	100	100
OECD - Europe	..	..	..	..	..	..	..	..	..	..	91	91	89	88	91	91	91	88
EU15	..	..	..	..	..	..	..	..	..	..	96	96	94	94	97	97	96	93

Formation brute de capital fixe - aux prix et PPA courants (milliards de dollars É-U) 10.

1978	1979	1980	1981	1982	1983	1984	1985	1986	1987	1988	1989	1990	1991	1992	1993	1994	
44.7	51.4	57.9	68.3	63.0	62.4	65.5	73.5	79.3	89.7	101.3	110.9	108.5	102.0	101.1	102.0	111.8	Canada
37.4	49.4	60.3	76.7	70.3	53.5	58.9	66.6	67.0	66.7	73.2	74.5	83.0	93.2	129.2	129.7	139.1	Mexique
460.6	529.4	546.4	603.8	590.7	626.4	727.8	783.0	807.9	829.9	886.9	920.6	930.1	881.2	923.5	1011.5	1144.5	États-Unis
218.6	261.5	295.4	325.2	343.0	347.8	373.0	401.9	419.8	469.9	544.6	616.8	700.1	745.6	762.9	753.2	741.2	Japon
24.0	26.7	30.8	37.3	38.7	36.6	40.8	47.7	49.6	52.8	57.8	65.3	61.8	56.9	58.2	61.7	70.0	Australie
4.5	4.5	5.0	6.6	7.4	7.9	8.8	9.6	8.6	8.6	7.9	8.8	8.6	7.3	8.1	9.7	11.5	Nouvelle-Zélande
13.3	15.0	17.2	18.5	18.2	18.6	19.4	20.9	21.9	23.3	25.8	28.7	31.5	34.3	37.2	37.2	40.2	Autriche
14.8	15.8	18.3	16.9	17.6	17.2	18.0	18.4	19.2	20.6	24.7	28.9	33.0	33.3	36.3	34.7	35.6	Belgique
7.9	8.6	8.4	7.6	8.6	9.1	10.6	12.4	14.7	14.4	13.9	14.6	14.8	14.8	14.5	15.0	15.8	Danemark
6.9	7.7	9.7	10.8	11.9	12.8	12.8	13.7	14.0	15.4	17.7	21.7	21.8	17.4	14.0	11.7	11.8	Finlande
91.2	102.3	116.6	124.6	130.5	129.4	130.1	137.1	144.0	155.5	176.5	196.9	210.4	219.7	221.4	200.7	201.7	France
107.1	127.6	146.6	155.8	155.3	164.6	171.8	177.7	186.5	196.6	214.2	238.1	274.1	311.9	348.0	327.8	352.0	Allemagne
12.1	14.7	15.3	15.5	14.8	15.7	15.2	16.8	16.9	16.1	17.8	20.2	21.5	20.7	22.1	21.8	22.1	Grèce
0.4	0.4	0.6	0.6	0.7	0.6	0.6	0.7	0.7	0.8	0.8	0.8	0.8	0.9	0.8	0.8	0.8	Islande
3.8	4.7	5.0	5.9	5.7	5.1	5.2	4.9	4.7	4.8	5.1	6.0	7.2	7.0	7.6	7.3	8.2	Irlande
82.6	95.7	115.9	125.7	125.1	125.2	132.0	137.7	138.7	147.4	162.2	175.2	187.2	191.8	199.7	170.8	175.5	Italie
0.7	0.8	1.0	1.0	1.0	1.0	1.0	0.9	1.2	1.5	1.8	1.9	2.1	2.4	2.4	2.7	2.5	Luxembourg
21.9	24.0	26.5	26.4	26.4	27.9	30.6	33.7	36.9	39.2	42.8	47.2	49.9	50.3	53.8	52.3	55.1	Pays-Bas
8.9	8.9	9.1	11.3	11.0	12.0	13.4	12.3	17.0	17.6	19.0	18.0	16.1	16.3	17.6	18.3	19.3	Norvège
10.4	11.4	14.0	16.8	18.4	17.9	14.8	14.5	15.7	18.9	21.7	23.4	25.2	27.0	30.0	29.2	31.3	Portugal
41.1	42.6	48.7	52.6	56.0	57.2	54.3	59.1	63.5	73.8	87.7	102.2	112.0	117.8	114.1	103.5	105.2	Espagne
11.8	13.6	15.4	15.9	16.8	17.8	19.3	21.0	21.2	23.5	26.1	30.3	31.3	28.1	25.3	20.9	21.0	Suède
12.6	14.3	17.8	20.1	20.2	21.4	22.7	24.8	26.7	29.2	32.9	36.9	38.5	37.8	37.7	36.1	38.3	Suisse
16.4	18.4	16.2	22.7	24.9	26.6	29.6	36.7	46.1	51.6	57.8	52.8	60.3	65.2	69.1	84.5	78.1	Turquie
69.6	78.6	81.4	79.6	85.1	91.1	102.9	110.6	117.7	133.6	159.3	178.8	178.6	153.2	154.1	148.5	154.8	Royaume-Uni
1323.4	1528.0	1679.5	1846.2	1861.1	1905.6	2079.2	2236.4	2339.4	2501.6	2779.5	3019.4	3208.4	3236.3	3388.7	3391.5	3587.3	OCDE - Total
533.5	605.2	683.6	728.3	748.0	771.2	804.4	854.2	907.3	984.1	1107.8	1222.5	1316.2	1350.1	1405.7	1323.6	1369.3	OCDE - Europe
495.3	563.1	640.0	673.6	691.3	710.5	738.1	779.6	816.8	884.8	997.3	1114.1	1200.6	1229.8	1280.5	1184.0	1232.9	UE15

Formation brute de capital fixe par tête - aux prix et PPA courants (dollars É-U) 11.

1978	1979	1980	1981	1982	1983	1984	1985	1986	1987	1988	1989	1990	1991	1992	1993	1994	
1862	2117	2354	2742	2499	2449	2549	2832	3026	3380	3766	4049	3904	3627	3543	3526	3823	Canada
570	731	866	1076	964	717	772	855	842	822	884	882	964	1061	1443	1422	1495	Mexique
2069	2352	2400	2626	2544	2673	3079	3283	3357	3418	3620	3722	3722	3488	3616	3919	4391	États-Unis
1902	2256	2529	2764	2895	2916	3107	3328	3455	3849	4442	5010	5667	6016	6137	6041	5931	Japon
1673	1841	2095	2500	2550	2376	2619	3020	3095	3244	3496	3885	3621	3291	3325	3495	3922	Australie
1450	1441	1589	2080	2333	2451	2714	2927	2626	2592	2385	2634	2549	2150	2352	2797	3249	Nouvelle-Zélande
1763	1985	2273	2451	2401	2468	2568	2772	2897	3075	3400	3758	4083	4384	4719	4648	5010	Autriche
1511	1604	1861	1720	1782	1746	1828	1864	1943	2084	2493	2908	3316	3329	3618	3440	3515	Belgique
1552	1681	1645	1489	1672	1777	2073	2434	2862	2808	2700	2840	2886	2876	2797	2888	3033	Danemark
1445	1622	2037	2252	2456	2636	2629	2798	2853	3127	3573	4364	4371	3463	2782	2309	2323	Finlande
1709	1909	2165	2300	2395	2362	2365	2479	2593	2785	3145	3489	3708	3850	3858	3481	3483	France
1371	1634	1872	1988	1983	2108	2208	2290	2403	2530	2743	3027	3454	3899	4318	4037	4324	Allemagne
1280	1539	1587	1589	1508	1590	1539	1689	1699	1615	1776	2008	2132	2032	2145	2099	2122	Grèce
1791	1948	2415	2635	2819	2505	2671	2767	2702	3187	3144	3149	3322	3432	3210	2920	2929	Islande
1150	1398	1464	1700	1632	1466	1463	1382	1333	1359	1446	1719	2047	1995	2141	2060	2303	Irlande
1471	1699	2054	2224	2211	2210	2329	2431	2448	2601	2861	3090	3299	3379	3512	2992	3068	Italie
1938	2181	2667	2721	2862	2604	2713	2540	3324	3993	4739	4969	5521	6340	6272	6756	6262	Luxembourg
1573	1708	1871	1854	1845	1944	2125	2328	2530	2676	2902	3179	3335	3340	3542	3424	3584	Pays-Bas
2195	2183	2221	2763	2664	2917	3229	2970	4067	4213	4513	4257	3785	3828	4109	4236	4442	Norvège
1089	1178	1433	1710	1855	1800	1478	1451	1570	1895	2182	2353	2554	2741	3047	2955	3168	Portugal
1119	1149	1303	1392	1475	1501	1419	1538	1647	1911	2264	2635	2882	3026	2924	2649	2688	Espagne
1426	1639	1854	1905	2015	2131	2314	2516	2530	2799	3090	3571	3658	3256	2919	2399	2392	Suède
1984	2247	2787	3123	3129	3303	3491	3797	4056	4418	4935	5546	5731	5564	5478	5208	5469	Suisse
383	422	363	495	529	552	599	725	893	979	1071	956	1066	1138	1183	1420	1289	Turquie
1238	1397	1445	1413	1512	1616	1821	1952	2070	2343	2787	3117	3108	2650	2657	2552	2651	Royaume-Uni
1556	1779	1936	2110	2110	2143	2321	2478	2573	2730	3009	3241	3413	3414	3543	3515	3689	OCDE - Total
1314	1482	1665	1763	1802	1850	1922	2032	2149	2320	2597	2848	3046	3105	3211	3003	3090	OCDE - Europe
1404	1591	1802	1890	1935	1986	2060	2173	2272	2456	2759	3071	3295	3358	3480	3202	3324	UE15

Formation brute de capital fixe par tête - indices en utilisant les PPA courantes (OCDE = 100) 12.

1978	1979	1980	1981	1982	1983	1984	1985	1986	1987	1988	1989	1990	1991	1992	1993	1994	
120	119	122	130	118	114	110	114	118	124	125	125	114	106	100	100	104	Canada
37	41	45	51	46	33	33	35	33	30	29	27	28	31	41	40	41	Mexique
133	132	124	124	121	125	133	133	130	125	120	115	109	102	102	111	119	États-Unis
122	127	131	131	137	136	134	134	134	141	148	155	166	176	173	172	161	Japon
108	103	108	119	121	111	113	122	120	119	116	120	106	96	94	99	106	Australie
93	81	82	99	111	114	117	118	102	95	79	81	75	63	66	80	88	Nouvelle-Zélande
113	112	117	116	114	115	111	112	113	113	113	116	120	128	133	132	136	Autriche
97	90	96	82	84	81	79	75	76	76	83	90	97	98	102	98	95	Belgique
100	94	85	71	79	83	89	98	111	103	90	88	85	84	79	82	82	Danemark
93	91	105	107	116	123	113	113	111	115	119	135	128	101	79	66	63	Finlande
110	107	112	109	114	110	102	100	101	102	105	108	109	113	109	99	94	France
88	92	97	94	94	98	95	92	93	93	91	93	101	114	122	115	117	Allemagne
82	87	82	75	71	74	66	68	66	59	59	62	62	60	61	60	58	Grèce
115	109	125	125	134	117	115	112	105	117	104	97	97	101	91	83	79	Islande
74	79	76	81	77	68	63	56	52	50	48	53	60	58	60	59	62	Irlande
95	95	106	105	105	103	100	98	95	95	95	95	97	99	99	85	83	Italie
125	123	138	129	136	121	117	102	129	146	157	153	162	186	177	192	170	Luxembourg
101	96	97	88	87	91	92	94	98	98	96	98	98	98	100	97	97	Pays-Bas
141	123	115	131	126	136	139	120	158	154	150	131	111	112	116	121	120	Norvège
70	66	74	81	88	84	64	59	61	69	73	73	75	80	86	84	86	Portugal
72	65	67	66	70	70	61	62	64	70	75	81	84	89	83	75	73	Espagne
92	92	96	90	96	99	100	102	98	103	103	110	107	95	82	68	65	Suède
128	126	144	148	148	154	150	153	158	162	164	171	168	163	155	148	148	Suisse
25	24	19	23	25	26	26	29	35	36	36	29	31	33	33	40	35	Turquie
80	79	75	67	72	75	78	79	80	86	93	96	91	78	75	73	72	Royaume-Uni
100	100	100	100	100	100	100	100	100	100	100	100	100	100	100	100	100	OCDE - Total
84	83	86	84	85	86	83	82	84	85	86	88	89	91	91	85	84	OCDE - Europe
90	89	93	90	92	93	89	88	88	90	92	95	97	98	98	91	90	UE15

PART EIGHT

HUITIÈME PARTIE

Appendix
Annexe

The statistics for Germany in this publication refer to Germany after unification. Official data for Germany after unification are available only from 1991 onwards. In this publication, the secretariat has estimated some national accounts aggregates for the whole of Germany back to 1960 in order to calculate the various zones' totals. These estimates are based on statistics published by Deutsches Institut für Wirtschaftsforschung for period 1989-90 and by the East German Statistical Office in 1990 for period 1980-89. They are also based on the ratios of the aggregates of West Germany and the whole of Germany.

Les statistiques concernant l'Allemagne dans cette publication se réfèrent à l'Allemagne après l'unification. Des données officielles pour l'Allemagne après l'unification ne sont disponibles qu'à partir de 1991. Dans cette publication, le secrétariat a estimé certains agrégats des comptes nationaux pour l'Allemagne dans son ensemble depuis 1960 afin de calculer les différentes zones. Ces estimations sont basées sur des statistiques publiées par Deutsches Institut für Wirtschaftsforschung pour la période 1989-90 et par l'Office Statistique de l'Allemagne de l'Est en 1990 pour la période 1980-89. Elles sont aussi basées sur les rapports des agrégats de l'Allemagne occidentale et de l'Allemagne dans son ensemble.

POPULATION

Population is defined as all nationals present in or temporarily absent from the country and aliens permanently settled in the country. For further details see *Labour force statistics*, OECD. Data for Mexico have been included in area total. Data for Germany refer to Germany after unification.

EXCHANGE RATES

The exchange rates have been calculated by the International Monetary Fund, and are published in *International Financial Statistics*. They are par or market rates averaged over the year. The exchange rates shown for Germany refer to the Deutsche Mark.

PURCHASING POWER PARITIES FOR GDP

PPPs are the rates of currency conversion that equalise the purchasing power of different currencies. This means that a given sum of money, when converted into different currencies at the PPPs rates, will buy the same basket of goods and services in all countries. Thus PPPs are the rates of currency conversion which eliminate differences in price levels between countries.

PPPs calculated for OECD Member countries are triennial benchmark results calculated jointly by the OECD and the Statistical Office of the European Communities (Eurostat). As from 1991, Eurostat calculates annual PPPs for the countries it co-ordinates (Eurostat countries). These were the twelve Community countries plus Austria, Sweden and Switzerland in 1991, Finland was associated to the Eurostat calculation in 1992, and in 1994 Eurostat calculated PPPs for th fifteen European Union Member countries plus Iceland, Norway and Switzerland.

The PPPs time series used here are based on the OECD benchmark results for 1990 and 1993 – with the exception of Mexico for which PPPs have been estimated for these two years – and on Eurostat annual results for 1991, 1992 and 1994. PPPs for Mexico was obtained by a regression procedure originally used by Kravis, Heston and Summers (*"Real GDP per capita in More than One Hundred Countries", Economic Journal, June 1978*), in which the relationship between a country's PPP and its exchange rate is assumed to depend on its per capita GDP (converted into dollars using exchange rates) and its "openness" vis-à-vis the rest of the world, which is represented by the ratio of its foreign trade to GDP.

The 1990 GDP PPPs for the 25 OECD countries were backdated to 1970 using each country's rate of inflation relative to that of the United States. Specifically, country k's PPP for year t was obtained by multiplying its 1990 PPP by Ik_t divided by Ius_t where Ik is the GDP price index based on 1990 for country k and Ius is the GDP price index based on 1990 for the United States. As changes in PPPs depend directly on relative rates of inflation in different countries, this method produces robust estimates for years other than the base year provided they are not too remote from the base year.

For Eurostat countries, the annual PPPs calculated by Eurostat have been used for 1991, 1992 and 1994. For the remaining OECD countries, the procedure described above was used to obtain PPPs for 1991 on the basis of the 1990 GDP PPPs and PPPs for 1992 and 1994 on the basis of the 1993 GDP PPPs. The two calculated and extrapolated sets of PPPs for 1991, 1992 and 1994 were then linked using Total EU to obtain a complete set for OECD countries.

POPULATION

La population est définie comme l'ensemble des nationaux présents ou temporairement absents du pays et des étrangers établis en permanence dans le pays. Pour plus de détails, se reporter aux *Statistiques de la population active*, OCDE. Les données du Mexique ont été intégrées aux totaux par zones. Les données de l'Allemagne se réfèrent à l'Allemagne après l'unification.

TAUX DE CHANGE

Les taux de change sont calculés par le Fonds Monétaire International et publiés dans *International Financial Statistics*. Ce taux est une moyenne sur l'année du taux du marché/parité ou taux central. Le taux de change montré pour l'Allemagne se réfère au Deutsche Mark.

PARITÉS DE POUVOIR D'ACHAT DU PIB

Les Parités de Pouvoir d'Achat (PPA) sont des taux de conversion monétaire qui permettent d'exprimer dans une unité commune les pouvoirs d'achat des différentes monnaies. En d'autres termes, une somme d'argent donnée, convertie en monnaies nationales au moyen des PPA, permettra d'acheter le même panier de biens et services dans tous les pays. Les PPA sont donc des taux de conversion monétaires qui éliminent les différences de niveaux de prix existant entre les pays.

Les PPA calculées pour les pays Membres de l'OCDE sont des résultats de référence triennale calculés conjointement par l'OCDE et L'Office Statistique des Communautés Européennes (Eurostat). Depuis 1991, Eurostat calcule des PPA annuelles pour les pays qu'il coordonne. Il s'agissait en 1991 des douze pays des Communautés plus l'Autriche, la Suède et la Suisse ; la Finlande a été associée à ces calculs en 1992 ; en 1994 Eurostat a calculé les PPA pour les quinze pays Membres de l'Union Européenne plus l'Islande, la Norvège et la Suisse.

Les séries chronologiques de PPA utilisées ici sont basées sur les résultats obtenus pour les pays de l'OCDE pour les années de référence 1990 et 1993 – à l'exception du Mexique pour lequel des PPA ont été estimées pour ces deux années – ainsi que sur les résultats des calculs annuels effectués par Eurostat pour 1991, 1992 et 1994. La PPA du Mexique a été obtenue par une méthode de régression, utilisée pour la première fois par Kravis, Heston et Summers (*Real GDP per capita in More than One Hundred Countries, Economic Journal, June 1978*), qui repose sur l'hypothèse que la relation entre la PPA d'un pays et son taux de change dépend du PIB par habitant (converti en dollars au moyen des taux de change) et du degré d'"ouverture" sur le reste du monde, celui-ci étant donné par le rapport entre le volume des échanges extérieurs et le PIB.

Les PPA 1990 du PIB pour les 25 pays de l'OCDE ont été extrapolées jusqu'en 1970 en utilisant les taux d'inflation de chaque pays rapportés à celui des États-Unis. Plus précisément la PPA du pays k pour l'année t a été obtenue en multipliant sa PPA de 1990 par le rapport Ik_t/Ius_t où Ik est l'indice de prix du PIB du pays k sur la base 1990 et Ius l'indice de prix du PIB des États-Unis sur la base 1990. Les variations des PPA dépendant directement des taux d'inflation relatifs des différents pays, cette méthode permet d'obtenir des estimations fiables pour les années autres que l'année de base à condition qu'elles ne soient pas trop éloignées de cette année de base.

Les PPA annuelles calculées par Eurostat pour ses pays ont été utilisées pour 1991, 1992 et 1994. Pour les autres pays de l'OCDE, la méthode décrite ci-dessus a été utilisée pour estimer des PPA pour 1991 sur la base des PPA de 1990 et pour estimer des PPA pour 1992 et 1994 sur la base de celles de 1993. Ces deux ensembles de PPA calculées et extrapolées pour 1991, 1992 et 1994 ont ensuite été raccordés en utilisant le Total UE de façon à obtenir des PPA cohérentes pour tous les pays de l'OCDE.

1. **Population** - mid-year estimates in thousands

	1960	1961	1962	1963	1964	1965	1966	1967	1968	1969	1970	1971	1972	1973	1974	1975	1976	1977
Canada	17870	18238	18583	18931	19290	19644	20015	20378	20701	21001	21297	22026	22285	22560	22875	23209	23518	23796
Mexico	37072	38272	39510	40790	42118	43500	44934	46418	47952	49537	51176	52884	54660	56481	58320	60153	61979	63813
United States	180671	183691	186538	189242	191889	194303	196560	198712	200706	202677	205052	207661	209896	211909	213854	215973	218035	220239
Japan	93260	94100	94980	95890	96900	97950	98860	99920	101070	102320	103720	104750	106180	108660	110160	111520	112770	113880
Australia	10547	10774	10986	11196	11418	11648	11865	12074	12300	12553	12817	13067	13304	13505	13723	13893	14033	14192
New Zealand	2377	2427	2485	2537	2589	2635	2683	2728	2754	2780	2820	2864	2913	2971	3032	3087	3116	3128
Austria	7048	7087	7130	7175	7224	7271	7322	7377	7415	7441	7467	7501	7544	7586	7599	7579	7566	7568
Belgium	9153	9184	9221	9290	9378	9464	9528	9581	9619	9646	9651	9673	9709	9739	9768	9795	9811	9822
Denmark	4581	4612	4647	4684	4720	4757	4797	4839	4867	4893	4929	4963	4992	5022	5045	5060	5073	5088
Finland	4430	4461	4491	4523	4549	4564	4581	4606	4626	4624	4606	4612	4640	4666	4691	4712	4726	4739
France	45684	46163	46998	47836	48330	48778	49184	49568	49915	50318	50772	51251	51701	52118	52460	52699	52909	53145
Germany	72674	73300	73939	74544	74963	75647	76214	76368	76584	77143	77709	78341	78740	78967	78996	78697	78380	78184
Greece	8327	8398	8448	8480	8510	8551	8614	8716	8741	8773	8793	8831	8889	8929	8962	9046	9167	9309
Iceland	176	179	182	185	189	192	196	199	201	203	205	206	209	212	215	218	220	222
Ireland	2834	2819	2830	2850	2864	2876	2884	2900	2913	2926	2950	2978	3024	3073	3124	3177	3228	3272
Italy	50200	50536	50879	51252	51675	52112	52519	52901	53236	53538	53822	54073	54381	54751	55111	55441	55718	55955
Luxembourg	314	317	321	324	328	332	334	335	336	338	340	342	347	351	355	359	361	361
Netherlands	11486	11639	11806	11966	12127	12295	12455	12597	12730	12878	13039	13194	13329	13439	13545	13666	13774	13856
Norway	3585	3615	3639	3667	3694	3723	3753	3785	3819	3851	3879	3903	3933	3961	3985	4007	4026	4043
Portugal	8630*	8710*	8700*	8760*	8800*	8810*	8790*	8780*	8790*	8780*	8720*	8644	8631	8634	8755	9094	9356	9456
Spain	30583	30904	31158	31430	31741	32085	32453	32850	33240	33566	33876	34190	34498	34810	35147	35515	35937	36367
Sweden	7480	7520	7562	7604	7662	7734	7807	7869	7912	7968	8043	8098	8122	8137	8160	8192	8222	8251
Switzerland	5362	5512	5666	5789	5887	5943	5996	6063	6132	6212	6267	6343	6401	6441	6460	6404	6333	6316
Turkey	27755	28447	29156	29883	30628	31391	32192	33013	33855	34719	35605	36554	37502	38451	39399	40348	40925	41835
United Kingdom	52373	52807	53292	53625	53991	54350	54643	54959	55214	55461	55632	55928	56097	56223	56236	56226	56216	56190
OECD - Total	694472	703712	713147	722453	731464	740555	749179	757536	765628	774146	783187	792877	801927	811596	819977	828070	835399	843027
OECD - Europe	352675	356210	360065	363867	367260	370875	374262	377306	380145	383278	386305	389625	392689	395510	398013	400235	401948	403979
EU15	296839	299389	302239	305041	307427	310057	312415	314394	316185	318260	320233	322408	324338	326056	327504	328775	329930	331005

2. **Exchange rates** - national currency per US dollar

	1960	1961	1962	1963	1964	1965	1966	1967	1968	1969	1970	1971	1972	1973	1974	1975	1976	1977
Canada	0.970	1.013	1.070	1.081	1.081	1.081	1.081	1.081	1.081	1.081	1.048	1.010	0.990	1.000	0.978	1.017	0.986	1.063
Mexico	0.012	0.012	0.012	0.012	0.012	0.012	0.012	0.012	0.012	0.012	0.012	0.012	0.012	0.012	0.012	0.012	0.015	0.023
United States	1.000	1.000	1.000	1.000	1.000	1.000	1.000	1.000	1.000	1.000	1.000	1.000	1.000	1.000	1.000	1.000	1.000	1.000
Japan	360.000	360.000	360.000	360.000	360.000	360.000	360.000	360.000	360.000	360.000	360.000	349.330	303.170	271.700	292.080	296.790	296.550	268.510
Australia	0.893	0.893	0.893	0.893	0.893	0.893	0.893	0.893	0.893	0.893	0.893	0.883	0.839	0.704	0.697	0.764	0.818	0.902
New Zealand	0.714	0.716	0.719	0.719	0.719	0.719	0.719	0.734	0.893	0.893	0.893	0.881	0.837	0.737	0.715	0.832	1.005	1.030
Austria	26.000	26.000	26.000	26.000	26.000	26.000	26.000	26.000	26.000	26.000	26.000	24.960	23.115	19.580	18.692	17.417	17.940	16.527
Belgium	50.000	50.000	50.000	50.000	50.000	50.000	50.000	50.000	50.000	50.000	50.000	48.870	44.015	38.976	38.951	36.779	38.605	35.843
Denmark	6.907	6.907	6.907	6.907	6.907	6.907	6.907	6.956	7.500	7.500	7.500	7.417	6.949	6.049	6.095	5.746	6.045	6.003
Finland	3.200	3.200	3.200	3.200	3.200	3.200	3.200	3.450	4.200	4.200	4.200	4.184	4.146	3.821	3.774	3.679	3.864	4.029
France	4.937	4.937	4.937	4.937	4.937	4.937	4.937	4.937	4.937	5.194	5.554	5.543	5.044	4.458	4.814	4.286	4.779	4.914
Germany	4.200	4.033	4.000	4.000	4.000	4.000	4.000	4.000	4.000	3.943	3.660	3.491	3.189	2.673	2.588	2.460	2.518	2.322
Greece	30.000	30.000	30.000	30.000	30.000	30.000	30.000	30.000	30.000	30.000	30.000	30.000	30.000	29.625	30.000	32.051	36.518	36.838
Iceland	0.344	0.401	0.430	0.430	0.430	0.430	0.430	0.442	0.622	0.880	0.880	0.880	0.883	0.901	1.000	1.537	1.822	1.989
Ireland	0.357	0.357	0.357	0.357	0.357	0.357	0.357	0.362	0.417	0.417	0.417	0.411	0.400	0.408	0.428	0.452	0.557	0.573
Italy	623.990	625.000	625.000	625.000	625.000	625.000	625.000	625.000	625.000	625.000	625.000	619.930	583.220	583.000	650.340	652.850	832.340	882.390
Luxembourg	50.000	50.000	50.000	50.000	50.000	50.000	50.000	50.000	50.000	50.000	50.000	48.870	44.015	38.976	38.951	36.779	38.605	35.843
Netherlands	3.800	3.650	3.620	3.620	3.620	3.620	3.620	3.620	3.620	3.620	3.620	3.502	3.209	2.796	2.688	2.529	2.644	2.454
Norway	7.143	7.143	7.143	7.143	7.143	7.143	7.143	7.143	7.143	7.143	7.143	7.042	6.588	5.766	5.540	5.227	5.457	5.323
Portugal	28.750	28.750	28.750	28.750	28.750	28.750	28.750	28.750	28.750	28.750	28.750	28.312	27.054	24.515	25.408	25.553	30.229	38.277
Spain	60.000	60.000	60.000	60.000	60.000	60.000	60.000	61.667	70.000	70.000	70.000	69.469	64.271	58.260	57.686	57.407	66.903	75.962
Sweden	5.173	5.173	5.173	5.173	5.173	5.173	5.173	5.173	5.173	5.173	5.173	5.117	4.762	4.367	4.439	4.152	4.356	4.482
Switzerland	4.373	4.373	4.373	4.373	4.373	4.373	4.373	4.373	4.373	4.373	4.373	4.134	3.819	3.165	2.979	2.581	2.500	2.403
Turkey	4.867	9.000	9.000	9.000	9.000	9.000	9.000	9.000	9.000	9.000	11.500	14.917	14.150	14.150	13.927	14.442	16.053	18.002
United Kingdom	0.357	0.357	0.357	0.357	0.357	0.357	0.357	0.362	0.417	0.417	0.417	0.411	0.400	0.408	0.428	0.452	0.557	0.573

3. **Purchasing power parities for GDP** - national currency per US dollar

	1960	1961	1962	1963	1964	1965	1966	1967	1968	1969	1970	1971	1972	1973	1974	1975	1976	1977
Canada	..	..	..	..	..	..	..	..	..	..	1.15	1.13	1.13	1.16	1.22	1.22	1.24	1.24
Mexico	..	..	..	..	..	..	..	..	..	..	*0.007*	*0.007*	*0.008*	*0.008*	*0.009*	*0.009*	*0.011*	*0.013*
United States	..	..	..	..	..	..	..	..	..	..	1.00	1.00	1.00	1.00	1.00	1.00	1.00	1.00
Japan	..	..	..	..	..	..	..	..	..	..	250	250	252	268	295	289	292	291
Australia	..	..	..	..	..	..	..	..	..	..	0.75	0.75	0.77	0.81	0.88	0.93	0.99	1.01
New Zealand	..	..	..	..	..	..	..	..	..	..	0.60	0.64	0.66	0.68	0.64	0.67	0.75	0.82
Austria	..	..	..	..	..	..	..	..	..	..	16.5	16.6	17.0	17.3	17.4	16.8	16.7	16.5
Belgium	..	..	..	..	..	..	..	..	..	..	41.0	41.1	41.5	41.8	43.3	44.2	44.7	45.0
Denmark	..	..	..	..	..	..	..	..	..	..	6.78	6.91	7.18	7.47	7.76	7.94	8.15	8.35
Finland	..	..	..	..	..	..	..	..	..	..	3.44	3.51	3.62	3.88	4.37	4.50	4.81	4.95
France	..	..	..	..	..	..	..	..	..	..	4.42	4.45	4.55	4.64	4.78	4.92	5.13	5.24
Germany	..	..	..	..	..	..	..	..	..	..	3.09	3.15	3.16	3.16	3.10	2.99	2.91	2.83
Greece	..	..	..	..	..	..	..	..	..	..	22.9	22.4	22.4	25.1	27.9	28.5	31.0	32.8
Iceland	..	..	..	..	..	..	..	..	..	..	0.81	0.86	0.97	1.20	1.52	1.96	2.45	3.05
Ireland	..	..	..	..	..	..	..	..	..	..	0.309	0.323	0.349	0.378	0.368	0.403	0.458	0.486
Italy	..	..	..	..	..	..	..	..	..	..	418	423	429	456	502	533	593	659
Luxembourg	..	..	..	..	..	..	..	..	..	..	40.8	38.3	38.6	40.7	43.7	39.5	41.6	39.5
Netherlands	..	..	..	..	..	..	..	..	..	..	2.72	2.78	2.90	2.97	2.97	2.99	3.06	3.06
Norway	..	..	..	..	..	..	..	..	..	..	7.59	7.67	7.67	7.87	7.97	7.98	8.07	8.19
Portugal	..	..	..	..	..	..	..	..	..	..	14.8	14.8	15.2	15.6	17.0	18.0	19.7	23.3
Spain	..	..	..	..	..	..	..	..	..	..	34.8	35.6	36.7	38.6	41.1	43.7	47.9	55.4
Sweden	..	..	..	..	..	..	..	..	..	..	5.64	5.73	5.83	5.87	5.89	6.15	6.47	6.70
Switzerland	..	..	..	..	..	..	..	..	..	..	2.81	2.91	3.04	3.09	3.04	2.96	2.86	2.69
Turkey	..	..	..	..	..	..	..	..	..	..	6.2	6.8	7.3	8.3	9.8	10.8	11.7	13.5
United Kingdom	..	..	..	..	..	..	..	..	..	..	0.284	0.294	0.303	0.307	0.322	0.371	0.404	0.431

Population - estimations au milieu de l'année en milliers — 1.

1978	1979	1980	1981	1982	1983	1984	1985	1986	1987	1988	1989	1990	1991	1992	1993	1994	
24036	24277	24593	24900	25202	25456	25702	25942	26204	26550	26895	27379	27791	28120	28542	28941	29248	Canada
65658	67517	69655	71305	72968	74633	76293	77938	79570	81200	82840	84490	86150	87840	89540	91210	93010	Mexique
222585	225055	227726	229966	232188	234307	236348	238466	240651	242804	245021	247342	249911	252643	255407	258120	260651	États-Unis
114920	115880	116800	117650	118450	119260	120020	120750	121490	122090	122610	123120	123540	123920	124320	124670	124960	Japon
14359	14516	14695	14923	15184	15393	15579	15788	16018	16264	16532	16814	17065	17284	17489	17657	17840	Australie
3129	3138	3144	3157	3183	3226	3258	3272	3277	3304	3317	3330	3363	3406	3443	3480	3526	Nouvelle-Zélande
7562	7549	7549	7565	7571	7552	7553	7558	7566	7575	7595	7624	7718	7823	7884	7993	8031	Autriche
9830	9837	9847	9853	9856	9855	9855	9858	9862	9870	9921	9938	9967	10005	10045	10084	10124	Belgique
5104	5117	5125	5122	5119	5114	5112	5114	5121	5127	5130	5133	5141	5154	5171	5189	5206	Danemark
4753	4765	4780	4800	4827	4856	4882	4902	4918	4932	4946	4964	4986	5029	5042	5066	5088	Finlande
53376	53606	53880	54182	54492	54772	55026	55284	55547	55824	56118	56423	56735	57055	57374	57655	57903	France
78106	78126	78275	78399	78293	78081	77797	77619	77634	77718	78116	78677	79365	79984	80595	81190	81410	Allemagne
9430	9548	9642	9730	9790	9847	9900	9934	9964	9984	10005	10038	10089	10200	10314	10368	10430	Grèce
223	226	228	231	234	237	240	241	243	246	250	253	255	258	262	265	267	Islande
3314	3368	3401	3443	3480	3505	3529	3540	3541	3542	3538	3515	3503	3524	3549	3563	3571	Irlande
56155	56318	56434	56510	56579	56626	56652	56674	56675	56674	56688	56705	56737	56760	56859	57070	57190	Italie
362	363	364	365	366	366	366	367	368	371	373	377	380	384	388	393	397	Luxembourg
13942	14038	14150	14247	14313	14367	14424	14491	14572	14665	14760	14849	14951	15070	15184	15290	15382	Pays-Bas
4060	4073	4087	4100	4116	4128	4141	4153	4169	4187	4209	4227	4241	4262	4287	4312	4337	Norvège
9559	9662	9767	9851	9912	9955	9989	10011	10011	9994	9968	9937	9863	9867	9862	9876	9894	Portugal
36778	37108	37386	37741	37944	38123	38279	38420	38537	38632	38717	38792	38851	38920	39008	39086	39150	Espagne
8275	8294	8311	8324	8327	8329	8337	8350	8370	8398	8436	8493	8566	8617	8668	8718	8781	Suède
6333	6351	6385	6429	6467	6482	6505	6533	6573	6619	6672	6647	6712	6800	6875	6938	6994	Suisse
42774	43741	44737	45864	47020	48205	49420	50664	51630	52747	53970	55255	56570	57306	58403	59489	60573	Turquie
56178	56240	56330	56352	56306	56347	56506	56685	56852	57009	57158	57358	57461	57808	58007	58191	58366	Royaume-Uni
850801	858713	867291	875009	882187	889022	895713	902554	909363	916326	923785	931680	939911	948039	956518	964814	972329	OCDE - Total
406114	408330	410678	413108	415012	416747	418513	420398	422153	424114	426570	429205	432091	434826	437777	440736	443094	OCDE - Europe
332134	333331	334601	335795	336450	336958	337435	337997	338684	339410	340492	341742	343043	344731	346356	347955	349023	UE15

Taux de change - monnaie nationale par dollar É-U — 2.

1978	1979	1980	1981	1982	1983	1984	1985	1986	1987	1988	1989	1990	1991	1992	1993	1994	
1.141	1.171	1.169	1.199	1.234	1.232	1.295	1.365	1.389	1.326	1.231	1.184	1.167	1.146	1.209	1.290	1.366	Canada
0.023	0.023	0.023	0.025	0.056	0.120	0.168	0.257	0.612	1.378	2.273	2.461	2.813	3.018	3.095	3.116	3.375	Mexique
1.000	1.000	1.000	1.000	1.000	1.000	1.000	1.000	1.000	1.000	1.000	1.000	1.000	1.000	1.000	1.000	1.000	États-Unis
210.440	219.140	226.740	220.540	249.080	237.510	237.520	238.540	168.520	144.640	128.150	137.960	144.790	134.710	126.650	111.200	102.210	Japon
0.874	0.895	0.878	0.870	0.986	1.110	1.140	1.432	1.496	1.428	1.280	1.265	1.281	1.284	1.362	1.471	1.368	Australie
0.964	0.978	1.027	1.153	1.333	1.497	1.764	2.023	1.913	1.695	1.526	1.672	1.676	1.734	1.862	1.851	1.687	Nouvelle-Zélande
14.522	13.368	12.938	15.927	17.059	17.963	20.009	20.689	15.267	12.642	12.348	13.231	11.370	11.676	10.989	11.632	11.422	Autriche
31.492	29.319	29.242	37.129	45.691	51.132	57.784	59.378	44.672	37.334	36.768	39.404	33.418	34.148	32.150	34.596	33.456	Belgique
5.515	5.261	5.636	7.123	8.332	9.145	10.357	10.596	8.091	6.840	6.731	7.310	6.189	6.396	6.036	6.484	6.361	Danemark
4.117	3.895	3.730	4.315	4.820	5.570	6.010	6.198	5.070	4.396	4.183	4.291	3.824	4.044	4.479	5.712	5.224	Finlande
4.513	4.254	4.226	5.435	6.572	7.621	8.739	8.985	6.926	6.011	5.957	6.380	5.445	5.642	5.294	5.663	5.552	France
2.009	1.833	1.818	2.260	2.427	2.553	2.846	2.944	2.171	1.797	1.756	1.880	1.616	1.660	1.562	1.653	1.623	Allemagne
36.745	37.038	42.617	55.408	66.803	88.064	112.717	138.119	139.981	135.430	141.861	162.417	158.514	182.266	190.624	229.250	242.603	Grèce
2.711	3.526	4.798	7.224	12.351	24.843	31.694	41.508	41.104	38.677	43.014	57.042	58.284	58.996	57.546	67.603	69.944	Islande
0.522	0.489	0.487	0.621	0.705	0.805	0.923	0.946	0.743	0.673	0.656	0.706	0.605	0.621	0.588	0.677	0.669	Irlande
848.660	830.860	856.450	1136.760	1352.510	1518.850	1756.960	1909.440	1490.810	1296.070	1301.620	1372.090	1198.100	1240.610	1232.410	1573.670	1612.440	Italie
31.492	29.319	29.242	37.129	45.691	51.132	57.784	59.378	44.672	37.334	36.768	39.404	33.418	34.148	32.150	34.596	33.456	Luxembourg
2.164	2.006	1.988	2.495	2.670	2.854	3.209	3.321	2.450	2.026	1.977	2.121	1.821	1.870	1.758	1.857	1.820	Pays-Bas
5.242	5.064	4.939	5.740	6.454	7.296	8.161	8.597	7.395	6.737	6.517	6.904	6.260	6.483	6.214	7.094	7.058	Norvège
43.937	48.924	50.062	61.546	79.473	110.780	146.390	170.395	149.587	140.882	143.954	157.458	142.555	144.482	134.998	160.800	165.993	Portugal
76.668	67.125	71.702	92.322	109.859	143.430	160.761	170.044	140.048	123.478	116.487	118.378	101.934	103.912	102.379	127.260	133.958	Espagne
4.518	4.287	4.230	5.063	6.283	7.667	8.272	8.604	7.124	6.340	6.127	6.447	5.919	6.047	5.824	7.783	7.716	Suède
1.788	1.663	1.676	1.964	2.030	2.099	2.350	2.457	1.799	1.491	1.463	1.636	1.389	1.434	1.406	1.478	1.368	Suisse
24.282	31.078	76.038	111.219	162.553	225.457	366.678	521.983	674.512	857.216	1422.350	2121.680	2608.640	4171.820	6872.420	10984.600	29608.700	Turquie
0.522	0.472	0.430	0.498	0.572	0.660	0.752	0.779	0.682	0.612	0.562	0.611	0.563	0.567	0.570	0.667	0.653	Royaume-Uni

Parités de pouvoir d'achat du PIB - monnaie nationale par dollar É-U — 3.

1978	1979	1980	1981	1982	1983	1984	1985	1986	1987	1988	1989	1990	1991	1992	1993	1994	
1.22	1.23	1.25	1.26	1.29	1.30	1.29	1.28	1.28	1.30	1.31	1.32	1.30	1.29	1.27	1.26	1.24	Canada
0.014	*0.016*	*0.018*	*0.021*	*0.032*	*0.059*	*0.090*	*0.136*	*0.230*	*0.535*	*1.03*	*1.24*	*1.54*	*1.81*	*1.64*	*1.77*	*1.86*	Mexique
1.00	1.00	1.00	1.00	1.00	1.00	1.00	1.00	1.00	1.00	1.00	1.00	1.00	1.00	1.00	1.00	1.00	États-Unis
284	268	257	243	232	227	223	219	218	211	204	199	195	192	186	184	181	Japon
1.01	1.02	1.04	1.04	1.09	1.13	1.16	1.19	1.24	1.29	1.34	1.38	1.39	1.37	1.36	1.35	1.34	Australie
0.86	0.90	0.95	1.00	1.05	1.09	1.13	1.25	1.44	1.56	1.63	1.63	1.61	1.58	1.53	1.51	1.51	Nouvelle-Zélande
16.2	15.5	14.9	14.5	14.5	14.5	14.6	14.5	14.8	14.7	14.4	14.2	14.0	14.2	13.8	13.9	13.9	Autriche
43.6	41.9	39.7	37.9	38.3	38.9	39.3	40.3	40.9	40.6	39.7	39.9	39.5	39.3	37.3	37.3	37.4	Belgique
8.52	8.43	8.34	8.37	8.72	9.03	9.18	9.25	9.44	9.59	9.54	9.53	9.39	9.22	9.02	8.79	8.72	Danemark
4.99	4.98	5.00	5.07	5.20	5.43	5.69	5.79	5.91	6.00	6.18	6.29	6.38	6.32	6.27	6.09	6.16	Finlande
5.36	5.42	5.54	5.62	5.93	6.26	6.46	6.60	6.79	6.78	6.73	6.68	6.61	6.54	6.33	6.57	6.63	France
2.74	2.61	2.51	2.37	2.32	2.30	2.26	2.23	2.23	2.20	2.15	2.10	2.09	2.10	2.04	2.10	2.07	Allemagne
34.4	37.5	40.3	44.0	51.9	59.5	68.8	78.3	89.7	99.4	110.7	121.4	140.8	162.0	167.8	184.3	196.6	Grèce
4.14	5.36	7.47	10.21	14.74	25.00	30.17	38.28	46.87	54.33	64.25	73.73	82.63	85.90	82.77	82.93	84.20	Islande
0.499	0.522	0.547	0.586	0.636	0.677	0.693	0.705	0.727	0.721	0.717	0.725	0.690	0.670	0.629	0.655	0.640	Irlande
698	740	812	881	973	1077	1156	1217	1281	1317	1352	1375	1421	1470	1439	1534	1536	Italie
38.5	37.7	37.2	36.3	37.9	39.0	39.2	39.0	40.3	39.2	39.5	40.4	39.7	39.7	38.4	39.6	40.1	Luxembourg
2.99	2.86	2.76	2.65	2.63	2.59	2.52	2.48	2.42	2.33	2.27	2.20	2.16	2.19	2.11	2.13	2.13	Pays-Bas
8.09	7.93	8.31	8.63	8.96	9.15	9.36	9.50	9.14	9.50	9.55	9.73	9.73	9.65	8.88	8.93	9.13	Norvège
26.5	29.1	32.2	34.5	39.2	47.0	56.4	66.3	78.0	84.0	89.6	95.7	103.7	110.5	114.0	117.0	118.3	Portugal
62.0	66.7	69.1	71.0	76.2	81.9	88.0	91.5	99.2	101.9	103.6	106.3	109.5	110.9	113.3	117.0	121.5	Espagne
6.82	6.76	6.91	6.90	7.04	7.45	7.71	7.95	8.29	8.42	8.63	8.94	9.34	9.99	9.67	9.83	9.92	Suède
2.59	2.42	2.28	2.22	2.24	2.22	2.19	2.19	2.21	2.20	2.17	2.17	2.20	2.24	2.13	2.13	2.10	Suisse
18.4	29.8	51.2	67.2	81.2	99	141	208	276	358	584	982	1491	2288	3640	5990	12116	Turquie
0.447	0.470	0.511	0.519	0.527	0.534	0.536	0.549	0.553	0.563	0.575	0.590	0.602	0.638	0.608	0.637	0.647	Royaume-Uni

MAIN SALES OUTLETS OF OECD PUBLICATIONS
PRINCIPAUX POINTS DE VENTE DES PUBLICATIONS DE L'OCDE

ARGENTINA – ARGENTINE
Carlos Hirsch S.R.L.
Galería Güemes, Florida 165, 4° Piso
1333 Buenos Aires   Tel. (1) 331.1787 y 331.2391
                     Telefax: (1) 331.1787

AUSTRALIA – AUSTRALIE
D.A. Information Services
648 Whitehorse Road, P.O.B 163
Mitcham, Victoria 3132   Tel. (03) 9873.4411
                          Telefax: (03) 9873.5679

AUSTRIA – AUTRICHE
Gerold & Co.
Graben 31
Wien I   Tel. (0222) 533.50.14
          Telefax: (0222) 512.47.31.29

BELGIUM – BELGIQUE
Jean De Lannoy
Avenue du Roi 202 Koningslaan
B-1060 Bruxelles   Tel. (02) 538.51.69/538.08.41
                    Telefax: (02) 538.08.41

CANADA
Renouf Publishing Company Ltd.
1294 Algoma Road
Ottawa, ON K1B 3W8   Tel. (613) 741.4333
                      Telefax: (613) 741.5439
Stores:
61 Sparks Street
Ottawa, ON K1P 5R1   Tel. (613) 238.8985
211 Yonge Street
Toronto, ON M5B 1M4   Tel. (416) 363.3171
                       Telefax: (416)363.59.63

Les Éditions La Liberté Inc.
3020 Chemin Sainte-Foy
Sainte-Foy, PQ G1X 3V6   Tel. (418) 658.3763
                          Telefax: (418) 658.3763

Federal Publications Inc.
165 University Avenue, Suite 701
Toronto, ON M5H 3B8   Tel. (416) 860.1611
                       Telefax: (416) 860.1608

Les Publications Fédérales
1185 Université
Montréal, QC H3B 3A7   Tel. (514) 954.1633
                        Telefax: (514) 954.1635

CHINA – CHINE
China National Publications Import
Export Corporation (CNPIEC)
16 Gongti E. Road, Chaoyang District
P.O. Box 88 or 50
Beijing 100704 PR   Tel. (01) 506.6688
                     Telefax: (01) 506.3101

CHINESE TAIPEI – TAIPEI CHINOIS
Good Faith Worldwide Int'l. Co. Ltd.
9th Floor, No. 118, Sec. 2
Chung Hsiao E. Road
Taipei   Tel. (02) 391.7396/391.7397
          Telefax: (02) 394.9176

CZECH REPUBLIC – RÉPUBLIQUE TCHÈQUE
Artia Pegas Press Ltd.
Narodni Trida 25
POB 825
111 21 Praha 1   Tel. (2) 2 46 04
                  Telefax: (2) 2 78 72

DENMARK – DANEMARK
Munksgaard Book and Subscription Service
35, Nørre Søgade, P.O. Box 2148
DK-1016 København K   Tel. (33) 12.85.70
                       Telefax: (33) 12.93.87

EGYPT – ÉGYPTE
Middle East Observer
41 Sherif Street
Cairo   Tel. 392.6919
         Telefax: 360-6804

FINLAND – FINLANDE
Akateeminen Kirjakauppa
Keskuskatu 1, P.O. Box 128
00100 Helsinki

Subscription Services/Agence d'abonnements :
P.O. Box 23
00371 Helsinki   Tel. (358 0) 121 4416
                  Telefax: (358 0) 121.4450

FRANCE
OECD/OCDE
Mail Orders/Commandes par correspondance:
2, rue André-Pascal
75775 Paris Cedex 16   Tel. (33-1) 45.24.82.00
                        Telefax: (33-1) 49.10.42.76
                        Telex: 640048 OCDE
Internet: Compte.PUBSINQ @ oecd.org

Orders via Minitel, France only/
Commandes par Minitel, France exclusivement :
36 15 OCDE

OECD Bookshop/Librairie de l'OCDE :
33, rue Octave-Feuillet
75016 Paris   Tel. (33-1) 45.24.81.81
               (33-1) 45.24.81.67

Dawson
B.P. 40
91121 Palaiseau Cedex   Tel. 69.10.47.00
                         Telefax : 64.54.83.26

Documentation Française
29, quai Voltaire
75007 Paris   Tel. 40.15.70.00

Economica
49 rue Héricart
75015 Paris   Tel. 45.78.12.92
               Telefax : 40.58.15.70

Gibert Jeune (Droit-Économie)
6, place Saint-Michel
75006 Paris   Tel. 43.25.91.19

Librairie du Commerce International
10, avenue d'Iéna
75016 Paris   Tel. 40.73.34.60

Librairie Dunod
Université Paris-Dauphine
Place du Maréchal de Lattre de Tassigny
75016 Paris   Tel. 44.05.40.13

Librairie Lavoisier
11, rue Lavoisier
75008 Paris   Tel. 42.65.39.95

Librairie des Sciences Politiques
30, rue Saint-Guillaume
75007 Paris   Tel. 45.48.36.02

P.U.F.
49, boulevard Saint-Michel
75005 Paris   Tel. 43.25.83.40

Librairie de l'Université
12a, rue Nazareth
13100 Aix-en-Provence   Tel. (16) 42.26.18.08

Documentation Française
165, rue Garibaldi
69003 Lyon   Tel. (16) 78.63.32.23

Librairie Decitre
29, place Bellecour
69002 Lyon   Tel. (16) 72.40.54.54

Librairie Sauramps
Le Triangle
34967 Montpellier Cedex 2   Tel. (16) 67.58.85.15
                             Tekefax: (16) 67.58.27.36

A la Sorbonne Actual
23 rue de l'Hôtel des Postes
06000 Nice   Tel. (16) 93.13.77.75
              Telefax: (16) 93.80.75.69

GERMANY – ALLEMAGNE
OECD Publications and Information Centre
August-Bebel-Allee 6
D-53175 Bonn   Tel. (0228) 959.120
                Telefax: (0228) 959.12.17

GREECE – GRÈCE
Librairie Kauffmann
Mavrokordatou 9
106 78 Athens   Tel. (01) 32.55.321
                 Telefax: (01) 32.30.320

HONG-KONG
Swindon Book Co. Ltd.
Astoria Bldg. 3F
34 Ashley Road, Tsimshatsui
Kowloon, Hong Kong   Tel. 2376.2062
                      Telefax: 2376.0685

HUNGARY – HONGRIE
Euro Info Service
Margitsziget, Európa Ház
1138 Budapest   Tel. (1) 111.62.16
                 Telefax: (1) 111.60.61

ICELAND – ISLANDE
Mál Mog Menning
Laugavegi 18, Póstholf 392
121 Reykjavik   Tel. (1) 552.4240
                 Telefax: (1) 562.3523

INDIA – INDE
Oxford Book and Stationery Co.
Scindia House
New Delhi 110001   Tel. (11) 331.5896/5308
                    Telefax: (11) 332.5993

17 Park Street
Calcutta 700016   Tel. 240832

INDONESIA – INDONÉSIE
Pdii-Lipi
P.O. Box 4298
Jakarta 12042   Tel. (21) 573.34.67
                 Telefax: (21) 573.34.67

IRELAND – IRLANDE
Government Supplies Agency
Publications Section
4/5 Harcourt Road
Dublin 2   Tel. 661.31.11
            Telefax: 475.27.60

ISRAEL
Praedicta
5 Shatner Street
P.O. Box 34030
Jerusalem 91430   Tel. (2) 52.84.90/1/2
                   Telefax: (2) 52.84.93

R.O.Y. International
P.O. Box 13056
Tel Aviv 61130   Tel. (3) 546 1423
                  Telefax: (3) 546 1442

Palestinian Authority/Middle East:
INDEX Information Services
P.O.B. 19502
Jerusalem   Tel. (2) 27.12.19
             Telefax: (2) 27.16.34

ITALY – ITALIE
Libreria Commissionaria Sansoni
Via Duca di Calabria 1/1
50125 Firenze   Tel. (055) 64.54.15
                 Telefax: (055) 64.12.57

Via Bartolini 29
20155 Milano   Tel. (02) 36.50.83

Editrice e Libreria Herder
Piazza Montecitorio 120
00186 Roma   Tel. 679.46.28
              Telefax: 678.47.51

Libreria Hoepli
Via Hoepli 5
20121 Milano   Tel. (02) 86.54.46
                          Telefax: (02) 805.28.86

Libreria Scientifica
Dott. Lucio de Biasio 'Aeiou'
Via Coronelli, 6
20146 Milano   Tel. (02) 48.95.45.52
                          Telefax: (02) 48.95.45.48

JAPAN – JAPON
OECD Publications and Information Centre
Landic Akasaka Building
2-3-4 Akasaka, Minato-ku
Tokyo 107   Tel. (81.3) 3586.2016
                          Telefax: (81.3) 3584.7929

KOREA – CORÉE
Kyobo Book Centre Co. Ltd.
P.O. Box 1658, Kwang Hwa Moon
Seoul   Tel. 730.78.91
                          Telefax: 735.00.30

MALAYSIA – MALAISIE
University of Malaya Bookshop
University of Malaya
P.O. Box 1127, Jalan Pantai Baru
59700 Kuala Lumpur
Malaysia   Tel. 756.5000/756.5425
                          Telefax: 756.3246

MEXICO – MEXIQUE
OECD Publications and Information Centre
Edificio INFOTEC
Av. San Fernando no. 37
Col. Toriello Guerra
Tlalpan C.P. 14050
Mexico D.F.
                Tel. (525) 606 00 11 Extension 100
                          Fax : (525) 606 13 07

Revistas y Periodicos Internacionales S.A. de C.V.
Florencia 57 - 1004
Mexico, D.F. 06600   Tel. 207.81.00
                          Telefax: 208.39.79

NETHERLANDS – PAYS-BAS
SDU Uitgeverij Plantijnstraat
Externe Fondsen
Postbus 20014
2500 EA's-Gravenhage   Tel. (070) 37.89.880
Voor bestellingen: Telefax: (070) 34.75.778

NEW ZEALAND
NOUVELLE-ZÉLANDE
GPLegislation Services
P.O. Box 12418
Thorndon, Wellington   Tel. (04) 496.5655
                          Telefax: (04) 496.5698

NORWAY – NORVÈGE
Narvesen Info Center – NIC
Bertrand Narvesens vei 2
P.O. Box 6125 Etterstad
0602 Oslo 6   Tel. (022) 57.33.00
                          Telefax: (022) 68.19.01

PAKISTAN
Mirza Book Agency
65 Shahrah Quaid-E-Azam
Lahore 54000   Tel. (42) 353.601
                          Telefax: (42) 231.730

PHILIPPINE – PHILIPPINES
International Booksource Center Inc.
Rm 179/920 Cityland 10 Condo Tower 2
HV dela Costa Ext cor Valero St.
Makati Metro Manila   Tel. (632) 817 9676
                          Telefax : (632) 817 1741

POLAND – POLOGNE
Ars Polona
00-950 Warszawa
Krakowskie Przedmieácie 7 Tel. (22) 264760
                           Telefax : (22) 268673

PORTUGAL
Livraria Portugal
Rua do Carmo 70-74
Apart. 2681
1200 Lisboa   Tel. (01) 347.49.82/5
                          Telefax: (01) 347.02.64

SINGAPORE – SINGAPOUR
Gower Asia Pacific Pte Ltd.
Golden Wheel Building
41, Kallang Pudding Road, No. 04-03
Singapore 1334   Tel. 741.5166
                          Telefax: 742.9356

SPAIN – ESPAGNE
Mundi-Prensa Libros S.A.
Castelló 37, Apartado 1223
Madrid 28001   Tel. (91) 431.33.99
                          Telefax: (91) 575.39.98

Mundi-Prensa Barcelona
Consell de Cent No. 391
08009 – Barcelona   Tel. (93) 488.34.92
                          Telefax: (93) 487.76.59

Llibreria de la Generalitat
Palau Moja
Rambla dels Estudis, 118
08002 – Barcelona
            (Subscripcions) Tel. (93) 318.80.12
            (Publicacions) Tel. (93) 302.67.23
                          Telefax: (93) 412.18.54

SRI LANKA
Centre for Policy Research
c/o Colombo Agencies Ltd.
No. 300-304, Galle Road
Colombo 3   Tel. (1) 574240, 573551-2
                    Telefax: (1) 575394, 510711

SWEDEN – SUÈDE
CE Fritzes AB
S–106 47 Stockholm   Tel. (08) 690.90.90
                          Telefax: (08) 20.50.21

Subscription Agency/Agence d'abonnements :
Wennergren-Williams Info AB
P.O. Box 1305
171 25 Solna   Tel. (08) 705.97.50
                          Telefax: (08) 27.00.71

SWITZERLAND – SUISSE
Maditec S.A. (Books and Periodicals - Livres
et périodiques)
Chemin des Palettes 4
Case postale 266
1020 Renens VD 1   Tel. (021) 635.08.65
                          Telefax: (021) 635.07.80

Librairie Payot S.A.
4, place Pépinet
CP 3212
1002 Lausanne   Tel. (021) 320.25.11
                          Telefax: (021) 320.25.14

Librairie Unilivres
6, rue de Candolle
1205 Genève   Tel. (022) 320.26.23
                          Telefax: (022) 329.73.18

Subscription Agency/Agence d'abonnements :
Dynapresse Marketing S.A.
38 avenue Vibert
1227 Carouge   Tel. (022) 308.07.89
                          Telefax: (022) 308.07.99

See also – Voir aussi :
OECD Publications and Information Centre
August-Bebel-Allee 6
D-53175 Bonn (Germany)   Tel. (0228) 959.120
                          Telefax: (0228) 959.12.17

THAILAND – THAÏLANDE
Suksit Siam Co. Ltd.
113, 115 Fuang Nakhon Rd.
Opp. Wat Rajbopith
Bangkok 10200   Tel. (662) 225.9531/2
                          Telefax: (662) 222.5188

TURKEY – TURQUIE
Kültür Yayinlari Is-Türk Ltd. Sti.
Atatürk Bulvari No. 191/Kat 13
Kavaklidere/Ankara   Tel. 428.11.40 Ext. 2458
Dolmabahce Cad. No. 29
Besiktas/Istanbul   Tel. (312) 260 7188
                          Telex: (312) 418 29 46

UNITED KINGDOM – ROYAUME-UNI
HMSO
Gen. enquiries   Tel. (171) 873 8496
Postal orders only:
P.O. Box 276, London SW8 5DT
Personal Callers HMSO Bookshop
49 High Holborn, London WC1V 6HB
                          Telefax: (171) 873 8416
Branches at: Belfast, Birmingham, Bristol,
Edinburgh, Manchester

UNITED STATES – ÉTATS-UNIS
OECD Publications and Information Center
2001 L Street N.W., Suite 650
Washington, D.C. 20036-4910 Tel. (202) 785.6323
                          Telefax: (202) 785.0350

VENEZUELA
Libreria del Este
Avda F. Miranda 52, Aptdo. 60337
Edificio Galipán
Caracas 106   Tel. 951.1705/951.2307/951.1297
                     Telegram: Libreste Caracas

Subscriptions to OECD periodicals may also be placed through main subscription agencies.

Les abonnements aux publications périodiques de l'OCDE peuvent être souscrits auprès des principales agences d'abonnement.

Orders and inquiries from countries where Distributors have not yet been appointed should be sent to: OECD Publications Service, 2 rue André-Pascal, 75775 Paris Cedex 16, France.

Les commandes provenant de pays où l'OCDE n'a pas encore désigné de distributeur peuvent être adressées à : OCDE, Service des Publications, 2, rue André-Pascal, 75775 Paris Cedex 16, France.

10-1995

OECD PUBLICATIONS, 2 rue André-Pascal, 75775 PARIS CEDEX 16
PRINTED IN FRANCE
(30 96 01 3) ISBN 92-64-04759-X - No. 48488 1996
ISSN 0256-758X

44.80